Reinhold Pauli

Aufsätze zur englischen Geschichte

Reinhold Pauli

Aufsätze zur englischen Geschichte

ISBN/EAN: 9783741183775

Hergestellt in Europa, USA, Kanada, Australien, Japan

Cover: Foto ©Lupo / pixelio.de

Manufactured and distributed by brebook publishing software
(www.brebook.com)

Reinhold Pauli

Aufsätze zur englischen Geschichte

AUFSÄTZE

ZUR

ENGLISCHEN GESCHICHTE

VON

REINHOLD PAULI

NEUE FOLGE.

HERAUSGEGEBEN VON OTTO HARTWIG.

LEIPZIG
VERLAG VON S. HIRZEL.
1883.

INHALT.

ZUR ERINNERUNG AN REINHOLD PAULI.

Indem ich mich anschicke im Namen und Auftrage der Frau Professor Elisabeth Pauli diese ausgewählte Sammlung von Aufsätzen ihres verstorbenen Gemahls der Oeffentlichkeit zu übergeben, muss ich es als einen berechtigten Wunsch von gar manchem Leser derselben, etwas Näheres über den Lebensgang ihres Autors zu erfahren, und zugleich als eine theuere Pflicht gegen den verstorbenen Freund anerkennen, ihm hier ein wenn auch noch so bescheidenes literarisches Denkmal neben seinen eigenen Arbeiten zu errichten. Denn wenn auch schon von Studiengenossen und Freunden des Verstorbenen sein Andenken gefeiert und seine wissenschaftlichen Verdienste gewürdigt worden sind, so sind diese Kundgebungen des Schmerzes über den grossen Verlust, welchen die deutsche historische Wissenschaft durch den allzu frühen Tod Pauli's erlitten hat, doch wohl nur einem Theile der zahlreichen Leser, welche wir diesem Buche wünschen und erhoffen, zu Gesicht gekommen. Sie verfolgten ja auch in erster Linie den Zweck, den wissenschaftlichen Ertrag des Lebens des Todten in Kürze zur Darstellung zu bringen, während hier, wo eine Auswahl der Arbeiten des Gelehrten geboten wird, die von Haus aus für ein grösseres Publikum bestimmt waren, vor allem eine Charakteristik des ganzen Mannes versucht werden soll. Dieselbe wird aber nur eine interimistisch gültige sein und darf sich desshalb auch wohl innerhalb bescheidener Grenzen halten. Denn von berufener Seite wird auf Grund eigener Aufzeichnungen Pauli's und eines ausgiebigen in mehrfacher Beziehung höchst interessanten Briefwechsels eine selbständige Darstellung des Lebens und Wirkens von Pauli vorbereitet.

Mir ist Reinhold Pauli erst im Frühjahre 1867 als ein schon durchaus fertiger Mann im Vollgefühle seiner ganzen Kraft zu Marburg entgegen getreten. Er hatte damals die Katastrophe, welche ihn in Tübingen aus seiner akademischen Thätigkeit herausgeworfen hatte, glücklich überstanden und an einem Orte Fuss gefasst, der ihm nach seinen Wanderjahren schon elf Jahre früher zur Heimath zu werden allerdings nur vorübergehend versprochen hatte. Denn als 1856 Heinrich von Sybel von Marburg nach München berufen worden war, hatte der akademische Senat Pauli allein zum Nachfolger des berühmten Historikers vorgeschlagen. Der Kurfürst von Hessen, dem schon das Berufungspatent zur Unterschrift vorgelegt war, soll nur durch die unvorsichtige Aeusserung des Ministerialreferenten, er hoffe dass Marburg in Pauli eine sehr tüchtige Kraft gewinne, Professor von Sybel habe ihn sehr gerühmt, bestimmt worden sein, die Unterschrift nicht zu vollziehen und die Berufung überhaupt abzulehnen. Jetzt, wo der Kurfürst von Hessen Nichts mehr über die Geschicke der Universität Marburg zu befinden hatte, war Pauli, der in seiner Weise auch in Tübingen depossedirt worden war, dieser Hochschule definitiv gewonnen und eben im Begriffe sich in seinem neuen Wirkungskreise voll Schaffenslust einzubürgern. Er befand sich sehr wohl dabei. Nur vermisste er schmerzlich seine Familie, die im Sommer 1867 in Bremen weilte. Bei der Umgestaltung, welche seit dem Jahre 1866 für das „Universitätsdorf" Marburg begonnen hatte, war so rasch keine passende Wohnung für sie zu finden gewesen. Der Umstand, dass Pauli den Sommer über getrennt von seiner Frau und Kindern lebte, wurde für ihn die Veranlassung, sich mehr, als es sonst wohl der Fall gewesen wäre, mit den lokalen Verhältnissen Marburgs und Hessens überhaupt bekannt zu machen. Die ungemeine Lebhaftigkeit, mit der er auf Alles einging, das rasche Verständniss für ganz fremde Zustände und Persönlichkeiten, das ihm von Haus aus eigen war und durch seinen Aufenthalt in den verschiedensten Gegenden Deutschlands und Englands sich nur noch gesteigert hatte, die Vielseitigkeit seiner Interessen, welche die Schranken des akademischen Lebens weit überschritten und die nicht einmal in dem, was das Leben seiner Nation damals tiefer bewegte, ihre Grenzen fanden, sondern ihn die Geschicke der Stammesvettern jenseits des Canales fast eben so lebhaft verfolgen hiessen, als die der Heimath, machten Pauli damals zu einer äusserst anziehenden und gewinnenden Persönlichkeit. Man kam ihm desshalb auch in Marburg von allen Seiten überaus freundlich entgegen, und er gefiel sich wohl unter den „langen Hessen".

Es war aber nicht nur ein momentaner vorübergehender Reiz, den Pauli auszuüben verstand. Etwas Eigenthümliches, das man

bei keinem der namentlich früher hier rasch wechselnden Professoren
so bestimmt ausgeprägt gefunden hatte, glaubte man an ihm zu
bemerken. Und das nicht mit Unrecht: hatte er doch acht der
Jahre seines Lebens, in denen der Mensch auszureifen pflegt, in
Schottland und England in wechselnden Stellungen verbracht, und
dieses Leben in fremden Landen deutliche Spuren bei ihm zurückgelassen. Gewiss war der Grundstock seines Wesens durch den Aufenthalt in der Fremde nicht verändert worden. Selbst leichte und
lokale Färbungen, die von seinem Geburtsort und vorübergehenden
Diensten herrührten, waren nicht verwischt worden. Wer die Vorliebe Pauli's für alles Militärische zu bemerken Gelegenheit gehabt
hat, — und wer von seinen Freunden hätte das nicht? — konnte
in ihm das echte Berliner Kind nicht verkennen. Aber durch den
langen Aufenthalt Pauli's in England hatte sein äusseres Auftreten
und seine geistige Signatur doch ein specifisch anderes Gepräge
angenommen, als es der Mehrzahl der Angehörigen unseres Ge-
lehrtenstandes eigen zu sein pflegt. Den raschen, sicheren Bewegungen des untersetzten, kaum mittelgrossen Mannes mochte
man es wohl ansehen, dass ein selbständiger unabhängiger Geist
in ihm wohne. Gelegentlich wies er wohl, um die nichts weniger
als englisch gemessene, vielmehr sprudelnde Lebhaftigkeit seines
Naturells zu erklären, darauf hin, dass von seiner Mutter her
Hugenottenblut in seinen Adern fliesse. Daneben trat aber doch
der Einfluss seines Aufenthalts unter Engländern und seines Lebens
unter den Eindrücken des grossartigen öffentlichen Lebens des
Inselreiches als sein ganzes Wesen und seine tiefsten Interessen
mitbestimmend deutlich genug hervor.

Heutigen Tages wird wohl jeder Historiker geneigt sein, einen
lebhaften wenn auch nicht thätigen Antheil an den politischen Tages-
fragen zu nehmen. In Zeiten, in denen Geschichte im grossen
Style gemacht worden ist, verlohnt es sich auch wohl wissenschaftlich für ihn, diese auf sich wirken zu lassen. Pauli war aber nun
noch durch sein Leben in England, während dessen er einige Jahre
lang einem bedeutenden Staatsmanne wenn auch in dienender
Stellung ganz nahe gestanden hatte, wie nur wenige seiner Fach-
genossen für das öffentliche Leben der Gegenwart aufgeschlossen.
Er sah in der Vergangenheit vor allem die in ihr sich vorbereitende
Gegenwart. Auf diese anders als durch literarische Mittel einzuwirken, hielt er aber nicht für seinen Beruf. Er nahm keinen
Antheil an parlamentarischen Versammlungen. Die paar Sitzungen
des preussischen Herrenhauses, welchen er als Vertreter der Uni-

versität Marburg beigewohnt hat, werden hiergegen nicht als be-
weisend angeführt werden können.   Da die hessischen Peers sich
in Berlin selten oder gar nicht einzustellen beliebten, wurde Pauli
einmal zum Referenten des Herrenhauses über eine hessische Jagd-
gesetznovelle ernannt.   Diese seine Arbeit über die „hessischen
Hasen" war, wenn ich mich recht entsinne, seine grösste parlamentarische That.   Pauli wollte akademischer Lehrer und nicht
Volksvertreter sein.   Nichtsdestoweniger war er durch und durch
ein politischer Parteimann, wie er grosse englische Gelehrte als
politische Parteimänner kennen gelernt hatte.   Und wie dort jeder
zuerst Engländer und dann erst Parteimann ist, so fühlte sich
Pauli auch zuerst stets als Deutscher, als Preusse.   Sein Sorgen
und Bangen um die Geschicke des Vaterlandes haben ihn bei der
Wahl seines ersten grösseren historischen Werkes im Jahre 1848
mit bestimmt, die schwere Krisis des Jahres 1866 hat in sein
äusseres Leben eingegriffen und im Jahre 1870 war er besonders
thätig die Ovation für Th. Carlyle, der sich für Deutschland gegen
Frankreich ausgesprochen hatte, in's Werk zu setzen.   Und so hat
die Entwicklung der vaterländischen Dinge ihm bis zu seinem
Lebensabende warm am Herzen gelegen, und er hat sie aufmerksam
und in den letzten Jahren schmerzlich von ihr ergriffen verfolgt.
Dabei stand er keineswegs in dem Banne einer politischen Partei
oder gar einer politischen Coterie.   Denn er war nicht gewillt sein
eigenes politisches Urtheil weder einer noch so hoch verdienten
Einzelpersönlichkeit noch gar den wechselnden populären Strömungen zum Opfer zu bringen.

Mit dieser Mannhaftigkeit in seinen politischen Ueberzeugungen
war eine eben so grosse Selbständigkeit und ein eben so unbe-
stechlicher Wahrheitssinn in allen wissenschaftlichen Fragen verbunden.   Beides war aus einem Grunde erwachsen.   Wo er glaubte,
dass um einer Tendenz willen, mochte dieselbe auf einem geschichtlichen Vorurtheile beruhen, oder in einer politischen Vorein-
genommenheit ihren Grund haben, der geschichtlichen Wahrheit
zu nahe getreten worden, da wurde er selbst für seine besten
Freunde ein höchst unbequemer Kritiker und er war im Stande
dann mit echt englischer Rücksichtslosigkeit vorzugehen.   Nichts
war ihm daher verhasster als wissenschaftliches Cliquenwesen.   So
sehr er sich seinem hochverehrten Lehrer v. Ranke zu Dank verpflichtet fühlte, die von diesem vor allen gelehrte Methode historischer Forschung für die allein richtige hielt und das wohl auch
gelegentlich scharf ausgesprochen hat, so wenig war er doch

dauernd geneigt, der deutschen Historiographie überall den unbedingten Vorzug vor der aller übrigen Nationen zu vindiciren,
geschweige denn sich in den Bann von Schulmeinungen oder gar
in die Heeresfolge eines anderen Berufsgenossen zu stellen. Der
historische Sinn für Gewordenes, den das Studium der englischen
Geschichte auszubilden pflegt, hatte auch ihn aller Gleichmacherei
abhold und gegen alle absoluten Maassstäbe misstrauisch gemacht.
Und das im Leben nicht anders als in der Wissenschaft. Auf die
welche Pauli kannten machte es daher fast einen komischen Eindruck, als sich später von Göttingen aus die Märe verbreitete,
ihr Freund sei unter die Welfen gegangen. Da Pauli es in der
Ordnung fand, dass der Georgia Augusta einige Eigenthümlichkeiten vor den übrigen preussischen Universitäten gewahrt blieben,
die mit ihrer grossen Vergangenheit in lebendiger Verbindung zu
stehen schienen, war er bei dieser Ueberzeugung mit einzelnen
Collegen und der preussischen Unterrichtsverwaltung hier und da
in Dissens gerathen. Da er stets mit Freimuth und ohne ängstlich jedes Wort, das er sprach oder schrieb, vorher zu überlegen,
für seine Ueberzeugung lebhaft einzutreten gewohnt war, forderte er
wohl auch eine derartige Nachrede heraus, wie ihm ja auch andere
Conflicte in seinem Leben nicht erspart geblieben sind. Aber er
hat sie dann stets ehrenvoll auszufechten oder auszugleichen gewusst. Waren sie dann aber einmal beseitigt, dann war von einer
persönlichen Verstimmung oder einem Nachtragen bei ihm nicht
die Rede.

Wenn nicht eine andere Erklärungsweise weit näher läge
und natürlicher wäre, so könnte man auch wohl glauben, dass
auch die Stellung Pauli's zur Kirche von seinen englischen Lebens-
eindrücken beeinflusst worden sei. Wie aber in seinem Dasein
gar manches an sich scheinbar Disparate zu einer glücklichen
Gestaltung des Ganzen sich zusammenfügte, so wohl auch hier.
Einer alten reformirten Pastoren- und Gelehrtenfamilie entsprossen,
war er von einem charaktervollen, wissenschaftlich gut gebildeten
Vater in den Formen und dem Geiste echt protestantischer
Frömmigkeit erzogen worden. Diese pflegte auch er in seinem
Hause, hierin wie in allen häuslichen Angelegenheiten von seiner
Lebensgefährtin treulichst unterstützt. Ohne dass nach Aussen
viel Worte davon gemacht worden wären, empfingen die Kinder
eine kirchliche Erziehung und Bildung, welche bei den ältesten
ihren Abschluss in Schottland erhielt. Bigotterie oder gar mucker-
haftes Wesen haben aber nie in diesem Hause Zutritt gefunden.

Heiterkeit, gebildete Geselligkeit herrschten in ihm. Wie der Haus-
herr selbst voll von Anekdoten und lustigen Geschichten steckte,
die er mit lebhaftem Geberdenspiele zu erzählen pflegte, so liebte
er es auch, dass es munter um ihn her zuging, nachdem er seinen
Studien und Vorlesungen auf das Gewissenhafteste obgelegen hatte.

Aber noch einer Seite im Wesen Pauli's muss ich als Freund
rühmend gedenken. Er war im höchsten Grade gefällig und
pünktlich in seinen Versprechungen. Von den verschiedensten
Seiten wurde seine Gelehrsamkeit, namentlich sein reiches Wissen
in allen England betreffenden historischen Wissenszweigen in Anspruch genommen. Mit nie versagender Gefälligkeit hat er Schü-
lern und Mitforschern stets gedient und Arbeiten für sie übernommen. Gar manche ihm befreundete Redaction von Zeitschriften
weiss es zu rühmen, wie er ihr hilfreich beigesprungen ist in Zeiten
der Verlegenheit. Jeder seiner Freunde konnte sich auf seine treue
Gesinnung und thätige Hilfsbereitschaft verlassen.

So steht mir R. Pauli, seitdem ich ihn kennen lernte, vor der
Seele. Auf welchem Lebenswege er so und nicht anders geworden,
durch welche wissenschaftliche Leistungen er seinen Namen unter
uns verewigt hat, mag nun noch in aller Kürze erzählt werden. —

Reinhold Pauli ist am 25. Mai 1823 zu Berlin geboren. Sein
Vater vertauschte wegen Differenzen mit dem Kirchenregimente
drei Jahre nach der Geburt seines ältesten Sohnes sein Pfarramt
in Berlin mit dem an der Lieben Frauenkirche in Bremen. Hier
in der Hansestadt, wo ein ehrenhafter Kaufmannsstand die tüchtigsten Seiten des deutschen Bürgerthums bis auf diesen Tag in
alten Ehren aufrecht erhält, wo der lebhafteste Handels- und See-
verkehr die Anschauungen und Gedanken der Menschen schon
von früher Jugend auf beeinflusst, von spiessbürgerlicher Enge
abkehrt und in's Weite richtet, wuchs der muntere Knabe auf und
erhielt seinen ersten wissenschaftlichen Unterricht. Nur die beiden
letzten Jahre seiner Gymnasiastenzeit verbrachte er in Berlin, wo
er das Friedrich-Wilhelmsgymnasium besuchte. Seine Neigung
zu geschichtlichen Studien documentirte sich schon während dieser
Zeit dadurch, dass er in den Vorlesungen L. von Ranke's verstohlen hospitirte. Nicht minder seine Neigung zu englischer
Sprache und Literatur, die er in Verbindung mit Nicolaus Delius
und Theodor Gildemeister von Jugend auf cultivirt hatte. Da im
Anfang der vierziger Jahre unseres Jahrhunderts das Studium der
Geschichte oder der neueren Sprachen nur von ganz Vereinzelten
als Berufstudium ergriffen wurde, so liess sich Pauli nach bestan-

denem Maturitätsexamen 1842 in Berlin als Studiosus der classischen Philologie und Geschichte immatriculiren und besuchte hier die Vorlesungen Boeckhs und Lachmanns, in Bonn die von Ritschl und Welcker. Doch sein eigentlicher Lehrer und Meister war und blieb in Berlin L. von Ranke, und in Bonn, wo er ein Jahr verleben durfte, Dahlmann. Der Einfluss dieses gefeiertsten Lehrers der rheinischen Hochschule war wohl auf die politische Richtung Pauli's nachhaltiger als auf seine wissenschaftliche. Der „zündenden Wirkung", die Dahlmanns Vorlesung über die englische Revolution damals auf ihn ausübte, hat er stets dankbar gedacht. Am Schluss des Sommersemesters 1846 promovirte er in Berlin auf Grund einer in lateinischer Sprache abgefassten Dissertation über einen vielumstrittenen Gegenstand aus der griechischen Geschichte, den sogenannten Frieden des Antalkidas. Die Thesen, über die er mit einem namhaften Graecisten disputirte, sind theilweise wenigstens philologischen Inhalts. Gegen Ende desselben Jahres wurde dann das sogenannte Oberlehrerexamen bestanden.

Unter den Professoren, die Pauli hierbei zu prüfen hatten, befand sich der Philosoph A. Trendelenburg. Dieser hatte durch seine Frau, der Freundin von Mary Somerville, Beziehungen zu vornehmen schottischen Familien. Auf eine Empfehlung von ihm hin, kam der junge Candidat als Erzieher in die Familie des Rechtsanwalts Bannatyne nach Glasgow. Damit trat die Wendung in das Leben Pauli's ein, welche von Jugend auf vorbereitet durch dieses äussere Ereigniss nun rasch auch zum äusseren Durchbruch gelangen sollte. Blieb Pauli auch nur ein Jahr in Glasgow, so hielt das Land seiner Studien ihn doch noch sieben andere fest. Ja gerade um dieses Land und seine Geschichte recht gründlich studiren zu können, hatte er seine Privatstellung sobald wieder aufgegeben. Nicht mit Glücksgütern gesegnet, musste er seiner jetzt klar erfassten Lebensaufgabe, die Geschichte Englands aus den ersten Quellen zu erforschen, grosse Opfer an Bequemlichkeit und Wohlleben bringen. Doch waren auch diese sieben mageren Jahre von Episoden des äusseren Wohlbefindens, ja des Glanzes durchsetzt. Denn vom Beginne des Jahres 1850 an, war Pauli zwei Jahre lang Privatsecretär des preussischen Gesandten Freiherrn von Bunsen in London. Durch die Biographieen Bunsens und seiner edlen Frau ist das Leben, das sich damals in dem gastlichen von der geistigen Elite der Welt aufgesuchten Hause entwickelte und welches namentlich im Winter 1850 auf 51 „für die Bunsensche Familie, besonders für die jüngeren Glieder eine Zeit

grossen Genusses war", bekannt genug. Pauli, der den Haus-
herrn bei dessen wissenschaftlichen Arbeiten sowohl als in seiner
amtlichen Thätigkeit zu unterstützen hatte, wurde als ein Zuge-
höriger der Familie angesehen. Stets erinnerte er sich daher auch
mit Freude und Dank der vielseitigen Anregung, welche ihm die
nahe Verbindung mit einem so reichen und liebenswürdigen Geiste,
einem so hochstehenden Staatsmanne wie Bunsen, für sein ganzes
Leben eingetragen hatte. Von dieser Dankbarkeit und seinem
Freimuthe zugleich hat Pauli in dem schönen Lebensbilde des
berühmten Mannes, das wir unten zum Abdrucke bringen, ein
Zeugniss abgelegt und Bunsen und sich selbst ein ehrendes Denkmal gesetzt. Auch die Familie Bunsen behielt den getreuen
Secretär in gutem Andenken. Im Jahre 1856 schrieb Frau von
Bunsen von Bonn aus mit freudiger Theilnahme an dem Wohl-
befinden Pauli's nach Heidelberg an ihren Mann. Die guten Beziehungen der Familie zu Pauli haben bis zu seinem Tode fortbestanden.

Bildete der Aufenthalt im Bunsenschen Hause für Pauli den
Höhepunkt seines Lebens in England, so war der Rest Arbeit,
viel Arbeit und Entbehrung. Doch zog er Beides einem längeren
Verbleiben in seiner angenehmen Stelle vor, weil er auch in ihr
nicht die nöthige Musse für die Arbeiten finden konnte, in denen
er nun einmal seine Lebensaufgabe gefunden hatte.

Seine Studien zur Geschichte des britischen Inselreiches hatte
Pauli mit der Epoche begonnen, in der der Contact Englands
mit der germanischen Welt entsteht, der angelsächsischen. Nicht
ohne Einfluss auf die Wahl des ersten Gegenstandes, den er aus
ihr ausgiebiger zu erforschen und darzustellen begann, waren die
Ereignisse der Jahre 1848—50. Zu schildern, wie König Alfred
der Grosse sein Volk aus verworrenen inneren Zuständen und den
Bedrängnissen der dänischen Invasion heraus gerettet, zu einer
staatlichen Einheit zusammengefasst und Cultur und Bildung ihm
gesichert hatte, dies erschien Pauli in jenen Jahren grosser nationaler Aspirationen und schwerer politischer Enttäuschungen für seine
Heimath als eine lockende Aufgabe, deren Lösung auch auf seine
patriotische Stimmung erhebend und stärkend einwirken würde.
Aus dem gedruckten und ungedruckten Quellenmateriale, das er
sich ganz zu eigen gemacht hatte, arbeitete er nach den Grundsätzen der deutschen historischen Schule die von Sagen umflossene
Gestalt des herrlichen Mannes in ihrer Reinheit und Grösse in
sicheren und künstlerischen Umrissen heraus. Die Darstellung

hat desshalb auch allgemeinen Beifall gefunden. Das Buch ist
in's Englische übersetzt worden. In Deutschland sprach kein Geringerer als M. Lappenberg, der bis dahin als der gründlichste
Kenner der englischen Geschichte hier gegolten hatte, seine volle
Anerkennung desselben aus und kündigte gleichzeitig an, dass er
in Pauli den geeigneten Fortsetzer seines eigenen Geschichtswerkes
gefunden zu haben glaube, da ihm ein schweres Augenleiden seine
Geschichte Englands zu vollenden nicht gestatte. So ist die
Geschichte Englands von Lappenberg und Pauli entstanden, welche
einen der werthvollsten Bestandtheile der grossen Collection von
Geschichtswerken bildet, die unter dem Namen der Heeren-Uckert-
Giesebrechtschen Sammlung allgemein bekannt ist. Hatte Lappenberg seine Darstellung nur bis zur Mitte des 12. Jahrhunderts, bis
zur Thronbesteigung des ersten Königs aus dem Hause Plantagenet in zwei mässigen Bänden herabführen können, so vollendete
Pauli die Geschichte des englischen Mittelalters bis zum Tode
Heinrichs VII. († 1509) in drei umfangreichen Bänden, welche bis
zum April 1858 fertig gedruckt vorlagen. Sie enthalten ein tüch-
tiges Stück deutschen Gelehrtenfleisses. · Denn war auch, als Pauli
sich an diese Arbeit wagte, schon Vieles von englischen Forschern
geleistet, viele Quellenschriftsteller und zahlreiche Urkunden veröffentlicht, so fehlte doch noch gar Vieles, das für eine die ungemein wechselnde Geschichte des englischen Mittelalters gleichmässig behandelnde Darstellung aus Archiven und Bibliotheken noch
zu durchforschen war. Und wie reichlich fliessen doch gerade für
die englische Geschichte des Mittelalters die Quellen! Als Pauli
sich an die Arbeit machte, war, um nur ein Beispiel anzuführen,
die Publication des grossen Sammelwerkes für die mittelalterlichen
Chronisten Englands noch nicht begonnen; die Urkunden waren
noch nicht so vollständig verzeichnet und centralisirt als heutigen
Tages. Es bedarf auch für den Laien in historischen Studien
keiner weiteren Ausführung, dass es damals also viel schwieriger
war, eine zusammenfassende Geschichtserzählung zu liefern, als jetzt.
Umsomehr muss man die Energie und Arbeitskraft Pauli's bewun-
dern, mit der er in wenigen Jahren das zerstreute, fast unerschöpf-
liche und spröde Material bewältigte und in eine feste Form um-
goss. Natürlich hat er dann aber auch von dieser angestrengten
Arbeit Früchte geerntet, wie sie dem Historiker nicht zu erwachsen
pflegen, der auf schon geebneten Wegen einherschreiten kann.
Seine Geschichte Englands ist durch ihre Quellennachweisungen
zu einer Geschichte der englischen Historiographie des Mittelalters

geworden; sein Arbeiten nach Urkunden und Handschriften hat
ihn zu einem ausgezeichneten Kenner der Diplomatik und Paläo-
graphie gemacht.

Und das was Pauli so erforscht und zusammengearbeitet hat,
ist in seiner Darstellung nicht Rohmaterial geblieben. Fühlt man
es seiner Erzählung an, dass sie überall auf die ersten Quellen
zurück geht, hat sie sich den Duft originaler Forschung bewahrt,
so ist sie doch nichts weniger als formlos. Nach den Grundsätzen,
die für das grosse Sammelwerk, von welcher sie einen Theil bildet,
einmal die massgebenden waren, ist die Erzählung eine, man
möchte fast sagen, annalistische. Dadurch aber ist eine Gruppen-
bildung nach sachlichen Gesichtspunkten nicht ausgeschlossen und
die strenge chronologische Erzählung der äusseren geschichtlichen
Thatsachen, welche in schlichten aber zutreffenden Worten gegeben wird, schliesst eine zusammenfassende Darstellung der inneren
Entwicklung, des Verfassungslebens, des Handels und Wandels,
der religiös-kirchlichen Fragen in eben so knappen Umrissen ab.

Neben den Vorstudien zu diesem Werke, welches die wissenschaftlich bedeutendste Leistung, die Pauli zum Abschluss gebracht
hat, bleiben sollte, treten andere Arbeiten, die er in England
unternahm, ganz zurück. Die Ausgabe des Werkes eines der
frühesten englischen Dichter, der Confessio amantis des John Gower
in drei Bänden ist freilich eine treffliche kritische Leistung. Aber
immerhin hat er sie wie die Anfertigung von Abschriften einer
Anzahl von Urkunden zur mittelalterlichen englisch-deutschen Geschichte, welche er im Auftrage der Berliner Akademie besorgte,
und andere kleine Arbeiten, nur unternommen, um sich die Sub-
sistenzmittel für seinen Aufenthalt in England zu ergänzen.

Die Rücksicht auf eine gesicherte äussere Stellung, die sich
ihm in England nicht zu bieten schien, war es denn auch, die ihn
nach Deutschland zurücktrieb. Dazu kam dass er sich, so viel
treue Freunde er dort gefunden hatte, doch wissenschaftlich isolirt
fühlte. So beschloss er sich denn im Sommer 1855 in Bonn als
Privatdocent für Geschichte zu habilitiren und sein Glück in einer
der in Deutschland üblichen Laufbahnen zu versuchen. Er fand
sich hierin auch nicht getäuscht. Nachdem er nur zwei Semester
in Bonn gelesen hatte — denn den Winter 1856—57 verbrachte
er auf eine Einladung König Maximilians II. von Bayern hin in
äusserst anregender Umgebung in München —, wurde er Ostern
1857 als ordentlicher Professor der Geschichte nach Rostock
berufen.

Die erste feste Anstellung, die Pauli hier gefunden hatte, ermöglichte es ihm auch an die Gründung eines eigenen Hausstandes zu denken. Zu seinem grossen Schmerze musste er es aber erleben, dass ihm seine junge Frau, Anna geb. Ulrichs aus Bremen, mit der er sich kurz nach seiner Berufung nach Rostock verlobt und im Sommer 1857 verheirathet hatte, bald wieder durch den Tod entrissen wurde. Dieser schwere Verlust liess Pauli in Rostock nicht recht heimisch werden. Haben die wenigen Angehörigen dieser Universität, welche jetzt noch aus seiner Zeit dort vorhanden sind, ihm ein freundliches Andenken bewahrt, so wissen sie doch nicht viel von ihm zu berichten. Der Heimgang seiner jungen Frau trieb ihn ganz in seine Studien zurück. Trotz des Mangels an gelehrten Hilfsmitteln, der in Rostock schwerer auf ihm als irgend sonst wo lastete, vollendete er hier rasch den 3. Band seiner englischen Geschichte und folgte 1859 gern einem Rufe, der ihn als Nachfolger M. Dunkers aus Tübingen zugekommen war. Hier hat er dann zum zweiten Male sich einen Hausstand gegründet, indem er sich im Frühjahre 1860 mit der jüngeren Schwester seiner verstorbenen Frau, Elisabeth Ulrichs, verheirathete. Drei Töchter wurden ihm dann hier geboren, denen eine vierte in Marburg nachgefolgt ist. Sie haben sämmtlich ihren Vater überlebt.

Der Aufenthalt Pauli's in Tübingen ist in mancher Beziehung für ihn wieder zu einer Reihe von Lehrjahren geworden. Er hatte sich bis dahin doch wesentlich nur mit englischer Geschichte und Literatur beschäftigt. Griff nun seine Lectüre auch weit über diese hinaus, so hatte er sich doch grosser Gebiete der Geschichte, über die er Vorlesungen zu halten hatte, noch nicht selbständig bemächtigt. Seine Stellung als Mitglied der staatswissenschaftlichen Facultät, welche er erst später mit der eines Angehörigen der philosophischen Facultät vertauschte, nöthigte ihn nun sich auf bisher nichtbetretenen Wegen zu versuchen. Als Nachfolger M. Dunkers, der in seinen Vorlesungen zu Tübingen aus der Fülle seines universalhistorischen Wissens geschöpft hatte, hatte Pauli anfangs auch in Tübingen einen schweren Stand. Dazu kam, dass damals die schwäbische Hochschule fast nur von süddeutschen Studenten besucht war, denen Pauli's stark norddeutsches Wesen und sein entschieden festgehaltenes und laut ausgesprochenes politisches Glaubensbekenntniss im Allgemeinen wenig behagte. Doch versammelte er nach und nach eine immer stärker anwachsende Zahl von Zuhörern um sich, deren Grundstock die Mitglieder des

historischen Seminars bildeten. In den Uebungen mit diesen, bei
denen sich sein hülfbereites, freundliches Entgegenkommen recht
zeigen konnte, entfaltete er sein reiches, stets präsentes Wissen
am deutlichsten, wie seine Gewandtheit im Vortrage am glänzendsten in den Vorträgen hervortrat, die er vor einem gemischten
Publicum hielt. Die Klarheit und Bestimmtheit des Ausdrucks,
die spielende Leichtigkeit im Ueberwinden der äusseren Schwierigkeiten des anscheinend ganz freien Vortrags, die Lebendigkeit,
man möchte sagen, sichere Heiterkeit der ganzen Rede, versetzten
jeden Hörer in eine angeregte Stimmung, in der er sich ganz dem
geistigen Genuss des Vortrags überlassen konnte. Derartige Vorträge Anderer mögen tiefer gehend, künstlerischer angeordnet,
reicher mit Pointen und glänzenden Stellen ausgestattet gewesen
sein, es haben auf mich und viele Andere keine so den Eindruck
der Unmittelbarkeit gemacht als die Pauli's. Seine ganze Persönlichkeit spiegelte sich in ihnen ab; er sprach vollkommen wie er
war. Und darum haben sie auch niemals des Beifalls entbehrt. In
Tübingen, in Marburg und Göttingen gehörten die öffentlichen
Vorträge Pauli's entschieden zu den beliebtesten. Man hat ihn
daher auch schon von anderer, auch hierin sehr competenter Seite
„einen Meister" in diesen Vorträgen genannt und von „dem Entzücken" gesprochen, mit dem sie seine Hörer erfüllt hätten.

Da Pauli sich seinen Berufspflichten in Tübingen mit dem
grössten Eifer unterzog, auch als Mitglied des Senats an der Verwaltung der Universität lebhaften, wenn auch nicht äusserlich hervor-
tretenden Antheil nahm, ferner sich an dem geselligen Leben der
Collegen, das er durch Einrichtung von Gesellschaftsabenden, an
denen Vorträge gehalten wurden, geistig zu beleben bemüht war,
gern betheiligte, so unterbrach er die Fortsetzung der englischen
Geschichte. Das ungeheure Material zur Geschichte Heinrichs VIII.
zu sammeln und zu bewältigen, das schien ihm selbst in Tübingen,
wo eine treffliche Bibliothek ihn unterstützt hätte, nicht gut möglich. Ein später gehobenes Missverständniss mit seinem Verleger,
die Abneigung sich der annalistischen Behandlung der neueren
Geschichte Englands anzubequemen, kamen noch dazu, um die
Vollendung des Werkes in weite Ferne zu rücken. Dafür war Pauli
in Tübingen um so fleissiger kleinere Monographieen zur englischen Geschichte für wissenschaftliche Zeitschriften zu schreiben
und eine Sammlung von älteren und neueren Arbeiten zusammen-
zustellen, die für ein grösseres Publicum bestimmt war. „Die
Bilder aus Altengland", welche 1860 zuerst erschienen, 1861 in's

Englische übersetzt sind und 1876 eine zweite umgearbeitete Auflage erlebt haben, waren die reifste Frucht dieser Thätigkeit,
während die wissenschaftlich bedeutendste die Monographie über
Simon von Montfort, den Schöpfer des Hauses der Gemeinen,
bildete, die er seinem Lehrer L. von Ranke 1867 zu dessen fünf-
zigjährigem Doctorjubiläum darbrachte.

Doch auch eine mehr darstellende Erzählung einer wichtigen
Epoche der englischen Geschichte sollte in Tübingen noch zum
guten Theile vollendet werden. Für die „Staatengeschichte der
neuesten Zeit", welche S. Hirzel in Leipzig verlegte, hatte Pauli die
englische Geschichte übernommen. Er verhehlte sich die Schwierigkeiten nicht, die mit jeder Darstellung einer Geschichtsepoche verbunden sind, die wir noch die unsrige nennen können. „Je mehr
die Darstellung zur Geschichte der eigenen Zeit wird", sagte er
selbst einmal, „desto weniger lässt sich der Stoff, auch wenn er
endlich einigermassen zur Verfügung steht, packen und nach den
Regeln wissenschaftlicher Methode und historischer Kunst verwenden. Man hat das Gefühl, als ob man mit heisser Lava und
kaum mit Material zu thun habe, das angegriffen und behauen
werden kann." Nichtsdestoweniger machte sich Pauli mit gewohnter
Energie an das Werk. Innerhalb elf Jahren hat er die englische
Geschichte von 1815 bis 1852, von dem Schlusse der französischen
Revolutionskriege bis zum Beginne des Krimkrieges in drei stattlichen Bänden erzählt. Dieses Werk hat wohl Pauli's Namen in
weiteren Kreisen am bekanntesten gemacht. Und das mit Recht.
Denn in ihm ist auf Grund der genauesten Kenntniss von Land und
Leuten und mit Zuhilfenahme von vorzüglichem, bis dahin noch
nicht benutztem Materiale eine Geschichte des Inselreichs, seiner
ungeheuren Machtentfaltung nach Aussen und seiner unaufhaltsam
sich vollziehenden inneren Umgestaltung gegeben, wie wir nur
von ein bis zwei ausserdeutschen Ländern ähnliche besitzen. In
gewissen Kreisen, in denen man bis vor Kurzem wie auf gegebenes
Commando hin mit Russland coquettirte, und nicht genug von dem
unausbleiblichen Rückgange Englands und dessen heillosem parla-
mentarischem Regime zu weissagen wusste, hat das Werk natürlich nicht viel Beifall gefunden, obwohl oder vielleicht gerade weil
es den Untergang der aristokratischen Grundlagen der parlamentarischen Regierungsform und des bestimmenden Einflusses der
Krone in England beklagte.

Die Vorrede des zweiten Bandes dieser englischen Geschichte
ist im April 1867 noch von Tübingen aus datirt. Ihr Autor hebt

hier in dem letzten Satze hervor, dass es ihm nur möglich gewesen sei, den vorliegenden Band in Folge „einer ihm in jeder
Beziehung erwünschten Musse" so abzuschliessen, wie er sei.

Das Ereigniss, das Pauli diese Musse gewährte, mag hier
mit den schlichten Worten einer seines treuen süddeutschen Freunde
erzählt werden.

„Der Anschluss an Preussen galt bei Pauli für jeden National-
gesinnten als selbstverständlich. Zu dieser Ueberzeugung bekannte
er sich auch zur Zeit des Krieges von 1866 mit rücksichtsloser
Freimüthigkeit. Wenn sich auf dem Bahnhofe in Tübingen während
der entscheidenden Tage eine Gruppe sammelte, um die neuesten
Zeitungen in Empfang zu nehmen, gehörte er zu dem kleinen
Kreise derer, welche unverhohlen ihre Freude über die preussischen
Siege aussprachen; das zog ihm manche Anfechtung zu. Der
Aerger über die falsche Stellung der würtembergischen Regierung
gab ihm nun den Anstoss zu einem Artikel für die „Preussischen
Jahrbücher", der im Augustheft derselben abgedruckt wurde.
Dieser Aufsatz machte grosses Aufsehen und verletzte namentlich in höheren Kreisen auf's Tiefste, fand aber auch unter sol-
chen, die im Allgemeinen auf Pauli's Standpunkte standen, Miss-
billigung. Es war dieses wohl begreiflich, da der Artikel in
gereizter Stimmung geschrieben auch nicht ganz gerechtfertigte
Voraussetzungen und Beschuldigungen enthielt. Bei der raschen
und entschiedenen Weise, mit welcher Pauli denselben hingeworfen
hatte, war ihm vorsichtiges Abwägen der Ausdrücke nicht in den
Sinn gekommen. Es wurde natürlich vielfach nach dem anonymen
Verfasser geforscht. Der Verdacht richtete sich vorwiegend auf
Pauli. Der mit Leidenschaft auf antipreussischer Seite stehende
Cultusminister Golther beauftragte desshalb den ebenfalls im Auf-
satze angegriffenen Kanzler Gessler, Pauli zu fragen, ob er der
Verfasser sei. Obgleich dieser wohl hätte eine ausweichende Antwort geben können, so war es ihm doch bei seiner gewohnten Aufrichtigkeit nicht anders möglich, als sich einfach zur Autorschaft zu
bekennen. Golther suchte nun ein Gutachten des akademischen
Senats zu erwirken, das ihm die Absetzung Pauli's ermöglichen
sollte. Dieser Versuch aber scheiterte an dem ablehnenden Votum
der Majorität des Senats. Golther griff nun zu dem Mittel, das
ihm verfassungsmässig zu Gebote stand, der Versetzung mit Bei-
behaltung des Ranges und Gehaltes. Pauli wurde zum Professor
an dem niederen theologischen Seminare zu Schönthal, in einer
abgelegenen Gegend des Landes, ernannt. Diese Versetzung that

sofort die beabsichtigte Wirkung: Pauli nahm seine Entlassung,
blieb aber noch den Winter in Tübingen. Im Frühjahr folgte er
einem Rufe nach Marburg, wo er dasselbe Gehalt erhielt, wie in
Tübingen. Bald nach seiner Entlassung hatte er auch einen Ruf
nach Dorpat erhalten, den er aber ablehnte."

Dass Pauli nicht lange Jahre in Marburg verbleiben werde,
war leicht vorauszusehen. Von allen deutschen Hochschulen schien
Göttingen mit seinen hannoverisch-englischen Beziehungen die
geeignetste zu sein, ihn dauernd fest zu halten. Schon vor Jahren
hatte Pauli in Tübingen gegen einen seiner Zuhörer diese Universität als die für ihn lockendste bezeichnet. Als im Herbste 1869
der Historiker Havemann dort starb, galt es daher von vornherein
so ziemlich als ausgemacht, dass Pauli dorthin berufen werden
würde. Da die philosophische Facultät Göttingens unter der Führung
von G. Waitz sich auch für die Berufung von Pauli erklärte, erfolgte dieselbe schon für das Frühjahr 1870. Pauli ist dann auch
dieser Universität bis an seinen Tod treu geblieben. Hier fühlte
er sich ganz auf heimischem Boden, hier waren die Verhältnisse
wie für ihn geschaffen.

Die Georgia Augusta, von dem zweiten englischen Könige aus
dem Welfenhause gestiftet, hatte sich die Pflege deutsch-englischer
Beziehungen von jeher vor den übrigen deutschen Hochschulen
angelegen sein lassen. Die Bibliothek der Universität war wie
kaum eine andere deutsche mit Werken zum Studium Englands
und seiner Geschichte versehen. Es herrschte an ihr eine gewisse
Opulenz und ein Gefühl von Selbständigkeit, das wohl an englische Einrichtungen erinnern konnte. Dazu kam besonders für
Pauli das nahe Verhältniss, in dem er zu seinem Specialcollegen
G. Waitz stand. Schon von früher her mit diesem grossen Gelehrten befreundet, gestaltete sich jetzt ihr persönlicher Verkehr
auch bald auf das Wünschenswertheste. „Pauli war allezeit der
liebenswürdigste College, und unser Verhältniss ist auch nie durch
die kleinste Wolke getrübt worden, obschon unsere Auffassung der
politischen Verhältnisse, namentlich die ersten Göttinger Jahre,
nicht ganz die gleiche war", schreibt der überlebende der beiden
Freunde an mich. Nicht wenig, um Pauli ganz in Göttingen ein-
wurzeln zu lassen, trug dazu bei, dass seine Frau rasch entschlossen, während er noch zauderte, eine schöne mit alten, schat-
tigen Bäumen eingerahmte Besitzung vor dem Geismarthore an-
kaufte. Nachdem er dort eingezogen war, durfte er sich wohl mit
manchem seiner englischen Freunde vergleichen, deren Cottage

b*

gleich seinem Hause ein Sitz heiterer Geselligkeit und ernster
Studien war. Und Pauli begann wieder in Göttingen sich mit
grossen Entwürfen zu tragen. Als ich ihm schon einmal in Marburg zuredete, er möge doch eine Fortsetzung seiner englischen
Geschichte in Angriff nehmen, da sprach er es als ein Lebensziel
aus, die Geschichte des englischen Reformationszeitalters in möglichst breiter und farbenreicher Ausführung zur Darstellung zu
bringen. Wer seine kritisch-literarischen Publicationen aufmerk-
samer verfolgte, konnte auch leicht bemerken, wie er allen neuen
Erscheinungen auf diesem Gebiete sorgsam nachging. In Göttingen
trat er, man möchte fast sagen, tastend der Ausführung des Plans
näher. Das Fragment zur Geschichte Heinrichs VIII., das wir
hier veröffentlichen, wie ein zweiter ausgeführter, schon gedruckter
Aufsatz zu derselben Periode, sind neben anderen mehr kritischen
Arbeiten in Zeitschriften die Zeugen seiner Arbeit auf diesem Felde.
Dass er dasselbe wieder bald mehr verliess, wenn er sich auch
nie ganz von ihm getrennt hat, hatte zunächst eine äussere Veranlassung.

Für das grosse nationale Sammelwerk deutscher mittelalter-
licher Geschichtsquellen, für die Monumenta Germaniae, sollten
die betreffenden Abschnitte der mittelalterlichen englischen Chronisten ausgewählt und in neuen kritischen Ausgaben zum Abdrucke gebracht werden. Wer hätte hier sicherer und rascher
helfen können als Pauli? Obwohl ihm die Edition von Geschichtsquellen nicht das Vergnügen bereitete, wie die Verarbeitung und
Verwerthung derselben, so war er doch bald zur Hilfe bereit und
kehrte somit zu Studien zurück, welche er längst hinter sich gelassen hatte. Einiges von dem von ihm so bearbeiteten Materiale
ist schon veröffentlicht worden. Aber der grösste Theil der Arbeiten erwartet noch seine Publication, mit der Dr. Liebermann
betraut ist.

Für einen Professor der Geschichte in Göttingen musste es
nahe liegen, der Geschichte der Erwerbung des englischen Thrones
durch das Kurhaus Hannover näher nachzugehen. Archivalische
Publicationen, die erfolgten, während Pauli in Göttingen wirkte,
machten in ihm den Wunsch doppelt lebendig, hier zu einer erschö-
pfenden Kenntniss der Vorgänge zu gelangen, welche die Interessen
Englands und Deutschlands so nahe berührten. Er machte sich
um so rascher an das Werk, als er in den Besitz einer Reihe Archi-
valien ersten Ranges gelangt war, welche seit Spittler Niemand
ausgenutzt hatte. Er steckte noch mitten in den Arbeiten zu

diesen denkwürdigen Vorgängen, als der Tod auch hier wohl
Begonnenes und schon weit und glücklich Gefördertes für immer
zerriss. Noch die letzten Arbeiten Pauli's, wie die beiden hier
abgedruckten Aufsätze 6 und 7, welche erst nach seinem Tode
veröffentlicht worden sind, bezogen sich auf diese hannoverisch-
englischen Dinge.

Nicht minder als für diese mehr dynastisch wichtigen Wechsel-
beziehungen zwischen England und Deutschland interessirte sich
Pauli für eine ganz andere Reihe von Ereignissen, in denen das
bürgerliche Element Deutschlands zu seiner reichsten Entfaltung
gekommen war und die gleichfalls in naher Verbindung mit der
Geschichte Englands standen. Hatte eine der frühesten Arbeiten
Pauli's die Schilderung der grossen Handelsniederlassung der deutschen Hansa in London, des Stahlhofes, zu ihrem Vorwurfe, hatte
er selbst Abschriften von zahlreichen Urkunden in den Archiven
Englands, welche sich auf die Handelsbeziehungen Deutschlands
zu England im Mittelalter bezogen, während seines frühesten
Aufenthaltes auf der Insel genommen, wie hätte er die Gründung
eines Vereines nicht mit Freuden begrüssen sollen, der sich die
Erforschung und Darstellung der Geschichte des grossen deutschen
Städtebundes der Hansa zum Ziele gesteckt hat? In der That
ist Pauli eins der eifrigsten Mitglieder des hansischen Geschichtsvereins und dessen Vorstandes gewesen. Auf keiner Jahresversamm-
lung der Gesellschaft fehlte er, hielt dann Vorträge und war mit
Rath und That dabei. Noch am Tage vor seinem Tode war er
auf einem derartigen Vereinstage in Hannover thätig. Diese
Rührigkeit, welche Pauli in dieser Vereinsthätigkeit entfaltete,
entwickelte er aber auch in allen den praktischen Geschäften,
welche mit der Stellung eines Professors verbunden zu sein pflegen.
Mit der grössten Pünktlichkeit, Accuratesse und Sicherheit wurden
die Geschäfte erledigt, welche akademische und halbakademische
Aemter und Würden mit sich bringen. Als Rector der Universität,
als Vorstand des literarischen Museums u. s. w. war er der gewissenhafteste exacteste Beamte, der auch durchzugreifen verstand, wo
ihm dieses nöthig zu sein schien.

Bei der grossen, vielseitigen und fruchtbaren Thätigkeit, die
Pauli entwickelte, konnte ihm auch die Anerkennung nicht fehlen,
die solchem Wirken in der gelehrten Welt zu Theil wird. Nachdem er schon 1857 correspondirendes Mitglied der Münchener
Akademie geworden war, und die Göttinger Societät der Wissenschaften ihn zu ihrem ordentlichen Mitglied ernannt hatte, wurde

er 1874 fast gleichzeitig zum L. L. D. von den Universitäten Oxford
und Edinburg ernannt. Die London historical Society wählte ihn
zu ihrem Mitgliede und nicht lange vor seinem Tode nahm ihn
auch die Berliner Akademie unter die Zahl ihrer correspondirenden
Mitglieder auf. So schien Pauli, dem man bei seiner Rüstigkeit
und Lebhaftigkeit kaum ansah, dass er dem Schlusse des sechsten
Decenniums seines Lebens nahestehe, ein Alter in reichen Ehren
und gesegneter Wirksamkeit als akademischer Lehrer und als frucht-
barer Forscher und Schriftsteller gesichert zu sein, als Allen unerwartet ein jäher Tod ihn dahinraffte. Sein Gesundheitszustand
war zwar die beiden letzten Jahre kein ganz befriedigender gewesen. Er hatte, wie er es ausdrückte, über gichtische Anfälle
zu klagen. Sein Arzt hatte ihn im Herbste 1881 nach Karlsbad
geschickt. Die Kur hatte aber nicht den erwünschten Erfolg gebracht. Er musste im Winter 1881 auf 82 wiederholt mediciniren.
Aber Niemand in Göttingen, der ihn in der Woche nach Pfingsten
zur Versammlung des hansischen Geschichtsvereins nach Hannover
hatte abreisen sehen, keiner seiner vielen Freunde, die ihn in
Hannover begrüssten, hätte geahnt, dass seinem Leben so bald ein
Ziel gesteckt sein werde. Von Hannover war Pauli am 2. Juni
zu einem Familienfeste nach Bremen gereist. Obwohl er sich nicht
ganz wohl fühlte, nahm er doch an demselben noch ungestört
Theil. In der Nacht vom 2. auf den 3. Juni hat ein Schlaganfall
seinem Leben dann plötzlich ein schmerzloses Ende gemacht.
Eine Untersuchung ergab, dass der rasche Tod ihn vor schweren,
unheilbaren Leiden bewahrt hatte.

. Sieht man von dem schweren Verluste ab, der Pauli durch
den Tod seiner ersten Gattin bereitet wurde, so ist sein Leben
ein überaus glückliches gewesen. Es hat sich in aufsteigender
Linie bewegt und hatte das äussere Ziel erreicht, das sein Träger
sich selbst gesteckt hatte. Wenn wissenschaftliche Aufgaben, die
noch zu lösen waren, nicht vollendet werden konnten, so haben
wir selbst uns hierüber mehr zu beklagen, als den verstorbenen
Freund, dem es beschieden war, an der Schwelle des Alters an-
gekommen, ohne dessen Kümmernisse zu kosten, in die ewige .
Ruhe einzugehen und der Welt seinen Namen in gesegnetem Andenken zu hinterlassen.

Pauli hatte schon längere Zeit vor seinem Tode den Entschluss gefasst eine neue Folge seiner „Aufsätze zur Englischen
Geschichte" in den Druck zu geben und das auch gegen den ihm

befreundeten Verleger der vorliegenden Sammlung ausgesprochen. Aber seine Augen schlossen sich früher, ehe nur die erste Hand an die Ausführung des Plans gelegt war. Dass die Wittwe des Verewigten die Absicht ihres so früh verstorbenen Gemahls trotzdem verwirklicht zu sehen wünschte, wird Jedermann begreiflich finden. Doch war es nicht ganz leicht hierbei das Rechte zu treffen und ganz im Sinne Pauli's zu verfahren. Denn einmal machte die Auswahl der zu veröffentlichenden Aufsätze Schwierigkeiten. Und dann konnte man sich überzeugt halten, dass der Autor derselben, wenn es ihm vergönnt gewesen wäre, sie selbst zu sammeln und neu herauszugeben, an ihnen manche Veränderungen angebracht haben würde. Sind doch manche Aufsätze der ersten Sammlung, mit ihrer ersten Publication verglichen, ganz umgearbeitet. Das konnte nun für unsere Veröffentlichung in keiner Weise geschehen. Die Aufsätze mussten so gedruckt werden, wie sie von Pauli veröffentlicht oder im Manuscript hinterlassen waren. Dabei gereichte es uns gewissermaassen zum Troste, dass der ungedruckte Theil unserer Sammlung, der ungefähr zwei Fünftel des Ganzen bildet, namentlich das grosse Fragment über die Anfänge Heinrichs VIII., von Pauli selbst für druckfertig gehalten worden ist. Denn einen Theil derselben hatte er mit ganz unbedeutenden, von uns benutzten Veränderungen in der „Deutschen Rundschau" veröffentlicht.

Für die Auswahl des Aufzunehmenden wurde der Gesichtspunkt maassgebend, dass Nichts gedruckt werden sollte, was Pauli vor 1869, dem Jahre des Erscheinens der ersten Sammlung, geschrieben hatte. Würde er Aufsätze oder Vorträge, welche er vor diesem Zeitpunkte abgefasst hatte, noch einmal haben veröffentlichen wollen, so sagte ich mir, so würde er diesen wohl schon in der ersten Sammlung eine Stelle eingeräumt haben. Vielleicht ist diese Erwägung eine irrige gewesen, und bei dem Wunsche, namentlich einige einzeln erschienene Reden und Abhandlungen vor unverdienter Vergessenheit zu schützen, habe ich mir wiederholt die Frage vorgelegt, ob dieselbe ausschlaggebend sein dürfe. Schliesslich bin ich aber doch bei ihr stehen geblieben. Denn sie war der Grundstimmung, welcher diese Sammlung überhaupt ihre Entstehung verdankt, der Pietät gegen den Verstorbenen, entsprungen.

Aber auch aus den Aufsätzen, welche Pauli nach 1869 geschrieben und veröffentlicht hatte, war noch eine Auswahl zu treffen. Ob ich hierbei richtig verfahren bin, vermag ich nicht

zu sagen. Für den Vortrag über Heinrich V. war ich persönlich
sehr eingenommen, da ich ihn selbst gehört hatte.

Wie die erste Sammlung mit der Charakteristik eines zum
guten Engländer gewordenen edlen Deutschen abschliesst, so ist
auch der letzte Aufsatz dieser einem Manne gewidmet, der ein
geborener Deutscher durch Familienverbindung und Lebensstellung
zu einem treuen Vermittler zwischen Deutschland und England
geworden war. Es schien mir passend diesen Abschluss einer
Sammlung von Aufsätzen zur englischen Geschichte zu geben,
welche von einem Manne herrührte, der wie Wenige seiner Zeitgenossen auf dem Gebiete englischer Geschichte heimisch geworden war, ohne doch aufzuhören vor allem ein guter Deutscher
zu sein. Das und die persönlichen Beziehungen Pauli's zum Freiherrn von Bunsen liessen mich davon absehen, dass diese Charakteristik in einem so allgemein zugänglichen Werke, wie die „Allgemeine deutsche Biographie" ist, veröffentlicht war. Die kurze
Darlegung der „Confessionellen Bedenken u. s. w." (S. 379 u. f.)
hat darum hier eine Stelle gefunden, weil sie in einem, namentlich für englische Leser nicht leicht zugänglichen Fachblatte, der
„Zeitschrift für Kirchenrecht" Band XVIII abgedruckt war. Die
übrigen hier gesammelten Aufsätze sind, so weit sie schon gedruckt waren, den Zeitschriften „Im neuen Reiche" (No. 1 u. 8),
den „Preussischen Jahrbüchern" (No. 2) und der „Deutschen Rundschau" (No. 5 u. 6) entnommen. Für die Gestattung des Wieder-
abdrucks sage ich den betreffenden Herrn Verlegern den besten
Dank. Herrn Dr. F. Liebermann, der bei der Correctur mich
treulichst unterstützt hat, verfehle ich auch hier nicht herzlich zu
danken.

Halle im September 1883.   Dr. O. Hartwig.

DURHAM.

In allen Tagen der Geschichte hat dasjenige Gebiet des northumbrischen Englands, das, von einigen Aesten des penninischen Centralrückens und vielfach gewundenen Wasseradern durchzogen, mit lange ungeahnten Mineralschätzen in seinen Eingeweiden die felsige Stirnseite nach der Nordsee hinausstreckt, auf die engeren und weiteren Geschicke bestimmend eingewirkt. Hier stützte seine rechte Flanke auf günstige Bodenverhältnisse jener Pictenwall, den das Kaiserthum Hadrians zum Schutz der römischen Colonie in Britannien wider den Sturmlauf unbezwungener Stämme des Nordens quer über die Insel warf. Seine behauenen und beschriebenen Steine, die in Menge ausgegraben werden oder in altem Gemäuer stecken, deuten auf eine Epoche früher, lange dauernder Gesittung zurück. Hier gewannen dann wieder mit der niederdeutschen Besitzergreifung die Angeln den kräftigsten Halt gegen die in Rasse und Glauben ihnen in alle Wege widerstrebenden Kelten. Wie fast überall an hart bestrittenen Marken zeitigte das Germanenthum auch hier besonders reife Früchte.

Unmittelbar aus der Begründung einer jungen streitenden Kirche durch König Oswald und den Schotten Aidan von St. Columbans Insel entsprang in Northumbrien an einer Reihe heiliger Stätten jene berühmte Pflanzschule für die übrige germanische Welt, deren Sendboten weder vor der Wildheit des Meeres noch dem Trotz der Menschenseele zurückbebten, um zugleich mit der Rechtgläubigkeit eine schulmässige Saat der Bildung auszustreuen. Nicht von ungefähr weisen die dürftigen Anfänge festländischer Jahrbücher seit dem siebenten Jahrhundert auf das kleine Eiland

Lindisfarne zurück, das Stift des heiligen Cuthbert und seiner
Mitstreiter, die, wie Aidan, Finan, Colman, sogar noch un-
deutsche, keltische Namen tragen. Nicht von ungefähr lebte
und wirkte dann der Begründer umfassender Forschung, der
grosse Lehrmeister der Germanen und Romanen, der ehr-
würdige Baeda, in zwei kleinen monastischen Häusern am
Wear, dessen Wasser die steile Höhe des Crossfell mit dem
stürmischen Meer in Verbindung setzen. Hier gedieh, von
allen Störungen der Natur und der Völker unbeeinflusst,
durch keine Lockungen der fernen Aussenwelt abgezogen,
jenes Studium, das im Dienste Gottes und der Kirche feste
chronologische Regeln entwarf und Muster zu den verschiedenen Gattungen der Geschichtschreibung aufstellte.
Gleich dem grossen Weltweisen von Königsberg hat Baeda,
der noch Vergangenheit und Gegenwart zu umfassen strebte,
die enge Heimath an der äussersten Grenze seines Stammes
niemals verlassen. Mochten die Könige der Sachsen und
die Bischöfe Roms ihn noch so oft einladen, da, wo er
gelernt und gelehrt, wollte er auch sterben. Mit dem letzten
Federzuge, der den Schluss des Johannesevangeliums in
sein geliebtes Anglisch übertrug, hauchte er, wie eine artige
Erzählung berichtet, das Leben aus. Um so heller und
wärmer leuchtete jene stille Werkstatt der Cultur noch im
Zeitalter Karls des Grossen, bis bald hernach die zerstö-
rende Wuth der Scandinaven mit ausgesuchter Grausamkeit
gerade auf diese kirchenreiche, anbetungsvolle und studien-
frohe nordenglische Landschaft fiel. Die Stiftung St. Cuthberts und die Klöster am Wear schienen in dem Untergange des nationalen Königthums begraben. Nur in
unendlichen Fährnissen wurden die Gebeine des Heiligen
mit wenigen kostbaren Geräthen und Büchern vor der
Beutegier der Vikinge über Land und Meer zu den Iren
und den Westsachsen gerettet, bis sie nach vielen Irrfahrten,
als auch die Dänen, von Aelfred dem Grossen besiegt, den
Anfang mit der Taufe machten, wieder auftauchten. Im
Jahre 883 wurde der Bischofsstuhl von Lindisfarne zu Cune-
gaceaster, heute Chester le Street, einem kleinen Ort am
Wear auf römischem Untergrund, wieder aufgerichtet, wo
er in den wirrsten Zeiten Northumbriens ein kümmerliches

Dasein fristete, bis ihn 995 Bischof Ealdhun mit voraus-
schauendem Blick etwas weiter stromauf dem Gebirgsland
zu auf einen von der Natur zur Sicherung und zur Herrschaft vorgezeichneten Fleck verlegte.

Da, wo der Strom schroff nach Süden ausbiegt, erhebt
sich lang und schmal ein hoher Felsrücken, gleich einem
Vorgebirge auf drei Seiten von Wasser umflossen, Dunel-
mum, Durham, bis dahin noch unbewohnt und von dichtem
Wald bewachsen, wie denn auch heute noch dem Wear
ein schöner Baumschlag verblieben ist. Steil steigt das
Gelände vom Ufer empor, so dass eine oben begründete
Niederlassung leicht zu vertheidigen war, und endlich die
aus besseren Tagen herübergeretteten kostbaren Reliquien
St. Cuthberts sich vor den um die Obergewalt im Lande
ringenden Dänen und Schotten bergen konnten: Es dauerte
nicht lange, so entstand quer über die Breite der natürlichen Halbinsel ein stattliches Münster und nach Norden,
zu beiden Seiten an den Fluss sich lehnend und mit den
nöthigsten Befestigungen versehen, die Stadt. Als sich im
elften Jahrhundert die Schottenkönige Malcolm und Duncan
nach einander an ihr versuchen wollten, wurde ihr Anlauf
von den Bürgern heldenmüthig abgewehrt, die Köpfe der
erschlagenen Feinde, wie es der Rassenhass erforderte, in
grauenhafter Reihe auf dem Markte aufgepflanzt. Der
Bischof aber in engster Verbindung mit dem Capitel und
der jungen städtischen Ordnung repräsentirte hier auf einem
vorgeschobenen Posten christliche und germanische Herrschaft. Die Kanoniker seines Stifts liessen sich angelegen
sein, die verehrungswürdigen Gebeine der zahlreichen Bekenner und Lehrer aus der vorscandinavischen Blüthezeit
der northumbrischen Kirche, darunter auch Baedas, aufzu-
spüren, um sie in ihrem hoch und sicher gelegenen Gottes-
hause beizusetzen. Nur noch einmal, als Wilhelm der
Eroberer auch den Norden überzog, um unter den anglo-
dänischen Gewalthabern mit Furcht und Schrecken aufzu-
räumen, glaubte Bischof Aethelwine den Stiftsheiligen an
der ursprünglichen Stätte, auf dem von den Meereswogen
umspülten „heiligen Eiland" bergen zu müssen.

Indess eine vollständige Umwandlung, die Begründung

fester politischer Zustände in diesen hochwichtigen Grenz-
strichen war doch im Anzuge. Die Synode von Winchester zu Ostern 1070 griff wie über die ganze englische
Kirche auch hier hinaus. Als jener Bischof, sein Münster
feige im Stich lassend, gar über das Meer nach Köln ent-
weichen wollte, gerieth er dem gewaltigen Herrscher in die
Hände, der ihm dann in kurzem der neuen Kirchenpolitik
gemäss in dem Lothringer Walcher einen Nachfolger bestellte und diesen durch den northumbrischen Grafen in
sein Stift einführen liess. Als dann bald hernach im
Sommer 1072 Wilhelm selber über den Forth nach Norden
gezogen war und Malcolm, den Schottenkönig, zu seinem
Vasallen gemacht hatte, sorgte er, durch Northumbrien
heimkehrend, für Befestigung seiner Macht, wie er es
gewohnt war. Da wurde an dem zwischen tief einge-
schnittenen Felswänden breit seiner Mündung zuströmenden
Tyne auf dem Untergrunde von Pons Aelii das „neue
Schloss“, Newcastle, gegründet. Da legte der Eroberer
auf jenem Felsrücken am Wear den Grundstein zu der Burg
von Durham, nicht für sich selber oder seinen Grafen,
sondern für den fremden Bischof, damit er mit seinen Klerikern vor den höchst unruhigen Zuständen der Landschaft
eine bessere Zuflucht habe als ehedem. So entstand der
Anfang zu einem grossartigen und wahrhaft monumentalen
Bau, in welchem sich die bevorzugte Herrscherstellung
gerade dieses Bischofssitzes voll ausdrücken sollte. Denn
wie jähen Schrecken auch der verwüstende Zug des Königs
in Nordengland hervorrief, wie consequent er auch dies
Gebiet in sein hartes Steuerwesen einzuzwängen trachtete,
er war doch wieder weise und erleuchtet genug, alle localen
Rechte zu schonen und selbst zu fördern, weil er in einer
festen Verbindung mit dem Kirchenmann, dem Vorkämpfer
christlicher Gesittung, die einzige Macht erkannte, um auf
die Dauer anglodänische Turbulenz und schottische Raub-
züge abzuwehren. Er hat sogar die gräflichen Rechte auf
Bischof Walcher übertragen, welcher seinerseits, obwohl
selber Weltpriester, den Monasticismus, die Trabanten der
streitenden Kirche, eifrig zu fördern begann. Und trotzdem
ist Walcher 1080 in einem schrecklichen Gemetzel zu Grunde

gegangen, worauf dann der König einen Normannen Wilhelm, bisher Prior des Klosters St. Carilef in Maine, berief.

Dieser thatkräftige, einsichtige und geschmackvolle Mann sollte nun aber Werke schaffen, die in der Baukunst wenigstens seinen Namen unsterblich machen. Zunächst beseitigte er die regulären Kanoniker aus dem Capitel seiner Domkirche und setzte Benedictinermönche an deren Stelle. Er holte sie herbei aus den jüngst als Klöster wieder erstandenen Arbeitsstätten Baedas, aus Jarrow und Wearmouth, die fortan zu Zellen der grossen Priorei von Durham herabsanken. Der Grundbesitz der Mönche wurde nunmehr in bestimmter Sonderung von dem des Bisthums verwaltet. Allmählich aber wurden von beiden Seiten die Mittel flüssig gemacht, um an Stelle des alten, einst von Bischof Ealdhun errichteten Münsters, von dem sich die Nachwelt nur eine unbestimmte Vorstellung machen kann, ein neues, weit herrlicheres, in Angriff zu nehmen. Der Bau, dessen Geschichte besser überliefert ist, als bei vielen späteren Kathedralen und Klöstern, begann erst nach dem Tode des Eroberers im Sommer 1093, indem zum festgesetzten Tage die Mönche zum neuen Kloster, der Bischof zur neuen Kirche den Grund legten, und wurde von Wilhelm von St. Carilef in drittehalb Jahren, da er schon zu Neujahr 1096 starb, so weit gefördert, dass der Chor im Osten, das gewaltige Gewölbe, auf welchem sich der viereckige Mittelthurm erheben sollte, die östlichen Bogen des Querschiffs und wenigstens die Anfänge zu den riesigen Strebepfeilern des Langschiffes fertig da standen; genug, um den Grundplan im Ganzen und die grossartigen Vorzeichnungen im Einzelnen erkennen zu lassen.

Wir wissen nicht, ob Bischof Wilhelm selbst der Baumeister gewesen, ob ein namenlos gebliebener Genius unter seinen Mönchen oder ein Fremder den unvergleichlichen Plan entworfen hat, nur das ist gewiss, dass aus ihm, aller gleichzeitigen Architektur voraus, unabhängig und eigenthümlich kühn dem von Natur romantischen Orte angepasst, das Meisterwerk des speciell normännisch-romanischen Baustils hervorgegangen ist. Der Kunstfreund, der vorläufig von dem äusseren Eindruck des Gebäudes absieht, wird beim Eintritt von der Einheit und Reinheit der Rundbogen überrascht, die hier durchgeführt sind, zugleich aber von ihrer national und local durchaus eigenartigen Anwendung, die sowohl von den italienischen Vorbildern des Stils wie von der eigenthümlich reichen Entfaltung desselben im deutschen Rheinlande charakteristisch abweicht. Einer der geschichtskundigsten und kunstsinnigsten Kenner der europäischen Baugeschichte vergleicht den Dom zu Durham mit seinem Zeitgenossen, dem zu Pisa, dem er als ebenbürtiger Rival an die Seite treten könne, doch wohl bemerkt, der eine als vollendete Blüthe des romanischen Stils im Norden, der andere im Süden, denn was am Wear sich eignet, hat keinen Platz am Arno und umgekehrt.*) Was aber das hohe Schiff von Durham mit seinen Seiten- und Querschiffen so einzig in seiner Art macht, das liegt in der unvergleichlichen Proportion, die sich in den Gewölben ausspricht und in welcher ihre Stützen beharren, gewaltige, mit Rundpfeilern abwechselnde Pfeilerbündel, die weder gedrückt noch zu luftig lang erscheinen und durch die bald gezackten, bald gewundenen, bald netzartigen Sculpturen an den Rundbogen und Fenstern so gut wie ringsum den Rundpfeilern ein strenges, aber gerade hinreichendes Mass der Verzierung gewähren, wie es in dem northumbrischen Zweige dieses majestätisch ernsten Stils bis in das östliche Schottland über Dunfermline nach Elgin hinaus beliebt wurde. Alles wirkt zusammen, um die Kreuzung weder zu schwer noch zu leicht erscheinen und über ihr noch hinreichend Raum für ein feierlich gegliedertes Triforium im entsprechenden Stil mit freistehenden Säulchen in der Mitte zu lassen, über und unter welchem die engen, rundbogigen Fenster des Mittelschiffs und der zweistöckigen Seitenschiffe eine genügende Fülle Licht einstrahlen.

---

*) *Edward A. Freeman, Historical and architectural Sketches, chiefly Italian* 1876 p. 108, eine Sammlung meist in der „Saturday Review" erschienener Aufsätze mit des Verfassers eigenen Federzeichnungen ausgestattet. Auch Trier, Aachen, Gelnhausen werden besprochen, so gut wie Verona, Ravenna, Pisa, Rom u. s. w. Zu vergleichen ist *Freeman, History of the Norman Conquest V*, 629 ff.

Nach Wilhelms Tode blieb der Bischofsstuhl drei Jahre
unbesetzt, doch liessen es sich die Mönche nicht nehmen,
obwohl der Gesammtbau in strenger Arbeitstheilung auf-
geführt werden sollte, das Querschiff, allerdings nicht mehr
im vollen stolzen Geiste des Begründers zu vollenden, dem
es in seiner schlichten Einfachheit dergestalt nachsteht, dass,
wenn nicht feste historische Angaben vorlägen, man versucht sein könnte, dies Stück als den Anfang des Ganzen
zu betrachten. Endlich, zu Pfingsten 1099, bestellte König
Wilhelm II. einen Nachfolger in der Person des übel be-
leumdeten Normannen Ranulf Flambard, den die kirchliche
Geschichtsschreibung als den bösen Helfershelfer der ruch-
losen fiscalischen Gewaltherrschaft dieses Fürsten brand-
markt, dessen unleugbare Verdienste um Aufrichtung einer
wirklichen Staatsverwaltung darüber aber nicht vergessen
werden dürfen. Er hat nach den stürmischen Anfängen
seines Episcopats unter Heinrich I. mit Kraft und Verständniss das Werk wieder aufgenommen, dem Schiff die Wände
hinzugefügt und dasselbe bis zu seinem westlichen Abschluss
hin ausgeführt. Dabei hielt er sich nicht nur durchweg an
die grossartigen Verhältnisse der Ostseite, sondern liess den
Zierrath, jedoch in demselben Charakter, um ein Weniges
anwachsen, zum Zeichen, dass er von den Nachkommen als
Miterbauer betrachtet sein wollte. Erst in der fünfjährigen
Vacanz nach seinem Tode, um 1129, stand, abermals mit
Hülfe der Mönche, das noch ganz romanische Münster bis
auf das Gewölbe des Langschiffs fertig da, das im ausgesprochenen Uebergange zum Spitzbogen nicht vor 1240
vollendet wurde. Die beiden Westthürme oberhalb des
Daches sind im Laufe des dreizehnten Jahrhunderts und der
grosse Mittelthurm über der Laterne gar erst unter Bischof
Walter Skirlaw (1388—1406) erbaut worden.

Wie fast überall haben Baulust und veränderter Geschmack der Nachkommen auch hier nicht geruht. Ohne
den ursprünglichen Charakter zu beseitigen, haben sie
hinzugethan und hie und da selbst empfindlich eingegriffen.
Das erstere ist der Fall mit dem Anbau an die vom jen-
seitigen Ufer aus an sich stattlich erscheinende Westseite.
So weit jedoch das schmale Erdreich, der schroffe Abfall

zum Fluss nur Platz liess, füllte ihn Bischof Hugo von Puiset (Pudsey), der von 1154—1195 regierte, ein Neffe König Stephans, mit dem sogenannten Galiläum aus, dem einzigen Ort, an welchem die Weiber zum Gottesdienst in dieser monastischen Kathedrale Zutritt haben sollten. Niedrig, einstöckig, von aussen späterhin verunstaltet, fesselt die fünfschiffige Capelle drinnen durch vier Reihen schlanker Viersäulen und den saracenisch zierlich bunten Rundbogen. Es ist als ob die normännisch-sicilischen Beziehungen und die Eindrücke der Kreuzzüge, zu denen dieser Bischof wie wenig andere anfeuerte, bis über den Humber hinaus sich in Stein verkörpert hätten. Unter diesem lebensvollen Säulendach steht heute hart am Eingange in das grosse Schiff der Kirche einsam ein altes schlicht viereckiges Denkmal, dem nur die Worte eingemeisselt sind: *Hac sunt in fossa Bedac venerabilis ossa.* Der kostbare Schrein aus Gold und Silber, den einst derselbe Bischof den Heiligen und Bekennern der Vorzeit gestiftet hatte, ist längst verschwunden. Ferner kommen die grossartig imposanten Thürme in Betracht, deren Architekten sich unverkennbar und im Einzelnen, z. B. an den offenen Arcaden der Westthürme nicht ganz erfolglose Mühe gaben, ihre spätere Gothik den so viel wuchtigeren romanischen Anfängen anzunähern. Viel störender wirken auf der Nordseite der Kathedrale das grosse gothische Fenster, in welches das Querschiff endet, die von da weiter nach Osten eingesetzten spitzbogigen Fenster und das zweite dem Chor angebaute durchaus gothisch gehaltene Querschiff mit den vier Eckthürmchen. An die Stelle, wo dem Chore englischer Kathedralen in der Regel in buntester Gothik die sogenannte Lady Chapel anhängt, wurde hier gegen den östlichen Abfall des Hügels die Capelle der neun Altäre mit doppelter Fensterreihe und einem mächtigen Radfenster an der Ostfront vorgelegt, drinnen im reich entwickelten schlanken Stil des ausgehenden dreizehnten Jahrhunderts, jedoch mit dem sichtlichen Bestreben, die Bogenverzierungen dem nahe anstossenden strengen Muster Wilhelms von St. Carilef anzupassen. Die Südseite mit Ausnahme der erst viel später spitzbogig umgewandel-

ten Kreuzgänge ist Alles in Allem weit reiner erhalten
geblieben. Zwei Thüren mit dem herrlichsten romanischen
Zierrath führen von dort aus in die Kirche.

Eigenartig wie die langgestreckten, auf den beiden
äussersten Enden stumpf abschneidenden englischen Kathedralen im Vergleich zu denen des Festlandes sind, trifft
auch bei der von Durham die Beobachtung zu, dass ihr eine
grossartige Portalausführung im Westen und der apsen-,
nischen- und chorreiche Abschluss im Osten fehlt, durch
welchen gerade die Meisterwerke romanischen und gothi-
schen Stils in Deutschland wie in Frankreich hervorragen.
Freilich würde solche Entwickelung auf dem schmalen Pro-
montorium von Durham nicht angebracht gewesen sein,
denn auf beiden Seiten in Ost und West müsste der Be-
schauer seinen Standpunct weit jenseits des gewundenen
Flusses in beträchtlicher Entfernung suchen. Dagegen
kommt ausser der imponirenden und doch harmonischen
Gewalt des Innern wie bei den meisten anderen Domkirchen
der Insel die unvergleichlich freie Lage in Betracht, auf
die von Anfang an ganz anders als bei festländischen, meist
eng umbauten Kathedralen geachtet wurde. Schon Ranulf
Flambard liess den weiten Platz im Norden zwischen der
Kirche und der Burg von Häusern und Unrath säubern,
so dass er durch die Jahrhunderte frei geblieben ist und
die grossartigen Bauwerke vor Feuersgefahr gesichert
wurden, führte vom Chor bis zum Burgverliess gegen Osten
eine starke Mauer auf und spannte im Westen die noch
vorhandene Brücke über den Fluss. Im Süden der Kirche,
auf den drei übrigen Seiten von Wasser umflossen, verblieb
das Kloster auf seinem uranfänglichen Fleck und hatte
Raum genug, wie heute noch ein weiter Platz mit den
Curien und der Residenz früher des Priors, jetzt des Dechanten darthut, um alle Bedürfnisse einer der grandiosesten
monastischen Stiftungen der Insel und die bis zu ihrer Auflösung durch Heinrich VIII. nie rastende Baulust der Mönche
zu befriedigen. Sind auch Capitelhaus und Refectorium, die
noch romanisch waren, verschwunden, so ist doch ein
schöner, spät gothischer Saal über dem südlichen Umgang
nach wie vor Bibliothek geblieben, in der, obgleich nicht

unverletzt, die von Bischof Wilhelm dem Erbauer und einigen seiner namhaftesten Nachfolger gesammelten und ge-
schenkten Bücherschätze aufgestellt wurden. Kein Zeitalter
hat, wie die ursprünglichen, höchst merkwürdigen Kataloge
zeigen, an dieser Stelle die mächtigen Nachwirkungen
Baedas und seiner Zeitgenossen je ganz verleugnet. Scrip-
torium und Armarium zu Durham waren vielmehr, bis man
gedruckte Bücher kaufen konnte, weit und breit berühmt.
Wie manche schöne Handschrift von theologischer, kano-
nistischer, historischer und linguistischer Bedeutung, Klassi-
ker so gut wie die anglische Glosse des zehnten Jahrhunderts zu dem berühmten Evangelium von Lindisfarne
oder Jordan Fantosmes französiche Reimchronik aus dem
zwölften Jahrhundert, sind entweder dort noch vorhanden
oder als dort entstanden nachzuweisen.

Endlich wird aber die ursprüngliche Bestimmung der
ganzen Lage, ein Herrschersitz, welcher die Pflanzungen
von Kirche und Staat gegen die Nachbarschaft einer anderen
Rasse, eine höhere Cultur gegen die Barbarei schirmen soll,
bis auf diesen Tag erhalten durch die weitläufigen, in einzelnen Partien höchst grossartigen Baulichkeiten der Burg.
Sie geht, wie schon gesagt, auf den grossen Burggründer
Wilhelm den Eroberer zurück, dessen Befestigungskunst so
manche Spur in dem von ihm wieder aufgerichteten Reiche,
zumal in eroberten Städten hinterlassen hat. Auf mächtigen
Stützen aus Steinquadern, die an der Westseite bis zum
Fluss hinabreichen, erhebt sie sich langgestreckt mit Thürmen, Bastionen und Erkern, die Mauern zur Vertheidigung
crenelirt, die Fenster in buntem Wirrwarr rund- und spitzbogig auf die verschiedenen Zeiten der Entstehung deutend.
Zu den ältesten Theilen gehört das Verliess, die Citadelle,
ein ungeheures regelmässiges Achteck auf einem künst-
lichen Hügel, noch immer aufrecht, obwohl drinnen öde
und unbenutzt, und ein Stück des Hauptbaues mit der auf
Wilhelm von St. Carilef zurückreichenden, auf vier schlanken
Pfeilern ruhenden Capelle und dem herrlichen Bogengange
im oberen Stock, dessen Arcaden durch ihr schönes Eben-
mass sofort in die Augen springen. Die grosse Halle stammt
aus dem Ende des vierzehnten Jahrhunderts. Andere haben

die lange wie weltliche Fürsten residirenden Bischöfe in
der Folgezeit und selbst bis nahe an die Gegenwart hinzugethan.

Ueberhaupt ist diese ganz vereinzelte Erscheinung im
englischen Episcopat nur aus der palatin (wir würden sagen
markgräflich) souveränen Gewalt zu erklären, die ihnen aus-
nahmsweise zuwuchs. Die Tradition freilich führt die Verleihung so bedeutender Regalien an die northumbrische
Kirche, das Patrimonium St. Cuthberts, bis auf den grossen
Aelfred zurück, was mit den Ursprüngen jener Kirche aus
den Einsiedlerzellen der beiden Heiligen Aidan und Cuthbert allerdings schlecht stimmt. Urkundliche Zeugnisse
fehlen denn auch durchaus vor der Epoche der normanni-
schen Eroberung, obwohl die weltlichen Zwecke bei der
Verpflanzung des Bisthums durch Ealdhun auf das hohe
Vorgebirge am Wear zur Genüge durchschimmern. Ranulf
Flambard indess liess sich schon 1109 von Heinrich I. besondere Privilegien beurkunden, die in ähnlicher Immunität
und Exemption von der königlichen Gewalt bestanden, wie
sie damals der Bischof von Ely in seinen Marschlanden
besass, in denen sich noch allerlei dem geordneten Staate
entgegenstrebende Elemente regten. Aber in der Natur
der Dinge, zumal in der durch lange Jahrhunderte erforderlichen Grenzhut gegen Schottland steckte eine unerlässliche
Gewalt, zu der höchstens der Graf von Chester an der
Waliser Mark, wie ihn Wilhelm I. dort einsetzte und bevorzugte, eine Parallele bot. Es entsprang unter Zuthun
der Krone ein weltliches Palatinat, welches fortan an dem
geistlichen Nachfolger des h. Cuthbert haftete. Es zeigt
daher, obschon nach kleinerem Massstabe, in seiner Organi-
sation von Gericht, Krieg und Finanzen ganz ähnliche selbständige Befugnisse, wie sie der Mark Brandenburg unter
ihren askanischen Schöpfern zu Grunde liegen. Auf der
anderen Seite aber giebt der Bischof von Durham, was der
geschlossen monarchische und späterhin der Verfassungs-
staat Englands einzig und allein nur in seinem Falle dulden
konnte, den Fürstbischöfen des h. römischen Reiches kaum
etwas nach. Ganz wie die geistlichen Souveräne von Sitten,
Lausanne oder Chur thront er auf einer durch Natur und

Kunst schwer zugänglichen Höhe in einer ungeheueren Burg, wie sie nur wenigen Königen zu Gebote steht, die Kirche wohl beschirmt und eine ansehnliche Stadt daneben. Man sieht diese Sonderrechte gedeihen unter dem energischen Hugo Pudsey, der nicht nur das Galiläum schuf, sondern ebenso eifrig an Stadt und Schloss baute, der, häufig auf gespanntem Fusse mit der obersten Gewalt, sich doch wieder deren Interessen entsprechend in seiner Eigenmacht zu behaupten wusste. Heinrich II. entsandte seine Reiserichter nach dem Norden, wie es bezeichnend in dem Erlasse heisst: „mit Genehmigung des Bischofs von Durham". Derselbe geistliche Fürst hat in dem noch vorhandenen Boldon Book sein Palatinat nach dem Muster des Domesday katastriren lassen, zwei Jahrhunderte früher als auf Befehl Kaiser Karls IV. das Landbuch der Mark Brandenburg aufgenommen wurde. Wie mächtig erscheinen dann unter Eduard I. und II. als Bischof-Pfalzgraf der grosse Anthony Bek und sein Nachfolger Richard von Kellawe. Wegen der geistlichen Rechte in beständiger Spannung mit dem Metropolitan, dem Erzbischof von York, überragen sie denselben weit mit ihren politischen Vorrechten. Bischof Richards Copialbücher sind vorhanden und belehren den Forscher, wie er einerseits als Prälat und daneben als weltlicher Fürst verfügte. Seine offenen und geschlossenen Briefe sind latein und französisch ganz nach dem Muster der königlichen Kanzlei ausgefertigt. Er hegt das Gericht über Vassallen und Hintersassen, beruft seine Stände, um Steuern zu erheben, und lässt Lehnsmannen und Landwehren unter die Waffen treten, um sich dem königlichen Heere anzuschliessen, das durch Robert Bruce bei Bannockburn zu Schanden werden sollte. Ueberhaupt wurden ausgezeichnete Leute für einen solchen Posten erfordert. Wer hat nicht einmal von Bischof Richard de Bury gehört, der einst Eduard III. erzogen, dem Sammler einer prächtigen Bibliothek, Verfasser des Philobiblion und Freund Petrarcas? Walter Skirlaw lebt in der Baugeschichte der Kathedrale, die meisten Bischöfe des vierzehnten und fünfzehnten Jahrhunderts in der Geschichte der englisch-schottischen Grenzfehden fort. Gar manche blutige Wahlstatt rings um den

niemals bezwungenen Burghügel von Durham ist unvergessen. Nevils Cross liegt beinah vor den Thoren der Stadt,
die Hügel von Halidon und Flodden noch auf northum-
brischem Gebiet. Nur besonders ausersehene Männer wie
unter Heinrich VIII. Thomas Ruthall, Thomas Wolsey und
Cuthbert Tunstall werden mit einer durch ihre Machtbefugniss einzigen, durch ihre Einkünfte fast ebenso be-
gehrenswerthen Stellung betraut, wie es das Erzstift Canterbury war. Erst späterhin suchte einmal Elisabeth der ihrem
staatskirchlichen Princip, vielleicht auch ihrer schottischen
Politik nicht ganz unbedenklichen Sonderverwaltung von
Durham zu Leibe zu gehen. Als Cromwell das Bisthum
aufhob, reservirte er die Regalien ausdrücklich der Staatsgewalt. Mit der Restauration unter Karl II. indess erhielt
sie der Bischof-Pfalzgraf noch einmal zurück, nur dass er
nicht mehr sein eigenes Parlament berief, indem seit 1673
Ritter und Bürger aus der Grafschaft Durham wie aus dem
übrigen Reiche nach Westminster geladen wurden. Der
Rest der ganz ungewöhnlichen und seit dem sechzehnten
Jahrhundert überlebten palatinen Sondergewalt ist ein
Menschenalter nach dem Reichsdeputationshauptschluss erst
in Folge der Reformbill durch eine Acte Wilhelms IV. vom
Jahre 1836 unterdrückt worden.

Die Bischöfe, denen längst die Residenz auf der gewaltigen Burg unbehaglich geworden, wohnen noch weiter
stromauf in dem benachbarten Bishop Auckland, wo einst
schon zu Ende des dreizehnten Jahrhunderts Anthony Bek
ein stattliches Schloss erbaute. So konnte denn neuerdings
ein bedeutender Theil de unzerstörbaren Burg von Durham
für eine Hochschule verwendet werden, wie sie einmal vorübergehend schon Oliver Cromwell ins Leben rief, die aber
wiedererstanden dadurch, dass sie kaum mehr als eine theologische Facultät umfasst, noch immer in bedeutsamer Weise
an die keltisch-anglische Vorzeit erinnert, indem sie als
vorgeschobener anglikanischer Posten gegen das presbyterianische Schottland Wache hält. Die Stadt endlich hat
durch das Ende einer fürstlichen Hofhaltung kaum gelitten,
da mit ihm der Aufschwung des Bergbaues zusammenfiel,
der hier Berg und Thal nach dem schwarzen Diamanten

der Art unterwühlt, dass man sogar für die Grundfesten
der colossalen Steinmonumente hat zittern wollen, die sich
die fürstbischöfliche Vergangenheit auf dem beherrschenden
Burg- und Domhügel gesetzt hat. Wer mit geschichtlichem
Sinn auf ihm umherwandelt, von der alten Brücke im Westen
zu dem stattlichen Marktplatz empor- und wieder zu der
Brücke im Osten hinabsteigt, um jenseits in die neue Berg-
werksstadt vorzudringen, wer draussen und drinnen den
Spuren der Vergangenheit nachzugehen weiss, dem spiegelt
Alles an diesem merkwürdigen Fleck eine jahrtausendalte
Entwickelung wieder, deren letzte Bestimmung noch keines-
wegs erfüllt ist.

ENTSTEHUNG DES EINHEITSSTAATS IN GROSSBRITANNIEN.

Wie oft haben wir Deutsche im Kampf um unsere Selbständigkeit und Einheit das republikanische Vorbild in der Schweiz, und zumal in den Vereinigten Staaten Nordamerikas angerufen. Wie lange hat es gedauert und welche Opfer an Gut und Blut hat es gekostet, bis wir zu der Erkenntniss gelangt sind, dass die bundesstaatliche Einigung auf eine Gruppe von Monarchien nur vermittelst einer erblichen Vormacht zu übertragen ist, indem sich gewissermassen das föderative Prinzip dem unionistischen unterordnet. Es scheint fast, dass gleichzeitig mit den gewaltigen, Epoche machenden Resultaten der letzten Jahre insbesondere ein anderes, sicherlich, was die nationale Seite betrifft, noch näher liegendes Beispiel allzu sehr aus den Augen entschwunden war. Möglich, dass wie durch die tiefere Einsicht in das Maass der Anwendbarkeit des englischen Musters in constitutioneller Beziehung die noch vor einigen zwanzig Jahren herrschende ideale Vergötterung desselben unendlich abgekühlt, so auch die Aufmerksamkeit auf das Werden des britischen Einheitsstaats, das so überraschende Parallelen bietet, über die Gebühr zurückgedrängt worden ist.

Der Prozess der Einheitsbestrebungen des Inselreichs ist kaum minder langwierig als in Deutschland, sein endlicher Abschluss liegt noch gar nicht so weit hinter uns und wird von einer Seite, von Irland nämlich, fast unmittelbar wieder mit Auflösung bedroht, wie nach einander durch den *repeal* O'Connells und durch die Fenier, so vielleicht noch ernstlicher durch das sogenannte *home rule movement* neuesten Datums. Dagegen hatte sich um die Vormacht

England, die hier im Süden wurzelt, frühzeitig eine Anzahl
kleiner Dependenzstaaten gesammelt, von denen einige, obwohl in allen wesentlichen Stücken der Centralgewalt und
für gewisse Fälle auch der Gesetzgebung des herrschenden
Staats unterthan, verfassungsrechtlich doch sogar bis auf
diesen Tag die Spuren einer entschieden föderativen Verbindung nicht verloren haben. Denn während das Fürstenthum Wales seit Heinrich VIII. vollends auch in die parlamentarische Union mit England aufging, während gleichzeitig die letzten Reste eigener Stände in den ehemaligen
Pfalzgrafschaften von Chester und Durham ihre particulare
Bedeutung verloren, wird Westminster weder von den Nor-
mannen-Inseln beschickt, dem einzigen Ueberbleibsel des
continentalen Herzogthums, welches mit den alten *coutumes*
auch die eigene Vertretung bewahrt, noch von der Insel Man,
die erst im vorigen Jahrhundert durch Vertrag mit ihrem
letzten Unterkönige, dem Herzoge von Atholl, mit der Krone
vereinigt worden ist, deren höchst eigenthümliche, bis auf
die Vikinge hinaufreichende Verfassung aber bis heute un-
geschwächt in der Volksversammlung auf dem Tinwald, im
House of keys, fortbesteht. Viel lehrreicher jedoch als Alles
dies ist das Zusammenwachsen der Hauptinsel selber, dem
Jahrhunderte lang jener Antagonismus zwischen Nord und
Süd, der in so merkwürdiger Weise auf Grund ethnogra-
phischer Unterschiede mehr oder weniger in der Geschichte
aller grossen Culturstaaten begegnet, im Wege stand. Erst
nach erbitterten Kriegen, die nicht nur internationalen, sondern eben so sehr nationalen Charakter tragen, trotz tradi-
tioneller Abneigung der Bevölkerung musste aus dem Sper-
ren beider Theile doch schliesslich eine alle wesentlichen
Zwecke erfüllende feste Einigung hervorgehen. Die Geschichte des Uebergangs von der Personal- zu der parlamentarischen Union Englands mit Schottland, das Gelingen
dieses Unternehmens, welches einst als ein staatsmännischer
Akt ohne Vorgang betrachtet wurde, die Gefahren, von
denen es in der Folge noch bedroht werden sollte, Alles
dieses bietet uns Deutschen in der Gegenwart eine solche
Fülle verwandter Fragen und Lösungen, dass es beinahe
auffällt, weshalb in den letzten Jahren die Geschichte jener

Hergänge bei uns kaum oder nur sehr vorübergehend berührt worden ist.

Ich will im Folgenden versuchen, sie in den Hauptmo-
menten kurz zusammenzufassen, und namentlich den von
Schottland als dem Träger der partikularistischen Opposition erhobenen Widerstand zu schildern, wobei ich mich in
der Hauptsache an das tüchtigste dort neuerdings über den
Gegenstand erschienene Werk*) halte, aber doch auch hier
und da auf die keineswegs sehr ausgiebigen Akten selber
zurückgreife.

1.

Zunächst sei daran erinnert, wie durch die Jahrhunderte
hinauf, soweit das forschende Auge dringt, eine dauernde
Einigung der ganzen Insel zwar mehrfach angestrebt, aber
stets gescheitert war, als ob über den sich von einander ab-
lösenden Völkern und Stämmen noch eine hemmende, spal-
tende Kraft im Boden selber haftete. In jenen nordischen
Strichen sah sich die Römermacht fast zu allererst genöthigt,
ihre Grenzwälle Schritt für Schritt zurückzuverlegen. Der
Einheitsstaat der Angelsachsen hat zur Zeit seiner kurzen
Blüthe um die Mitte des zehnten Jahrhunderts den Fuss der
grampischen Berge schwerlich erreicht. Die Normannen
haben sich mit einer weit südlicheren Grenzlinie und höchstens mit partieller Verbreitung ihres feudalen Systems über
dieselbe hinaus begnügen müssen. Die keltische Bevölkerung dagegen, die sich in Caledonien zäh behauptete,
hatte sehr bedeutenden Antheil an der Abwehr der verschiedenen unitarischen Anläufe, wie sie denn selbst von
den Schwärmen der skandinavischen Seezüge nur an den
Rändern oder auf der Inselwelt in Nord und West berührt
worden ist. Auf ihr aber beruhte eine sagenhafte Geschichte
des „alten Königreichs", eine mythische Regentenlinie, die
sich über Jahrtausende zurückerstreckte, deren fürchterlich
blickende Zeugen noch heute in langen Reihen von den
Wänden der düsteren Gemächer Holyroods herabschauen.
Aus ihr hinwiederum entsprossen unleugbar jene histori-

---

*) *John Hill Burton, History of Scotland from the revolution to the
extinction of the last Jacobite insurrection* (1689—1748). 2 Vols. London 1853.

schen Könige der Schotten, die über ihre keltischen Stamm-
genossen wie über die anglisch-niederdeutsche Bevölkerung
Northumbriens herrschten und seit dem zwölften Jahrhundert, von normännischen Lehnsleuten und römischen Klerikern umgeben, sich dem germanisch-romanischen Kirchenwesen anbequemten. Hier zeigte sich eine seltene Hartnäckigkeit im Gegensatz der Racen und selbst in dem
neuen Product aus ihrer Kreuzung: sie hat den kleineren
Theil, hier den Norden, nicht wenig befähigt, sich dem Aufgehen in den mächtigen Süden erfolgreich zu widersetzen.
     Im Gegensatz zu jenen keltischen Phantasiegebilden
floss nun aber wirklich geschichtliches Licht längst aus den
von Germanen besiedelten schottischen Niederlanden, wo
nur die Sprache dialektisch, wo Leben und Sitte, privates
und öffentliches Recht nur sehr geringfügig abwichen von
dem angelsächsischen Grundstock der Bevölkerung in England. In jenen Niederlanden aber ist erst eine distincte
schottische Nationalität gediehen seit dem vierzehnten Jahrhunderte, als sie in langem Befreiungskampfe das Joch ab-
wälzte, welches der grosse Eduard I. mit seinen Reisigen und
seinen Juristen ihr eine Weile wirklich auferlegt zu haben
schien. Nur im glühenden Hass gegen den mächtigen Nachbarn, im engsten Anschluss an den Erbfeind der Engländer,
den Franzosen, hat sie sich beinah noch ein halbes Jahr-
tausend unabhängig zu erhalten vermocht. Sehr bezeichnend, wie durch die unverbrüchliche Alliance mit Frankreich, die bei festerer Einigung der beiden streitenden Theile
dem Landesverrath gleich gekommen wäre, die germanische
Bevölkerung jenseits des Tweed sich der im Süden durchweg entfremdete, indem sie statt der normännischen, die sie
abgewehrt, französische Institutionen sammt ihren Bezeich-
nungen adoptirte. Der schottische Jurist mied hinfort das
gemeine Recht als ein feindliches und erwarb sich in Paris
oder Bourges die Kenntniss des Corpus juris und der Pan-
dekten. Der oberste Gerichtshof des Reichs nahm seitdem
die Formen des Pariser Parlaments an; nicht Barristers und
Attorneys, sondern Advocaten und Procuratoren practicirten
an demselben. Die Stände tagten gemeinsam, aber in Curien, wie in Frankreich noch zu allerletzt 1789, und nicht

in zwei Häusern wie zu Westminster. Den Stadträthen
sassen nicht Mayor und Aldermen, sondern Provost und
Bailies vor. Während in England alle Privatjustiz vor der
Krone gänzlich gewichen war, behauptete sich die Patrimonialgerichtsbarkeit der schottischen Feudalherren in grosser
Ueppigkeit und erinnerte vielfach an die Zustände des Fest-
lands. Wie ähnlich ihren stolzen französischen Amtsbrüdern
traten doch auch in Schottland zur katholischen Zeit die
hohen geistlichen Würdenträger auf, wie gemahnt der Stil
ihrer Bauten in Kirche und Schloss an das Prototyp
zwischen Seine und Loire. Ja, sogar der erste Sturm der
reformatorischen Erhebung, in welchem Edelleute und Kleriker das treibende Moment waren, trägt viel vom Charakter
der Hugenottenkriege an sich. Allein gerade in diesem
Zeitalter gab sich der fremde Einfluss doch als ein sehr
oberflächlicher kund, der zwar die Aristokratie und ihre
Staatsordnungen ergriffen hatte, aber keineswegs bis zum
Herzen des Volks durchgedrungen war. Dasselbe wurde
viel weniger verwälscht, als sich erwarten liess. Die furchtbare Zerstörung, welche an dem römisch-kirchlichen Institut
vollzogen wurde, die demokratisch-presbyterianische Pflanzung, welche John Knox, indem er die Eulen mitsammt den
Nestern ausheben hiess, an die Stelle setzte, sie erzielten
hier nicht nur eine viel vollständigere religiöse Umwälzung
als in England, sondern sie waren eben so sehr gegen die
französische, katholisch bleibende Einwirkung gerichtet.
Freilich die Formen des Staatswesens blieben nichtsdestoweniger dieselben, obschon es mitunter so aussah, als sei
Alles zur Republik reif wie in Flandern und Holland. Dem
Charakter nach wenigstens despotischer als die englischen,
haben jene Formen in der Folge einigermassen dazu beigetragen, die Dynastie der Stuarts, die niemals durch die
Generationen hin dem Sturm und Drang des eigenen Ge-
schicks entwuchs, zu einem verzweifelten Attentat der Willkür nach dem anderen anzuspornen; — dieselbe Dynastie,
der endlich kraft ihres Erbrechts die reiche, machtvolle
Krone Englands zufiel, die, als Jacob I. frohlockend in das
Land Gosen hinüberzog, hinfort nur über ein einziges, politisch und kirchlich ungetrenntes Grossbritannien herrschen

wollte, über zwei Völker, die doch in Allem, in Glauben
und Gesetz, in Kirche und Staat, in Neigungen und Unternehmungen einstweilen noch der Art verschieden waren,
dass selbst die lockere Personalunion sich als ein Trugbild
erwies. Wenn ehedem die schottische Volksfreiheit aus der
Schwäche der Krone entsprang, weil deren Pärogative eben
so wenig definirt war wie die Privilegien der Unterthanen,
so schwang sich in Folge jenes Erbfalls der dynastische
Absolutismus auf dem Untergrund der englischen Staatsgewalt um so rücksichtsloser empor. Man weiss, wie Karl I.
nach dem Wortlaut seiner Kanzlei: „Kraft Unserer souveränen Autorität, königlichen Prärogative und absoluten
Gewalt, nach der alle Unsere Unterthanen sich ohne Widerrede zu richten haben", das Land seiner Geburt zwangs-
weise mittelst der aufgedrungenen anglikanischen Episcopalkirche zu reuniren trachtete, und welche Antwort ihm von
jenen an langer Tafel unter dem Kreuzgewölbe der Glas-
gower Kathedrale tagenden, finster blickenden Männern zu
Theil wurde, welche als die erste, wahrhaft auf die eigenen
Füsse tretende Nationalversammlung gelten können. Schottland, nicht England, erhob zuerst das Banner gegen unerträglich gewordenen Druck, s e i n e r heiligen Ligue und Covenant musste als allein heilbringend in den ersten Stadien
des die ganze Insel ergreifenden Bürgerkriegs sich der entzweite Süden anschliessen, s e i n e Moderatoren leiteten jene
Synode zu Westminster, auf der das presbyterianische
System bereits den gestürzten Anglikanismus zu ersetzen
versprach. Da erfolgte der Bruch mit der Militärgewalt:
in altköniglichen Ländern glaubte sich die Republik versuchen zu können — aber aus independentischer Sphäre,
allein befähigt, eine eiserne Zucht als letztes Rettungsmittel
der Gesellschaft aufrecht zu erhalten, stieg Oliver Cromwell
empor. Er hat in der That die drei Königreiche mit Blut
und Eisen geeinigt, indem er ihnen, leider nur für seine
Tage, gemeinsame Institutionen auferlegte. Denn mit seinem
Ausgange, mit der Rückkehr der Stuarts wurde das Meiste,
ja, was die Revolution überhaupt Werthvolles geschaffen,
wieder ausser Kraft gesetzt. Während sich aber England
durch parlamentarisches Compromiss gegen die Willkür des

Stuart-Königthums zu sichern trachtete, bis dieses, unverbesserlich, zum zweiten Mal und auf immer beseitigt wurde, ist Schottland unter Karl II. und Jacob II. doch eben deshalb, weil seine constitutionellen Rechte auch fernerhin unendlich schwankend blieben, und der Streit der Kirchen niemals gesetzlich gelöst worden war, kaum jemals aus dem Bürger- und Glaubenskriege herausgekommen. Wilhelm III., der Retter der nationalen wie der Gewissensfreiheit, so leidenschaftslos inmitten der gewaltigsten Krisen, von welchen die Völker, die sich ihm anvertraut, ergriffen worden, so feurig nur, wenn er unmittelbar als Vorkämpfer des grossen Bundes wider Ludwig XIV. auftrat, hat an der wilden Factionswuth der Schotten schier verzweifeln müssen. Weder gelang es ihm, mit den dortigen Ständen einen Modus vivendi zu schaffen, in welchem wie im englischen Parlament die Interessen der verschiedenen Klassen zur Geltung und doch auch die Monarchie zu ihrem Recht gekommen wären, noch erzielte seine Toleranz wirklichen Frieden unter den bitter hadernden Denominationen. Ueberall starrte ihm aus dem schottischen Distelwappen das *Nemo me impune lacessit* entgegen. Das Schlimmste blieb immerdar die religiöse Tobsucht, deren Unkraut hier so lange schon den unentwickelten Staat überwuchert hatte. Man wird die Parteiverhältnisse, welche der von Wilhelm ins Auge gefassten engen politischen Union in den Weg traten, nicht begreifen ohne ein näheres Eingehen auf den damaligen Stand dieser stachlichten Dinge.

Nach dem Sturze Jacobs II. hatte auch in Schottland die nur durch Gewalt in ihrer Herrschaft behauptete Episcopalkirche abermals verspielt, um so mehr, als ihr der letzte Herrscher geradezu die katholische Messe hatte aufstülpen wollen, allein das gemässigte Presbyterianerthum, mit dem sich Wilhelm nunmehr zu vertragen suchte, besass unbeschützt vielleicht eben so wenig die Majorität. Denn im Norden des Landes blieb man vorwiegend bischöflich, wenn nicht gar katholisch, vor Allem aber jacobitisch, und im Südwesten walteten die streitbaren Cameronianer, die, wie sie den Blutgerichten der Stuarts getrotzt, nimmermehr eine weltliche Autorität über die Kirche dulden wollten. Hatte

nicht der Covenant, der Bund des Herrn mit dem auser-
wählten Volke, die sündige Staatsgewalt einst vollends zu
Boden gestreckt? Beide Extreme waren selbstverständlich
auf dem Conventionsparlament von 1689, welches die neue
Ordnung schaffen sollte, kaum oder jedenfalls nicht in bedeutender Stärke vertreten. Doch blieben noch gefährliche
Elemente genug zurück, Kirchenmänner, die bei öffentlichen
Gebeten in unbestimmtem Halbdunkel liessen, ob sie den
Segen des Himmels für Wilhelm oder für Jacob erflehten und
deshalb weit gefährlicher waren als die ehrlichen Eidverweigerer oder solche Calvinisten, die selbst an der schwer gefun-
denen Formel Anstoss nahmen: ,,dass Ihre Majestäten mit Einführung der Presbyterialverfassung betraut werden sollten in
einer Weise, wie sie den Neigungen des Volks und dem Worte
Gottes am Meisten entsprechend sei." Es war schon unendlich viel, wenn man bei Aufstellung seines strengen Glau-
bensbekenntnisses den von einem Flügel der Coreligionisten
vergötterten Covenant nicht ausdrücklich in das Kirchen-
gesetz aufnahm. Im October 1690 tagte zum ersten Mal
wieder unangefochten die General Assembly, die Repräsentation der dominirenden Kirche, mit der Befugniss, sich all-
jährlich wieder zu versammeln. Höchstens war sie Willens,
sich dem Staate zu coordiniren; als eine Macht über sich
erkannte auch sie denselben nicht an. Der königliche
Commissar, denn dieses Aufsichtsrecht des Staats hatte
Wilhelm um keinen Preis fahren lassen, vertagt fortan im
Namen des Königs die Versammlung auf denselben Tag
des nächstfolgenden Jahres, wie es der frei gewählte Vor-
sitzende, der Moderator, thut im Namen des Herrn Jesu
Christi. Indess begriffen doch auch echte Zeloten allmählich,
dass sie mit etwas Mässigung weiter kämen als mit über-
triebenem Eifer. Muss es doch rühmend hervorgehoben
werden, dass die Glaubenseide, die den Professoren der
Universitäten abverlangt wurden, nur wenige Austreibungen .
zur Folge hatten. Wenn dagegen der König die Reception
solcher Episcopalisten in die etablirte Kirche wünschte, die
ihr im Wesen längst nahe standen und am Allerwenigsten
zu den Nonjurors gehörten, so widersprach man ihm in der
Regel mit altgewohnter Hartnäckigkeit. Kein Wunder also,

wenn zunächst die Einführung von Synoden und Presbyterien in den nördlichen Counties auf dem Papier, ein
Skelett ohne Muskel blieb. Trotz der gesetzlichen und
namhaften Betheiligung der Laienschaft in dieser Kirchen-
verfassung überwog doch auch fernerhin das unnachgiebige,
klerikale Element, das in dauerndem Argwohn gegen die
Monarchie, welcher die anglikanische Kirche nicht entrathen
konnte, als Grundform der ganzen das nordische Reich über-
spannenden Ordnung das republikanische Vorbild festzuhalten verstand. Derselbe Geist der oppositionellen Herrsch-
sucht, welcher keine Gleichberechtigung der Katholiken
oder irgend welcher Nonconformisten überhaupt neben sich
duldete, beseelte einen hervorragenden Theil der Nation,
der zwar mit dem gemeinschaftlichen Könige seinen Frieden
machen wollte, aber in dem schroffen Gegensatze der Confessionen recht eigentlich eine Sicherung seiner Sonder-
existenz erblickte.

Geht man den leitenden Motiven der Wortführer auf
den Grund, so ist leicht wahrzunehmen, wie sehr doch alles
kirchliche und patriotische Bekenntniss mit Eigennutz und
Heuchelei durchwachsen war. Die reinste, edelste Partei
vielleicht hatte sich um zwei Edelleute gebildet, die ähnlich
wie einst in England Milton und Algernon Sidney das Heil
vom nationalen Freistaate verhofften, der dann auch mit dem
Königthume kaum noch etwas zu schaffen haben konnte,
um Andrew Fletcher von Saltoun, dessen hochfliegender,
aber unlenksamer und eifersüchtiger Patriotismus an antike
Vorbilder mahnt, und um seinen opfermuthigen Freund,
Lord Belhaven. Wie sehr sie einer politischen Union abgeneigt waren, erhellt aus einem merkwürdigen, diesen
Tagen angehörenden Pamphlet Fletchers*), das im Stil
bereits etwas an den Spectator Addisons erinnert. Auf
einem fingirten Spaziergange in London längs der Themse
unterhalten sich zwei schottische und zwei englische namhafte Männer, deren einer der Verfasser selber ist, über
das, was sie da erblicken, ein in rastloser Thätigkeit reich

---

*) *An account of a conversation concerning a right regulation of
government for the common good of mankind.*

werdendes, in einer grossen, dicht bevölkerten Stadt ge-
sittet lebendes Volk, das seit Jahrhunderten in Parlament
und Justiz der Willkür siegreich widerstanden hat. Aber
ein Wurm, der des Hochmuths und der Ueppigkeit, nagt
an der Wurzel seines Ruhms. Diese Menschen sind zu
reich und zu verwöhnt, um die echten Tugenden zu bewahren, welche allein bei den abgehärteten Söhnen der
nordischen Berge zu finden sind, deren Saaten spärlich
reifen, die aber im harten Zwange ihres Daseins zu entsagen
gelernt haben und selbstlos geblieben sind. Was, soll jener
gefährliche Riesenleib das kleine, arme, aber wackere Schottland mit seinem ungeheueren Gewicht zermalmen? Was,
soll diese geliebte Heimath, der die besten Söhne ihr Herzblut zu opfern willig bereit sind, in die bösen Aussichten
des Nachbarn aufgehn? Der Verfasser misskennt zwar das
Wünschenswerthe und selbst die Nothwendigkeit einer Einigung nicht, aber die darf doch höchstens nur eine föderative sein, ein Vertrag zwischen Gleichen, in welchem Schottland seine volle Nationalität bewahrt und allenfalls dem
ungesund angeschwollenen Körper des Bundesgenossen neue
Säfte zuführt. Allein hier regten sich doch weit mehr die Em-
pfindungen des Gefühls als der Verstand, und dieser Mangel
ist dann wohl auch die Ursache gewesen, weshalb der Anhang
jener Staatsmänner, das sogenannte fliegende Geschwader,
sobald die Stunde der Entscheidung schlug, für die unmittelbare Union recht eigentlich den Ausschlag gegeben hat.

Und noch mehr, jene stoischen Verächter des englischen
Reichthums, jene herben Patrioten, waren dennoch nicht
frei von Neid und sannen gleich Tausenden ihrer erwerbs-
lustigen Landsleute bei Tag und Nacht darauf, wie sie sich
dieselben Güter, dieselbe Quelle der Macht verschaffen
könnten, durch welche der südliche Nachbar so gross geworden. War ihr Land nicht seit der unseligen Regierung
Karls II. gleich jedem anderen fremden Reiche wieder eifersüchtig von aller Betheiligung am englischen Welthandel
ausgeschlossen worden? Einst hatte das blosse Wort des
grossen Protectors, die Verfügung vom 12. April 1654 genügt,
allen Monopolisten des Südens zum Trotz aus diesen Staaten
ein einziges Handelsgebiet zu schaffen — ähnlich wie später-

hin durch Preussens Vortritt allein die Binnenzölle verschwinden und der deutsche Zollverein in's Leben gerufen
werden konnte. Und nun war durch die Schifffahrtsacte
von 1660 Schottland, das eben begonnen, die ersten Bro-
samen, die ihm vom Tische des reichen Mannes zufielen, zu
kosten, in die alte Armuth und Unterwürfigkeit zurück-
geschleudert worden. Alle Anträge zu einer vollständigen
commerciellen Reciprocität wurden von den Engländern
damit abgewiesen, dass ihre Colonien nur auf ihre Kosten
begründet worden seien und nun und nimmer von Anderen
ausgebeutet werden sollten. Die Schotten hätten die Freiheit, ein Gleiches zu versuchen — sie, die durch die neueste
Revolution noch enger in die Geschicke Englands verflochten, gerade jetzt auch die letzten Reste ihres Handels-
verkehrs mit dem alten Alliirten Frankreich, dem erbitterten
Feinde des dominirenden Staats, einbüssen mussten.

Aber das Zeitalter war ja bereits angebrochen, in welchem nicht nur ein neuer Unternehmungsgeist die seefahrenden Nationen allen übrigen voraus ergriff, sondern recht
eigentlich auch die Weltkriege vorwiegend um den bevorzugten, möglichst unbehinderten Antheil am Welthandel
geführt wurden. Merkwürdig, wie sehr das Genie des ge-
radeaus stürmenden Schottenvolks eben dahin strebte. Es
lebte, und wahrlich nicht mit Unrecht, der instinctiven
Ueberzeugung, dass es in kaufmännischer Anlage sich mit
den ersten Meistern des Alterthums und der Gegenwart,
mit Phönikern und Hellenen, mit Holländern und Armeniern
messen könnte. Unvergessen aber bis auf diesen Tag sind
die bitteren Erfahrungen, die ihm die Versuchung, der es nicht
widerstehen konnte, eintrug, es mit den Engländern aufzunehmen. Ein Blick auf dieselben findet auch hier eine Stelle,
weil durch das Scheitern eines mit nationalem Starrsinn gefassten Vorsatzes thatsächlich die Erkenntniss des unab-
wendbaren, allein erspriesslichen Schritts zu vollem Anschluss an den Süden ganz wesentlich gefördert worden ist.

Seit dem Jahre 1695 nämlich planten Fletcher, William
Paterson und solche Landsleute, die gleich ihnen von Verdruss über die Zurücksetzung der Heimath verzehrt wurden,
ein Colonialunternehmen in grossem Stil. Dass Paterson,

ein Meister der Finanzkunst, der Begründer der Bank von
England gewesen, wie es Lord Macaulay noch versichert,
und dass er fast unmittelbar hernach auch die schottische
in's Leben gerufen habe, lässt sich durchaus nicht mit voller
Gewissheit nachweisen. Er war allerdings einer der vielen
brütenden, calculirenden Köpfe, die, aus dem rechnenden
Schottland hervorgehend, sich weit in der Welt umtrieben
und an allen möglichen Projecten betheiligten. Man will
dagegen mit Recht den eigentlichen Abdruck seines Wesens
in den wohl erhaltenen, mit kaufmännischer Mustergiltigkeit
geführten Rechnungsbüchern der unglückseligen Darien-
Compagnie wiederfinden. Nachdem zwischen ihm und jenen
Politikern die ersten Anstalten im tiefsten Geheimniss getroffen worden, passirte im schottischen Parlament die Acte
vom 26. Juni 1695, welche eine „Handelsgesellschaft für
Afrika und Indien" in's Leben rief. Sie zielte hauptsächlich
nach den Schätzen des letzteren Landes und wollte in der
That mit Privilegien der Ansiedelung, des Handels, der
Kriegführung für Asien, Afrika und Amerika, die über das
englische Schifffahrtsgesetz hinaushoben, das Capital des
armen Schottlands flüssig machen, um direct mit dem grössten
Monopol der Zeit zu concurriren. Besonders schmeichelte
man sich, mit Leichtigkeit den schmalen Wespenleib des
amerikanischen Continents durchbrechen und sich vorzugsweise des directen Wegs versichern zu können, den
einst ahnungsvoll zuerst Christoph Columbus gesteuert war.
Man schmeichelte sich nicht minder, das englische Capital
anlocken zu können und hatte zu diesem Zweck bei den
intimen Vorverhandlungen in London bereits auch Vertraute
dieser Nation in die Direction gezogen. Und wirklich, kaum
erschien die Einladung zu zeichnen, so belegten diejenigen
grossen Londoner Häuser, denen, weil sie von dem eigenen
ostindischen Monopol ausgeschlossen waren, eine Bekämpfung desselben höchst willkommen erschien, die ihnen offen
gehaltene Hälfte der Stammactien zu 100 Pfund. Bis dahin
schien das Unternehmen, im Geheimen klug vorbereitet,
auch zu geeigneter Stunde an die Oeffentlichkeit zu treten.
Nun aber wandte sich das Blatt. Die Holländer, noch ältere
Nebenbuhler im Orient, durch den Oranier zwar in dem-

selben politischen Fahrwasser mit England, machten eben
jetzt bessere Geschäfte als alle übrige Welt. Auf das Geschrei der privilegirten Handelsgesellschaften Englands
schritt im December bereits das Haus der Gemeinen ein
mit der festen Absicht, die neue Rivalität vollends im Keim
zu ersticken. Als ob in dem Nordreiche gar keine unabhängige Vertretung, keine selbständige Regierung mehr
existire, wurde in einer Conferenz mit den Lords eine dahin
zielende Eingabe an die Krone aufgesetzt, auf welche
Wilhelm III. gleichsam zwischen zwei Stühlen, so weit man
erfährt, erwiderte: man habe ihm in Schottland übel mitgespielt, doch würden sich hoffentlich noch Mittel finden
lassen, um den Nachtheilen dieser Acte vorzubeugen. Das
Unterhaus ruhte nicht, bis die Bücher der neuen Compagnie
in Clements Lane mit Beschlag belegt und sogar ein straf-
rechtliches Verfahren gegen Lord Belhaven und andere am
Orte befindliche Schotten eingeleitet wurde.

Auf der anderen Seite entfachten nun aber so belei-
digende Schritte natürlich den patriotischen Opfermuth nur
um so heller. Gleich am ersten Tage waren in Edinburgh
50,000 Pfund unterschrieben. Nach einem Monat blieb der
Andrang noch so gewaltig, dass das ursprünglich veran-
schlagte Actiencapital noch um 100,000 Pfund erhöht wurde.
In dem noch überaus geldarmen Lande repräsentirten zwei
Peers, der Herzog von Hamilton und Lord Belhaven, und
ein Commoner, Stuart von Grantully, den höchsten Reichthum mit Beisteuern von je 3000 Pfund. Die städtischen
Corporationen betheiligten sich mit besonderem Eifer und
bis herab zu winzigen Bruchtheilen der 100 Pfund-Actien
drängten sich alle Stände und Berufsklassen, unter denen
in den niederen Schichten die Wagelust der Seefahrenden
unverkennbar hervorleuchtete. Als Anfang August die
Bücher mit 400,000 Pfund geschlossen wurden, übersah man
im hochgereizten nationalen Ehrgefühl, dass diese Summe
von den im Lande vorhandenen Fonds gar nicht zu decken
war, so dass die Compagnie selber für den Ausfall gut sagen
musste. Eingezahlt sind in der Folge nur Pfd. St. 219,094.
8. 7¹⁄₃, eine Summe, die dann in wenigen Jahren als barer
Geldverlust verrechnet werden sollte.

Einstweilen stürmte der patriotische Eigensinn unbekümmert weiter. Im Schatten des nationalen Monopols tauchte eine Menge mercantiler und nationaler Speculationen auf, um die sanguinischsten Erwartungen zu beseelen; seine Banknoten hatten eine Weile vollen Cours. Erst als zur Unterstützung der fremde Geldmarkt herbeigezogen werden sollte, stiess man empfindlich auf die grössere Kraft des südlichen Nachbarn. Beim Rathe von Hamburg unter anderen legten der englische Resident und der Bevollmächtigte von Braunschweig-Lüneburg Protest ein gegen die Unterbringung von Actien eines Unternehmens, das von der eigenen Regierung nicht concessionirt worden, während allerdings Bürgerschaft und Börse muthig Einsprache erhoben darüber, dass eine fremde Staatsgewalt sich herausnehme, über ihre Entschlüsse zu verfügen. Die schlauen Schotten hatten sogar fern im Osten so geriebene Handelsleute wie die Armenier zu gewinnen gesucht, um durch sie directe Verbindung mit Indien anzuknüpfen. Alles dies aber musste scheitern, weil in dem grossen europäischen Bunde gegen Ludwig XIV. England in Wahrheit als die leitende Macht auftrat. Was half es, wenn Fletcher und seine Freunde, um einer besonderen schottischen Handelspolitik das Wort zu reden, auch Beglaubigung besonderer schottischer Gesandten an den fremden Höfen forderten. Der König, der mit tiefster Bekümmerniss auf allen Seiten nur Eifersucht einreissen sah, während er unablässig bemüht war, die Eintracht zu einem gemeinsamen Zweck zu pflegen, beharrte nach dem Frieden von Ryswick in diesem Stücke erst recht unthätig und stumm. Es waren die Tage, in denen das Vertragsverhältniss zwischen ihm und den mitregierenden parlamentarischen Factionen in Westminster vollends aus den Fugen zu brechen drohte, indess er die Waffenruhe draussen zu verwerthen suchte, um entweder Frankreich und den Kaiser beim Aussterben der Habsburger in Spanien zu einem Theilungsact zu vermögen, oder eventuell ein neues Kriegsbündniss in Bereitschaft zu setzen. Kein Wunder, wenn er auf die dringende Eingabe der schottischen Staatssecretäre lange Zeit keine und schliesslich nur eine dunkle Antwort ertheilte.

Mittlerweile aber hatte Paterson seine, in ihrer Kühn-
heit doch unklugen, weil die entgegenstehenden realen Kräfte
missachtenden Entwürfe bis zur Ausführung getrieben. Durch
die Landenge von Darien-Panamá hinweg zielten sie nach
einer Entfaltung über die Ostfront des ungeheueren asiati-
schen Continents vielleicht schon bis nach Australien und
Neuseeland hinaus. Verachtung gegen das Vorrecht des
erschlafften Spaniens beflügelte die luftigsten Gedanken, das
winzige Schottenvolk glaubte sich der unentwurzelten Seemacht Castiliens gewachsen. Um dessen grausam geübtes
Monopol zu brechen, wurde sogar frühreif die Idee des Freihandels ausgesprochen, der alle Welt zu vereintem Angriff
herbeilocken müsse. Jedoch als am 26. Juli 1698 die drei
Schiffe der ersten Expedition aus dem Hafen von Leith aus-
liefen und ihre Mannschaft im November unbehindert auf
eine öde Landzunge im Golf von Darien Neu-Caledonien
begründete, gediehen bereits die Keime des Misslingens.
Wenn die Engländer, die nunmehr erst die ganze Tragweite
des Beginnens durchschauten, bei der Anlage ihrer Colonien
vielfach täppisch verfahren hatten, so fehlte es den specu-
lativen Schotten schlechterdings an aller praktischen Erfahrung. In der Tiefseefischerei, der Küstenfahrt und dem
aus solchen Unterlagen entspringenden internationalen Handel mochten sie es längst mit den tüchtigsten Seevölkern
aufnehmen, die grosse oceanische Schifffahrt dagegen wollte
erst erlernt sein. Und an welcher fremden Küste konnte
man denn überhaupt noch unbestritten die eigene Flagge
aufhissen? Endlich, die ganze Pflanzung stand von vornherein schon deshalb in der Luft, weil sie sich ausserhalb
des officiellen Zusammenhangs mit der heimathlichen Regierung bewegte und keinen königlichen Freibrief aufzu-
weisen hatte. Auch erschien sie wie ein Zerrbild des von
politischen und religiösen Factionen zerrissenen Schottlands
selber, weil, so lange es dauerte, höchstens einige mit der
Verbrecherwelt des Seelebens vertraute Flibustier sich über
die streitenden Elemente erhoben.

Nun war der Fleck in Centralamerika zwar von Spanien
beansprucht, aber doch keineswegs occupirt, theils weil dort
eine den Europäern verderbliche Fieberluft herrschte, theils

weil der Verkehr der tief gesunkenen Eingeborenen mit
den Freibeutern meist britischer Abkunft schlechterdings
nicht behindert werden konnte. Allein hochmüthig gingen
die Spanier von ihren nächsten Niederlassungen aus jedem
Entgegenkommen der Schotten aus dem Wege, denn das
Auftreten derselben erinnerte sie nur allzusehr an die mit
Galgen und Scheiterhaufen verfolgten Buccaneers. Als eines
der schottischen Schiffe eines Tags Angesichts Cartagena
auf ein Felsenriff gerieth, wurde die Besatzung sofort von
den Herren aller dieser Küsten in Ketten gelegt und erhob
dann im Mai 1699 der spanische Gesandte in London heftige
Beschwerde, die sich bis gegen die vornehmen Häupter des
Beginnens, den Herzog von Hamilton, den Marquis von
Tweeddale, Lord Belhaven u. A., erstreckte. Während die
Colonisten, weil ihre Flagge beschimpft worden, der Krone
Spanien in lächerlicher Weise den Krieg erklärten, gaben
die englischen Monopolisten so wie die englischen Pflanzungen in Amerika jenen durchaus Recht und wurden die
schottischen Unterthanen nun vollends auch vom Könige
desavouirt, der eben jeden Nerv anspannte, um einen ungeheueren Weltconflict zu bannen, welcher Spaniens wegen
bevorstand. Da brachen ausser der Gefahr, als Seeräuber
vogelfrei erklärt zu werden, ausser bitterem Hader und Streit
unter den Abenteurern selber, die weder Nahrungsmittel
vorfanden, noch hinreichend mitgebracht hatten, Hungers-
noth und Seuche aus. Auch nachdem sie sich auf drei
Schiffe vertheilt, wich das Sterben nicht — ist doch Paterson
selber der unglückliche Berichterstatter — und wurden gar
beim Landen in Jamaica und New-York die überlebenden
Jammergestalten von den englischen Autoritäten unbarm-
herzig zurückgestossen. Sie konnten von Glück sagen, wenn
es noch einige Menschenfreunde unter den Privaten gab.
Noch aber war der Becher voll bitterer Hefe nicht ausge-
kostet, noch war die böse Kunde von jenem Ausgange in
Europa nicht eingelaufen, als im August und September
eine zweite Expedition nach demselben Ziel in See ging.
Aus Entrüstung über die näheren Mittheilungen wurden ihr
sofort Verstärkungen nachgesandt mit gemessenen Befehlen,
die vermeintlich in Darien eingebrochenen Spanier hinaus-

zuwerfen und vor Allem die nationale Flagge niemals ungestraft von den Engländern verhöhnen zu lassen. Das Schicksal dieses zweiten Geschwaders aber war noch drastischer als das des ersten. Die Leute zankten nicht minder, schon weil sich ein Paar geistliche Fanatiker vom reinsten Wasser unter ihnen befanden; dann sind sie im Februar 1700 über die Cordilleren gestiegen und haben im Anblick des stillen Oceans ein kleines spanisches Corps vor sich her getrieben. Bei ihrer Rückkehr jedoch fanden sie die dürftig wieder aufgerichtete Colonie von fünf feindlichen Kriegsschiffen blockirt. Was nicht durchschlüpfte, musste sich einer demüthigenden Capitulation unterwerfen, womit dann das Project sein jähes Ende gefunden zu haben schien.

Um so ernster jedoch war die Rückwirkung auf Schottland. Die ganze schnöde Behandlung, welche ein so specifisch nationales Werk von England erfuhr, war recht geeignet, die alte Antipathie neu zu entfachen und spornte in der That das Parlament zu scharfen Massregeln vorwärts. Nachdem die ersten heftigen Beschwerden in London gar nicht, eine von allen Seiten unterzeichnete Adresse höchst kühl bei Hofe angenommen worden und der königliche Commissar in Edinburgh vor bitteren Ausfällen wegen Neu-Caledonien nicht ein noch aus wusste, so dass er das Parlament von einem Termin zum anderen vertagte, erging sich die heissblütige Bevölkerung der schottischen Hauptstadt bereits in Excessen, durch welche alte Leute an die Explosion des Jahrs 1637 erinnert werden mochten. Natürlich schürten die Jacobiten; und hinter der Selbstenthaltung von englischen Consumartikeln, einer in der Folge so oft von revoltirenden Unterthanen ausgegebenen Parole, spukte bereits der Vorsatz, den Thron des Oraniers für verwirkt zu erklären. Da war es im Herbst 1700, dass die ersten Zeichen melancholischer Sympathie von Wilhelm einliefen, die in ihrer officiellen, das unglückliche Darien verurtheilenden Fassung freilich wenig geeignet waren, den ingrimmigen Unmuth zu dämpfen. Allein über das leidenschaftliche Toben Lord Belhavens und seiner Freunde hinaus klang auch zum ersten Mal wieder der Grundton einer Politik durch, wie ihn Wilhelm III. bereits im April 1689 ange-

schlagen hatte: legislative Union beider Königreiche als das
einzig versöhnende Rettungsmittel. Wie hätte aber die
gegenseitige Erbitterung zu beiden Seiten des Tweed gestattet, dasselbe sofort mit staatsmännischer Ruhe in Angriff
zu nehmen. Das Haus der Lords zwar zog den Vorschlag
des Königs in Berathung, aber das Haus der Gemeinen
wies ihn ohne Bedenken zurück. Und dennoch ruhte Wilhelm
nicht. In seiner letzten königlichen Sendung an das Unterhaus vom 28. Februar 1702 heisst es: „Nichts kann gegenwärtig und in Zukunft Frieden, Sicherheit und Glück von
England und Schottland aufrichtiger verbürgen, als eine feste
und vollständige Union beider. Se. Majestät würde sich glücklich schätzen, wenn während ihrer Regierung ein Segen
verheissender Weg dahin gefunden würde." Aber schon
am 8. März wurde diese Regierung durch den Tod des
grossen Königs beschlossen.

Nun freilich liess Königin Anna bereits am dritten Tage
nach ihrer Thronbesteigung zu Westminster eine Bill ein-
bringen, durch welche Commissare zu Verhandlungen mit
Schottland designirt wurden. Schon die Nothwendigkeit,
in Aussicht auf ihren Todesfall gemeinsam die Succession
der Krone festzustellen, drängte auf eine Annäherung der
sich spröde sperrenden Legislativen. Nachdem auch die
Schotten gewählt hatten, sind die Bevollmächtigten beider
Länder zum ersten Mal noch im November in London zusammengetreten. Aber der gut gemeinte Versuch zerschlug
sich an der bestimmten Forderung der Schotten, völlig freien
Verkehr zwischen den beiden Ländern mit denselben Privilegien namentlich auch in Bezug auf den auswärtigen und
den Colonialhandel, und ohne Berücksichtigung der bestehenden Handelsgesellschaften, zur Grundlage der Union zu
machen. Die Engländer würden sich, wie sie nicht verhehlten, in die Exemption des Nordens von der englischen
Schuldenlast oder selbst in ein Aequivalent für die entsprechende Antheilnahme gefügt haben; aber die ausdrück-
liche Gewährleistung der Darien-Compagnie neben ihrer
ostindischen erschien ihnen wie Selbstmord und Unsinn.
Da sie nicht einmal von einer nachträglichen Entschädigung
der an Mittelamerika verunglückten Speculanten wissen

wollten, wurden die Conferenzen schon am 3. Februar 1703
in's Unbestimmte vertagt. Fast gleichzeitig löste die Regierung das seit 1689 bestehende schottische Conventionsparlament auf, um demnächst zu denkwürdigem Zweck ein
neues zu berufen. Nachdem vor zwölf Jahren bereits der
alte ständische Ausschuss, jene oligarchische Mitregierung
der *Lords of Articles*, unterdrückt worden war, sollte es in
der That das letzte sein, welches sich in seinem alten Pracht-
bau versammelte. Noch einmal in den ursprünglichen, mit
dem Parlamentsritt aus der Halle auf die imposante Hoch-
strasse hinausgreifenden Formen wurde es eröffnet. Und
von der englischen Weise nicht minder abweichend, verharrte es wie in der äusseren Erscheinung und im Geschäfts-
gange bis zuletzt auch in seiner vollen Competenz. War
doch gar nicht einmal ausgemacht, ob für die Ausführung
seiner Beschlüsse die königliche Sanction überhaupt so unerlässlich sei, ob sie nicht vielmehr auch Geltung hätten
ohne die übliche symbolische Berührung mit dem Scepter,
welche hier dem englisch-normännischen *le Roy le veult*
entsprach. Dieses Mal ging die Stimmung um so höher, als
aus einer Botschaft der Königin, welche Toleranz für die bei
Seite geschobenen Episcopalisten anempfahl, wieder unmittelbar auf Gefahr für die endlich staatlich bevorzugte individuelle Kirchenform geschlossen wurde, „die einzige Kirche
Christi in diesem Reiche", wie sie sich stolz bezeichnete.
Da ging denn die Opposition so weit, dass sie zu der Sicherheitsacte vom Jahre 1689 einen Zusatzartikel befürwortete,
nach welchem der Souverän ein Bekenner der presbyterianischen Confession sein müsse. Andererseits wollte man
sich in nationaler Erbitterung sogar dem unter Marlborough
bereits so viel versprechenden grossen Kriege entziehen und
höchst herausfordernd sogar mit Frankreich die Handelsbeziehungen wieder aufnehmen. Im leidenschaftlichsten Un-
abhängigkeitsgefühl sind die Privilegien für Darien noch
einmal erneuert worden. Die Hauptsache aber war, dass
das schottische Parlament sich in Bezug auf die Thronfolge
direkt von dem englischen zu entfernen wagte, indem es
auf Fletchers feurigen Betrieb nicht ohne Weiteres die Kurfürstin Sophia von Hannover bezeichnete, sondern nach

heftigen, monatelangen Debatten den Beschluss fasste: „Die
Stände ernennen den Nachfolger aus der protestantischen
Descendenz der königlichen Linie von Schottland, wenn man
über solche Regierungsgrundsätze sich verständigt haben
wird, nach denen die Ehre und die Souveränität dieses
Reichs, die Freiheit, Häufigkeit und Macht der Parlamente,
die Religion, Freiheit und der Handel der Nation sicher
gestellt sein werden gegen den englischen wie gegen jeden
anderen fremden Einfluss." Selbst durch die Vertagung
wurde das national-particularistische Widerstreben nicht ge-
dämpft. Um diese Stunde schien eine Verständigung ferner
denn je gerückt.

Ueberdies gab es ein böses Zerwürfniss im Schosse der
königlichen Behörden selber. Damals zuerst wurde vom
Wiedererscheinen des Stuart-Königs gemunkelt: bei einer
grossen Jagd im Hochlande, so hiess es, werde er unter die
Getreuen hintreten. Einer der zahlreichen Eingeweihten, der
auch moralisch compromittirte wagehalsige Simon Fraser,
Lord Lovat, wusste den Herzog von Queensberry und den
Marquis von Atholl, beide Mitglieder der Regierungscom-
mission, der Art unter einander zu verhetzen, dass sie sich
gegenseitig der verrätherischen Correspondenz mit dem verjagten Hofe für schuldig hielten. Hierüber hat Queensberry
zurücktreten müssen, so dass sich die Regierung des nordischen Königreichs bald in heller Auflösung befand, während das englische Haus der Lords sich die Untersuchung
des von Jacobiten angezettelten Complotts anmasste und
sein Urtheil dahin fällte, dass alle feindseligen Anschläge
zu Hause und draussen lediglich aus der in Edinburgh
ausgesprochenen Verwerfung der unmittelbaren Nachfolge
der Prinzessin Sophia entsprängen. Kein Wunder, wenn
sich das Oberhaus durch ein solches Verfahren den Zorn
nicht nur der nördlichen Nachbaren, sondern selbst des
überaus reizbaren Hauses der Gemeinen zuzog, was denn
nur zu weiterer Verschleppung der so ernsten Angelegenheit beitrug.

Abermals wurde im Jahre 1704 vom schottischen Parlament die Sicherheitsacte ausdrücklich mit jener Clausel
erneuert, und wirklich die königliche Bestätigung in dieser

Form ertrotzt, indem man die Mittel für die schottischen
Truppen zu verweigern drohte, die ohnehin wegen der jacobitischen Wühlereien das Land nicht verlassen durften.
Das schottische Reich wollte sich also immer noch der Betheiligung an dem mit Frankreich wegen der spanischen
Erbschaft geführten Kriege entziehen. Aber indem Lord
Godolphin, neben Marlborough die Seele des englischen Cabinets, zur Sanction eines Beschlusses rieth, welcher die
Kronen Englands und Schottlands thatsächlich trennte, rechnete er bereits mit Zuversicht darauf, sie auf Umwegen um
so sicherer zu vereinen.

Die unbefugten Rüstungen, die zu dieser Zeit im Norden geschahen, gaben in der That dem englischen Parlament gerechten Anlass, Klage zu führen. Doch geschah
dies von ministerieller Seite klug geleitet im Ganzen mit
Mass und Würde. So erklärte Lord Haversham: „Alle Un-
ruhen haben zwei Ursachen, viel Unzufriedenheit und grosse
Armuth. Ein Blick auf Schottland genügt, um Beides in
jenem Königreiche anzutreffen. Adel und Ritterschaft sind
dort sicherlich eben so gebildet und tapfer, wie sich irgend
ein anderes Volk Europas rühmen kann; und gerade sie
sind unzufrieden. Das gemeine Volk ist zwar zahlreich und
sehr kräftig,. aber auch sehr arm. Und wer kann einstehen
für eine solche Menge, so bewaffnet, so disciplinirt, unter
solchen Führern, besonders wenn die Menschen lediglich
von der Gelegenheit abhängen." Offenbar musste sich der
Süden gegen jede Eventualität wappnen — man hat damals
Truppen nach Norden abgefertigt und die verfallene Befestigung mehrerer namhaften Plätze in Stand gesetzt —,
allein er war doch wieder weise genug, um nicht, wie die
Lords einen Augenblick versucht hatten, über jenes Königreich, das trotzig seinen eigenen Weg gehen wollte, zu Gericht zu sitzen. Gerade in jener vornehmen Corporation
äusserten sich jetzt die klügsten Staatsleute Wilhelms III.,
die Lords Somers, Wharton, Halifax, dahin, man müsse die
Schotten ruhig gewähren lassen, und sie würden in Bälde
erkennen, wie sie selber bei solchem Verfahren am meisten
verlören. Im Vertrauen, dass sie auch wegen der gemeinsamen Thronfolgeordnung zur Besinnung kommen würden,

3*

wurden in Westminster bereits Vollmachten zu weiteren Unionsverhandlungen ausgefertigt.

Und war es nicht die höchste Zeit, den überreizten Gefühlen zum Trotz und im Angesichte eines ungeheueren Weltkrieges, die Sache endlich zum Austrage zu bringen? Schon condemnirten die Admiralitätsgerichte beider Länder das eine und das andere Schiff des Gegentheils, weil es beschuldigt wurde, das ostindische oder das Monopol von Darien durchbrochen zu haben. Die Tribunale in Edinburgh zumal standen so sehr unter dem Druck der erhitzten Bevölkerung, dass ein englischer Seecapitän nebst zwei seiner Leute durch offenbar von Nationalhass eingegebenen Justizmord an den Galgen geschleppt wurde, obschon der Schotte, den sie um's Leben gebracht haben sollten, unangefochten mit seinem Schiffe auf fernem Meere schwamm. Recht zur Unzeit hinwiederum veröffentlichte gerade jetzt ein Alterthümler das Ergebniss seiner Forschungen in den Staatsrollen des Towers, nach denen von Alters her die schottische Krone bei der von England zu Lehen gehe. Der gelehrte James Anderson, der ihn mit facsimilirten Documenten des Gegentheils widerlegte, erhielt nicht nur den feierlichen Dank seiner heimathlichen Stände, sondern 4800 Pfd. schottischer Währung zur Belohnung. Ein Glück, dass es Godolphin gelang, zugleich den Herzog von Queensberry zu reactiviren und mit Hülfe anderer Collegen, unter denen Sir John Dalrymple, Lord Stair, ohne alle Frage der bedeutendste war, die königliche Regierung zu stützen, welche die bestimmte Aufgabe erhielt, die von England angetragene Einigung mit dem schottischen Parlament in Berathung zu ziehen.

Ueberblicken wir in diesem Moment die Parteien, denen man dort entgegen trat, so war es wahrlich kein geringes Unternehmen, das weit eher Scheitern als Gelingen, weit eher Sturm als heiteres Wetter anzeigte. Es liess sich erwarten, dass die grosse Mehrzahl der schottischen Stände abermals auf Freihandel und völlige Gemeinschaft aller Handelsprivilegien dringen würde: das gehörte nun einmal zu den Glaubensartikeln der sichtlich erstarkten Nationalpartei, obgleich einige ihrer Mitglieder jetzt entschlossen waren, nicht ein-

mal auf jene Vortheile hin ein solches Opfer zu bringen.
Die Jacobiten, meist Cavaliere mit streng religiösen und politischen Grundsätzen, wollten selbstverständlich von keiner
Union hören, die nicht dem Stuart, sondern dem Welf galt.
Sie liefen am wenigsten Gefahr, sich selber untreu zu werden, aber zu heucheln verstanden sie doch nichtsdestoweniger. Einer ihrer geschworenen Anhänger, George Lockhart
von Carnwath, befand sich sonderbarer Weise unter den
schottischen Commissaren und hat jene in grellster Partei-
farbe gehaltenen Memoiren über die schottischen Affairen
hinterlassen, die zwar den denkwürdigen Hergang am aus-
führlichsten schildern, aber auch auf das eigene Verhalten,
durch welches er immerdar nur das Werk zu untergraben
suchte, einen schwarzen Schatten werfen. Endlich stand
nunmehr jene kleine geschlossene Gruppe bei Seite, die
spöttisch *Squadrone Volante* hiess, sich selber aber die neue
Partei nannte. Sie war zusammengesetzt aus vornehmen
Herren, die unlängst noch der Regierung angehört hatten,
und aus Patrioten, die sich nicht wie Fletcher und Belhaven
an die Befürchtung stiessen, die Union könnte dennoch den
Einheitsstaat statt des Bundesstaats in's Leben rufen. Der
Marquis von Tweeddale, die Grafen Rothes und Roxburgh,
der zurückgetretene Lord-Kanzler Marchmont, von dem ebenfalls Aufzeichnungen erhalten sind, Baillie von Jerviswood,
der ehemalige Staatssecretär, hatten sich hier zusammen-
gefunden, um unbekümmert wegen der Verleumdungen
ihrer früheren particularistischen und fast republikanischen
Genossen oder der royalistisch-orthodoxen Jacobiten Wind
und Wetter zu beobachten, damit das Schiff endlich sicher
in den Hafen steuere. Das waren die Elemente, mit welchen
die Regierung der Königin Anna zu rechnen hatte, als sie
im August 1705, nachdem in Westminster bereits die Genehmigung ertheilt worden, abermals auch das Parlament in
Edinburgh zur Ernennung von Commissaren einladen liess.
    Als endlich am 25. August 1705 der Entwurf eines
Nationalvertrags im Parlamentshause zu Edinburgh eingebracht wurde, meinte man dort noch immer, diesen Schritt
der Regierung hemmen, wenn nicht vereiteln zu können.
Der unermüdliche Vorkämpfer des schottischen Particula-

rismus, Fletcher von Saltoun, beantragte drei Tage später:
„Die vom englischen Parlament angenommene Acte, welche
eine Union der beiden Königreiche vorschlägt, ist für die
Ehre und die Interessen dieser Nation in so beleidigenden
Ausdrücken abgefasst, dass wir, die wir dieses Reich im
Parlament vertreten, in keiner Weise darauf eingehen
können." Allein die Bill kam dennoch zur Berathung, frei-
lich unter der Voraussetzung, dass jene englische Prohibitiv-
verordnung, die nicht allein in den Handelskreisen des
Nordens so viel böses Blut erzeugt hatte, widerrufen würde.
Zum Glück jedoch sollte dies nicht in das betreffende Gesetz
selber aufgenommen, sondern in einer eigenen Adresse an
die Königin kund gethan werden. Auch sonst fehlte es
nicht an Anzeichen, dass der Wind umzuschlagen beginne.
In heftigen Debatten über die Frage, ob die schottischen
Commissare wie in England von den Ständen, oder ob sie
von der Krone zu ernennen seien, wurde durch das sogenannte fliegende Geschwader und sogar durch den Herzog
von Hamilton, obschon er neuerdings für das Haupt der
Jacobiten galt, zu Gunsten der Königin entschieden, die in
Schottland freilich als abhängig von der Parlamentswillkür
zu Westminster gescholten wurde. Die Krone ist dann ihrerseits bei der Wahl der einunddreissig Schotten sehr klug
und vorsichtig verfahren. Während das englische Parlament nach altem Herkommen Peers, die beiden Erzbischöfe
und hervorragende Fachmänner, mit seiner Vertretung beauftragte, überging sie geflissentlich die Herzöge von Hamilton und Argyle, die mächtigen Repräsentanten der Tories
und der Whigs im Norden, und zog zumal aus dem kleinen
Adel wie aus den städtischen Magistraten die Männer aller
Farben heran. Mit Absicht wurden sogar Gegner wie George
Lockhart ernannt, obgleich Niemand ahnen konnte, bis zu
welchem Grade derselbe seine Instructionen aus St. Germain
empfing, wie sehr er — seine Denkwürdigkeiten belehren
uns darüber von Schritt zu Schritt — als Feind jedweder
neuen Staatsordnung und als jacobitischer Spion handelte.
Die schottische Kirche entzog sich selbstverständlich einer
unmittelbaren Betheiligung an dergleichen Transactionen,
sie war sich indess vollkommen bewusst, dass schliesslich

Annahme oder Verwerfung des ganzen Werks von ihr abhängen werde und hatte deshalb bei Zeiten die gesetzliche
Bestimmung erwirkt: „dass die Commissare sich in keiner
Weise mit einer Abänderung des Gottesdienstes, der Zucht
und des Regiments der Kirche dieses Reichs zu befassen
hätten, wie sie nunmehr rechtmässig stabilirt worden." Ueberhaupt wurde den schottischen Mitgliedern der Commission
von Seiten ihrer Landesvertretung streng eingeschärft, auf
die Berathung des Vertrags nicht eher einzugehen, bevor
nicht in England alle beleidigenden Clauseln aufgehoben
wären. Und wirklich, auf den erleuchteten Rath des Lord
Somers wurden sie dort, damit eine überreizbare Empfindlichkeit nicht von vornherein Alles störe, unverzüglich hin-
weggeräumt.

Es waren also die Ausschüsse zweier parlamentarischer
Staaten, die zusammentreten sollten, sich aber vorsichtig
zu hüten hatten, damit sie über Lebensfragen nicht sofort
uneins würden, da ihre sämmtlichen Beschlüsse überdies ja
doch an die Stände beider Reiche zurückgehen mussten.
Wie unendlich leicht konnte da das in ähnlicher Weise noch
nie versuchte Unternehmen an einem der vielen Stadien
scheitern, die es zu durchlaufen hatte. Ohne völlige Gleichberechtigung waren beide Theile trotz unausrottbaren Unter-
schieden, denn wie im Kirchenwesen hatte jeder seine höchst
individuelle Rechtsentwicklung genommen, nimmermehr zu
vereinen. Der schwächere bestand recht eigentlich darauf,
dass ihm das Uebergewicht des Mächtigeren selbst da nicht
aufgenöthigt werden könne, wo er gegen dessen Leistungen
gar nichts Entsprechendes zu bieten vermochte. Schottlands Hauptverlangen blieb immerdar die Gleichberechtigung in Handel und Schifffahrt, eine Zoll- und Handels-
einigung bei weitem mehr als eine parlamentarische und
administrative.

Als nun die beiderseitigen Commissare am 16. April
1706 in der Rathskammer des Cockpit zu Westminster zu-
sammentraten, hatten sie, als gälte es einen Zweikampf,
um überhaupt nur den Verkehr zu ermöglichen, zuerst einen
modus tractandi in Form einer entsprechenden Geschäftsordnung aufzufinden. Nachdem dies gelungen, war ihr zu-

folge jede Seite befugt, selbständig schriftliche Anträge zu
stellen, welche dann die andere durch einen Ausschuss vor-
berathen liess, um sie entweder anzunehmen oder zu verwerfen. Kein Artikel aber sollte als definitiv gelten, bis
nicht der ganze Vertrag durch die eine wie die andere
Landesvertretung approbirt worden sei. Auch wurde bis
dahin das tiefste Geheimniss auferlegt. Nachdem nun die
Engländer ihren Fundamentalantrag eingereicht hatten, in
welchem als Endzweck des ganzen Vorhabens die Errichtung eines gemeinsamen Königreichs unter einem neuen
Namen mit einem einzigen Parlament und derselben Thronfolge vorgeschlagen wurde, erwiderten die Schotten ein
Paar Tage später mit Amendements, welche nicht nur ausweichend lauteten, sondern zwischen den beiden Nationen
noch immer das rein föderative Verhältniss zu behaupten
trachteten. Nur gegen Gewährung eines unbedingt freien
Handels wollten sie auf die Thronfolgeacte der Engländer
eingehen. Zum Glück blieben diese, viel weiser geführt,
bei ihrem die volle Incorporation einschliessenden Haupt-
satze und nöthigten dadurch den anderen Theil, bereits am
nächsten Tage das Princip der Gegenseitigkeit in allen
bürgerlichen und commerciellen Rechtsverhältnissen zu ac-
ceptiren, worauf nun erst die Berathung der Einzelfragen
in Fluss kam. Diese betrafen in erster Linie den Ausgleich
der Abgaben und Lasten, um mittelst eines goldenen Aequi-
valents, das anzunehmen Schottland kein Bedenken trug,
die gemeinsame Finanzwirthschaft und zwar auch mit denselben Ein- und Ausgangszöllen zu begründen. Jenes Aequivalent bestand zunächst in der Exemption von einer Reihe
von Steuern, von denen in der Folge zwar einige auch in
England aufgehoben worden sind, während die Befreiung
von der Grundsteuer, 4 Schilling vom Pfund Rente, in dem
weit ärmeren Lande allerdings als ein sehr vortheilhaftes
Geschäft betrachtet werden musste. Wenn England damals
durch diese Steuer allein 2 Millionen aufbrachte, so sollte
Schottland nur für 48,000 Pfund Sterling gut sagen. Am
meisten Schwierigkeit bereitete alsdann ein Ausgleich im
Staatsschuldenwesen, schon weil die Verbindlichkeiten beider
Länder in ganz verschiedener Weise berechnet wurden.

Allein grossartig wie im Schuldenmachen zu eignem und seines Nächsten Besten erwies sich England auch in der Freigebigkeit, mit der es Schottlands nominelle Antheilnahme an der gemeinsamen Schuldenlast durch klingende Entschädigung aufwog.

Von diesen wirthschaftlichen Fragen gelangte man erst am 7. Juni weiter zu den staatsrechtlichen, als die Engländer unerwartet den Schotten, die allzu sanguinisch mit ihrer ganzen bisherigen Repräsentation hinübertreten zu können meinten, nur 38 Plätze in dem einheitlichen Unterhause einräumen wollten. Jene beabsichtigten dort auch fernerhin national geschlossen zu bleiben, die Engländer hingegen erkannten im Voraus, dass in der Gesammtvertretung, falls dieselbe nicht ein Trugspiel werden sollte, nur Parteigegensätze, aber nimmermehr nationale fortbestehen dürften. Sie haben sich dann schliesslich bis zu 45 Sitzen herbeigelassen; und die Folge hat ihnen Recht gegeben, denn die Union schwebte jedesmal in unmittelbarer Gefahr, sobald sich eine particularistisch-schottische Faction geltend machen wollte. Numerisch mochte allerdings ein Zwölftel der englischen Vertretung der Bevölkerungsziffer Schottlands nicht einmal annähernd gerecht werden, allein solche Ungleichheiten wurden doch durch die sehr schwer wiegenden finanziellen Vortheile wieder erheblich ausgeglichen. Obwohl von den zahlreichen schottischen Peers, deren Gesammtzahl damals 154 betrug, nur sechszehn durch Wahl für eine Parlamentsdauer in das Haus der Lords eintraten, so erhielt doch fortan der ganze mit Glücksgütern nur sehr ungleich gesegnete Stand die in England üblichen Vorrechte, während sie ihm von den schottischen Gerichten bisher nur während der kurzen Dauer ihrer eigenen Parlamentssessionen zuerkannt gewesen waren.

In Bezug auf Münze, Mass und Gewicht hat sich der kleinere Theil, wenn nicht völlig, so doch sehr bald zum eigenen Gewinn in die einen unendlich grossartigeren Markt beherrschenden Normen des anderen gefügt. Dagegen war es ein Leichtes, in Flagge und Wappen die nationale Eitelkeit zu befriedigen. Hinfort erscheinen denn mit heraldischer Genauigkeit das St. Georgs- und St. Andreaskreuz

so wie die englischen Leoparden und der schottische *lion
rampant* in ihren Vierteln des Banners oder des Schildes,
jedoch erhalten die schottischen Reichsattribute jedesmal
die ehrenvollere Seite, sobald die Anwendung einem speciell
nationalen Zwecke gilt. Sehr erfreulich aber war, dass, als
endlich am 15. Juli auch die dornenvolle Angelegenheit von
Darien zur Sprache gebracht wurde, auf beiden Seiten eine
versöhnliche Stimmung durchschlug. Das englische Parlament hätte jene verunglückte Speculation nachträglich erst
recht nicht anerkannt, aber ohne viel Widerstreben verpflichtete es sich grossmüthig, die Actien aufkaufen zu
wollen. Und so wurde denn für diesen Zweck wie zur Ab-
tragung der öffentlichen Schuld Schottlands, zugleich aber
auch um die Einbusse bei Unterdrückung der besonderen
Währung des Nordens zu decken, die Summe von 398,085.10
Pfd. Sterl. ausgeworfen, die ihm als Aequivalent in Gold
gezahlt werden musste.

Wie die beiden Ausschüsse nicht befugt waren, die
kirchlichen Dinge zu berühren, so verfuhren sie auch höchst
vorsichtig in Allem, was das bürgerliche Recht und seine
Praxis in beiden Ländern betraf. Oeffentliches Recht und
Staatsverwaltung sollten dem vereinigten Königreiche freilich in gemeinsamen Institutionen angepasst, dagegen im
Privatrecht, ausser auf dem Wege der Gesetzgebung, keinerlei Abänderung getroffen werden. Schottland wie England
haben demzufolge ihre besonderen Rechtssysteme, ihre
eigenen Tribunale und getrenntes Processverfahren bewahrt.
Man hütete sich sogar, in der Unionsacte den Grundherren
des Nordens ihre Patrimonialgerichtsbarkeit, obwohl sie aus
halb keltischem Feudalismus stammte, kurzweg zu entziehen.
Sie ist ihnen einstweilen als privates Attribut verblieben,
bis sich die üble Wirkung einer so gefährlichen Befugniss
bei den wiederholten Complotten, welche die Rückführung
der Stuarts bezweckten, so grell herausstellte, dass die
Staatsmänner beider Länder endlich zu der Unterdrückung
dieses Ausnahmerechts schreiten mussten. Am 23. Juli nach
neunwöchentlicher Arbeit ist der Entwurf Ihrer Majestät der
Königin überreicht worden. Von je 31 Commissaren haben
ihn 27 Engländer und 26 Schotten unterschrieben. Unter

den fehlenden machte sich der Sachwalter der ausgetrie-
benen Dynastie, der Jacobit Lockhart, bemerklich.

Nunmehr hatte die parlamentarische Discussion zu erfolgen. Klug liess man wiederum Schottland den Vortritt,
damit es möglich unbeeinflusst und selbständig seine Entschlüsse fasse. In dem königlichen Anschreiben, welches
die Bevollmächtigten, der reactivirte Herzog von Queensberry und der junge Graf von Mar, den am 3. October in
Edinburgh noch einmal versammelten Ständen überreichten,
hiess es: „Die Massregel wird Euch Glauben, Freiheit und
Eigenthum sichern, die Zwistigkeiten unter Euch selber,
Neid und Streit zwischen Unsern beiden Königreichen entfernen. Indem sie bei Euch Kraft, Wohlstand und Handel
hebt, wird durch diese Union die ganze Insel in Zuneigung
verbunden, von jeder Befürchtung, ihre Interessen könnten
auseinander gehen, befreit und befähigt sein, allen ihren
Feinden zu widerstehen, den protestantischen Glauben überall zu stützen und die Freiheit Europas aufrecht zu erhalten."
Vorläufig jedoch drohte die Veröffentlichung des Entwurfs
die alten nationalen Leidenschaften erst recht zu entfesseln.
Die Parteien nahmen selbstverständlich Stellung für und
wider. Da war es nun von weittragender Bedeutung, dass
die breite presbyterianische Mitte im sicheren Besitz ihrer
bevorrechteten Kirche dem Beginnen, durch welches sie
selber nicht angetastet wurde, vertrauensvoll entgegen kam.
Weder ging sie auf den Bund ein, der ihr arglistig von
jacobitischer Seite angetragen wurde, noch wandte sie sich
den Eiferern ihrer eigenen Confession zu, die sofort in
einem „Protest und Zeugniss der vereinigten Gesellschaft
des bekenntnisstreuen Rests der antipapistischen, antiprälä-
tistischen, antierastianischen, antisectirerischen, allein wahren
Kirche Christi in Schottland wider die sündhafte Einver-
leibungsunion" ihre Posaunentöne ausstiess und zumal gegen
England losdonnerte als ein Reich, das mit dem heiligen
Covenant gebrochen und durch ketzerische Irrthümer und
verabscheuungswürdige Gebräuche verpestet sei. Wie das
politische Bekenntniss der Jacobiten an dem Stuartfürsten
und seinem Glauben haftete, so wurde die hannöversche
Succession von dem covenantischen Extrem schon deshalb

in den Bann gethan, weil der deutsche lutherische Glaube nicht harmonirte mit der reinen Lehre dieser infalliblen Fanatiker. Aber freilich eine ungeheuere Kluft trennte beide Extreme. Und wenn letztere auch gelegentlich immer noch an die Schärfe des Schwertes Gottes appellirten, so sind doch die Wühlereien im Volke fast ausnahmslos nur von den Jacobiten angezettelt worden. Die vornehmsten und einflussreichsten Herren des Landes wurden zu Demagogen, vorzüglich doch weil mit der Annahme der Union jede Aussicht auf Restauration ihres Hofs und des ihnen schmeichelnden Kirchenthums der Jesuiten ein für allemal verloren schien.

Mit seltenem Eifer und einer damals ganz ungewöhnlichen Productivität bemächtigte sich nun aber auch die oppositionelle Presse der Angelegenheit, um alle nationalen Vorurtheile frisch aufzustacheln. Die zahllosen Monarchen einer angeblich tausendjährigen Vergangenheit, die altnationalen Kronjuwelen nebst Scepter und Schwert wurden um so lauter angerufen, weil sie demnächst von einem unersättlichen Eroberer geraubt sein würden. In Folge der Handelseinheit müsste der schottische Kaufmann, durch das Fortbleiben des Hofs der Ladenhalter der High Street von Edinburgh zu Grunde gehen. Der kleine Mann vollends würde bei englischen Preisen verhungern, weil er Wasser statt Bier trinken und seinen Haferbrei ohne Salz essen müsste. Es hat nicht an Entgegnungen von der anderen Seite gefehlt, deren eine, dem Sir David Dalrymple zugeschrieben, ganz besonders treffende Argumente bot. Der Verfasser redete seine Landsleute folgendermassen an: „Eine hochherzige, siegreiche und tapfere Nation ladet Euch zu einer engen Einigung mit sich selber ein, eine Nation, deren Gesetze gerechter, deren Regierung milder, deren Volk freier, behäbiger, glücklicher sind als die irgend einer anderen in Europa, eine Nation, die durch ihren Reichthum, ihre Weisheit und Tapferkeit die furchtbarste Macht gebrochen hat, von der die Christenheit jemals bedroht gewesen, deren siegreichen Waffen auch Ihr selber Eure gegenwärtige Sicherheit verdankt. Diese Nation ladet Euch zur Theilnahme an allen Vortheilen ein, deren sie sich erfreut oder die sie noch

verhoffen darf." Statt nun auf ein solches Anerbieten einzugehen, werde es zurückgestossen und zwar aus „Stolz,
Armuth und Trägheit — eine weit schlimmere Vereinigung
als diejenige, von der gegenwärtig die Rede ist." Er erinnert an Wales, an Yorkshire, die, seitdem sie in England
aufgegangen, doch wahrhaftig an jedem englischen Privileg
Antheil hätten. Und endlich: „Verlieren wir unsere Selbständigkeit in irgend einem anderen Sinne als England sie
verliert? Wird es nicht neue Titel, Siegel, Wappen und alle
dieselben Umwandlungen geben für England ebenso gut
wie für uns? Ist es ehrenrühriger für Schottland, sich mit
jenem, als für England sich mit uns zu verbinden? Land und
Leute werden nicht vernichtet, noch wird die Union alle
Heldenthaten verschwinden machen, die zu irgend einer Zeit
von der schottischen Nation vollbracht worden sind."

Die Debatten im Parlamentshause konnten, was die allgemeine Lage betraf, kaum in einem günstigeren Moment
anheben als am 12. October. Der grosse Schirmherr des
Jacobitismus, Ludwig XIV., war zu dieser Stunde bereits
durch Marlboroughs Sieg bei Rammillies und durch die
günstigen Erfolge der Verbündeten auf der pyrenäischen
Halbinsel dermassen in's Gedränge gebracht, dass ein fran-
zösisch-schottischer Angriff auf England für's Erste sehr
unwahrscheinlich wurde. Die Regierung der Königin dagegen hatte die Fäden der allerdings von französisch-jaco-
bitischen Parteigängern geschmiedeten Complotte in der
Hand und konnte, wenn sie wollte, die vornehmen Verschwörer in den eigenen Stricken fangen. Nur des hitz-
köpfigen Pöbels der schottischen Hauptstadt, der im Geheimen von denselben Aufwieglern bearbeitet wurde, hatte
sie sich keineswegs versichert. Der pflegte in diesen Tagen
allabendlich dem gefeierten Herzoge von Hamilton, wenn
er sich nach Beendigung der Sitzung im Tragsessel nach
Holyrood hinab verfügte, tumultuarisches Geleit zu geben.
Als er nun aber am 23. unterwegs noch seinen Parteigenossen, den Herzog von Atholl, zu besuchen ging, begann
der lärmende Haufe an der in einem der Riesenhäuser
der High Street gelegenen Wohnung des Ex-Provost
der Stadt Sir Patrick Johnson sein Müthchen zu kühlen.

Steine flogen gegen Jedermann, der nur den Kopf zum
Fenster hinaus zu stecken wagte. Auch der Dichter des
Robinson Crusoe, Daniel Defoe, der sich damals als Publi-
cist der Whigs in Edinburgh aufhielt und eine schwerfällige,
bisher jedenfalls sehr unkritisch herausgegebene Geschichte
der Union hinterlassen hat, versichert, dass es wie bei Anderen auch auf sein Leben abgesehn gewesen sei. Die Stadt-
wachen waren durchaus nicht im Stande, dem wüsten Treiben
zu steuern, bis ein Bataillon der schottischen Garden der
Königin, die man so eifersüchtig nicht aus dem Lande lassen
wollte, vom Schloss herbeigezogen wurde. Gegner der Union
wie Lockhart behaupten dagegen, dass die im Grunde so
unbedeutende Emeute bezeuge, wie unpopulär das Einheits-
werk gewesen, dass aber leider die Bewegung für die Zwecke
der Cavaliere viel zu früh ausgebrochen und selbst die Abstimmung vieler Parlamentsmitglieder unter dem Druck des
im Widerspruch mit den Gesetzen verwendeten Militärs
erzwungen worden sei. Als dieselbe Faction arglistig und
lediglich zu politischer Agitation auf Abhaltung öffentlicher
Fasten (Buss- und Bettag) drang, entwand ihnen die gerade
versammelte General Assembly der schottischen Kirche, weil
ihr allein die Ansetzung religiöser Feiertage zustehe, geschickt dieses gefährliche Werkzeug. Während nun allerdings die Kirche aus ihrer Geneigtheit für den Anschluss
kein Hehl machte, unterliess sie doch ebenso wenig, in ge-
legentlichen Anschreiben an das Parlament auf die Bedenken,
die von ihrem Gesichtspunkt entgegen standen, aufmerksam
zu machen, wenn auch nur, um sie aus dem Wege zu räumen.
Die 26 Bischöfe als Mitglieder des englischen Oberhauses
konnten doch unmöglich an der Gesetzgebung über ihr
heimisches Kirchenthum Theil nehmen. „Wir bitten", so
heisst es daher in einer jener Eingaben, „in aller Demuth
und schuldigem Respect für Ew. Gnaden und die ehrenwerthen Stände des Parlaments, ihnen vorstellen zu dürfen,
dass es mit unseren Principien und Verträgen unvereinbar
ist, wenn Kirchenmänner ein bürgerliches Amt bekleiden
und Gewalt im Gemeinwesen ausüben wollen." Zugleich
aber war auch für Adressen von feindlicher Seite aus den
Kreisen der Grundbesitzer und der Corporationen der zahl-

reichen Grafschaftsstädte gesorgt. Sie suchten mehr oder
weniger alle über einen Leisten die beabsichtigte Union als
ein Werk der Eroberung darzustellen und haben viel dazu
beigetragen, dass diese Auffassung noch ein Jahrhundert
lang am Leben bleiben konnte. Wer weiss nicht, wie Sir
Walter Scott, der jene Tage der Nachwelt am lebendigsten
zu vergegenwärtigen verstand, selber noch der Ueberzeugung
lebte, die Union sei einst seiner Heimath gegen ihren Willen
aufgenöthigt worden. Dem entspricht nun freilich die Lang-
müthigkeit am wenigsten, mit welcher die englischen Bevollmächtigten der wenig zuversichtlichen Haltung ihrer eigenen
Freunde unter den Schotten anscheinend unthätig zusahen.

Fast ein ganzer Monat war denn auch mit Präliminarien
vertändelt worden, bis am 4. November und zwar auch nur
gewissermassen zur Probe über den ersten Artikel des Ver-
fassungsentwurfs abgestimmt werden sollte. Bei jener Gelegenheit schwang sich Lord Belhaven zu einer Rede auf,
die den ganzen Groll des Patrioten ausströmte und, da er
ohne alle Stuart'schen Neigungen war, den innersten Gedanken vieler seiner Landsleute Luft machte. In Form, Ton
und Vortrag erscheint sie wie ein mächtiger Appell weit
mehr an das Land als an dessen Vertreter, die zumal auf
den Bänken der Peers in Unthätigkeit verharrten. Bei der
Abstimmung über jenen ersten Artikel erklärten sich trotzdem Dank dem fliegenden Geschwader 116 gegen 83 für
die Massregel. Nachdem nun zu Ausgang des Monats die
Hauptstücke der Bill, welche die volle legislative und administrative Einigung beider Reiche so wie dieselbe Thronfolge vorzeichneten, durchgebracht waren, liess sich die
Regierung willig gefallen, dass in den wirthschaftlichen Entwürfen allerlei zu noch grösserem Vortheil der Schotten
amendirt wurde. So heftige Kämpfe es auch kostete, selbst
für das schottische Ale, das damals wenigstens an Kraft
den englischen Bieren noch nicht gleich kam, wurde eine
mehr als entsprechend niedrige Accise erobert. Im Uebrigen
näherten sich die Berathungen einem ersichtlich günstigen
Abschlusse, falls es nicht den auf fremde Intervention sin-
nenden Gegnern doch noch gelang, einen vernichtenden
Streich gegen denselben zu führen. Es sind in der That

Beweise vorgelegt worden, dass 24 junge Vaterlandsfreunde
im Gewande der halb civilisirten Hochländer sich verschworen hätten, den Lord High Commissioner Quensberry zu
ermorden. Auf den Strassen Edinburghs wurde es immer
wieder unruhig; das Leben der unionsfreundlichen Politiker
erschien stets von Neuem bedroht. Im Westen gährte es
längst unter den Covenanters wie unter der gaelischen Bevölkerung. Merkwürdig, wie Jacobiten und Papisten das
Bindeglied waren zwischen diesen beiden heterogenen Elementen, und wie der Pöbel von Glasgow, aus sämmtlichen
Bestandtheilen gemischt, Tage lang die Strassen der Stadt
beherrschte, selbst nachdem er dem zagenden Magistrat eine
protestirende Adresse an das Parlament abgerungen hatte.

Wirkliche Besorgniss freilich erregte damals nur die
Stimmung der Cameronianer in der südwestlichen Ecke des
Landes. Im Hinblick gerade auf sie aber war ein Artikel
der Sicherheitsacte suspendirt worden, so dass während der
parlamentarischen Session keine Musterungen noch kriegerische Uebungen Statt haben durften. Aber wie hätte eine
Secte wie diese darauf hören sollen, deren kriegerisches und
religiöses Feuer von einem und demselben Funken ange-
schlagen wurde, welche über sich nur das Regiment Gottes
und kein menschliches dulden wollte. Immerdar fühlten sie
sich wie ein streitbares Heer des Herrn rings von Feinden
umgeben. Ein Wille, ein Opfermuth beseelte ihre Gemeinschaft, die jedoch, obwohl republikanischer Natur, der Zucht
und Leitung hervorragender Köpfe nicht entrathen konnte.
Ein Edelmann, John Ker of Kersland, der zwar sehr gegen
bessere Ueberzeugung, aber aus seiner engen erblichen
Position heráus zu ihren Führern zählte, hat in seinen 1726
veröffentlichten Denkwürdigkeiten die werthvollsten Aus-
sagen hinterlassen über eine Erscheinung, die in einigen
Stücken fast an die Camisards der Cevennen erinnert. In
dem auf eigenen Füssen stehenden Staat ist für sie ebenso
wenig Platz wie für eine Kirche, welche Herrin des Staats
sein will. Ker sagt denn auch von den Cameronianern:
„Sie sind streng religiös und handeln stets grundsätzlich,
indem sie den Krieg zu einem Glaubensartikel und die Politik zu Ueberzeugungssätzen erheben. Sie fechten wie sie

beten und beten wie sie fechten; ein jeder Kampf wird zu einer neuen Prüfung des Glaubens, denn nach ihrer Vorstellung ziehen sie unter dem Banner Christi einher. Fallen sie, so sterben sie in ihrem Beruf als Märtyrer der guten Sache; durch Vergiessen ihres Bluts vollenden sie das Werk ihrer Erlösung. Bei solchen Grundsätzen können die Cameronianer wohl erschlagen, aber nicht besiegt werden." Durch die Quartalberathungen ihrer Vertreter waren sie, wie der mit ihnen vertraute Verfasser am besten bezeugen konnte, in einer Weise organisirt, dass sie sofort zusammenzutreten vermochten und, da sie unbedenklich Folge leisteten, wie schwach auch immer ihre Anzahl sein mochte, allen anderen imponirten. Nachdem ein Trupp von 200 Berittenen am 20. November eine Proclamation an das Kreuz auf dem Markte von Dumfries geheftet, durch welche das Land aufgefordert wurde, sich für seine uralte nationale Unabhängigkeit zu erheben, scheint es wirklich im Werk gewesen zu sein, die katholischen Hochländer des Nord-Ostens und die Cameronianer von der entgegengesetzten Seite zusammenstossen zu lassen, um das Parlament in der Mitte aufzuheben. Verrath von hüben und drüben hat den Anschlag zu Schanden gemacht. In einem Zeitalter, dessen politische Moral noch unendlich niedrig stand, wusste der Herzog von Queensberry sogar die geistlichen und weltlichen Aeltesten der Cameronianer, man sieht nicht, durch welche Form der Bestechung, an sich zu ziehen, und Ker macht sehr naiv gar kein Hehl daraus, dass auch er sich zu nähern gewusst habe. Der Herzog von Hamilton hatte dann noch in eilfter Stunde den Auszug abbestellt; seine Anhänger selber begannen bereits an ihm irre zu werden, seit er bei einem Massenaufzuge der kleinen Landjunker in Edinburgh, die ohne Unterschied der Partei zu protestiren kamen und polizeilich abgewiesen wurden, nicht freudig seine Hand geliehen.

Mittlerweile aber war die Berathung des Unionsgesetzes, wenn auch langsam, doch entschieden vorgerückt. Die schottische Kirche hatte sich vom Parlament eine Sicherheitsacte bestätigen lassen, derzufolge ein jeder Souverän Grossbritanniens fortan bei seiner Thronbesteigung zu beschwören hat, in diesem Reiche sie allein bei dem Regiment,

dem Gottesdienst, der Kirchenzucht und ihren Rechten beschirmen zu wollen. Die Eifersucht gegen die Episcopalisten war noch so lebendig, dass allen Professoren und
Lehrern an öffentlichen Schulen Glaubenseide auferlegt worden sind. Denn der in Kraft bestehenden Testacte der englischen Kirche sollte mit dem gleichen Mittel begegnet
werden, dessen diese sich bediente, was sich denn beide
Theile mehr grollend als versöhnend gefallen lassen mussten.
In anderen Stücken, wie z. B. der liberalen Entschädigung
aller derjenigen, die in den Ruin der Darien-Compagnie
verwickelt waren, zeigte sich, wie weise und wohlthätig das
Nachgeben der Engländer zu wirken begann. Bis auf das
Haar aber musste das Geld-Aequivalent stimmen, denn auf
Heller und Pfennig haben zwei mit diesem Geschäfte betraute
Professoren der Mathematik die Voranschläge nachrechnen
müssen. Auch eine Reihe von Personalprivilegien, den Verzicht auf die nationale Münze, deren kleinstes Kupferstück
bisher seine Distel zur Schau getragen, deren Silberstücke
meist unter dem Werth circulirt hatten, liess man sich durch
Prämienzahlung abkaufen. Die Bewahrung der eigenen
Justiz konnte vom Parlament nur gut geheissen werden,
doch ruhte der particularistische Hochmuth nicht, bis er in
den die Patrimonialgerichtsbarkeit betreffenden Paragraphen
den unglücklichen Ausdruck *superiorities* einschmuggelte,
als ob dieses feudale Standesrecht für alle Zeiten einer Ver-
besserung durch die Gesetzgebung entzogen bleiben könnte.

Noch einmal, als mit dem 22. Artikel Schottlands Antheil an der gemeinsamen Repräsentation zur Schlussbera-
thung stand, sollte Sturm gelaufen werden gegen die nunmehr so gut wie vollendete Arbeit. Feierlich wollten die
Gegner durch den Mund Hamiltons und durch Vorlegung
einer sehr geschickt entworfenen Denkschrift gegen diesen
Selbstmord an sich selber und der Nation protestiren und
alsdann in Masse austreten, damit das Haus beschlussunfähig
werde, während wiederum die Menge in Bewegung gerieth,
weil etwas Ausserordentliches im Anzuge zu sein schien.
Da hat dieser Edelmann sein und seiner Freunde Absicht
zu Schanden gemacht, indem er zuerst unter dem Vorwande
von Zahnschmerzen fortblieb und, als man ihn zu erscheinen

zwang, sich weigerte, der Wortführer zu sein. Er selber
ein Stuart verstrickte sich wie sein unseliges Königshaus
rettungslos in die eigenen Ränke. Jedesmal am Scheide-
wege zuckte er furchtsam zurück; Leben und Gut — und
er besass bedeutendes Eigenthum auch in England — wollte
er eben so wenig auf das Spiel setzen, wie die Anwartschaft auf die schottische Krone, die ihm noch keineswegs
völlig begraben schien. So handelte er damals und fernerhin gegenüber dem Souverän in Westminster wie dem Prätendenten in St. Germain. Ausserdem aber waren die pro-
testirenden Patrioten ja selber unter sich gespalten. Fletcher und Belhaven hatten kirchlich und dynastisch Nichts
mit den Jacobiten gemein, und diese hinwiederum mochten
doch auch wohl ihren Irrthum begreifen, dass, wie sie vergeblich auf französische Intervention gerechnet, die ver-
meintliche Abneigung ihrer Heimath gegen die Union sie
eben so sehr in Stich lassen werde. Die Debatte ohne die
entsprechende Führung verlief daher völlig ziellos. Selbst
der Antrag, dass sich das Parlament Grossbritanniens jedes
dritte Jahr in Edinburgh versammeln möge, ging zu Gunsten
einer dauernden Hauptstadt des Gesammtstaats verloren.
So blieb denn nichts Anderes übrig, als die vollendeten
Geschicke einstweilen in der Hoffnung hinzunehmen, dass
der Wind auch einmal wieder von der anderen Seite wehen
und schliesslich doch den zerbrechlichen Kunstbau umstürzen
werde. Am 16. Januar 1707 erfolgte die Schlussabstimmung
über den Unionsantrag und, nachdem 110 ihn angenommen,
69 ihn verworfen, berührte zum letzten Mal Ihrer Majestät
Lord High Commissioner die Acte mit dem königlichen
Scepter. Lockhart erzählt, dass der Lord-Kanzler Seafield,
als er mit der amtlichen Ausfertigung des Instruments fertig
geworden, frivol in altschottischer Redensart ausgerufen
habe: nun hat das alte Lied ein End' (*and there's an end
o'an auld sang*). Auch Sir Walter Scott konnte ihm das
nicht verzeihen und erklärte, Seafield hätte dafür gehängt
zu werden verdient. Einer der Hauptförderer aber, Lord.
Stair, war, nachdem er die Hauptartikel, insonderheit die
gemeinsame Legislatur hatte in Sicherheit bringen helfen,
der geistigen Ueberanstrengung erlegen. Kaum aus der

4*

Sitzung des 7. Januar nach Hause zurückgekehrt, nachdem
er mit aller Kraft für den 22. Artikel eingetreten war, wurde
er von einem raschen Tode hinweggerafft.

Man hat die leitenden Persönlichkeiten, besonders die
schottischen Peers, beschuldigt, dass sie gegen directe
Bestechung ihre Stimmen verkauft hätten. Der Jacobit
Lockhart will sogar mit boshafter Genugthuung späterhin
L. 20,540. 17. 7 herausrechnen, an welchen zu grossen und
kleinen Theilen zwei und dreissig Herren participirt hätten
— immerhin eine geringfügige Summe in Vergleich zu derjenigen, welche im Jahre 1800 bei ähnlicher Gelegenheit
offenkundig den bisher in Irland Berechteten ausgezahlt
worden ist. Derselbe moralische Flecken aber würde dennoch dem Bestecher und dem Bestochenen anhaften, wenn
die Gelder nicht, zum grossen Theile wenigstens, sich als
sehr berechtigte Zahlung nachweisen liessen. In einem
Finanzberichte nämlich, den das Tory-Ministerium Harley
und St. John, nachdem es Marlborough sammt den Whigs
gestürzt und Walpole wegen angeblichen Unterschleifs in
den Tower gesteckt hatte, im Jahre 1711 erstatten liess,
begegnen wir L. 12,325, die der schottischen Schatzkammer
mit einer gewissen Heimlichkeit vorgeschossen worden sind,
deren Rückzahlung aber nicht bestimmt zu erkennen ist.
Da nun aber in Schottland erwiesener Massen eine Menge
rückständiger Gehälter abzutragen waren — der Exkanzler
Graf Marchmont klagt in seinen Briefen über die ihm aus-
stehenden 827 Pfund — da Lockhart selber die 12,325 Pfund
für den Etat des Lord High Commissioner ansetzt, so schwinden die vermeintlichen Bestechungsgelder auf L. 8215. 17. 7
zusammen. Die ganze Transaction wird vermuthlich vor einer
strengen Oberrechnungskammer nicht bestehen können, sie
trägt aber das deutliche Gepräge, dass auch in diesem Stück
die Mittel der englischen Schatzkammer die erschöpfte
schottische Staatskasse ersetzen mussten. Man that dies
möglichst ohne Aufsehen und Empfindlichkeit zu erregen;
und auch die zuletzt genannte, nicht verrechnete Summe
wird trotz Lockhart bestimmt gewesen sein, noch ander-
weitige Vepflichtungen der schottischen Krone zu decken.
Mit Geld sicherlich wurde der Ausgleich erkauft, aber, wie

wir schon wissen, gegen sehr bestimmte Ansprüche der schottischen Nation.

Auch nach ihrer entscheidenden Abstimmung jedoch waren die Stände in Edinburgh noch beisammen geblieben. Denn, so lange die Angelegenheit nicht auch in Westminster abgemacht, fungirten sie immer noch als unabhängige Legislative. In vollem Einklange mit dem Sinn der Unionsacte beschlossen sie am 20. Januar, dass, da das gegenwärtige englische Parlament als englischer Bestandtheil zur Gesammtrepräsentation hinzutreten werde, auch die schottischen Peers und Gemeinen aus den versammelten Ständen Schottlands zu wählen seien. Es war daher noch die Aeusserung eines selbständigen Acts, dass die 16 Peers statt zu rotiren für jede Legislaturperiode aus offener Wahl ihrer Standesgenossen hervorgehen und dass der gesammte Stand nebst seinen Erstgeborenen, weil sein Vorrecht auf erblichem Grundbesitz beruhte, von der Wählbarkeit für das vereinigte Unterhaus ausgeschlossen sein sollte. Eben so selbständig wurden die 45 Plätze für die Gemeinen vertheilt, mit denen Schottland abgefunden worden, zu viel, wenn das Eigenthum, zu wenig, wenn die Bevölkerungsziffer den Massstab abgab. Dreissig Repräsentanten kamen auf die Grafschaften, und nur funfzehn auf die 67 Städte und Flecken, unter denen Edinburgh allein bis zur Reformbill von 1832 einen eigenen für sich besessen hat, während die übrigen auf Wahlkreise bestimmter Städtegruppen mit indirectem Wahlrecht vertheilt worden sind. Das active verblieb wie bisher auf dem Lande den Freigutbesitzern, nur dass jene Superiorität, eine in ihrem Wesen völlig verzerrte Grundherrlichkeit, bereits losgelöst von dem Gute vererbt und sogar veräussert werden konnte. In Städten und Flecken genoss die sich selbst ergänzende Corporation fast ausschliesslich das parlamentarische Privileg. Dass alle Papisten ausgeschlossen blieben, entsprach dem Geist des durch die Revolution von 1688 emancipirten Staatswesens.

Auch ein finanzielles Geschäft blieb noch zu erledigen, nämlich die Vertheilung der Entschädigungssummen, unter denen sich gerade jene Gelder befanden, welche als Bestechung gebrandmarkt worden sind. Und unliebsam genug

mochten es die Schotten empfinden, dass sämmtlichen Commissaren, sogar bis zu denen des Jahres 1702 hinauf, Re-
munerationen zu Theil geworden sind. Eine eigene Commission vertheilte unter die Inhaber der Darien-Actien die
hübsche Summe von 232,884 Pfund, indem zu dem einst
wirklich eingezahlten Capital von 219,094 Pfund die Zinsen
bis zum 11. Mai 1707 eingerechnet worden sind. Nach einer
kurzen beglückwünschenden Ansprache vertagte der Herzog
ven Queensberry am 25. März die Stände, die nie wieder
zusammentreten sollten. Ihre schöne Halle ging an die
Advocateninnung über. Der Obercommissar verfügte sich
hierauf nach London, wo er noch einmal wie der Repräsentant einer selbständigen Macht in feierlicher Auffahrt empfangen worden ist.

Wie sie Schottland den Vortritt gelassen, so setzten die
englischen Staatsmänner auch voraus, dass das englische
Parlament an den dort zu Stande gekommenen Beschlüssen
nichts Wesentliches mehr ändern werde. Jedes Hin- und
Herverhandeln hätte ja auf unabsehbare Abwege führen
müssen. Sie hatten daher den Schotten solche Amenda-
tionen des Vertrags hingehen lassen, von denen sich im
Voraus annehmen liess, dass sie in Westminster nicht wieder
umgestossen würden. Dort hatten die Verhandlungen schon
im Januar und zunächst bei den Lords ihren Anfang genommen. Es war ein alter Vertreter der königlichen Prärogative und der hochkirchlichen Principien, Daniel Finch,
Graf von Nottingham, der echt conservative Querkopf, wie
er die Freunde des Fortschritts zur Verzweiflung zu bringen
pflegt, und doch eine jener sanften Persönlichkeiten, denen
es zur anderen Natur geworden, sich schieben zu lassen,
welcher am 14. des Monats, als er den Lord Godolphin um
Vorlegung der schottiscden Verhandlungen ersuchte, seine
Befürchtung nicht unterdrücken konnte, dass, wie verlaute,
die zum Schutz der presbyterianischen Kirchenordnung gemachten Concessionen die Staatskirche mit grosser Gefahr
bedrohen würden. Er musste sich einstweilen mit der aus-
weichenden Antwort zufrieden geben, dass es der englischen
Nation zur Ehre gereiche, den Vertrag ratificirt vom schottischen Parlament entgegen zu nehmen. Am 28. erschien die

Königin im Hause der Lords, um in ihrer Gegenwart den vereinigten Ständen den Vertrag sammt der Notifications-acte überweisen zu lassen. Die Thronrede bewegte sich meist in Allgemeinheiten, indem sie auf eine zu erwartende glückliche Vollendung hinwies und nur speciell die Gemeinen einlud, bereitwillig die Mittel für das vereinbarte Aequi-valent zu votiren.

Parallel mit dem in Edinburgh beliebten Verfahren be-gann man auch hier mit einer „Acte zur Sicherung der Kirche von England, wie sie durch Gesetz besteht", die gleich der schottischen dem Unionsvertrage angehängt und der nicht minder durch den Eid des Souveräns allemal bei seiner Krönung Ausdruck gegeben werden sollte... Es galt also wesentlich, wozu bisher das englische Parlament ver-pflichtet gewesen, nunmehr auch das imperiale Parlament Grossbritanniens zur Bewahrung der anglikanischen Kirche feierlich anzuhalten. Noch lebten Leute, die sich der Tage des Covenants sehnsüchtig erinnerten; auch rechnete manche calvinische Secte auf Sprengung des staatlichen Princips im Anglikanismus, das ihnen die politischen Rechte entzog. Allein schon die Reciprocität dem Presbyterianerthum ge-genüber erforderte eine solche Erklärung, die in der Hand der Whigs und kirchlichen Latitudinarier, wie Erzbischof Tenison und der meisten seiner Amtsbrüder, noch mild genug ausfiel. Denn ein Antrag von Tory-Seite, an dem sich Not-tingham und vier Bischöfe betheiligten, die Acte Karls II. gegen papistische Recusanten zu erneuern, weil sie sich gegen Papisten und Dissenters gleich sehr wirksam er-wiesen habe, wurde am 3. Februar in Gegenwart der Köni-gin und ihres Gemahls, des Prinzen von Dänemark, die nach Gewohnheit früherer Stuart-Fürsten den Verhandlungen bei-zuwohnen kamen, erfolgreich abgeworfen.

Die Debatten der Gemeinen, die am 4. als Gesammt-ausschuss des Hauses ebenfalls in Gegenwart Anna's eine königliche Botschaft entgegennahmen, in welcher sie auf-gefordert wurden, zunächst nur das Ganze anzunehmen oder abzulehnen, fielen demgemäss sehr summarisch aus. Sie er-streckten sich nur bis zum 8. und wurden vorzugsweise von der Opposition belebt, die gar nicht begreifen wollte, dass

man ihrem Hause nicht wie den Schotten an den einzelnen
Artikeln zu mäkeln und zu ändern gestattete. Im Unmuth
wegen der Ueberstürzung riefen sie ein über das andere
Mal dazwischen: Schnellpost! (*poste haste!*). Am heftigsten
benahm sich Sir John Packington aus Worcestershire, der
mit unverhüllten Worten die Mitglieder des schottischen
Parlaments der Bestechung zu bezichtigen wagte und es dem
Hause anheimgab, ob Männer von solchen Grundsätzen
würdig seien, unter ihnen Platz zu nehmen. Wie es ihm
unverständlich war, dass ein und derselbe Monarch die Privilegien der beiden streitenden Kirchen beschwören könne,
so würden sich auch zwei Nationen nimmermehr vereinigen
lassen, deren kirchliche Institute, jedes für sich, aus gött-
lichem Recht entsprungen zu sein behaupteten. General
Mordaunt entgegnete ihm nicht ungeschickt: wenn dies wirklich der Fall sei, so habe der Allmächtige doch zugelassen,
dass die eine Kirche in England, die andere in Schottland
überwiege. Die Gemeinen genehmigten, da die Opposition
keine Einzelabstimmung erzwingen konnte und eine spätere
Gelegenheit dazu sich nicht mehr einstellte, rasch den Bericht
ihres Ausschusses, der die Annahme der einzelnen Artikel
in sich schloss.

Mit dem 15. indess kamen dieselben Fragen noch einmal bei den Lords zur Discussion, wo die Regierung neben
Burnet, dem hochverdienten Bischof von Salisbury, dem
Vertrauten des verstorbenen Königs, für die Kirchenfrage
einen trefflich dialektischen Wortführer an Dr. William
Talbot, dem Bischof von Oxford, besass. Ein Tory-Lord,
der in dem überaus dürftigen Bericht nicht bei Namen genannt wird, hatte an die Bank der Bischöfe, auf welcher
die Latitudinarier allerdings vorherrschten, die verfängliche
Herausforderung gerichtet: „Wenn die hochwürdigen Prälaten den Glauben der Kirche von England nicht für den
reinsten und schriftgemässesten und ihre Verfassung nicht
für conform halten mit der ursprünglichen Kirche, wenn sie,
die auch mich unterwiesen, mich in der That irrthümlich
gelehrt, wenn sie selber ihre Meinung geändert haben —
gut, dann sollen sie es sagen und mich enttäuschen." Solcher Engherzigkeit war nun der Bischof vollkommen ge-

wachsen, indem er neben der Ueberzeugung die Toleranz
gelten liess. Gewiss, erwiderte er, verharrte die schottische
Kirche nicht aus Nothwendigkeit, sondern aus freier Wahl
ohne bischöfliches Regiment; auch ist es nicht einfach zu
entschuldigen, dass sie sich von dem apostolischen und ursprünglichen Muster entfernt hat. Sie bezeichnet sich sogar
als die wahre protestantische Religion. Aber werden diese
Ansichten von uns ohne Weiteres gebilligt, indem wir in
einem staatlichen Vertrage mit Achtung von der Kirche
Schottlands sprechen? Es ist das Ein und Dasselbe, wie
wenn Ludwig XIV. in völkerrechtlichen Tractaten als der
allerchristlichste Monarch angeredet wird." Dr. Talbot ver-
gass auch nicht, an die geringfügige Anzahl zu erinnern,
mit welcher die Schotten im Parlament erscheinen — und
dass sie schwerlich allesammt zelotische Presbyterianer sein
würden. Sehr fein wurde auf das Bekenntniss der Jacobiten
angespielt, das doch sehr wenig mit dem Protestantismus
gemein habe.

Es war sicherlich ein eigenthümlicher Moment, als ebenfalls im Beisein der Königin Bischof Burnet, von der Regierung mit der Oberleitung dieser Angelegenheit betraut,
die Hauptdebatte der Lords eröffnete. Er selber von un-
scheinbarer schottischer Herkunft hatte die hohe Ehre, als
Kirchenmann und aufgeklärter Politiker von der stolzen
Aristokratie Englands Gerechtigkeit für sein verachtetes,
im Stillen vielleicht noch immer gefürchtetes Vaterland zu
erwirken. Die Tory-Opposition hat da doch noch höchst
eigenthümliche Einwürfe vorgebracht, wobei der Graf von
Nottingham sich wieder erfindungsreicher zeigte als alle seine
Standesgenossen. Er meinte, durch die Bezeichnung Grossbritannien werde die alte Monarchie sammt ihren Grundsätzen entwurzelt, und verlangte, darüber das Urtheil der
Kronrichter zu vernehmen, die dann freilich einstimmig erkannten, dass durch die neue Benennung die Verfassung
des Reichs in keiner Weise berührt würde, indem dessen
Gesetze mit Ausnahme der zur Abänderung bestimmten nach
wie vor der Union dieselben blieben. Von ernsterem Nachdenken und fast radicaler Tendenz zeugte andererseits der
Angriff Lord Havershams. Er richtete sich gegen die von

den Schotten zu bewahrende Patrimonialgerichtsbarkeit und
die municipalen Corporationsrechte, „welche bereits Oliver
so weise gewesen, durch einen staatsrechtlichen Act aufzuheben", und warnte die Peers von England prophetisch
gegen Annahme des Artikels, der nur einen Splitter ihrer
schottischen Standesgenossen zuliess, während diese allesammt doch eben so gut erbliche Gesetzgeber sein müssten
wie sie selber. Man möchte wissen, wie Königin Anna bei
Erwähnung des verabscheuten Protectors dreingeschaut
haben mag. Auch haben es die Lords in der Specialdebatte
einige Mal auf Abstimmung ankommen lassen, namentlich
als North und Grey die geringe Einschätzung Schottlands
in die Grundsteuer anfochten. Lord Halifax, einer der besten
Staatsmänner aus Wilhelms III. Schule, erwiderte, dass die
numerische Vertretung — und er behielt ja im achtzehnten
Jahrhundert noch völlig Recht — dem Maasse der Besteue-
rung nirgends entspreche. Cornwall bezahle bei Weitem
nicht so viel wie Gloucester und schicke doch fünf mal mehr
Abgeordnete in das Parlament. Schottlands Steuerquote
freilich sei sehr niedrig und ungleichmässig, wenn man sie
mit der englischen zusammenhalte. Aber man dürfe doch
auch nicht erwarten, von jedem Artikel des Vertrags dieselben Vortheile zu ernten. Wenn sie hier und da von den
Schotten überboten worden, so würden sie doch durch das
Ganze unendlich entschädigt. Nachdem am 24. Februar
auch der letzte Paragraph votirt war, bat der Graf von
Nottingham noch artig um Entschuldigung, wenn er von
Stück zu Stück die Zeit der Herren gar sehr in Anspruch
genommen habe, und schloss dann mit einem förmlichen
Gebet, dass es Gott gefallen wolle, die schrecklichen Folgen
abzuwenden, welche möglicherweise aus der Einverleibung
hervorgehen könnten. Wie alle Sitzungsberichte jener Zeit
lassen auch diese viel zu wünschen übrig; man sieht nur,
dass die Beschlüsse mit beträchtlicher Majorität, aber nicht
ohne die in das Protokoll eingetragenen Proteste mehrerer
Lords gefasst worden sind.

Schliesslich haben die Schöpfer der Union ihren Zweck
rasch und bündig mit Hilfe eines Kunstgriffs erreicht, wie
er bei solchen über die Zukunft entscheidenden Krisen, wo

allemal die Zeit drängt, beinah unumgänglich erscheint.
Die Opposition im Unterhause hatte mit Sicherheit noch auf
eine Specialdebatte gerechnet, in welcher Allerlei umgestossen, vor Allem aber vielleicht doch noch der Abschluss
in's Unbestimmte hinaus verzögert werden konnte. Da
wurden, wie man erzählt, auf den gescheuten Rath des
General-Staats-Anwalts Harcourt, die Unionsartikel in Form
eines Berichts in die Einleitung (*preamble*) der Bill einge-
flochten, welche die Acten beider Parlamente zum Schutz
ihrer respectiven Kirchen umfasste. Es hiess dann in einem
resumirenden Abschnitt: „dass alle und jeder der Unionsartikel, wie sie in der erwähnten Parlamentsacte von Schottland vollzogen und genehmigt worden sind, und ebenso die
vorher erwähnte Parlamentsacte Schottlands wegen Befestigung der protestantischen Religion und des presbyterianischen Kirchenregimentes in jenem Königreiche, be-
titelt ‘eine Acte zum Schutz der protestantischen Religion
und des presbyterianischen Kirchenregimentes’, und jeder
Paragraph mit seinem ganzen Inhalt in den erwähnten Artikeln wie in der Acte hierdurch auf immer vollzogen, genehmigt und bestätigt werden.“ Durch diese Kriegslist
sind die Gegner vollends überrascht worden, denn sie konnten, wie Burnet in der Geschichte seiner Zeit erzählt, die
Debatte nicht wieder aufnehmen, sondern mussten die Ver-
lesung des Instruments, in welchem Fertiges vorgelegt
wurde, sie mochten wollen oder nicht, der Geschäftsordnung
gemäss geschehen lassen. Noch ehe sie sich von ihrem
Schreck erholt oder gar einen neuen Operationsplan er-
sonnen hatten, wurde die Thätigkeit des Unterhauses an
dem Gesetz perfect. Auch der Versuch der Lords, der Bill
noch nachträglich einen Zusatz (*rider*) anzuhängen, durch
welchen Verwahrung gegen den Anspruch des schottischen
Bekenntnisses, das wahre protestantische zu sein, eingelegt
werden sollte, wurde mit 55 Stimmen gegen 19 zurückgewiesen.

Am 6. März 1707 erschien Königin Anna noch einmal,
um feierlich mit den altüblichen französischen Worten die
Unionsacte in den fest ausgeprägten Formen eines englischen Statuts zu sanctioniren und damit einen Process ab-

zuschliessen, dessen Agonien ein Jahrhundert zurückreichten
und der in den letzten Jahren noch die stärksten Anstrengungen der Politiker herausgefordert hatte, um einem Bruche
voraussichtlich auf alle Dauer zu begegnen. Es hiess deshalb auch in der Ansprache vom Throne: „Ich betrachte
diese Vereinigung als eine Angelegenheit von der grössten
Bedeutung für den Wohlstand, die Kraft und die Sicherheit
des ganzen Eilandes, zugleich aber als ein Werk von so
grosser Schwierigkeit und innerster Feinheit, dass bis jetzt
alle Versuche, es zu erreichen, die seit hundert Jahren geschehen sind, sich als unwirksam erwiesen haben. Ich be-
zweifle daher nicht, dass man sein Gedächtniss zur Ehre
derer bewahren wird, welche zu der glücklichen Lösung
das Ihre beigetragen haben. Ich wünsche und erwarte von
allen meinen Unterthanen beider Nationen, sie werden fortan
mit aller öffentlichen Achtung und Freundschaft gegen-
einander handeln, auf dass alle Welt erkenne, wie sie von
Herzen entschlossen sind, Ein Volk zu werden. Das soll
mir die grösste Freude sein und wird uns alle rasch die
glückliche Wirkung dieser Einigung empfinden lassen."
Statt eines Bundesstaats, den bis zum letzten Augenblick
wenigstens der Norden vorgezogen haben würde, mit Institutionen, welche beiden Theilen nationale Geltung auch in
Vertretung, Verwaltung und Verkehrswesen bewahrt haben
würde, wurde durch Aufgehen in einander der Einheitsstaat
errichtet, der nur diejenigen Sonderrechte bestehen liess,
welche gerade den Bundesstaat am meisten gefährdet haben
würden, nunmehr aber zum Wohl des Ganzen sich gegenseitig die Waage halten mussten. Nachdem sich am 1. Mai
das erste Vereinigte Parlament Grossbritanniens versammelt
hatte, begann auch sofort die ernste Prüfung, welche ein
solcher Schritt im Völkerleben zu bestehen hat; noch lag
im Schosse der Zukunft, ob er zum Guten oder zum Bösen
führen werde. Leidenschaftlich haben auf beiden Seiten des
Tweed die Parteien der Erhaltung den Segen zu erkennen
verschmäht, den die Schöpfer des Werks denn doch mit
sicherem Gefühl voraus verkündeten. Wie die Jacobiten
des Nordens nur auf die schwachen Stunden und die gefährlichen Strömungen in dem zusammengeketteten Gemein-

wesen lauerten, um ihren Prätendenten auf Grund der alten
Ordnungen in beiden Ländern wieder an die Spitze der
Dinge zu bringen, so war es nicht minder höchst bezeich-
nend, dass unter den vielen beglückwünschenden Adressen,
welche damals an die Königin gerichtet worden sind, die
Universität Oxford stumm verharrte. Einstweilen jedoch
hatten diese Elemente nicht zu verhindern vermocht, dass
die Partei, die sich am Ruder befand, Whigs und gemässigte
Tories, einem stets drohenden Umschlage der Dinge in
Schottland zuvorkam und sich durch den Erfolg eben so
unsterblich machte, als ihr grosser Held, der Herzog von
Marlborough, durch seine gleichzeitigen Siege über die Heere
Ludwigs XIV. Brachte das reiche England für das materielle Zusammenleben Opfer, zu denen es sich Anfangs nicht
verstehen wollte, so musste einem auf seine nationale Ehre
so überaus eifersüchtigen Volke, wie dem schottischen, es
wahrhaftig nicht leicht fallen, alle eigene gesetzgeberische
und administrative Befugniss daran zu geben. Indess der
grosse Krieg hielt glücklicherweise beiden Hälften die Gefahr
vor Augen, welche aus der Trennung statt der Einheit ent-
springen musste. Das Bedürfniss der letzteren wurde auch
fernerhin wach gehalten durch den Hinblick auf das Ableben des Souveräns: nur die gemeinsame Succession, und
zwar eine protestantische, bot die Garantie gegen den stets
noch zu befürchtenden Wiederausbruch des Bürgerkrieges
in beiden Ländern. —

Die wie eine Schwergeburt in's Leben gerufene legislative Vereinigung Schottlands mit England blieb doch noch
über ein Menschenalter sehr ernsten Stürmen ausgesetzt.

Als die Unionsacte noch nicht einmal Gesetz geworden,
war bereits ein Abgesandter des Prätendenten, „des Königs
jenseits des Wassers", auf den Schlössern Nordschottlands
erschienen, um die getreuen Anhänger zu mahnen, dass sie
sich bereit hielten. Sogar mit den Cameronianern hat derselbe anzuknüpfen gesucht, da es hiess, sie würden sich der
Union nun und nimmermehr fügen. Im März 1708 zeigte
sich denn auch wirklich ein französisches Geschwader mit
Landungstruppen und dem zwanzigjährigen Stuart selber an
Bord im Meerbusen des Forth und an den nächsten Küsten,

machte sich jedoch Angesichts englischer Wimpel und Mast-
spitzen schleunig wieder davon. Einige Edelleute, welche
vorzeitig ihre Reisigen um sich gesammelt, wurden deshalb
in Untersuchung verflochten. Im Ganzen aber erwies sich
die Haltung der Parteigänger überraschend lau und zu einer
Erhebung mit den Waffen nur dürftig vorbereitet, während
die Regierung entsprechende Anstalten zur Gegenwehr nicht
verabsäumt hatte. Selbst der Hauptzweck Ludwigs XIV.,
durch jene Diversion den in Flandern siegenden Herzog
von Marlborough von dort abzuziehen, ging also nicht in
Erfüllung. Indem dann aber bald hernach die Hofintrigue
in England selber dafür sorgte, ein anderes Regiment an
Stelle des den Krieg in grossem Stil führenden Ministeriums
zu setzen, versuchte sich der junge Einheitsstaat in seinen
ersten tappenden Schritten, in steter Gefahr zu straucheln.
Der gegen die politische Einigung herrschende üble Wille
durfte aus solcher Wendung bestimmte Hoffnung schöpfen.

Wenn ganze Geschwader mit schottischem Kaufmanns-
gut in die Themse segelten und ihre Ladung, französische
Weine und andere hoch besteuerte Waare, als eingeschmuggelt vom Zollamt mit Beschlag belegt wurde, so gab es
gewaltigen Lärm, bis das Parlament ein Auge zudrückte
und die Güter „für dieses Mal" freigeben hiess. Englische
Beamte gar in schottischen Zoll- und Steuerämtern, deren
Pacht bisher mit ähnlicher Lässigkeit wie in Frankreich an
den Meistbietenden ausgethan zu werden pflegte, wurden
als grausame Blutsauger verschrieen, weil sie kurz ange-
bunden und pünktlich, wie es die Art ihres Volkes, ihren
Dienst versahen, besonders aber der durch das neue Fiscal-
system fast herausgeforderten Schmuggellust unnachsichtlich
zu Leibe gingen. Man grollte ausserdem, weil das für Annahme der Union verschriebene Aequivalent einige Tage
auf sich warten liess und, als es dann, wie Defoe umständlich erzählt, auf zwölf Wagen in Edinburgh eintraf, nur zu
einem Drittel in hartem Gelde, zum grössten Theile in Schatz-
kammerscheinen ausgezahlt wurde. Nicht als ob die Regierung bei diesen Beschwerden völlig schuldlos gewesen.
Oft genug vielmehr stiess sie durch echt englische Rücksichtslosigkeit unbekümmert den überreizbaren neuen Lands-

leuten vor den Kopf. Um eine zerrissene Küste wie die
schottische zu bewachen, fehlte es in jenem Lande unstreitig
der Polizeigewalt an den wesentlichen Mitteln, denn die
Patrimonialgerichtsbarkeit der Feudalherren leistete wahrhaftig eher das Gegentheil. Als nun aber das englische
Friedensrichterinstitut mit allen seinen herkömmlichen Bräuchen und Schnörkeln verpflanzt werden sollte, beging der
Lordkanzler gar die Ungeschicklichkeit wie daheim, „den
sehr ehrwürdigen Vater in Christo, unseren getreuen Rath
Thomas Erzbischof von Canterbury" u. s. w. an die Spitze der
Commission zu setzen, als ob er dem presbyterianischen
Volke jenseit des Tweed den allerärgsten Hohn hätte anthun
wollen. Den alten schottischen Geheimen Rath (*Secret Council* statt wie in England *Privy Council*), eine unverantwort-
liche Behörde, die stets nur der Willkür gedient, hätte wahrlich kein Freund der nationalen Freiheit zu vertheidigen
gewagt. Da jedoch ein Sieg der Opposition von der Regierung seine Aufhebung erzwang durch eine „Acte um die
Union der beiden Königreiche vollkommen zu machen", wurde
selbst dieses Verfahren als eine unbefugte und feindselige
Erweiterung der Competenz über die vertragsmässige Vereinigung hinaus bezeichnet. Und was endlich schien die kaum
stipulirten Artikel schnöder zu verletzen als das Begehren, die
Principien des in dem umständlichsten Statutenrecht wurzelnden englischen Hochverrathsprozesses den Schotten ebenfalls aufzunöthigen, weil die Regierung auf Grund der im
Norden geltenden Gesetze sich mit Recht einer französischen
Invasion, von der oft genug verlautete, nicht zu widerstehen
getraute. Die schottischen Mitglieder des Unterhauses wehr-
ten sich denn auch mit Stein und Bein dagegen und hatten
wenigstens die Genugthuung, mit Hilfe der Opposition die
Verwirkung des Eigenthumes auf die Person des Verbre-
chers zu beschränken, so dass sie sich nicht wie nach alt-
englischem Recht auch auf seine direkten Erben erstreckte.
In solchen Debatten lernten sie fest geschlossen zusammenzu-
stehen und mit echt nationaler Eifersucht namentlich darüber
zu wachen, dass der Antheil der auf ihr Land fallenden
Auflagen nunmehr auch demselben ausschliesslich zu Gute
komme. Am empfindlichsten berührten indess immerdar die

kirchlichen Dinge, die, so wenig erbaulich sie auch sein mögen, nicht aus dem Auge gelassen werden dürfen.

Man weiss, wie in Folge des Sturzes Marlboroughs unter dem Tory-Ministerium Harley's und St. Johns in England die hochkirchliche Richtung noch einmal Raum gewann. Königin Anna, die ihr stets zugethan gewesen, hoffte nun nachträglich auch der Episcopalkirche Schottlands freiere Bewegung verschaffen zu können, wenn diese selber nur nicht hartköpfig einer Vereinigung mit der englischen hätte widerstreben und an ihrem eigenen liturgielosen Ritus festhalten wollen. Da begannen in Edinburgh, offenbar unter höherer Connivenz, einzelne Kleriker den Gottesdienst nach der englischen Liturgie und dem Gemeinen Gebetbuch abzuhalten, jenem Buche, das wie achtzig Jahre zuvor immer noch von jedem echten Calvinisten als eine verschlechterte Auflage des papistischen Missale betrachtet wurde. Alle heimischen Instanzen, das Polizeiamt der Stadt, die Synodalbehörde, der oberste Gerichtshof des Reichs (*the Court of Session*) entschieden strafrechtlich als gegen einen in Schottland nicht zu duldenden Unfug. Der Verfolgte dagegen appellirte an das Haus der Lords, welches denn auch nach einigem Zögern zu seinen Gunsten entschied. Das glaubten sich hinwiederum Volk und Kirche von Schottland nicht bieten lassen zu dürfen von einer Versammlung, in welcher die verabscheuten Bischöfe sassen, von der überdies gar nicht einmal feststand, ob sie überhaupt einen Appell von der höchsten Instanz des *Court of Session* entgegennehmen. dürfe. Die Landeskirche vor Allem erhob sich schleunig und deputirte drei ihrer angesehensten Diener an den Minister nach London, gerade als dort die sehr zweifelhafte Toleranzacte vom Jahre 1712 zu Stande kam. Nichts wurde von ihnen übler vermerkt, als dass in diesem neuen Gesetz ihrer so eifersüchtig gehüteten Kirche in einem Athem wie den episcopalistischen Congregationen dieselben Verhaltungsmassregeln vorgeschrieben wurden. Noch schlimmer aber, dass die englischen Staatsleute sich herausnahmen, bis zum 1. August auch solchen, die von den Presbyterien ein Kirchenamt erhielten, einen Abschwörungseid abzufordern. Unerhört, dass ein englisches Parlament in englischem

Kanzleistil solche Anträge zu stellen wagen dürfe an diejenige kirchliche Genossenschaft, der es wahrhaftig nicht um
Rückkehr der Stuarts zu thun war, und sie mit den bischöflichen oder kryptokatholischen Jacobiten auf eine Stufe zu
stellen. Die General Assembly berief sich denn auch laut
auf die dem Unionsvertrage eingefügte Sicherheitsacte als
,,das einzige Regiment der christlichen Kirche in diesem
Königreiche". Wie man sieht, musste jenes Toleranzedict
um so böseres Blut machen, als es scheinbar der hannöverschen Dynastie den Weg zum Throne zu ebenen versprach,
in Wirklichkeit jedoch dem verjagten Königshause die
Hinterpforte zur Rückkehr öffnete. Kein Wunder, wenn
die Bestimmung gar, dass der Thronfolger Anglikaner sein
müsse, mächtig dazu beitrug, dass in Schottland nun auch
aus den Reihen der Presbyterianer Eidverweigerer auftauchten. Und streifte es nicht an Verrätherei, wenn die Gesetzgebung den schottischen Kirchenpatronat in alter Gestalt
wieder aufrichten wollte, nachdem doch bald nach der Revolution die Verleihung der Pfründen mit der Abneigung
der kirchlichen Autoritäten gegen Annahme des Pfarrguts
aus weltlicher Hand in grösseren Einklang gesetzt worden
war. Noch nie sah man die General Assembly so besucht
wie im Jahre 1712, doch stellte sich bei aller Erregung der
Gemüther bald heraus, dass die überwiegende Mehrheit,
zumal die jüngeren Schichten der Versammlung, sich fügen
würden. Man war fast stolz darauf, dass die grosse Masse
derer, die den neuen Eid verweigerten, noch immer auf Seite
der kirchlichen und politischen Gegner verblieb. *Nonjuror*
wurde von nun an erst gleichbedeutend mit Jacobit. Nur
von dem im Widerspruch gegen jeden Vergleich verharren-
den äussersten Flügel der eigenen Confession war nichts
Anderes zu erwarten, als dass er sich als die allein wahre
Kirche, alle Uebrigen aber als die Abtrünnigen bezeichnete.
Indem die Cameronianer auf der Synode zu Auchinshauch
feierlich den Covenant erneuerten und Alles ausstiessen,
was nicht in schroffer Enthaltung mit ihnen ging, eröffneten
sie eine Reihe von Secessionen, die nicht nur an der presbyterianischen Einheit ernstlich zu rütteln, sondern durch die
vor allen sie sich selber rasch zu verzehren begannen.

Andererseits nun begannen in den Tagen hochgehender Spannung, als die schottischen Tories in dem leitenden Minister Lord Bolingbroke ihren Gesinnungsgenossen witterten, allerlei Symptome einer herannahenden Krisis. Da hatte die alte Herzogin von Gordon, eine leidenschaftlich katholische Frau, dem gelehrtesten und angesehensten Körper des Landes, der Advocateninnung zu Edinburgh, eine Medaille übermacht, mit dem Brustbild Jacob Stuarts auf der Vorderseite und der Karte Britanniens mit der Unterschrift *cujus est* auf dem Revers. Das hatte nicht nur sehr heftige Debatten im Schoosse der Corporation, sondern eine Untersuchung gegen einige ihrer, literarisch bereits stark compromittirten Mitglieder zur Folge. Zu nicht geringer Verwunderung gingen dieselben frei aus, wie denn sogar einige verdächtige Bewegungen im Hochlande mit Gewissheit auf Gelder zurückgeführt wurden, welche nur aus Regierungskassen in Westminster geflossen sein konnten. Fast mochte die schottische Nation in den letzten Jahren der Königin Anna an sich selber irre werden, denn bald von dieser, bald von jener Seite, so schien es, wurde ihr Vertrauen geflissentlich auf die Probe gestellt. Die Wiederherstellung der Gerichtsferien zu Weihnachten (*the Yule Vacance*) z. B. stiess allen denen vor den Kopf, die in der Feier dieses Festes eine papistische Ueberlieferung erblickten. Eine Declaration des Hauses der Lords gegen das Patent, durch welches der Herzog von Hamilton zu seinem Mitgliede ernannt worden, war hingegen eine sehr deutliche Warnung wider das reactionäre Regiment, das sich anschickte, die in dem hohen Senat überwiegende Whig-Partei durch Peersschub zu brechen. Eine Reihe von Massregeln schien keinen anderen Zweck zu haben, als die Anhänger der hannöverschen Succession und der presbyterianischen Kirchenform recht eigentlich zu verletzen. Sogar die Auflage einer geringfügigen Malzsteuer drohte der Zukunft der Union verhängnissvoll zu werden. Schliesslich erregte die Ernennung des Herzogs von Hamilton, den doch alle Welt für einen Jacobiten hielt, zum Gesandten in Paris das grösste Aufsehen, bis er gar kurz darauf im Duell zugleich mit seinem Gegner Lord Mahon fiel. Es hiess,

die Whigs hätten nicht geruht, bis sie ihn aus dem Wege
geräumt.

Beim Tode der Königin Anna am 1. August 1714 wurde
bekanntlich das Ministerium Bolingbroke, das nach gewissen Anzeichen die Reiche Nord und Süd vom Tweed
den Stuarts zu restituiren versucht haben würde, nicht ohne
Ueberrumpelung gestürzt und ungestört der Kurfürst von
Braunschweig-Lüneburg als Georg I. ausgerufen. Auch in
Schottland war der Whigadel rechtzeitig zur Stelle und man
hatte genügende Vorkehrungen getroffen, um der Proklama-
tion am Marktkreuze von Edinburgh Würde und Nachdruck
zu verleihen, während die Widersacher völlig überrascht nicht
loszuschlagen wagten. Bei ihren Vereinigungen jedoch er-
klangen hohe Worte und geschah manch tiefer Trunk auf
den „König jenseits des Wassers“. Allgemein trösteten
sie sich der Hoffnung, Jacob III. werde demnächst mit fremden Streitkräften auf der Rhede von Leith eintreffen. Sie
mochten um so mehr Muth hegen, als im ersten Augenblick
sogar Whigs und Presbyterianer die Lage geeignet fanden
um der verbreiteten Missstimmung gegen die politische Union
durch Betheiligung an Adressen, welche deren Auflösung forderten, Ausdruck zu leihen, bis sie freilich erkannten, wie
jene Partei dahinter stak, welche das göttliche Recht der
Könige in ihre Fahne geschrieben, aber die Knechtschaft
des Gewissens zurückzuführen trachtete. Die schottischen
Parlamentswahlen im März 1715 fielen daher unbedingt zu
Gunsten der protestantischen Succession aus. Um dieselbe
Stunde aber verschwor sich bereits Graf Mar, einst ein hervorragender Mitstifter der Union, der jüngst beim Empfange
Georgs I. in Greenwich in seinem und mehrerer Hochlands-
häuptlinge Namen eine demüthige Loyalitätsadresse überreicht hatte, aber trotz seiner Verschwägerung mit den englischen Whigs als Staatssecretär für Schottland durch den
Herzog von Montrose ersetzt worden war, mit Allen, die
im Norden das Gedeihen eines zu freier Verfassung vereinigten Staatswesens verhindern wollten. Unmittelbar von
einer Cour in St. James hinweg verschwand Mar verkleidet
zu Wasser, bis er im August im Hochlandsthale von Braemar
unter die zur Jagd versammelten Clanhäupter trat. Eine

5*

Menge Herren von altem stolzem Blut, an 800 Bewaffnete,
wie der selber betheiligte junge Keith, der nachmalige berühmte Feldmarschall Friedrichs des Grossen, in seiner Auto-
biographie versichert, hatten sich eingefunden, wahrlich nicht
zum Spiel, sondern um nach einiger Berathung und Vorbereitung ihren mit Sicherheit erwarteten König in sein
Eigenthum zurückzuführen.

Es ist dies nicht der Ort, die trauervolle Geschichte des
Aufstandes vom Jahre 1715 in ihrem vollen Zusammenhange
zu wiederholen. Hier kommt es nur darauf an, hervorzuheben,
wie durch dies Ereigniss und späterhin durch ein zweites,
noch tragischeres in der That die unmittelbarste Gefahr
eintrat, dass das kunstvolle Einigungswerk vom Jahre 1707
jäh über den Haufen geworfen werden könne. Die eben
erst brüderlich Verbundenen wären gar leicht in zwei feindliche Nationen gespalten worden.

Auf die ersten Anzeichen zwar unterliess die Regierung
der neuen Dynastie, die kurz nach Beendigung eines Welt-
kriegs und mitten im Parteikampfe Mühe hatte, sich zu behaupten, keineswegs geeignete Massregeln gegen die Rebellion zu ergreifen. Ein Preis von 100,000 Pfund wurde
auf Verhaftung des Prätendenten gesetzt. Damals ist jene
Aufruhrakte genehmigt worden, die mehr oder weniger noch
heute in Kraft besteht. Auch erging die übliche Vollmacht,
in den aufständischen Distrikten das *Habeas Corpus* zu sus-
pendiren. Eine Anzahl verdächtiger Edelleute wurde nach
Edinburgh geladen, damit sie für ihre loyale Aufführung
Bürgschaft stellten. Dagegen mangelte wie so oft in alten
und neuen Tagen in England die schlagfertige Heereskraft,
deren Dasein allein jeden Versuch eines Aufruhrs behindert
haben würde. Zwar liess der Minister Walpole die Armee
um 7000 Mann verstärken und einige fremde im Solde der
Krone befindliche Truppen herbeischaffen. Mehr Vertrauen
jedoch, selbst als rathsam schien, musste er in die Selbst-
hilfe der schottischen Protestanten setzen. Und wirklich,
die trotzköpfigen Cameronianer sogar witterten, dass ihre
Glaubensfreiheit auf Seiten Georgs von Hannover denn doch
mehr gesichert sein würde, als bei den Jacobiten, die ihnen
freilich noch einmal süsse Worte liehen. In Edinburgh

traten, wie einst in England unter Elisabeth zur Abwehr
der spanischen Armada, wie noch im Jahre 1688, als Whigs
und Tories Wilhelm den Oranier als Erretter von der uner-
erträglichen Tyrannei Jacobs II. empfingen, bereits am
1. August zwei Gesellschaften zusammen, von denen die eine
wesentlich Gelder unterschrieb, die andere sich verpflichtete,
zu Fuss und zu Pferde mit Gut und Blut „unsere treffliche
Verfassung in Kirche und Staat", wie es im Circular hiess,
also den Einheitsstaat unter dem protestantischen Könige
zu vertheidigen. Doch eben darüber äusserte sich in Re-
gierungskreisen einiges Misstrauen, weil man die Schotten
doch unmöglich mit Geld und Freicorps unbehindert gewähren lassen dürfe. Militärisch war es immerhin klug gehandelt, die Regierungstruppen, von denen etwa 1800 in der
festen Position bei Stirling die Unzufriedenen im Gebirge
von denen in der Niederung schieden, dem Herzoge von
Argyle, dem Repräsentanten jenes hochangesehenen, stets
für die Sache der Freiheit und des Fortschritts eintretenden,
im westlichen Hochlande gebietenden Hauses zu übertragen und alle Verstärkungen aus England, namentlich ein
vortreffliches Corps von 6000 Holländern, an ihn zu diri-
giren. Die wohlgesinnten Landedelleute und die Städter
zumal stellten sich mit ihrem Zuzug bereitwillig unter seinen
Befehl. Sehr viel, wenn nicht gar Alles hing nun aber von
der geographischen Vertheilung der Parteien und ihrer
Streitkräfte ab. In den Gebieten südlich von Forth und
Clyde, wo damals wie jetzt auf einem Drittel des Königreichs zwei Drittel seiner Bevölkerung lebten, hielt diese zur
Regierung mit Ausnahme der Herrschaften der Lords Ken-
mure und Nithsdale und einiger benachbarter Striche im
äussersten Süden. Dagegen beherrschte der Jacobitismus
das Hochland; nur die Grafschaft Argyle und Caithness im
hohen Norden, der Besitz der Sutherlands, waren für Hannover, während die Clans der Macleods, Grants, Frasers so
wie die flache Küste nordöstlich von Fife wenigstens getheilt waren oder aus anderen Gründen zurückhielten. Ein
verwegener Handstreich der Insurgenten auf den Burgfelsen
von Edinburgh scheiterte gleich zu Anfang, so dass auch
dieses Symbol der Macht bei der Regierung verblieb. Diese

hatte endlich noch dadurch eine günstigere Stellung, dass
die ihr anhängenden Landestheile in der Hauptsache zusammen lagen, während die Verschwörung sich an drei getrennten Stellen im Hochlande, in Südschottland und unter
dem katholischen Adel Nordenglands entspann. Da that
nun Mar, nachdem er von seinem Fürsten die höchsten Vollmachten empfangen, die Stadt Perth überrumpelt und Parteigänger angesammelt hatte, den ersten Schachzug, indem er
am 12. October etwa 1600 seiner Hochländer durch Fife
über den breiten Forth warf, Angesichts der Hauptstadt
Leith besetzen und ihr Wesen in Lothian treiben liess.
Weil Argyle oberhalb bei Stirling die Uebergänge zu decken
hatte, vermochte die Regierung hier im Osten nicht, den
Aufständischen den Weitermarsch zu legen, so dass diese
am 22. wirklich mit ihren Genossen zu Kelso im südlichen
Hügellande der Borders zusammenstiessen. Rechtzeitig
trafen daselbst auch die Führer der Bewegung in Northumberland, Lord Derwentwater und Thomas Forster, Par-
lamentsmitglied der Grafschaft, welche mit Mar die eifrigste
Correspondenz unterhielten, an der Spitze ihrer Reitertrupps
ein, so dass nunmehr die gleiche Partei Missvergnügter aus
Schottland und England eine Vereinigung beider Länder
unter einem anderen Zeichen aufzurichten versuchen konnte,
als es durch die parlamentarische Union geschehen war.
In dem vor einer ansehnlichen Streitmacht unter flatternden
Fahnen und dem Klang von Trompeten und Sackpfeifen
verlesenen „Manifest der Herren, Edelleute und Anderer,
die pflichtschuldigst erschienen sind, um das unzweifelhafte
Recht ihres gesetzmässigen Souveräns Jacobs III., durch
die Gnade Gottes Königs von Schottland, England, Frankreich, Irland, Vertheidigers des Glaubens u. s. w. zu erhärten
und dies sein altes Königreich von dem Druck und dem
Nothstande, in dem es sich befindet, zu befreien", wird die
Union als die Quelle aller Leiden Schottlands bezeichnet.
Jedoch äusserst vorsichtig, als solle den Errungenschaften
von 1688 nicht im mindesten zu nahe getreten werden, und
sehr klug auf die englischen Parteigenossen berechnet, heisst
es darin: „Die Union hat sich nach Erfahrung so unverträg-
lich mit den Rechten, Privilegien und Interessen unserer

selbst und unserer guten Nachbaren und Mitbürger in England erwiesen, dass ihre Fortdauer unvermeidlich uns verderben und sie schädigen muss." Ausdrücklich wurde als Zweck der Erhebung die Durchführung solcher Gesetze bezeichnet, welche die beiden Reiche vor jeder willkürlichen Gewalt, vor Papisterei und allen ihren anderen Feinden sichern würden. „Auch haben wir keinen Grund, der Gnade Gottes, der Wahrheit und Reinheit unseres heiligen Glaubens oder dem bekannten trefflichen Urtheil Sr. Majestät zu misstrauen, um nicht zu verhoffen, dass in geeigneter Zeit das gute Beispiel und der Verkehr mit unseren Gottesgelehrten jene Vorurtheile entfernen werde, welche, wie man weiss, die Erziehung in einem papistischen Lande seinem königlichen klaren Verstande nicht hat einprägen können." Solche Unwahrheiten, welche die versammelte Menge mit einigen ihr besonders mundgerechten Schlagwörtern: „Keine Union, keine Malzsteuer, keine Salzsteuer!" übertönte, waren sicherlich nicht dazu angethan die sehr bedenklichen Lücken einer Verständigung zwischen den beiden Theilen nothdürftig zu bedecken. Nicht nur, dass die schottischen Herren die Hilfe der englischen Jacobiten gegen Glasgow, Edinburgh oder Argyle am Forth forderten, während die letzteren jene zu einem Einbruch nach England mit der Vorspiegelung verlocken wollten, dass bei ihrem Anmarsche sich in Lancashire sofort eine Macht von 20,000 Mann erheben würde. Die Schotten betrieben vorzüglich Aufhebung der Union und Wiederherstellung ihrer alten legislativen Selbständigkeit; sie meinten das am sichersten erreichen zu können, indem sie wieder einen König für sich hätten. Den Engländern ihrerseits lag herzlich wenig an Beseitigung der Union, dagegen Alles an Einsetzung eben desselben Königs als des legitimen Inhabers eines göttlichen Rechts. Für die gemeinsame Sache wurde es daher durchaus verhängnissvoll, dass die letzteren zähe an ihren Gründen festhielten und schliesslich die zaudernden, alle Zufälligkeiten überdenkenden Schotten hinter sich herzogen. Nur mit listiger Ueberredung, zum Theil sogar mit Gewalt gelang es nämlich, am letzten October die Hochländer zum Marsch über die Grenze nach dem Süden zu vermögen. In Cumberland stob da nun wohl die zahlreich versammelte, aber völlig undisciplinirte und waffenlose Grafschaftsmiliz ohne Weiteres auseinander; die anglikanischen Geistlichen wurden gezwungen in der Litanei Jacob III. und seine Mutter einzusetzen für 'Georg I. und sein Haus'. Und als der eilig marschirende Haufe dann gar Preston erreichte, wurde er nicht nur von den Herren und Damen des eifrig katholischen Adels von Lancashire freudig begrüsst, sondern sogar durch stattlichen Zuwachs bis auf einige tausend Mann verstärkt. Aber damit hatten denn auch die trügerischen Lockungen ihr Ende erreicht, denn durch Forster, den eigentlichen Anstifter der entschieden wagehalsigen Expedition, waren sie allesammt in eine Sackgasse geführt worden. Eben dort bei und in Preston, wo ja auch Cromwell einst im Sommer 1648 mit den schottischen und nordenglischen Vertheidigern des Königthums blutig abgerechnet hatte, wurden die Insurgenten am 12. November von den englischen Generalen Wills und Carpenter angegriffen und nach tapferer Gegenwehr überwältigt. Wer nicht fiel oder davon kam, sondern sich auf Gnade und Ungnade ergeben musste, durfte in der That seinen Hals in Acht nehmen.

Nun trafen aber zur selben Stunde noch zwei andere, nicht minder empfindliche Schläge die Empörung, welche zwei Reiche in alte, längst überwundene Zustände hatte zurückschleudern wollen. Denn an dem nämlichen Sonntage, dem 13. November, brachten der Graf von Sutherland, Duncan Forbes und andere Parteigänger Hannovers Inverness, den Schlüssel zum Hochland im Nordosten, in ihre Gewalt, und es wurde Graf Mar, der mit seiner Hauptmacht von vielleicht 10,000 Mann bei Perth dem Herzoge von Argyle, welcher zwischen Stirling und Dumblane stand, so lange unthätig gegenüber gelegen hatte, als er nun endlich nach Süden durchbrechen wollte, auf dem Plateau von Sheriffmuir so vollständig geschlagen, dass die trotzigen Clans entmuthigt in hellen Haufen davonliefen und die Junker aus der Niederung sich beeilten ihren Frieden zu machen, so weit das in der Vollmacht ihres hochherzigen Landsmanns Argyle stand.

Noch tragischer aber waltete das Geschick, dass derjenige, dem Tausende von Herzen zugeschworen, für den

so oft die Gläser erklungen, an dem allein ein geheiligtes
Recht haften sollte, dass der Stuart-König, wie er Mar,
Montrose und anderen grossen Feudalherren angekündigt,
eben jetzt und nun doch zu spät über das Wasser kam.
Bei dem zwischen Frankreich und England bestehenden
Frieden und zumal seit dem Tode seines hohen Protectors
Ludwigs XIV., war es ihm nicht leicht geworden, über Dün-
kirchen zu entschlüpfen und verkleidet zu Schiff die öde
Granitküste von Peterhead zu erreichen. Auf einem Schlosse
des jungen Grafen Marischal, desselben, der späterhin im
Exil der Vertraute Rousseaus und Friedrichs des Grossen
wurde, gab er sich der benachbarten Gentry und den orthodoxen Einwohnern von Aberdeen zu erkennen. Mit Hilfe
dieser ungewohnten Erscheinung suchte Graf Mar nun noch
einmal die geschlagene und fast zersprengte Rebellion zu
galvanisiren. Als Jacob III. jedoch am 6. Januar 1716 im
Lager von Perth unter die Herren des Hochlands und ihr
struppiges, knochenstarkes Gefolge trat, war deren Enttäuschung gross über das matte Auge, die eingefallene
Wange, das fade Lächeln und die von den Spuren der Aus-
schweifung durchfurchten Züge dessen, der der Erbe jener
endlosen Reihe ihrer nationalen Könige sein sollte. Wahrlich, hätte der gemeine Mann sich der Gerüchte erinnern
können, die einst vor 27 Jahren bei Geburt des Prinzen
von Wales ganz London erfüllt, er hätte wahrhaftig diese
schlotternde Gestalt, von der die hohen Herren, die Pfaffen
und alle verbissenen Hasser einer gesitteten Staatsordnung
wie von einem Abgott redeten, ohne Weiteres für einen
Betrüger erklärt. Die mystische Hofhaltung, die Decrete,
„gegeben im funfzehnten Jahr unserer Regierung", von
denen eines gar die Stände berief, ein anderes die Krönung
auf den 23. des Monats ansetzte, die grausame Verwüstung
einiger benachbarten loyal gesinnten Dorfschaften, Alles
mit einander entsprach so wenig der trübseligsten Wirklichkeit, dass auch den ärgsten Royalisten das Vertrauen zu
schwinden drohte. Als nun gar Argyle, um jene 6000 Holländer verstärkt, herandrang — es war der den Stuarts so
verhängnissvolle Tag des 30. Januars — rieth Mar im letzten
Kriegsrath selber, den tiefen Winterschnee zu benutzen um

zeitig auseinander zu stäuben. Der Prinz und der Graf sind
über Montrose, eine andere Schar der am meisten Compromittirten über Aberdeen zur See entkommen; während viele
andere so unglücklich waren den Siegern in die Hände zu
fallen. Da stand nun die neue Dynastie und die Staatsordnung vom Jahre 1707 vor dem Dilemma, behufs der eigenen Sicherheit zur Bestrafung des schlimmsten Verbre-
chens wider das einheitliche Reich die ganze Schärfe der
Hochverrathsgesetze anzulegen oder aber vor den nationalen
Erinnerungen eines noch immer gesonderten Volkes, das
auch in anderen als jacobitischen Schichten höchst ver-
stimmt war, Erbarmen zu haben. Es war das Verdienst
jenes Duncan Forbes, eines braven Juristen und königlichen
Beamten, dass er in einem eindringlichen Sir Robert Walpole eingereichten Gutachten die äussersten Züchtigungen
von seiner Heimath abwehrte. Indem eine Anzahl Militärs
in Preston erschossen, zwei Peers, die Lords Panmure und
Derwentwater, auf Towerhill enthauptet wurden, indem in
Carlisle, und selbst in Perth und Dundee noch im Jahre 1718
ein hochpeinliches Verfahren angestrengt wurde, vor dem
doch alle wirklich Schuldigen längst in das Ausland entkommen waren, nahm England noch einmal alle Gehässig-
keit auf sich, welche stets mit Eingriffen in sogenannte berechtigte Eigenthümlichkeiten verbunden zu sein pflegt. Mit
seinen harten, grausamen Institutionen traf es recht eigentlich auf ein eifersüchtiges, freiheitsdurstiges Volk. Hätte
die Whig-Regierung nicht in der Treue der Presbyterianer
endlich ihre zuverlässigste Stütze erkannt und hätte sie sich
nicht diese Unterthanen wiederum durch Verfolgung der in
der That vielfach compromittirten episcopalistischen Priester
fast unwillkürlich verpflichtet, wer kann sagen, ob bald hernach die vereinigten schwedisch-spanisch-jacobitischen Anschläge des Grafen Görz, des Cardinals Alberoni, des Herzogs von Ormond und seiner Genossen, durch welche im
Frühling 1719 noch einmal Spanier und schottische Exilirte
unter dem Grafen Marischal in die Wildnisse von Glenshiel
geworfen wurden, nicht doch die tief erregte Bevölkerung
der Berge wie der Niederung in wilden Brand versetzt
haben würden.

Man kann nicht behaupten, dass in den auf 1715 folgenden Friedensjahren, in einer Epoche materieller Blüthe, während welcher freilich das eigentlich politische Gedeihen durch Parteihader mannigfach gelähmt wurde, die englische Regierung gegen Schottland mit viel Erleuchtung gehandelt hätte. Höchlich zufrieden darüber, dass der Hof des Prätendenten, weder in Frankreich noch in Lothringen geduldet, nach Italien hatte weichen müssen, überliess sie ihn seinen eigenen Eifersüchteleien. Mit den feilen Höflingen, welche Jacob umgaben, vermochte sich, wie schon vor ihm Lord Bolingbroke, in der Folge auch Bischof Atterbury, der strenge, für seinen König in's Exil getriebene Nonjuror, niemals zu stellen. An Mar's und anderer Flüchtlinge Fersen dagegen hing sich unlösbar der schwere Verdacht der Verrätherei an der eigenen Sache. Endlich wollten alle Ausgestossenen mehr oder weniger denen, die daheim geblieben, Vorschriften machen und zankten sich mit ihnen aus der Ferne. Das waren die Gründe, weshalb die allgemeinen Wahlen im Jahre 1722 wieder durchaus gegen den Anhang des Hauses Stuart entschieden. Lockhart, der den Prätendenten bestimmt hatte, ihn und Andere zu seinen Vertrauensmännern in Schottland einzusetzen, verzweifelte, wie er nicht verhehlt, selber an der geringen Einsicht und dem guten Willen, womit man in Albano die nationalen Interessen betrieb. Er schreibt: „Wir legen das Wagniss lieber in die Hand Gottes als solcher Leute, mit denen wir zu thun haben."

Aber war die Einheit und der gute Wille des Ministeriums in Westminster etwa besser, als es — man weiss heute noch nicht weshalb — plötzlich und fast unmittelbar nach dessen glänzendsten Erfolgen den Herzog von Argyle in Ungnaden aus der hohen Vertrauensstellung entliess, die er gewonnen, und damit wieder den schottischen Whigs auf das Empfindlichste vor den Kopf stiess? Merkwürdig, die General Assembly von 1716 beeilte sich, in einer Adresse an Georg I. dem populären Herzoge die Ehre beizulegen, dass durch ihn allein die Rebellion niedergeworfen worden, während, wie Lockhart erzählt, die jacobitische Partei die angestrengtesten Versuche machte, ihn zu sich herüberzuziehen. Allein Walpole erkannte doch bald genug, welche

wesentliche Garantie für die vereinigten Reiche in einer
Verständigung mit dem Herzoge und in der Gewähr seiner
viceköniglichen Stellung lag. Durch ihn und seinen Bruder
Lord Ilay, vor allen aber durch die weise Geschäftsführung
des nunmehrigen Lord Advocaten Duncan Forbes wurde die
Regierungsbehörde des Nordens mit den in beiden Ländern
vorwaltenden Ideen und Interessen einigermassen in Einklang gebracht. Trotzdem aber geschahen administrative
Schritte, die nichts weniger als heilsame unitarische Reformen, sondern im Gegentheil unkluge, weil einseitige Missgriffe waren. Durch Parlamentsacte war eine Sequester-
commission eingesetzt worden, welche ohne Ueberlegung
nach englischen Rechtsnormen über die grossen verwirkten
Herrschaften der Lords Mar, Tullibardine, Marischal, Panmure und vieler anderen zu verfügen sich anschickte. Selbstverständlich gerieth sie darüber mit dem Reichsgericht und
der Advocatur in Edinburgh in Conflict, da diese sich als
die Wahrer des heimathlichen Rechts betrachteten. Sie
hatten denn auch die grosse Genugthuung, dass, nachdem
ihr Protest, dem sich der Herzog von Argyle und sein
Bruder im Hause der Lords anschlossen, zurückgewiesen,
die englischen Agenten mit der Veräusserung des confiscirten Eigenthums an dem verwickelten schottischen Lehn-
recht jämmerlich scheiterten. Als die Regierung gar einen
der Commissare zum Mitgliede des schottischen Obergerichts
ernannte, war dessen Widerstand so ausdauernd, dass das
Vorhaben, da es der Justiz selber gefährlich zu werden
drohte, fallen gelassen wurde. Im Jahre 1725 machte sich
der commandirende General Wade, ein trefflicher Ingenieur,
der im Hochlande die ersten Militärstrassen anlegte, feste
Brücken baute, den Grundplan zu dem von einem Meere
zum anderen gezogenen caledonischen Canal entwarf und
an seinen zwei Endpunkten die Citadellen Fort William und
Fort Augustus errichtete, viel mit Entwaffnung der Clans
zu schaffen. Fast scheint es, dass er der einschmeichelnden
Ergebenheit ihrer vornehmen, stets complottirenden Häupter
viel zu viel Vertrauen schenkte; meinte er doch, die Natur-
söhne der Berge durch die dargebotenen Wohlthaten des
erleichterten Verkehrs ohne Weiteres der Civilisation ge-

winnen und sie durch die Künste des Friedens von ihrem
Räuberleben entwöhnen zu können. Allein auch fernerhin
noch zogen sie es vor, barfuss und hosenlos mit Schafen
und Ziegen um die Wette sich auf schmalem Felspfad entlang zu stehlen oder den Stärksten voran in dichtem Klumpen den Bergstrom zu überschreiten, statt sich der gepfla-
sterten Strasse und der bequemen Brücke zu bedienen.
Gerade durch den Kampf mit den Elementen blieben sie
ihren primitiven Zuständen zugethan, während ihre nicht
gälischen Landsleute voll Zweifel, unthätig und beinah
schadenfroh dem vergeblichen Beginnen des tüchtigen Offi-
ciers zusahen, obwohl es sie selber mit Ruhe und Ordnung
zu beschenken den Zweck hatte. Waren sie doch um dieselbe Zeit durch einen Angriff auf ihre Tasche vollends
entrüstet.

Es war der ursprüngliche Gedanke gewesen, das Steuer-
system der beiden unirten Länder langsam in ein natür-
liches Gleichgewicht zu setzen. Nun aber wünschte die
Regierung seit 1724 sofort 20,000 Pfund mittelst einer Malzsteuer in Schottland zu erzielen und brachte das betreffende
Gesetz mit geringfügigen Modificationen durch. Was nun
aber die schottischen Nationalvertreter nicht verhindern
konnten, das versuchte der Grundbesitz im Bunde mit den
Brauern der Hauptstadt. In diesen Kreisen fiel es den Jacobiten leicht, die Flammen der Widersetzlichkeit anzublasen.
Als dem Herrn David Campbell, Mitglied für Glasgow, sein
schönes neues Haus demolirt werden sollte, rief er Wade
um eine Compagnie englischer Soldaten an, deren Einschreiten erst recht Oel in's Feuer goss und eine förmliche
Emeute veranlasste, bis eine noch ansehnlichere militärische
Demonstration gegen die am meisten dem Fortschritt erge-
bene, stets feuerige, nun aber von neuem Hass beseelte Stadt
äusserlich Ruhe erzwang. Zu friedlicheren Mitteln hatten
die Edinburgher Brauer gegriffen, als sie einfach durch Ein-
stellen ihrer Thätigkeit Gesellschaft und Staat zum Nachgeben zwingen zu können meinten. Das Reichsgericht
suchte alsdann, was heute nicht minder unmöglich, sie wegen
Complotts einzusperren oder mit erhöhter Accise auf ihren
Vorrath kirre zu machen, bis jene schliesslich dieses Spiels

überdrüssig einer nach dem anderen zu der gewohnten und einträglichen Arbeit zurückkehrten. Allein die Malzsteuer war nur ein winziger Theil der Last, um welche die grosse Mehrheit der Bevölkerung im Norden Jahre lang den kleinen Krieg mit der Regierung führte. Die unerträglich strenge Zollwacht, welche im Namen der gemeinsamen Schatzkammer geübt wurde, reizte die zehnmal kleinere Bevölkerung Schottlands mit seinen gewundenen und zerklüfteten dem englischen an Ausdehnung weit überlegenen Küstensaum zu jenem Grossschmuggel, der im achtzehnten Jahrhundert nördlich vom Tweed fast allgemein als eine ehrenvolle Heldenthat und als die verdiente Vergeltung an dem Räuber nationaler Freiheit gefeiert worden ist. In einer dem Herrn Duncan Forbes zugeschriebenen Flugschrift*) wird der populäre Unfug nüchtern und scharf gezeichnet: „Unglücklicher Weise schlug das Volk den verderblichsten Weg ein. Statt ehrlich Handel zu treiben, warf sich alles mit Ausnahme von Glasgow, Aberdeen und einigen anderen Plätzen auf Schmuggelei. Man legte seine kleine Habe in Waaren an, auf denen ein hoher Eingangszoll stand, und schmeichelte sich, indem man sie an unseren ausgedehnten und schlecht bewachten Küsten landen liess, durch Ersparung des hohen Zolls rasch reich zu werden. Obgleich dies Beginnen fast jedem Unternehmer verderblich wurde, da es auf Betrug und Unehrlichkeit beruhte, und obgleich es offenbar um ein Kleines zum vollständigen Ruin des Landes führte, war das Volk doch so blind und verdreht, dass es ohne Bedenken und fast ohne Ausnahme sich damit befasste. Der Schmuggler war der allgemeine Liebling. Seine verbotene und hoch besteuerte Waare wurde längs der ganzen Küste zu Boot an's Land geschafft, dort von den Bewohnern gegen die Zollbeamten bewacht, und, wenn einmal mit Beschlag belegt, fast immer frei gegeben: denn die Geschworenen standen stets dem Angeklagten bei. Dadurch gewann der Schmuggel den Schein absoluter Sicherheit, während die Einkünfte so arg litten, dass das Zollamt seine

---

*) *Some Considerations on the present State of Scotland, in a letter to the Commissioners and Trustees for Improving Fisheries and Manufactures.*

Beamten kaum noch bezahlen konnte. Der hohe Gewinn
verlockte die Handelsleute zu diesem nichtswürdigen Treiben;
Abneigung gegen die Union, böser Wille gegen die ersten
hierher gesandten Zollwächter, der Vorsatz, dem Staatsein-
kommen zu begegnen, weil man annahm, dass alles Geld
nach England abfliesse, und Parteinahme für die unglücklichen Landsleute, welche sich diesem Handel ergaben, wobei natürlich kleine Sporteln und Geschenke von Seiten der
Schmuggler mitwirkten, zogen die Masse des Volks entschieden auf ihre Seite." Man sieht, es war noch immer
der Krieg nationaler Eifersucht gegen den Fiscus der grossen
überwiegenden Handelsmacht, in die Schottland selber aufging. Während es hier noch in hohem Grade an der Rou-
tine der communalen Selbstverwaltung und der Friedens-
wahrung von Seiten der Gemeinde mangelte, während sogar
die nach englischem Muster eingesetzten Friedensrichter auf
Beschützung der Contrebande ertappt wurden, gereichte es
abgesehen von einigen einsichtsvollen Staatsmännern der
schottischen Kirche zur Ehre, dass sie, zuerst in einer Ansprache der General Assembly von 1719 an die im Uebrigen
so folgsame Gemeinde, die demoralisirende Wirkung eines
so heillosen Treibens nach Gebühr geisselte. Auch in
diesem Stück ist sie klar die Bahn des Einheitsstaats weiter
geschritten und hat in den nächsten Jahrzehnten wesentlich
mitgeholfen, ihre heissblütigen und zügellosen Landsleute zu
den in aller erlaubten Speculation, in Handel und Gewerbe
betriebsamsten und gerade deshalb erfolgreichsten Concurren-
ten ihrer viel gesetzteren Mitbürger im Süden zu machen.

Auch traf dies Bemühen zusammen mit einer langsamen
Abnahme des geistlichen Feuers, das so lange alles schottische Leben in krankhafter Verzückung gehalten hatte. Das
entsprang zunächst aus weiteren Spaltungen innerhalb der
hadernden kirchlichen Institute selber, sowie aus dem Vertragsverhältniss, welches beim Abschluss der Union das
herrschende Kirchenregiment seinen eigenen Principien zum
Trotz denn doch mit dem Staate eingegangen war. Auf
Beides ist noch einmal ein Blick zu werfen, ehe ich mich
der Schlusskatastrophe zuwende, in welcher der von materiellen und geistlichen, von nationalen und dynastischen

Triebfedern unterhaltene Widerstand gegen den Einheitsstaat auf immer zusammengebrochen ist.

Es ist keineswegs genau, wenn man die starre uner-
bittliche Kirchenzucht, die disciplinarische Strenge, von
welcher in Schottland, fast über das einst von Calvin in Genf
gegebene Muster hinaus, das ganze nationale Dasein ergriffen
wurde, ausschliesslich dem herrschsüchtigen presbyterianischen Klerus zuschreibt. Die breite Schicht der Bevölkerung, das an der kirchlichen Regierung im hohen Grade
betheiligte Laienthum unterhielt und beförderte sie aus freien
Stücken wie eine lieb gewordene Gewohnheit. Die höheren
Klassen dagegen, zumal der Landedelmann, in seinen kleinen
und engen Verhältnissen noch weit mehr der Cavalier des
siebenzehnten Jahrhunderts, als das von seinem englischen
Standesgenossen gesagt werden konnte, war diesem Wesen
von Grund der Seele abgeneigt. Er hielt es entschieden
mit Karl II., welcher einst erklärt hatte, dass der Presbyterianismus keine Religion für Gentlemen sei. So viel Ver-
schränkung, Unnatur und äusserer Schein war von diesem
Stande nur um einen hohen Preis in Kauf zu nehmen. Erst
als die welfische Regierung, von den Whigs geleitet, in
Bezug auf den Patronat und die Formel des Abschwörungs-
eids Allerlei nachgab und dadurch dem Regiment der etablirten Kirche Schottlands aufrichtiger entgegen kam, hielt
es gar mancher schottische Politiker gerathen, mit vollen-
deter Heuchelei den Ultrapresbyterianer zu spielen. Ein
grelleres Beispiel konnte es schwerlich geben als jenen
James Erskine von Grange, einen der Oberrichter des Königreichs, den Bruder Mar's, so streng, so fromm wie Niemand
sonst, und eben hinter dieser Maske in das allertiefste Com-
plott mit den ausgestossenen Jacobiten verstrickt. Seine
leidenschaftliche Frau galt vor der Welt für wahnsinnig,
und die Gemeinde beseufzte mit dem Gemahl das harte Loos,
von dem diese Säule der Kirche betroffen. Erst aus seinen
hinterlassenen Briefen, die ihm den Hals nicht mehr brechen
konnten, ergibt sich, dass er, um von der Frau nicht verrathen und an den Galgen des Grasmarkts gebracht zu
werden, sie unter dem Vorwande des Irrsinns zuerst in
einer Einöde des Hochlands, dann auf Skye und schliess-

lich in St. Kilda, dem äussersten westlichen Felsenriffe des
Oceans festsetzen liess. Ein grauenhaftes Exempel, gleich
sehr der persönlichen Verstellungskunst, richterlicher Willkür und socialer Missstände, zum Glück aber auch ein Symp-
tom, dass der allgemeine Krankheitszustand bereits die
äusserste Krisis überstanden.

Das Bedürfniss nach Ruhe und Ordnung, und die Nothwendigkeit, solche episcopalistischen Elemente, die zumal in
und um Aberdeen sich der Landeskirche zu conformiren
wünschten, in sich aufzunehmen, ergriff um diese Zeit bereits
die oberste Direction derselben. Das Licht des Jahrhunderts
begann doch mit seinem milden Schimmer die Spitzen des
Berges zu bescheinen, der bisher in vollem Dunkel gelegen.
Die General Assembly als die oberste Synodal-Behörde, die
ja auch zuerst ihren Frieden mit dem Staat und zwar dem
protestantischen Unionsstaat gemacht hatte, fing an, der
Mässigung zu huldigen, während sich die Extreme noch eine
Weile in den Provinzialsynoden bargen. Als gar im Jahre
1732 von dieser Stätte her die Annahme der Patronatsacte
empfohlen wurde, ein Schritt, welcher geeignet war, auch
den kleinen Landadel mit der Kirche auf besseren Fuss zu
stellen, da brach allerdings durch den Austritt Ebenezer
Erskines und seiner Genossen ein anderes ihrer Glieder ab,
jedoch zu ihrem eigenen Segen und menschenwürdiger Entwicklung. Natürlich bezeichneten sich die Abtrünnigen, als
es nach langjährigen Verhandlungen endlich zu einer Auseinandersetzung kam, als die allein wahre Kirche, fanden
auch keinen Grund, sich mit den langsam versiegenden,
ihnen freundlich entgegen kommenden Cameronianern zu
verbinden, weil sie zwar wie diese keinen weltlichen Patron
ertragen, aber doch auch den Staat nicht als die Ausgeburt
des Argen bekämpfen wollten. Nichts mochte Whitefield,
den frommen Mitarbeiter Wesleys, als er auch in Schottland predigte und die Gemüther dort ebenfalls für eine
Verjüngung des inneren Lebens empfänglich fand, mehr
frappiren. Nicht nur, dass er, der von bischöflicher
Hand Geweihte, von Secessionisten und Cameronianern um
die Wette verketzert wurde, sondern sie thaten gegen den
Leib ihrer Kirche wie unter einander dasselbe. In Eng-

land bewahrte das Sectenwesen vor der Macht und dem Glanz der Staatskirche, von der man sich löste, um die Gewissen zu schonen, niedere, demüthige Gestalt und milde Formen. In Schottland hingegen masste sich jeder Splitter, der sich von dem staatlich anerkannten Institut losriss, sofort die Stellung der Kirche mit der vollen kirchlichen Autorität an, indem er den Theil, von dem er geschieden, als ketzerisch und schismatisch bezeichnete. Doch gerade die auch fernerhin weitere Nachahmung findende Trennung, das Princip der Freiwilligkeit in Bezug auf die dem Staate schuldigen Leistungen und der Umstånd, dass, sobald noch einmal das Resultat der Revolution von 1688 ernstlich in Frage gestellt wurde, auch die extremsten Presbyterianer sofort für die politische Ordnung in die Bresche getreten sind, Alles mit einander wirkte immer erfolgreicher auf eine Duldung hin, wie sie vormals dem Presbyterianismus ganz fremd gewesen war.

Auch von den Rissen, welche die schottische Episcopalkirche zerklüfteten, muss hier noch ein Wort eingeschaltet werden. Von länger her standen sich in ihr eine loyale und eine Stuart-Partei gegenüber, welche der bestehenden Staatsgewalt jeden Eid verweigerte. Aengstlich und mit den künstlichsten Mitteln suchte diese die regelrechte apostolische Succession ihrer Bischöfe zu bewahren, auch nachdem dieselben für das göttliche Recht ihres verbannten Königs jammervoll hungern mussten. Der ruhelose Lockhart warf sich aber gerade desshalb als königlicher Vertrauensmann auf, um in seiner gewaltthätigen Art diesen Unglücklichen das Vorhandensein eines weltlichen Supremats fühlbar zu machen. Nun erschienen indess auch englische Nonjurors, namentlich aus London ein Dr. Gadderer, der den Bischofssitz von Aberdeen beanspruchte, weil er zu ihm regelrecht gewählt worden sei. Die Parteien vertrugen sich so wenig wie 1715 die schottische und die englische Ritterschaft im Felde. Um sich jedoch im Gleichgewicht zu halten, machten sie förmlich aus, dass die eine wie die andere nur je sechs Bischöfe weihen dürfe. Als sich einmal die College-Partei — so nannten sich die Gegner Gadderers — auf Lockharts Anweisung an ihren König, den römisch-katholischen Prä-

tendenten, wandte mit der Bitte, doch einen Bischof zu
entsenden, der jenen Widersacher beseitige, da belobte der
Chevalier sie kalt wegen ihrer Ergebenheit, warnte sie vor
Zwietracht, die ihnen wie ihm verderblich sei, und erinnerte
an die Zusicherung seiner Gnade und seines Schutzes, die
ihnen schon so häufig zu Theil geworden. Andererseits
entging Sir Robert Walpole, so lange er Minister war und
den Schlüssel zu jeder Chiffre auch der geheimsten Correspondenz sich zu verschaffen wusste, nicht leicht, was dem
Treiben der verschiedenen Eidverweigerer Gefährliches zu
Grunde lag. Indess, wie er es überhaupt nicht liebte, barsch
drein zu fahren, so suchte er auch diese Factionen nur auf
das Genaueste zu überwachen. Als nun aber nach seinen
Tagen die unversöhnliche Bischofskirche Schottlands noch
einmal tief im Aufruhr verstrickt erschien, war es wahrlich
nicht zu verwundern, dass der Staat fortan sie zu unterdrücken trachtete. Erst mit dem Tode der beiden Söhne
des Prätendenten sind die letzten Ausläufer jener schottischen Nonjurors verschwunden, während die heutigen anglikanischen Bischöfe in dem nördlichen Königreich aus loyalen,
den Anschluss mit der englischen Kirche wahrenden Elementen hervorgegangen sind. Einen harten Stand endlich
hatten stets katholische Agenten und vor allen die Jesuiten,
deren doch immer noch einzelne auch in diesen Regionen
um die Mitte des Jahrhunderts verkleidet und unstät auftauchten. Auf den Schlössern der Hochlandsmagnaten, insonderheit der Gordons, fanden die gewiegten Emissare
Schutz, um zugleich die verpönte Messe zu lesen und die
allergeheimsten Vereinbarungen zu treffen. Doch schon
gegen das nächste Clanhaupt mochten sie auf ihrer Hut
sein, denn in diesen von der Patrimonialgewalt erfüllten
Gebieten herrschte bis zuletzt im Kleinen derselbe Grund-
satz, der einst einer Epoche unserer Reichsgeschichte das
Gepräge gegeben: *cujus regio ejus religio.*

Es sind bekanntlich die Hochlande, durch welche allein
die letzte gewaltsame Reaction gegen die Einheit der beiden
Reiche möglich wurde. Während seit Jahrhunderten alle
Bewegung, das wirthschaftliche, geistige, politische Leben,
wie wir es skizzirt haben, in der wesentlich germanischen

6*

Bevölkerung des Flachlandes vor sich ging, hauste jenseits von Forth, Tay und Spey das ursprüngliche Keltenthum mehr oder weniger noch unentwurzelt. In die Wildniss seiner Berge hatten Geistliche und Schulmeister noch keine protestantische Mission zu tragen vermocht. Glaube und Cultur beleckten ein Volk noch nicht, das dem übrigen Europa kaum näher stand als etwa die Rothhäute Amerikas, das aber seit einem Menschenalter doch mit Befremden den Soldaten, den Zollwächter, den Kleriker näher und näher heranrücken sah, um es der Raufsucht, der Räuberei und der Rohheit zu entreissen. Andererseits lockte noch kein ästhetischer Genuss die südlichen Nachbarn in die düstere hoch romantische Natur von Fels und Wasser hinaus. Die Officiere in Fort Augustus vielmehr sehnten sich hinweg, weil man vor Regen und Sturmwind im Juli an Körper und Geist erkranke: „denn statt der Sonne", schreibt einer von ihnen, „erblickt man nur schwarzen Himmel und düstere Felsenhänge, von nebelndem Regen und schneidendem Winde bedeckt, mit brausenden Wassern, welche nach heftigen Regengüssen von allen Seiten herabstürzen." Freilich hatte es von Alters her nicht gänzlich an Berührung zwischen den beiden Racen gefehlt. Namentlich hatte sich das alt-keltische Patriarchalsystem mit nicht unverwandten feudalen Elementen vermischt. Allein die Stellung des Clanhäupt-lings war doch grundverschieden von der eines Lehnsherrn. Obwohl jener jetzt in der Regel den Schliff des europäischen Adels besass, hielten seine urwüchsigen Gefolgschaften doch keineswegs den Vergleich mit ritterlichen Vasallen aus. Bei ihnen galt der Abscheu vor jeder nutzbringenden Arbeit, vor Bestellung des Ackers und friedlichem Handelsverkehr doch gar zu sehr als heilige Ueberlieferung aus der Urzeit. Ihr Stolz war lediglich auf Gewaltthat gerichtet; auch sie wie die Cameronianer hielten sich stets kampfbereit wider den Staat, nur ohne zu ahnen, was dieser denn war und wollte. Alle Versuche, solchen Menschen die Wohlthaten der Civilisation schmackhaft zu machen, mussten nothwen-digerweise Weise scheitern, eine „Pflanzung", die einst der Idealist Jacob VI. veranstaltete, noch ehe er nach England aufbrach, eben so gut wie hundert Jahre später die Anlage

von Eisenwerken in den Hochlandsthälern von Glengarry
oder die Kunststrassen des General Wade. Einst unter
Wilhelm III. war in Glencoe eine ganze Dorfschaft aus-
gerottet worden, gewiss das untrügliche, aber wenig menschliche Mittel, um sich eines ganzen Volkes von Räubern zu
entledigen. Während dreissig Jahre lang von 1715 bis 1745
Garnisonen in festen Häusern das Hochland entwaffnen zu
können meinten, haben seine Naturkrieger um so eifriger
ihre Muskeln gestählt und sich Waffen die Menge zustecken
lassen. Man hat ihrem theatralischen Costüm ein höheres
Alter beigelegt als es verdient. Die umwickelten Schien-
beine und blossen Kniee, sowie die grellen Farben und
bunten Fetzen mögen allerdings weit hinaufreichen. Allein
Plaid und Tartan Kilt sind nachweislich erst im siebzehnten
Jahrhundert mit der Wollenindustrie der schottischen Städte
aufgekommen, die früh genug nach dem Geschmack der
Hochschotten zu produciren begannen. Landschaftliche
Unterschiede riefen dann verschiedenartige Farbenkreuzung
hervor. An heraldische Merkmale jedoch dachte man damals
um so weniger, als die civilisirten Häuptlinge erst nach und
nach die Tracht des gemeinen Mannes anlegten, anfänglich
als besonders bequem bei der Hochjagd und erst später als
militärische Uniform, um sich vom Feinde recht kenntlich
zu unterscheiden. Auch hat die Staatsregierung frühzeitig,
noch geraume Zeit vor Lord Chatham, das Experiment gemacht, ob sich eine Truppe aus solchem Material und in
der ihr eigenthümlichen Tracht nicht zu Zwecken der Ordnung und der Landesvertheidigung verwenden lasse. Allein
als Polizeimacht im eigenen Lande erwies sie sich den staatsfeindlichen Einflüssen nur allzu leicht zugänglich; und bei
der ersten Probe, als man sie zu Kriegszwecken in's Ausland schaffen wollte, gab es Meuterei. Bis es nicht gelang,
sie der Führung ihrer angestammten Herren zu entziehen
und durch Officiere anderer Herkunft in die militärische
Disciplin einzufügen, blieb all dergleichen fruchtlos.

Zwar fehlte es an einem Anlass, um das Unwesen des
Viehdiebstahls im Grossen und der Raubzölle an den Ge-
birgspässen, die sich daraus entwickelt hatten, durch einen
Gewaltstreich mit Stumpf und Stiel auszurotten, aber die

langsame Festigung von Wohlstand und Ordnung, die
bessere Hut, für welche die Gemeinde und namentlich so
loyale Städte wie Glasgow längs des südlichen Saumes des
Berglandes sorgten, drängten dessen Bewohner bereits der
bittersten Armuth und der Verzweiflung entgegen. Freilich
war es eine irrige Folgerung, wenn man nun aber auch dort,
wo überall in Handel und Wandel sich neues Leben regte,
, jenen heillosen Zustand ganz vorzüglich der Union zur Last
legte, weil sie das reiche Schottland aussauge und an seinem
natürlichen Fortschritt behindere. Noch hatte die höchste
Kunst des Landbaues Lothian, Haddington, Roxburgh und
andere südöstliche Striche allerdings nicht in jenen Muster-
garten der Agricultur verwandelt, der heute stolz mit der
Lombardei wetteifern darf. Aber die Leute bestellten doch
daselbst Feld und Wiese, mit dem Verlangen es immer
besser zu machen, während im Hochlande noch keine Waizen-
ähre keimte, und die Menschen ihren kümmerlichen Hafer
von den grünen Halmen rissen, um ihn mit patriarchalischer
Handmühle zu zermalmen. Dort war die Pflugschar noch
von Holz, Gefährte gab es kaum. In der That, um nicht zu
verhungern, weil sie nicht arbeiteten, fröhnte die keltische
Race dem Naturtriebe und stahl. Die germanische aber
grollte und meinte angesichts des ihr abverlangten Beitrags
zu den gemeinsamen Staatslasten, sie werde von England
misshandelt, jedoch nur so lange, als sie verkannte, dass sie
selber in ihrem Acker, in den noch halb verborgenen
Schätzen ihres Bodens, in ihrer unvergleichlichen Fischerei,
vor Allem aber in der volksthümlichen Anlage zu mercantiler und industrieller Unternehmung Quellen des Reichthums besass, durch welche sie rasch zu einem völlig ebenbürtigen Mitgliede der Union emporsteigen konnte.

In jener wirklichen Armuth indess stak unleugbar ein
Hauptgrund, wesshalb gewisse Bestandtheile der Bevölkerung
sich dem modernen Staat schlechterdings nicht fügten, sondern vielmehr schliesslich zu ihrem Verderben wider denselben auflehnten. Das Schlimmste war, dass Clanhäupter,
die für sich, ihr Gefolge, ihre Gäste zu essen und zu trinken
fanden, Gott weiss woher, aber selten ein paar Schilling
klingender Münze in der Tasche hatten, mit halb königlicher

Macht, mit jener feudalen Gerichtsbarkeit ausgestattet waren, welche unglücklicher Weise der Unionsvertrag nicht ange- rührt hatte. Selbst in den civilisirten Strichen in Süd und Ost war viel Aehnliches haften geblieben. Das Sheriffsamt wurde von Begüterten oft zu erblichem Recht besessen; grosse Grundherren bezeichneten sich als *Lords of Regality* und beanspruchten wie in einem eigenen Fürstenthum volle Jurisdiction. Wurde ein solcher Despot strafrechtlich be- langt, so forderte er wohl noch als Ehrenrecht, in der Halle zu Edinburgh auf derselben Bank neben dem Oberrichter zu sitzen. Mit Gefängniss, Verschleppen in die Knecht- schaft, mit Galgen und Rad wollte er noch im achtzehnten Jahrhundert seine Hoheitsrechte wahren. Hatte er haupt- sächlich gälische Unterthanen', so trat noch Blutrache und rohestes Kriegsrecht hinzu. Solche Localgewalten neutrali- sirten um so mehr alle Anstrengungen des Staats, weil sie mit wenig Ausnahmen den Emissaren des verjagten Königs- hauses zugänglich waren und in dessen Rückführung die Hoffnung erblickten, ihre „Superioritäten" vollständig zu be- haupten. Daraus entspringt denn auch der grosse Unter- schied der Sympathien, welche für den jungen Chevalier bei seinem Erscheinen in England und in Schottland sich zeigten. In England war der Jacobitismus lediglich die Sache par- lamentarischer Faction oder auch höchst persönlicher Ueber- zeugung, in Schottland dagegen war er durchaus nationale Parteifrage geblieben. Der grosse Herr des Nordens rech- nete auf seine hungernde Gefolgschaft, die er gewohnt war, nach seinem Willen handeln zu lassen; und selbst der Laird und der kleine Mann der Lowlands war zu sehr schottisch, um jetzt schon den Segen aufkeimender Volkswirthschaft der par- lamentarischen Einigung mit den brutal rücksichtslosen eng- lischen Nachbaren zu verdanken. Lebt doch noch beträchtlich später ein sentimentaler Hang zum Jacobitenthum in den Versen von Robert Burns, obschon bereits der Gluthhauch der in Paris entzündeten Demokratie über sie hingefahren ist.

Aus den unvergänglichen Dichtungen Sir Walter Scotts hat eine begierige Lesewelt ohne Ansehn der Nationalität das Interesse an dem hoch romantischen Unternehmen des Stuart-Prinzen Karl Eduard eingesogen. Auch die deutsche

Geschichtschreibung hat mitunter dem exceptionellen Hergang im Zusammenhang der Ereignisse seine Stelle angewiesen, ohne dass wir unsererseits das zeitgenössisch schottische Material, wie es etwa Robert Chambers gethan, noch
einmal durchforscht und gesichtet hätten. Hier kann es nur
darum zu thun sein, die Persönlichkeit und ihre gescheiterte
That in Verbindung mit der Aufgabe dieser Zeilen zu fassen.

Der günstige Moment, als Grossbritannien in den österreichischen Erbfolgekrieg verwickelt sich militärisch und
durch das factiöse Parteigezänk unter Georg II. politisch
empfindliche Blössen gab, und gewisse unsichtbare Kräfte,
die noch nicht erloschene Macht seiner Sache so wie ein
fatalistischer Glaube an die eigene Mission, haben zusammengewirkt, um dem Prinzen für einen Augenblick Erfolg zu
versprechen. Der rasch vorüberziehende Schimmer ist weder
seinen Talenten noch der Handlungsweise seines Anhangs
zuzuschreiben. Frankreich hatte sich des lange zurückgesetzten Hauses wieder angenommen, nachdem 1744 ein
französischer Invasionsversuch an der englischen Küste vereitelt war. Statt des verkommenen Vaters machte sich der
Erstgeborene auf, voll Schwung, von französischen Politikern
mit der Lehre vom göttlichen Rechte der Könige erfüllt.
Zur Ueberraschung, ja, zum·Entsetzen der Heimath seines
Hauses kam er allein, verstohlen und ohne den erwarteten
französischen Beistand. Niemals hat ein Prätendent mit
elenderen Mitteln und jammervollerer Aussicht sein Recht
beansprucht, das ihm von Anderen vorenthalten worden.

Als er am 23. Juli 1745 mit sieben exilirten Jacobiten
als Begleitern auf einem wüsten Hebriden-Inselchen landete
und von ihm auf das Festland in dem Loch Na Nuagh,
nördlich vom Vorgebirge Ardnamurchan, übersetzte, predigte
er bei den Oberhäuptern auf beiden Seiten des Sundes von
Skye längere Zeit tauben Ohren. Erst nachdem er Donald
Cameron, genannt Lochiel der Jüngere, nach holländischem
Brauch durch gemessene Verschreibung wie zu einem förmlichen Handel gewonnen, begann das Misstrauen zu weichen.
Auch die so oft beschriebene Erhebung in dem engen Thal
von Glenfinnan, wo sich 1500 Menschen zögernd zusammen
fanden und der alte Marquis von Tullibardine, der sich

Herzog von Athole nannte, die königliche Standarte hielt,
war noch ein sehr kümmerlicher Hergang. Die bei dieser
Gelegenheit verkündeten Manifeste verrathen indess keine
ungeschickte Hand, unstreitig die John Murrays von Brough-
ton, eines der wenigen Agenten, die seit zwei Jahren der Insurrection vorgearbeitet hatten, der jedoch im Angesicht des
Verderbens die eigenen Genossen schmählich verrathen sollte.
Durch die Declaration Jacobs aus Rom vom 23. December
1743 hallte deutlich die berühmte Rede wieder, in welcher
einst Lord Belhaven bei Annahme der Union diesem Be-
schlusse nur Unheil vorausgesagt hatte. Und ein geeig-
neterer Text konnte kaum gewählt werden, so lange es sich
darum handelte, das schottische Volk von Bedrückungen
wie die verhasste Malzsteuer zu befreien. In allgemeinen
Worten wurden die Glaubensgesetze und andere nationale
Institutionen für heilig erklärt. Um so heikler war jeder
Ausspruch in Betreff des Parlaments, weil die Südschotten
den Satz vom göttlichen Recht der Dynastie nicht gelten
liessen und diese sogar von einem freien schottischen Parlament entthront worden war. So hiess es denn sehr zwei-
deutig: es solle sofort voll und frei von allem fremden Einfluss gewählt werden, doch nur berathende Stimme haben.
Auf diese werde der König in freundlicher Güte hören, wie
ein Vater auf sein Volk. Man sieht, wie vorsichtig von der
Prärogative auch nicht das Geringste aufgehoben wurde.

Ebenso verwunderlich wäre es, dass diese Vorbereitungen Tage lang und in der geringen Entfernung von
zwanzig englischen Meilen westlich von Fort William ungestört geschehen konnten, wenn nicht berichtet würde, dass
die Regierung Georgs II. mitten im Kriege mit Frankreich
viel zu geringschätzig gegen die unruhigen Bergbewohner
des nördlichen Königreichs durch die ersten Nachrichten
vollständig überrascht worden wäre. Nun war es zu spät
für den commandirenden Officier Sir John Cope, als er mit
seinen 1400 Mann am 20. August von Stirling aufbrach,
den Aufstand in seinem Herde durch Ueberraschung zu
ersticken. Im Hochgebirge selber sah er sich gezwungen,
nach Inverness auszuweichen, da er sich der anschwellenden
Schar des Prinzen und deren Kampfweise nicht gewachsen

fühlte. Dadurch gab er dem Gegner, der am 4. September
in Perth einrückte, die Niederung mit ihren Streitmitteln
und schlummernden Sympathien Preis. Keine Frage, Prinz
Karl Eduard machte durch seine anziehende Erscheinung,
Sinn für Popularität und begeisterte Aeusserungen dort einen
eben so vortheilhaften Eindruck, als sein Vater dreissig Jahre
zuvor abgestossen hatte. Was stand ihm nun besser als die
malerische Hochlandstracht an der Spitze der bunten Trupps,
die er endlich durch Aussicht auf ein erträgliches Dasein
an sich gefesselt. Allein eben diese ungewöhnliche Erscheinung an der Grenzmark eines gesitteten Lebens flösste
dem berechnenden, hinterhaltigen Verstande des Nieder-
schotten, so unzufrieden er auch über England war, wieder
sehr triftige Bedenken ein. Der Prinz musste sich daher
ernstlich hüten, seine Truppen plündern zu lassen und statt
mit ganzen Geschwadern begeisterter Anhänger mit dem
Zutritt sehr vereinzelter Edelleute vorlieb nehmen. Unter
ihnen war Lord George Murray, der jüngere Bruder eines
hannöverschen und eines Stuart-Prätendenten des Herzogthums Athole, der bedeutendste, weil er fast als der Einzige
militärische Fähigkeiten besass. So zog man unbehindert
weiter auf Edinburgh, das wenig Regierungstruppen, meist
Dragoner, und das aus municipalen Zwistigkeiten aller Ordnung bare städtische Aufgebot noch weniger vertheidigen
konnten. Am 18. rückten die Insurgenten ohne Schwert-
streich in die untere Stadt, wo sie durch die Hebungen und
Senkungen des Felsenbodens vor dem groben Geschütz der
Burg gesichert ist. Es war ein wunderbarer Augenblick,
als der stattliche Jüngling Holyrood, das Schloss seiner
Väter, betrat, wo seit sechzig Jahren kein Stuart mehr ge-
weilt, und als gleich hernach die Herolde König Jacob VIII.
am alten Kreuz von Edinburgh ausriefen. Wahrlich, wer
je von der göttlichen Succession dieser Königslinie geblendet
worden, mochte nunmehr dem festesten Glauben huldigen.
Und wie viele in Schottland vertrauten denn ernstlich noch
auf die Haltbarkeit des von der Politik mit England ge-
knüpften Bandes, als wenige Tage später Cope, der seine
Truppen zur See zurückgeschafft und durch Heranziehen
jener Dragoner auf 2000 Mann gebracht hatte, unfern der

Küste bei Preston Pans von dem etwa 3000 Mann starken
hochländischen Heere in einem einzigen stürmischen Anlauf, ganz wie dessen Väter es einst unter Dundee bei Killie-
crankie gethan, vollständig geschlagen wurde. Der Natur-
krieg schien über das Schicksal des Landes entschieden zu
haben. Während eines fünfwöchentlichen Aufenthaltes in
der Hauptstadt lächelte dem jugendlichen Sieger das Glück
wenigstens in so weit, dass ihm die Augen der Frauen und
Mädchen folgten, dass sein Heer bei unerwartet guter Disciplin zu zehren hatte und dass einige hervorragende epis-
copalistische Edelleute der Nachbarschaft sich mit ansehnlichen Geschwadern ihm zuwandten. Er konnte nunmehr
über eine Streitmacht von 6000 Mann verfügen. Nur die
Presbyterianer zeigten sich allen Lockungen unzugänglich;
ihr Klerus stellte lieber die Sabbathandacht ein, als dass er
sich zwingen liess, für jemand anders als König Georg zu
beten. Ein Geistlicher sogar, dessen Kirche von den Kanonen
der Burg bestrichen wurde, betete wacker drauf los: „dass
der junge Mann, der unter sie gekommen um eine irdische
Krone zu suchen, recht bald eine Glorienkrone empfangen
möge." Nicht minder hartnäckig hatten alle Bankhäuser ihre
Depositen in die Burg geflüchtet, so dass, als im Namen des
Königs Jacob alles Kroneigenthum confiscirt werden sollte,
wenig zu finden war. Mit Ausnahme dieser Sphären, der
whiggistischen Ackerbauer und Weber im Südwesten, der
kleinen Castelle am Caledonischen Canal und des Stadt-
kreises von Inverness, wo Duncan Forbes die Regierung
vertrat, konnte sich Prinz Karl Eduard, so lange er in Edinburgh weilte, Herr von Schottland nennen. Freilich führte
ihm täglich der Burgfelsen vor seinen Augen zu Gemüthe,
wie wesenlos diese Herrschaft war. Er war der Stadt nicht
sicher, falls er sich ernstlich an die Festung wagen würde.
Die volle Gewalt über das nördliche Königreich meinte
auch er auf englischem Boden erstreiten zu müssen und
stürzte sich also in dasselbe Wagniss, an welchem schon
1715 der Aufstand zerschellte. Wieder galt es die feindliche parlamentarische Union zu zertrümmern durch jene
unselige Verbindung der Kronen, der zweimal schon das
Haus der Stuart erlegen war.

Weit freudiger als damals überschritten die Insurgenten
im November die Grenze. Schon am 18. ritt der Prinz auf
einem Schimmel, hundert Sackpfeifer voraus, in Carlisle ein,
das elende Anstalten vor der Capitulation nicht hatten
schützen können. Auch war es sehr vortheilhaft, dass der
bisher zwischen Drummond, dem Titularherzoge von Perth,
und Lord George Murray getheilt gewesene Oberbefehl jetzt
einheitlich an den letzteren überging. Verdruss freilich
musste erregen, dass die landsässige Ritterschaft in Cumberland und Northumberland sich noch weit ängstlicher zurückhielt als vor dreissig Jahren. Bei dem Durchmarsch durch
Preston und Manchester läuteten wohl die Glocken und rief
das Volk Hoch; auch zeigte sich in den Quartieren ähn-
liches Entgegenkommen der Damen wie in Schottland.
Am letzteren Orte erschienen nebst einer Gabe von drei-
tausend Pfund etwa 200 Bewaffnete. Aber augenscheinlich
hatte auch im Adel von Lancashire, der noch 1715 der
Mittelpunkt des englischen Jacobitismus gewesen, diese
Ueberzeugung bedeutend abgenommen. So ging es weiter
über Macclesfield nach Derby allem Anschein nach direkt
auf London. Bis zum 4. December hatten die Hochländer
dreihundert englische Meilen durch feindliches Gebiet ohne
Unterbrechung zurückgelegt und standen nur noch hundert
und dreissig von der grossen Hauptstadt entfernt, immerhin
eine respectable Leistung in jener Marschfertigkeit, durch
welche sich schon die Kelten des Alterthums ausgezeichnet
hatten. Noch einige Tagemärsche, so urtheilt man wohl
noch heute leichthin, und es wäre um das Haus Hannover
so wie um die protestantisch parlamentarische Staatsordnung
geschehen gewesen. Man vergisst dabei, dass der Herzog
von Cumberland, von Süden her bereits in Stafford angelangt, London deckte, und dass die öffentliche Meinung,
die Ueberzeugung der breiten mittleren Schicht der Bevölkerung aller Umwälzung längst überdrüssig und der friedlichen Entwickelung der bestehenden Institutionen zugethan
war. Eben desshalb verhielt sie sich so kühl beim Anblick
dieses phantastischen Einfalles. Indem die Verstimmung
weder Südschottland noch die zweifelhaften englischen Be-
zirke bis zum Aufstand fortriss, wurde an diesen Stellen

bereits im Voraus über das Geschick des kecken Stuart-Prinzen entschieden. Das Jahrhundert war vorbei, in welchem eine waffenlustige Ritterschaft sich für König und Kirche auf's Pferd schwang. Als am 29. October im Unterhause ein Misstrauensvotum gegen die Regierung versucht wurde, unterlag es einer bedeutenden Majorität. So instinctiv richtig schob der Engländer in dieser Stunde den Parteihader zur Seite, so sicher war er seiner Sache, dass die Gegenanstalten, wenn auch spät, doch völlig genügen würden, den wahnsinnigen Einbruch abzuwehren. Nachdem eine Anzahl Regimenter herbeigerufen, erhielt nicht nur General Wade Verstärkung, um nun von Newcastle her die Flanke der Hochländer zu bedrohen, sondern trat ihnen Cumberland gar mit 10,000 Mann entgegen, während ein .drittes Corps unter dem alten Marschall Lord Stair die Hauptstadt unmittelbar deckte.

Und selbst Schottland rührte sich zur Vertheidigung der neuen Ordnung. Nach Edinburgh waren bereits am 13. November Gerichtshof und Regierung zurückgekehrt, die während der Anwesenheit des jungen Chevalier davongegangen. Die Whigs von Glasgow und Dumfries griffen zu den Waffen. Besonders verdient aber machte sich hoch im Norden der Lord Präsident Duncan Forbes, dessen Vertrautheit mit den Zuständen des Hochlandes sehr viel dazu beitrug, an 10,000 Bergschotten bis hinaus zu jenen Häuptlingen von Skye vom Aufstande fern zu halten. Aus ihnen wurden sogar unabhängige Compagnien errichtet, welche beträchtliche Strecken in Invernessshire dem Einheitsstaat bewahrten, während Ende November derselbe fast rettungslos verloren schien. Da war nämlich in Montrose ein französisches Geschwader mit 1000 Mann an Bord gelandet in der Erwartung, mit Hilfe des einflussreichen Hauses Gordon die Landschaften Angus und Aberdeen zu occupiren. Aber selbst hier begann die neue Zeit einzuwirken. Seitdem sich die Bischöflichen der etablirten Landeskirche anbequemten, schwebten die Factionen wenigstens im Gleichgewicht. Hier kam es vor, dass längs des Spey die Hochlandscompagnien des Präsidenten Forbes für die Union gegen die Franzosen und die Gordons aus dem Flachlande fochten.

War es bei dieser Lage der Dinge noch verwunderlich,
wenn am 5. December im Kriegsrath der Jacobiten zu Derby
Lord George Murray die Umkehr als unerlässlich durchsetzte? Auch der hochfliegende Prinz, der an der Spitze
seiner 5000 nicht hatte weichen wollen, musste sich schliesslich fügen; und stets dem Herzoge von Cumberland um zwei
Tagemärsche voraus ging es in Eile wieder der Grenze zu.
Während die in Manchester formirte englische Truppe Town-
leys schnöde bei der Uebergabe von Carlisle geopfert wurde,
warf sich der Prinz mit seinen Hochländern sobald als möglich auf das wohlhabende Glasgow, das von der Regierung
mit unverantwortlicher Sorglosigkeit fast ganz sich selbst
überlassen war. Indess ist die schwere Contribution an
wollenen Kleidern, Schuhen und Geld, welche von den Jacobiten einer Stadt auferlegt wurde, deren Damen sogar
den Stuart-Prinzen weder hübsch fanden noch mit ihm tanzen
wollten, ihr nachträglich wenigstens vom Parlament, Dank
einigen zähen schottischen Abgeordneten, mit 10,000 Pfund
Sterling vergütet worden. Nachdem sie eine Woche in
Glasgow gerastet, hatten sich die Insurgenten gen Nordosten aufgemacht und sich mit ihrem Depot, das in Perth
einen harten Stand hatte, und einigen kleinen Gruppen von
Irländern und Franzosen vereinigt. Da sie aber Schloss
Stirling nicht zu bezwingen vermochten, mussten sie sich
am 17. Januar 1746, als ihnen der General Hawley mit
8000 Mann bei Falkirk entgegentrat, den Weg zu bahnen
suchen. Noch einmal gelang es mit jenem ungeordneten
Massensturm der mit ihrem breiten Schlachtschwert, mit
Dolch und Tartsche bewaffneten Bergsöhne. Den gedrillten,
in Flandern zu steifer Taktik herangebildeten englischen
Truppen schien Nichts schwerer zu fallen als dieser bar-
barischen Fechtart widerstehen zu müssen. Da hat denn
endlich das Ministerium den jungen Herzog von Cumberland, der schon nach London zurückbeordert worden, an
die Spitze des Angriffs gegen den zusammensinkenden Aufstand gestellt und in ihm in der That den rechten Mann
getroffen. Nicht nur, dass er durchschaute, wie es im Gefecht mit jenen Naturkriegern wesentlich auf Aushalten ihres
einen wirkungsvollen Anlaufs ankam, er war hauptsächlich

in deutscher Kriegsschule gebildet und fühlte als deutscher Prinz soldatische Ehre. Man soll nicht vergessen, dass er seine ernste Pflicht unverrückt erfüllte und, obwohl wegen seiner unnachsichtigen Härte von England wie von Schottland verflucht, gewiss nicht aus dem Vorurtheil des einen Landes wider das andere, sondern als strenger Soldat weit eher mit Geringschätzung der bürgerlichen Freiheitsrechte beider handelte. Vor ihm und seinem 10,000 Mann starken, noch durch einige hessische Regimenter ergänzten Heere wichen die Insurgenten schleunig gen Norden aus, die einen unter dem Prinzen quer über das Gebirge von Blair Athole, die anderen unter Murray über Aberdeen, so dass Präsident Forbes und seine Genossen ohne jede Unterstützung jenseits des Moray Firth oder auf Skye ihre Zuflucht suchen mussten und, da die Engländer, um den entscheidenden Schlag zu führen, den Frühling abwarteten, der kleine Hochlandskrieg ihnen sogar noch Fort Augustus kostete. Erst am 16. April hat Cumberland alsdann auf der öden Haide von Culloden unfern Inverness und Angesichts der Nordsee das abgehetzte und ausgehungerte, noch immer 6000 Mann zählende Heer Karl Eduards vollständig zu Schanden gemacht. Er siegte, weil er sich Zeit genommen, seine Truppen regelrecht zu dem einen Zweck einzuüben und zur Ausführung die flache Ebene gewählt hatte. Die Bergschotten aber erlagen für immer mit ihrer uralten Fechtart, da sie der Wind in's Gesicht traf und, ehe sie nur herankamen, Kartätschen und Gewehrsalven ihre unregelmässige Linie in Stücke zerrissen.

Damit hatte das letzte verzweifelte Beginnen, gestützt auf den Rest einer kriegerischen Race das System der Ordnung und Einigung zu Gunsten ausgestossener feindlicher Mächte wieder umzustürzen, sein Ende erreicht. Die abenteuerliche Rettung des Prinzen so wie sein sehr wenig romantisches späteres Leben sind zur Genüge bekannt. Hier liegt mir nur noch daran, die nunmehr rasche definitive Lösung des Conflicts zu berühren.

Wenn die Zeitgenossen in Nord und Süd vor dem unerbittlichen Kriegsrecht zurückbebten und mit Entrüstung gewahrten, dass der Herzog und seine Generale sich wenig

um die Verfassungsgrundsätze ihres Landes bekümmerten,
so beachteten sie nicht, dass es nicht einfacher Bürgerkrieg
war, dem hier der Garaus gemacht wurde, sondern dass die
Masse der Rebellen endgiltig als nationale Feinde unterlagen. Als erfreulich aber muss es dennoch bezeichnet
werden, wenn nun auch in Schottland die Gerichtshöfe sich
selbständig dem rücksichtslosen Schalten der Officiere ent-
gegenstellten, damit sobald als möglich friedliche Zustände
zurückkehrten. Der Regierung freilich, die am Schutz des
Landes so unendlich viel versäumt hatte, stand es nachträglich schlecht an, wenn sie im peinlichen Gericht, auch über
die wirkungsvolle Vernichtung der staatsfeindlichen Elemente hinaus, der Rachsucht die Zügel schiessen lassen
wollte. Wir schweigen von jenen Blutgerichten, die in Carlisle, York und London in grösserer Anzahl noch einmal
im alten Stil des englischen Hochverrathsprocesses vollzogen
worden sind. Es war jedenfalls eine starke Incongruenz
den schottischen Peers mit ihrer hochländischen Regalität
dieselben Gesetze anzupassen, denen sich in England seit
Jahrhunderten ein jeder, auch der höchste Stand unterworfen
hatte. Ein Glück, dass ein halbes Hundert schottischer
Herren durch Parlamentsacte nur *in contumaciam* verurtheilt
werden konnte, da ihnen gleich dem Stuart die Flucht über
die unwirthliche Natur von Berg und See gelungen war.
Indess in den nächsten drei Jahren hat sich die Gesetzgebung fleissig und aufrichtig daran gemacht, die Uebel zu
heben, deren Dasein die Union in der That bedroht hatte,
und zwar mit sorgfältiger Berücksichtigung des in Schottland bestehenden und durch die Unionsacte ausdrücklich
gewahrten Rechts. Nur nach dessen Grundsätzen und mittelst
seiner Tribunale wurde dieses Mal der von den Jacobiten
verwirkte Grundbesitz veräussert. Das Haus der Lords
einigte sich nunmehr mit dem *Court of Session* wegen Unterdrückung der so unvorsichtig den Grundherren gelassenen
erblichen Patrimonialgerichtsbarkeit, des Restes jener Terri-
torialmacht, die, so lange sie bestand, den einheitlichen
Rechtsstaat schlechterdings nicht duldete. Fortan hat das
regelmässige Reisegericht nach dem Muster des englischen
mit seinem Netz auch das Hochland umspannt und ist, nach-

dem alle erbliche Jurisdiction an die Krone übergegangen, das Tribunal des Sheriffs das einzig geltende in der Grafschaft geworden. England hat klug den loyal gebliebenen Inhabern jener nicht mehr zu duldenden feudalen Vorrechte die Summe von 150,000 Pfund Sterling zur Entschädigung ausgeworfen und dadurch mittelbar durch die hohen Herren von Argyle, Queensberry und andere den Anstoss zu dem schönen Aufschwunge des Ackerbaues im Flachlande gegeben. Weniger weise freilich mochten die Gesetze sein, welche dem schottischen Episcopalismus und der Hochlandstracht, die bei dem Anmarsch Karl Eduards so berühmt geworden, den Krieg erklärten. Indess die Elemente fehlten, die sich der beiden Spielereien noch einmal zu gefährlichen Werken hätten bedienen können.

Wie die Häupter der Jacobiten entweder im Kampfe und auf dem Schaffot gefallen oder sich im Exil verzehrten, so schrumpft fortan auch das gälisch redende Volk vor Kirche und Schule, Gericht und Polizei, vor dem Wildpark und der Schaftrift der Latifundien zu einer harmlosen Rarität zusammen. In der schottischen Niederung aber, wo das theologische Gezänk und die Friedlosigkeit des öffentlichen Lebens, wie einst im siebzehnten Jahrhundert auch bei uns in Deutschland, alle Blüthe der Literatur und der Kunst erstickt hatte, wo seit der Union indess der Gewerbfleiss und die mercantile Speculation zuerst den Segen spürten, der aus der Beseitigung der unnatürlichen internationalen Schranken entsprang — in diesen Regionen befand sich die Bevölkerung von einem und demselben Ursprung mit der englischen, was alles Schaffen und Arbeiten betraf, bald im gestreckten Wettlauf des Friedens mit ihren südlichen Nachbaren. Ja, als Robert Burns die heimische Mundart in zaubervollen Weisen in die Dichtung zurückführte, und Scott gar die eben kurz berührten Ereignisse aus der ersten Hälfte des Jahrhunderts unverzüglich zur Prosadichtung verwandte, da war die Zeit bereits vorüber, in welcher sich Schottland für seine Literatur eine eigene Sprache hätte entwickeln können wie etwa Holland. Was weise Staatsmänner in der Unionsacte von 1707 vorgezeichnet, seine Justiz und seine Kirchenform, sind ihm eigenthümlich geblieben; in allem Uebrigen ist es zu völliger Gütergemeinschaft und, wie man in der zweiten Hälfte des achtzehnten Jahrhunderts gar nicht mehr verhehlte, zu seiner grossen Genugthuung in England aufgegangen. Sir Walter Scott, der die Union der Ungerechtigkeit bezichtigte und, nachdem kein Stuart mehr vorhanden, als Romantiker auch Jacobit zu sein behauptete, bekannte sich doch zu dem loyalsten Torythum, wie es seit Georg III. der Dynastie gerade von Schottland aus zur Stütze dienen wollte. Und Georg IV., „der erste Gentleman Europas", stand 1822 unter dem Thronhimmel zu Holyrood in demselben grellen Theatercostüm, das einst Karl Eduard den Hochländern zu Liebe anlegte und das eben desshalb, aber vergebens wider die Narrheit, verboten worden war. An und für sich steckt wahrlich keine Poesie in dem Loose eines aus unverbesserlicher Schuld gestürzten Fürstenhauses, der Junker und der Pfaffen, die ihren Herrn und sich selber ruiniren, indem sie ihn wider die Macht der Dinge zurückführen wollen. Es gehört der schärfste Contrast der Gegensätze, die Eigenart von Natur und Persönlichkeit, von Land und Volk dazu, um dem zähen Ausharren bei der verlorenen Sache mit dem elektrischen Funken der dichterischen Substanz zu lohnen. Aber mächtiger und im Grunde viel poetischer ist, was gerade das Aufgehen Schottlands in Grossbritannien darthut: der Einheitsdrang der Völker und Stämme, der alle Hindernisse, die ihm Geschichte und Natur gezogen, überwindet, damit eine politische und welthistorische Aufgabe erfüllt werde.

HEINRICH V. (LANCASTER.)

Eine Persönlichkeit wie die des lustigen Prinzen und ruhmgekrönten Königs, dem als Lieblingshelden des englischen Volkes Shakspere drei seiner Histories widmete, und andererseits das ungeheuerliche Unternehmen desselben Fürsten, das von Factionen zerrissene Frankreich und das auf dem Continent erobernde England, zwei Reiche, welche in späteren Zeiten um die Wette die Welt haben beherrschen wollen, unter Ein Scepter zu bringen, rechtfertigen mich, wenn ich es wage, Sie mit diesem etwas entlegenen Stoffe zu unterhalten. Unsere realistische Gegenwart befasst sich ungern mit anderen, als sie materiell berührenden oder den moralischen Nerv nur rasch und flüchtig reizenden Gegenständen. Aber ist das Letztere nicht wenigstens einigermassen der Fall, wenn wir das Bild einer vergangenen Periode aufrollen und das helle Licht unserer Zeit darauf reflectiren lassen? Erkennen wir durch die vergleichende Lehre der Geschichte nicht erst vollends, wie und wesshalb Staat und Gesellschaft, Politik und Nationalität, Handlungen und Ideen der Völker und ihrer Herrscher im Laufe der Zeit oft so ganz andere Wendungen genommen haben, als es vordem geschienen, wie Vieles jetzt nicht mehr möglich ist, was sich vor Jahrhunderten ausführen liess, und wie heute umgekehrt Dinge geschehen, von denen sich selbst die kühnste Phantasie des Mittelalters nicht hat träumen lassen?

Der Poet freilich, und nun gar ein Dichter von der unerreichten Grösse Shaksperes, verewigt in seiner Weise über alle Gegensätze der Zeit hinaus einen Stern ersten Ranges, den er, ihm in seinem eigenen grossen Herzen verwandt, über den Höhen und Tiefen des Lebens ruhig funkeln erblickt und desshalb in Humor und Ernst als Menschen und

7*

als Helden mit stets gleicher ungetheilter Bewunderung zu
schildern vermag. Ich brauche nicht zu sagen, dass ich
weder mit Shakspere zu wetteifern, noch sein unvergleich-
liches Charakterbild im Entferntesten zu stören gedenke,
sondern mich vielmehr freudig auf Ihre Bekanntschaft mit
dem Shakspereschen Heinrich V. berufe, wenn ich als Historiker versuche, das Zeitalter und den Mann vorzuführen, vornehmlich im Contrast zwischen dem Anfange des funfzehnten und dem Ausgange des neunzehnten Jahrhunderts.

Zunächst sei daran erinnert, wie einstmals das englische Reich mit seiner normännisch-französischen Dynastie
und Nobilität über den schmalen Meeressund hinweg an
das Festland gekettet war. Obwohl für ihre continentalen
Besitzungen Vasallen der französischen Krone, drohten die
in Westminster gekrönten Könige, das viel langsamer consolidirte Königthum der Franzosen mehr als einmal zu
verschlingen. Im zwölften Jahrhundert umklammerte der
erste Plantagenet mit seinen weiten Herrschaften das Gebiet
seines Lehnsherrn von drei Seiten; und es fehlte wenig, so
hätte er sich auch aus der letzten nominellen Abhängigkeit
losgerissen. Unter Sohn und Enkel indess kehrte sich dies
Verhältniss in das Gegentheil um, während die ersten kraftvoll um sich greifenden Könige auf dem französischen Throne
sassen. Dann kam wieder im vierzehnten Jahrhundert die
grosse, Jahre lang erfolgreiche Invasion, der sogenannte
hundertjährige Krieg, der den Namen Eduards III. unver-
gesslich macht. Beim Aussterben der Hauptlinie Capet suchte
dieser dem Antritt des jüngeren Zweigs von Valois mittelst
des von ihm angerufenen, aber für den französischen Thron
nicht bestehenden weiblichen Erbrechts zu begegnen und
beanspruchte selber die streitige Krone. Wer hat nicht von
den Tagen von Crécy und Maupertuis und anderen strahlenden Siegen zu Wasser und zu Lande, von dem im Jahre
1360 zu Brétigny geschlossenen Vertrag gehört, in welchem
der fremde Eroberer zwar auf jene Krone und das Erbe
seiner Väter in Normandie, Maine, Touraine und Anjou verzichtete, dagegen aber mindestens die Hälfte des Südens,
ganz Poitou und Guienne, so wie im Norden Calais mit
seinem Gebiet frei von jedem Lehnsnexus zu seinem vollen

Eigenthum erwarb. Und doch war diese Zumuthung für Land und Leute im Norden und Süden der Loire schon damals auf die Dauer viel zu stark. Nur vorübergehend sollten die Engländer ihre Rosse im Golf du Lion wie im Golf von Biscaya tränken. Als sie unter ihrem schwarzen Prinzen über die Pyrenäen hinweg tief in die Geschicke Castiliens einzugreifen wagten, riss hinter ihnen der Faden entzwei. Die Magnaten und die Städte Aquitaniens und Languedocs fanden den natürlichen Schwerpunkt wieder in ihrem Oberlehnsherrn, dem Könige von Frankreich. Aus der erfolgreichen Erhebung wider das Joch der Engländer verblieb diesen nach wenigen Jahren kaum mehr als der Besitz einiger Seestädte wie Calais, Bordeaux und Bayonne.

Solche gewaltigen Einbussen wirkten nun aber höchst empfindlich auch auf das Inselreich selber zurück. Die Regierungsepoche Richards III. mit ihren heftigen Erschütterungen hat nicht nur verfassungsgeschichtlich hervorragende Bedeutung, sondern sie veranlasste wesentlich die Rückschläge des folgenden Jahrhunderts. Gestatten Sie mir auch hierüber noch einige einleitende Bemerkungen. Während der Minderjährigkeit und persönlichen Unfähigkeit Richards, des Enkels Eduards III. und Sohns des schwarzen Prinzen, wurde der sich bereits in parlamentarischen Formen bewegende Staat von starkem Parteigeiste ergriffen. Die Peers, die von länger her den weiteren Rath der Krone bildeten, liessen sich zwar die als Unterhaus mitberathenden Communen gefallen, aber wachten doch eifersüchtig über die Besetzung der hohen Aemter. Dazu kam die mächtige Rom feindliche Bewegung, welche John Wiclif entfacht hatte, indem er nicht nur die weltliche Gewalt des Papstthums, weil dem evangelischen Princip der habelosen Demuth grell zuwider, sondern sogar die Transsubstantiation als Kernlehre des hierarchischen Systems ernst und schonungslos angriff. Sein Satz von der lediglich in der subjectiven Würdigkeit ruhenden Berechtigung zu Herrschaft und Amt wurde von den stark erhitzten Köpfen der niederen Schichten in Stadt und Land auf Gleichheit aller Menschen gedeutet. Man weiss, wie der furchtbare communistische Aufstand der Leibeigenen und kleinen Leute im Jahre 1381, der mit der Er-

hebung der deutschen Bauern anderthalb Jahrhunderte später
so viel Aehnlichkeit hat, dem Könige bereits eine Eman-
cipationscharte abgerungen hatte, bis die vereinten Anstrengungen des Klerus, des Adels und der Municipalität
ihn noch einmal dämpften. Völlig zu unterdrücken, freilich
waren diese gegen die Herrschaft weniger Bevorrechteten
gerichteten Tendenzen eben so wenig, wie der Klerus die
Lehren Wiclifs und die daran gediehene Secte der Lollarden wieder hätte aus der Welt schaffen können. Diesen
Zuständen, vor allen aber den gesteigerten Ansprüchen des
Parlaments, das sich damals schon die Reichsbeamten verantwortlich und folglich auch den Fürsten dienstwillig zu
machen trachtete, war selbst der zu Jahren gekommene
König durchaus nicht gewachsen. Unbeständig und leichtfertig, obgleich mit richtigem Instinct, rief er, um sich einer
solchen Abhängigkeit zu entwinden, die Reichsrichter um
ein Gutachten zu Gunsten seiner Prärogative an. Als sie
ihm zu Willen entschieden, wurden die Unglücklichen vom
Parlament sofort auf Hochverrath belangt, der König aber
schmachtete noch zehn Jahre unter dem Druck der grossen
Herren, vorzüglich unter seinem herrschsüchtigen Oheim
Gloucester, bis es ihm gelang sich den Krieg mit Frankreich vom Halse zu schaffen, indem er sich mit Isabella, der
Tochter Karls VI. verlobte, und, gestützt auf eine Partei
unwürdiger Günstlinge, im Juli 1397 durch einen Staatsstreich sich seiner vornehmen Gegner in Aristokratie und
Geistlichkeit mit Hilfe von Kerker und Schaffot vollends
entledigt zu haben meinte. Aber in seiner Willkür vergriff
er sich nun nicht minder an einer Menge berechtigter und
unberechtigter Gewalten. Die Kirche gar, der er ihren
Primas gefangen gesetzt, hatte sich dieser Fürst nie befreundet, das Bürgerthum neuerdings entfremdet. Ein ver-
bannter Vetter, Herzog Heinrich von Lancaster, das Haupt
der dritten von Eduard III. stammenden Linie, brauchte nur
im Sommer 1399 im Nordosten des Reichs mit geringer
Mannschaft zu landen, so fielen ihm nicht nur die zurück-
gedrängten Grossen mit ihrem Anhange zu, sondern auch
die Masse von Volk und Klerus. Das Richard abgenöthigte
Parlament hat dann in umständlicher Acte seine Absetzung

ausgesprochen, eine That, wie sie in der wunderbaren Verfassungsgeschichte dieses Reichs die Unterthanen mehr als einmal an ihren Königen vollzogen haben, sobald mit ihnen schlechterdings nicht auszukommen war.

Während ein vereinzelter Widerspruch kaum beachtet verhallte, forderte nun unmittelbar Heinrich von Lancaster im Namen Gottes die Krone für sich und wurde von den beiden Erzbischöfen zu dem erledigten Thron geleitet. So hatte das Reich doch wieder statt eines unwirschen Knaben einen Mann zum Fürsten. Allein gegen welche Concessionen erlangte dieser seine Anerkennung! Welche gewaltigen Schwierigkeiten thürmten sich vor ihm auf! Wie erscheint fortan die einst so kraftvolle persönliche Monarchie dieses Landes an den Willen der Stände gebunden! Heinrich IV. war unleugbar Usurpator einer Gewalt, die ihm erbrechtlich nicht zukam. Daher beständige Verschwörung alter und neuer Gegner und Prätendenten, mitunter mit besserer Anwartschaft. An den Aufstand der Percies im Norden, die ihn selber einst gerufen, schloss sich der Versuch, Wales wieder als nationales Fürstenthum loszureissen. Aus den noch vorhandenen Protokollen seines Geheimen Raths kann man sich eine Vorstellung machen, welche Sorgen an der Seele dieses Fürsten genagt haben müssen. Kein Wunder daher, dass, wie sein Vorgänger durch die Eigenmacht des Parlaments entthront, sein eigener mangelhafter Titel dagegen vom Parlament gut geheissen worden war, er sich ängstlich befliss, ein streng parlamentarisches Regiment zu führen. Hinfort hört man nicht mehr von Erhebung unbewilligter Gelder: verantwortliche Räthe vielmehr haben über Verwendung der vom Parlament votirten Subsidien Rechenschaft abzulegen, und die Stände selber controliren Hofstaat und Haushalt des Königs. Seit dem ersten Lancaster ist den Gemeinen das volle Bewilligungsrecht und der Anspruch, die Statuten mitzubeschliessen, den Lords der Begriff der erblichen Pairie sowie die oberste Gerichtsbarkeit staatsrechtlich zugewachsen. Und noch ängstlichere Rücksicht hatte der König, welcher seine Erhebung dem Bunde mit dem Parlament und der Geistlichkeit verdankte, auf die Kirche zu nehmen. So trat er denn höchst orthodox

gegen die Lollarden auf, die unter Richard II. unbehelligt
geblieben und sich nun durch das Gerücht, der abgesetzte
und gemeuchelte Fürst sei noch am Leben, zu verzweifelten
Versuchen hinreissen liessen. Schon im zweiten Jahre
Heinrichs IV. ist auf Andringen des Klerus mit Zuthun des
grossen Raths, freilich zunächst noch im Widerspruch mit
den Gemeinen, das berüchtigte Statut sanctionirt worden,
nach welchem alle in den Irrthum rückfällige Ketzer zum
Flammentode verurtheilt werden, zur Vollstreckung des
bischöflichen Spruchs aber der Staat durch seine Behörden,
die Sheriffs, den Arm leihen sollte.

Merkwürdig nun, wie solche Wandlungen im Innern
in Kurzem wieder auf die europäische Stellung Englands
reagirten, bis diese plötzlich zu einem ungeahnten Aufschwunge gedieh. In Frankreich vollends, wo wegen des
Blödsinns, in den Karl VI. verfallen, noch ärgere Gegensätze der Factionen auf und nieder wogten, erregte das
Schicksal des unglücklichen Richards, seines Eidams, das
heftigste Mitgefühl. Der Herzog Ludwig von Orléans,
welcher als Regent die entfesselten Leidenschaften zu bannen
suchte, hat den Lancaster zum Zweikampf herausgefordert
und, da er ablehnte, ihm den Krieg erklärt. Die zahlreichen
Verschwörer in England, namentlich auch Owen Glendower,
der Prätendent von Wales, verliessen sich sämmtlich auf
französischen Beistand. Erst als Orléans im Jahre 1407 auf
Anstiften seines Vetters des Herzogs Johann von Burgund
auf offener Strasse in Paris ermordet, und Frankreich Jahre
lang im Bürgerkriege der an diese Magnatenhäuser sich
anlehnenden Parteien zerfleischt wurde, von denen nun eine
jede um die Gunst des englischen Staats buhlte, durfte
Heinrich IV. auf dem dornenvollen Throne etwas aufathmen.
Im Ganzen aber entsprechen Shaksperes Dramen der historischen Ueberlieferung von seiner kurzen sorgenschweren
Herrschaft auch darin, dass dieser Fürst, nachdem er alle
Fährnisse der Schlacht und der Attentate überstanden, an
unheilbarer Krankheit hinsiechte und seine Gedanken bis
an's Ende darauf heftete, wie sich die usurpirte Gewalt bei
seinem Geschlecht bewahren lasse. Da war nun frühe schon
sein grosser Sohn hervorgetreten, über den ich versuchen

möchte, so viel übersichtlich aus den ersten Quellen zusammen zu fassen, als vor der historischen Kritik bestehen kann.

Heinrich, nach dem Orte seiner Geburt genannt von Monmouth, hat auf damals noch walisischem Boden am 19. August 1387 das Licht der Welt erblickt. Seine Mutter, dem aussterbenden Geschlecht der Grafen von Hereford angehörend, war seit 1394 todt. Noch im zweiten Jahre seines Königthums indess hat er seiner alten Amme Johanna Warin ein ansehnliches Jahrgeld zahlen lassen. Als der Vater seinen Staatsstreich vollzog, befand sich der Sohn kaum zwölf Jahre alt im Gefolge Richards auf dessen zweiter Expedition nach Irland. Erst nach dem Sturz des Königs wurde er aus der Haft befreit, um alle Rechte und Würden des Prinzen von Wales anzutreten. Jubelnd sah das Volk ihn im Jahre 1400 zur Seite des Vaters in London einreiten. Nach einer Oxforder Tradition hat er dann im Königin-Collegium der dortigen Universität studirt und zwar unter der Leitung seines staatsklugen Oheims Heinrich Beaufort Bischof von Winchester, der in Folge zum Cardinal der römischen Kirche emporstieg. An der schottischen und Waliser Mark lernte er zuerst das Leben im Felde kennen. Noch hat man ein Schreiben Henry Percys, des Heisssporns, vom 3. Mai 1401, worin er dem jungen Königssohne das Zeugniss grosser Entschlossenheit ausstellt. Zwei Jahre später half dieser bei Shrewsbury siegen gegen eben jenen Percy und dessen Verbündete, und weigerte sich, selbst nachdem er von einem Pfeil im Gesicht verwundet, die Walstatt zu verlassen. Im Jahre 1405 war ihm bereits die Leitung des schwierigen Gebirgskriegs in Wales übertragen. Nach einem glücklichen Treffen schreibt er unter dem lebhaften Eindruck des Erfolgs an den König: „bei dieser Gelegenheit hat sich recht deutlich erwiesen, wie der Sieg nicht der Menge der Leute, sondern der Allmacht Gottes und der Hilfe der heiligen Dreieinigkeit zuzuschreiben ist." Merkwürdige, überzeugungsvolle Worte, die wir nicht vergessen wollen. Wenn irgend jemandem, so war es mit der Zeit ihm zu verdanken, dass Owen Glendower, der kühne Bergschütz, das Land, wonach der Prinz sich nannte, nicht behaupten konnte. Mehr als einmal haben, wie aus den

Parlamentsrollen hervorgeht, die Gemeinen in unterwürfiger
Anrede ihm Dank gespendet, so wie ihm der König mit
Verleihung des Gouvernements von Calais lohnt. Auch
liegen die Beweise vor, dass er sich an den Verhandlungen
des engeren und weiteren Raths betheiligte und ersterem
gelegentlich bei Verhinderung des Vaters vorsass.

Keine Frage, dass der Prinz von Wales frühzeitig mit
scharfem Blick derselben dynastischen Interessenpolitik
huldigte und desshalb auch Partei für den Klerus gegen die
Lollarden und Jünger Wiclifs ergriff. Man erzählt, dass er
eines Tags in seinem orthodoxen Eifer bei der Verbrennung
eines Ketzers in Smithfield erschienen sei und trotz den
Sympathien, welche die niederen Klassen noch immer fast
ausnahmslos für die Verurtheilten hegten, das bereits in der
Theertonne steckende, von den ersten Flammen umloderte
Schlachtopfer aufgefordert habe, ein Wort des Widerrufs zu
sprechen, dann aber, als der Heldenmuth des Märtyrers Stand
gehalten, ungerührt von dannen gegangen sei. Durch seine
schon hochangesehene Persönlichkeit hoffte er vermuthlich
auch das Volk an ein solches Schauspiel zu gewöhnen und
vom Mitgefühl für die Ketzerei abzuziehen, wie er denn auch
bereits im Jahre 1406 an der Spitze der weltlichen Lords
ein Statut durchbringen half, wonach alle und jede, welche
gegen den Besitz der Kirche predigten oder die Lüge verbreiteten, dass König Richard noch am Leben sei und
wiederkehren werde, nicht minder mit der Strafe des Feuer-
todes bedroht wurden. — Und dennoch hat es eine Entfremdung, wenn nicht gar ein Zerwürfniss zwischen Vater und
Sohn gegeben.

Ich meine, die Spuren historischer Belege zu einigen
der unvergleichlichsten Scenen Skaksperes fehlen keineswegs, obschon namhafte Historiker das haben bezweifeln
wollen. Jene tolle Ungebundenheit des Prinzen Heinz, gepaart mit geistvollem Witz, die doch wie eine wahrhafte
Heldennatur sich nie in den Schmutz der Gemeinheit herabziehen liess, ist in ihren Grundzügen nicht einfache Erfindung des Dichtergeistes. Eben weil, wie wir sahen, der
Königssohn selbständig handelnd früh dem Volke nahe getreten und sich ohne Frage auch in der derben Ausgelassen-

heit des englischen Lebens gefiel, konnte er ein Liebling
dieses Volks werden wie kein anderer. Und machen geist-
reiche lebenslustige Kronprinzen von anderen mit ähnlichen
Gaben ausgestatteten Erdensöhnen etwa eine Ausnahme?
Fehlt es etwa an humoristischen und tragischen Zügen in
den Fehltritten und Erlebnissen, wegen deren der junge
Friedrich von Preussen in so fürchterlichen Conflict mit seinem
strengen cholerischen Vater gerieth? Für den Prinzen von
Wales hat es nachweislich eine unbeschäftigte Zeit gegeben,
als er sich in lockerer Gesellschaft herumtrieb und dem
Hange der Sang und Klang liebenden Jugend nach Sinnes-
rausch und Schwelgerei nachging. Wenn wir auch den
Angaben der nicht ganz gleichzeitigen Geschichtschreiber
nicht unbedingt trauen dürfen, so gewähren doch einige
urkundliche Notizen gewisse verwandte Anklänge an den
Prinzen, wie er im Drama auftritt. Das in der City von
London gelegene Haus der Herefords, welches ihm im Jahre
1410 der Vater vermachte, stand ganz nahe bei dem Wild-
schweinskopf von Eastcheap. Um dieselbe Zeit ist das ansehnliche Quantum von 100 Fuder Bordeaux-Wein für den
Haushalt des Prinzen steuerfrei eingeführt worden. Wir
erfahren, dass sein gütiger Oheim der Bischof von Winchester die damals sehr erkleckliche Summe von L. 826.13.4
für ihn bezahlt hat, und dass noch im achten Jahre seines
Königthums die Schulden, die er in der Jugend gemacht,
keineswegs getilgt waren. Ja, einmal im Jahre 1412 musste
der königliche Rath sogar das böse Gerücht öffentlich widerrufen lassen, dass für die Vertheidigung von Calais ange-
wiesene Gelder mit Heinrichs Vorwissen unterschlagen
worden seien. So mag es Grund genug gegeben haben,
wesshalb der Vater dem jungen Wüstling, der seine eigenen
Wege ging, gram wurde, auch wenn die Anekdote von
dem Richter Gascoigne, dem er in seinem Tribunal hand-
greiflich Trotz bietet, und der ihn dafür verhaftet, nachweislich sehr späten Ursprungs ist. Ausserdem aber bestand
eine politische Differenz zwischen Vater und Sohn. Während dieser in den französischen Wirren lebhaft die Partei
des Herzogs von Burgund ergriff, wünschte der Vater im
Jahre 1411 sich mit Orléans zu vertragen und hatte zu dem

Behuf bereits seinem zweiten Sohn Thomas Herzog von
Clarence die Führung eines Geschwaders nach der Normandie zugedacht. Jedenfalls also war der Prinz selber die
Ursache, wesshalb er, wie urkundlich feststeht, längere Zeit
vom Geheimen Rathe ausgeschlossen wurde und den königlichen Hof mied. Es scheint beinah, als ob eine Partei der
Lords, zu welchen auch Heinrich Beaufort Bischof von Winchester gehörte, den von unheilbarer Krankheit gemarterten,
mit manchen Herren überworfenen König habe bewegen
wollen, noch bei Lebzeiten zu Gunsten des Erstgeborenen
abzudanken. Gewiss ist, dass sie scheiterten, denn der schwer
bedrängte Fürst raffte sich noch einmal auf von seinem
Schmerzenslager, um sich dem Volke zu zeigen. Auch eine
andere von Shakspere köstlich verwendete Erzählung begegnet ziemlich früh. Einst lag der Vater in Krämpfen
ohnmächtig auf dem Lager. Als der Sohn, ihn todt wähnend, die Krone an sich nahm, sei jener erwacht und habe
unter tiefem Seufzen das Unrecht beklagt, durch welches
er einst zu dem Diadem gelangt. Die Antwort des Prinzen
habe gelautet: er sei da, die Krone gegen Jedermann zu
vertheidigen. Genug, die Entzweiung kann nicht lange gedauert haben. Der Sohn war bereits wieder in des Vaters
Nähe, als dieser eines Tags am Schreine des Bekenners
betend von einem heftigen Anfalle ergriffen wurde. In
der benachbarten Jerusalemkammer der Abtei von Westminster gab er, nachdem er gebeichtet und den Sohn gesegnet, am 20. März 1413 seinen Geist auf. Alle, die ihn
einst als jugendlichen Kreuzfahrer zu den mit den Heiden
kämpfenden Deutschrittern in's Preussenland hatten reisen
sehn, gedachten der Prophezeiung, er werde in Jerusalem
sterben. Aber nur unter Angst und Schmerzen hatte er
von der Herrschaft, die er widerrechtlich an sich gerissen,
gekostet. Und als ob es ihm auch im Tode unter einem
Chorgewölbe mit seinen Ahnen, den Eduards, nicht geheuer
wäre, hatte er befohlen, seinen Leib von Westminster hinweg im Hohen Dome zu Canterbury zu Füssen des heiligen
Thomas beizusetzen, wo heute noch ein schönes Alabaster-
bildniss auch die neusten Fährnisse des gewaltigen Baues
überdauert.

Nun aber trat Heinrich V., ein voller jugendfrischer
Mann, eine jener hoch begnadigten, frühreifen Naturen, an
die Stelle dessen, der früh und lange mit dem Tode ge-
rungen. Sich die Thränen trocknend, stand er auf vom Bett
des Verstorbenen, als König erfüllt mit dem ganzen Bewusstsein seines hohen Berufs und allen Tand, alle Schlacken,
mit denen auch ihn bisweilen das Leben beworfen, von sich
streifend. Wer konnte ihm noch die usurpatorische That
jenes anrechnen? Ebenso gesucht, wie der Vater gemieden,
athmete seine ganze Art zu sein, sein wahrhaft vaterlän-
discher, königlicher Sinn, bereits eine Popularität, wie sie
Wenige vor ihm besessen. Die hohen Herren drängten sich
ohne Unterschied noch vor der Krönung herbei, ihm ihre
Ergebenheit zu bezeigen, und bei dem strahlenden Feste
selber blickten die Massen mit jubelndem Entzücken auf die
ihnen so vertraute Persönlichkeit, die nun ihr Gebieter
geworden. Mit fester Hand hatte er denn auch die Zügel
des Regiments ergriffen, indem allerdings sofort die lockeren
Genossen der Jugend bei Seite gethan, aber keineswegs, wie
so oft noch irrthümlich wiederholt wird, auch die Räthe
des Vaters beibehalten wurden. Es ist vielmehr bezeichnend, dass er seinen Oheim von Winchester zum Reichs-
kanzler erhob und unter dessen Beistand die Eintracht mit
dem Parlament, in welcher die Lancastersche Politik hauptsächlich wurzelte, fortführte. Von Conflicten mit den Ständen,
welche im Gegentheil auf die wiederholten Geldansprüche
bereitwillig eingingen, hört man unter diesem Könige gar
Nichts mehr. Und welchen Eindruck hochherzigen Ver-
trauens gar mussten die Amnestiedecrete machen, mit denen
er seine Herrschaft einweihte. Der Sohn und Erbe des als
Verräther bei Shrewsbury gefallenen Percy wurde wieder
in das verwirkte Lehn und den Titel der Grafen von Northumberland eingesetzt. Der junge Graf von March, Repräsentant der zweiten von Eduard III. stammenden und
erbrechtlich den usurpatorischen Lancasters entschieden vor-
ausgehenden Linie der Plantagenets durfte die Haft verlassen, in der er bisher gelegen, und erhielt die Hausgüter
zurück. Sogar um die Auslieferung des in englische Gefangenschaft gerathenen jugendlichen Königs von Schott-

land wurde verhandelt, und ohne Bedenken, ja, mit voller
Absicht, Lug und Trug zu ersticken, die echte Leiche Richards
in der Gruft von Westminster beigesetzt. Im hellen Tageslicht, offen handelnd, fürchtete König Heinrich alle Ansprüche und Handlungen Anderer am wenigsten.

Ja, selbst die streng orthodoxe Haltung, in der er so früh
schon die· andere Hauptstütze seines Throns erkannt hatte,
brachte, wie jetzt ein trauriger Hergang darthat, die überwiegende Mehrheit des Volks, das sich zu allen Zeiten in
religiösen Dingen durch die Autorität hat mächtig bestimmen lassen, zu seiner Anschauung herüber. Da war
ein in Kent reich begüterter Edelmann, Sir John Oldcastle,
durch die Hand seiner Gemahlin als Lord Cobham in's Oberhaus berufen, der Mittelpunkt der materiell und geistig immer
noch starken wiclifitischen Häresie. Der König selber,
dem der edle Herr treu zugethan und einst freundschaftlich
nahe gestanden, hatte vergeblich versucht, ihn in Liebe und
Güte von seiner Ueberzeugung zur Unterwerfung unter den
Papst zurückzubringen. Jetzt überliess er ihn, worauf der
hohe Klerus längst gelauert, den Censuren des geistlichen
Gerichts, das, nachdem alle Bekehrungsversuche dem glau-
bensstarken Manne keinen Widerruf hatten abnöthigen
können, ihn zum Scheiterhaufen verurtheilte. Als jedoch der
Erzbischof in Anbetracht der früheren Intimität zwischen
Oldcastle und dem Könige die Hinrichtung verzögerte, jener
aber auf erklärliche Weise aus dem Tower nach Wales
entsprang, haben die Lollarden sich zu gewagten Anzettelungen und, wie gemunkelt wurde, sogar zu Anschlägen
auf das Leben des Königs verstiegen. Dieser hat für nöthig
erachtet, in eigener Person die bei dunkler Wintersnacht
auf dem Felde von St. Giles, einer Vorstadt Londons, zu-
sammengeschlichenen Scharen mit Gewalt aufzuheben und
einige ihrer Führer hinrichten zu lassen. Erst im Jahre 1417
wurde auch Sir John Oldcastle, längst vogelfrei und wie ein
wildes Thier gehetzt, ergriffen und erbarmungslos verbrannt.
Das Parlament aber bekämpfte fortan ohne Zaudern mit
blutigen Statuten nicht nur die lollardische Literatur, sondern verhängte auch gegen die Ueberführten Confiscation
der Güter gleich wie über Hochverräther, weil sie wie den

Christenglauben so auch König, Stände und das Gesetz des
Reichs hätten vernichten wollen.

Nicht blinde Verfolgungssucht, sondern eine reiflich
überlegte Politik bestimmte doch den König zu einer solchen Handlungsweise. Und was ihm behufs Erhaltung
seiner Macht in dem tief erschütterten Lande Bedürfniss
war, das gereichte diesem zur selben Stunde zu hohem Ansehn vor den Nationen. Auf jenem ökumenischen Concil
zu Constanz, welches die Reform der abendländischen Kirche
an Haupt und Gliedern anstrebte, aber auch die Lehren
Wiclifs verwarf und den an ihnen erstarkten Böhmen
Johann Hus zum Flammentode verdammte, nahm, Dank dem
Glaubenseifer ihres Königs, die Kirche Englands eine hervorragende Stelle unter den lateinischen Nationalkirchen
ein. Neben dem römischen Könige Sigismund betheiligte
sich kaum ein anderer Fürst so eifrig an den Werken dieser
Kirchenversammlung, welche, indem sie das ungetheilte
Papstthum aus der Dreispaltung herstellte, nicht minder
das Recht allgemeiner Concilien so wie der Landeskirchen
gegenüber der Universalgewalt des heiligen Stuhls vertrat.
Das enge Bündniss, welches jene beiden Herrscher hierüber
schlossen, galt wesentlich den höchsten gemeinsamen Angelegenheiten der Christenheit und erhielt nicht nur von Seiten
des englischen Parlaments eine feierliche Bestätigung, sondern in einem von Heinrich V. schon 1415 aufgesetzten letzten
Willen einen eigenthümlichen Ausdruck. Ausser 20,000
Messen für das eigene Seelenheil und zahlreichen Legaten
stiftete er ein kostbares Schwert dem römischen Könige als
demjenigen, so lauten die Worte, der nach seinem Urtheil
der treuste Vertheidiger der Kirche und des Glaubens sei.

Dies Testament nun aber war im vollen Vertrauen auf
einen solchen Bundesgenossen aufgesetzt worden, kurz vor
derjenigen That, welche das Andenken Heinrichs V. unsterblich gemacht hat. Da fragen wir allerdings, mit welchem
Rechte konnte er Ansprüche auf die Herrschaft in Frankreich erheben oder die seiner Vorfahren erneuern? Genügt
der blosse Durst nach Kriegsruhm, die Sehnsucht, es den
Thaten der Engländer unter Eduard III. und dem schwarzen
Prinzen gleich zu thun? Auch die Unsicherheit der Waffen-

ruhe, die nach gewaltigen Verlusten seit einem Menschenalter mit Frankreich factisch eingetreten, aber nie zu einem
definitiven Frieden, zu einer völkerrechtlichen Auseinandersetzung über die Anrechte der Plantagenets auf ihre vor zwei
Jahrhunderten verlorenen Stammländer, oder gar auf den
Thron der Valois geführt hatte, kann die eigenmächtige
Wiederaufnahme des Kampfes nicht rechtfertigen. Freilich
war alle Welt in jenem Zeitalter von der Auffassung des gegenwärtigen noch himmelweit entfernt. Noch war die Achtung vor nationalen Rechten, die sittliche Bedeutung der Nationalität überhaupt nicht dahin gediehen, dass es ein Frevel
wider die Natur geheissen hätte, die beiden durch das Meer
getrennten, wie Feuer und Wasser verschiedenen Völker
unter ein Scepter vereinen zu wollen. Von solchen Scrupeln
waren damals Fürsten und Völker in der That noch frei,
so dass wir uns hüten müssen, sie mit unserem Mass zu
messen. Dagegen entsprangen Heinrichs Motive, abgesehen
von dem Thatendrange, der ihn so leicht verführte, die von
seinen Ahnen besessenen Gebiete zu revindiciren, doch auch
aus realen Triebfedern. Der Vater hatte ihm auch nach
Aussen und gegen Frankreich insbesondere eine bestimmte
Politik vermacht. Er war sich bewusst, dass eine kriegerische Unternehmung die Menge der über Thronsturz und
Usurpation unruhigen und bedenklichen Elemente aus dem
Lande hinweg, ja, sein ganzes Volk vielleicht einmüthig
hinter ihm herziehn werde. Als Schirmvogt der Kirche
zumal hatte er sich sobald nach seiner Thronbesteigung
bereits eine europäische Stellung errungen, die ihn gewissermassen befugte, in die Händel anderer Staaten einzugreifen.
Und endlich, hatte ihn gleich Niemand gereizt, eine mächtige
Aufforderung lag doch auch in den französischen Dingen
selber. Der Mönch von St. Denis, ein Franzose, welcher
damals die Geschichte seines unglücklichen Vaterlands
schrieb, sagt mit dürren Worten: „Der Zustand Frankreichs
gab ihm Grund genug zu hoffen, dass er sein Haupt eines
Tags mit der Lilienkrone schmücken und seine Nachfolge auf dem französischen Thron fest begründen würde.“
Heinrich V. wusste von Alexander dem Grossen und dem
in sich zerrissenen Perserreich.

Wenn man nun aber die Art erwägt, wie er sich in die trostlosen Wirren des Nachbarlands einmischte, so kann man seine Politik nimmermehr von doppeltem Spiel freisprechen. Während er mit den Orléans, der Partei der Armagnacs, die sich dort vorübergehend wieder am Staatsruder befand, um die Hand Katharinas, der jüngsten Tochter ihres Königs, verhandelte, aber den Hof nicht bewegen konnte, ihm die ehemals englischen Provinzen zu verschreiben, liess er im Geheimen dem ränkevollen Herzog von Burgund Schutz- und Trutzbündniss anbieten, damit sie Frankreich theilten und einer auch dessen Krone gewinne. Allerdings lagen auf Burgunder Seite, vertreten in den reichen flandrischen und nordfranzösischen Städten, auch gemeinsame Interessen, wie sie den commerciellen und communalrechtlichen Aufgaben der Engländer weit mehr entsprachen, als die am französischen Hofe vorwaltenden, feudal-monarchischen Tendenzen. Jedenfalls stützte sich Heinrich V. auf diese Faction, als er zu Anfang des Jahres 1415 noch einmal in feierlicher Gesandtschaft die höchsten Forderungen an die Regentschaft in Paris richtete: Die Krone (trotz dem sehr zweifelhaften Anrecht Eduards III. und ungeachtet der ihm vorgehenden, aber mit dem Thronsturz Richards II. zurückgesetzten älteren Linie), — oder aber mit der Hand Katharinas Auslieferung von Normandie, Touraine, Maine und der Souveränität über Bretagne, Flandern, Aquitanien und die halbe Provence. Was blieb denn da ernstlich noch vom Reiche übrig? Kein Wunder, wenn die schwer bedrängten französischen Bevollmächtigten solche unerhörten Bedingungen von sich wiesen und, als sie auch mit mässigem Angebot den Frieden nicht erkaufen konnten, an seiner Erhaltung verzweifelten.

Noch waren die Verhandlungen nicht abgebrochen, als in England mit Zustimmung des Grossen Raths und der Gemeinen gewaltige Rüstungen in's Werk gesetzt wurden. Bei dem Klerus und den reichen Städten wurde das erforderliche Geld aufgenommen, mit dem kriegslustigen Adel contractlich abgeschlossen, die Mannschaft vornehmlich aus der stämmigen waidmännischen Landbevölkerung angeworben. Da um ein starkes Heer überzusetzen, dies seefahrende Volk nicht Schiffe genug hatte, mussten solche in Holland

und Seeland gemiethet werden. Wie staunten da die mit
den letzten Anträgen eintreffenden Botschafter Karls VI.,
als sie Anfangs Juli den König inmitten der weit ge-
diehenen Anstalten am Strande von Southampton und sehr
wenig geneigt fanden, sich mit einem geringfügigen Zuwachs
seines Gebiets in Südfrankreich und Erhöhung der Mitgift
Katharinas auf 850,000 Écus abfinden zu lassen. Binnen
vierzehn Tagen endete die sehr geschärfte mündliche und
schriftliche Controverse mit der Kriegserklärung von seiner
Seite. Da wurde der von Siegeslorbeeren träumende Herrscher, der sein Volk bereits einmüthig glaubte und selbst
auf Sympathien eines Theiles der französischen Bevölkerung
rechnete, im Augenblick der Einschiffung durch die Entdeckung eines Complotts noch einmal höchst unsanft daran
gemahnt, wie gebrechlich doch das ganze Anrecht Lancasters auf die englische Krone war. Graf Richard von
Cambridge, der zweite Sohn seines Oheims, des Herzogs
von York, welcher die vierte von Eduard III. ausgehende
Linie repräsentirte, war verheirathet mit einer Schwester
des Grafen von March, wodurch er die Ansprüche der
zweiten Linie heranzog. Unmittelbar im königlichen Heer-
lager hat er mit zwei nordenglischen Edelleuten zur Beseitigung seines Vetters des Königs conspirirt, nicht etwa,
wie es bei Shakspere nach Holinsheds Chronik heisst, im
Einvernehmen mit den Franzosen, sondern in der That auf
Grund des legitimen Erbrechts. Dieses erste Vorspiel der
Rosenkriege wurde indess sofort energisch niedergeschmet-
tert. Fast mehr nach einem kriegsrechtlichen als landes-
rechtlichen Verfahren sind die Compromittirten hingerichtet
worden, so dass das Urtheil wegen des bereits stark entwickelten formellen Rechtssinns der Engländer noch nachträglich vom Parlament hat bestätigt werden müssen.

Am 11. August ist nun aber das Geschwader von mehr
als 1500 Schiffen mit etwa 30,000 Mann an Bord, von denen
6000 Ritterlanzen, 23,000 Langbogenschützen und 1000 Schanzgräber und Kanoniere waren, nach der Seinemündung unter
Segel gegangen. Am 17. lagerte man in geschlossener Ordnung vor dem festen Harfleur, das erst nach heldenmüthiger
Gegenwehr, als die Vertheidiger sich überzeugt hatten, dass

an Entsatz durch ihre Landsleute nicht zu denken war, mit ge-
rechtfertigtem Vertrauen auf die Gnade des Siegers capitulirte. Dessen Lage aber war schon nichts weniger als hoff-
nungsreich, denn es mangelte die Verpflegung und Seuchen
wütheten unter seiner kräftigen Mannschaft. Während kein
Franzose übertrat, sammelte sich vielmehr ein starkes feindliches Heer an der mittleren Seine. Im Kriegsrath riethen
daher vorsorgliche Stimmen, besonders auch weil die Jahreszeit schon zu weit vorgerückt, zur Heimkehr. Allein Heinrich beharrte fest bei seinem Vorsatz; mit dem Beispiel
seines Urgrossvaters König Eduard vor Augen beschloss
er quer durch Frankreich auf Calais zu marschiren. Nachdem die Kranken und Schwachen nach Hause eingeschifft,
auch eine Besatzung in Harfleur zurückgelassen, brach er
am 8. October mit kaum noch 15,000 Mann, die aber durch
strenge Mannszucht und patriotische Begeisterung zusammengehalten wurden, zu einem mit Recht bewunderten Zuge
nach Norden auf. Erst an der Sommelinie stiess er ernstlich auf den Feind, der alle Uebergänge zerstört hatte, so
dass die Engländer lange suchen mussten, bis sie am 19.
eine unbewachte Furth entdeckten und den Marsch auf Calais
weiter fortsetzten. Am zweitfolgenden Tage jedoch gewahrten sie an der niedergetretenen Strasse, dass starke Heeres-
massen vor ihnen auswichen. Am 24. endlich erspähte ihr
Vortrab die dunklen Colonnen, die sich in der Absicht, Stand
zu halten, gesetzt hatten. Mit Feldherrnblick überzeugte sich
König Heinrich noch am Abend von dem Terrain, stellte
selber die Feldwachen aus und sorgte, indem er in den Quartieren keinerlei Lärm duldete, wie das auch später anderen
grossen Generalen Englands nachgerühmt wird, dass der
gemeine Mann seine Mahlzeit, seinen Trunk, und eine gute
Streu zum Ausruhen habe. Ernste Stille herrschte im Lager,
nur von dem Ruf der Wachtposten und rauschendem, alles
Erdreich aufweichenden Regen unterbrochen.

Davor nun, in geringer Entfernung von der unvergessenen Walstatt von Crécy, flackerten die Wachtfeuer und
brauste das Zechgelage der Franzosen, die 50,000 stark,
allein 14,000 Ritterlanzen zählten, und deren vornehme Herren
ihrer Sache so gewiss waren, dass sie bereits die noch nicht

einmal gemachten Gefangenen auswürfelten. Warnende Stimmen vermochten nicht aufzukommen, und selbst die militärischen Anordnungen des Connétable fanden nicht den schuldigen Gehorsam. Wie ganz anders König Heinrich und sein kleines, kaum den vierten Theil betragendes Heer. Wohl wussten sie, in welch tollkühnes Wagniss sie sich gestürzt, aber mit um so kälterem Blute, mit echt sittlicher Zucht gingen sie früh Morgens am 25. October an das blutige Tagewerk. Da sah man den König und seine Leute beichten und das Sacrament empfangen. Wer möchte an der Aufrichtigkeit der Devotion derer zweifeln, denen auf demselben fremden Boden, wo ihre Väter gesiegt, die kriegerische Ehre der Heimath bis zum Heldentode leuchtete. Als der König dann im bunten, über die glänzende Rüstung geworfenen Waffenrock und im stählernen Helm, den eine goldene mit Edelsteinen besetzte Krone zierte, seinen kleinen Schecken bestiegen und seine kaum 1000 Geharnischten und 10,000 Schützen ohne Trompetenschall einfach in Linie aufstellte, wie die Engländer noch bis in die neuste Zeit gefochten, da erschienen sie den funkelnden und schmetternden Scharen gegenüber vollends abgerissen an Kleidung und Schuhwerk. Auf die Bemerkung eines Rittersmanns, dass doch jeder brave Engländer, der zu Pferde sitzen oder den Bogen spannen könne, jetzt dabei sein möge, entgegnete Heinrich: „Mit Nichten, ich will nicht einen Mann mehr; der allmächtige Gott kann doch auch der kleinen Zahl den Sieg verleihen."

Und diese Gewissheit täuschte ihn nicht, während den Franzosen gerade ihre Ueberzahl Verderben bereitete. In drei Treffen, 8000 abgesessene Ritter im ersten, standen sie zu dicht, um rasche Bewegungen zu machen, konnten auch ihr schweres Geschütz über den aufgeweichten Boden nicht nach vorne bringen. Es mochte eilf Uhr sein, als König Heinrich: „Im Namen Gottes, St. Georg mit uns, vorwärts!" rief, der greise Marschall, Sir Thomas Erpingham seinen Commandostab in die Luft schleuderte, der gemeine Schütz, der englische Yeoman, noch einmal auf die Knie fiel und in seltsamer Symbolik einen Bissen Erde mit dem Munde fasste. Dann unter lautem Hurrah, in zwei kurzen

kräftigen Anläufen stürmte die Linie heran, bis der Mann
einen langen spitzen Pfahl zur eigenen Sicherheit wie zum
Zielen eingerammt, und nun in geringer Entfernung die
mörderisch treffenden Langbogen zu spielen begannen. Nicht
Helm noch Harnisch mit ihren Fugen schützten vor dem
Pfeilregen. Der erste Lanzenwald wankte, eine Flanken-
bewegung der Reiterei scheiterte vollends, als Mann und
Ross über einander stürzten. Sobald sich auch das zweite
Treffen zu einem formlosen Klumpen zusammenballte, war
jede taktische Ordnung dahin. Die englischen Bauern-
bursche, ihre Bogen über die Schulter werfend, griffen jetzt
zu Schwert und Axt und hieben unter dem stolzen, ächzen-
den Adel Frankreichs ihrem Könige, der mit seiner Ritterschaft zu Fuss herandrang, förmlich eine Gasse. In diesem
entsetzlichen Knäuel, vor dem endlich auch das dritte und
letzte Treffen des Feindes sich auflöste, sind englischerseits
der Herzog von York, auf französischer die von Alençon
und Brabant geblieben. Noch einmal erhob sich im Rücken
der Sieger wüstes Geschrei. Der König, der nicht sofort
erfuhr, dass nur ein plündernder Haufe in seinen Wagen-
park gebrochen, liess darüber eine Menge vornehmer Gefangenen niedermachen. Sicher, obschon voll demüthigen
Dankes gegen den Himmel, hielt er seinen beispiellosen
Erfolg fest. Man zählte 10,000 gefallene Franzosen, darunter
8000 allein von edelem Blut. Unter den 1500 gefangenen
Edelleuten befand sich der junge Herzog von Orléans. Der
Verlust der Engländer dagegen war so gering, dass man
kaum tausend im Ganzen herausrechnet. Erst durch die
französischen Herolde, welche ihre Todten aufzulesen kamen,
erfuhr Heinrich den Namen der Burg, in deren Nähe er
gestritten, und befahl nun, dass die Schlacht hinfort von
Agincourt heisse und der Tag der Heiligen Crispin und
Crispinian immerdar gefeiert werde. Aber mehr als den
glänzenden Abschluss eines ruhmvollen und doch ziellosen
Feldzugs bezeichnete er zunächst nicht. Nachdem der Sieger
und sein tapferes Heer Calais erreicht, sind sie über den Canal
gesetzt und am 23. November in prächtigem Triumph von
der im Kriegsjubel schwelgenden Bevölkerung von London
und Westminster empfangen worden. Ohne den Streithelm,

im schlichten Gewande ritt allein der König einher. Zuvor
aber hatte ihm das Parlament nicht nur die beantragte
Subsidie, sondern für die Dauer seiner Regierung Woll-
zoll und Tonnengeld ausgeworfen, schon damals zum Beweise, was kriegerischer Erfolg über das Bewilligungsrecht
und die Tadelsucht parlamentarischer Versammlungen vermag. Das Spiel der Waffen sollte auch durch vornehme
Intervention nicht unterbrochen werden.

Im Frühling 1416 nämlich traf der römische König in
England ein, auf jener Reise, die der rührige, aber völlig
haltlose Fürst als Bevollmächtigter des Concils angetreten,
um nicht nur die abendländische Christenheit wieder unter
einen kirchlichen Hut zu bringen, sondern wo unter den
Völkern Streit, ihn legen zu helfen. Mit ausgesuchten Ehren,
wie sie zum ersten Mal einem die Insel betretenden Nachfolger Karls des Grossen zukamen, aber auch gegen die
bestimmte Garantie auf diesem Boden keinerlei imperato-
rische Rechte ausüben zu wollen, ist er ein halbes Jahr
Heinrichs Gast gewesen und von Pfaffen und Laien als
Schirmherr des orthodoxen Glaubens gefeiert worden. Aber
die Friedensverhandlungen in London und Calais scheiterten
sowohl an der Hartnäckigkeit und dem Rachegefühl der
Armagnacs wie an der Unnachgiebigkeit Heinrichs, der sich
den von Schulden erdrückten König Sigismund dermassen
verpflichtete, dass dieser vor der Welt ihm allein Recht zu
geben schien, indem er mit dem Könige von England und
Frankreich, wie er ihn officiell betitelte, ein Schutz- und
Trutzbündniss schloss.

Mittlerweile hatte der Krieg mit den Franzosen nicht
geruht. Als sie mit Hilfe Genueser Schiffe Harfleur hatten
zurückgewinnen wollen, von der englischen Flotte aber abgeschlagen worden waren, liess Heinrich zu einer zweiten
Invasion rüsten. Und ermunterte nicht die heillose Auflösung des französischen Staatswesens zu der Hoffnung, das
Ganze statt eines noch so grossen Theils an sich zu bringen?
Nachdem er die Königin Isabeau dem Herzoge Johann von
Burgund in die Arme getrieben, übte der finstere Graf von
Armagnac als Connétable und Regent über den Hof, den
wahnsinnigen König und den unerwachsenen Dauphin eine

solche Schreckensherrschaft, dass er wie schon die städtischen Communen, nun auch den Klerus und die Sorbonne sich zu Feinden machte. Die Hälfte des Landes ersehnte die Burgunder, wenn nicht die Engländer als Befreier. Darüber ist Heinrich V. am 1. August 1417 wiederum mit über tausend Segeln und 16,400 Mann, diesmal an dem Südufer der Seine, bei Honfleur gelandet. Sobald Caen mit stürmender Hand genommen, wurde ein Platz der Normandie nach dem anderen zur Uebergabe gezwungen. Fortan gab es wieder eine englische Regierung in dem Lande, aus welchem einst im Jahre 1203 König Johann schmachvoll entwichen war. Als sei dies nie geschehn, knüpfte die Urkundenrolle unmittelbar an die von damals an; jetzt sollte das gute Recht der Vorfahren mit den Waffen in der Hand zurückgefordert werden. Weder ein Einbruch der Schotten in Nordengland, noch die letzten Zuckungen der Lollarden, die nicht unwahrscheinlich von Frankreich aus angeregt waren, konnten verhindern, dass im Frühjahr 1418 dem Könige in Bayeux beträchtliche Verstärkungen durch zwei seiner jüngeren Brüder zugeführt wurden.

Um diese Zeit suchten wohl päpstliche Nuntien unter den um die Obergewalt in Frankreich hadernden Parteien Eintracht zu stiften. Schon wurden in Paris Friedensfeste gefeiert, als der unversöhnliche Connétable die Bevölkerung dermassen aufbrachte, dass sie den Burgundern ihre Thore öffnete und am 12. Juni in einem scheusslichen Blutbade Armagnac, den Kanzler von Frankreich und viele vornehme Häupter hinmordete. Herzog Johann war nun Herr von Paris, aber der junge Dauphin war entronnen, und demnach die Faction Orléans, obwohl schwer getroffen, als Vertreterin der Legitimität doch keineswegs entwurzelt. Solche furchtbaren Zustände aber sicherten dem Könige von England erst recht den Erfolg seiner Waffen. Ohne sich durch die Vermittelungsanträge Papst Martins V. viel beirren zu lassen, zog er seine Kreise immer enger um Rouen, die alte Hauptstadt des normännischen Herzogthums, zusammen. Freilich erst nach einer grossartigen Vertheidigung, die länger als sechs Monate dauerte, und durch regelrechte Belagerung, während deren der König sich Burgund und den Dauphin

mehr durch geschickte, völlig windige Verhandlungen, als
durch die Waffen vom Halse hielt, durch Hunger und Pe-
stilenz bis zum Aeussersten getrieben, capitulirte die tapfere
Stadt. Am 19. Januar 1419 zog Heinrich V. triumphirend
ein, konnte aber von der Haltung solcher Bürger, welche
seit 215 Jahren französisch gewesen und die frühere Zu-
sammengehörigkeit mit England längst vergessen hatten,
schwerlich erwarten, dass sie sich nunmehr der fremden
Herrschaft mit gleicher Treue zuwenden würden.

Andererseits aber versöhnte nicht einmal der Fall einer
so wichtigen Stadt wie Rouen die hadernden Gemüther der
Franzosen. Es lag zu sehr im Interesse Heinrichs sie auch
fernerhin geschickt auseinander zu halten. So verhandelte
er denn mit beiden Theilen unablässig und hatte im Sommer,
während seine Streifscharen schon bis in die Nähe von Paris
schwärmten, mit Burgund und der Königin Isabeau eine
persönliche Conferenz zu Meulant, bei welcher Gelegenheit
er auch zum ersten Mal der jugendlichen Tochter der letzteren in die Augen sah, deren Hand bei allen diesen Transactionen von ihm zur Bedingung eines Abschlusses gemacht
wurde. Da geschah es am 10. September, als der Herzog
von Burgund nun ebenfalls unter den ceremoniösen Formen
der Zeit mit der Gegenpartei auf der Yonne-Brücke bei
Montereau ein Gespräch hielt, dass er vor den Augen des
Dauphin von dessen unversöhnlichen Hütern, dem Herrn
Tannegui Duchâtel und Genossen meuchlings ermordet
wurde. Es war die primitive Blutrache für den durch Burgund an dem Orléans begangenen Mord. Stadt und Land,
Paris, der flüchtige Hof in Troyes starrten vor Entsetzen;
die Königin fluchte dem eigenen Sohn zu ewigem Verderben.
So trieb eine verruchte That nicht nur Alles, was in Frankreich mit den burgundischen Interessen sympathisirte, sondern einen grossen Theil der Nation verzweifelnd in die
Arme des mächtigen Eroberers als des einzigen Heilbringers
in fürchterlicher Lage.

König Heinrich wählte denn auch nicht lange unter den
Beschuldigungen und Anträgen, mit denen ihn die Factionen
bestürmten. Zu Weihnachten hat er in Rouen mit den Bevollmächtigten Herzog Philipps von Burgund, des Sohns

und Erben des Ermordeten, der sich nunmehr als Repräsentant Karls VI. von Frankreich aufwarf, eine feste Einigung vollzogen, in welcher er mit der Hand Katharinas die Anwartschaft auf die französische Krone erhielt, während beide Theile gelobten, den an jener Unthat compromittirten Dauphin und seinen Anhang bis zur Vernichtung zu verfolgen. Von dem in trübem Blödsinn hinsiechenden Vater, von der wuthschnaubenden Mutter war Alles zu erlangen. Während die Waffen ruhten, das Volk aufathmend Heil rief, konnte der stolze Sieger unbehindert quer durch Frankreich nach der Champagne ziehn, um selber in Troyes am 21. Mai 1420 diese Präliminarien in einer grossen Urkunde zu ratificiren. Darin wurden, weit über Alles hinaus, was Eduard III. einst im Frieden von Brétigny gewonnen, die unerhörtesten Erfolge und ein Resultat bestätigt, wie es in der Geschichte zweier verschiedener Reiche kaum wieder erscheint. Heinrich V. wird durch die Ehe mit Katharina, an die sich allem Herkommen zuwider das Erbrecht des französischen Thrones knüpfen soll, der geliebte Sohn des Königspaares. Wie er mit Zustimmung der Stände schon jetzt als Vertreter Karls VI. schaltet, so ist er nach dessen Tode alleiniger Erbe der Krone, um diese auf ewige Zeiten mit der englischen vereint bei seiner directen Nachkommenschaft zu bewahren. Die am 2. Juni gefeierte Hochzeit gewährte nur kurze Rast: mit dem französischen Hofe, mit dem jungen Schottenkönige und anderen vornehmen Geiseln in seinem Feldlager verbrachte er den Rest des Jahres mit Brechung der Burgen seiner Gegner, bis er im December in Paris einzog, um dort als Erbe von Frankreich die Stände des Reichs, wie die Mitglieder der Universität um sich zu versammeln. Er hat dem Parlament vorgesessen, welches Acht und Bann über die Mörder des Herzogs Johann verhängte; durch seine stramm soldatische Art indess, durch Einsetzung seiner Engländer in mehrere wichtige Posten und als Inhaber der Bastille sich nichts als die Furcht der allereigenartigsten Bevölkerung erworben. Und auch auf der anderen Seite des Canals regte sich so etwas wie Eifersucht des Heimathlandes. Die Engländer beruhigten sich erst, als er im Februar 1421 an der Seite der Gemahlin nochmals einen

Triumph feierte, Katharina in Westminster gekrönt wurde
und beide nun im Lande weilten, bis bedenkliche Nachrichten von drüben einliefen.

Wie hätten sich die national gesinnten Gemüther und
die von dem flüchtigen Dauphin vertretene Legitimität in
die durch den schmachvollen Vertrag von Troyes erzwungene
Auslieferung des Reichs und in die Aechtung seines wahren
Erben fügen sollen? „Blickt auf die Lilien, Ihr echten Franzosen das Königthums, blickt auf den schmählichen Vertrag, den die Engländer, die alten Feinde der Lilien, dictirt
haben, der vom Herzoge von Burgund beschworen worden
ist", hebt eine der feuerigen Proclamationen an. Südlich
der Loire wie in der Bretagne und Anjou flatterte dies Feld-
zeichen noch immer und wurde besonders von muthigen
Parteigängern aus Schottland vertheidigt. Im März haben
sie in einem kurzen heftigen Gefecht bei Beaugé Heinrichs
nächstgeborenen Bruder, den Herzog von Clarence, besiegt
und erschlagen. Das war die böse Kunde, die erste Schlappe
in der That, die ihn selber nöthigte, als er eben den Vertrag von Troyes auch durch das Parlament von Westminster hatte bestätigen und für weitere Mittel sorgen lassen,
schleunig hinüber zu eilen, um die Gegner bis an die Loire
zurückzutreiben und die Belagerung von Meaux an der
Marne zu unternehmen, das so nahe Paris noch immer Trotz
bot. Erst im Mai 1422 wurde der Platz genommen, den
kühnen Vertheidigern aber, Franzosen, Schotten und Iren
das Leben nicht geschenkt.

Noch einmal finden wir hierauf den strengen Monarchen
in Paris, um dort mit seiner Gemahlin, die ihm inzwischen
in Windsor einen Sohn geboren, Pfingsten zu feiern. Doch
lässt ihm die spannende Sorge um den unsicheren Besitz
keine Ruhe. Einer dringenden Aufforderung des Herzogs
Philipp folgend, will er im Juli von Senlis über Melun an
die mittlere Loire eilen, als ihn eine innere Krankheit ergreift,
deren Heilung aller ärztlichen Kunst jener Tage spottete.
Unter verzehrenden Schmerzen muss er sich nach Vincennes
zurückschaffen lassen, um, nachdem er in Gottes Willen ergeben für die Vormundschaft seines Söhnleins und für die
Statthalterschaft beider Reiche die nöthigste Sorge getroffen,

am 31. August 1422, erst 35 Jahre alt, als demüthig katholischer Christ zu sterben. Man hat den Fürsten, der inmitten seiner beispiellosen Erfolge abschied, als er bereits Nordfrankreich mit eiserner Hand festhielt und sich eben anschickte, auch den Süden vollends herbeizubringen, noch im Tode hoch geehrt. Ueber seinem Leichnam wurden bei der Heimführung nach England in St. Denis an der Gruft der Könige von Frankreich und nochmal zu St. Paul in London feierliche Exequien gehalten. Dann wurde er, wie er gewünscht, zu Westminster in einer Kapelle von zierlichster Gothik östlich vom Schreine des Bekenners beigesetzt.

Auch seine politischen Ordnungen sind noch eine Weile aufrecht geblieben. Dank besonders der ebenbürtigen Thatkraft seines ausgezeichnetsten Bruders des Herzogs Johann von Bedford, der für den unmündigen Heinrich VI. in Frankreich regierte und diesen wirklich in Paris krönen liess, wurde die Herrschaft zusammengehalten, bis Karl VII. sich aufraffte, das Erscheinen des Mädchens von Orléans alle Stände des Reichs für das gesalbte nationale Königthum entflammte und jener französische Befreiungskampf anhub, der nicht nur durch die Vertreibung der Engländer dieses Land endgiltig national consolidirte, sondern abermals auf deren Heimath zurückwirkend wenigstens ein Motiv zu dem dreissigjährigen Kriege der beiden Rosen wurde, in welchem Lancaster vor York erlag, und die Nachkommen beider schliesslich Alles büssten, was auch die Grössten der Dynastie verbrochen.

Was ist nun aber das Gesammturtheil über Heinrich V., den ich als Feldherrn und Diplomaten nicht höher zu preisen vermag als seine Thaten es thun? Es fehlt nicht an Zeugnissen, dass er der Bildung und dem Geschmack des Zeitalters nahe gestanden. Bei hohem Fluge der Gedanken aber war er doch eine wesentlich praktische Natur. Er ist der erste Plantagenet, der sich in seinen eigenhändigen Erlassen, deren mehrere im Autograph vorhanden sind, mit Vorliebe eines kernigen Englisch bediente. Wollte er doch einmal sogar die Franzosen nöthigen, in dieser Sprache mit ihm zu verhandeln. Der Grundzug seiner Eroberungspolitik, wegen deren Erfolge sein Volk an ihm hing, wie es nur die

Lieblinge seiner Jugend gethan, in welcher aber auch die
Widersprüche seines Wesens am grellsten zu Tage treten,
war trotz dem Uebergriff auf fremden Boden entschieden
national. Denn die Ehre und Macht seines Inselreichs leuch-
teten auf, als es Frankreich zu seinen Füssen sah. Indem
er seinen jüngsten Bruder Humphrey von Gloucester an Ja-
quelina die Erbfrau von Holland und Hennegau vermählte
und den älteren der Königin Johanna von Neapel zur Adop-
tion empfahl, indem sein Geschlecht vom Grossvater her
bereits mit den Häusern von Spanien und Portugal verwandt und eine Schwester dem Pfalzgrafen am Rhein vermählt war, schien Westeuropa geradezu unter Lancastersche
Vormacht zu gerathen. Ja, wie er auf dem Sterbelager noch
an die von ihm gelobte Kreuzfahrt gedacht, — er horchte
gespannt auf bei den Worten des Busspsalms: Baue die
Mauern von Jerusalem — so hatte er auch bereits eine
Mission in das jüngst von den Mamelucken überrannte Heilige
Land, nach Syrien und Egypten abgefertigt um die Aussichten für ein Unternehmen zu erkundschaften, dessen Gelingen, wenn irgend eines, vielleicht im Stande gewesen
wäre, die von ihm beherrschten Lande an einander zu ketten.
Zu seiner Lieblingslectüre hatten die Chroniken von Jerusalem und eine Historie Gottfrieds von Bouillon gehört.

Aber jener praktisch nationale Zug spiegelt sich auch
in seinem Regiment wieder. Durch und durch verstand er
den gemeinen Mann, den Soldaten, für dessen leibliches
Wohl er auf den Märschen in Frankreich väterlich sorgte.
Er gönnte ihm den Wein, nur warnte er die Leute streng
vor dem schäumenden Getränk der Champagne, damit sie
nicht, wie er sich einmal ausdrückt, aus ihrem Leibe ein
Fass machten. Seine constitutionellen Anschauungen standen ganz im Einklang mit der damaligen Entwicklung der
parlamentarischen Regierung. Daher denn nicht nur völliges
Einvernehmen zwischen ihm und seinen Ständen in Westminster, sondern die entschiedene Tendenz, dasselbe Princip,
dessen verwandte Anklänge sich ja auch zuerst ihm zu-
neigten, in dem eroberten Frankreich nicht minder zu fördern.
Und dabei war er streng gegen sich selber, sittenrein wie
Wenige, gerecht gegen Vornehm und Gering. Niemand hat

ihn einen Schwur ausstossen hören, auf sein einfaches Ja
und Nein durfte sich alle Welt verlassen. Die Franzosen
staunten, wie er alle seine Geschäfte selber führe und, da
er stets auch erwäge, nie etwas ohne Frucht thue. Selbst
ein Gegner, wie der Mönch von St. Denis nennt ihn hoch-
herzig, tapfer, klug und fügt hinzu: „Kein Fürst seiner Zeit
war durch die Weisheit seiner Herrschaft, durch Verstand
und andere treffliche Eigenschaften besser befähigt ein Land
zu erobern."

Gleich der unbeugsamen Orthodoxie, mit der er die
Ketzer seiner Tage ausrotten und seine Herrschaft im Bunde
mit der Kirche und dem römischen Könige fest begründen
wollte, dürfen wir daher auch die Unterwerfung Frankreichs
und dessen widernatürliche Vereinigung mit dem Inselstaate
nur im Licht des gross anhebenden, aber kein einziges seiner
Probleme lösenden fünfzehnten Jahrhunderts betrachten und
nimmermehr den strengen Massstab unserer Zeit anlegen,
welche die Unterjochung eines Volkes durch das andere
nicht mehr verträgt und dem Kriege nur im Falle wirklicher Nothwehr Berechtigung zuschreibt. Nur wenn wir
uns aller solcher Anschauungen entschlagen und zu fühlen
suchen, wie die Menschen damals in einem besonders wild
keimenden Zeitalter empfanden, werden wir auch dem fünften
Heinrich Englands gerecht werden und ihn weder der Heuchelei noch des bewussten Unrechts an einer fremden Nation
und einer frevelhaften Gewalt zeihen, sondern einstimmen
in die Worte, welche Shakspere, seine Hörer entzückend,
dem Chorus zum vierten Aufzuge des Stücks in den Mund
legt:

> O, wer ihn nun erblickt,
> Den hohen Hauptmann dieser Unglücksschar
> Von Wacht zu Wacht, von Zelt zu Zelte wandelnd,
> Der rufe: Preis und Ehren auf sein Haupt!
> Denn er geht aus, besucht sein ganzes Heer,
> Beut guten Morgen mit bescheidnem Lächeln
> Und nennet Freunde sie, Landsleute, Brüder.

DIE ANFÄNGE HEINRICHS VIII.*)

(Fragment.)

Am 21. April 1509 verschied auf seinem Lieblingsitz
Richmond an der Themse, im vier und funfzigsten Lebens-
jahre vor der Zeit aufgerieben, König Heinrich VII. In vier
und zwanzigjähriger mühevoller Regierung war es ihm gelungen, Königthum und Reich aus tiefstem Sturz wieder auf-
zurichten. Er, Heinrich Tudor, der, seiner kymrischen Herkunft von Vaters Seite gern eingedenk, Britannien von den
Waliser Bergen aus zu verjüngen erschienen war, hatte die
Krone auf Grund verwickelter Ansprüche getragen. Als
Sieger hatte er sie unmittelbar auf der Walstatt von Bosworth aufgelesen. Als letzter Lancaster von mütterlicher
Seite erblickte er in ihr sein gutes Recht. Nur erst in zweiter
Linie wurde durch Vermählung mit Elisabeth, der ältesten
Tochter Eduards von York, die Versöhnung der rothen mit
der weissen Rose besiegelt. Endlich aber hatte das Parla-
ment zu Westminster, wie der heilige Vater zu Rom, feierlich erklärt, dass Heinrich Tudor und kein anderer König
von England sei.

Wie im dreissigjährigen Vernichtungskriege die gespal-
tene Dynastie zu Grunde ging, so wäre auch die Nation sammt
ihren alt überkommenen Institutionen verloren gewesen,
wenn der Erretter nicht an ihre Spitze trat. Das Haus Lancaster war gescheitert, obgleich es im Geiste des Baronial-
rechts verfassungsmässig zu regieren getrachtet hatte. Das

---

*) In Paulis Nachlasse befinden sich Büchertitel, Bemerkungen über neue
Erscheinungen, weite Excerpte zur Geschichte Heinrichs VIII., und zwar auch
zur späteren, die vielleicht einem künftigen Forscher werthvolles Material bieten
könnten. Darunter besonders eine Uebertragung der Correspondenz Heinrichs VIII. 1527—28 mit Anna Boleyn; cf. The Harleian Miscell. I.

Haus York setzte sich scrupelfrei über die veredelnden Ideen
der Verfassung hinweg, um die erbliche Tradition der Krone
um so schärfer zu betonen, verlor aber trotz der dämoni-
schen Gewalt seiner beiden Sprossen den Thron. Beiden
Theilen war das Zeitalter gleich abhold. Aber keine Frage,
nur indem er weit mehr das Beispiel seiner unmittelbaren
Vorgänger Eduards IV. und Richards III. als der drei Hein-
riche von Lancaster befolgte, vermochte der Tudor in un-
endlichem Wirrsal wieder Ordnung zu schaffen und ist, was
das Mittelalter an Institutionen gesäet hatte, durch wunderbare Fügungen in eine neue Zeit hinüber gerettet worden.

Tief geknickt und erniedrigt liess sich das englische
Volk den neuen Herrscher gefallen, weil es das dringende
Bedürfniss nach einer Macht empfand, die selbst ausser und
über der Continuität des bestehenden Rechts Ruhe erzwingen
konnte. Freilich wurde dieselbe noch Jahre lang durch Aufruhr und blutigen Krieg in Frage gestellt, indem die Partei
York, keineswegs erstickt, wiederholt um die Fahne falscher
Prätendenten aufzuckte, die bei dem eifersüchtigen Auslande Zuflucht und Schutz fanden. Schliesslich aber war
Heinrich VII. auch der gefährlichsten Gegenbewegungen
vorzüglich doch durch zwei Grundzüge seiner Politik Herr
geworden. Indem er nämlich erstens auf Krieg mit der
Fremde und auf jede Wiedereroberung überseeischer Gebiete verzichtete und seiner Dynastie vielmehr in Nord und
Süd verwandtschaftliche Stützen bereitete, war er der erste
englische Monarch, der in vollem Bewusstsein des geographischen Vortheils sein Inselreich an sich Genüge haben,
ja, sich selber auch durch die sehr nahe gelegte Verlockung,
mit Spanien und Portugal um die Wette Pflanzungen zu
begründen, nicht hinreissen liess. Vor Allem aber legte
er den durch die vieljährigen französischen und bürgerlichen
Kriege politisch verwilderten grossen Geschlechtern des
Reichs einen scharfen Zaum an sowohl durch die Gesetzgebung wider das Livréewesen, d. h. die grossen schlagfertigen Kriegsgefolgschaften der Adelshäupter, als auch
durch Abzweigung der Sternkammer aus dem Geheimen
Rathe zu einem Gerichtshofe, der frei von den Formen des
landrechtlichen Processes gegen jede verbotene Verbindung

wie gegen alle Anmassung königlicher Prärogativen summarisch einzuschreiten befugt wurde. Die rücksichtslose
Strenge der von hier aus schaltenden Beamten hat dem
Lande den ersehnten Frieden im Innern wieder geschenkt,
musste aber auch frühzeitig selbst treue Unterthanen mit
banger Ahnung erfüllen, zu welchem Missbrauch unter
weniger klugen Fürsten eine so unerhörte Gewalt gar leicht
hinreissen könnte.

Dies war nun aber um so mehr der Fall, als die Restauration mit einer Rücksichtslosigkeit, die geradezu an
Wilhelm den Eroberer erinnerte, ausgesprochen fiscalische
Ziele verfolgte. Es galt nicht nur sehr bedeutendes, der
Krone abhanden gekommenes Domanialgut wieder einzubringen, die halb vergessenen feudalen Gefälle unnachsichtlich wieder zu erheben, die Strafgelder, welche von dem
neuen Institut für alle möglichen Uebertretungen verhängt
wurden, erbarmungslos einzutreiben. Heinrich folgte ausserdem darin entschieden dem Beispiel Eduards IV., dass er,
nachdem ihm die Hafen- und Zollgelder auf Lebenszeit bewilligt worden, sich ebenfalls durch Zwangsanleihen, die
berüchtigten Benevolenzen, zu weiteren Einkünften verhalf,
das Parlament jedoch nur im äussersten Fall und während
der letzten dreizehn Jahre gar nicht mehr berief.

Die Gründe, die ihn hierzu bestimmten, lagen auf der
Hand. Die Schar der weltlichen Lords, welche durch die
grauenvollen Hergänge eines Menschenalters stark gelichtet,
unter der Aufsicht der Sternkammer standen, hütete er sich
wohl durch unbesonnene Wiederverleihung so manchen heim-
gefallenen Kronlehns zu vermehren. Die geistlichen Peers
steuerten zwar wie bisher einen namhaften Zehnten von ihren
unermesslichen Reichthümern. Indess entging bereits dem
klugen Blick des Königs keineswegs, wie der moralische
Halt des Klerus gerade durch die Doppelstellung in Kirche
und Staat immer morscher wurde. Die Gemeinen endlich,
die Grafschaftsritter, stets der unabhängigste Stand, und die
Städter, an Handel und Gewerbe gedeihend, hatten beide
die dynastischen Wirren herzlich satt und begrüssten eben
desshalb in dem Tudor ihr Heil. Der wusste aber gleichwohl,
dass er nach langer Erschöpfung von Land und Leuten

nicht Zumuthungen über die Gebühr an sie machen, am allerwenigsten ihren Stand zum bevorzugten im grossen Rath des Reichs erheben konnte. Indem er sich nun aber von allen auswärtigen Verwicklungen frei machte, entging er am leichtesten der Nothwendigkeit parlamentarischer Subsidien und förderte zugleich die so höchst wünschenswerthe Besänftigung der Gemüther. Zu der Gesetzgebung freilich konnte er Ober- und Unterhaus nicht entbehren. Mit ihrem Beistand schlug er denn zumal in der Agrar- und Handelspolitik schon diejenigen Wege ein, auf denen der Nachfolger wesentlich beharrt. Es galt den Grossgrundbesitz, der den Bauerstand ausrottete, indem er seine Ländereien einhegte und zur Schaafzucht und Wollschur verpachtete, ohne freilich die neuen Productionskräfte geradezu auszuschliessen, wieder an friedlichen Ackerbau zu gewöhnen. Es kam darauf an, dem nach Selbständigkeit strebenden nationalen Handel auch auf den auswärtigen Märkten, zumal den niederländischen, durch Verträge und nicht durch Krieg, die Wege zu ebnen, ihn von dem Monopol der Fremden, der Osterlinge wie der Venetianer zu befreien.

Nicht die Sucht des Selbstherrschers, sondern das eigene Bedürfniss und das des Reichs verhalf demnach dem Fürsten zu einer mit der unvergessenen Verfassung kaum verträglichen Macht. Mit seiner von den Gerichtshöfen unabhängigen Staatspolizei, umgeben von klugen Räthen, dreisten Agenten und geschickten Spionen hatte Heinrich VII. persönlich von seinem Gemach aus die oberste Verwaltung geleitet und sich zuletzt erfolgreich Aufruhr und Verrath vom Halse gehalten. Wie ein gewiegter Kaufmann führte er Tag für Tag bis auf die Brüche im Pfennig seine Bücher und wusste auch hierdurch seine Finanzen der Art unabhängig zu machen, dass es hiess, sein Einkommen erreiche an Höhe das des Königs von Frankreich, gleich wohl aber werde nur zwei Drittel wieder verausgabt, und dass der Nachfolger in der That einen sehr bedeutenden Barschatz vorfand. Hart an sich selber und anderen, persönlich einfach und zurückgezogen, erweckte er weder Liebe noch Hass, galt aber drinnen und draussen mit vollem Recht für einen Meister der Staatskunst, der in seiner Zeit und seinem

Reiche mit Salomo verglichen wurde. Als Begründer einer neuen Dynastie endlich spähte er mit sicherem Blick in die ferne Zukunft. Die politische Ehe, zu der er die älteste Tochter mit dem Schottenkönige verband, wurde die erste Stufe zu der Union der Kronen Grossbritanniens. Die Vermählung des Erstgeborenen mit der Infantin von Aragon bezweckte die engste Verbindung mit der aufsteigenden Weltmacht des Zeitalters zu sichern. Er sagte wohl, dass er durch die Verwandtschaft mit Spanien-Burgund sein Inselreich wie mit einer ehernen Mauer umgeben wolle.

Da war nun aber Arthur, Prinz von Wales, der zur Fortpflanzung des neuen britischen Königshauses ausersehen schien, nachdem er funfzehnjährig am 14. November 1501 mit Katharina, der ein Jahr älteren vierten Tochter Ferdinands und Isabellas verbunden worden, bereits am 2. April 1502 verschieden. An Nachkommenschaft war nicht zu denken, da die Ehe wegen des jugendlichen Alters beider schwerlich zur Vollziehung gekommen. Und so ging denn die Thronfolge auf den jüngeren Bruder Heinrich über, der in Kurzem als Prinz von Wales begrüsst, am 18. Februar 1503 urkundlich in Titel und Rechte desselben eingesetzt wurde.*)

Heinrich, geboren am 28. Juni 1491, erschien von Klein auf an Leib und Seele von ganz anderem Schlage. Nicht dem hageren, herben Vater oder der diesen kurz überlebenden lancasterschen Grossmutter glich sein Aeusseres. Er trug die blühenden, lebensfrischen Züge Eduards IV. auf der Stirn und in den Adern rollte das feuerige Blut der Yorks. Als er heranwuchs, strotzten Körper und Geist zusehends von Kraft. Früh hatte der vorsichtige Vater den mindergeborenen, damit er dereinst in den geistlichen Stand trete, vielleicht gar als Cardinal den Thron auf das Engste mit der Kirche verbinde, dem Bildungsaufschwunge der Zeit entsprechend vielseitig unterrichten lassen. Es spricht für die trefflichen Anlagen des Sohns, dass er auch als Souverain stets lebendiges Interesse für die in jungen Jahren empfangenen Lehren bewahrte und in Sprachen und Wissenschaften wohl bewandert blieb. So lange der Vater lebte,

---

*) Geschichte von England V, 609.

hatte er die Schulstube kaum verlassen. Ueber den Tod
des jungen Königs Philipp von Castilien, mit dem er sich
während dessen Aufenthalt in England jüngst befreundet
hatte, schreibt er einmal in stilgerechtem Latein dem Erasmus.*) Nur durch den sofort von Ferdinand dem Katholischen angeregten Gedanken, ihn mit der Wittwe des verstorbenen Bruders zu vermählen, erschien sein Name in
Verbindung mit den öffentlichen Angelegenheiten. Und in
der That die Saat, die epochemachend während seiner Herrschaft aufgehn sollte, wurde bereits ausgeworfen, ehe er
diese nur antrat. Im Sommer 1503 nämlich begegneten sich in
dieser Sache zwei solche Rechenmeister wie Don Ferdinand
und Heinrich VII. Jener wollte, nachdem er schon die Hälfte
der Mitgift seiner Tochter nach England ausgezahlt, keine
zweite volle Ausstattung tragen, dieser die noch ausstehen-
den 100,000 Kronen dazu gewinnen. Hatte bei der Verlobung mit Arthur Papst Alexander VI. einen Dispens ertheilt, die Minderjährigen zu verbinden, so bestätigte am
26. December 1503 Julius II. nicht nur dasselbe, sondern
gestattete, dass Katharina dem Kirchenrecht zuwider ihren
Schwager ehelichen dürfe, sobald er in das funfzehnte Jahr
getreten.**) Indess nicht lange nach dem Tode der Königin Isabella stockte die Angelegenheit. Ferdinand über-
warf sich mit seinem Eidam, Erzherzog Philipp. Der König
von England, der die Allianz mit Habsburg-Burgund festhielt, gerieth in eine geradezu bedrohliche Spannung mit
jenem. Darüber wurde weder der Rest jener Mitgift, wie
der Vertrag vom 23. Juni 1503 verlangte, ausgezahlt, noch
der päpstlichen Erlaubniss entsprechend die Verbindung
Katharinas mit dem Prinzen Heinrich durch Procuration
vollzogen. Letzterer erschien vielmehr am 27. Juni 1505,
dem Vorabende seines funfzehnten Geburtstags, vor dem
Consistorium des Bischofs von Winchester, um zu Protocoll
zu geben, dass er das während seiner Minderjährigkeit ge-

---

*) *Ellis, Original Letters* II, I, 174 Jan. 17. [1507].
**) *Bulle* bei *Rymer* XIII, 89 unter den Actenstücken zu *Burnets Hist.
of the Reformation*, Oxford ed. *Pocock* IV 15, registrirt bei *Bergenroth:
the Calendar of Letters, Despatches and Statepapers, Spanish* I, N. 389,
vgl. *Hook, Archbishops of Canterbury, New Series* I, 191.

schlossene Verlöbniss nicht auszuführen gedenke.*) Nichts desto weniger hütete sich Heinrich VII. die Infantin ihrem Vater auszuliefern, damit sie nicht etwa in ein anderes Königshaus verheirathet würde. Während er selber nach dem Tode der Königin Elisabeth behufs der eigenen Wiedervermählung noch einmal Rundschau in Castilien und Neapel halten liess, musste Katharina in jenem hässlichen Geldhandel als Geisel haften. Der eigene Vater dagegen umgab sie mit einer Hofhaltung von Landsleuten, welche spanische Tendenzen in England zu fördern suchte. Diese hat nicht nur den Thronfolger herüber ziehen wollen, nicht nur den Krieg als unvermeidlich durchblicken lassen, sondern den Zweifel in die Befestigung der Dynastie Tudor offen zur Schau getragen. Katharina ihrerseits in einer unerträglichen Lage, Gefangene von England, von geistlichen und weltlichen Spionen ihrer eigenen Nation umgeben, zeigte Charakter und entschlossenen Willen.**) Sie beklagte sich nicht nur über die Härte, mit der Heinrich VII. sie behandelte, zumal nachdem er seine Tochter Marie im December 1507 mit dem jungen Erzherzog Karl verlobt hatte, sondern auch über Knauserei und kalte Misshandlung von Seiten des eigenen Vaters, über die Dienerschaft, die er ihr zumuthete.***) Gleichzeitig wurde nach Spanien berichtet, dass es im Plan sei, den Prinzen von Wales mit einer Tochter des Herzogs Albert IV. von Bayern zu verloben.†) Es ging das Gerede, dass Heinrich VII. noch in der Sterbestunde dem Sohne widerrathen habe, die fast sechs Jahre ältere Wittwe des verstorbenen Bruders zu heirathen.††) Mit dem Ableben

---

*) Bei *Burnet* IX, 17.

**) Nach *Bergenroth, Letters, Despatches and Statepapers* I, N. 448. 513. 551. vgl. *Hook*, *Lives of the Archbischops of Canterbury* VI, 191 ff.

***) *Por que por my imposyble tengo poder çufryr lo que asta agora e pasado y pasa asy de los desabrymyentos del Rey y de las maneras que conmygo tyene, especyal despues que su fija se ha desposado con el pryncype de Castylla.* Katharina an Ferdinand, Richmond 9. März 1509 bei *Bergenroth, Supplement to Vols.* I *and* II *of Letters, Despatches and Statepapers* p. 17.

†) Der *Commendador de la Membrilla* an Ferdinand, 20. März 1509 ibid. 23.

††) So *Burnet, Hist. of the Reformation* I, 75.

des Königs am 21. April 1509 jedoch schlug für die Infantin nach bangen Jahren die Stunde der Erlösung.

Heinrich VIII. hatte das achtzehnte Jahr noch nicht
vollendet, als er an des Vaters Stelle trat und, obwohl Erbe
seiner Politik, sofort in gar vielen Stücken eigene Wege
einzuschlagen begann. Seine jugendlich lebensvolle Persönlichkeit machte sich alsbald bei Hofe, in der Verwaltung
wie in den Beziehungen des Reichs nach aussen geltend.
Mit seiner hohen, die meisten anderen Männer überragenden
Gestalt, dem offenen fröhlichen Antlitz und einer Fülle
körperlicher und geistiger Anlagen schaute er erwartungs-
voll, nach Beifall begierig, in das Leben hinaus. Aufmerksam beobachtende Venetianer, die um ihre Handelspolitik
besorgt, seit längerer Zeit die englischen Zustände erforsch-
ten, haben ihn in den ersten Jahren seines Königthums
wiederholt genau gezeichnet. Unter den früh alternden, ab-
gelebten Monarchen der Epoche wollten sie keinen schö-
neren Mann erblickt haben. Als Südländer zumal bewunderten sie das runde Gesicht, dessen blendende Weisse
einem hübschen Weibe anstehen würde, das blond-rothe
Haar, den goldenen Bart, die er nach französischem Schnitt
trug. Nichts ist anmuthiger, als ihn in einem Hemde von
feinstem Gewebe, so dass die zarte Haut durchschimmert,
Ball schlagen zu sehn. Auf der Jagd reitet er acht bis
zehn Rosse müde.*) Er spannt den stärksten Bogen mit
dem körperkräftigsten Gesellen seiner Leibwache um die
Wette**), schwingt das schwere zweihändige Schwert mit
schmetterndem Schlage und nimmt es im Lanzenbrechen mit
den Meistern des Turniers auf. Dabei aber war er ein guter
Latinist, sprach fliessend französisch, ohne in Frankreich
gewesen zu sein, verstand spanisch und ein wenig italienisch.
Die Pünktlichkeit, mit der er täglich zur Messe ging, Fertigkeit und Geschmack, mit der er die Laute und das Harp-
sichord spielte und vom Blatte sang, fiel zumal den Italie-

---

*) *Piero Pasqualigo* und *Sebastian Giustiniani* bei *R. Brown, Four
years at the Court of Henry VIII.*, I, 86. 1515. II, 312 aus Giustinianis
Relation.

**) *At that tyme hys grace shotte as strong and as greate a length
as any of his garde. Hall, Chronicle* ed. 1809 p. 515.

nern auf. Einer von ihnen, selber musikalisch, der jeden
Tag in Richmond zuhorchte, konnte sich nicht satt hören,
wenn der König sich Abends an das Virginal (Spinett) setzte
und „göttlich" spielte und sang.*) Holbein hat ihn einmal
mit der Harfe in der Hand gemalt. Erasmus erwähnt Messen
und Kirchengesänge, die der König componirte. Burgundische Gesandte bewunderten seine Manieren und hohen
Gaben so überschwänglich, dass sie das Land glücklich
priesen, das von einem so unvergleichlichen Könige be-
herrscht wurde.**)

In vollem Gegensatz zu seinem Vater trat Heinrich nun
auch vom ersten Augenblick an unter das Volk hinaus und
liess hinwiederum den Geringsten zu sich eintreten. Seine
Freude an allerlei Lustbarkeit und insonderheit an den landes-
üblichen Kraftspielen gewann ihm aller Herzen. Hier liegt der
tiefste Grund der fast unbegreiflichen Popularität, welcher
auch die Tage seiner Gewaltherrschaft weit überdauern sollte.
Jedermann gewahrte, wie er sich mit persönlicher Anstrengung Wissen und Können in allen möglichen, namentlich auch dem Gemeinwohl nützlichen Dingen aneignete.
Das Publicum überzeugte sich bald, dass Spiel und Tändelei
keineswegs seinen Sinn gefangen hielten, dass er vielmehr
unvergleichlich rührig mit nie erschlaffendem Eifer seinen
Pflichten in der Rathskammer nachkam. Eine so selbständige auf reale Ziele angelegte Natur nahm denn auch sofort
ihre eigene Stellung zu den grossen und kleinen, den allgemeinen und persönlichen Angelegenheiten, die sich in der
Continuität einer Monarchie verknüpfen.

Vor allem erinnerte sich der junge Fürst derjenigen,
der er vor sechs Jahren angetraut worden, der er dann feierlich hatte entsagen müssen. Hochachtung vor dem Tact
und der Selbständigkeit, welche Katharina in schwerer Bedrängniss nie verleugnet hatte, erweckte die Neigung des
königlichen Jünglings und wurde von ihr mit aufrichtiger
Liebe erwidert. Es ist nicht zu zweifeln, dass beider Herzen

*) *Sagudino*, des Gesandten Giustiniani Secretär, *R. Brown, Four
years* I, 80. 297. II, 75.
**) Bericht vom 10. Juli 1517 bei *R. Brown, Calendar of State Papers,
Venice* II, N. 918.

in lauterem Gefühle einander begegneten. Dazu kamen aber
schwerwiegende politische Beweggründe. Durch den jüngsten Sieg Ludwigs XII. über Venedig erschien Frankreichs
überwiegende Macht auch für England bedrohlich. Eine
Sicherung war wesentlich in dem engen Wiederanschluss
an Spanien zu haben. So setzte sich denn Heinrich VIII.
gleich in den ersten Stunden seiner Selbstherrschaft über
die Bedenken hinweg, mit denen sein Vater gestorben war,
und gab damit selber das Zeichen, dass die ganze Situation
wie mit einem Schlage umschwang. Vor Ferdinand dem
Katholischen als Freund und Verbündeten des jungen
Fürsten, fügten sich auch solche, die bisher widersprochen.
Da war William Warham, Erzbischof von Canterbury, dem
verstorbenen Könige in seinem ganzen Wesen innerlich verwandt. Hatte er, als Lordkanzler der oberste Gewissensrath,
Heinrich VII. zugerathen, das Verlöbniss zu widerrufen, so
vollzog er doch auch fernerhin an der Spitze der Kirche
und der Regierung des Nachfolgers ohne Weigerung dessen
Willen, indem er sich bereit erklärte, den spanischen Ehebund einzusegnen.*) Als der spanische Wächter der Infantin bei Don Ferdinand seine Bedenken nicht verschwieg,
bekam er zur Antwort, dass die Heirath kraft der päpstlichen Dispensation gesetzlich sei, dass König Manuel von
Portugal mit zwei Schwestern nach einander glücklich lebe
und dass der König von England eine Sünde begehe, wenn
er das gegebene Wort breche.**) Selbst die Gewissen der
Kleriker mussten schweigen, wenn der heilige Stuhl die
entgegenstehenden Bestimmungen mit der Insinuation ausser
Kraft gesetzt hatte, dass, wie Arthur kein Nachkomme geboren, seine Ehe auch gar nicht zur Ausführung gekommen
und nicht mehr als ein Verlöbniss gewesen sei. Zur Beruhigung der öffentlichen Meinung wurde die päpstliche
Bulle noch einmal feierlich publicirt.

So geschah es denn, dass sechs Wochen nach dem Ableben des Vaters, nachdem dessen Beisetzung am 10. Mai
mit dem üblichen Gepränge stattgefunden, Heinrich sich

---

*) *Hook* VI, 194.
**) *Bergenroth, Calendar of Letters* II, N. 8 11. Mai.

am 4. Juni*) mit Katharina vermählte und sofort mit seinem
ganzen Eifer Anstalten zu der gemeinsamen prunkvollen
Krönung traf. Edward Herzog von Buckingham, gleich des
Königs Grossmutter ein Spross des Hauses Lancaster, wurde
für den Anlass zum Lord High Constable und Lord High
Steward, Thomas Earl von Surrey zum Marschall ernannt,
was der durch den verstorbenen König unermüdlich ange-
sammelte Kronschatz an Juwelen und Prachtgewändern
besass hervorgeholt.**) Am 23. sah man das königliche
Paar, mit dem glänzendsten Staat umgeben, vom Tower aus
durch die reichgeschmückte City den üblichen Aufzug nach
Westminster halten, die Königin in ihrer von zwei mit
weissem Goldtuch behangenen Schimmeln getragenen Sänfte
wie eine jungfräuliche Braut in weissen Atlas gekleidet mit
lang herabwallendem blonden Haar.***) Tags darauf, zu
Mittsommer, einem Sonntag, geschah nach dem bis mindestens in das elfte Jahrhundert zurückreichenden Ritus mit
verschwenderischer Pracht die Krönung in der Abtei durch
den Erzbischof von Canterbury. Nachdem die geistlichen
und weltlichen Lords gehuldigt, begab sich der Zug in
die grosse Halle des Palasts zur feierlichen Tafel, vor der
dem Herkommen gemäss hoch zu Ross mit den gekreuz-
ten Wappen Englands und Frankreichs der geharnischte
Kämpe aus dem erbberechtigten Hause Dimock erschien,
um den Stahlhandschuh niederschleudernd allen, welche
Heinrich VIII. als wahren Erben der Krone verleugneten,
den Zweikampf zu bieten und mit dem goldenen Becher,
aus welchem er des Königs Wohl getrunken, wieder ab-
zureiten. Tage lang ergötzte man sich am Turnier und
Lanzenstechen, an Quadrilleriten und üppig ausgestatteten
lebenden Bildern. †)

Ja, die rauschenden, verschwenderischen Festlichkeiten
rissen zunächst nicht ab. Es schien, als ob mit Tanz, Gaste-

---

*) Brief an Erzherzogin Margarete bei *Brewer, Letters and Papers,
foreign and domestic of the reign of Henry VIII*, I, N. 224. Nach *Halls
Chronicle* ed. 1809 p. 507 war die Hochzeit am 3. Juni.
**) Erlasse vom 7. Juli bei *Brewer, Letters and Papers* I, N. 211—214.
***) *Hall* 508.
†) *Hall* 509 ff.

reien, Schaustellungen zur Weihnachtszeit, mit echt nationaler Verkleidung und Bogenschiessen am Maitage, mit
ritterlichen Kraftspielen während der übrigen Monate der
Rundlauf des Jahrs ausgefüllt werden sollte. Die Königin,
welche die Genussfähigkeit des Gemahls theilte, schrieb
glückstrahlend ihrem Vater, dass sie beide seine aufrichtigen
Kinder seien, dass sie sich der Ruhe und Treue ihres Landes
erfreuten.*) Heinrich selber, als er drei Tage nach der
Krönung das grosse Ereigniss der Regentin Margareta der
Niederlande notificirte, betonte, dass er den Wunsch des
sterbenden Vaters zumal in Anbetracht der Verbindung
zwischen Aragon, dem Kaiser und dem Hause Burgund
befolge.**) Dem Könige Ferdinand, der endlich das Ziel
seiner Wünsche erfüllt sah, erklärte er, dass seine Liebe zu
Katharina der Art sei, dass, wenn er noch frei gewesen,
er nur sie allein wählen möchte.***) Und in der That die
aus der Liga von Cambrai entspringenden Verwicklungen
drängten mächtig auf neue Constellationen unter den Mächten hin. Zu Papst Julius II. und Ferdinand dem Katholischen, die zuerst dem französischen Sieger in Italien ent-
gegenwirkten, gesellte sich in Kurzem der junge König
von England, der unter Spiel und Tanz das Begehren verrieth, die Politik des Enthaltens mit thatkräftigem Eingreifen
in die Welthändel zu vertauschen.

Die Venetianer, deren Galeeren vor den unnachgiebigen
Handelsgrundsätzen Heinrichs VII. in englischen Häfen
Jahre lang nicht Anker geworfen hatten, fanden auf der
Stelle wieder Zutritt bei Hofe. Der König legte in Rom,
bei Ferdinand und Maximilian gute Worte für sie ein und
liess Ludwig XII. bedeuten, sie ferner nicht zu belästigen,
falls er die Freundschaft Englands hoch halte.†) Sein
schreibseliger Agent John Stile meldete aus Valladolid, dass
ungeachtet der französischen Anstrengungen, die castilischen
Händel zwischen Ferdinand und Maximilian auszutragen,

*) *Brewer, Letters and Papers* I, N. 368. 29. Juli.
**) Ibid. N. 224. 27. Juni.
***) Ibid. 338. 26. Juli.
†) *Andreas Badoer* 24. Juli 1512 bei *R. Brown, Four years* 63, *Brewer* I,
N. 3333. „berichtet über eine Audienz nicht zehn Tage nach der Krönung".

ersterer dem Könige Ludwig Anschläge auf Neapel zutraue,
und dass an der Bidassoa zwischen den Unterthanen beider
bereits Raufereien ausgebrochen seien.*) Eifrig wurden die
mit dem Kaiser und Burgund geschlossenen Verträge durchforscht.**) Nicht minder blickten die Gedanken durch, das
Reich wehrhaft zu machen.

Den Kern eines Heers bildete fortan die königliche
Leibwache, deren Zusammensetzung nicht nur an das
Kriegswesen der jüngsten Vergangenheit, sondern staatsrechtlich hoch hinauf bis an das alte Waffengesetz Heinrichs II. anknüpfte. Nach dem Statut vom 20. November***)
bestand sie aus einer Anzahl edel geborener junger Leute,
deren es noch immer genug gab. Ein jeder hatte schwere
Rüstung für sich und zwei Kriegsrosse und dazu einen Pagen,
einen Trabanten als Halblanze, zwei gute Bogenschützen
beritten und in Stand zu halten. In des Königs Sold standen sie unter seinem Kriegsgesetz. Sie leisteten ihm den Eid
und lagen dann in dem ihnen angewiesenen Quartier. Unter
dem Befehle des Grafen von Essex entwickelte diese Truppe
jedoch in der Bekleidung ihrer Trabanten mit Brokat, Silber
und Gold einen solchen Glanz, dass der Capitän Sir John
Pechie froh war, in Kurzem nach Calais versetzt zu werden.†)
Als Stamm des nationalen Fussvolks, das in der alten Graf-
schaftslandwehr ein weites Feld der Aushebung hatte, galten
die Yeomen der Wache, dreihundert lang gewachsene
Gesellen, die auch den Hoffesten regelmässig einen Bei-
schmack kriegerischer Kraft verliehen. Bald bildeten diese
Riesen in silbernem Brustharnisch, die Hellebarde in der
Rechten, Spalier, bald waren sie im Schnitt deutscher
Landsknechte, oder wie englische Schützen grün gekleidet
und mit Langbogen und Pfeilen bewaffnet.††) Aber auch
dem neuen Geschützwesen hatte Heinrich gleich allen rührigen Fürsten der Zeit von Anbeginn die volle Aufmerksamkeit zugewandt. Deutsche und Schweizer Kanoniere

---

*) *Brewer* I, N. 796. 11. Jan. 1510.
**) Liste derselben bei *Brewer* I, N. 1267.
***) *Brewer* I, 678.
†) *Hall, Chronicle* 512.
††) So *Pasqualigo* 1515 bei *R. Brown, Four years* I, 85. 90.

dienten in seiner Artillerie. Sein Agent in den Niederlanden überwachte in den Werkstätten des Meister Hans
den Guss von 48 Stücken verschiedenen Calibers, die den
stärksten in Frankreich gleich kommen sollten. Er hatte
den Auftrag, auch die vom Schottenkönige bestellten, aber
von der Regentin mit Beschlag belegten zu kaufen.*) Dass
eifrig gerüstet wurde, und wem die Rüstung galt, konnte,
auch wenn die bisherigen Verträge mit Frankreich wirklich
erneuert werden sollten, nicht lange verborgen bleiben.

Dieser kräftigen Betheiligung an den allgemeinen Hergängen entsprach nun aber gleichzeitig das neue Wesen,
das sich nicht minder in den einheimischen Verhältnissen
kund gab.

Gleich seinem Vater schaltete der junge König, sobald
er sich als solcher nur einigermassen zurecht gefunden, unbeschränkt als lebendiger Mittelpunkt der Nation, zu welchem
alle Parteien und Gegensätze Stellung nehmen mussten.
Es hing lediglich von seinem Willen ab, welche Herren,
ob mit oder ohne Amt und Rang er in den Geheimen Rath
ziehen, ob er ihre Meinungen befolgen wollte oder nicht.
Nichtsdestoweniger behielt er, wie noch die alte kluge,
wenige Tage nach der Krönung, am 29. Juni 1509, verstorbene Grossmutter empfohlen haben soll, die bewährten
Räthe des Vaters bei. William Warham Erzbischof von
Canterbury als Lordkanzler, Thomas Howard Graf von
Surrey als Lordschatzmeister, Richard Fox Bischof von
Winchester als Geheimsiegelbewahrer, Sir Eduard Howard
der Grossadmiral, der Graf von Shrewsbury als Vorstand
des königlichen Hofhalts, Lord Herbert als Kammerherr
und Thomas Ruthall, der auch nach seiner Erhebung auf
den Bischofstuhl von Durham Staatssecretär blieb, hatten
die Aufgabe, den Fürsten in die Geschäfte einzuführen und
sich selber in seinen Willen zu fügen. Dazu kamen noch
einige alte treue Diener des Verstorbenen: Sir Thomas Lovel
als Constable des Tower, Sir Henry Wyatt, Sir Edward Poinings, Sir Henry Marny und Sir Thomas Darcy. Es waren

---

*) *Brewer* I, 922—924 Correspondenz mit Spinelly, Februar 1510. Harnische dagegen und andere Schutzwaffen wurden in Italien bestellt, *R. Brown,
Calendar of State Papers* II, N. 63. 14. Mai 1510.

theils kriegerische Staatsmänner, theils Geistliche und Vertreter wohl des kirchlichen, aber keineswegs des gemeinen
Rechts.*) Indem Warham sich vom ersten Tage an von
der obersten Leitung auf die Verwaltung des Erzstifts und
den Vorsitz der Kanzleigerichte zurückzog, wurden die eigentlichen Geschäfte, wie ihre Concepte ergeben, von Fox,
Ruthall und einer jüngeren Kraft erledigt, welche, den neuen
Anforderungen des Herrschers und des Reichs gewachsen,
in der von dem mürrischen, bei Hofe wenig sympathischen
und daher einflusslosen Erzbischof offen gelassenen Lücke
rasch empor stieg.   Dies war Thomas Wolsey, der schon
nach dem ersten Jahre im Rathe unentbehrlich und der treibende Geist wurde, durch welchen die Regierung des Sohns
denn doch so bald auf manchen Gebieten von dem väterlichen Vorbild ablenkte.

Dieser ausserordentliche Mann, im März 1471 zu Ipswich
geboren, entstammte kleinbürgerlichem Kreise. Nur der böse
Leumund**) indess hat den Vater, Robert Wulcy, wie sich
anfänglich auch der Sohn schrieb, zu einem Metzger gemacht.   Sein letzter Wille vom Jahre 1496 und eine Vollmacht Heinrichs VIII. vom 21. Februar 1510, in St. Lauren-
tius zu Ipswich ein Oratorium zu stiften, um wie für das Heil
von König und Königin auch für die Seelenruhe Robert
Wolseys und seiner Frau Messe zu lesen***), deuten jedenfalls auf ehrbare und nicht unansehnliche Verhältnisse.
Thomas, zum Priester bestimmt, gewann zu Oxford früh
akademische Ehren, wurde Mitglied des Magdalenencolle-
giums und erhielt vom Marquis von Dorset, dessen Söhne
er unterrichtete, die erste geistliche Pfründe. Abgesehn
von seinem guten Latein bemeisterte er schwerlich eine
andere Sprache als die eigene. Obwohl er einige Ab-

---

*) Letzteres hervorgehoben im Leben Heinrichs von Lord Herbert bei
Kennet, History of England II, 2
**) Zuerst nachzuweisen in den Spottversen Sheltons vom Jahre 1524:
Why come ye not to courte V. 294 *Works* ed. A. Dyce II, 36: *For drede
of the mastyue cur, For drede of the bochers dogge Wold wyrry them
lyke an hogge.* Im Uebrigen s. *Galt, Life of Cardinal Wolsey* p. 5 ff. auf
Grund des alten Werks von *Cavendish* herausgegeben von *Singer* und der
von *Fiddes* gesammelten Urkunden, vor allem aber *Brewer* I, *Preface* xc. ff.
***) *Privy Seal* für Edmund Daundy Kaufmann in Ipswich bei *Brewer* I, 899.

neigung zeigte, in den geistlichen Stand zu treten und viel
mehr Vorliebe und Geschick für weltliche Auszeichnung
verrieth, so war er doch in seiner Weise, wie selbst bittere
Gegner *) einräumen, ein leidlicher Theologe und vor allen
in den Schriften des Thomas von Aquino, des grössten
Kirchenpolitikers der vergangenen Jahrhunderte bewandert,
zu dessen Studium er denn auch frühzeitig den König
Heinrich VIII. ermunterte. Seine angenehmen Manieren,
Geist und gewandte Rede machten ihn sehr beliebt, so
dass ihm ausser kirchlichen Aemtern sehr bald fördersame
Aufträge zuwinkten und am Hofe Heinrichs VII. Bischof
Fox und der Schatzkanzler Sir Thomas Lovel auf ihn aufmerksam wurden. Als jener Fürst kurz vor seinem Ende
an Wiederverheirathung und zwar mit Margareta, der Tochter Maximilians, dachte, fand sein Caplan Wolsey auf einer
raschen Sendung an den römischen König Gelegenheit in
hohem Grade Umsicht und diplomatische Anlagen zu entfalten **), wofür ihm mit Einsetzung zum Dechanten von
Lincoln gelohnt wurde. Keine Frage, dass der Bischof von
Winchester ihn auch Heinrich VIII. dringend empfohlen
und stets auf dem besten Fuss mit ihm gestanden hat. Statt
dass Wolsey, wie seine Verleumder behaupteten, ihn untergraben hätte, ruhte er nach Ausweis der freundschaftlichen
Briefe beider vielmehr nicht, den mönchisch gesinnten und
im Grunde der Seele den politischen Dingen abgeneigten
Prälaten an denselben festzuhalten. Beide bildeten von vorn
herein ein Gegengewicht gegen die habgierigen und ehrgeizigen Absichten, mit denen der Graf von Surrey und
seine Sippe das Vertrauen des neuen Herrschers dadurch
an sich zu fesseln suchte, dass sie seine Lust an kostspie-
ligem Vergnügen und militärischer Verschwendung an-
stachelten. Allerdings indess stiess Wolsey durch seine
lebendige, ungezwungene Art, schlagfertigen Witz und überlegenen Geist, der ihm in der Folge von den Neidern als

---

*) *Polydor Vergil*, der schmähsüchtige Italiener, den Wolsey schwer gekränkt hatte, schreibt *Hist. Angl.* Lib. XXVII. p. 17. 19 (Leyden 1651):
*divinis litteris non indoctus;.. rex ... legebat studiose libros divi Thomae
Aquinatis et hoc agebat hortatu Volsaei, qui totus erat Thomisticus.*
**) Geschichte von England V, 624.

Stolz zur Last gelegt wurde, bei den älteren, fast klöster-
lich zurückhaltenden Staatsmännern Heinrichs VII. vielfach
an. Um so mehr aber mussten gerade diese Eigenschaften
dem offenen und heitern Wesen des Nachfolgers zusagen,
der die geniale Tüchtigkeit des Mannes sehr wohl durchschaute, an seinem Verkehr und an der Fähigkeit, nicht nur
die Arbeit sondern auch die rauschenden Lustbarkeiten mit
ihm und der jüngeren Generation zu theilen, sein Gefallen
fand. So war es denn durchaus natürlich, wenn er ihm,
der bald vierzigjährig, bisher durch Verwaltung eigener
Gütermassen nicht über die Gebühr in Anspruch genommen,
sich mit unvergleichlicher Frische und Thatkraft den eigentlich politischen, ja, vorzugsweise diplomatischen Geschäften,
wie sie auch den König besonders anzogen, hingab, alle
mögliche Gunst zuwandte, um ihn an seinen Dienst zu fesseln.
Gleich im ersten Jahre verlieh er ihm die durch Verwirkung
an die Krone gefallene Pfarrei von St. Bride in der City
mit weitläufigen Gärten, erhob ihn zum königlichen Almosenier und Mitglied des Geheimen Raths, verlieh ihm dann
ein Canonicat in Windsor*), dem bald in kurzen Pausen die
glänzendsten kirchlichen Pfründen folgen sollten. So begegnen denn von Anfang an seine Spuren in den Verfügungen, die der König mit seinen Räthen trifft. Sie
steigern sich, sobald England in die europäischen Verwicklungen eintritt, rasch bis zum vorwiegenden Einfluss. Je
mächtiger die allgemeinen Fragen hervordringen, um so
mehr erscheint Wolsey in seinem Fahrwasser. Kein anderer
Engländer versteht sich so sicher und kühn darauf, den Interessen der Heimath in jedem einzelnen Falle zu nützen. Die
Papiere von seiner Hand mehren sich daher auch zusehends
neben denen von Fox und des geschäftsgewandten Ruthall.
Von einer Verdrängung Erzbischofs Warham durch Wolsey
konnte schon desshalb nicht die Rede sein, weil jener den
beiden letzteren, die seine Freunde nicht waren, die laufen-

---

*) *Brewer* I, 555. 644. 837. 1506 *Pol. Vergil* 17: *Vintoniensis paucis
post diebus Volsaeum praefectum largitionis regiae inopibus hominibus
faciendae, quem elemosinarium dicunt, creandum et in numerum consilia-
riorum regis adscribendum adsciscendum in consiliumque cum primis ad-
hibendum curat.*

den Geschäfte im Geheimen Rathe zuvor schon Preis gegeben hatte.

Der Regierungswechsel hatte sich in tiefer Ruhe vollzogen. Die lange Reihe der Erlasse unter den neuen Siegeln,
Ertheilung und Bestätigung von richterlichen Commissionen,
Einsetzung der Sheriffs, Anstellungen bei Hofe zeigen das
Räderwerk des Staats im altgewohnten Gange, den selbst
die heftigsten Erschütterungen des verflossenen Jahrhunderts
nicht zu unterbrechen vermocht hatten. Die Proclamation
vom 23. April, durch welche allen, die darum nachsuchten,
Amnestie zugesichert wurde*), war wesentlich die Wiederholung des uralten Königsfriedens, mit welcher jeder neue
Herrscher sein Amt antrat. Eine beträchtliche Liste jedoch
verzeichnete die Namen derer, die von der königlichen
Gnade ausgeschlossen sein sollten, darunter die Brüder de
la Pole, Enkel Eduards IV., aber yorkistische Verschwörer,
denen Heinrich VII. in ihren auswärtigen Schlupfwinkeln
nicht hatte beikommen können, und Sir Richard Empson
und Edmund Dudley, die fiscalischen Agenten, durch deren
erbarmungslose Erpressung der Verstorbene seine Unterthanen, vornehm und gering, bis auf's Blut gequält hatte.**)
Dass Dudleys Schätze, sein stattliches Haus bei London
Stone mit Beschlag belegt, dass das an Empson unrecht-
mässig verliehene Kirchengut in der City eingezogen und
an Wolsey ausgethan wurde***), verkündete gleich in den
ersten Monaten, dass die Bedrückungen ein Ende haben und
gerechte Klagen Gehör finden sollten. Alle Welt bestürmte
sofort den Rath mit Bitten um Genugthuung. Es erschien
räthlich, dem Druck der öffentlichen Meinung statt zu geben
und nach einiger Untersuchung die verhassten Handlanger
einer unnachsichtigen finanziellen Strenge der Volksrache
zu opfern. Indem der neue König, ohnehin nicht geneigt,
lange Discussionen abzuwarten, sich gleich am ersten Tage
zu dem Schritt entschloss, Empson, der ein Emporkömmling
aus niederer Sphäre war, und Dudley, einen Mann von guter
Herkunft, nebst einer Anzahl Helfershelfer verhaften und

---

*) *Brewer* I, 2. 3.
**) *Brewer* I, 12.
***) *Brewer* I, 425. 555.

in den Tower abführen zu lassen*), eroberte er sich im hellen
Jubel die Herzen seiner Unterthanen. Die Geschworenen
erkannten, da beide auch eines vor dem Ende Heinrichs VII.
geschmiedeten Complots überwiesen wurden**), auf Hochverrath. Allein, mochte die Schuld noch so offen zu Tage
liegen, die durch sie auf höchste Anordnung vollzogenen
Confiscationen konnten doch nur auf dem Rechtswege rück-
gängig gemacht werden. So ergingen denn, was überdies
bei einem Regierungswechsel aus anderen Ursachen unumgänglich erschien, aber seit Jahren ganz unterlassen worden,
bereits im November die Ladungen zum grossen Rath des
Reichs, dem Parlament, um was die Untersuchung im engeren
Rathe ergeben und worüber von diesem die erforderlichen
Beschlüsse gefasst worden, nun auch in voller Versammlung
zu genehmigen und auszuführen.

Das Parlament wurde am 21. Januar in dem grossen
Saal des Palasts zu Westminster in Gegenwart des Königs
mit einer Rede des Erzbischofs von Canterbury im üblichen
Stil über den Text: *Fürchtet Gott, ehret den König* eröffnet. Nachdem die Gemeinen ihren Sprecher erwählt und
präsentirt hatten, ging es an Erledigung der Geschäfte,
unter denen die Anklage auf Hochverrath wider Empson
und Dudley die Gemüther selbstverständlich am tiefsten
ergriff.***) Hatte doch das Haupt der Kirche und der Gerichte unter lautem Beifall die scharfe Bemerkung fallen
lassen, dass Zöllner und Steuererheber zwar der Sporn des
Gemeinwesens, selber aber in der Regel wenig werth seien.

Unter den von dieser Versammlung beschlossenen Statuten bezogen sich daher mehrere auf diese ernste Angelegenheit. Gegen Inquisitionen, welche unrechtmässige
Eigenthumsentziehung zur Folge gehabt, wurde der Rechts-
einwand zugelassen. Dagegen sollten solche Personen, die
ohne verbrecherische Absicht ihren Grundbesitz den jetzt
nach gemeinem Recht Verurtheilten in Verwaltung gegeben,

---

*) *Hall* 505.
**) *State Trials* . Lord Herbert bei *Kennet* II, 7.
***) *Journals of the House of Lords* I, 3. Auszug aus der Parlaments-
rolle bei *Brewer* I, 811. *Hall* 512. Vgl. *Hook, Archbishops of Canterbury*
N. S. I, 200.

dadurch nicht ihres Eigenthums verlustig gehn. Ausdrücklich zunächst wurde Robert Ratclif Lord Fitzwater, dessen
Vater einst Eigenthum, Rang und Ehre an Heinrich VII.
verwirkt hatte, nachdem schon der verstorbene Fürst den
Gnadenweg zugelassen, in allen Stücken restituirt.*) Von
fiscalischen Commissaren und selbst von Geschworenen, die
über Grundbesitz zu- und abzuerkennen hatten, sollte fortan
ausser der moralischen eine Vermögensqualification gefordert werden.**) Es wurden einige Statute Heinrichs VII.
widerrufen, um nicht allein Zolldefraudationen, sondern falschen Beschuldigungen vor Gericht um so sicherer beizu-
kommen.***) Auch dass Quittung der Steuern und die Genehmigung, in gewissen Fällen Domanialgut in Pacht zu
nehmen, fest vorgeschrieben†), dass alles Strafverfahren im
Namen des Königs in mindestens drei Jahren, im Namen
Privater in mindestens einem statt haben, den Coroners jede
Vergütung untersagt und der Meineid streng belangt werden
sollte††), zeigte zur Genüge, welche Ausdehnung das Unwesen genommen haben musste, gegen das man einschritt.
Die Berührung delicater Verhältnisse war dabei nicht zu
umgehn. Doch wurden von den Executoren des Testaments
Heinrichs VII. grosse Summen an die Geschädigten gezahlt
und endlich der Gerechtigkeit freier Lauf gelassen. Als
der Hof im Sommer 1510 einen weiteren Umzug angetreten,
ist am 17. August die Hinrichtung der beiden Verurtheilten
auf Tower Hill vollstreckt worden.†††)

Das Parlament jedoch hatte noch eine Anzahl wesent-
licher Gegenstände erledigt, die zumal nach einem Regierungswechsel Berücksichtigung verlangten. Dass die Sorge
für das volkswirthschaftliche Wohl mit dem eigenen zusammenfiel, begriff Heinrich so gut, wie sein Vater. Wohl
widerrief er ein Gesetz des letzteren, das, dem Könige von
Dänemark willfahrend, den Engländern den Fischfang in den

---

*) 1 *Henr. VIII*, cap. 12. 15. 19 *Statutes of the Realm* Vol. III.
**) Cap. 8.
***) Cap. 5. 6.
†) Cap. 3. 10.
††) Cap. 4. 7. 11.
†††) *Hall* 514. 515.

Gewässern von Irland verbot. Er hob ein Statut Richards III.
auf, weil es die Tuchfabrikation benachtheiligte. Andererseits aber bestätigte er die von Heinrich VII. und Eduard IV.
gegen die Ausfuhr von Landesmünzen, Silberzeug und Juwelen erlassenen Verbote und genehmigte im Stil früherer
Jahrhunderte ein neues umständliches Gesetz, das den einzelnen Ständen Luxus und Kleiderordnung bis in's Einzelne
vorschrieb.*)

Dafür lieh das Parlament bereitwillig Hand, um durch
zwei Statute über Ein- und Auszahlung den auf eine lange
Reihe von Bezugsquellen angewiesenen königlichen Haushalt und die grosse „Garderobe" zu reguliren. Der Jahresetat des ersteren wurde auf L. 19,394.16.3, der letzteren
auf L. 2015.19.11 angesetzt, so wie der durch mehrere
Patente für die Königin ausgeworfene Brautschatz nachträglich bestätigt.**) Endlich aber wurden dem Könige von
seinen getreuen Gemeinen, indem sie sich ausdrücklich als
staatliche Gegenleistung die Fortdauer des Schutzes zur See
ausbedangen, gegen Zusicherung der bestehenden Handelsprivilegien so wie der besonderen den Stapelkaufleuten und
von Alters her den deutschen Hansen gewährten Vorrechte,
auf Lebenszeit die Hafenzölle, das Tonnen- und Pfundgeld
in gewohnter Höhe bewilligt.***)

So war denn auf den wichtigsten Gebieten der Staatsverwaltung den Institutionen des Reichs entsprechend zweckmässige Gesetzgebung getroffen, das Recht wieder eingerenkt, wo ihm Gewalt angethan worden, und überhaupt ein
gutes Verhältniss zwischen der Krone und den Ständen
angebahnt. Ein Misston, durch den dasselbe empfindlich
gestört worden wäre, liess sich nicht vernehmen. Die Nation
hatte ihre ungetrübte Freude und viel unmittelbaren Antheil
an den in den ersten Jahren kaum abreissenden Lustbarkeiten und glänzenden Festen des jungen Hofs, die höch-

---

*) 1 *Henr. VIII.,* cap. 1. 2. 13. 14.
**) Cap. 16. 17. 18. *Brewer* I, 812. Das Budget Heinrichs VII. betrug
14,000 und 2000 L., *Gesch. v. England* V, 639.
***) Cap. 20. *Brewer* I, 813. Genaue Abschrift der auf diesem Parlament beschlosseren Statute wurde Richard Pynson, des Königs Drucker, zur
Vervielfältigung zugestellt, 3. Mai 1510. *Brewer* I, 1030.

stens durch die Jahreszeit oder Verlegung des Hoflagers
von einer prunkenden Residenz zur anderen Abwechslung
erhielten. Dass hierfür auf die Dauer die Einkünfte nicht
ausreichen, dass der von Heinrich VII. hinterlassene Kronschatz, und wenn er auch wirklich L. 1,800,000 betrug, in
drei, vier Jahren aufgezehrt sein würde*), sagten sich einstweilen die Allerwenigsten. Man lebte in fröhlichen Aussichten in die Zukunft, die wohl vorübergehend getrübt,
aber nicht so leicht entwurzelt wurden.

Am Neujahrstage 1511 genas die Königin zu Richmond
eines Sohns, der in der Taufe den Namen von Vater und
Grossvater erhielt. Nach dem üblichen Kirchgang begab
sich die Wöchnerin nach Westminster, wo ihr Gemahl mit
dem 13. Februar wieder funkelnde Turniere**) und Aufzüge
veranstaltete, in denen er selber wie immer die Hauptfigur
war. Schon wurde ein eigener Hofhalt des kleinen Prinzen
von Wales vorbereitet***), als dieser am 22. in Richmond verschied. Es war offenbar ein schwächliches Kind, denn um
sein Leben vom Himmel zu erflehen, war der König vor
Eröffnung der Feste als devoter Pilger zur heiligen Jungfrau von Walsingham geritten. Indess die Trauer war kurz,
die Lebenslust gross. Er liess sich so wenig die Freuden
des Maitags, wie die ihm zum Bedürfniss gewordenen männ-
lich ritterlichen Uebungen entgehn. Auch wenn er im
Würfelspiel und anderem Hazard, zu dem ihn die Höflinge
mit Hilfe französischer und italienischer Glücksritter ver-
lockten, schlimme Erfahrungen machte, seine Lebensgeister
erlitten darüber nicht den geringsten Abbruch.†)

Sie beeinflussten auch inzwischen bereits die Lage der
Dinge auf dem Continent. In der am 1. December 1508
in Cambrai geschlossenen Liga, zu welcher sich, um die
Venetianer vom italienischen Festlande zu vertreiben, Kaiser

---

*) *Baco, Historia regni regis Henrici VII.*, 634. *Herbert, Life of
Henry VIII.* p. 4. 14.

**) Das heraldische Programm von 12 noch vorhandenen *Ellis, Original
Letters* II, 1. 179 ff. *Brewer* I, 1491.

***) *Brewer* I, 1495. 14. Februar.

†) *Hall* 516—520. Auch Sebastian Giustiniani erzählt später, dass der
König mit französischen Herren an einem Tage 6 bis 8000 Ducaten verspielte.
R. Brown, Four years II, 312.

und Papst, die Könige von Frankreich und Aragon verbunden hatten, war für die Enthaltungspolitik des Inselstaats
ursprünglich kein Platz gewesen. Allein vor den strahlenden Erfolgen Ludwigs XII., unmittelbar nach seinem Siege
bei Agnadello am 14. Mai 1509, begannen wenigstens Julius II.
und Don Ferdinand zu stutzen. Das traf mit der Thronbesteigung Heinrichs zusammen, der alsbald die hinterhaltigen Gedanken seines Schwiegervaters hatte erforschen
lassen. Er erkannte, dass diesem jedes Gedeihen Maximilians in Italien, wie bisher schon wegen Castiliens, nun auch
wegen Neapel sein Dorn im Auge war. Rasch hatte Ferdinand
denn auch den kurzsichtigen Kaiser, was dessen Tochter,
die staatskluge Margareta nicht ohne Genugthuung vorausgesehn, hinter das Licht geführt. Orakelhaft aber lautete
ferner die Meldung hinsichtlich Ludwigs XII. von Frankreich:
Ferdinand nämlich rieth seinem Eidam, gleich ihm selber,
so lange es sich mit Ehre und Vortheil vertrüge, Frieden
und Freundschaft zu wahren und nur, wenn wirklich grosse
Fragen auf dem Spiel stünden, mit auswärtigen Herrschern
überhaupt anzubinden.*) In Kurzem jedoch beschwerte sich
Ferdinand selber über das verdächtige Beginnen Frankreichs,
in die Differenz mit Maximilian wegen Castiliens einzugreifen,
wie über französische Anschläge auf Neapel. In der Befürchtung, dass sich Ludwig ganz Italien unterwerfen wolle**),
lud er Heinrich, der ihm freudig seine Dienste angeboten, ein,
sich mit ihm, dem Kaiser und dem jungen Prinzen von Castilien zu einigen. Nur schlimm, dass Ferdinand so wenig wie
Maximilian offen und ehrlich mit Frankreich brechen wollte,
sondern allen stürmischen Forderungen des Papsts zum Trotz,
der schon am 20. Februar 1510 mit den Venetianern seinen
Frieden machte, um ihnen gegen den französischen Eroberer
beizuspringen, noch eine Weile mit diesem weiter feilschte.
Wie hätte Heinrich unter solchen Umständen das gute Ver-

---

*) *Onles that grete causys schuld move yowr hyghnys there unto.*
Chiffrirter Bericht John Style's, Valladolid, 9. Sept. 1509, *Brewer* I, 490.

**) *That the Freynsche kyng schal not nor maye not atayne unto hys
cruel purpose for to dysstroye al the cuntrays of the Ytaly and for to
subdwe theym.* Style 3. Dec. in einem chiffrirten Bericht vom 11. Januar 1510.
Brewer I, 796.

hältniss zu Ludwig XII. zu trüben wagen dürfen, der soeben
in raschen Schritten nicht nur zum mächtigsten Herrscher
in Italien, sondern in der Christenheit emporstieg. Pünktlich
war ihm noch soeben aus Paris der von seinem Vater stammende Tribut gezahlt worden*), eine jährliche Abfindung,
damit die im englischen Wappen prangenden Lilien nicht re-
clamirt würden. Die behufs Bestätigung der mit Heinrich VII.
bestehenden Verträge dorthin abgefertigten Gesandten, der
Johanniterprior Thomas Docwra und D'. West, Dechant
von Windsor**), hatten sich am 26. Juli 1510 des herzlichsten Empfangs von Seiten des allerchristlichsten Königs
zu erfreuen und verkündeten ihrerseits, dass ihr Herr in aufrichtiger Liebe ihm zu dienen mehr bereit sei als allen anderen Fürsten.***) Aber hatten die heiligsten Versicherungen aus ihrem Munde damals etwa höheren Werth als aus
irgend einem anderen?

Mehrere Monate zuvor schon hatte der junge Fürst
durch Entsendung eines mit den italienischen Zuständen
vertrauten Botschafters einen selbständigen Schritt gethan.
Es war dies Christoph Urswick, genannt Bainbridge, kürzlich vom Bischof von Durham zum Erzbischof von York
emporgestiegen, einst unmittelbar nach dem Siege von Bos-
worthfield von Heinrich VII. nach Venedig abgefertigt, zu
demjenigen Staate, der unter allen zuerst den Tudor aner-
kannte. Jetzt erhielt er, wegen seines grossen Reichthums
für eine Sendung nach Rom besonders geeignet, offenbar
auf Betrieb des venetianischen Agenten Andreas Badoer†),
der alles in Bewegung setzte, um seiner schwer bedrängten
Vaterstadt durch das Dazwischentreten einer bisher unbe-
theiligten Macht Luft zu verschaffen, Aufträge an den römischen Hof, die auf eine Verständigung zwischen der ihm

---

*) 25,000 Goldkronen am 1. Mai 1509 in Calais eingezahlt, *Brewer* I, 14,
50,000 am 14. Jan. 1510, *Brown, Calendar* II, 38. Am 23. Juli sind noch
743,000 rückständig, *Brewer* I, 1182. Auch später unter Franz I. in venetianischen Berichten öfter erwähnt, *Four years* II, 20. 137.

**) Ihre Aufträge vom 20. Juni 1510 *Brewer* I, 1104—1108.

***) *Regem fore semper tanquam bonum et naturalem filium christia-
nissimi regis, Lettres du roy Louis XII.*, I, 264. ed. 1712.

†) Dessen Brief vom 24. Juli 1512 über seine diplomatische Thätigkeit
in England, mitgetheilt von *R. Brown, Four years* I, 68.

wohl bekannten Republik und Julius II. abzielten. Am
30. September 1509 war Bainbridge unterwegs, am 24. November traf er in Rom ein, wo die Bevollmächtigten Venedigs, noch vom Banne nicht gelöst, begierig nach seiner
Vermittlung griffen.*) Bainbridge half nicht nur Versöhnung stiften, sondern unterstützte den Papst sogar im Felde,
wofür ihm dieser im Jahre 1511 mit dem Cardinalshut lohnte.
Bis an seinen Tod hat er das Bündniss mit der Signorie,
mit der Curie, mit Aragon verfochten. Eben diese Vermittlung nun gewährte dem auswärtigen Auftreten des Königs von England einen starken Rückhalt, je mehr die Liga
von Cambrai in Stücke ging und unter den Mächten, welche
beutegierig über Italien hergefallen, eine neue Constellation
zur Abwehr französischer Eroberung eintrat.

Im Grunde ist es doch Ludwig XII. selber gewesen,
der durch einen einzigen Missgriff die glänzenden Erfolge
seiner Waffen in Frage stellen und die unter sich wenig einigen Gegner zusammenführen sollte. Während die englisch-
französischen Freundschaftsbezeigungen sowie die Schwierigkeit, den Kaiser mit hohen Summen auch nur zur Neutralität
zu bestimmen, in Venedig ernste Sorge bereiteten**), trug
Ludwig noch Bedenken, den Drohungen des kriegerischen
Papsts, den Boden Italiens von den Galliern zu befreien, mit
den Waffen entgegen zu treten, bis er ihm im Mai 1511
nicht nur Bologna entriss, sondern unter dem Vorwand, die
Kirche an Haupt und Gliedern zu reformiren, die persönliche Rachsucht dadurch an ihm ausliess, dass er im September die französisch gesinnten Cardinäle nach Pisa berief
und sich damit in den Augen der übrigen Christenheit geradezu am heiligen Vater vergriff. Als dieser nicht säumte,
den geistlichen Streit aufzunehmen und die allein rechtmässige Kirchenversammlung zum Frühling 1512 nach Rom
entbot, folgten ihm die deutschen Kirchenfürsten ohne Widerrede, obschon deutsche Truppen noch immer an der Seite
der französischen fochten. Mit den spanischen Cardinälen
war Ferdinand, der schon im November 1510 dem Papste

---

*) Vollmacht vom 24., Brief aus Winchelsea vom 30. September *Brewer* I,
520. 538. *Brown, Calendar* II, 21. 24 ff.
**) *Brown, Calendar* II, 71 ff.

und Venedig die Hand gereicht, vollends eines Sinns. Die
Diplomatie Venedigs aber liess überall um so eifriger an
Schutz und Trutzbündnissen arbeiten, damit dem Angreifer
womöglich hinterrücks ein Brand entzündet werde.

Zuerst gelang es, die Einigung mit Julius und Ferdinand
zu festigen. Am 4. October wurde die zwischen ihnen und
dem Dogen Leonardo Loredano abgeschlossene „heilige
Liga" verkündet, die Bologna und alle unmittelbaren Besitzungen des römischen Stuhls zurückzugewinnen, die Einheit der Kirche herzustellen und sogar eventuell über auswärtige Eroberungen zu verfügen bezweckte.*) Als viertes,
besonders streitbares Glied suchte Matthias Schiner, Bischof
von Sitten, ein entschlossener Parteigänger Julius' II. und
desshalb von ihm zum Cardinal erhoben, die Schweizer Eidgenossen aus dem französischen in den Sold der Curie und
der Signorie hinüberzuziehen. Während der Kaiser, der
durchaus seine norditalischen Städte von der Republik zu-
rückerobern wollte, und desshalb zu Ludwig und dem Pisaner
Concil hielt, bereits als Ketzer verspottet wurde, war im
Sommer, um die vom Papste geweihte goldene Rose dem
Könige Heinrich zu überbringen, der päpstliche Collector
Pietro Grifo nebst Gefolge in England erschienen.

Schon lebte und webte der König in dem Gedanken,
kriegerischen Ruhm zu erwerben**), so dass auch die dem
Grafen von Surrey feindlichen Mitglieder des Geheimen
Raths nicht zu widersprechen wagten. Als ob der junge
Fürst die Zeit nicht abwarten könnte, in der seine Engländer wieder unter den anderen Völkern in Waffen auftreten würden, suchten sie sich mit dem Frühling an mehreren Unternehmungen zu betheiligen. Merkwürdig, der
heilige Krieg, dem wegen der allgemeinen Bedrängniss
durch die Türken bei jeder Gelegenheit das Wort geredet
wurde, ohne dass die christlichen Mächte sich doch jemals
darüber zu verständigen vermochten, war das erste Augen-
merk, indem eine Schar Engländer sich an einer spanischen
Expedition betheiligen sollte. Die Commission zu An-

*) *Rymer, Foedera* XIII, 305
**) *Qui jam tum militarem disciplinam pluris quam caeteras artes faciebat. Pol. Vergil* 7.

werbungen war Lord Darcy, der von der Burg von Berwick
aus an der schottischen Mark befehligte, und einer Anzahl
südenglischer Edelleute ertheilt worden.*) Doch erfolgte
bereits am 20. Juni ein allgemeines Aufgebot sämmtlicher
nordenglischer Grafschaften**), offenbar weil man in Schottland wie in Frankreich Unrath witterte und König Jacob IV.
schon auf dem Meere nicht vor Feindseligkeiten zurück-
schreckte. Mittler Weile aber, am 1. Juni, war Lord Darcy
auf vier königlichen Schiffen mit etwa 1500 Bogenschützen
an Bord vor Cadix erschienen, um sich einem spanischen
Geschwader gegen die Ungläubigen anzuschliessen. Allein
schon nach wenigen Wochen kehrte er wieder nach Plymouth zurück, da er nicht bevollmächtigt war, der Aufforderung König Ferdinands gemäss, die Spanier nach Italien
zu begleiten. Einige junge englische Edelleute höchstens
holten sich bei Hofe den spanischen Ritterschlag, während
der gemeine Mann, wenn er gelegentlich das Land betrat,
nur Excesse beging.***)

Ferner war um dieselbe Zeit eine andere, gleich starke
Truppe unter dem alten bewährten Statthalter von Calais,
Sir Edward Poinings, in Holland gelandet und hatte, nachdem sie sich in Brabant mit den von der Erzherzogin Margareta zusammengezogenen deutschen und flämischen Reitern und Landsknechten vereinigt, während des August an
den Gefechten Theil genommen, durch welche dem Herzoge
von Geldern einige feste Plätze an der Maas, nur freilich
Venlo nicht, an dem man sich vergeblich versuchte, entrissen wurden.†)

Endlich aber kam es in der That auf dem Wasser zum
Schlagen. König Jacob IV. von Schottland, Heinrichs ehr-
geiziger Schwager, war nicht ohne feinere Bildung, wie er
denn ein elegantes Latein schrieb, aber überaus eitel, von
der gewaltigen Vorstellung beseelt, die in seinem Hause

---

*) *Rymer* XIII, 294. 296, 8. 29. März 1511. Instructionen bei *Brewer* I,
p. 967. Ferdinand an Darcy, ibid.
**) *Rymer* XIII, 300. *Brewer* I, 1734. 1735.
***) *Hall, Chronicle* 521. 522. *Pol. Vergil* 5: *tum re infecta Thomas
ad Henricum rediit.*
†) *Hall* 523. 514. *Pol. Vergil* l. c.

erblich wurde. In den grossen europäischen Angelegenheiten glaubte er stets ein Wort mitreden, wenn nicht gar
das Schiedsrichteramt führen zu können. Während er täglich, stündlich vor der Unruhe seiner eigenen ungebän-
digten Vassallen auf der Hut sein musste, setzte er unge-
messenes Vertrauen auf die alte französische Freundschaft
und achtete die Uebereinkunft mit England, wonach die
unablässigen Reibereien nicht durch Krieg, sondern Schieds-
spruch ausgetragen werden sollten, gering. Auf seine gewaltige Land- und Seemacht that er sich unendlich viel zu
Gute. Er hatte ein Dutzend der grössten Kriegsfahrer
zimmern lassen, welche der „grosse Michael" noch weit
überragte. Nur war dies Schiff so ungelenk, dass es sich
niemals in ein Seetreffen gewagt zu haben scheint. Auch
entsprach das feudalistische Kriegswesen der Schotten nur
unvollkommen den damals schon von der Nautik erhobenen
Anforderungen. Wohl aber schmerzten die Engländer die
Schläge noch, die ihnen in den Tagen Heinrichs VII. der
schottische Freibeuter Andrew Wood versetzt hatte. Als
nun dessen Nachfolger, Andrew Barton, mit Kaperbriefen
gegen Portugiesen und andere versehen, im Canal auftauchte
und sich an englischen Schiffen vergriff, war daher im Juni
1511 die Züchtigung rasch bei der Hand. Lord Thomas
Howard und sein Bruder Eduard, die Söhne des Grafen
von Surrey, packten ihn mit zwei Schiffen an den Dünen.
Man focht wüthend Bord an Bord und Mann an Mann, bis
dem Schotten, der selber im Kampfe fiel, seine beiden Schiffe
genommen wurden. Es fehlte wenig, so endeten sämmtliche Gefangene mit einem Strick um den Hals. Auf Jacobs
Beschwerde aber erfolgte die Antwort, dass mit Seeräubern
kein Federlesen gemacht werde.[*] Die Rivalität der beiden
königlichen Nachbarn auf dem Wasser sollte bald auf das
Land überspringen. Denn, wohin man blickte, tauchten die
englischen Waffen bereits im Jahre 1511 neben den von
Aragon, Castilien und Burgund gegen Verbündete des Königs von Frankreich auf.
    Inmitten dieser spannenden Ereignisse nun war die von

---

[*] *Hall, Chronicle* 525. Von schottischer Seite Pitscottie und Bischof
Leslie bei *Burton, History of Scotland* III, 68. 72 (ed. 1874).

Cardinal Bainbridge von Rom aus eifrig betriebene päpstliche Sendung in England eingetroffen und vollzogen sich
die letzten unerquicklichen Verhandlungen mit dem französischen Hof. Die Ermahnungen, welche Heinrich durch
seinen Master of the Rolls John Yonge nach Paris über-
mittelte, dem Papste Bologna auszuliefern und das schis-
matische Concil abzustellen, blieben schon desshalb fruchtlos,
weil der französische Gesandte, der Ritter Antoine Pierre-
pont die Ziele der verdächtigen Rüstungen sehr wohl
durchschaute. Dies gelang ihm mit Hilfe des Lucchesen
Girolamo Bonvisi, der einst als Kaufmann in London be-
trügerische Geschäfte gemacht hatte und dort übel beleu-
mundet war*), jetzt aber in Begleitung Grifo's als aposto-
lischer Protonotar wieder zu erscheinen gewagt hatte, um,
wie schon auf der Reise durch Frankreich, ein höchst ver-
rätherisches Spiel zu treiben. Nur der Charakter als päpstlicher Beamter rettete ihn vom Galgen.**) Weitere Erörterungen mit dem französischen Hofe aber hatten ein Ende:
die Vorbereitungen zum Kriege brauchten sich hinfort nicht
mehr zu verstecken.

Am 13. November ratificirte Heinrich, was im Geheimen
schon länger angebahnt worden, seinen Beitritt zur heiligen
Liga.***) Vier Tage später unterzeichneten der spanische
Gesandte Don Luis Carroz und die Grafen von Surrey und
Shrewsbury zu Westminster einen besonderen Vertrag, nach
welchem ausser Vertheidigung des Kirchenstaats und Anerkennung des lateranensischen Concils beide Mächte den
König von Frankreich in Aquitanien angreifen, mit ihren
Schiffen die See zwischen Brest und der Themse bewachen
wollten, etwa in Aquitanien gemachte Eroberungen aber
dem Könige von England zufallen sollten.†)

Seit Monaten wurde ohne Unterlass gerüstet. Schon

---

*) *Brewer* I, 1457.
**) *Pol. Vergil* 7. *Hall, Chronicle* 526. 527, womit der aus dem Pariser
Archiv ausgezogene Brief bei *Brewer* I, p. XXXVIII zu vergleichen. Pierre-
pont erscheint ebenda I, 1182.
***) *Brewer* I, 1967. *Brown* II, 128.
†) *Brewer* I, 1980, 17. Nov., ausführlicher bei *Bergenroth*, *Calendar*
II, 59.

im Juli rief der König einmal dem venetianischen Gesandten
zu: „Bald wirst Du Gutes von Rom zu hören bekommen."
Badoer aber meldete froh nach Hause, dass 1000 Bogenschützen und andere Truppen bereit stünden, um der Regentin der Niederlande wider den in französischem Solde
stehenden Herzog von Geldern zu Hilfe zu eilen. *) In den
Verhandlungen mit Venedig, das dem candiotischen Wein
auf seinen Galeeren sehnlichst wieder Zulass in Southampton
zu verschaffen begehrte, wurde als Gegenforderung eine
gegen die frühere Abmachung erhöhte Lieferung von Langbogen zur Bedingung gemacht. Wenn nur die Signorie bei
der Unsicherheit, die auf dem Meere herrschte, die Ver-
schiffung hätte wagen dürfen! Durch andere italienische
Geschäftsleute indess liess die englische Regierung bedeutende Aufträge zur Anfertigung von Waffen in Deutschland
einleiten. Allein 2000 vollständige Harnische und der Guss
von 18 schweren Geschützen wurden in Auftrag gegeben. **)
Mit allen Kräften arbeitete der beim römischen Könige beglaubigte Ritter Sir Robert Wingfield daran, den auf Padua
und Vicenza versessenen Kaiser von der Vereinigung mit
Ludwig hinweg zu einer Verständigung mit den Venetianern zu
bewegen. Auf die Anmahnungen Heinrichs ***), die Christenheit nicht an den Türken zu verrathen und den Beitritt zum
Pisaner Concil zu widerrufen, schien er taub zu bleiben.
Indess eben jetzt liess Maximilian, dem im Felde gar Nichts
glückte, die Ansprüche, Castilien für Karl von Burgund
zu verwalten, fahren, indem es den angestrengten Bemühungen Ferdinands gelang, eine Versöhnung anzubahnen.
Gerade über die Aussichten ihres gemeinsamen Enkels auf
Italien kam der Kaiser auch wegen Mailands zur Besinnung
und liess sich, indem auch Papst Julius mitwirkte, endlich
am 6. April zunächst zu einem halbjährigen Waffenstillstand
mit den Venetianern bewegen. Mit den dafür von der Signorie erhaltenen 40,000 Ducaten eilte er zu Anfang des
Jahrs 1512 in die Niederlande. †) So schien es endlich zu

---

*) Aus Badoers Briefen bei *Brown, Calendar* II, 116.
**) *Brewer* I, 3414. 3425.
***) Dessen Brief von Juli 1511, ausgezogen bei *Brewer* I, 1828.
†) Spinelly an Heinrich VIII., 17. März 1512 *Brewer* I, 3077. *Pol.*

gelingen, dem grossen Bunde wider Frankreich das letzte
Mittelglied einzufügen.

Die ganze Situation nun wirkte bestimmend auf England
zurück und nöthigte den König, sich wiederum an den grossen
Rath des Reichs zu wenden. Schon gingen alle wichtigen
Angelegenheiten durch die Hände des Almoseniers Wolsey,
dessen Vertrauensstellung beim Könige gerade durch sie
rasch gedieh.*) Indess die Eröffnung des Parlaments
geschah am 4. Februar 1512 wie üblich durch Warham.
Er redete unter Berufung auf das Wort Gottes von der
Rathsamkeit, die Reichsstände oft zu berufen, von der
Unerlässlichkeit, wenn sich kein Friede behaupten liesse,
einen gerechten Krieg zu wagen. Nachdem er den Lords
auseinandergesetzt, wie der Schottenkönig die Feindseligkeiten an den Nordmarken, der Herzog von Geldern wider
Karl von Castilien Krieg begonnen, welche Beleidigungen der
König von Frankreich sich wider den heiligen Vater hatte
zu Schulden kommen lassen, verfügte man sich zu den Gemeinen, um ihnen, da sie die Subsidien zu bewilligen hatten,
dieselben Eröffnungen zu machen.**) In der Commission,
welche die Petitionen für den engeren Rath zu prüfen hatte,
erschien zum ersten Mal auch der Name Thomas Wolsey's.

Wohl handelte es sich wiederum um zahlreiche Statute
wider Ausfuhr der Münzen, zum Schutz der Tuch- und Leder-
bereitung, der Preise von Lebensmitteln, der Oelwaaren,
der Hutmacherzunft, der gelehrten ärztlichen Praxis gegen
jedwede Quacksalberei.***) Oder es erschien nöthig, den
öffentlichen Verkehr vor Mummerei und Maskenunfug, wozu
allerdings der Hof das verführerische Beispiel gab, zu sichern,
das erst vor zwei Jahren gegen widerrechtliche Confiscationen
erlassene Gesetz zu verlängern und den Sheriffs die Willkür

Vergil 8: *factis inter Maximilianum et Venetos annuis induciis, ut eo tan-
tulo temporis intervallo aliqua pax consiliari posset.* Vertrag in den *Lettres
du roy Louis XII.*, III, 217 ff.

*) Dominus Wulcy besorgt den Verkehr mit dem Kanzler und schliesst
die Waffenkäufe *Brewer* I, 1685. 3414.

**) Auszug aus der Parlamentsrolle bei *Brewer* I, 2082. *Journals of
the House of Lords* I, 10. 13. *Hall, Chronicle* 526. Vgl. *Hook, Archbishops of Canterbury* N. S. I, 202. 203.

***) 3 *Henr. VIII.* Cap. 1. 6. 7. 8. 10. 11. 14. 15.

bei Aufstellung der Juries zu legen.*) Auch mit Restitution solcher, die unter Heinrich VII. Ehre und Eigenthum verwirkt hatten, wurde fortgefahren. Neben Lord Audley und anderen, die damals schmählich verurtheilt worden, wurde der noch unmündige Sohn des unlängst hingerichteten Edmund Dudley wieder in Namen, Stand und Güter eingesetzt, Acte der Gerechtigkeit, die jedoch nur unter bestimmten Reservationen zu erreichen waren.**) Im Vordergrunde aber standen doch bei Weitem die Anforderungen des Kriegs. Ohne Widerrede wurden die Subsidien bewilligt, nach der üblichen Einschätzung des beweglichen Eigenthums ein volles Fünfzehntel, sowie vom Einkommen des Klerus ein Zehntel gegen Anrechnung von 12,000 L., und mit Ausnahme gewisser bereits belasteter Orte und Corporationen. Die Gemeinen, welche das Umsichgreifen Frankreichs in Italien, die Seeräuberei der Schotten und den Angriff auf Berwick beklagten, steuerten aus treuem und liebendem Herzen, um dem Könige den grossen Aufwand zu ersetzen, den ihm die starke Rüstung zum Schutz seiner getreuen Unterthanen verursachte.***) Sodann genehmigten die Stände ein Statut, das die ältesten nationalen Waffengesetze neu zu beleben bezweckte. Unter ausdrücklicher Berufung auf das Statut von Winchester vom Jahre 1285†), wonach alle, die keiner anderen Classe der Volks-.wehr eingereiht, Bogen und Pfeile zu führen hätten, sollte fortan die ganze männliche Bevölkerung mit Ausnahme der Geistlichkeit, wie ehedem vom 16. bis 60. Jahre, statt die Zeit mit allerhand Spielen zu vertändeln, sich vorschriftsmässig im Schiessen mit dem Langbogen üben. Selbst Knaben von sieben Jahren sollten spielend beginnen, Bogenschäfter in jeder Grafschaft ansässig sein, die Scheiben von Gemeinde wegen aufgerichtet werden. Wiewohl es sich zunächst nur um die Landwehr handelte zu einer Zeit, die sich bereits

---

*) Cap. 2. 9. 12.   **) Cap. 16—21.

***) *Grete and myghty armes shippes and other habilyments with artillarie necessarie for our defense*, cap. 22. *Statutes of the Realm* III, 44.

†) Jetzt am zugänglichsten bei *Stubbs, Select Charters* 472 ed. 1874: *chescun home entre quinze anns e seisaunte soit asis e jure as armes…e tus les autres qi aver pount eient arcs e setes.*

mit dem Handrohr versuchte, so erinnerte das Gesetz doch
stolz an den unvergessenen Vorrang der englischen Bogner,
an Ruhm und Schrecken, die sie einst bei Vertheidigung des
Reichs gegen seine auswärtigen Feinde wie gegen die Ungläubigen erworben.*) Dem entsprach älterem Herkommen
gemäss ein strenges Verbot des Armbrustschiessens, das nur
auf vornehme Herren und alle diejenigen, welche unter einen
erhöhten Census von 300 Mark fielen, keine Anwendung
haben sollte.**) Endlich machte das zum Einschiffen bestimmte Heer gewisse Massregeln erforderlich: Jedem, der
dem Könige im Felde diente, wurde in seinen Rechtsverhältnissen ein besonderer Schutz zugesichert, die kriegsrechtlichen Strafen gegen Hauptleute, welche ihre Abtheilung nicht vollzählig halten oder nicht regelmässig löhnen
würden, wie gegen desertirende Soldaten wurden gut geheissen.***)

Aus Allem ergab sich zur Genüge, dass ohne lebhafte
Betheiligung der Stände in eine Kriegspolitik gar nicht eingetreten werden konnte, dass dadurch aber auch in der
Nation eine Begeisterung für die Zwecke entzündet wurde,
welche die Regierung in's Auge gefasst hatte. Gewiss dass
der König den Ehrgeiz hegte, von dem französischen Erbe
seiner Vorfahren wenigstens Einiges wieder einzubringen;
möglich dass Papst Julius den Titel des Allerchristlichsten von Ludwig XII. auf ihn übertragen würde. Sicherlich aber stimmte das Volk seinem Fürsten bei, als er bezeichnend an demselben 4. Februar, an welchem das Parlament eröffnet wurde, den Auftrag zur Beschickung des
Lateranconcils ertheilte.†)

Auf Grund der mit Ferdinand abgeschlossenen und inzwischen von beiden ratificirten Liga††) hielt Heinrich
7000 Schützen bereit, die zum Angriff auf Aquitanien sich
mit ebenso viel Spaniern vereinigen sollten, während 5000

---

*) _To the grete honour fame and suertie of this Realme and Sub-_
jectes and to the terrible drede and fere of all straunge nacions cap. 3.
Statutes of the Realm III, 25.

) Cap. 13.   *) Cap. 4. 5.

†) Commission für die Bischöfe von Winchester und Rochester, den
Johanniterprior und den Abt von Winchcombe _Brewer_ I, 2085.

††) _Brewer_ I, 2033. 2094, vgl. _Polyd. Vergil_ 7.

Reiter auf gemeinschaftliche Kosten erhalten würden. Indess lange bevor jene sich nur einschifften, drohte auf dem italienischen Kriegstheater der heiligen Liga jähes Verderben. Zwar hatten zu Anfang des Jahres 1512 die Venetianer Brescia und einige andere Plätze eingenommen, aber Bologna wurde nicht nur von frischen französischen Kräften unter dem jungen Herzog von Nemours, Gaston de Foix, dem Neffen Ludwigs XII. behauptet, sondern, nachdem den Venetianern Brescia wieder abgenommen, trieb er sie, die Päptlichen und die Spanier in das Gebiet der Kirche gen Ravenna. Hier wurden die Vertheidiger der letzteren am Ostersonntag (11. April) so vollständig besiegt, dass Papst Julius und dem Könige von Aragon um Italien bange wurde. Allein am Ende der heissen Schlacht war Gaston der junge Held gefallen. Darüber stutzten die Franzosen und ihre italienischen und deutschen Verbündeten. Und während der Papst am 3. Mai im Lateran sein Concil eröffnete, und die Spanier, die schon nach Neapel zurückgeeilt, wieder umkehrten, setzten sich die vom Cardinal von Sitten angeworbenen Schweizerhaufen in Bewegung, um über das Gebirge zu ziehn und dem Könige Ludwig das Herzogthum Mailand zu entreissen. Als sie in Padua eintrafen, hatte das französische Heer in der Befürchtung, durch den feindlichen Ansturm abgeschnitten zu werden, schleunigst Ravenna und Bologna geräumt, zu spät um Mailand vor der Einnahme durch jene zu retten. Während der Kaiser endlich auch die Deutschen abrufen liess, trat die Mitwirkung Englands in's Leben.

Am 8. Mai schrieb Heinrich an Maximilian, dass er zu seinem Kummer die Nachricht von der Niederlage bei Ravenna erfahren, dass seine Truppen seit fünf Tagen in Southampton nur auf günstigen Wind warteten, er selber aber auf Betheiligung des Kaisers, des erhabenen Schirmherrn der Kirche, an einem gerechten Kampf sein Vertrauen setze.*) Und so geschah es denn auch. Ein starkes Geschwader 18 grosser Schiffe sollte den zahlreichen, zum Theil spanischen Transporten das Geleit geben. Unter Sir Thomas Howard, der die Admiralsflagge auf dem Sovereign auf-

---

*) *Brewer* I, 3188.

hisste, und einer Reihe namhafter Capitäne*) lag es im
Hafen von Portsmouth vor Anker. Befehlshaber der Land-
macht war der Marquis von Dorset, der mit den Lords
Ferrers Dudley, Broke, Willoughby, Howard und einer Anzahl Edelleute, die in eigener Person den Feldzug mitmachen
wollten, 4769 Mann angeworben hatte. Der Herzog von
Buckingham, der Graf von Shrewsbury und andere hatten
1410 Mann gestellt. Einige kleinere Abtheilungen bildeten
die Reserve. Auch eine Truppe von 400 Deutschen in
weissen kurz geschnittenen Röcken, deren Brabanter Hauptmann, Sir Guyot de Heulle, der König bei der Musterung
auf Blackheath eine goldene Kette umhing, war zur Stelle.**)
Ueber das leichte Geschütz, das man bei sich führte, wie
über Verpflegung und Rechnungswesen waren eigene Haupt-
leute· eingesetzt. Die englischen Herren hatten sich und
ihre Leute in die prächtigsten Stoffe gekleidet und liessen,
eine Augenweide für die gaffende Menge***), ihre Banner
nach altem Kriegsbrauch in buntesten Farben, in Gold und
Silber flattern. Am 16. Mai endlich war Alles an Bord, und
legten die Schiffe hinaus zu den Needles an der Südwest-
spitze von Wight. Nach einer ungestörten Fahrt wurde die
biscaysche Küste erreicht, am 8. Juni bei Passages südwest-
lich von Fuenterrabia das Heer an das Land gesetzt, um
am folgenden Tage bei Renteria unfern den Grenzmarken
von Guipuzcoa, Navarra und Guienne ein Feldlager zu be-
ziehen.†) Der Bischof von Siguença, der als Ferdinands
Abgesandter erschien, kündigte das Eintreffen des Herzogs
von Alba mit 2500 Reitern und 6000 Mann Fussvolk als
nahe bevorstehend an. Lord Dorset glaubte darauf im Einklang mit seinen Aufträgen nicht anders, als dass es nun
alsbald gemeinsam über die aquitanische Grenze gegen das
wenige Meilen entfernte, nur schwach geschützte Bayonne

---

*) Die Namen erwähnt *Hall* 527.
**) Musterrolle bei *Brewer* I, 3231. Die Namen bei *Hall* l. c. stimmen
nicht durchweg; seine Zahlen sind zu hoch gegriffen. Ueber Sir Guyot
Brewer I, 3362 und später.
***) *It was a pleasure to behold, Hall* 529.
†) Datum nach dem Bericht des D'. William Knight an Wolsey, womit
Zurita, Añales de Aragon aber nicht *Hall* stimmt, der den 3. Juni angibt.

gehen werde. Zu seiner Verwunderung aber gewahrte er
in der Nachbarschaft auch nicht die geringsten Voranstalten. Die Spanier blieben nicht nur aus, sondern mu-
theten ihm zu, sie bei einem Angriff auf Navarra zu unterstützen, worüber seine Instruction Nichts aussagte, von wo
vielmehr seine Truppen ihren Unterhalt bezogen.

Um dieses zu beiden Seiten der Pyrenäen belagerte,
aber auch von den consolidirteren Mächten in Nord und Süd
bedrängte Königreich nämlich entbrannte jetzt derselbe
dynastische Streit, der bisher in Italien gewüthet hatte. An
der Hand seiner Gemahlin Katharina, Enkelin König Gastons,
beherrschte Johann d'Albret das Land. Ludwig von Frankreich jedoch bestritt beider Anrecht im Interesse seines
Neffen, des jungen Grafen von Foix, gleichfalls eines Enkels
König Gastons. Der König von Aragon dagegen, als Lehns-
herr einiger navarresischer Striche keineswegs um einen
Prätendenten verlegen, suchte König und Königin von Navarra durch Bedrohung ihrer Selbständigkeit auch mittels
der jüngst gegen Ludwig geschleuderten päpstlichen Censuren an sich zu fesseln. Und in der That sie hatten versprochen, sich an dem Kriegsbund Spaniens und Englands
gegen Frankreich zu betheiligen, bis sie der Tod des jungen
Gaston bei Ravenna Ludwig in die Arme trieb. Nachdem sie Ferdinand Geiseln, darunter ihren Erstgeborenen,
auszuliefern verweigert, stand jetzt Navarra wie bisher Béarn,
das nordpyrenäische Lehn Frankreichs, auf dem Spiel, da
an Gewährung einer Neutralität von hüben und drüben nicht
zu denken war.*) Vergebens drangen Spanier und Engländer einzeln und gemeinschaftlich auf Sicherheit durch
Uebergabe der die Pässe schliessenden Plätze Estella, Maya
und St. Jean Pied de Port. Aber im englischen Feldlager regte sich noch anderer Unmuth. Der Sommer des
Südens forderte seine Opfer. John Stile und William Knight,
die Vertreter ihres Herrn bei der spanischen Regierung,
sandten Kunde über die Entschlüsse Ferdinands. Man

---

*) *Zurita; Pol. Vergil* 10, 11, als Factor des Cardinals Hadrian de Cor-
neto, der das englische Bisthum Bath und Wells besass, über den spanischen
Feldzug gut unterrichtet. Vor allen Ranke, Geschichte der rom. und germ.
Völker, S. W. XXXIII. XXXIV, 290 ff.

sehnte sich, da Alba ausblieb, ungeduldig nach dem Befehl, auch ohne spanische Hilfe gegen Navarra oder gegen Guienne vorzurücken.*) In den täglichen Scharmützeln an der Bidassoa wurde ein stetiges Anwachsen der französischen Streitkräfte beobachtet. So ging die Absicht des schlauen Ferdinand in Erfüllung, indem er den Gegner vom Po an die Pyrenäen hinweg zog und gleichwohl einen sicher treffenden Schlag gegen Navarra führte. Nachdem der Marquis von Dorset trotz sechswöchentlichen Verhandlungen nicht zu bewegen gewesen, von der Richtung auf Bayonne abzustehen und sich in Castilien mit Alba gegen Navarra zu verbinden**), wurde diesem befohlen, allein gegen Pamplona vorzugehen. Sofort entwichen Katharina und ihr Gemahl über das Gebirge. Am 25. Juni fiel die feste Stadt, einige Wochen später auch die Pforten von St. Jean. Navarra, soweit es der Gebirgskamm begrenzt, wurde unter Gewährung seiner alten Rechte auf immer der spanischen Gesammtmonarchie einverleibt. Obwohl sich Alba dem englischen Marquis zu Füssen legte, obwohl König Ferdinand ihm von Burgos aus dafür dankte, dass er während der raschen Ueberrumpelung Navarras die Franzosen festgehalten und ein über das andere Mal betheuerte, nunmehr dem Könige von England sein Herzogthum Guienne erobern zu helfen***), so regten sie doch keinen Finger, um mit den Engländern gemeinsam auf dem geraden Wege Bayonne anzugreifen. Diesen aber, die sich nicht über das Hochgebirge nach Béarn hinein verlocken lassen wollten, wurde ihre Lage immer peinlicher. Die Sonnengluth, die ungewohnte Nahrung und der hitzige Wein des Landes erzeugten oft tödtlich endendes Fieber. Aus der langen Unthätigkeit entsprangen Insubordination und blutige Händel zwischen den Mannschaften und den baskischen Einwohnern.†) Die Briefe, in welchen Stile an den König und Knight an Wolsey über das hinterhaltige Benehmen Ferdinands be-

---

*) So Lord Thomas Howard an Wolsey 8. Juli, *Brewer* I, 3298.
**) Ablehnendes Schreiben Dorsets an Ferdinand vom 14. Juli. *Brewer* I, 3313.
***) Ihre Briefe vom 1. und 2. August *Brewer* I, 3350. 3352.
†) *Hall* 529—531.

richteten, schilderten den Zustand als höchst bedenklich. Die Soldaten, die bei hohen Preisen mit der bewilligten Löhnung nicht auskamen, forderten ungestüm 8 statt 6 Pence den Tag, verlangten, da sie an Wein und Obstmost erkrankten, nach dem heimischen Bier und erklärten nicht länger als Michaelis ausharren zu wollen. An jeder Action behindert, war die Truppe selbst durch Standrecht nicht wieder in Ordnung zu bringen. Während Pferde und Maulthiere zur Bespannung des englischen Geschützes, wozu Spanien sich vertragsmässig verpflichtet hatte, nicht geliefert wurden, erfuhr man durch Spione, dass der Connétable von Bourbon mit beträchtlichen Streitkräften jedem Einmarsch in Guienne begegnen werde.*) Obwohl Heinrich VIII. den Vorstellungen des spanischen Gesandten Carroz beipflichtete, auch schleunig durch den Windsor-Herold Verstärkungen ankündigen und dem Marquis befehlen liess, sich mit den Spaniern zu vereinigen**), so meinte doch Wolsey bei Empfang jener Nachrichten, dass die Forderung der Soldaten, nach Hause zurückzukehren, einem Angriff auf Guienne eben so verderblich sein würde wie die durch Ferdinand bereiteten Schwierigkeiten.***) Jedenfalls kamen alle Befehle zu spät. Denn der Kriegsrath zu Renteria hatte bereits gegen den Widerspruch des Zahlmeisters Sir William Sandys und anderer am 28. August den Dr. Knight nach England abgeschickt, um die Heimkehr zu rechtfertigen. Als Knight jedoch, durch Sturm zurückgehalten, noch einmal die Bedenken gegen den Abzug hervorhob, erklärte Lord Howard, der für den erkrankten Marquis von Dorset das Commando führte, dass er mit hinreichender Mannschaft lieber da bleiben und für König und Reich sterben, als zu deren Unehre davongehen wolle. Darüber erhob sich unter Herren und Gemeinen grosser Lärm. Einige bezeichneten Wolsey als den Anstifter des ganzen Unheils. Knight, obwohl er vor den entfesselten Gemüthern seines Lebens nicht sicher war, suchte den Marquis doch wieder zum Ueberwintern zu bestimmen, um so mehr

---

*) *Brewer* I, 3355. 3356. 5. August.
**) So *Polydor Vergil* 13.
***) *Brewer* I, 3388 an Bischof Fox 26. August.

11*

als Don Ferdinand jetzt die einzelnen Edelleute dringend
dazu ersuchen liess, und die Spanier wirklich ihr schweres
Geschütz über das Gebirge zu schaffen begannen.*) Nichts- -
destoweniger wurden durch Sir Guyot de Heulle in Bilbao
die nöthigen Transportschiffe gemiethet, und die einzelnen
Abtheilungen auf den Rheden zwischen Fuenterrabia und
San Sebastian eingeschifft. Unverrichteter Sache, nicht vor
dem Feinde, sondern durch Nichtsthun zusammengeschrumpft,
landete die Expedition, ohne von französischen Geschwadern
belästigt zu werden, Anfang December in England. Der
König, der den Marquis von Dorset und seine Begleiter
sehr ungnädig empfing und sie streng zur Rechenschaft
ziehn wollte, stand dann freilich davon ab, in Erwägung, dass
wo alle schuldig kein Unterschied zu machen war, Dorset
aber doch wesentlich nach seinen Instructionen gehandelt
hatte.**) Nachträglich berichtete Stile vom spanischen Hofe,
dass ein Versuch, den der König von Navarra mit Franzosen und deutschen Landsknechten unter Richard de la
Pole, dem Prätendenten, der sich Herzog von Suffolk nannte,
auf Pamplona gemacht, gescheitert wäre, dass der Dauphin
Guipuzcoa angreifen wollte, die Herzöge von Alba und
Najera mit einander zankten, und dass Ferdinand sich über
Dorset beklagte. Die Spanier wollten nun einmal, wie ihm
jetzt klar geworden, einen englischen Generalcapitän an der
Seite eines eigenen Heers nicht wieder bei sich dulden.
Nur einzelne Zuzüge würden dem Könige willkommen sein,
der schon mit Sir Guyot einen Vertrag geschlossen, damit
er ihm zum nächsten Sommer die unerlässlichen deutschen
Landsknechte anwürbe.***)

Mittlerweile kam es darauf an, wenigstens die See frei
und die Schotten vom Einbruch in die nördlichen Grafschaften abzuhalten. Admiral Howard verheerte daher, nachdem er die Truppen nach Biscaya geleitet, im Mai und Juni
die Gestade der Bretagne, woran ihn weder die Kriegs-

---

*) Knight an Wolsey, San Sebastian 4. Oct. *Brewer* I, 3451: *for I
promise you in my mind, here be many light men.*
**) *Hall* 532. *Pol. Verg. l. c. Lord Herbert l. c.* Abrechnung mit
Sir Guyot 19. Oct. *Brewer* I, 3476.
***) *Stile,* Logroño 13. December *Brewer* I, 3584.

schiffe von Brest noch französische Landtruppen, die nicht genügend zur Stelle waren, hindern konnten. Sobald jedoch von grösserer Bereitschaft des Gegners verlautete, verstärkte der König, der selber nach Portsmouth eilte, auch sein Geschwader, indem er den Regent, den Sovereign und andere grosse Kriegsfahrer hinzufügte, auch einige Truppen, darunter 60 seiner längsten Leibwächter beigab unter kriegslustigen Edelleuten Knyvet, Carew, Guildford, Sir Charles Brandon, dem Sohn jenes Sir Robert, der einst mit Heinrichs VII. Standarte in der Hand bei Bosworth gefallen war. Als nun Sir Edward Howard am 10. August 25 Segel stark in der Bai von Brest erschien, stiess er unweit Ouessant auf ein feindliches Geschwader von 39 Kriegsfahrern, das die inzwischen in Vertheidigung gesetzte Rhede decken sollte. Unverzüglich entbrannte ein heftiges Gefecht. Während der Sovereign mit Guildford und Brandon an Bord ein grosses Schiff von Dieppe enterte, aber mit zerschossenem Mast wieder los kam, legte der Regent, auf welchem sich Sir Thomas Knyvet und Sir John Carew befanden, fest an die Seite der Cordelière, die von dem bretonischen Admiral Hervé Primoguet befehligt wurde. Mit Bogen und Armbrust, mit den Feuerschlünden wurde in nächster Nähe erbittert gestritten. Schon sprangen die Engländer auf das feindliche Deck hinüber, als Primoguet oder sein Artillerist die Lunte in die Pulverkammer warf, und beide stolzen Schiffe mit allem, was in ihnen, an die 2000 Mann in die Luft gesprengt und in den Fluthen begraben wurden.*) Wohl kam es einstweilen zu keiner weitern blutigen Begegnung, aber während auf beiden Seiten die Werften eifrig zimmerten**), konnten die Engländer im Herbst doch unbehelligt von der Bidassoa heimkehren. Erst zu Anfang des folgenden Jahrs erschien ihre Canalflotte wieder herausfordernd an der gegenüberliegenden Küste.

---

*) Lebendig aber wirr die Darstellung bei *Hall* 532—535. *Pol. Vergil* 14 und Wolsey in seinem Brief vom 26. lassen den Regent vor der Explosion im Vortheil sein *Brewer* I, 3388. *Henri Martin, Histoire de France* VII, 420, der sich auf Beaucaire, in Wirklichkeit also auf Bellay beruft, setzt das Ereigniss irrig unter 1513.

**) Englische Abrechnungen *Brewer* I, 3422. 20. Sept.

Die Verhandlungen mit Schottland waren den Sommer
über nicht abgerissen. Wohl hatte sich Jacob IV. gehütet,
offen dem Pisaner Concil beizutreten, um so gespannter aber
die englisch-spanische Einigung beobachtet und, während
er sich als Vermittler zwischen Ferdinand und Ludwig auf-
zuspielen suchte, trotzdem am 10. Juli die alte französische
Allianz erneuert.*) Um nun das wahre Verhältniss zu ergründen, hatte Heinrich den Dr. West nach Edinburgh geschickt. Durch ihn und Lord Dacre, der von Carlisle aus
die Grenze beobachtete, lief die Correspondenz, in welcher
der Schottenkönig sich über die maritimen Gewaltthaten der
Engländer, die jüngst wieder einen Freibeuter, David Fal-
coner, aufgebracht hatten, über den von ihnen an den Marken geschürten Unfrieden, über mangelnde Auszahlung der
Mitgift Margaretas, über Bekriegung Gelderns heftig beschwerte.**) Er verhehlte gar nicht, dass er es mit Frankreich hielt und seinen Leuten Kaperbriefe ertheilt habe,
obgleich er zur selben Zeit den Bischof von Murray nach
England und Frankreich zu entsenden wünschte, angeblich
um Ludwig zu bestimmen, den Flüchtling Richard de la Pole
fallen zu lassen. Heinrich erwiderte, dass er gern dem würdigen Bischof von Murray, aber nicht französischen Zwischen-
trägern Geleitsbriefe gewähre, dass Jacob wahrlich keinen
Grund habe, dem Könige von Frankreich zu trauen, der,
woran sonst wenig liege, Pole nur als Puppe benutze, dass
der Vorschlag allgemeiner Friedensstiftung mit der heiligen
Liga in Einklang stehen müsse, und dass hinsichtlich vor-
enthaltener Gerechtigkeit es doch höchst seltsam sei, wenn
Schotten, die als Kaper aufgebracht worden, sich für Franzosen ausgäben und, sobald sie in deren Gesellschaft gefangen genommen, Jacobs Unterthanen sein wollten. „Wir
haben nicht die Absicht mit unserem Bruder zu brechen,
können aber nicht dulden, dass unsere Unterthanen ohne
Genugthuung beraubt werden.“***) Indem der Schotten-

---

*) *Brewer* I, 3278. 3279. 3303.
**) *Brewer* I, 3320—3323. 3326. Das Schreiben vom 26. Juli N. 3329
sagt Heinrich in's Gesicht, „*that he will neither kepe good wais of ju-
stice and amytie nor goodness.*“ Zu vergleichen ist *Pol. Vergil* 13.
***) An Jacob IV. und an Dacre. *Brewer* I, 3346. 3347.

könig alle weiteren Erörterungen den beiderseitigen Befehls-
habern an den Marken übertragen wissen wollte*), war die
Spannung doch so weit gediehen, dass im August zuerst
in den mittleren und südlichen Grafschaften Truppen ausgehoben wurden, über welche der Graf von Surrey von
York aus den Oberbefehl führte, bis mit dem Eintritt der
rauheren Jahreszeit der Krieg noch einmal vertagt wurde.**)
Geheime Kundschaft, zu der sich ein Priester hergab, hatte
ergeben, dass die schottische Flotte ohne die Kaperschiffe
wenig zahlreich und ohne ein Eingreifen der Franzosen ein
Losbruch in diesem Jahre nicht zu erwarten sei.***) Das
wurde einen Monat später durch die bezeichnende Meldung
an den Bischof von Durham bestätigt: Jacob, äusserst begierig in England einzubrechen, habe Ludwig XII, bereden
wollen den Heinrich schuldigen Tribut auf ihn zu übertragen, aber statt Geld nur gute Worte erhalten.†)

So suchten sich die Reiche mit entgegengesetzten
Bündnissen das Kriegswetter nach Kräften vom Leibe zu
halten. Ferdinand band, nachdem er Navarra eingesteckt,
sogar im tiefsten Geheimniss wieder mit dem König von
Frankreich an, indem er, des Kaisers wenig sicher und von
englischer Mitwirkung eben so wenig erbaut, an einem französischen Ehebund für Karl von Castilien zu arbeiten begann. Der Papst, der mit Hilfe seiner Verbündeten zwar
grosse Erfolge in Italien erzielt hatte, konnte den Kaiser
nur dadurch an sich fesseln, dass er ihn mehr als wünschenswerth gegen die Venetianer gewähren liess und suchte den
König von England zu weiteren Unternehmungen anzuspornen, indem er ihm den von Frankreich verwirkten Titel
des Allerchristlichsten Königs in Aussicht stellte. Ludwig XII.
endlich spielte geschickt die verjagten Könige von Navarra
gegen Spanien, Jacob von Schottland und Richard de la Pole
gegen England aus. Wahrlich eine Lage voll unabsehbarer
Gefahr für Heinrich VIII., der mit grosser Anstrengung nur
den Wasserweg offen zu halten vermochte, nachdem der so

---

*) *Brewer* I, 3372.
**) *Brewer* I, 3358. 3380. 3393. Dazu *Polydor Vergil* 14.
***) Lord Darcy aus Berwick, 7. August *Brewer* I, 3359.
†) *No good, but mone fayre writynggis,* 11. Sept. *Brewer* I, 3421.

geräuschvoll eingeleitete biscayische Feldzug ihm, statt der
Herrschaft seiner Ahnen, in den Augen aller übrigen Mächte
nur die Enthüllung kriegerischer Bedeutungslosigkeit eingetragen hatte. Selbst die Regentin Margareta, gleich
ihrem Vater Maximilian überaus geldbedürftig und für eine
Anleihe von 50,000 Kronen zu den allerschönsten Versprechungen bereit, konnte die Bemerkung nicht unterdrücken,
dass die Engländer, von lange her des Kriegs entwöhnt,
ihn rasch wieder satt zu haben schienen.*) Was half es,
wenn ihr erwidert wurde, das würde nach einiger Uebung
in wenigen Jahren schon besser werden. Mit leeren Aus-
reden, dass nach einer förmlichen Uebereinkunft mit Ferdinand das Heer in bester Ordnung lediglich wegen der
Regenzeit zurückberufen worden wäre**), konnte die Scharte,
die der nationalen Ehre und dem Thatendrang des jungen
Königs geschlagen worden, doch unmöglich ausgewetzt
werden. Um den Kaiser, der das englische Gold sehr gern
in seine leere Tasche abgeleitet hätte, aber fortfuhr nach
dem viel nachdrücklicheren Einfluss Ludwigs XII. zu schielen,
von der Kriegskraft Englands zu überzeugen und die Vormünder des beinah in der Wiege mit Maria Tudor verlobten
Erzherzogs Karl von ihren französischen Neigungen abzubringen, zwei Ziele, welche die diplomatischen Verhandlungen in den Niederlanden unermüdlich verfolgten, bedurfte
es der nachhaltigsten allseitigen Anstrengungen und des
klugen Raths der besten Köpfe.

Das nationale Ansehn, das also auf dem Spiele stand,
zu Ehren zu bringen, wurde fortan die Aufgabe Thomas
Wolseys. Gleich seinem Gönner Bischof Fox ursprünglich
ein Gegner der Kriegslust, welche das Haus Surrey beim
Könige anschürte, gewann er, obwohl noch in der beschei-
denen Stellung eines Almoseniers, gerade durch die jüngsten
Hergänge das unbegrenzte Vertrauen seines königlichen
Herrn. Er hatte die Geldmittel herbeizuschaffen gewusst
und die Waffenankäufe geleitet. Sein Vertrauter begleitete
die Heerfahrt nach Spanien und versah ihn mit eingehenden
Berichten über das beängstigende Ergebniss. Als hieraus

---

*) So Poynings aus Brüssel, 14. Oct. *Brewer* I, 3469.
**) Weisung des Königs an Poynings *Brewer* I, 3555.

nun ganz andere Anforderungen erwuchsen, fiel ihm, wie
die Leitung der Dinge im Einzelnen, von selbst die Vertretung einer Politik zu, die einzig und allein eine kriegerische sein konnte. Schon liess ihn der König auch in
Windsor nicht von sich, während er fast froh war, Surrey
durch Uebertragung des Oberbefehls gegen die Schotten
loszuwerden.*) Er führte thatsächlich das Kriegscommissa-
riat, so wenig dies Amt auch mit seiner Herkunft und dem
geistlichen Gewande, das er trug, in Einklang stand. Er
war es aber auch, der unverzüglich auf Berufung des am
30. März**) nur vertagten Parlaments drang.

Es sass wieder vom 4. November bis 20. December und
erledigte, ehe es abermals vertagt wurde, eine Anzahl wich-
tiger Angelegenheiten. Neben weiteren Begnadigungen wie
des Grafen Heinrich von Devonshire, Thomas Wyndhams,
William Baskervilles und selbst des Sohns des unglücklichen Empsons, neben Verfügungen zu Gunsten der alten
Gräfin von Devonshire, als Tochter Eduards IV. Tante des
Königs, des Grafen von Surrey, Sir Robert Southwells,
eines Beamten der Schatzkammer und anderer, neben Statuten in Betreff der Jury in London, der Criminal- und Handelspolizei galt es vor allem, Mittel zur Vertheidigung wie
zum Angriff zu erhalten.***) Die Organe der Localverwal-
tung bedurften verstärkte Vollmachten, der Sheriff von Cumberland um gegen Raubgesindel an der schottischen Grenze
einzuschreiten, die Grafschaftsbehörden von Cornwall um
gegen die von der Bretagne aus zu befürchtenden Lan-
dungen geeignete Befestigungen anzulegen, — eine Ermächtigung, die auch sämmtlichen anderen Shires ertheilt wurde.†)
Schon waren, offenbar durch die allgemeine Lage hervor-
gerufen, neue Verfügungen über das Rechnungswesen des
Hausministeriums, dem die grosse Garderobe einigermassen
entsprach, erforderlich.††) Hauptsächlich aber wurden nicht

---

*) So der erste eigenhändige Brief W u l c y's an Fox 30. Sept. *Brewer*
J, 3443.
**) *Journals of the House of Lords* I, 17.
***) Auszug aus der Parlamentsrolle bei *Brewer* I, 3502.
†) *Statutes* 4 *Henr. VIII.* cp. 1. 20.
††) Cap. 17.

nur die Subsidien in der hergebrachten Form des Funfzehnten und Zehnten von den Gemeinen erneuert, und Col-
lectoren für die einzelnen Grafschaften so wie eine Be-
schwerdeinstanz eingesetzt, sondern, um einfacher und rascher
zu Geld zu kommen*), wurde das Parlament auch zur Erhebung einer Kopfsteuer vermocht. Diese wurde nach
dem Massstabe angelegt, dass vom Grundbesitz der Herzog
L. 6.13.4. == 10 Mark und eine lange Stufenreihe abwärts
bis zum kleinen Freigut oder Erbpacht von 40 sh. nur 12 d.,
die nach persönlichem Eigenthum Eingeschätzten von 53 sh. 4 d.
== 4 Mark bis herab zu 12 d., ja, alle die das funfzehnte
Jahr erreicht, ausgenommen verheirathete Weiber und Bettler,
wenigstens 4 d. zu steuern hatten. Weder Fremdgeborene
noch Arbeiter und Dienstboten, weder die Hofdienerschaft
des Königs noch anderer Herren gingen frei aus, nur dass
in letzteren Fällen die Stewards für die Erhebung einzu-
stehen hatten, während Commissionen mit genauen Dienst-
anweisungen für alle Grafschaften des Reichs eingesetzt
wurden. Nur in Betreff der Universitäten und Collegien,
der Gildhalle der Deutschen und der Merchant Tailors in
London hatte es bei den alten Privilegien sein Bewenden.**)
Den versammelten Ständen aber wurde als Motiv angekündigt, dass, da Ludwig XII. den heiligen Vater unablässig bedränge und nur Krieg haben wolle, der König zum
Frühling selber über das Meer zu gehen gedenke, um den
Feind geradeswegs anzugreifen.***) Unbekümmert um ernstliche Vorstellungen wollte er die festländischen Fährten
seiner ruhmreichsten Vorfahren Eduards III. und Heinrichs V.
einschlagen.

Es war das unstreitig eine Politik, welche auf Erneuerung der alten Ansprüche abzielte. Bisher hatte sie sich
auf Guienne gerichtet, aber nur die Unlust Ferdinands, der
sie doch zuerst angerathen, dazu mitzuwirken enthüllt. Jetzt
wurden die alten normännisch-flandrischen Erinnerungen
hervorgezogen, und wurde vorzugsweise der Kaiser bear-

---

*) *Aswell in shorter tyme as in more easy unyversall and indifferent
manner. Statutes of the Realm* III, 75.
**) Cap. 19. *Statutes of the Realm* III, 74—91.
***) So auch *Hall* 535 und die Ausführung bei *Pol. Vergil* 19.

beitet, damit er in einem förmlichen Soldvertrag gebunden
seine in der Führung deutscher Reiter und Landsknechte
erprobte Erfahrung herleihe. Alles jedoch hing von einer
neuen Combination unter den Staaten ab. Während nämlich die Schweizer¹ durch die Eroberung von Mailand eine
den Franzosen sehr gefährliche Stellung gewonnen, fanden
diese sich wieder mit den Venetianern, die weder von Ferdinand noch vom Papst die Städte zurückerhielten, welche
sie an sich gebracht hatten. Mit gewohntem Feuer hatte
der alte Julius II. am 3. December durch die versammelten Väter über Frankreich das Interdict verhängt. Wie
sollte nun auch der Kaiser nicht die letzte Fühlung mit
Ludwig XII. darangeben, nachdem die Kirche wieder Venedig bekämpfte und die Eidgenossen im Dienste der Kirche
seinen Candidaten, den Sforza, zum Herzoge von Mailand
einzusetzen beabsichtigten. Gerade diese Umstände nun
aber hatten den rührigen Fürsten wieder aus den Niederlanden in seine Erblande abgerufen, so dass die englischen
Unterhändler, die seit Monaten am Hofe der Herzogin Margareta thätig waren, bei der Schwierigkeit der Communi-
cation und den unberechenbaren Bewegungen Maximilians
schier verzweifelten.*) Trotzdem kam die Sache in Fluss,
nachdem am 20. December Sir Edward Poynings, der Master
of the Rolls Yonge, Sir Thomas Boleyn und Sir Richard
Wingfield die Ermächtigung erhalten hatten, die mit dem
Papst und Spanien bestehende heilige Liga auch mit dem
Kaiser, seinem Enkel Karl und seiner Tochter Margareta
abzuschliessen.**) Der Geldpunkt stand dabei wie immer
im Vordergrunde, hinderte aber nicht, dass man in der Hauptsache bald einig wurde. Nach einigen Wochen überbrachte
Pfalzgraf Friedrich die Erklärung, dass Maximilian bereit
sei, als Feldhauptmann auszuziehn, freilich noch unter der
Annahme, dass Heinrich VIII. daheim bleiben werde.***)
Am 10. Januar wurde der Vertrag fertig, wonach der Papst

---

*) Poinings ist 10. Nov. noch ohne alle Auskunft. *Brewer* I, 3514. 3525.
**) *Brewer* I, 3603.
***) Zwei zwischen Spinelly und Maroton gewechselte Briefe vom 9. Januar.
Brewer I, 3647. 3648.

in zwei Monaten Provence und Dauphiné, Ferdinand Béarn,
Languedoc und Aquitanien und Maximilian, nachdem er
die den schismatischen Cardinälen ertheilten Vollmachten
zurückgezogen, mit den Engländern gegen 100,000 Kronen
Frankreich angreifen sollte. Die Uebersendung der Urkunde nach London durch den politischen Agenten in
Mecheln war von Nachrichten über die guten Beziehungen
zu den Schweizern, die noch nicht geklärten Verhältnisse
zwischen dem jungen Karl und Gelderland und die feindselige Einigung Schottlands mit Frankreich begleitet.*)
    Es war hiernach dringend erforderlich, angesichts der
beabsichtigten Unternehmung überall möglichst sichere In-
formation zu gewinnen, nirgends mehr als über das Treiben
des ehrgeizigen Schottenkönigs. Wie von Mecheln, so
wurde er von Rom aus beobachtet. Doppelzüngig führte
Jacob beim Papst Beschwerde, dass ihm die Abhaltung des
lateranischen Concils nicht notificirt worden, Beschwerde
über Heinrich von England, der sich als Kriegsmann Julius II.
aufspiele, die Schotten plündere und ihren Boten das Geleit
verweigere, über Cardinal Bainbridge, der einen bösen Einfluss auf die Curie übe.**) Um dieselbe Zeit hatte Jacob,
von Ludwig XII. angetrieben, sich an den König von Dänemark gemacht, nicht nur um sich über den Herzog von
Holstein und die Hamburger zu beklagen, sondern um den
seemächtigen Fürsten zum Bundesgenossen gegen England
zu gewinnen, das statt auf Frieden mit Frankreich einzu-
gehn dasselbe jüngst von Spanien aus habe bekriegen
wollen und auf dem Meere nur Gewaltthat übe. Ein Däne
Beilde war beauftragt, dem Könige Johann vorzustellen, wie
England alle Friedensvermittlung schnöde zurückgewiesen
und soeben im Parlament beschlossen habe, Frankreich und
Schottland zugleich anzugreifen, weil es dem einen nur
durch Bezwingung des anderen beikommen könne. Die
englischen Soldaten freilich würden nach den üblen Erfahrungen in Biscaya und Geldern wohl wenig Lust verspüren,
mit den starken Land- und Seestreitkräften der Franzosen

---

*) *Brewer* I, 3649. 3651. Spinelly 12. Januar.
**) *Brewer* I, 3622—3626, ein Schreiben auch in den *Epp. Reg. Scot.*
I, 151.

anzubinden. Das englische Volk, in seiner Art neuerungs-
süchtig, schreie doch über die Steuererhebung. Nichtsdestoweniger verlange es über die armen, friedliebenden
Schotten herzufallen.*) Dass das französisch-schottische
Bündniss jüngst erneuert worden, wusste man nun am englischen Hofe sehr wohl. Trotzdem war der diplomatische
Verkehr mit dem so nahe verwandten Königshause noch
keineswegs abgebrochen. Wie am 24. Januar 1513 den
schottischen Commissaren mit einem Gefolge von 100 Leuten
freies Geleit bewilligt wurde, so erhielten Lord Dacre und
Dr. West am 15. Februar neue Aufträge, um die vielen
ungelösten Streitigkeiten auszutragen, zugleich aber darüber
zu wachen, dass schottische Schiffe, die sich für friedliche
Kauffahrer ausgäben, den Freipass nicht etwa zur Vereinigung mit der französischen Flotte benützten.**) Aus
Frankreich meldeten die Nachrichten nur von starker Kriegs-
bereitschaft. Während die dortige Regierung keineswegs
auf die italienischen Eroberungen, auf eventuelle Einigung
mit dem Kaiser oder den Schweizern, auf ein Bündniss
mit Karl von Burgund verzichtete, der dann Renée, die
Tochter Ludwigs XII., heirathen würde, hatte sie, von den
englischen Plänen genau unterrichtet, mit dem Schottenkönige verabredet, Heinrichs Landung auf dem Continent
sofort mit einem Einfall in Nordengland zu beantworten.
Um die Städte in der Picardie und in Flandern, deren man
sicher zu sein glaubte, zu besetzen, waren ausser deutschen
Landsknechten 22,500 Mann Fussvolk ausgehoben und die
Abgaben verdoppelt worden. Die Verbindung mit Schottland herzustellen war Aufgabe der starken Flotte in Brest,
welche von einem erfahrenen Seemann, dem Johanniter
Préjean de Bidoulx, befehligt wurde.***) Dem entsprachen
nun durchaus die Meldungen über die Seerüstungen König
Jacobs, der fortfuhr, Kriegsschiffe zu bauen und an dem
engen Fahrwasser des Forth Befestigungen anzulegen.†)

*) *Brewer* I, 3617. 3627-3629. 3631—3635. Meist in den *Epp. Reg.
Scot.* I, 152 ff.
**) *Brewer* I, 3676. 3726. 3811. 3812.
***) So eine französische Zeitung vom Februar. *Brewer* I, 3752.
†) Lord Dacre „*in haist*", 24. Februar. *Brewer* I, 3571.

Am bedenklichsten wohl lauteten die Berichte aus Spanien: Ferdinand, dem nur an Bewahrung von Neapel und Navarra gelegen, behielt nicht nur seine Schiffe für sich, indem er fernerhin auf kein offensives Bündniss einging, sondern machte gar kein Hehl von seinen Verhandlungen mit dem französischen Hofe um einjährige Waffenruhe, für die man immer noch den Kaiser und seinen Enkel gewinnen zu können hoffte.*)

Solchen Verhältnissen gegenüber musste England also, um nicht allen Credit zu verlieren, seine Kräfte in einem Masse anspannen, wie es lange nicht geschehn war. Schon die Rechnungsablage vom 1. November über den Aufwand der Unternehmungen in Spanien und Geldern, für Schiffe, Befestigungen, Löhnungen, Waffen, Munition, im Gesammtbetrage von L. 173,058.2.3**) hatte ergeben, wozu das Reich fähig war. Bereits im December waren 22 Schiffe mit einer Besatzung von 7000 Mann in Dienst gestellt und die nöthigen Anweisungen zu ihrer Unterhaltung ergangen. Hans Popenruyter in Mecheln hatte den Guss von 48 Geschützen schwersten Calibers für den König von England ausgeführt. Viele hundert Harnische waren in Mailand angekauft.***) Zum Februar wurde die männliche Bevölkerung der südlichen Grafschaften zwischen 16 und 60 Jahren aufgerufen, die Feuerzeichen in Stand zu halten, um bei der ersten Meldung einem Landungsversuch der Franzosen bewaffnet entgegen zu treten.†) Der König schloss mit einzelnen Edelleuten, wie Lord Fitzwater, Contracte ab zur Expedition in's Ausland. Poynings war beauftragt in den Niederlanden womöglich in Uebereinstimmung mit dem Kaiser Reiterei anzuwerben. Calais, wo statt seiner Sir Richard Wingfield befehligte, war Ende Februar zur Vertheidigung wie zum Angriff gerüstet. Schon unternahmen Haufen von 1500 Mann Streifzüge in die benachbarte Picardie.††)

Solche Vorbereitungen namentlich auch zur See waren

---

*) Stile's dechiffrirte Briefe vom 3. und 19. März. *Brewer* I, 3766. 3807.
**) *Brewer* I, 3496. cf. 3762.
***) Die Listen bei *Brewer* I, 3591. 3615. 3616. 3658.
†) Ibid. 3688. 3723.
††) Ibid. 3731. 3744. 3750.

in vollem Zuge, als die Nachricht von dem am 21. Februar
erfolgten Tode Papst Julius II. einlief, der unlängst noch
allen, welche nur 6 Monate unter Heinrich VIII. wider
Ludwig XII. kämpfen würden, geistlichen Ablass verkündet
hatte.*) Wie leicht konnte der Abgang dieses ungestüm
auf Bekämpfung der Fremden und Consolidirung eines weltlichen Kirchenstaats hinarbeitenden Greises die ganze Lage
der Dinge zunächst in Italien umwerfen! Zum Glück jedoch
wirkten die letzten gewaltigen Erfolge, deren sich der schon
öfters todt gesagte Kirchenfürst zu erfreuen gehabt, auch
über ihn hinaus und kamen zunächst mit der Wahl des erst
37 jährigen Medicäers Leo X. der glücklichen Politik Spaniens
und der gedeihenden Einigung mit Habsburg zu Statten.
Da nun der neue Papst, schon weil das Schisma nicht be-
endet, in die Fusstapfen des Vorgängers zu treten genöthigt
war, an Ludwig XII. seine Wahl nur höflich notificirte, dagegen sich zum Kaiser freundschaftlichst stellte und in seinen
ersten Erlassen bei der Liga mit Aragon, England und den
Eidgenossen zu verharren erklärte, behielten die englischen
Rüstungen ihren ungehinderten Verlauf. Die Liga blieb aufrecht wie sie einst mit Julius verabredet worden. Am 5. April
wurde sie zu Mecheln erneuert: Leo X., Ferdinand, Maximilian, Heinrich VIII. verpflichteten sich, Frankreich von
allen vier Seiten anzugreifen und gemeinsam die Schweizer
in Sold zu halten, damit Frankreich auf beiden Seiten der
Alpen beschäftigt bliebe.**) Da nun aber die Spanier und
die Päpstlichen mit den Venetianern vollauf zu thun hatten,
so fiel die Aufgabe diesseits den Deutschen und den Schweizern, besonders aber den Engländern zu.

Für diese war und blieb das erste Erforderniss, auf der
See jedem feindlichen Anfall dadurch vorzubeugen, dass
man die Wasserstrasse selber beherrschte. So wurde denn
nicht nur die Bewegung der französischen Kauffahrer zwischen der Bretagne und Holland, zwischen Dieppe und

---

*) *Rymer* XII, 344. 20. Dec.
**) *Rymer* XIII, 354. 358. 363. *Brewer* I, 3859—3868. Auch *Pol.
Vergil* 20: *Is haud aliud atque Julius laboraverat de continuando bello
constituens, quam primum foedus cum Henrico et Julii amicis foederatis
renovavit.*

Schottland genau überwacht und bei Zeiten gemeldet, dass
Ritter Préjean — Prior John, wie die englischen Matrosen
sagten — statt mit 4 mit 6 grossen Galeeren aus dem Mittel-
meer vor Brest eingetroffen sei, von wo aus Falmouth unmittelbar bedroht erschien, — sondern Sir Edward Howard
selber, neuerdings zum Admiral von England, Wales, Irland,
Normandie, Gascogne und Aquitanien ernannt*), war schon
Mitte März mit seinem stattlichen Geschwader unter den
Augen des Königs ausgelaufen. Seinem Auftrage gemäss
berichtete er, wie jedes einzelne Schiff sich bei einer Ver-
suchsfahrt den Canal entlang bewährte und meinte stolz,
eine solche Flotte sei in der Christenheit noch nicht erblickt
worden.**) Am 5. April richtete er von Bord des Flaggen-
schiffs der Mary Rose auf der Rhede von Plymouth ein
Schreiben an Wolsey, in welchem er über eines seiner
Schiffe, die Katerina Fortilega, klagte, und auf raschere
Verpflegung drang, an der es überhaupt noch gebrach,
damit ihm nicht etwa, während Zwieback und Bier mangel-
ten, die Franzosen durchschlüpften. In fünf bis sechs Tagen
hoffte er sie zu packen, empfahl sich und sein Geschwader
den Gebeten und Segenswünschen des Königs und der
Königin, seines Herrn Vaters und aller guten Freunde.***)
Am 10. war er dann nach der Bretagne hinüber gesegelt,
um trotz der schwierigen Zugänge sich an den Feind zu
machen. Die Vorhut desselben, 15 Schiffe, eilte sofort von
Pointe St. Mathieu in die durch Felsen, Batterien und 24
entmastete Salzschiffe, die zusammengekoppelt als Brander
dienten, beschützte Einfahrt in den Brester Hafen zurück.
Howard, der das Schiff des Capitäns Arthur Plantagenet auf
einer Klippe verlor, erspähte jenseits der Barre 50 grosse
Segel, vermochte aber auch am nächsten Morgen mit Hoch-
wasser nicht hindurch zu kommen, da der Wind heftig aus
N.N.O. wehte. Höchstens konnte er Préjean, der mit seinen
Galeeren und einigen kleinen Fusten in der Bai von Conquet lag, an der Verbindung mit seinem Hauptgeschwader
verhindern. Als am 12. ein grosses Schiff des letzteren an

---

*) *Brewer* I, 3809. 3814.
**) 22. März ibid. 3820.
***) *Ellis, Original Letters, Third Series* I, 145. *Brewer* I, 145.

Grund gerathen war, gelang es wenigstens, dasselbe zu zerstören und durch die dazu mitwirkenden Fahrzeuge ein kurzes Gefecht anzubinden. So meldete der Admiral dem Könige, indem er nochmals auf pünktliche Zufuhr drang, aber glücklich über die Trefflichkeit seiner Schiffe und Leute an einem sicheren Erfolg nicht zweifelte.*) Indess es war unendlich schwer, die Blockade in einen für die Gegner, deren Disposition die allerbeste war, gefährlichen Kampf zu verwandeln. Hierdurch, vielleicht auch durch aufreizende Worte seines Hofs gestachelt, wollte Howard die Einfahrt in verwegenem Angriff erzwingen. Nach einer Scheinlandung auf der Seite von Brest, wobei seinen 1500 Leuten sofort 10,000 Franzosen entgegentraten, bemächtigte er sich der gegenüberliegenden Landzunge, zerstörte die dortigen Gebäude, beklagte aber den Mangel von Pferden, weil mit zwei Geschützen die aneinander geschlossenen Salzschiffe, welche den Hafen sperrten, zu beseitigen gewesen wären. Mittlerweile liess aber auch er einige Galeeren in Stand setzen, um mit einigen kleineren Booten Préjean in der Bucht von Conquet anzugreifen.**) Während indess die verlangte Zufuhr und weitere Schiffe unterwegs waren***), fand der feuerige Ehrgeiz des kühnen Seemanns ein jähes Ende.

Nachdem Préjean am 22. einen Ausfall gemacht, wobei ein englisches Schiff zu Grunde ging, nachdem Howard ihn noch einmal vergeblich durch eine Landung in der Bai von Ouessant hatte fassen wollen, beschloss der Engländer, wagehalsig und ruhmdurstig zugleich, am 25. mit den beiden einzigen Galeeren, die ihm zur Verfügung standen und vier Booten, auf die er seine beherztesten Capitäne vertheilte, dem Gegner geradeswegs zu Leibe zu gehn. Ihn schreckte nicht, dass dieser in seichtem Wasser ankerte, und die An-

---

*) Das etwas verstümmelte Original vom 12. April, ausgezogen bei *Brewer* I, 3877, weiss nichts von einer an Heinrich VIII. gerichteten Einladung, dem Angriff beizuwohnen, die scharf abgewiesen worden sei, wie *Hall* 536 erzählt. *Lord Herbert* 13 geht zu weit, indem er Hall's wirre Erzählung mit der officiellen Darstellung zu verbinden sucht.

**) An den König 17. April *Brewer* I, 3903.

***) Capitän Wilhelm Gouson an Wolsey, 24. April I, 3946. cf. 4005.

greifer von zwei mit Geschützen und Arkebusen besetzten
Klippen mit Steinkugeln und Bolzen so dicht wie Hagel-
schauer bestreichen liess. Während Lord Ferrers mit der
einen Galeere etwas zurückblieb, ruderte der Admiral mit
der anderen bis an das Flaggenschiff Préjeans, sprang, Degen
und Tartsche in den Händen, mit 16 Matrosen und dem
spanischen Seemann Alfonso Charran*) hinüber und liess
das Tau um das Gangspill legen, von dem es beim Ausbruch eines Brandes leicht wieder abgeworfen werden konnte.
Sofort entspann sich ein wüthender Zusammenstoss unter
den mit Schiffspieken aufeinander einstürmenden Mannschaften, als das Tau, man erfuhr nicht, ob durch die Franzosen oder durch die englischen Seeleute selber, gelöst wurde,
und ihre Galeere von der feindlichen hinweg trieb. Doch
sah man Howard heftig winken, hörte ihn rufen: 'Wieder
heran! Wieder heran!', gewahrte, als dies nicht geschah, wie
er die Pfeife, das Zeichen des Befehlshabers, vom Halse
riss und in's Meer warf. Bald war er in dem wilden Tumult
verschwunden. Charran, der sich noch sein Handgewehr
wollte reichen lassen, die meisten von denen, die geentert
waren, wurden erschlagen, nur wenige von den Booten,
die herangekommen, schwer verwundet aufgefischt. Ferrers
hatte inzwischen, wie ihm befohlen, die feindlichen Schiffe
und Batterien beschossen, bis ihm die Munition ausging und
er bei der Umkehr der anderen Galeere annahm, dass der
Admiral an Bord sei. Erst als derselbe bei Abbruch des
Gefechts vermisst wurde, gingen drei Edelleute als Parla-
mentäre an das Land und erhielten von Préjean, der ihnen
entgegen ritt, höflich die Auskunft, dass nur ein Seemann
gefangen genommen, von dem er erst erfahren habe, dass
derjenige, der mit einer vergoldeten Tartsche am Arm durch
Schiffspieken über Bord gestossen worden, Admiral Howard
gewesen sei. Die englische Flotte hob hiernach die Blockade
auf, um so mehr als verlautete, dass die Franzosen noch sechs
Galeeren aus Bordeaux erwarteten, und traf am 30. schwer
geschädigt wieder in Plymouth ein. Der Capitän aber, welcher
Howard die Verstärkungen zugeführt hatte, schrieb trauernd

---

*) Dass er in englischem Solde stand, ergibt sich aus *Brewer* I, 3982. 3983.

an Wolsey: „Niemals wurde ein tapfrerer Mann verloren, von so grossem Muth und Tugenden, der ein solches Geschwader befehligt und in vorzüglicher Ordnung gehalten hatte".*)

Das Ereigniss hatte nun allerdings zur Folge, dass auch die französischen Schiffe den Brester Hafen verliessen und von der normännischen Küste an die von Sussex übersetzten. Indess die Milizen waren rasch zur Hand und trieben den Feind an Bord zurück, so dass höchstens einige Hütten angezündet, und englische Fischer auf offener See ihres Fangs beraubt wurden. Das kühne mit seinem Untergange besiegelte Beginnen Sir Edwards brachte der Thatkraft der Engländer auch bei den Feinden Achtung und Ruhm. Der neidische Jacob IV. hielt nicht damit zurück**), und die Franzosen beherrschten keineswegs die See. Unverzüglich aber hatte Heinrich VIII. den Bruder des Gefallenen Lord Thomas Howard zum Admiral bestellt, der nach den nöthigsten Reparaturen und nachdem Officiere und Mannschaften frischen Muth geschöpft***), wieder auslief und den Canal säuberte. Anstatt jedoch, wie er wohl gewünscht hätte, die gewandte Vertheidigung von Brest durch grosse, wenig tiefgehende mittelländische Fahrzeuge, mit Hilfe zahlreicher Landungstruppen zu Schanden zu machen, erhielt er in Kurzem den Befehl, den Transport eines ansehnlichen königlichen Heers zu decken. Auch er war ein Mann, der keine Anstrengungen scheute. Er wollte lieber, wie er sagte, als Postreiter die Pferde zu Schanden jagen als in Schreiben und Arbeiten zu langsam befunden werden.†)

Seit Monaten waren die Vorbereitungen zu dem grossen Unternehmen in vollem Zug. Nur gaben die Bundesgenossen noch immer viel zu denken. Zwar machte sich der Kaiser anheischig, mit Reiterei, mit Schweizern und Landsknechten

---

*) Edward Echynghams Bericht vom 5. Mai *Brewer* I, 4005, jetzt an mehreren Stellen verstümmelt, aber von *Lord Herbert* 13 noch vollständig gelesen, wozu dann einige weitere Ergänzungen bei *Hall* 536—537, dem gleich falls directe Nachrichten vorlagen.

**) Howards Verlust, *quha decessit to his grete honour and laude*, sei empfindlicher als die Nichteroberung der französischen Galeeren, an Heinrich, *Ellis, Original Letters* I, 1. 76.

***) Zwei seiner Berichte vom 7. Mai, *Brewer* I, 4019. 4020.

†) So an Wolsey Southampton 16. Mai von Bord der Mary Rose I, 4076.

und einem eigenen Geschützpark im Felde zu erscheinen,
wenn Heinrich für deren Bezahlung aufkomme. Der liess
ihm dafür wie einem Vater innig danken und die Ueberzeugung ausdrücken, dass der gemeinsame Sieg sie nach
Paris führen würde, war auch bereit, die Subsidien auf
125,000 Kronen zu erhöhen, hütete sich jedoch wohlweislich,
die Besoldung der kaiserlichen Truppen zu übernehmen*),
weil von Maximilian zu gewärtigen war, er werde sie irgend
anderswo, nur nicht in Flandern verwenden. Die Räthe
Karls von Burgund waren mit der Herzogin Margareta
keineswegs einer Meinung. Vielmehr bereitete der unge-
störte Fortgang des burgundisch-französischen Handels viel
Aergerniss, indem die englischen Kreuzer flandrische mit
Proviant für französische Häfen geladene Schiffe aufbrachten,
und die Burgunder ihrerseits Repressalien übten.**) Und
mit dem alten Ferdinand gar kam Heinrich gar nicht mehr
von der Stelle. Er hatte zwar nicht verhindern können,
dass einige seiner Schiffe und Leute sich an den Angriffen
gegen die Bretagne betheiligten, hatte auch bei einer Erneuerung der Liga gelobt, im Juni gleichzeitig mit seinem
Eidam in Frankreich einzubrechen, wozu Heinrich dann 6000
für Aquitanien angeworbene deutsche Landsknechte besolden
sollte.***) Wenn aber die Hoffnungen des letzteren sich so
weit verstiegen, dass er auch mit Ferdinand eines Tags vor
den Mauern von Paris zusammen treffen könnte, so sollte
er bald ernüchtert werden. Die Affaire vor Brest hatte in
Valladolid einen üblen Eindruck gemacht. Jetzt wurden
nicht nur alle spanischen Schiffe aus englischen Gewässern
abberufen, sondern deutlich zu verstehen gegeben, dass man
mit Frankreich Waffenstillstand habe. Der englische Bevollmächtigte wagte sogar als Vergeltung vorzuschlagen,
gemeinsam mit dem Kaiser den König von Navarra wieder-
einzusetzen. †) Wohin man also blickte, fiel, abgesehn von
dem Kriegstheater in Italien, die ganze Last auf die Schultern Heinrichs von England, der denn namentlich auch in

---

*) So ein Entwurf von Ruthalls Hand. *Brewer* I, 3835.
**) Aehnlicher Entwurf *Brewer* I, 3836.
***) Der Vertrag *Brewer* I, 4038.
†) Knight aus Valladolid, 12. Mai. *Brewer* I, 4058.

Rom, wo Leo X. selber schon Annäherung an die bisher
für Frankreich und Schottland eintretenden Cardinäle suchte,
durch Erzbischof Bainbridge sehr bestimmt hatte erklären
lassen, dass seine Rüstungen viel zu weit gediehen seien,
als dass er, noch ohne Zustimmung aller Betheiligten, auf
Anträge zu Friedensverhandlungen eingehen könne.*)

Auf einem merkwürdigen Blatt von Wolsey's Hand aus
dem April findet sich ein Ueberschlag dessen verzeichnet,
was für den vom König in Person zu unternehmenden Feldzug erforderlich erschien. Vor allem war, die Operationen
gegen Guienne und Schottland einbegriffen, für die runde
Summe von 640,000 L. das Jahr zu sorgen. Die Armee sollte
aus 80,000 Combattanten bestehen, darunter zwei Trupps
von 1000 Geharnischten mit ihren bewaffneten Begleitern,
3000 Halblanzen, von denen 500 Irländer, 10,000 Bogen zu
Fuss, 4500 mit Hellebarden und Piken bewaffnete Engländer
und Waliser, 5000 Landsknechte, 500 Kanoniere und 1000
Schanzgräber, die dem Feldzeugmeister Sir Sampson Norton
zu unterstellen sein würden. Auch lag bereits eine Ordre
de bataille vor. Zum Aufklären wurden Sir Richard Wingfield und anderen Quartiermeistern in Calais 40 Schwer-
bewaffnete und Sir Richard Carew mit 1000 Mann zugetheilt. Den Vortrupp von 3200 Mann sollte Lord Lisle,
einen rechten Flügel mit schwerer Artillerie und 1516 Mann
Lord Darcy, den linken mit leichten Feldstücken und 1500
Mann Sir William Sandes führen. Das Centrum, in welchem
mit seinen Garden und dem gesammten Hofstaat der König
sich befände, würde von 3100 und auf den Flügeln wieder
von je 1500 Mann gedeckt werden. Edelleute und Ritter
wurden bereits im Voraus mit Namen den einzelnen Abtheilungen beigegeben.**) Nur fragte sich, ob solchen Entwürfen die vorhandenen finanziellen und militärischen Kräfte
und Rücksichten auch entsprechen würden. Die nur frag-
mentarisch erhaltenen Aufträge und Contracte ergeben nur
ein wenig deutliches Bild. Während Poynings und Wingfield in den Niederlanden durch Isselstein und andere deutsche
Herren Panzerreiter bis zu 4000 Mann anzuwerben suchten,

---
*) *Brewer* I, 3876. 12. April.
**) Die beiden Entwürfe *Brewer* I, 3884. 3885.

schloss Lord Hastings in alter Weise gerichtlich in der
Staatskanzlei einen Vertrag ab, mit 60 Bognern und 40 Hellebarden dem König jenseits des Wassers zu dienen, wobei er
sich und seiner besonderen Begleitung auch freie Ueberfahrt
ausbedang.*) Der Johanniterprior Docwra verpflichtete
sich, mit 300, Sir Edward Poynings mit 100 Mann und
den entsprechenden Waffen zu erscheinen.**) Vor allem
wurden genaue Ueberschläge über die Flottengeschwader,
Zahl, Grösse und Bemannung der Schiffe gemacht, auch in
den Hafenorten von Dorset und Devonshire 39 Kauffahrer
zu Transporten angehalten. Man berechnete, dass die
Geschwader unter Howard und Sir William Fitzwilliam,
der eine mit 10,289, der andere mit 10,759 Mann, jenes
L. 3490.16.10 und dieses L. 3775.19.10 monatlich für Löhnung
und Verpflegung erforderten.***) Die nöthigen Summen
wurden noch immer durch Benevolenzen, d. h. Zwangs-
erhebungen bei reich Begüterten flüssig gemacht.†) Stärke
und Qualität der den englischen Grafschaften zugemutheten
Aushebungen bleiben aus Mangel an Belegen dunkel, während die einzelnen vornehmen und ritterbürtigen Engländern
für den Feldzug verliehenen Commandos urkundlich verzeichnet wurden.††) Ende Mai kam heran, bis Antoine de
Ligne Graf Faulcomberg ermächtigt werden konnte, die
Landsknechte, auf die man von Anfang an reflectirte, in den
Dominien des Kaisers anzuwerben.†††) Daran war offenbar Maximilian selber schuld, der bis tief in den Juni noch
fern in Schwaben steckte.*†) Und als er dann endlich in
Brüssel bei seiner Tochter eintraf, so meldete Poynings,
dass bei der bekannten Armuth des hohen Herrn die deutschen Reiter, die er mitzubringen übernommen, ohne Geld
nicht zu haben sein würden, so dass nichts anderes übrig

---

*) *Brewer* I, 3849. 3887.
**) *Brewer* I, 3942. 3950.
***) Die Actenstücke l. l. 3977—3981.
   †) Wolsey's Quittung für 1000 L., erste Einzahlung der Lady Margaret
Pole, die zu 5000 Mark veranlagt wurde, 25. Mai l. l. I, 4119.
   ††) l. l. I, 4122 ff. 4132. 4186. 4187.
   †††) l. l. I, 4129. 4130.
   *†) Jernigham Insbruck 15. April l. l. I, 3897 und Robert Wingfield Augs-
burg 17. Mai l. l. I, 4059.

blieb, als auch für sie Anweisungen auf Antwerpen auszu-
stellen.*) Der Kaiser verhiess binnen acht Tagen seine
Kriegserklärung zu erlassen, nachdem Heinrich VIII. schon
vor Wochen die Herausforderung an König Ludwig mit
mittelalterlichem Gepränge durch den Lancaster-Herold hatte
nach Paris überbringen lassen.**)

So waren denn die Vorbereitungen selbst in den Tagen,
als die Einschiffung begann, noch keineswegs abgeschlossen.
Dagegen ist die Nachricht von dem grossen Siege, welchen
die Schweizer am 6. Juni bei Novara über die Franzosen
erfochten, noch rechtzeitig eingelaufen, um die Herzen mit
freudigem Muth zu erfüllen, wie andererseits Bainbridge aus
Rom schrieb, dass man dort täglich zu vernehmen hoffe,
die Franzosen seien von den Engländern vernichtet worden.***) Offen vorbereitet und laut angekündigt, fesselte
das Unternehmen im Voraus die Gedanken der Menschen
drinnen und draussen, für und wider. Neben den für den
Sommer beabsichtigten Plänen der Spanier und der Deutschen gegen die Venetianer, der Schweizer gegen Burgund,
erschien das Vorhaben des Königs von England ohne Frage
als das bedeutsamste.

Indess selbst daheim war es bis zuletzt mit Stockung
bedroht. Die Bevölkerung von Yorkshire und Northumberland, durch die unruhigen Zustände an der schottischen Grenze
stark mitgenommen, verweigerte die harte Kopfsteuer zu
zahlen, die von jeher dem platten Lande besonders lästig fiel.
Die Regierung fand es daher gerathen, den Leuten dort,
gegenüber der wankenden Vertragstreue Jacobs von Schottland, und weil sie selber, um Benevolenzen bettelnd, nicht zu
erbarmungslos einschreiten durfte, durch die Finger zu sehn.†)
Ferner widersprachen immer noch einzelne Stimmen im Geheimen Rath der Absicht des Königs, selber in's Feld zu
ziehn. Man erinnerte an den Mangel directer Nachkommenschaft, an die Ueberreste Yorkistischer Sympathien, an
Edmund de la Pole, den geächteten Herzog von Suffolk,

---

*) 7. Juni. l. l. 4182.
**) l. l. 3986.
***) 10. Juni. l. l. 4196.
†) Nur von *Pol. Vergil* 22 berichtet.

der seit 1506 halb vergessen im Tower gelegen. *) Obwohl
ihm weder Anlass noch Möglichkeit gegeben war, wie einst
in Heinrichs VII. Tagen zu conspiriren, so ruhten doch Hass
und Argwohn nicht, bis er geopfert wurde. Man gab ihm
Correspondenz mit seinem Bruder Richard Schuld**) und
berief sich, wie es scheint, auf ein früheres mit der Acht
gesprochenes Urtheil. Von einem rechtlichen Verfahren
dagegen findet sich so wenig eine Spur, wie eine Bericht-
erstattung über die Hinrichtung. ***) Nur aus einer Bittschrift
über unerfüllt gebliebene Vermächtnisse des Unglücklichen
verlautet zufällig, dass sie am 4. Mai in London vollstreckt
worden ist. †) Nicht von ungefähr erfolgten gleich hernach besondere Gnadenerweise an Sir Charles Brandon, den
Genossen des jungen Königs in Ritterspiel und Mummen-
schanz, den Sohn des Standartenträgers bei Bosworth, der
nunmehr zum Viscount Lisle erhoben ††) wurde, um, wie in
die confiscirten Güter der verfolgten Familie, so auch dereinst in den herzoglichen Titel von Suffolk einzutreten.

Die grösste Schwierigkeit aber lag in dem Vorhaben
selbst. Es war wahrlich keine Kleinigkeit für England, die
30,000 Mann, zu denen sich Heinrich verpflichtete, sobald
der Kaiser dem Vertrage nachkommen würde, rechtzeitig
und schlagfertig in das Feld zu stellen. †††) Es fehlte nicht
nur an umfassender Erfahrung, sondern an kundigen, staatlichen Organen, um das sehr bunte, in der natürlichen Anlage zwar vorzügliche, der Vorbereitung aber meist völlig
bare Menschenmaterial zu einer Armee zu gestalten. Da
es kein Kriegsamt gab, fielen Ueberlegung, Fürsorge, Rath,
Entscheidung nun vollends der grossartigen Arbeitskraft des
Priesters Thomas Wolsey anheim. Auf seinen Schultern
lasteten unabsehbare Geschäfte. Er persönlich schloss mit
den Unternehmern die Lieferungen von Fleisch, Zwieback,
Bier ab. Er besprach mit Generalen und Feldzeugmeistern

---

*) Vgl. *Gesch. v. England* V, 620.   **) *Petri Martyr. Epp.* 524.
***) *Sententia a paucis dicta, a paucis facile probatur, et Edmundus
securi percutitur. Pol. Vergil* 22.
†) *Brewer* I, 4254.   ††) *Brewer* I, 4072, 15. Mai.
†††) Heinrich VIII. nochmals an Poynings wegen Vorstreckung von 125,000
Kronen, Mai. *Brewer* I, 4086.

die Ernennung der Officiere, Vertheilung der Mannschaften, Fortschaffung des Kriegsgeräths, mit den Admiralen und Capitänen die kostbare Unterhaltung der Geschwader, ihre geschickte Verwendung, die Vertheilung der Schiffe, die Deckung der Transporte, die Sicherung des Canals. Alle diese verschiedenen Zweige des öffentlichen Dienstes aber mussten wirksam in einander greifen, damit nicht irgendwo eine empfindliche Lücke klaffte, über die Alles in Stocken gerathen konnte. Allerdings war Wolsey bereits von tüchtigen und dienstfertigen Männern umgeben, auf deren sach- und fachgemässe Erfahrung er, der Kleriker, sich stützen konnte. Aber trotzdem drohte selbst die Fülle seiner eigenen Mittel unter dem ungeheueren Druck zu versiegen. In einem Briefe vom 21. Mai, in welchem der 15. Juni als Termin für die Ueberfahrt der Hauptabtheilung bezeichnet, zugleich aber alle möglichen Anfragen, selbst nach leeren Bierfässern, gestellt wurden, schrieb ihm der alte Gönner Bischof Fox: „Die Zahlmeister verdienen gehängt zu werden. Ich bitte Gott, uns zu fördern und Euch bald von heilloser Mühe zu befreien, wenn Ihr nicht Erkältung, Schlaflosigkeit, bleiche Wangen und schlechte Verdauung davontragen sollt."[*])
Die Riesenanstrengungen des Einen Manns jedoch setzten es durch, dass bereits zum 15. Mai der Vortrab, 7 bis 8000 Mann stark, nach Calais eingeschifft werden konnte. Graf Shrewsbury führte das Commando. Die Lords Derby, Cobham, Hastings, Fitzwater, der Waliser Sir Ryce ap Thomas als Führer der leichten Reiterei, der Feldzeugmeister Norton mit seinen Kanonieren, Reiter und Fusstruppen, darunter 2500 Deutsche, Stäbe aller Art, der Lancaster-Herold, Wundärzte, Musiker waren ihm zugetheilt.[**]) Gegen Ende des Monats folgten weitere 6000 Mann unter Lord Herbert mit den Grafen von Northumberland, Kent, Wiltshire und anderen Edelleuten, die sich, nachdem sie gelandet, dem Grafen von Shrewsbury als Nachhut anschlossen. Dies Corps rückte, wie der Befehl lautete, am

---

[*]) *A thin belly cum pari egestione*, *Brewer* I, 4103.
[**]) *Brewer* I, 4070, dazu 4009. 4030. *Hall* 537 erweist sich im Ganzen wieder gut unterrichtet.

15. Juni, zu welchem auch die Zelte geliefert worden zu
sein scheinen*), von Calais aus und überschritt Tags darauf
die nahe Grenze zuerst in einer Richtung, als sollte der
Marsch längs der Küste auf Boulogne gehn, bis die Strasse
landeinwärts eingeschlagen und am 27. angesichts der be-
festigten Stadt Therouanne, südlich von St. Omer, das Lager
bezogen und der Geschützpark aufgefahren wurde.**) Als
Abends die Hauptleute im Zelte Lord Herberts Rath pflogen,
fuhr eine Kugel aus der Stadt dazwischen, durch welche
Lord Edward Carew getödtet wurde. Shrewsbury lagerte
im Nordwesten, Herbert im Osten der Stadt, deren Besatzung unter dem Herrn von Pontremy sie durch Ausfälle
zu belästigen begann, die jedoch durch die Bogenschützen
hinter rasch aufgeworfenen Feldschanzen mit Erfolg abgewiesen wurden.

Während man nun Therouanne zu beschiessen anfing,
machten sich die unweit zusammengezogenen starken feindlichen Streitkräfte unter dem Herzog von Longueville und
dem Sire de Pienne sehr empfindlich bemerkbar, indem sie
die Verbindung der Belagerer mit Calais zu stören suchten.
Ein von dort am 27. abgegangener Verpflegungszug von
100 Wagen, von 500 Mann begleitet, wurde am folgenden
Tage bei Ardes überfallen und weggenommen. Es hiess,
ein Theil der Bedeckung sei betrunken gewesen. Trotz
tapferer Gegenwehr der Schützen wurden 200 erschlagen,
sowie eine bedeutende Anzahl Pferde getödtet.***) Nach
einer solchen Lection wurde der Verbindung mit der Küste
und einer regelmässigen Zufuhr auch von Flandern und
Hennegau her grössere Sorgfalt gewidmet.

Mittlerweile rüstete sich König Heinrich selber, mit dem
„Middleward", dem Centrum seiner Armee, an Bord zu gehn.
Er zählte im Ganzen 14,032 Mann der verschiedenen Truppen-
gattungen, die wiederum in drei Treffen, bei denen sich Lord
Lisle, der Graf von Northumberland, der Herzog von Bucking-

---

*) *Brewer* I, 4232.
**) l. l. I, 4253. Die Trupps mit ihren Standarten vgl. *Hall* 538.
***) Hier beginnt das Tagebuch John Taylors, Clerk des Parlaments. *Brewer*
I, 4284, womit der sehr ausführliche Hall zu vergleichen ist. Kurz auch
Pol. Vergil 23.

ham befanden, gegliedert waren. Die königlichen Garden, Reiter, Schützen und sogar Kanoniere, dienten als Bedeckung der Capelle, der verschiedenen Zweige des Hofhalts, der Aemter des Geheimen Raths. Wie die Bischöfe von Winchester und Durham, wie die Ritter Marney und Poynings, so gehörten der Meister Almosenier und Ammonius, der Secretär für die lateinische und italienische Sprache, zu der allernächsten Umgebung des Fürsten. Leibärzte, Musiker, darunter der berühmte Lautenschläger Peter von Brescia (Carmelianus), und alle Arten Pagen und Lakaien bildeten die prunkvolle Begleitung.*) Die Einschiffung der Truppen und des Trosses erfolgte zu Southampton und Dover auf 400 Schiffen, da eine Menge Geschütz und Verpflegung zugleich hinübergeschafft werden musste. Die meiste Reiterei und starke Fähnlein Landsknechte erwartete man, Dank den Bemühungen der Herzogin Margareta und ihres Vaters, drüben anzutreffen.

Nachdem der König seine Gemahlin zur Regentin eingesetzt**), ihr den Lordkanzler Warham und Sir Thomas Lovel als Rath beigegeben und den Grafen von Surrey mit der Beobachtung Schottlands betraut hatte, begab er sich zu Dover an Bord, um mit frischem Winde überzusetzen. Unter dem Donner der Geschütze und dem Schmettern der Trompeten, welche mit Spannung von Boulogne aus vernommen wurde, fuhr eine Flotte einher, „wie Neptun keine je gesehn" und erreichte am 30. Juni jubelnd begrüsst die Rhede von Calais. In einem mit Teppichen behangenen Boot landete Heinrich, der kostbare deutsche Rüstung und das Juwel des St. Georgsordens angelegt, und liess sich, ehe er sein Quartier betrat, von der Geistlichkeit in Procession in die Kirche des heiligen Nicolaus geleiten, um dem Himmel sein Dankopfer darzubringen.***)

Sofort machte sich der Krieg bemerkbar. In der kleinen Seestadt Wissant, die sich seit dem Eintreffen ihrer starken

---

*) Das wichtigste Document *Brewer* I, 4314, andere Zusammenstellungen, die von Wolsey ausgingen, l. l. 4306 —4311. N. 4309 enthält die Berechnung für eine Armee von 26,000 Fusstruppen.

**) I, 4179.

***) *John Taylor* l. c. vgl. mit *Hall* 539.

Streitkräfte den Engländern hatte ergeben müssen, sollten
mit dem benachbarten Burgund verrätherische Anzettelungen stattfinden. Dafür wurde sie von Lord Howard, der
mit seinen Schiffen den König begleitet hatte, beschossen
und beinah zerstört. Doch schämte man sich der grausamen
That: ein gewaltiger Sturm, welcher in der folgenden Nacht
dem Geschwader arg zusetzte, wurde als Züchtigung betrachtet. Mittlerweile war Heinrich nicht müssig. Am 3. Juli
beschwor er in der Marienkirche vor kaiserlichen Vertretern
die Einigung mit Maximilian. In den Mussestunden schoss
er mit seinen langen Bognern nach der Scheibe und über-
bot alle als tüchtigster Schütz. Seit dem 8. wurden mit den
Abgesandten von Gent und Brügge sowie des Sieur de
Fiennes, des Statthalters von Flandern, die nöthigsten Verabredungen wegen Verflegung der Armee getroffen.*) Den
befreundeten Städten zumal mussten gegen das englische
Kriegsvolk, dessen Disciplin viel zu wünschen liess**), doch
aus königlichem Munde sehr bestimmte Zusicherungen ertheilt werden. Welche Schwierigkeiten ein Uebereinkommen
mit Flandern machte, dessen Herr als Vasall des Königs
von Frankreich neutral bleiben wollte, erkannte Heinrich
sehr wohl, als er sich wegen der Zufuhr aus Artois dringend
an den Statthalter wenden musste.***)

Nichtsdestoweniger wurden auch in dieser Beziehung
die Wege geebnet, so dass, nachdem am 16. der Vortrab
unter den Lords Lisle, Darcy, Willoughby, Essex 7000 Mann
Reiter und Fusstruppen vorausgezogen, der König am 21.
selber mit dem Gros aufbrechen konnte, nunmehr durch
8000 Deutsche beider Truppengattungen verstärkt, in schwer-
fälliger Marschordnung unter einem bunten Walde wallender
Banner. Die Nacht lagerte man bei Calkwell, die Linke

---

*) Taylors Tagebuch bestätigt durch *Polydor Vergil* 23: *Maximilianus
misit oratores, qui pactionem nuper factam conficerent; et vicinarum civi-
tatum legationes ad Henricum concurrebant, quae cibaria et omnia alia
exercitui necessaria pollicitae sunt, si modo miles a maleficio manum ab-
stineret.*

**) Aus Brüssel wird geklagt, dass die Engländer vor Therouanne „*make
but easy their skultwacchis*" (Schildwachen) und dass die Walliser arg maro-
dieren. Spinelly 5. Juli *Brewer* I, 4322.

***) Sein Brief an Fiennes vom 9. *Lettres de Louis XII.* IV, 175.

durch einen Sumpf, die Rechte durch den Geschützpark
gedeckt. In strömendem Regen beritt der Fürst selber
gleich Heinrich V. vor Agincourt die Feldwachen, um ihnen
Muth einzusprechen.

Aus seinem Zelt hat er Tags darauf*) die wiederholten
Sendungen erwidert, mit denen sein Schwiegervater, Ferdinand der Katholische, nicht müde wurde, das Unternehmen
zu hintertreiben. Dieser Fürst nämlich beharrte trotz Erneuerung der Verträge bei der mit Frankreich abgeschlossenen Waffenruhe. Er machte für eine solche Politik nicht
nur alle übrigen Mächte verantwortlich, deren Beziehungen
überaus wandelbar blieben, verweigerte seinem Eidam nicht
nur jede Beihilfe zu Lande und zu Wasser, sondern haschte
auch nach den elendesten Ausflüchten. In lebensgefährlicher
Krankheit sei ihm von seinem Beichtvater Enthaltung vom
Kriege auferlegt worden. Während der lebhafteste Austausch mit dem französischen Hofe statt fand, hatte Ferdinand dem König von England weiss machen wollen, dass
die Massregeln gegen Béarn, wo allerdings die Motive zu
seinem Systemwechsel zu suchen waren, genügen würden,
um auch die Vertheidigung der Franzosen in Burgund und
Artois zu lähmen.**) Vor allem aber liess er nicht ab,
seitdem im vorigen Jahre eine gemeinsame Kriegführung
in Nordspanien aus Verschuldung beider Theile gescheitert
war, seine geringe Meinung von der Schlagfertigkeit der
Engländer zu äussern. Der alte Politiker hielt, obwohl der
Spanier an sich ein besserer Soldat wäre, die Franzosen,
zumal wenn deutsche Veteranen neben ihnen fochten, fast
für unwiderstehlich und suchte sich desshalb auch, womöglich für englisches Geld, Landsknechte zu verschaffen. Englische Bogenschützen gar würden, meinte er, es niemals mit
den Deutschen aufnehmen können, wenn sie nicht ebenfalls
tüchtige Fähnlein dieser besten Infanterie zur Seite hätten.***)
Und wenn es nur bei so triftigen Rathschlägen, die Heinrich
eben jetzt befolgte, sein Bewenden gehabt hätte! Statt

---

*) *Bergenroth, Calendar* II, N. 125.
**) Vgl. Nummer 104. 105. 111. 118 bei *Bergenroth.*
***) Die pedantische Ausführung in einem langen an Caroz in London
gerichteten Schreiben, *Bergenroth* II, 86.

dessen schrieb Ferdinand geflissentlich auch seinen Vertretern bei Papst und Kaiser, die doch derselben Liga an-
gehörten, dass er nur sehr wenig Vertrauen in die Kräfte
und selbst den guten Willen der Engländer setzen könnte.*)
Es war daher sehr bezeichnend, wenn Heinrich VIII., höchst
begierig, sich in der Welt einen Namen zu erwecken, angesichts des ersehnten Zusammenstosses mit den Franzosen,
den Fürsten, den er so ehrerbietig als Vater behandelte,
ernstlich noch einmal ersuchte, ihn nicht in Stich zu lassen,
sondern die Franzosen mit seinen Spaniern direct anzugreifen.
In den nächsten Tagen freilich drohten weit eher Ferdinands
Befürchtungen, als Heinrichs sanguinische Hoffnungen in
Erfüllung zu gehn.

Als das Heer nämlich auf seinem Weitermarsch in
Feindesland am 26. Juli von Ardes aufgebrochen, auch die
Edelleute fortan in voller Rüstung, stürzte eines der schwersten Geschütze, einer der „Zwölf Apostel", in einen Teich,
und wurde die Abtheilung, die das Stück fortschaffen sollte,
von französischen Plänklern, die stets auf den Fersen
sassen, überfallen und zusammengehauen. Das Gros indess
erreichte am Abend unbehelligt Dornham. Als der König
am folgenden Morgen, da der Feind heranzukommen schien,
die Seinen in Schlachtordnung hatte ausrücken, auch schon
einige Stücke hatte lösen lassen, entspann sich nur ein
unbedeutendes Scharmützel, denn um Mittag gelang es
Sir Rice ap Thomas, der mit seiner Truppe von Therouanne
herbeigekommen, die Verbindung mit den Belagerern herzustellen, so dass, obwohl abermals ein Proviantzug abge-
fangen wurde, die Armee bei grosser Hitze einige Meilen
gegen St. Omer weiter marschirte. Mittlerweile war noch
eines der schweren Geschütze stecken geblieben, das jedoch
am 29. die Mannschaften des Sir Rice und des Grafen
Essex in Sicherheit zu bringen vermochten, während das
erste zwar mit Mühe von den Stücksknechten aus dem
Wasser gezogen, aber schliesslich doch von den Franzosen
nach Boulogne aufgebracht wurde. Diese, die überall den
Nachzüglern zusetzten, einige Mal auch scharf abgewiesen
wurden, hüteten sich gleichwohl vor einem regelrechten

---

*) Ibid. N. 106. 115.

Treffen und konnten schliesslich nicht verhindern, dass der
König bis zum 3. August, nachdem die Hitze wieder
in Sturm und Regen umgeschlagen, vor Therouanne
eintraf und in prächtig mit golddurchwirktem Damast her-
gerichteten Hütten und Zelten sein Lager bezog.*) Dass
übrigens die Beschwerden des Feldzugs sich schon ertragen
liessen, bezeugte ein namhaftes Mitglied der königlichen
Kanzlei einem damals in Rom weilenden Freunde, in der
ausgesprochenen Absicht den franzosenfreundlichen Lügen
zu begegnen. Der Schreiber pries die milde Witterung
und rühmte, dass unter so vielen Menschen keine Seuche
ausgebrochen, dass die Verpflegung reichlicher und billiger
sei als zu Hause in Friedenszeit, und die verschiedenen Na-
tionalitäten, aus denen die Armee zusammengesetzt war,
sich gut vertrügen.**) Was freilich die militärischen Anstalten betraf, so urtheilte ein unbefangener Augenzeuge,
der Haushofmeister der Herzogin Margareta, der zur Be-
grüssung Heinrichs erschien, viel weniger günstig. Er berichtete seiner Herrin, dass Heinrich dringend die Ankunft
des Kaisers herbeisehne, um Ordnung zu schaffen, da bisher Alles nur nach dem Kopfe Lord Lisle's und Wolsey's
geschähe.***) Indess bald genug drängten die Ereignisse
vorwärts und wurden den Truppen und ihren Führern ernst-
lichere Aufgaben zu Theil. Vor allem wurde Therouanne
heftiger beschossen, worauf die Besatzung hinter ihren
Rasenwällen kräftig antwortete. Ihre Ausfälle hingen noch
immer mit den Angriffen zusammen, welche fast täglich von
dem umschwärmenden Feinde versucht wurden. Am 10. hatte
Kaiser Maximilian, dessen Eintreffen über Coblenz und
Brüssel endlich der bei ihm beglaubigte Sir Robert Wingfield mit der Bitte gemeldet hatte, von allen Ceremonien

---

*) Taylor bei *Brewer* I, 4286 verglichen mit dem sehr ausführlich aus
ähnlichen Tagebüchern schöpfenden *Hall* 540—543.

**) Brian Tuke, *scriba regis*, an Richard Pace, damals Cardinal Bainbridge's Secretär, in einem auch weiterhin werthvollen Bericht vom 22. September bei *Brown, Calendar* II, 316.

***) Philippe de Bregilles, 2. Aug., *Lettres de Louis XII.*, IV, 189: *je
vous asseure qu' il y a de bien mauvais ordre ... le roy desire fort la venue
de l'empereur pour mettre ordre ... il y a là deux opiniâtres qui gouvernent
tout: le grand ecuyer et l'aumonier.*

abzusehen, bei Aire die erste Begegnung mit Heinrich, die
aber wegen des abscheulichen Wetters von kurzer Dauer
war.*) Der Kaiser, einfach schwarz gekleidet, begrüsste
sich auf offenem Felde mit dem Könige, der mit zahlreichem
Gefolge in Gold- und Silberstoff funkelnd, hinausgeritten
war. Am folgenden Tage erschien ein anderer Gast im
Lager, der Lyon-Herold als Abgesandter Jacobs von Schottland. In stolzem Wappenschmuck überbrachte er Absage
und Herausforderung seines Herrn. Heinrich erklärte mündlich, dass er nach den bisherigen Erfahrungen nichts Anderes erwartet und desshalb unter dem Grafen von Surrey
alle Vorbereitungen getroffen habe, um dem Friedensbruch
gebührend zu begegnen. Fortan rechnete er den ihm ver-
schwägerten Schottenkönig nicht mehr zu seinen Verbündeten, sondern erhob, wie so mancher seiner Ahnen vor
ihm, den Anspruch der Oberlehnsherrlichkeit über dessen
Reich. Da der Herold sich weigerte, eine solche Botschaft
mündlich zu überbringen, wurde Jacobs Schreiben aus Edinburgh vom 26. Juli, das noch einmal die Streitpunkte einzeln
aufzählte, am 12. August aus dem Lager vor Therouanne
schriftlich beantwortet. Dem nahe verwandten Fürsten, der,
treubrüchig wie seine Väter und durch Verbindung mit
Ludwig XII. gleichfalls Schismatiker, die Abwesenheit Heinrichs benutzte, um für Frankreich loszuschlagen, wurde das
Schicksal des Königs von Navarra entgegen gehalten, und
bei der Entscheidung durch die Waffen Gott und St. Georg
zu Richtern angerufen.**) Da indess für die Vertheidigung
der Heimath hinreichend vorgesorgt worden, wurde der Fest-
landskrieg durch den schottischen Zwischenfall kaum berührt.

Seit dem 12. entwickelte sich ein lebhafter Verkehr mit
Maximilian, der für einige Tage in einem mit Goldbrocat
und blauem Sammt bedeckten Zelte Wohnung nahm und
mit seiner gedrungenen Gestalt, offenem Antlitz, grauem
Bart und lebhaft zugänglichem Wesen, wie seine Begleiter

*) Wingfield 6. Aug. *Brewer* I, 4389, dazu Taylors Tagebuch.
**) Der Hergang sammt den Briefen englisch bei *Hall* 545. 548. Heinrichs Antwort lateinisch bei *Rymer* XIII, 382. Dazu Paul Armestorff an
Margareta: *dont ledit roy d'Engleterre ne s'est gaires esbay, car il a bien
pourveu en icelle part avant son partement. Lettres de Louis XII.*, IV, 192.

schlicht in schwarze Seide und Wolle gekleidet, einen sehr
vortheilhaften Eindruck machte. In Heinrichs Sold trug er
willig dessen Insignien, den heiligen Georg mit der Rose.
Als Kaiser und König am 14. in heiterer Vertraulichkeit,
als wären sie Vater und Sohn, mit einander tafelten, äusserten auch fremde Augenzeugen ihre herzliche Freude.*) Tags
darauf freilich geriethen sich die englischen Bogenschützen
und die deutschen Landsknechte der Art in die Haare, dass
auf beiden Seiten eine Anzahl erschlagen wurde, und letztere gar sich des Geschützes bemächtigten, bis ihre Hauptleute, Maximilian voran, Ordnung schufen. Vor allem aber
hatte der Kaiser alsbald die mangelhaften Anstalten der
Engländer durchschaut und im Kriegsrath darauf bestanden,
dass die Stadt, vor der man lag, völlig umzingelt wurde,
damit hinfort keine Seele mehr heraus, noch Zufuhr hinein-
gelangen könnte.

Auf Rettung Therouannes aber zielte entschieden die
Kriegführung der Franzosen, die fortfuhren mit starken
Reitergeschwadern die Landschaft zu durchstreifen, aber
freilich den gemessenen Befehl hatten, angesichts des mit
den verschiedenen Truppengattungen und Geschütz wohl
versehenen Gegners, der Feldschlacht auszuweichen. In
Amiens, wo Ludwig XII., an der Gicht kränkelnd, sein
Hauptquartier hatte, zählte man muthig die Tage, welche
die tapfere Stadt schon ausgeharrt und hoffte, dass sie sich
noch zwei Monate behaupten würde. Es war bei Hofe wohl
bekannt, dass der Kaiser, der bis zuletzt in entgegengesetz-
tem Sinn bearbeitet worden, mit achtzig Pferden in Heinrichs Lager eingetroffen war. Nur der Uebelstand, dass
mit Ausnahme von La Palice und Chevalier Bayard die
tüchtigsten Kriegsmänner Frankreichs jenseits der Alpen
im Felde standen, verhinderte ein kräftigeres Vorgehen des
von den vornehmsten Herren befehligten Nordheeres.**)
Um so thätiger war der Kaiser, das von den Engländern

---

*) Taylors Tagebuch bei *Brewer* I, p. 625, ein anderer Bericht N. 4431,
Paul Armestorff, Kellermeister Karls von Burgund an Margareta 15. Aug.
l. c. Wozu stets *Hall* 548 ff.

**) Vor allen die venetianischen Depeschen Marco Dandolos und andrer ein-
gehend über die militärische Lage, 4. 6. Aug. *Brown* II, 268. 269. 280. 281.

Versäumte nachzuholen, namentlich Therouanne auch vom
rechten Ufer der Lys einzuschliessen*), zu welchem Zweck
fünf Brücken oberhalb geschlagen wurden. Als nun die
königliche Armee am 16. Morgens den Fluss überschritt,
um bei Guinegate ein Lager zu beziehn, stiess sie auf 8000
Mann starke feindliche Abtheilungen, welche die Weisung
hatten, mit ihren leichten Mannschaften Lebensmittel in die
bedrängte Stadt zu werfen.

So war der lang ersehnte Augenblick erschienen; für
sein Leben gern hätte sich der junge König von England
seinen Reitern voran geradeswegs in die Schlacht gestürzt,
wenn die Räthe und der Kaiser es gestattet hätten. Maximilian, zwar mit dem rothen Kreuze Englands auf der Brust
und entschlossen nur als des Königs Diener unter dessen
Standarte zu fechten, während er die eigene zu entfalten
weigerte**), war doch bei Weitem der schlachtenkundigere.
Indem er rieth, einen Theil der Truppen dem Feinde in
Flanke und Rücken zu schicken und die leichteren Feld-
stücke auf dem benachbarten Hügelrücken aufpflanzen liess,
um den Belagerten sammt ihren Befreiern entgegen zu
wirken, setzte er sich selbst an die Spitze von 2000 Mann,
mit denen er die feindliche Vorhut vor sich hertrieb. Nachmittags um 4 Uhr erfolgte der Zusammenstoss mit dem Gros.
Als dasselbe nach langer Anstrengung bei dem Dorfe Bomy
sich sicher wähnend eben die schweren Schlachtrosse mit
leichten Pferden und Maulthieren vertauschte, wurde es plötzlich von vorn und im Rücken zugleich angegriffen. Mit
eingelegten Lanzen sprengten englische, burgundische,
deutsche Reiter in die dichte Masse, die in wildem Getümmel, auch von den Kugeln der Geschütze erreicht, arg
mitgenommen wurde. In einem kurzen, scharfen Gemetzel
war die Sporenschlacht entschieden, eine bedeutende
Anzahl vornehmer Herren und tapferer Ritter, als sie noch

---

*) *L'empereur comme esperimenté de la guerre avecques son conseil
a trouvé plusieur grandes difficultés d'assaillir la ville de Therouanne,*
während die Engländer durchaus stürmen wollten, Armestorff l. c. Aehnlich
Polydor Vergil 23: *censebat Maximilianus optimum factu, si rex cum parte
copiarum transiret flumen etc.*

**) Der Bericht des Augenzeugen bei *Brewer* I, 4431.

über eine Furt durchbrechen wollten, umzingelt und gefangen genommen.*) Darunter befanden sich der junge
Herzog von Longueville, de la Fayette, Bussy, Clermont,
Bayard und andere Edelleute in kostbarer Rüstung nebst
sechs Bannerträgern mit ihren Standarten.**) Nur wenigen,
wie La Palice, gelang es den nachsetzenden Burgundern und
Engländern zu entkommen. An 3000 Franzosen sollen gefallen sein. Die Nacht brach herein, ehe die königliche
Armee wieder in das Lager von Guinegate zurückkehrte.
Da überdies ein Versuch von der Westseite einzubrechen
an der Wachsamkeit des Grafen von Shrewsbury und des
Sir Rice ap Thomas und ein letzter verzweifelter Ausfall
der Besatzung an dem Widerstande Lord Herberts scheiterte, so führte der eine heisse Tag in der That die Entscheidung herbei. Sobald die tapferen Vertheidiger nicht
mehr zu leben, sondern selbst ihre Rosse verzehrt hatten,
meldete der Herr de Pontremy die Uebergabe. Sie wurde
am 22. gegen Ueberlassung der Stadt und des Geschützes
vollzogen. Am nächsten Morgen um 9 Uhr zog die Besatzung, 4000 Mann „solche Leute, wie jeder Fürst zu haben
wünschen dürfte", mit vollen kriegerischen Ehren***) ab.
Am Bartholomaeustage selber ritten denn Kaiser und König
in die halbzerschossene Stadt ein. Nur letzterem wurde,
wie Maximilian verlangte, die Triumphstandarte voraus-
getragen. Ihm allein überreichte Graf Shrewsbury die
Schlüssel. In der Hauptkirche fand zu Ehren der heiligen
Jungfrau und St. Georgs ein Dankgottesdienst statt.

Der König verblieb zunächst im Feldlager bei Guinegate,
der Kaiser begab sich nach dem benachbarten St. Omer,
so dass sie täglich mit einander verkehren konnten. Nach

---

*) Die beiden Berichte in Verbindung mit *Hall* 550. 551. Baptiste de
Tassis 16. Aug. und Bregilles 17. Aug., der zu seinem Kummer in St. Omer
verblieben war, an Margareta, *Lettres* IV, 195. 196. Die Zahlen in Dandolos
beiden Berichten, *Brown* II, N. 288. 297 sind wenig zuverlässig.

**) Englische Liste bei *Brewer* I, N. 4402, eine genauere aus Sauulo bei
Brown II, N. 294.

***) *Estandars ployes,* die mit dem Grafen von Shrewsbury verabredeten
Bedingungen *Brewer* I, 4460. Die Geschütze wurden Hans Popenruyter zum
Neuguss übergeben.

13*

längerer Besprechung*) kamen sie dem Wunsche des Raths
von Flandern entsprechend überein, die Stadt aufzugeben,
aber ihre durch Wall, Graben und Bollwerke starken Befestigungen zu zerstören. Die Arbeit, zu welcher die benachbarten Ortschaften gern mithalfen, nahm die Zeit bis
zum 6. September in Anspruch, wurde aber mittels Sprengung
so gründlich verrichtet, dass Therouanne, auf seine Kirchen
und wehrlosen Häuser beschränkt, dem gegen Tournai ab-
ziehenden Heere im Rücken fernerhin keine Gefahr mehr bot.

Während von fern und nah Glückswünsche einliefen,
Königin Katharina in zärtlicher Sorge um die Sicherheit
ihres Gemahls, aber stolz über das Zusammenwirken mit
dem Kaiser, dessen Tochter, die kluge Margareta, gewissermassen die Seele des Bundes, voll Befriedigung namentlich auch über das gute Einvernehmen ihres Vaters mit
Meister Wolsey schrieben**), wurde die Siegesnachricht
aus Flandern ein Sporn für die Schweizer und Oberdeutschen.
An 30,000 Mann stark unter kaiserlichen Fahnen für englisches Geld zogen sie vom Oberrhein her gegen Dijon, so
dass der König von Frankreich, auf den drei Landseiten
gleichmässig bedrängt, fast seine einzige Hoffnung auf
Schottland setzte, das, seit Jahrhunderten den Herrschern
von Paris eng verbündet, neuerdings sogar für seine Unterthanen die grosse Bevorzugung erhielt, sich in Frankreich
naturalisiren zu lassen.***) Ludwig XII. selber lag gicht-
brüchig in Amiens und vertraute, dass, während seine
Truppen, 2500 Lanzen und 30,000 Mann zu Fuss hinter der
wohl verwahrten Sommelinie sich nicht wieder im offenen
Felde abfangen liessen, La Tremouille schon das obere Burgund halten, im niederen aber die Liga in sich selber genug
zu thun finden würde. Im Hauptquartier ging das Gerücht,
dass ein schottisches Hilfscorps unverzüglich in der Picardie
oder Normandie landen solle.†)

---

*) *Post longam disputationem Pol. Vergil* 24, die Einzelheiten in den
beiden Tagebüchern und bei *Hall* 552, doch Taylor und Brian Tuke by
Brown II, 316 in so weit abweichend, als sie auch die Stadt bis auf die
Kirchen durch die Kaiserlichen verbrennen lassen.

) *Brewer* I, 4417. 4429.   *) *Burton, History of Scotland* III, 72.

†) Dandolos Depeschen, deren Zahlen übertrieben, l. c. und eine Meldung
von Florenz an Venedig aus Sanuto, *Brown* II, 308.

Dass Jacob IV. nun freilich trotz seinen grossen Schiffen angesichts der überlegenen Seemacht der Engländer nicht auf eine überseeische Expedition, sondern auf einen Einfall in England sann, war seit Monaten aus seiner gesammten Haltung abzunehmen. Bereits am 1. April hatte Dr. West an Heinrich berichtet, dass seine Schwester, Königin Margareta, den Krieg Englands gegen Frankreich mit grosser Besorgniss betrachte, König Jacob und seine Räthe dagegen seine Anfragen, ob sie mittlerweile Frieden halten würden, stets nur ausweichend beantworteten.*) Vierzehn Tage später verabschiedete sich der Gesandte in Linlithgow und Edinburgh, nachdem er Jacob unausgesetzt mit Flotte und Geschütz beschäftigt gefunden, nur verächtliche Bemerkungen über den Feldzug gegen Frankreich gehört und ein Handschreiben in Empfang genommen hatte, das neben den alten, längst landläufigen Klagen über die Vorenthaltung des der Königin Margareta von ihrem Vater ausgesetzten Legats spottete.**)

Heinrich wusste daher was er zu gewärtigen hatte, als er sich nach Calais einschiffte. Mit vollem Vertrauen jedoch hatte er den Grafen von Surrey als Statthalter in Nordengland eingesetzt, der im Juli um dieselbe Zeit auf seinen Posten abgegangen war, als sich der Lyon-Herold auf den Weg machte, um die Kriegserklärung seines Herrn nach Flandern zu überbringen. Auch Wolsey hatte es an Voranschlägen für einen Krieg gegen Schottland nicht fehlen lassen. Ruthal, der Bischof von Durham, auf dem Wege nach Flandern, eilte sofort in seinen bedrohten Sprengel.***) Zu dem Aufgebot und den Edelleuten der nördlichen Grafschaften stiessen einige Trupps Halblanzen und eine Schaar weiss und grün gekleideter Bogenschützen. Auch wurde das nöthige Geschütz aus dem Tower herbeigeführt.†) Königin Katharina nahm mit Begeisterung an den Arbeiten

---

*) *Brewer* I, 3838.

**) *Brewer* I, 3882. 3883: *ye ma do to youre awin as ye think best, scho sall have no los thereof.*

***) An Wolsey, London 4. Aug., *Brewer* I, 4388.

†) Rechnungen über die Zeit vom 4. August bis 27. October *Brewer* I, 4375.

Theil.*) Allein so rasch auch der Anmarsch von Süden,
so willig der Auszug der Herren und der Landwehren von
York, Durham und Northumberland, man war nicht zur
Stelle, um den Vorstoss des Gegners rechtzeitig abzufangen.
Jener Herold aber konnte unmöglich aus dem Lager
vor Therouanne zurück sein, als König Jacob bereits die
Grossen seines Reichs mit ihren feudalen, zum Theil auch
wild hochländischen Gefolgschaften auf dem Boroughmuir
unter den nördlichen Mauern von Edinburgh versammelte
und sie eilends an die nahe Grenze führte. Alle Warnungen
seiner Umgebung oder des eigenen Gewissens, die vielen
Heinrich VII. und VIII. feierlich zugeschworenen Verträge
schlug er in den Wind vor dem dringenden Rufe Ludwigs,
der jüngst noch einem Schotten den Erzstuhl von Bourges
zugewandt, und dessen Gemahlin, Königin Anna, die nach
Zusendung einer klingenden Summe den Schottenkönig im
Stil der Zeit zu ihrem Kämpen auserkoren hatte. Mit dem
ritterlichen Sinne dieses Monarchen vertrug es sich gar wohl,
wenn er in dem dringenden Verlangen, den einen Bundesgenossen zu entlasten, dem anderen die Treue brach und
einen Stoss in dessen Rücken führte.
     So war denn schon Anfang August sein Grosskämmerer
Alexander Home mit starken Reitergeschwadern in Northumberland eingebrochen, bis Sir William Bulmer, der die
Marken bewachte, seine Reiter und Schützen zusammen-
raffte, die Feinde im Ginstergestrüpp von Milfield über-
raschte und ihnen die Beute wieder abjagte. Der Earl von
Surrey, bei Pomfret noch mit Zusammenstellung seines Heers
beschäftigt, liess sich in der Annahme, dass man es nur mit
einem der vielen alljährlichen „Raids" zu thun habe, von
Lord Dacre bestimmen, die Schritte König Jacobs selber
abzuwarten.**) Der zauderte aber nicht länger, sondern
betrat am 22. August***) mit fliegenden Fahnen, wenn auch
schwerlich mit 100,000 Mann, wie die Chroniken über-

---

*) *My heart is very good to it and I am horribly busy with making
standards, banners and badges.* An Wolsey 13. Aug. *Ellis, Original
Letters* I, 1. 82.
**) *Hall* 556.
***) Nach Brian Tuke bei *Brown* II, 316 am Vorabend von Bartholomaeus.

treiben, das englische Gebiet und liess alsbald die Burg
Norham berennen, deren Befehlshaber sich getraute, sie bis
zum Eintreffen König Heinrichs vertheidigen zu wollen.
Nun stand aber freilich im Schottenheer, als es am Südufer
des Tweed lagerte, nicht Alles nach Wunsch. Eine Anzahl
Barone waren mit der kecken Unternehmung des Königs
wenig einverstanden. Der auf ihm lastende Bann der Kirche,
so wie die Sprache, welche England führte, erweckten un-
heimliche Ahnung. Durch ein in Feindesland abgehaltenes
Parlament musste, ganz ungebräuchlich schon vor einem
Treffen, zum Statut erhoben werden, dass Erben von Gefallenen ihr Lehen frei von Relevien und anderen Feudal-
gefällen sollten antreten dürfen.*) Jedoch in einer Woche
wurden die Mauern von Norham gebrochen, und das Schloss
zum grossen Kummer seines Herrn, des Bischofs von Durham, bis auf den Mittelthurm zerstört. Nachdem auch das
kleine Werk bezwungen, wollte man sich gar an Berwick
machen. Da liess sich Jacob auf Schloss Ford, wie es hiess,
durch die Reize der Besitzerin fesseln, worüber denn ein
Theil seiner Leute in den öden, ausgeplünderten Strichen
bereits zu verlaufen begann. Als nun die Engländer, durch
den Jammer der völlig ausgeraubten Grenzbevölkerung
angespornt, in Eilmärschen heranzogen, schien es gerathen,
das Heer, das an die 60,000 Mann betragen haben mag, weiter
Strom auf in dem Winkel, wo der Till in tiefem Felsenbett
rechts in den Tweed fällt, in starker Stellung zu lagern.

Surrey aber war von York her über Durham, wo nach
altem Brauch das Banner St. Cuthberts zum Heer stiess,
und Newcastle am 3. September bei starkem Wind und
Regen bis Alnwick herangekommen.**) Sein tapferer Sohn
Lord Thomas Howard, der Admiral, der mit 1000 Mann die
zur Seite folgenden Schiffe verlassen, stiess zum Vater und
stellte dem Könige Jacob eine besondere Herausforderung
zu; dieser prahlte an ihm den Tod Andrew Bartons rächen
zu wollen.***) Feierlich gelobte Lord Thomas, sich nicht

---

*) Beschluss von Twesilhauch vom 24. August, *Acta Parliam. Scot.*
II, 278. Dazu *Tytler, History of Scotland* IV, 72 und *Burton* III, 75.
**) *Hall* 557.
***) Ausführlich in dem lehrreichen Bericht Brian Tukes.

lebend überwinden zu lassen, aber auch keinen Pardon zu
geben, und gälte es dem König selber. An demselben Tage
wurden durch Vollmachten für Sir Thomas Lovel acht mittlere Grafschaften in die Waffen gerufen, und dem Verthei-
digungskriege überhaupt der nöthige Nachdruck gegeben. *)
Im Vertrauen auf seine Streitkräfte, die in dem kriegs-
tüchtigen nordenglischen Adel der Dacre, Clifford, Scroop,
Latimer, Percy u. a. m. ihren eigentlichen Zusammenschluss
gewonnen und sich in Vortrab, Centrum und Nachtrab mit entsprechenden Flügeln ordneten, hatte Surrey durch den Rouge
Croix-Herold den Gegner zum Freitag den 9. herausfordern
lassen und dieser durch Islay seine freudige Bereitwilligkeit
kund gegeben. Am 7. schrieb der Graf selber aus dem Lager
bei Wollerhaugh an Jacob und beschwerte sich, dass derselbe nichtsdestoweniger wie in einer Festung verharre, statt
in die Ebene herabzusteigen. Er lud ihn ein, ihn am Freitag
den 9., denn der 8. war Marientag, zwischen 9 und 3 Uhr
auf der schottischen Seite von Milfield mit seinem Heere
zu erwarten. Gegen schriftliche Bescheinigung des Empfangs
warnte er den König, der sich in seinem Stolze von einem
Earl nichts wollte vorschreiben lassen, dass er die ehrenhafte
Entscheidung durch die Waffen nicht länger hinzögere. **)
Hierüber sollte es denn in der That zum blutigen Waffen-
gange kommen.

Die Engländer hatten zwischen Berg und Thal den
oberen Lauf des Till erreicht und lagerten die letzte Nacht
am rechten Ufer durch den Forst des Barmerwood gedeckt,
kaum eine halbe Meile vom Feinde, der alle Behausung
ringsum verbrannt und sich auf seiner Höhe stark verschanzt
hatte. Sobald der Morgen graute, setzte sich Lord Howard
in Bewegung. Um 11 Uhr hatte er bei Twiselbrigg unfern
der Vereinigung mit dem Tweed, sein Vater weiter stromauf bei Milford den Till überschritten. Ihre beiden Treffen
mit je zwei Flügeln gewannen nicht nur Raum für eine einzige Linie, sondern schoben sich jetzt mit der Front gen
Süden dem Feinde in den Rücken. Auf der äussersten

---

*) *Rymer* XIII, 374. 375.
**) *Ellis, Original Letters* I, 1. 86, auch von Tuke gekannt. Sehr aus-
führlich über die Sendungen von hüben und drüben *Hall* l. c.

Rechten stand Sir Edward Howard mit dem Auszuge von Cheshire und Lancashire. Dann folgte sein Bruder Lord Thomas, der ausser den Capitänen und Mannschaften der Flotte über eine Anzahl der nordenglischen Lords, insonderheit über die Vassallen des Fürstbischofs von Durham, über das Banner St. Cuthberts unter Sir William Bulmer zu verfügen hatte. Sein linker Flügel, die Mannschaft des Herzogthums Lancaster, stand unter Sir Marmaduke Constable. Daran schloss sich das Treffen Surreys, vorzüglich Ritterschaft und Auszug von York, der rechte Flügel, meist Reiterei unter Lord Dacre, der linke äusserste unter Sir Edward Stanley. Noch aber harrten sie stundenlang hungernd und durstend auf dem Felde von Brankstone, nach welchem englischerseits auch die Schlacht genannt wurde. Denn unbegreiflich, eben so lange hatte der Schottenkönig sie unbehindert gewähren lassen und selbst fussfälligen Aufforderungen ergrauter Krieger, den Feind doch während jener gewagten Bewegung anzugreifen, ein taubes Ohr geliehen. Zuletzt ergriff ihn doch selber die Besorgniss, dass Rückweg und Verpflegung abgeschnitten werden könnten. Auf den Rath seines bösen Genius, des leidenschaftlichen Bischofs von Moray*), nahm er bereits zu übler Stunde die Herausforderung an. Nachdem er sein Lager angezündet hatte, in der Hoffnung, der Rauch werde dem Feinde in's Gesicht schlagen und ihn an Besetzung der noch zwischen ihnen liegenden Hochfläche von Floddon behindern, eilte er seine weit überlegenen Schaaren in fünf Gewalthaufen neben einander in Bogenschussweite aufzustellen. Kaum war er jedoch damit fertig, da drangen auch schon die Engländer — es war 4 Uhr Nachmittags — über die sumpfige Niederung bergan, während die Artillerie beider Theile von den Höhen dazwischen schoss und eine der ersten Steinkugeln den schottischen Stückmeister tödtete.

Den Feind zu werfen, stürzte sich der Gewalthaufe unter den Grafen Huntley, Errol, Crawfurd, welcher dem Feinde am nächsten war**), in guter Ordnung, „nach Art der

---

*) So Ruthall an Wolsey, *Brewer* I, 4462. Ueber die Uneinigkeit im schottischen Heere *Buchanan*.

**) *Hall* nennt nur Crawfurd und Montrose.

Deutschen in festgeschlossener Lanzenschaar und ohne ein
Wort zu sprechen", 6000 Mann stark muthig vorwärts. Der
Zusammenstoss war furchtbar. Aber Lord Thomas hielt ihn
aus. Eine grosse Anzahl der Schotten wurde erschlagen.
Der Ungestüm der Hochländer, Campbells, Macleans, Macleods unter den Grafen von Lennox und Argyle, die in alt-
keltischer Weise tollkühn heranstürmten, wurde von vornherein zu Schanden. Vergebens suchte La Motte mit seinen
Franzosen unter diesen Naturkriegern die Ordnung herzustellen. Nur auf der äussersten Rechten, die bei der Schwenkung auch wohl die schwierigste Aufgabe hatte, kam Sir
Edmund Howard durch den tapferen Alexander Home, den
Lordkammerherrn, in arges Gedränge. Zwei seiner Ritter
wurden erschlagen, zwei gefangen genommen. Das Aufgebot von Chester wandte sich unrühmlich zur Flucht. Schon
war er selber dreimal niedergeworfen, als Lord Dacre mit
seinen Reitern herbeiflog, ihn heraushieb und den feindlichen Einbruch zurückwies.*)

Zur selben Zeit war aber auch das Haupttreffen auf's
heftigste angegriffen worden. Jacob IV., obwohl er von
klein auf sich rastlos mit kriegerischen Dingen zu schaffen
gemacht, war nicht Feldherr, sondern Rittersmann. Kaum
sah er die Leute Edmund Howards wanken, so sprang er
vom Pferde und warf sich taub gegen alle Vorstellungen
der Seinigen mitten in das Getümmel. Viel zu stolz, dem
Admiral zu willfahren, wollte er nur mit dem vornehmsten
Gegner schlagen und drang also geradeswegs auf Surrey
ein. In ritterlicher Treue, obschon vielfach anderen Sinns,
folgte ihm die Menge der edelsten Herren. Alle fochten
zu Fuss, wie die dichten Reihen von Lanzen und Hellebarden hinter ihnen. Diese langen, sehnigen Gesellen ach-
teten der Pfeile nicht, während die Steinkugeln aus den
eigenen Karthaunen unschädlich über die Köpfe hinausten.
Es war ein fürchterliches Handgemenge, in welchem die
Geschosse verstummten, und ein jeder nun mit der Hand-
waffe den Gegner zu tödten, nicht zu ergreifen trachtete.
Bis unter das grosse Banner Surreys wogte eine Weile das

---

*) Brief Dacres bei *Pinkerton* II, 460.

blutige Getümmel, in unmittelbarer Nähe desselben wurden die Lords Maxwell, Herries und viele andere erschlagen. Schon aber konnten der Admiral und Lord Dacre dem Centrum beispringen, während der linke Flügel unter Sir Edward Stanley, nachdem er den Hügel erstiegen, sich sofort gegen die Flanke der Schotten gewendet hatte. Es glückte diesem tapferen Führer, nicht nur den Flüchtigen desjenigen Gewalthaufens, welcher zuerst angegriffen, den Weg zu verlegen, sondern auch die Truppen des Königs der Art zu packen, dass in dem wilden Gemetzel, da Niemand Pardon gab und nahm, ein Entrinnen unmöglich und die Blüthe des schottischen Adels rings um seinen König und dessen Banner getödtet wurde. Als nach dreistündigem Kampfe die Nacht hereinbrach, standen zwar zwei schottische Schlachthaufen fast noch unberührt. Da aber das Feld verloren, dankten sie es allein der Dunkelheit, dass sie der Gefahr umzingelt zu werden sich entziehen konnten. Auch der Lordkammerherr mit seinen Grenzern hatte sich davon gemacht. Es fehlte hinterdrein nicht an solchen, die ihm die Schuld am Untergange des Königs beimassen.

Erst am folgenden Morgen gewahrte der Sieger, welchen ungeheueren Erfolg er errungen. Der grosse Geschützpark Jacobs stand auf der Höhe völlig verlassen. Eine feindliche Abtheilung, die ihn zu decken suchte, wurde, noch ehe der Admiral als Schirmvogt der Walstatt herankam, durch einige Schüsse auseinander getrieben. Man fand ausser Kanonen kleineren Kalibers siebenzehn grosse Stücke, darunter namentlich die sieben Schwestern von unvergleichlicher Arbeit. Sämmtliches Geschütz, auch das englische, wurde unverzüglich durch Lord Dacre nach Schloss Etall in Sicherheit gebracht. Graf Surrey liess, nachdem Tedeum gesungen und Victoria geschossen worden, vom Schlachtfeld auflesen, was sich vorfand; doch war das feindliche Lager über Nacht bereits völlig ausgeplündert und die Masse der erschlagenen Rittersleute ihrer Waffen und Kleider beraubt worden. So geschah es denn auch, dass erst am zweitfolgenden Tage der Körper des Schottenkönigs, der im dichtesten Getümmel verschwunden war, aufgefunden wurde. Nackt, mit einer tödtlichen Pfeilwunde im Nacken

und von einer Streitaxt an der Hand schwer verletzt, wurde
er von Lord Dacre und, ehe man ihn in Berwick einbalsa-
mirte, von zwei seiner eigenen Leute, die sich unter den
wenigen Gefangenen befanden, mit Sicherheit erkannt. Die
eigenthümlichen Umstände freilich und die Thatsache, dass
mehrere seiner Begleiter gleiche Waffenröcke getragen,
nährten unter seinem Volke noch länger die Sage, der geliebte König sei entkommen und nur auf der Wallfahrt nach
Jerusalem begriffen. Die Engländer dagegen, denen Ueberbleibsel genug in die Hände gefallen, frohlockten: „das war
das Ende Jacobs, des Königs der Schotten, des falschesten
von allen."*)

Unter denen, die für ihn starben, befanden sich sein
natürlicher Sohn, der Erzbischof von St. Andrews, ein Schüler
des Erasmus, zwei Bischöfe, zwei Aebte, die 13 Earls von
Montrose, Crawfurd, Argyle, Lennox, Glencairn, Caithness,
Casillis, Bothwell, Errol, Athole, Morton, Huntley, Rothes,
15 Lords und Clanhäupter und eine ungezählte Menge Lairds
und kleiner Leute, so dass wenige Häuser und Hütten
von Trauer verschont und der thränenreiche Tag den spä-
testen Geschlechtern unvergessen geblieben ist. Von den
60,000, die unter den Fahnen gestanden, lagen mindestens
10,000 erschlagen, während nur äusserst wenige in Gefangenschaft fielen.

Dass die Engländer, wie ihre Berichte fast überein-
stimmend lauten, nur 400 Mann und darunter nur einen
Edelmann verloren haben sollten, klingt unglaublich. Eine
Relation wenigstens**) nennt zwei gefallene und zwei gefangene Herren. Andere sprechen von 1000 und 1500 Gefallenen.***) Viel sicherer ist die Nachricht, dass sie mit
ungefähr 26,000 Mann im Gefecht standen, denen aber Verstärkungen auf dem Fusse folgten, so dass sie bis an 40,000
Mann zur Verfügung hatten. Weiter rückwärts hielt Sir
Thomas Lovel mit 15,000 Mann bei Nottingham und hatte

---

*) *Et hic est finis Jacobi dudum Scotorum regis prae ceteris falsis-
simi*, im Bericht Brian Tukes.

**) *State Papers* IV, 1. *Brewer* I, 4441.

***) Ruthal an Wolsey, *Brewer* I, 4462. *Pol. Verg.* 28: *cecidere quin-
decim millia hominum, quorum pars tertia ex Anglis fuit.*

Königin Katharina selber bereits London an der Spitze von
weiteren 40,000 verlassen. Surrey aber verdankte seinen
Sieg den strategisch viel besseren und erfolgreich ausge-
führten Dispositionen seiner Befehlshaber, dem kräftigen
Einwirken seines Geschützes und der zweckmässigen Verwendung der für den Nahkampf bestimmten Waffen. Er
hatte ihn nicht weiter verfolgt, da mit dem Urheber des
Kriegs der feindliche Einbruch zu Schanden geworden, der
kleine Thronerbe aber ein Neffe König Heinrichs war. Angesichts der tiefen Erschütterung des Reichs, in welcher
freilich auch fernerhin der französische Bund die Tudor-
Politik überwog, konnte das englische Heer entlassen werden.
Nur die Grenzhut von hüben und drüben setzte in verhee-
renden Einbrüchen das alte Fehdewesen fort. Vor allem
aber lag die Entscheidung nicht am Tweed, sondern in dem
zwischen der Liga und Ludwig XII. noch nicht ausgetra-
genen Gegensatz.

Surrey begab sich demnach auch alsbald zur Königin
Katharina, um ihr die Trophäen zu überbringen, den ent-
seelten in Blei gehüllten Leib Jacobs und seinen zerrissenen,
blutgetränkten Waffenrock, der wieder aufgefunden.*) Die
Königin liess denselben durch einen eigenen Boten mit
näheren Nachrichten über die Schlacht bei Floddon in das
Feldlager nach Flandern überbringen und schrieb dazu dem
Gemahl am 16. September aus der Abtei Woburne auf der
Pilgerfahrt zur Lieben Frau von Walsingham: „Ich halte
mein Versprechen, indem ich für Eure Banner eines Königs
Rock sende. Ich hätte ihn gern selbst gesandt, aber die
Herzen unserer Engländer duldeten es nicht. Es wäre ihm
besser gewesen, Friede zu halten, als solchen Lohn zu haben.
Doch Alles was Gott schickt ist zum Besten." In ihrem
Briefe an Wolsey hiess es: „Das Ganze ist so wunderbar,
dass es nur Gottes Werk sein kann. Ich vertraue, dass der
König nicht vergisst, ihm dafür zu danken, wie hier das

---

*) *Lacerata paludamenta regis Scotorum huc missa fuerunt, tincta
sanguine et variegata more nostro,* Brian Tuke. Aus der Beute erhielt auch
Erasmus von Bischof Ruthal 10 Kronen, wie er an Ammonius schreibt,
Epp. VIII, 21 26. Nov., in den Ausgaben irrig unter 1511 cf. *Brewer*
I, 4576.

ganze Reich gethan hat."*) Derselbe Bote hatte ein merkwürdiges Document zu überbringen, das in der Tasche
eines der gefallenen schottischen Grossen gefunden worden.
Nach dem Wortlaut desselben hatte der König von Frankreich im Hafen von Dunbar zwei Schiffe landen lassen,
welche Jacob 25,000 Goldkronen und 40 Wagenladungen
Pulver, zwei Kanonen, 1000 Handgewehre verschiedenen
Calibers nebst Munition, 6000 Speere, 6000 Handkolben und
andere Waffen in Menge zuführten. Ein französischer Ritter
— La Motte war unter den Gebliebenen — war mit 50 Geharnischten und 40 Hauptleuten eingetroffen.**) Die gesammte Zufuhr wurde in der gewaltigen Niederlage zu
Schanden. Die Kunde von derselben konnte die Verbündeten in Flandern nur zu weiteren Thaten begeistern und
eine Aenderung der allgemeinen Lage herbeiführen helfen.

Der König von England war denn auch, seitdem er mit
seiner Armee am 6. September von Guinegate aufgebrochen,
nicht müssig gewesen. Viel eher gegen, als nach dem
Wunsche Maximilians, dem Alles daran lag, in Frankreich
einzufallen, entfernte er sich von dessen Grenzen und richtete seinen Marsch nach Osten gegen Tournai, eine Stadt,
die zwar der Grafschaft Flandern angehörte, aber, wie die
freien Städte im Reich unter dem Kaiser standen, dem
Könige von Frankreich gehuldigt hatte. Es war, als ob
Heinrich, der doch nicht aus denselben Ursachen, wie der
Kaiser oder Ferdinand von Aragon mit Frankreich Krieg

---

*) Die beiden Briefe bei *Ellis, Original Letters* I, 1. 88. 89. *Brewer*
I, 4451. 4452.

**) Gleichzeitige Berichte über die Schlacht bei Floddon sind nur von
englischer Seite vorhanden. Es sind die folgenden: 1) *The Batayle of Floddon-
Felde, called Brainston Moare*, wieder abgedruckt von Pitcairn und ausgezogen von *Tytler, Hist. of Scotland* IV, 435; 2) Der französisch geschriebene Bericht im Heroldsamt, *Statepapers* IV, 1, *Brewer* I, 4441; 3) Bischof
Ruthals zwei Schreiben an Wolsey, *Brewer* I, 4461. 4462; 4) Die Mittheilungen Brian Tukes aus Heinrichs Feldlager, die aus denselben Quellen
schöpfen; 5) Die ausführliche Erzählung *Halls* 560—564, die ebenfalls auf
directen heraldischen und militärischen Angaben beruht. Die Uebereinstimmung ist fast allgemein, nur dass die eine Quelle diese, die andere jene
Einzelheiten hervorhebt. Auf schottischer Seite ist höchstens die spätere Erinnerung bei Buchanan charakteristisch.

führte, in Erinnerung an die Eroberung von Calais durch
Eduard III., die Campagne mit Einnahme einer flandrischen
Stadt am besten glaubte abschliessen zu können. Während
das Heer in der Nähe Halt machte, begab er sich am 12.
zunächst nach Lille, um die Herzogin Margareta und den
jungen Prinzen von Castilien zu begrüssen. Der Adel und
die Kaufmannschaft von Flandern, Brabant und Holland
waren dazu in Scharen herbeigeeilt. Die Bürger hatten ihre
Häuser mit bilderreichen Tapeten bedeckt und standen zu
beiden Seiten der Strasse trotz hellem Tageslicht mit lodern-
den Fackeln in den Händen. Junge Mädchen hielten dem
fremden Fürsten, als er vom Pfalzgrafen eingeholt daher-
ritt, Kränze und Guirlanden entgegen, und Verbrecher warfen
sich vor ihm auf die Knie, seine Fürsprache zu erflehen.
Ja, selbst die Schlüssel der Stadt wurden ihm ehrerbietig
dargebracht, deren Annahme er jedoch verweigerte, wie er
aus Ergebenheit für den Kaiser, der ihm einen gemästeten
Ochsen zum Geschenk machte, Schwert und Scepter, die
man ihm voraustrug, herab nehmen hiess. Der Empfang,
den ihm Maximilian, seine Tochter und sein Enkel bereiteten, konnte nicht herzlicher sein. In ihrer Gesellschaft
rastete er drei Tage vom Feldzug, die denn neben allerhand
Kurzweil*) auch zu Besprechung der politischen und militärischen Lage verwendet wurden.**) Das Heer aber, das
bereits von Lebensgefahr munkelte, der sich der König
aussetzte, war froh, als er, im dichten Nebel fast den Weg
verlierend, wieder im Lager eintraf und am 15. auf Tournai
weiter zog.

Beim Herannahen der fremden Armee war die Landbevölkerung in die Stadt geflohen, die dem Bunde mit Ludwig
von Frankreich treu und stolz (als „la pucelle sans reproche",
wie über ihren Thoren geschrieben stand) Widerstand zu
leisten entschlossen war. Die Vorstädte wurden nieder-
gebrannt und von den wohl versorgten Wällen und Bastionen
das Geschütz auf den Feind gerichtet. Nachdem daher die

---

*) Er liess sich vor den Damen auf drei verschiedenen Instrumenten
hören. Der Herzog von Ferrara an die Signoria von Venedig, *Brown* II, 328.

**) Ueber die erste Zusammenkunft in Lille *Hall* 553, Taylors Bericht
bei *Brewer* I, 4284 und Brian Tukes bei *Brown* II, 316.

Parlamentaire, die zur Uebergabe aufgefordert, unverrichteter Sache heimgekehrt waren, schickten sich Engländer
und Deutsche — denn auch Kaiser und Pfalzgraf waren
wieder dabei — abermals zu einer Belagerung an. König
Heinrich, der in Ork, einem der Vororte, Quartier genommen,
recognoscirte, während das Geschütz herangefahren wurde
und seine Heeresabtheilungen aufmarschirten, den stattlichen, durch die Flüchtigen stark bevölkerten Ort in unmittelbarer Nähe. Als die Bürger einen Ausfall wagten,
wurden sie von den Bognern zurückgetrieben, und ihnen
sofort ein Thor entrissen. In den nächsten Tagen hatten
freilich wiederholt Verhandlungen statt, doch spielte von
beiden Seiten auch das Geschütz und, wie sich bald zeigte,
waren die von Lille herbeigeschafften Zwölf Apostel der
Festung entschieden überlegen. Die Engländer nämlich,
denen die Umgegend zwar die Hülle und Fülle zu leben
bot und die sich hinter ihren Laufgräben geradezu häuslich
einrichteten, wünschten sich rasch und dauernd der reichen
Stadt zu bemächtigen. Schon berechneten sie, welchen
Nutzen dieselbe mit ihren Teppich- und Damastfabriken
und als Lager von Burgunder und Rheinweinen dem heimischen Bedarf bringen würde. Ersatz durch die Franzosen,
die hinter der Somme halten blieben, war schlechterdings
nicht zu befürchten.*)

Die ersten Anstalten zu einem wirksamen Sturm waren
kaum getroffen, als der Bote mit dem Stahlhandschuh und
den Briefen des Earl vou Surrey anlangte, welche den
grossen Sieg am Tweed meldeten. Am 16. loderten im
Lager die Freudenfeuer; am 17. wurde unter einem der
prachtvollen Goldtuchzelte des Königs ein Dankgottesdienst
gefeiert. Natürlich verwerthete man die stolze Kunde nach
Kräften in den Verhandlungen, um welche die Belagerten
täglich nachsuchten. Am 21. endlich, als eben ein zweiter
Bote mit jenen Schreiben der Katharina und mit Jacobs
blutgetränktem Gewande eingetroffen war, hatte nach mehrtägiger Beschiessung das schwere Geschütz, das von Lille

---

*) Vor allen Brian Tuke aus dem Lager vom 22. September, verglichen
mit Taylor und Hall, in dessen Abdruck leider die tagebuchartigen Daten
durchweg irrthümlich, vielleicht eher verlesen als verschrieben sind.

herbeigeschafft worden, Bresche gelegt, so dass angesichts
der Erstürmung Stadtrath und Bürgerschaft gegen Zusicherung ihrer alten Privilegien dem Könige von England
und seinen Erben die Uebergabe anboten. Sie fanden gnädige Aufnahme und vollzogen, nachdem auch der Kaiser
zu Gunsten „des allerchristlichsten Königs" auf seine Ansprüche verzichtet hatte, ihre Unterwerfung. Gegen ein-
malige Zahlung von 100,000 Ducaten und 10,000 jährlich
ausser den schuldigen Regalien*) ging Tournai an den
neuen Landesherrn über. Nachdem Lord Lisle mit 6000
Mann die Stadt besetzt und Thomas Wolsey von Jung und
Alt, von 70,000 Köpfen, wie es hiess, den Treueid entgegen-
genommen hatte, ist Heinrich VIII. am Sonntag den 25. mit
dem blanken Schwerte vor sich, dem die Herolde, Trom-
peter und Musikanten vorausschritten, durch die Porte
Sainte Fontaine in seiner Eigenschaft als König von Frankreich und England in die von ihm eroberte Stadt eingezogen. Vier der ersten Bürger trugen über ihm einen mit
allen Emblemen der englischen Krone geschmückten Baldachin. Ja, selbst die städtischen Pferde und Maulthiere
waren bereits mit den neuen Wappen behängt. Im Strahl
der Wachskerzen beschritt der König die Kathedrale, wo er
nach dem Hochamt eine grosse Anzahl seiner Kriegsführer
zu Rittern schlug. Nach dem Mittagsmahl, in einer Dom-
curie, wo der Fürst abgestiegen, erfolgte dann auf dem
Marktplatz die allgemeine Huldigung, bei der das Volk
Vive le roi! rief. Am zweitfolgenden Abend wurden Maximilian und Margareta, die Herren zu Ross, die Damen in
Wagen, bei Fackellicht eingeholt und in ihre Herbergen
geleitet.**) Nicht nur zu Festspielen, zu denen Heinrich
eingeladen, waren sie erschienen.

Was erstere betrifft, zumal nachdem auch der Prinz
von Castilien sich eingefunden, so gipfelten sie in einem
prachtvollen Turnier, zu welchem der junge König und sein

*) So Brian Tuke. *Polydor Vergil* 25 dagegen: *in annos singulos dena coronatorum millia, ac in praesentia quinquaginta millia.*
**) Taylor, der fast völlig mit *Hall* 566 stimmt. Dazu die französisch geschriebene Beschreibung des Einzugs, *Archaeologia* XXVII, 258 und *Brewer* I, 4467 sowie das Verzeichniss der neuen Ritter ibid. 4468.

Pauli, Aufsätze. N. F. 14

Busenfreund, Lord Lisle, jedermann herausgefordert. Aber
nicht nur im Lanzenstechen, auch bei Tafel und Tanz fesselte
Heinrich aller Augen, wie durch seinen Reichthum so durch
Gewandtheit und Kraft. Ueber das Verhältniss zu Maximilian dagegen zogen bereits wieder Wolken auf. Da jenes
Schweizerheer zwar Dijon berannt, aber am 13. September
mit La Tremouille sich verglichen und gegen Verzicht
Ludwigs XII. auf die Lombardei und 400,000 Thaler Burgund seinem Schicksal überlassen hatte, versuchte der Kaiser
noch einmal, den Engländer mit sich gegen Frankreich fort-
zureissen. Vergeblich, denn durch die Schwenkung gegen
Tournai hatte Heinrich schon hinreichend kund gegeben,
dass er sich auf fern aussehende Unternehmungen, wie etwa
die Rückeroberung der Normandie, nicht einlassen würde.
Mit Kriegslorbeern geschmückt, folgte er weisem Rath und
hielt an sich, indem dadurch am leichtesten auch König
Ludwig zum Nachgeben bewogen werden könnte. Nur der
einen idealen Ursache, aus der er zum Schwerte gegriffen,
dem Schutz der Kirche wider Vergewaltigung, huldigte er
auch ferner.*) Maximilian empfahl sich daher zu Ende des
Monats und zog reich beschenkt an den Rhein und weiter
gen Osten, ohne dass das Subsidiengeschäft, in welches er
sich eingelassen, zu beiderseitiger Befriedigung abgewickelt
worden wäre. In der Hauptsache hatte er indess allen Grund
zu frohlocken, denn wie am Tweed und an der Schelde die
Anschläge des französischen Systems gescheitert waren, so
unterlag es vollends in Italien, nachdem die Verbündeten
am 7. October angesichts der Lagunen über die Venetianer
Sieger geblieben waren.

Allein auch ohne ihn gab es in Tournai, das während
des mehrtägigen Aufenthalts der fremden Gäste zu einem
Brennpunkt der Entscheidung wurde, politische Arbeit genug.

---

*) *Hic Maximilianus cum rege de toto belli negotio agere coepit,
qui videns res Gallicas iam aperte longe infirmissimas esse, plurimum
hortabatur Henricum ad sequendam victoriam. Contra Henricus iuvenis
quieto ingenio, qui non suae, sed Romani pontificis iniuriae vindicandae
causa bellum susceperat, ratus Francum satis esse doctum ad erratum
suum agnoscendum, in eo bello cessandum putabat, quae sententia cum
iam hiems instaret, postremo retinetur. Pol. Vergil 25.*

Von allen Seiten strömten hier nicht nur Glückwünsche zu
den errungenen Erfolgen zusammen, sondern man war auch
eifrig thätig, weitere Vortheile aus ihnen zu ziehn. Namentlich der Verkehr mit Italien war sehr belebt. Wie Heinrich
selber dem Herzoge Maximilian Sforza, seinem Verbündeten,
die Einnahme Therouannes und die ersten Nachrichten vom
Untergange Jacobs IV. mittheilte*), so gratulirten seine
Vertreter in Rom, die Bischöfe von York und Worcester,
alsbald auf die Kunde vom ersteren Ereigniss, während
sie über die stark französischen Sympathien im Cardinalat
und die noch nicht vollzogene Bestätigung der Excommunication des Schottenkönigs noch voll Besorgniss schrieben.**)
Um dieselbe Zeit jedoch wurde bereits aus Rom nach Venedig berichtet, wie wenig die Ereignisse von Therouanne,
Dijon .und Schottland den französischen Aufschneidereien
entsprächen, so dass der Cardinal von England bereits
Freudenfeuer und Dankmessen veranstalten liess.***) Und
als der heilige Vater am 1. October gar von mehreren
Seiten die Bestätigung von der Schlacht bei Floddon und
der Uebergabe Tournais empfing, da liessen mit Bainbridge
um die Wette auch der kaiserliche und der spanische Botschafter das übliche Feuerwerk abbrennen.†) Die Curie
zumal, wie sehr sie auch dem Könige von Frankreich bereits
entgegen gekommen, hatte denen, die noch gegen ihn im
Felde standen, vor allen Rechnung zu tragen.

So schrieb denn auch Heinrich VIII. am 12. October,
ehe er am folgenden Morgen von Tournai aufbrach, um in
sein Reich zurückzukehren, wohin ihn die schottische Angelegenheit und das herannahende Parlament riefen, persönlich an Leo X.: alle seine Siege seien im Dienste Gottes
und der heiligen Liga errungen, Jacob von Schottland aber,
von Frankreich zum Treubruch verführt, wie es verdient,
untergegangen. Dies sei denn auch Grund genug, um alle
vom heiligen Stuhl den Schotten gewährten Concessionen
zurückzunehmen, die Kirche von St. Andrews des erzbischöf-
lichen Rangs zu entkleiden und wieder unter die Metropole·

---

*) *Brown* I, 309 16. Sept. **) *Brewer* I, 4455 17. Sept.
***) *Brown* II, 315. Lipomano bei Sanuto: *Francesi non dicono mai il vero.* †) *Brown* II, 325. 327.

14*

York zu stellen, das Stift von Coldingham an Durham
zurückzugeben und die durch den Tod ihrer Bischöfe im
Felde beraubten schottischen Sprengel nicht ohne Berücksichtigung der Wünsche Englands zu verleihen. Auch bat er
um die Erlaubniss, den im Kirchenbann gefallenen Schottenkönig in der Paulskirche zu London kirchlich bestatten zu
dürfen.*) Auf die Ermahnung, sich nicht zu überheben, vielmehr auf einen allgemeinen Frieden hinzuwirken, versicherte
der König den Papst einige Wochen später, dass er den
Tod Jacobs, der so blind in sein Verderben gerannt, aufrichtig beklage, einen vorzeitigen Friedensschluss aber als
eine Quelle noch ärgerer Kämpfe betrachte.**) Die Curie
liess nach ihrem Brauch vor allem die Zeit sorgen. Am
29. November wurde zunächst die Beisetzung Jacobs in
London mit kirchlichen Ehren bewilligt.***) Doch sollte es
nie dazu kommen, denn der Leichnam in seiner Bleihülle
ist Jahre lang im Kloster Shene (heute Richmond in Surrey)
verblieben und in Vergessenheit gerathen, bis nach der Auflösung desselben unter Edward VI. zuletzt nur noch der
Kopf an dem rothen Haar erkennbar bei einem Londoner
Handwerker auftauchte.†) Ferner aber drang Leo noch vor
Ablauf des Jahrs 1513 bei Heinrich, der sich durch seine
Alliirten gebunden meinte, auf Frieden und kündigte, einem
Concilbeschlusse gemäss, die Abfertigung eines Legaten an,
zu welchem er aus Rücksicht vor den besonderen in England bestehenden Verhältnissen Cardinal Bainbridge erlesen
hatte. Gleichzeitig wusste er die Eitelkeit des jungen Fürsten
durch Uebersendung des geweihten Schwerts und Huts zu
fassen.††)

Dieser hatte schon vorher sich überzeugen können, wie
sehr auch die besten Pläne, den Krieg gemeinsam fortzu-

---

*) *Brewer* I, 4502.

**) Ohne Datum, aber nach der Rückkehr nach England aus spanischen
Sammlungen bei *Bergenroth* II, 141.

***) *Rymer* XIII, 385. *Theiner, Vetera Monumenta Hibernorum et
Scotorum* 54. Cf. *Brewer* I, 4502. *Bergenroth* II, 137.

†) *Stow, Survey of London* 459. Vgl. *Burton, History of Scotland*
III, 78.

††) Schreiben Leo's vom 17. und 19. December *Rymer* XIII, 386 und
Statepapers VI, 28 und des Bischofs von Worcester vom 31., *Brewer* I, 4621.

setzen, in der Luft schwebten. Er hatte, nachdem er Sir
Edward Poynings mit einer Besatzung zurückgelassen und
die Einkünfte des Bisthums Tournai, damit sie nicht an einen
Franzosen fielen, an den um das Gelingen der Expedition
hoch verdienten Thomas Wolsey übertragen hatte, von dort
am 13. October den jungen Erzherzog und seine Tante nach
Lille begleitet*), theils wegen der ihm zu Ehren dort veranstalteten Ritterspiele, theils um die politischen Besprechungen
zum Abschluss zu bringen. Letztere führten denn auch,
ehe der König vom Markgrafen von Brandenburg, von
Nassau, Isselstein und anderen niederländischen Herren begleitet, am 17. seine Weiterreise über Ypern nach Calais
antrat, von wo er am 21. nach Hause übersetzte, zu neuen
Vertragsentwürfen. Mit den Vertretern des Königs von
Aragon, der seine geringschätzige Meinung von der Kriegs-
kunst der Engländer doch einigermassen geändert und die
ganze Zeit über den unmittelbaren Verkehr zwischen Calais
und Guipuzcoa durch zwei Schnellsegler hatte unterhalten
lassen**), und den Bevollmächtigten des Kaisers einigten
sich der Bischof von Winchester und der Marquis von
Dorset dahin, dass der Krieg im nächsten Jahre energisch
von drei Seiten weiter geführt werden sollte. Es wurde
festgestellt, wie viele spanische Truppen und welche englische Gelder für den König von England Guienne erwerben
und wie beide Mächte noch vor Ende April wieder ihre
Flotten auslaufen lassen würden. Vor Ausgang des Juni
war ein englischer Angriff auf die Picardie und Normandie
in Aussicht genommen***), während der Kaiser mit 10,000
Mann von Artois und Hennegau her dabei sein würde.
Zum 15. Mai wollten Maximilian und Heinrich wieder in
Calais zusammentreffen, um die lange verabredete Vermählung des Erzherzog Karl mit Maria Tudor zu vollziehn.†)

---

*) Taylors Tagebuch, *Hall* 567 und *Pol. Vergil* 25.

**) *Bergenroth* II, 126.

***) Entwurf und Bestätigung vom 7. October, *Brewer* I, 454, *Bergen-
roth* II, 138. 139, von *Zurita* und *Herbert*, *Life of Henry VIII.* p. 17
benutzt.

†) Bestätigung des mit den kaiserlichen Vertretern am 16. paraphirten
Entwurfs Augsburg den 15. November *Brewer* I, 4560.

Nach einer späteren Anmahnung von Seiten der Herzogin
Margareta hat Heinrich in Lille ihrem Vater, dem Kaiser,
sogar versprechen müssen, im Fall ihm kein Leibeserbe
geboren würde, im Einvernehmen mit seinem Parlament
das Anrecht auf den englischen Thron eben dieser Schwester
zu übertragen*), was freilich mehr den Combinationen Maximilians als der Erbfolgeordnung in England entsprochen
hätte. Einstweilen jedoch hatte es auch hiermit gute Wege,
denn, während im Winter die Waffen ruhten, lockerten
sich zusehends die verschiedenen Einigungen, insonderheit
auch die Aussicht, den König von England den habsburg-
burgundischen Weltmachtsgedanken dauernd dienstbar zu
machen.

Schon das eigenthümliche Auftreten des Kaisers im
flandrischen Feldzuge hatte sehr verschiedenartige Beur-
theilung gefunden. Die Anhänger Frankreichs gratulirten
spöttisch dem Gegner zu einem solchen Feldherrn, der
überall die Sache verderbe.**) Ludwig XII. selber nannte
ihn den Hauptmann und Heinrich VIII. seinen Zahlmeister.***)
Die in England Handel treibenden Venetianer dagegen,
welche den Rücktritt ihrer Vaterstadt vom französischen
Bündniss ersehnten, waren ausser sich vor Entzücken über
die ritterlichen Thaten des bereits ergrauten Kaisers und den
vom Himmel gesandten jungen König von England.†) Die
eigenen Unterthanen desselben freilich waren weit entfernt,
ihn oder seinen vornehmen Bundesgenossen mit gleicher
Ueberschwänglichkeit zu preisen. Höchstens der joviale Sir
Robert Wingfield, welcher Jahre lang den reisigen Hof Maximilians als Gesandter begleitete, schrieb im November aus
Oberdeutschland, alle Welt behaupte, dass vor seinem Herrn
dem Könige noch kein christlicher Fürst einen solchen Feld-

---

*) *Asseurer devers vos estats et parlement la succession de vostre
royaulme en deffaulte de hoirs de vostre corps*, Margareta an Heinrich VIII.
Febr. 1514 *Lettres de Louis XII.* IV, 239.

**) *Se non ha megliore fortuna in questa, che sia solito nelle altre,
saria desiderarlo governatore del tutto.* Florentiner Bericht aus Amiens,
Brown II, 322.

***) Dandolo aus Amiens, ibid. 535.

†) *Non par persona di questo mondo, ma venudo dal cielo*, schreibt
Antonio Bavarin, *et nostro magno re*, L. Pasqualigo aus London, ibid. 336. 340.

hauptmann gehabt habe, wie den Kaiser. In demselben Bericht war aber auch von der Million die Rede, um welche Maximilian bereit war, mit Venedig Frieden zu machen.*) Geld und weit mehr als ihm zukam, forderte er denn auch vor allen von England bis, wie er sich ausdrückte, Frankreich „corrigirt" sei. Gerade darüber aber war bald nach der Trennung vor Tournai Entfremdung zwischen ihm und Heinrich eingetreten. Denn dieser beklagte sich, dass die von ihm angewiesenen Summen nicht für die Truppen verwendet würden und die Ausgaben überhaupt zu den mit dem Kaiser geschlossenen Vertrage in keinem Verhältniss stünden. Ausführlich suchte wohl Margareta die Zweckmässigkeit der Verwendung zu beweisen*); aber auch aus anderen Gründen schwand das bisher vor allem durch sie wach gehaltene Vertrauen.

Trotz seiner Betheiligung an dem zu Lille erneuten Kriegsbündniss nämlich hatte Ferdinand der Katholische im tiefen Geheimniss den Verkehr mit dem französischen Hofe eifrig fortgesetzt, zumal nachdem ihn die Königin Anna inständig um Friedensvermittlung angerufen hatte.***) Am 16. November bereits that Ludwig XII. den klugen Schritt, das Herzogthum Mailand, auf welches er, obwohl es die Schweizer erobert hatten, sein Anrecht nicht fahren liess, auf seine jüngere Tochter Renée zu übertragen †), in in der Hoffnung, sie mit einem der beiden Enkel Ferdinands zu vermählen. Daraus entsprang am 1. December der Vertragsentwurf von Blois, wonach der König von Frankreich auf Neapel verzichten und Mailand an der Hand Renées dem Erzherzog Karl oder Ferdinand überlassen würde, indem man annahm, es werde gelingen die Schweizer zu verjagen, Maximilian Sforza von ihnen zu trennen und für den Verlust seines Herzogthums zu entschädigen. Das Ziel war allgemeiner Friede, dem der Papst bereits das Wort redete, zu welchem dem Könige von England der Beitritt unter der Bedingung offen gelassen wurde, dass er Tournai

---

*) *Brewer* I, 4563. **) Dec. 1513, *Lettres de Louis XII.* IV, 217.
***) Instruction Ferdinands an den Monsieur de Borne 2. Oct. *Bergenroth* II, 141.
†) *Dumont, Traités* IV, 1. 177.

zurückgäbe.*) Am schwierigsten schien es natürlich den
Kaiser breit zu schlagen, der, so lange andere zahlten, für
sein Leben gern mit Venetianern und Franzosen weiter
raufte. Indess Ferdinand hatte, noch ehe er von den Ab-
machungen in Lille erfahren, eine ausführliche Denkschrift
an Maximilian gerichtet, in welcher er ihm die Nachtheile
der bisherigen Liga und den grossen Vorzug auseinander
setzte, der in einem Friedenschluss mit Frankreich lag, da
er die Aussicht eröffnete, nicht nur Mailand, sondern bei
Ludwigs Ableben vielleicht auch die Bretagne zu gewinnen
und alsdann die Waffen gemeinsam gegen den Feind der
Christenheit zu kehren.**) Welche Vorkehrungen Ferdinand
andererseits auch mit den bisherigen Verbündeten wegen
Fortführung des Kriegs treffen mochte, er hatte doch zur
Genüge erkannt, dass er und der Kaiser nicht die Mittel
besässen, den Bund zwischen Venedig und Frankreich zu
sprengen, zumal nachdem sich die Curie mit beiden ausgesöhnt. So drang er denn gegen Ende des Jahrs gleichzeitig in England, Burgund und Tirol immer eifriger auf Aussöhnung***), die auch durch das am 2. Januar 1514 erfolgte
Ableben der Königin Anna nicht mehr aufgehalten worden
ist. Don Pedro de Quintana, der Vertraute Ferdinands und
seines tief eingeweihten Secretärs Almozan war Monate
lang zwischen Burgos, Blois und Innsbruck geschäftig unterwegs. Es galt, den für den Feldzug im Frühjahr zu Lille
verabredeten Rüstungen zuvor zu kommen und zunächst
wenigstens einen Waffenstillstand herbeizuführen. Ein solcher ist denn auch im Namen aller am 13. März 1514 in
Orléans auf ein Jahr unterzeichnet worden†), in der Voraussetzung, dass sich daraus eine Einigung zu allgemeinem
Frieden entwickeln werde. Aus den zahlreichen Anschreiben
der spanischen Kanzlei ergibt sich, dass officiell von einer
Vermählung des verwittweten Ludwigs XII. mit der Infantin Eleonora, Renées mit dem jungen Infanten Ferdinand

---

*) Von de Borne nach Madrid überbracht *Bergenroth* II, 144 vgl.
Dumont IV, 1. 178.
**) Entwurf vom November bei *Bergenroth* 142.
***) Die lange Reihe der ausgezogenen Depeschen bei *Bergenroth* II, 144 ff.
†) *Rymer* XIII, 395.

die Rede war, während die Hintergedanken in Orléans und Madrid schon auf Aufhebung der Verlobung Erzherzog Karls mit Maria Tudor abzielten. Seine französische Verheirathung, so meinte man, würde den grossen spanisch-habsburgisch-burgundischen Bund mit Frankreich vollends besiegeln, und König Heinrich als Ferdinands Eidam sich ihm willig anschliessen. Aber gerade deshalb und weil auch fernerhin gar sehr auf seine Zahlungsfähigkeit gerechnet wurde, sind dem letzteren über die officiösen Mittheilungen hinaus die mit dem grossen Umschwung verbundenen intimsten Absichten noch eine Weile vorenthalten* sowie nur Einzelnes unter dem Siegel der Verschwiegenheit der Herzogin Margareta und ihrem Vater eröffnet worden.

Ehe indess eine Reihe frappanter Wendungen eintrat, hatte Heinrich VIII., der am 28. November in sein Reich zurückgekehrt war, Gelegenheit, sich zwar der stolzen Siege seiner Waffen zu erfreuen, aber eben so sehr die bis dahin dem Dienste Europas und dem eigenen Kriegsruhm gebrachten Opfer ernstlich zu überschlagen. Einsichtsvolle Beobachter, die den festländischen Feldzug mitgemacht hatten und über den günstigen Verlauf desselben sehr befriedigt waren, meinten doch, es sei dabei das englische Geld, dessen Währung so viel höher als das fremde, mit unverzeihlichem Leichtsinn verausgabt worden.**) Und wenn dort nun auch während des Winters die Waffen ruhten, so herrschte doch an der schottischen Grenze der kleine Krieg ohne Unterlass. Lord Dacre und seine Unterbefehlshaber hatten den Auftrag, die südlichen Striche des unglücklichen Landes durch wiederholte Einfälle nicht zur Ruhe kommen zu lassen.***) Man erfuhr, dass die feindlichen Kriegsschiffe bis auf drei aus den französischen Häfen zurückgekehrt, dass die schottischen Stifter wieder besetzt, eine feste Regentschaft aber noch keineswegs vorhanden sei. So lange Margareta mit zuverlässigen Parteigängern sie für

---

*) John Style, sein Gesandter in Madrid, scheint doch dies und jenes gewittert zu haben; s. dessen schwer zu entziffernde Depesche vom 21. März bei *Bergenroth* II, 165.

**) So der Parlamentssecretär Taylor am Schluss seines Tagebuchs.

***) Berichte Dacre's und Ruthalls bei *Brewer* I, 4520. 4522. 4523. 4556.

den unmündigen Sohn nicht ausübte, war an eine Lockerung der französischen Allianz nicht zu denken und mussten
auch nach dieser Seite fernerhin kostspielige Vorkehrungen
getroffen werden. Mit peinlicher Sorgfalt wurden in den
letzten Monaten des Jahrs die hoch angewachsenen Summen
für die Flotte und die Feldtruppen überschlagen. Lange
Verzeichnisse gewähren einige, wenn auch nicht vollständige Einsicht in den Bestand der Schiffe, des Geschützes
und anderen Kriegsmaterials, das zu weiterem Gebrauch
fertig gehalten wurde, so wie über die Garnisonen in Calais
und Tournai.*) Demgemäss blieben die mit den Kriegs-
angelegenheiten betrauten Behörden angespannt thätig, als ob
mit Sicherheit auf Fortsetzung des Kampfs zu rechnen wäre.

Das Parlament, das im letzten Frühling wiederum nur
vertagt worden, trat denn auch am 23. Januar von Neuem
zusammen, um nicht nur die niemals ruhende Gesetzgebung
in der Wirthschafts- und Handelspolizei aufzunehmen, sondern mehreren Entschlüssen des Königs, wie sie aus dem
noch nicht abgeschlossenen Kriege entsprangen, die ver-
fassungsmässige Bestätigung zu ertheilen.**) Das Civil-
processverfahren unter und mit den Bürgern der eroberten
Stadt Tournai wurde dem Gerichtshofe des Lordkanzlers
von England überwiesen; der Statthalter daselbst, Sir Edward
Poynings, während seiner Abwesenheit gegen gerichtliche
Verfügungen geschützt, durch die er etwa in seinem Grund-
eigenthum benachtheiligt werden könnte.***) Die Patente
des Königs, durch welche für die im Felde geleisteten Dienste
der Graf von Surrey zum Herzog von Norfolk, sein Sohn
Lord Thomas Howard zum Grafen von Surrey und Heinrichs Busenfreund Lord Lisle, den die Umgebung der Herzogin Margareta „le second roi" nannte†), zum Herzog von

---

*) *Brewer* I, 4526. 4527. 4533 ff. 4629 ff.

**) Von den Geschichtschreibern berührt nur *Pol. Vergil* 29 die Session.
Die Eröffnungsrede, die des festen Bündnisses mit Ferdinand und Maximilian,
der als *alter nostri temporis Mavors* gepriesen wurde, gedenkt, deren Entwurf bei *Brewer* I, 4849, ist schwerlich gehalten, weil ja kein neues Parlament eröffnet wurde.

***) 5 *Henr. VIII.* c. 1. 18. *Statutes of the Realm* III, 92 ff. Auszug aus der Parlamentsrolle bei *Brewer* I, 4848; Patent für Tournai N. 4856.

†) Bregilles an Margareta, *Lettres de Louis XII.* IV, 196.

Suffolk creirt wurden, erhielten unter den herkömmlichen Garantien Gesetzeskraft. *) Einige weitere Restitutionen erfolgten als die wirksamsten Gnadenbeweise der Krone. Sie wurden Margareta Pole, der Tochter des unglücklichen Herzogs Georg von Clarence, welche als Erbin ihres verstorbenen Bruders, des Grafen Edward von Warwick, Rang und Einkünfte einer Gräfin von Salisbury wiederlangte, sowie Humphrey Stafford und John Audley zu Theil, die unter Heinrich VII. Habe und Gut verwirkt hatten. Ausdrücklich aber wurden die im Süden und Norden errungenen Siege und die daraus dem Könige erwachsenen hohen Kosten angerufen, damit die Gemeinen nicht säumten, abermals Subsidien im Betrage von 160,000 L. zu bewilligen. **) Daran schlossen sich die genauesten Vorschriften über ihre Erhebung, wonach die Fremden noch einmal so hoch wie die Eingeborenen eingeschätzt waren, zugleich jedoch eine doppelte Belastung durch Grund- und Personalsteuer ausgeschlossen, aber selbst der Curs nicht vergessen war, zu welchem die vielfach zweifelhaften Courantmünzen angenommen werden sollten. Für jede Grafschaft wurden wie das erste Mal zahlreich besetzte Commissionen ernannt. ***)

In dieselben Tage fiel die Erhebung Thomas Wolsey's zum Bischof von Lincoln, wozu er von nah und fern beglückwünscht wurde, wofür er aber der geldbedürftigen Curie Leo's X. behufs Ausfertigung der Bullen nicht weniger als 6281 Ducaten bar zu entrichten hatte. †)

Von Bedeutung war, dass sich unter den Beschlüssen

---

*) 5 *Henr. VIII.* c. 8. 9. 10. Die beiden ersten Patente waren am 1., Suffolks am 8. Februar ausgefertigt. Dazwischen fiel eine Erkrankung des Königs zu Richmond, hinter welcher man die Blattern befürchtete. Schon am 20. Sept. 1513 beantragte Bischof Ruthall bei Wolsey Surrey's Erhebung zum Herzog, *Brewer* 4460.

) Der Venetianer Lorenzo Pasqualigo schrieb unendlich übertreibend von 600,000 L., wozu die venetianischen Handelshäuser 150 L. beigesteuert, *Brown* II, 397.   *) 5 *Henr. VIII.* c. 17.

†) Lord Darcy, der am 15. Januar gratulirt, fügte hinzu: *every man will now seke to be your friend and to be in favour with you.* Aus Rom der Bischof Silvester von Worcester, *Brewer* I, 4652. 4747. Die Bullen vom 6. Februar bei *Rymer* XIII, 390. 392, die Temporalien am 3. März übertragen *Brewer* 4855.

des am 4. März vertagten Parlaments kein einziger auf die
ungesäumte Wiederaufnahme des Kriegs bezog, während
nur vereinzelte Vollmachten an Suffolk und andere Kriegsführer begegnen, um in den Landen des Kaisers und des
Königs von Castilien auch fernerhin fremde Truppen anzuwerben*), oder, wie man in Frankreich erfuhr, in den
Niederlanden wiederum der Guss von 26 schweren Geschützen in Auftrag gegeben·wurde.**) Mittlerweile nämlich begann die grosse diplomatische Intrigue durchzulecken.
Am 27. Februar schrieb der König seinem Vertreter am
burgundischen Hofe Thomas Spinelly, dass er Grund zu
argwöhnen habe, dass sein Vater, der König von Aragon,
hinter seinem Rücken durch die geheimen Sendungen Quintana's nach Frankreich und von dort zum Kaiser eine Verständigung mit Ludwig betreibe, während doch dem Vertrage von Lille gemäss keiner von ihnen ohne Wissen des
anderen einen solchen Schritt thun dürfe.***) Er wolle
sich wohl hüten auf seine Kosten die von Ferdinand ge-
wünschten Landsknechte anzuwerben, während er seinerseits unablässig von der venetianischen Regierung bestürmt
werde, ihr Frieden mit Maximilian zu verschaffen, gegen
dessen Treulosigkeit allein sie sich im Bunde mit Frankreich zu vertheidigen suche.†) Spinelly berichtete am
3. März aus Mecheln, dass man dort über die absonder-
lichen Nachrichten aus Frankreich, Spanien und vom Kaiser
nicht minder verwundert sei.††) Die Herzogin Margareta
jedoch hielt so fest an der Allianz, dass sie eben jetzt den
König Heinrich an sein Versprechen erinnerte, mit der Hand
seiner Schwester dem Prinzen von Castilien eventuell Erb-
ansprüche auf die englische Krone durch das Parlament bestätigen zu lassen.†††) Ihrem Vater, der den Lockungen
Quintana's nicht zu widerstehen vermochte, bedeutete sie,
dass es wahrlich nicht im Interesse Burgunds sein würde,
den König von England in die Arme Frankreichs zu treiben.*†)

---

*) *Brewer* I, 4736. 4797. 11. 19. Febr.   **) *Brown* II, 372.
***) *Lettres* IV, 253.   †) Die Anschreiben bei *Brown* II, 363. 364. 365.
377. 378.   ††) *Brewer* I, 4844.   †††) *Lettres* IV, 239.
*†) *Le Glay, Correspondance de Maximilien et Marguerite* p. 227 : *par*

Schon aber wusste man in Spanien, dass unter Zustimmung von Papst und Kaiser auf ein Jahr mit Frankreich Friede gemacht sei, worüber der König von England sich in die Lippen beisse. *) Und gleichzeitig liefen eigenthümliche Gerüchte um, wonach der Wittwer Ludwig XII. um die Hand der Maria Tudor werben**) und die bereits fünf und dreissigjährige Herzogin Margareta den jungen, lebenslustigen Herzog von Suffolk heirathen würde.***) Wegen der letzteren Zumuthung, die er als böswillig auffasste, wandte sich Heinrich am 4. März schriftlich an Maximilian, damit er gleich ihm den Urhebern nachforschen und sie nach Verdienst bestrafen liesse. †) Beschämt, aber mit liebenswürdiger Offenheit gab die Herzogin zu Protocoll, wessen sie sich aus der kurzen Begegnung mit dem jungen Galant in Tournai und Lille erinnerte. Daraus ergab sich, dass Heinrich ihr, sogar in Suffolks Gegenwart, seinen Liebling zum Gemahl hatte aufdrängen wollen, wogegen sie sich mit ihren Jahren und wiederholtem Unglück in der Ehe gewehrt hatte, dass Suffolk ihr zweimal einen Ring vom Finger gezogen und, selbst als ihm der Ausruf *larron!* durch flämisch *dief!* verdolmetscht werden musste, den Ring nicht zurückgegeben hatte, und dass die Fürstin von dem unglücklichen Gerücht, das von England aus durch die fremden Kaufleute nach Deutschland verbreitet wurde, äusserst betroffen war. Sie versicherte, den ihr zugedachten Jüngling nicht mehr mit offenen Augen anblicken zu können, wie sehr sie auch nach dem Wiedererscheinen des Königs und dem Eintreffen seiner Schwester Maria Verlangen trug.††)
Solche Heirathsanträge und Heinrichs Ableugnung waren in der That wenig geeignet, das Verhältniss zum Kaiser zu bessern, der in diesem Fall doch auch ein Wort

---

quoy en ce que luy touche l'on doit aller de semblable maniere, et ne luy rompre nulle promesse.

*) *Peter Martyr, Epist.* 537. 3. März.

**) Schon am 23. Januar in Sanuto's Tagebuch, *Brown* II, 367. 369.

***) Badoer aus London, der Maria noch Prinz Karl und die Königin Wittwe von Schottland dem Kaiser bestimmt, 5. Febr., *Brown* II, 371.

†) *Lettres* IV, 274.

††) Aus Ms. Cotton. Titus B. 1 in der Beilage zur Chronik von Calais, ed. Camden Society, vgl. *Brewer* I, 4851.

mitzureden hatte und nur darauf lauerte, seinen Zahlmeister
ohne entsprechende Gegenleistung auch fernerhin gründlich
auszubeuten. Vielmehr schwirrten allerlei entgegengesetzte
Heirathspläne in der Luft, ein sicheres Wetterzeichen, dass
die Staaten sich neu zu gruppiren begannen.

Kein Zweifel, dass Charles Brandon die glänzende
Herzogswürde auch dem Wunsche seines königlichen Freundes verdankte, ihn neben sich emporzuheben. Ob die lieb-
lich erblühende Maria Tudor bereits ihr Auge auf ihn geworfen, ist nicht bekannt, wohl aber, dass sie in den Revels
bei Hofe wie ihr Bruder und der Herzog mitwirkte. Zunächst war sie die Verlobte des Prinzen von Castilien und
recht demonstrativ verkündete Heinrich VIII. eben jetzt ihr
Erscheinen dem burgundischen Hof. Von dort aber wurden
nunmehr Bedenken laut, ob der König von Aragon und
die castilische Regierung den einst im Jahre 1506 von
Heinrich VII. dem Erzherzog Philipp abgerungenen Vertrag vollziehen würde. Es wurde angesichts der Minderjährigkeit des Prinzen Karl noch um ein ferneres Jahr Verzug gebeten.*) In tiefstem Geheimniss untergrub der alte
Ferdinand das Verlöbniss aus Angst, dass England und
Burgund vereint ihm Castilien entreissen würden. Die Entfremdung beider war daher bald nicht mehr zu verbergen,
während Ludwig von Frankreich sich bereits vorsichtig
durch den am englischen Hofe als Gefangenen weilenden
Herzog von Longueville dem eben eingesetzten Bischof
Wolsey zu nähern begann.**) Er soll erfahren haben, dass
Heinrich VIII. die Schwester doch lieber einem regieren-
den Fürsten, als einem Unterthanen geben würde, und liess
in der That durch Papst Leo, mit dem er sich mittlerweile
vollständig geeinigt hatte, zugleich um Frieden und um die
Hand Maria's anhalten.***) Jedenfalls war Leo X., dessen
Vorgänger das Haupt des Kriegs gewesen, der eigentliche
Friedenbringer. Nicht umsonst hatte er dem Könige von
England für seine Verdienste um den heiligen Stuhl Schwert
und Hut geweiht, die am 19. Mai in feierlichem Aufzuge in

---

*) So bei *Hall* 567. 568.   **) *Rymer* XIII, 399. 16. März.
***) So *Polydor Vergil* 29: *confestim per literas Leonis pontificis Ro-
mani et pacem et sororis connubium ab Henrico petivit et impetravit.*

der Paulskirche überreicht wurden.*) Und wenn mit den
Frühling auch der kleine Krieg zwischen Engländern und
Franzosen wieder ausbrach, — Préjean fiel Brighton in
Sussex an, wogegen Sir John Wallopp eine Anzahl nor-
männischer Küstenorte verbrannte; die Franzosen von Boulogne und Artois demonstrirten gegen Guienne und Calais**)
— allmählich gediehen die Einleitungen zu directen Anträgen durch beglaubigte Gesandte.

Unter dem 20. Mai meldete der römische Resident, der
Bischof Silvester von Worcester, dass Ludovico Canossa,
Bischof von Tricarico, an den französischen Hof abgefertigt
werde, um dessen Aussöhnung mit dem englischen zu betreiben.***) Die venetianische Regierung frohlockte, als ihre
aufmerksamen Agenten von mehreren Seiten anzeigten, dass
Ludwig XII., der nur zwei Gedanken hege, selber die
Schwester Heinrichs zu gewinnen und seine zweite Tochter
dem jüngeren gleichnamigen Enkel Ferdinands zu vermäh-
len†), directe Schritte der Annäherung thue. Mit Vergnügen bemerkte man, wie englische und französische Herolde immer geschäftiger hin- und hereilten. Der Herzogin
Margareta wurde Ende April geschrieben, der Greis wolle
ein junges Mädchen nehmen, in der Hoffnung, Nachkommenschaft zu erhalten.††) Am 25. Mai wusste Lippomano in
Rom, dass der König von Frankreich den General der Normandie, Thomas Bohier, als Specialgesandten nach England
abfertigte. Nach Bankbriefen von dort wurde der Abschluss
eines günstigen Vertrags schon gar nicht mehr bezweifelt.
Bald wurde gewettet, dass die Franzosen noch im Laufe
des Jahres nach Italien aufbrechen und die vom Kaiser bedrohten Städte entsetzen würden.†††) Nur über die Bedingungen, unter denen man Frieden schliessen würde,

*) *Rymer* XIII, 393. März. Rede des Ueberbringers Leonard Spinelly
und Programm *Brewer* I, 5111. Badoer's und Farri's Berichte bei *Brown*
II, 433. 445. Dazu *Hall, Chronicle* 568.
**) *Hall l. c.* Meldungen aus Calais vom 30. April und 4. Mai. *Brewer*
I, 5021. 5032. ***) *Brewer* I, 5107.
†) Dandolo aus Paris 7. April *Brown* II, 398.
††) *Le bon vieillard veult avoir la jeune garce, pour essayer sil
pourrà encoires ung fils, Lettres* IV, 30.
†††) *Brown* II, 405. 414. 419.

gingen die Mittheilungen sehr auseinander. Bohier, so hiess es*), sei beim ersten Empfang von Heinrich mit der Forderung von 1½ Millionen Ducaten und der Städte Therouanne, Boulogne und St. Quentin begrüsst worden. Der Vertrag sei fertig, wenn Ludwig bereit sei, die Königin von Schottland zu heirathen.**) Indess schon am 10. Juni konnte Marino Sanuto gemüthsruhig in sein Tagebuch eintragen: Frankreich zahlt England 150,000 Ducaten, den üblichen Tribut und für Tournai jährlich 1000 Ducaten.***) Dass Ludwig nach der jüngeren Schwester Heinrichs trachtete und sich wohl hüten würde, durch Vermählung mit der Königin die alte dynastische Allianz mit Schottland zu stören, wusste man in Rom. †) Um dieselbe Zeit schrieb aber auch die Herzogin Margareta ihrem Vater, dass der General der Normandie keineswegs nur um den Herzog von Longueville aus der Gefangenschaft zu lösen nach England gegangen, sondern noch zu anderen Zwecken mit offenen Armen empfangen worden sei. ††) In der That, die unmittelbare Verständigung zwischen England und Frankreich war denn auch nur zu sehr geeignet, um in Brüssel, Innsbruck und Madrid, wo man bisher nur darauf aus gewesen, Heinrich VIII. für die habsburgisch-spanischen Interessen auszubeuten, Argwohn und Eifersucht zu erwecken. Jetzt kam vollends an den Tag, wie sehr der Vertrag von Orléans dem von Lille widersprach.

Zwei Boten Maximilians, die sich um diese Zeit in England aufhielten, wurden doch durch den Empfang, welcher den Gesandten des Papsts und Ludwigs zu Theil wurde, und durch das allgemeine Misstrauen gegen den Kaiser einigermassen betroffen. Von den Mitgliedern des Geheimen Raths mussten sie strenge Worte hören über den hinter dem Rücken ihres Königs höchst ehrenrührig für denselben abgeschlossenen Vertrag. Wolsey sagte ihnen in das Gesicht

---

*) Dandolo aus Paris 20. Mai *Brown* II,
**) *Hor! Sil vol la mia sorella per m*
Scozia, l'accordo sarà fatto.
***) *Brown* II, 425.   †) Lippoma
††) *J'entends qu'il est fort bien v*
luy fait l'on tres bon recueil. 12. J

dass, wenn Heinrich sich jetzt mit Ludwig verbände, es dem
Kaiser und seinem Enkel übel bekommen würde. *) Einige
Tage später fragte er den einen dieser Herren, der sich in
einem Briefe an Margareta mit Bewunderung über die schöne
Erscheinung Maria Tudors äusserte, wesshalb denn deren
Verlobung mit Karl von Castilien in den Niederlanden aufgeschoben oder gar abgebrochen wäre, worauf denn der
Gefragte, in die Enge getrieben, einräumen musste, dass
der Waffenstillstand von Orléans und des Kaisers weite
Entfernung die Schuld trügen. **) Noch eine Weile sträubte
sich die Herzogin, die ehrlicher als andere an dem englisch-
burgundischen Ehebunde festgehalten, den aus London an-
dringenden Gerüchten Glauben zu schenken. Noch empfindlicher und viel zu spät, als schon Nichts mehr zu ändern war,
musste Ferdinand der Katholische davon betroffen werden.
Man sieht ihn, wie er in seinen alten Tagen eifrig an
einem grossartigen dynastischen Netze strickte, wenn er dem
Kaiser mittheilte, es gälte, den jungen König von England
mit Ludwig zu versöhnen, damit sie beide diesen sicher
hätten, um mit ihm gemeinsam Venedig nieder zu werfen.
Mailand und Genua hatte er seinem Liebling Don Ferdinand
als Mitgift für die französische Renée, seine Tochter Eleonore Ludwig XII. selber bestimmt. Maximilians Gedanke
dagegen, dessen Tochter, die französische Claude, mit dem
jungen Karl zu verbinden, wollte ihm nicht gefallen. Eigenthümlicher Weise aber hätte die kluge Margareta, die doch
am meisten Krieg und Frieden in der Hand hielt, selber
ein Auge auf den körperlich hinfälligen König von Frankreich geworfen, dem sie, die zweimal kinderlose Wittwe,
doch schwerlich noch zu einem Nachkommen verhelfen
würde. An ihr aber sei es, den König von England herbeizubringen, damit eine einzige grosse Einigung die Reiche
der abendländischen Christenheit zusammenhalte. ***) In ähnlicher Weise liess Ferdinand seinen englischen Eidam be-

---

*) *In ruynam principis et vestrarum patriarum inferiorum.* Pleine
und Colla an Maximilian 19. Juni. *Lettres* IV, 332.

**) Gerard de Pleine an Margareta 30. Juni. *Lettres* IV, 335.

***) Zwei Schreiben Ferdinands an Juan de Lanuza von März und April
bei *Bergenroth* II, 163. 169.

arbeiten, mit dem er sich unauflöslich verbunden erachtete,
den er durch geheime Eröffnungen über ein italienisches
Complot an seine dortigen Entwürfe zu fesseln suchte, der
aber, nachdem das kirchliche Schisma vollends beigelegt,
vor allen doch eine Beruhigung der christlichen Gross-
staaten in der Vermählung seiner Schwester Maria mit Karl
von Castilien und dessen Schwester, der Infantin Eleonore,
mit dem Könige von Frankreich erkennen müsste.*) Er
meinte, Frankreich zwischen einem norditalischen Staat unter
seinem Enkel Ferdinand und dem anderen grossen Complex,
bestehend aus Spanien, dem deutschen Reich, und den beiden
Sicilien, welche Karl erben würde, fortan sicher im Zaum
zu halten.**) Bald indess bereitete ihm die fortgesetzte
Zurückhaltung Englands steigende Sorge. Im Juli klagte
er dem Cardinal Ximenez, dass das Herzogthum Mailand
noch immer in der Gewalt der Schweizer sei, und Heinrich
immer noch nicht mit Ludwig abgeschlossen habe, während
Tricarico, des Papstes Botschafter, in England übel aufgenommen, nach Paris zurückgereist sei, worüber denn freilich nach Venedig viel sicherer dahin berichtet wurde, dass
diese Reise nur die letzten Schwierigkeiten, welche der
Besitz von Tournai bereitete, hinwegräumen sollte.***) Als
überdies nun aber von den Absichten Ludwigs XII. auf die
Hand Maria's verlautete, wurde dem alten Ferdinand, obgleich
er noch nicht ernstlich daran glauben wollte, bereits wegen
des Gelingens seines Mailänder Plans bange.†) Gleichen
Unglauben äusserte die Herzogin Margareta, als sie um
dieselbe Zeit ihren Vertreter de Castres, den Bailly von
Flandern, anwies, die Berather des Königs von England,
die Herzöge von Norfolk und Suffolk sowie die Bischöfe
von Lincoln, Winchester und Durham an ihre heilige Verpflichtung zu erinnern und die Vermählung Karls mit Maria
herbeizuführen. ††)

---

*) An Carroz in London, April. *Bergenroth* 170.
**) An den beim Kaiser beglaubigten Pedro de Urrea, *Bergenroth* 171.
***) *Bergenroth* II, 176 verglichen mit Lippomano vom 26. und 30. Juli
bei *Brown* II, 453. 454.
†) An seine ausserordentlichen Gesandten in Frankreich, 12. April (?)
Bergenroth II, 186.   ††) *Lettres* IV, 349 August.

Eben jetzt aber gediehen die directen Verhandlungen zwischen dem englischen und dem französischen Hofe zum Abschluss. An demselben 30. Juli, an welchem Tricarico mit einer Rückäusserung König Ludwigs wieder in London eintraf, renuncirte Maria feierlich zu Wanstead in Gegenwart des Geheimen Raths auf den mit dem Infanten abgeschlossenen Ehecontract unter Bezugnahme auf einen mit Ludwig bereits am 23. März unterzeichneten Antrag.*) Die Unterhandlungen, zu welchen dieser ausser Thomas Bohier und Jean de Selva, General und Präsident der Normandie, den von der Sporenschlacht her in England als Gefangenen weilenden Louis d'Orléans, Herzog von Longueville, bevollmächtigt hatte, über die dann wieder Wolsey dem König Heinrich berichtete**), betrafen eine Reihe specieller und allgemeiner Puncte. Sie griffen zurück auf den einst von Heinrich VII. im Jahre 1492 zu Etaples geschlossenen und 1498 erneuerten Frieden und selbst auf eine Abkunft vom Jahre 1444 mit dem aus englischer Gefangenschaft befreiten Herzog Karl von Orléans, um die von Frankreich geschuldeten Jahrgelder durch eine Pauschsumme von einer Million Kronen abzulösen. Sie bezweckten einen Frieden, der bis ein Jahr nach dem Tode eines der beiden Paciscenten binden und durch jene Heirath eventuell auf die Descendenz übertragen werden sollte. Der Friede war aber auch bestimmt, wie Ludwig XII. in einem Schreiben an seine Bevollmächtigten, das für Heinrich VIII. nicht schmeichelhafter lauten konnte, hervorhob, um ihm Mailand und seine übrigen italienischen Anrechte zurück zu gewinnen***), also entschieden gegen den Waffenstillstand von Orléans gerichtet. Von der Rückgabe Tournais durch den König von England aber konnte schon desshalb nicht abgegangen werden, weil ohne dieselbe die französischen Stände dem Ehebündniss nicht zustimmen würden. Obwohl diese Bedingung nicht alsbald vollzogen werden konnte, während die von Heinrich seiner

---

*) *Rymer* XIII, 409 vgl. mit Lipomano bei *Brown* II, 465.

**) Dahin gehören die Actenstücke bei *Rymer* XIII, 399. 403. 406. 407.

***) Das Original leider verstümmelt: *et princ[ipalement] au recouvrement de sa duche de Mylan .... qu'il a en Italie et de luy aider au dit recouvrement la paix de ... traictee, faite et conclute. Brewer* I, 5285.

15*

Schwester in Juwelen zum Werthe von 200,000 Kronen ausgeworfene Mitgift durchaus den Wünschen Ludwigs entsprach *), so stand, nachdem der Herzog von Norfolk und die
Bischöfe von Lincoln und Winchester zu Friedenscommissaren
bestellt worden **), der Unterzeichnung doch Nichts im Wege.
Am 5. dankte Ludwig XII. eigenhändig Wolsey für seine
guten Dienste. ***) Zwei Tage später wurden auf Grund
der von beiden Seiten geprüften Entwürfe die Instrumente
über die französische Zahlung und den Heirathsbund ausgefertigt. †) Nachdem am 11. der Friede, der auch den
unbehinderten Verkehr zwischen beiden Reichen wieder
eröffnete, feierlich verkündet ††), wurde am 13. zu Greenwich vor versammeltem Hofe in Gegenwart der fremden
Bevollmächtigten Maria Tudor *per verba de praesenti* dem
Herzoge von Longueville als Mandatar seines Königs angetraut. Jeder Theil ergriff die rechte Hand des anderen
und verlas französisch den Ehecontract, worauf der Herzog
der Königin Braut einen Ring an den vierten Finger der
rechten Hand steckte und ein Notar den Act aufnahm. †††)
Der Erzbischof hielt eine lateinische Rede. Wie bei einer
Hochzeit folgten Hochamt, Banket und Tanz. Da selbst
hiermit dem ceremoniellen Geschmack des englischen Hofs
noch nicht Genüge gethan, wurde die Fürstin im Beisein
vieler Zeugen zu Bett gebracht und erschien der Marquis
von Rothelin, der ebenfalls bei Guinegate gefangen wurde,
im Wamms und in rothen Hosen, um mit seinem nackten
Fusse den Maria's zu berühren. *†) Während die Ratification
der Verträge von englischer am 20. August, von französischer Seite am 14. September erfolgte, nahmen die Vor-

---

*) Verschreibung in der Hand von Bischof Fox, *Brewer* I, 5286.

**) Ausfertigung der Patente vom 2. August, *Brewer* I, 5294.

***) *Brewer* I, 5302.

†) *Rymer* XIII, 412. 423. 428 vgl. *Brewer* 5305—5307.

††) Ausfertigungen vom 10. August, *Brewer* 5315, vgl. den langen Bericht
des Nicolo de Farri bei *Brown* II, 505.

†††) Die Instrumente bei *Rymer* XIII, 428. 431. 432, *Brewer* I, 5322.
Schon am 11. berichtet Dandolo nach Venedig über die Ceremonie des *Tocar
la man alla regina nomine predicti regis*, *Brown* II, 470.

*†) Bericht an den Bischof von Asti, französischen Gesandten in Venedig,
18. August bei *Brewer* I, 5337.

bereitungen zur Ueberführung der jungen Königin noch
mehrere Wochen in Anspruch, zum nicht geringen Verdruss
Ludwigs XII., der sich wie ein junger Liebhaber geber-
dete. *) Von Maria aber hiess es in London, dass sie vor
dem Glücke, Königin zu sein, über den bereits stark gicht-
brüchigen Gemahl die Augen schliesse. **)

Wohl liess sich erwarten, dass diese bedeutsamen Her-
gänge im Auslande sehr verschieden aufgenommen würden.
Nirgends hat man mehr gejubelt, als in Venedig, dessen
scharf spürende Residenten aller Orten den Gang der Ver-
handlungen beobachtet hatten, die nun vollends bei ihren
Wetten beharrten und das Unterliegen des Kaisers und
Aragons laut verkündeten. Niemand mache ein längeres
Gesicht, als der spanische Gesandte am englischen Hofe.
Am 27. August hielten gar der Rath der Zehn und die
Junta feierlichen Kirchgang in S. Marco. Abends gab es
Feuerwerk von allen Thürmen der Lagunenstadt. Der alte
Doge Leonardo Loredano aber schrieb einen dankerfüllten
Brief an König Heinrich, der endlich geholfen habe. ***)

Höchst empfindlich getroffen dagegen erschien die habs-
burg-spanische Allianz. Lange hatte die Erzherzogin un-
gläubig den Kopf geschüttelt. Während die flandrischen
Vormünder dem alten Ferdinand alle Schuld beimassen und
dagegen ihren Mündel, den Infanten Karl, nun vollends
in die Arme Frankreichs treiben wollten, glaubte man in
Brüssel selbst vor einer Erhebung der entrüsteten Bevölkerung nicht sicher zu sein. †) Die Regentin hierüber ausser
sich ††) drohte jetzt die ihr einst von Heinrich VIII. ge-
gebenen Verheissungen zu veröffentlichen. Vergeblich, denn
der König hatte ihrem unberechenbaren Vater von Lille
her wiederholten Vertragsbruch vorzuwerfen, liess sie aber

---

*) Die lange Reihe von Actenstücken bei *Rymer* XIII, 435—446. Er
will täglich von ihr Nachricht haben und wünscht sie demnächst in Abbeville
zu empfangen, *Brewer* I, 5329. 5330. 5359. 5360.

**) Badoer aus London 14. August bei *Brown* II, 482.

***) Die Nummern 471—477 bei *Brown* II.

†) Bericht Sir Ric. Wingfields und Spinelly's vom 19. August, *Brewer*
I, 5341.

††) *Cannot apaese herself*, dieselben am 29. Aug. *ibid.* 5362.

versichern, dass er einzig und allein aus Rücksicht für den
jungen Karl den Tractat mit Frankreich, wie er es wohl
gekonnt haben würde, nicht gegen Burgund gerichtet hätte. *)
Empört über das dreiste Gebahren des aragonesischen Gesandten an ihrem Hofe und die vielen verletzenden Aeusserungen, die gegen den Kaiser gethan wurden, blieb Margareta doch auch fernerhin gerade von diesen beiden Fürsten
abhängig. Von Maximilian hiess es, dass er auf die erste
Andeutung einer englisch-französischen Verbindung sein
Bedauern darüber ausgedrückt hätte, dass eine so schöne
und tugendhafte Dame wie Maria an einen gebrechlichen
und bösartigen Fürsten weggeworfen werden solle. **) Nach
Briefen aus Innsbruck war der Kaiser auf die Kunde vom
Abschluss des Bündnisses unverzüglich aus seinen Jagd-
gehegen bei Wels dorthin geeilt und hatte geschworen, den
Engländern vor Gott und der Welt die verdiente Antwort
zu geben. Seine Umgebung zieh Heinrich des schwärzesten
Undanks an dem, der doch wie ein gemeiner Hauptmann
ihm seine Siege erfochten. ***) Auch in Spanien wurde
über die Verheirathung eines achtzehnjährigen Mädchens an
einen welken scorbutischen Mann, die ihm der Tod sein
würde, weidlich gespottet. †) Der alte Ferdinand aber machte
bei der Erzherzogin die letzten Anstrengungen, damit seine
allgemeine Liga nicht in das Wasser fiele. Im Geiste jedoch
sah er die Franzosen bereits wieder in Mailand und den
Kaiser von den Venetianern zurückgeschlagen. Schon entfernte er sich von der französischen Allianz wieder so weit,
dass er dem Gedanken Margareta's, den Infanten Karl mit
der Prinzess von Ungarn zu vermählen, Gehör schenkte. ††)
Er erfuhr, dass Ludwig mit dem Herzoge von Suffolk, der
wie andere seiner Landsleute durch französische Pensionen
bestochen worden sei, Anschläge auf Rückgewinnung Navarra's und Ansprüche der englischen Krone auf Castilien

---

*) *Lettres* IV, 355. 11. Sept.   **) *Brewer* I, 5404.
***) Gattinara an Margareta, 11. 14. Sept. *Lettres* IV, 361 ff. *se portant
comme son capitaine sans lequel n'eust eu les victoires qu'il a eu.*

†) Nach *Lettres* IV, 335 Pleine an Margareta, 30. Juni 1514 hatte er die
Blattern gehabt; *Petr. Martyr, Epist.* 541 4. Oct. nennt Ludwig *elephantia
gravatus*   ††) *Bergenroth* II, 190, Oct.

beredet hätte. *) Sein Gesandter in London, Don Louis Carroz, fühlte sich, was die Venetianer längst mit Vergnügen bemerkten, bei jeder Gelegenheit empfindlich zurückgesetzt und meinte, alle Welt schleudere Pfeile auf ihn, wie auf einen Stier. **) Da bereute Ferdinand der Katholische denn wohl vollends den Eifer, mit dem er einst, um Frieden zwischen Frankreich und England zu stiften, die Vermittlung des Papsts angerufen, während Leo X. eben jetzt seinem Eidam alle Huld zuwandte.

König Heinrich, nachdem er der Curie in ihren ärgsten Nöthen beigesprungen und darüber in wenigen Jahren aus der bisherigen Abhängigkeit zu den bestimmenden Mächten der Zeit emporgestiegen, erfreute sich, zumal er mit Frankreich einig wurde, in Rom in der That einer unbegrenzten Gunst. Leo X. war ihm nicht nur wegen der grossartigen opferfreudigen Freigebigkeit, sondern auch wegen seines für Kunst und Wissenschaften empfänglichen Sinns gewogen. Er ersuchte ihn um Abfertigung von Gelehrten, die sich an der damals schon beabsichtigten Justification des Kalenders betheiligen sollten. ***) Bereitwillig, nur gegen recht hohe Summen, bestätigte er die königlichen Ernennungen in der englischen Prälatur. Freilich machten sich dafür auch die corrupten Zustände der Curie bisweilen recht fühlbar. Da residirten als Agenten der englischen Krone in Rom neben dem kriegerischen Bainbridge, Cardinal Erzbischof von York, zwei Italiener Silvester de Giglis und der Cardinal Adrian de Corneto, beide von Heinrich VII., jener in das Bisthum Worcester, dieser in Bath eingesetzt. Corneto galt überdies als Patron des Geschichtschreibers Polydor Vergil, der damals unter ihm als päpstlicher Subcollector in England sein Wesen trieb. Die beiden ersten standen auf gespanntem Fuss mit einander, aber in gleichem Vertrauen zu Wolsey, während Corneto und seine Creatur gegen diesen intriguirten. Am 14. Juli wurde Bainbridge in seinem Bette todt gefunden. †) Es hiess sofort, er sei vergiftet. Ein italienischer Priester Rinaldo aus der Um-

---

*) *Ibid.* 191. 193.   **) 6. Dec. *Ibid.* 201.
***) 21. Juli. *Brewer* I, 5262, cf. II, 545, 1. Juni 1515.
†) Meldung des Cardinal von Medici, *Rymer* XIII, 404.

gebung des Cardinals wurde ergriffen und gestand unter
der Folter in der Engelsburg sein Verbrechen, sowie die
Mitschuld des Bischofs von Worcester. Eine Gegenströ-
mung, an der auch Corneto betheiligt, suchte nun den
Bischof zu reinigen. Man schrieb die Unthat geflissentlich
dem Koch und einem englischen Prälaten des Verstorbenen
zu. Jener Priester widerrief, gestand abermals und starb
gleich darauf als Selbstmörder am 26. August.*) Auf Befehl des Papstes wurde der Leichnam geviertheilt und ge-
henkt.**) Die Untersuchung, in welche Worcester verwickelt war, kam indess der Sache nicht auf den Grund,
da er sich mit Bezug auf des Priesters Rinaldo Widerruf
und den Umstand, dass es ein Wahnsinniger gewesen, bei
Wolsey zu rechtfertigen wusste.***) Als Parteigänger Frankreichs war er zu sehr an der neuesten politischen Wendung
betheiligt, als dass Leo X. ihn nicht mit der Zeit aus der
Haft hätte entlassen und Heinrich VIII. auf weitere Nach-
forschung verzichten sollen, obwohl Richard Pace, Bainbridge's Secretär, noch nachträglich dem Könige Andeutungen machte, nach welchen Silvester von Worcester doch
äusserst compromittirt erschien.†)

Vor allem aber hatte dieser zu einer neuen Erhebung
Wolsey's mitgewirkt, die für die meisten Betheiligten höchst
erwünscht mit dem Abschluss des französischen Friedens
zusammentraf. Kaum nämlich war Medici's Anzeige vom
Tode Bainbridge's eingegangen, so übertrug der König die
Custodie und die Temporalien des Erzstifts York an Wolsey.††) Eine Woche später, am 12. August, richtete er zwei
Schreiben an den Papst. Das eine betraf die mit Ludwig XII.
zu Stande gebrachten Verträge, über welche sein Vertreter
in Rom, eben der Bischof von Worcester, weitere Auskunft

---

*) Zwei Berichte von William Burbank an Heinrich VIII. vom 28. bei
Ellis, Original Letters I, 1. 99. 106.

**) Lipomano 28. August bei *Brown* II, 479.

***) *Brewer* I, 5365. 31. Aug. *demens quidem semper ac pene bellua
fuit* cf. *Ellis l. c.* p. 112. Dazu der Brief des Andreas Ammonius, Heinrichs
Lateinsecretärs, vom 25. Sept. *Ibid.* 5449.

†) Pace an Heinrich VIII. aus Rom 25. Sept., *Ellis, l. c.* I. 1. 108.
Vergl. Pace an Wolsey, 13. Sept. *Brewer* I, 5405.

††) *Rymer* XIII, 412. 5. August.

geben würde. In dém anderen ersuchte er Leo, Wolsey für
seine grossen Verdienste in derselben Sache mit dem rothen
Hut und mit Bestätigung der geistlichen Würden zu be-
lohnen, welche Bainbridge von York besessen.*) Am 18.
hat Wolsey 2000 L. für das Pallium auf genuesische Bankhäuser und 5704 Ducaten für Pace und Burbank, die Executoren des vergifteten Cardinals, in Rom angewiesen.**)
Am 15. September wurden unter Silvesters Mitwirkung die
Bullen über Wolsey's Translation auf den Erzstuhl von York
ausgefertigt.***) Da jener wie in allen übrigen Geschäften
so in seinen Bemühungen um den Cardinalshut überaus
dienstfertig fortfuhr, so hat ihm Wolsey nicht nur sein un-
vermindertes Vertrauen bewahrt, sondern ausdrücklich in
Anbetracht jener bösen Beschuldigung versichert, dass er
dieselbe wie gegen seine eigene Person gerichtet verfolgen
werde, damit die Welt an der Verleumdung eines Botschafters des Königs ein Beispiel nehme.†) Unter seiner
Mitwirkung erhielt derselbe eine Bulle, durch die er von
allem Verdacht gereinigt wurde.††) Dass beide in der Politik des Moments einer Meinung waren, erhellt aus einem
Schreiben Silvesters, in welchem er den Frieden begrüsste.
Ferdinand von Aragon werde, so urtheilte er, mit Navarra,
das er auf Englands Kosten gewonnen, schon genug haben.
Ob aber Ludwig XII. gegen Ferdinands Mailänder Pläne
die Schotten England opfern, und der Kaiser den Venetianern mehr als Padua und Treviso hingeben werde, schien
bei der Treulosigkeit aller dieser hohen Herren sehr zweifelhaft. Niemals aber habe es, ohne dass er ein Feind Englands
wäre, einen treuloseren Judas gegeben als den Kaiser.†††)
Während Wolsey von der Universität Oxford, seiner
Alma Mater, beglückwünscht wurde, dass er mit kaum
vierzig Jahren zum Erzbischof aufgestiegen*†), konnte ihm

---

*) *Brewer* I, 5318. 5319.   **) *Ibid.* 5334.
***) *Rymer* XIII, 450—454 cf. *Brewer* I, 5416.
†) Die undatirten Schreiben beider *Brewer* I, 5464. 5465.
††) *Brewer* II, 91. 1. Febr. schreibt ihm Wolsey, *numquam haesitavi.*
Auch Pace machte seinen Frieden II, 151.
†††) *Brewer* I, 5353 24. August.
*†) Abt von Winchecombe, 26. August. *Ibid.* 5355.

nicht entgehen, dass die neue Würde doch auch als ein
Aequivalent für das unsicher werdende Bisthum Tournai
betrachtet wurde. In dieser Stadt war die Einigung mit
Frankreich nicht nur sehr unpopulär, sondern es gingen
auch alsbald Gerüchte über ihre Rückgabe.*) Wolsey's
Vicar Sampson stiess auf die grössten Schwierigkeiten, bis
er nur Zutritt fand. Er schrieb aus Brügge, dass ein im
französischen Interesse zum Bischof erwählter Kleriker einen
Generalvicar für Flandern eingesetzt habe und die Einkünfte
erheben lasse, die für ein Jahr bereits verloren seien.**)
Die apostolische Verschreibung, die Patente Margareta's
hatten nicht den geringsten Werth, so lange der König
von Frankreich nicht jenen Gegencandidaten fallen liess.
Da kam es nun darauf an, ob Wolsey durch weitere Verpflichtungen Ludwig XII. wirklich zu einer solchen Concession bewegen würde. Seine persönliche Angelegenheit
verschlang sich mit der des Königs, für den nun aber die
schleunige Vollziehung seiner Ehe geradezu von politischer
Bedeutung war.

Eben an Wolsey persönlich wandte sich denn auch
Ludwig, um rasch in den Besitz seiner Gemahlin zu gelangen, während der Herzog von Longueville gleichzeitig
„seiner souveränen Dame" schreiben musste.***) Sie hat
dem Könige stilgerecht erwidert, dass sie gleichfalls Nichts
mehr ersehne als ihn zu erblicken, und dass ihr Bruder mit
grösstem Eifer ihre Reise betreibe. †) Der alte Galant hatte
Sachverständige nach England geschickt, damit sie bereits
nach französischer Mode gekleidet zu ihm komme. ††) Allein
die bei so ausserordentlichen Anlässen am englischen Hofe
vorgeschriebenen Formen erforderten die entsprechende Zeit.
Erst am 23. September wurde an acht der höchsten Würdenträger die Commission ausgefertigt, um des Königs Schwester

---

*) Poynings von dort, 7. Sept., *Brewer* I, 5390.

**) *Ibid.* 5424. 5429. 5439. 5446. Aehnlich Sir Richard Wingfield *ibid.* 4567.

***) *Rymer* XIII, 439. *Brewer* I, 4373 2. Sept.

†) *Vous suppliant Monsieur me vouloir cependant pour ma tressin-guliere consolacion souvent faire scavoir de voz nouvelles, Ellis, l. c.* 115.

††) Wolsey an Ludwig XII., *à la mode de France. Rymer* XIII, 455.

nach Frankreich zu geleiten.*) Einem derselben, Lord Herbert, jetzt Graf von Worcester, hatte Wolsey gleichzeitig politische Aufträge ausgearbeitet. Bei dem Empfang, den die junge Königin zum Abschied hielt, waren auch die fremden Kaufleute erschienen. Ein Venetianer fand ihre Schönheit in England ohne Gleichen und den Anzug von Goldtuch in französischem Schnitt überaus kostbar. Mehr als alles Andere aber wunderte ihn, dass von dem Diamant von Fingers Dicke, den sie am Halse trug, und von der Perle, so gross wie ein Taubenei, dem Angebinde Ludwigs, bisher im Juwelenmarkt noch Nichts verlautet war.**) Während der französische Hof in die Picardie verlegt worden, und in üppigen Vorbereitungen nur an die Hochzeit zu denken schien***), gaben Heinrich und Katharina der Schwester nach Dover das Geleit, wo aber, da die See stürmisch war und wegen der Einschiffung der grossartigen Aussteuer und eines zahlreichen Gefolges von Herren und Damen nebst Pferden, Gespann und glänzendem Geschirr noch mehrere Tage verstrichen. Erst am 2. October früh Morgens war Alles fertig und ging ein Geschwader von mehreren hundert Schiffen unter Segel. Der Wind aber blies immer noch so stark, dass die Fahrzeuge weit auseinander geworfen wurden, eines scheiterte, und Maria am folgenden Tage nur mit Lebensgefahr bei Boulogne gelandet wurde.†) Sie hatte eine Begleitung von 80 Herren bei sich, während der Bräutigam mit 200 in züchtiger Entfernung zu Abbeville ihrer harrte.††)

An demselben Tage jedoch hatte der Graf von Worcester, der voraus geeilt, dort bei Ludwig Audienz, über die er unverweilt an Wolsey berichtete. Auf alle Sonderverträge mit Aragon, dem Kaiser und dem Infanten gelobte der König fortan verzichten, Zeit Lebens aber Heinrich VIII., mit dem er eine baldige Begegnung zwischen Boulogne und Calais herbeiwünschte, zu Willen sein zu wollen. Er gab Wolsey, seinem besonders guten Freunde, die schönsten

*) *Rymer* XIII, 448.   **) Lorenz Pasqualigo bei *Brown* II, 500.
***) Dandolo *ibid.* 496.
†) Bericht bei *Hall* p. 570 vgl. mit Dandolo bei *Brown* II, 507.
††) Römischer Bericht bei *Brown* II, 499.

Worte wegen Tournai und sagte dem Botschafter, als dieser
staunend die kostbaren, der jungen Königin bestimmten
Hochzeitsgeschenke betrachten durfte, darunter Diamanten,
Rubinen und Perlen von unerhörtem Preis, mit lachender
Miene: „Meine Frau soll sie nicht alle auf einmal, sondern
nach einander haben, denn ich verlange oft und immer
wieder Kuss und Dank dafür."*) Auch mit dem Herzoge
Franz, dem eventuellen Thronfolger, ohne welchen am französischen Hofe schon gar Nichts mehr geschah, der nächst
dem Könige auch beim Empfange Maria's der erste sein
wollte, und grosses Verlangen nach persönlicher Bekanntschaft mit ihrem turnierlustigen Bruder trug, hatte der
Herzog von Norfolk, der den Conduct auf englischer Seite
leitete, angeknüpft**), ehe sich am Sonntag, dem 8., die
Cavalcade Abbeville näherte.

Es war Nachmittags·3 Uhr, als Maria eine kurze Strecke
vor der Stadt von Franz, an der Spitze der vornehmsten
Herren des Reichs, der Garden zu Pferde und der Schweizer
zu Fuss begrüsst wurde. Kurz darauf traf der König, der
seiner Braut am Morgen ihre Revenuen in derselben Höhe
wie der verstorbenen Gemahlin, Anna von der Bretagne,
verschrieben hatte***), mit kleinem Gefolge ein. Er ritt ein
prächtig aufgezäumtes spanisches Ross und trug einen kurzen
Reitrock von rothem Goldtuch, als wenn es auf die Vogel-
beize gehn sollte. Nachdem beide einander Kusshand zu-
geworfen, umschlang er seine Braut und küsste sie wiederholt auf den Mund. Dann redete er einige Worte zu ihr,
welche von den Umstehenden nicht verstanden wurden,
wandte sein Ross und ritt in die Stadt zurück, worauf erst
der in Gold und Silber, in Sammt und Seide strotzende
Festzug sich in Bewegung setzte.†) Die Bürger Abbevilles
schritten in bewaffneten Abtheilungen voraus, an die sich

---

*) *Ellis*, *Original Letters* II, 1. 233. Vgl. Marigny an Wolsey über
Ankunft in Boulogne 3. Oct. *Brewer* I, 5469.
**) Norfolk an Wolsey 7. Oct. *Brewer* I, 5477.
***) *Rymer* XIII, 459.
†) Drei Berichte von Theilnehmern, zwei an den Bischof von Asti ge-
richtet, welche Sanuto in sein Journal aufgenommen, bei *Brown* II, 508. 509.
511, stimmen gut zu der kürzeren Darstellung bei *Hall l. c.*

in der Vorstadt der Klerus anschloss. Dann folgten die
Schweizer mit ihrem Banner, die schottischen Bogner, die
Garden, die französischen und die englischen Edelleute, die
Gesandten des Papstes, von Florenz und Venedig, die Prinzen
von Geblüt, die vornehmsten unmittelbar vor der Königin,
der zur Seite Herzog Franz sein Ross tummelte. Auf Maria,
die unter einem Baldachin einen weissen Zelter ritt, in den
kostbarsten Stoffen, aber bei dieser Gelegenheit steif englisch gekleidet war, ein Diadem in den Haaren und ein
weisses Scepter in der Hand trug, richteten sich aller Blicke.
Es herrschte nur eine Meinung, dass sie sehr gut aussah,
ein reizendes Gesicht, eine schlanke Gestalt und anmuthige
Manieren besass. Auch die schärfsten Kritiker, die vielleicht Augen und Teint zu hell, die Brauen zu blond fanden,
erklärten, sie sei in jungen Jahren ein „Paradies". Aber
auch an den schweren goldenen Ketten der fremden Edelleute, ihrem trefflichen Beritt und der gediegenen Pracht,
mit der das Gefolge gekleidet war, hatte man seine Augenweide. Man staunte über die vielen schmucken Damen und
Fräulein, die gewandt auf ihren Thieren sassen, über die
Staatssänfte, die Carrossen und die drei Abtheilungen Bogenschützen, die eine jede in ihrer besonderen Farbe hinterdrein zogen. Nur schade, dass es die ganze Zeit über auf
alle Herrlichkeit herabregnete und dass, während Maria bei
der Herzogin von Angoulême, Ludwigs Tochter und Franzens
Gemahlin, abstieg, wo Abends getanzt und musicirt wurde,
auf der anderen Seite der Stadt ein heftiger Brand eine
Anzahl Häuser zerstörte.[*]

Am Montag dem 9. in der Frühe war wieder Alles in
Bewegung, denn Hochzeit und Beilager[**] sollten gefeiert
werden. Bald verliess denn auch die Königin herrlich geschmückt ihr Quartier, um von den Engländern in pro-
grammmässigem Aufzuge durch die Spaliere der französischen Truppen in die Residenz des Königs geleitet zu
werden, an deren Gartenpforte Prinzen und Grosswürden-

---

[*] Ausser den Berichten bei *Brown* II, 508. 511 Dandolo, der als Gesandter Venedigs den französischen Hof begleitete *ibid.* 507.

[**] *L'alctarsi insieme,* Dandolo.

träger sie ehrerbietig empfingen.*) In der grossen Halle
war ein Altar errichtet, zu dessen Seiten Schemel für König
und Königin. Ludwig lüftete den Hut, küsste seine Braut,
die sich tief verneigte und hing ihr ein kostbares Geschmeide
um den Hals, welches der Schatzmeister Robertet dar-
reichte. Sobald sie Platz genommen, gab der Herzog von
Norfolk im Namen König Heinrichs die Braut fort, wozu
Vendôme, Vater und Sohn, die Kerzen und Angoulême, nebst
drei anderen Herzögen, den Baldachin hielten. Nachdem
der Bischof von Bayeux das Hochamt gefeiert hatte, reichte
er König und Königin je eine Hälfte der gebrochenen
Hostie, worauf Ludwig zuerst die „Pax" und alsdann seine
Gemahlin küsste, die, sich tief verneigend, sich nunmehr in
die königlichen Gemächer zurückzog. Dort waren die Fest-
tafeln gedeckt, zu denen an diesem und den beiden folgenden Tagen Alles entboten war. Das Ceremoniel aber verlangte, dass König und Königin an besonderen Tischen mit
auserwählten Gästen speisten, während Herzog Franz, den
man ausser nach Valois, Angoulême und Bretagne auch
schon als Dauphin betitelte, die Gesandten bewirthete.**)
Gegen Abend folgten dann in der grossen Halle Tanz und
Banket, wozu die junge Königin, in Schönheit strahlend,
ihre Gewänder nach französischem Schnitt angelegt hatte.
Das dauerte nach venetianischer Zeitbestimmung von 1 bis
8 Uhr, wonach endlich Madame von Angoulême ihrem
Vater Maria in das Gemach zuführte.

　　Am nächsten Morgen wollten die Höflinge den König
besonders heiter erblickt haben und verbreiteten eifrig ein
starkes Wort, das geflügelt von seinen Lippen gefallen.***)
Unter der Hand aber erfuhr man die Wahrheit, dass er von

---

*) Die Listen der englischen Gesandtschaft, des Conducts von Herren und
Damen unter dem Herzoge von Norfolk und das Verzeichniss des franzö-
sischen Hofs bei *Brewer* I, 5481. 5482 bezeugen die Treue der venetianischen
Relationen auch in den Personalien.

**) Ausser den Berichten 508. 510. 511 der leider nur verstümmelt erhal-
tene Bericht des Grafen von Worcester und des Dr. West an Heinrich VIII.
bei *Ellis, Original Letters* II, 1. 239.

***) *Tre volte questa nocte ha passato la riviera et più l'haveria facto,
se l'avesse voluto.* So die beiden Berichte an den Bischof von Asti bei
Brown II, 508. 511.

einem heftigen Gichtanfall geplagt würde, der ihm nur langsam nach Paris zu reisen gestatten dürfte. An den folgen-
dèn Tagen kam er nur bei Tisch zum Vorschein,. wobei er
denn jedesmal, wie er sich vorgenommen, der Königin einen
neuen kostbaren Schmuck überreichte, während die Engländer der Reihe nach bei den französischen Herzögen
speisten.*) Am Freitag trat ein grosser Theil derselben,
nachdem sich die Herren bei Hofe verabschiedet hatten und
reich beschenkt worden, unter dem Herzoge von Norfolk
den Heimweg an. Andere verlangten, der Krönung der
Königin und dem in Aussicht gestellten Lanzenbrechen in
Paris beizuwohnen. Vor allem aber waren sie unter sich
nicht einig, wie weit die Aufträge ihres Herrn sie mitzu-
gehn ermächtigten, als der Selbstwille Ludwigs XII., wahrscheinlich gepaart mit der üblen Laune des Kranken, sich
zum Lendemain sehr empfindlich äusserte. Er selber hatte
einst eigenhändig diejenigen Engländer bezeichnet, die als
Kammerherren und Pagen, als Caplan und Arzt, als Hofdamen, Edelfräulein und Dienerinnen bei der Königin verbleiben sollten.**) Nun entliess er gerade diejenigen, an denen
Maria am meisten gelegen war, Knall und Fall, so dass
sie in die grösste Verlegenheit geriethen.***) Die Königin
aber klagte schon in Briefen vom 12. ihrem Bruder und
Wolsey bitteres Leid über eine so schmähliche Behandlung,
die sie dem leichtfertigen Verfahren Norfolks zur Last legte.
Am schmerzlichsten fiel ihr die Trennung von Lady Guildford. Keine französische Dame könne, so meinte sie, ihr
und König Heinrich jemals ersetzen, was „Mutter Guildford" gewesen. Ja, sie wollte lieber allen Gewinn in Frankreich daran geben, als deren Rath.†) Sie beschwor ihren
Bruder und den Erzbischof von York, nur dieser Dame

---

*) Worcester an Heinrich VIII. l. c.

**) Die sehr verstümmelten Namen des Originals nach der Cottonschen
Handschrift bei *Ellis*, *Original Letters* I, 1. 115. Darunter Mademoyselle
Boleyne, doch wohl bemerkt, nicht Anna, sondern ihre ältere Schwester Maria,
vgl. die Liste bei *Brewer* I, 5483. Lady Guildford erscheint nur in der letzteren.

***) *Hall l. c.* übertreibt, wenn er einige sterben oder wahnsinnig wer-
den lässt.

†) *I had as lefe lose the wynnynge I schall have yn France as to
lose her counsell.*

Glauben zu schenken, die ihr nie entrissen worden wäre,
wenn Wolsey statt Norfolk sie begleitet hätte.*) Keine
Frage, die Parteiung im englischen Geheimen Rathe, die
Spannung Wolsey's und der Kleriker mit der vornehmen
Sippe der Howards spielte in diese Verhältnisse hinein.
Andererseits aber mochte der König von Frankreich seinen
guten Grund haben, wesshalb er sich eine gescheute, auch
in der Politik nicht unerfahrene Haushofmeisterin seiner
jungen englischen Frau bei Zeiten vom Halse schaffte. Der
Graf von Worcester, der ihn, sobald die Gicht es zuliess,
nach Paris begleitete und brieflich von Wolsey zur Rede
gestellt wurde, schrieb denn auch, wie Ludwig ihm kurz
und bündig erklärt habe: dass die Königin erwachsen sei
und keines anderen Raths, als des seinigen bedürfe, zumal
nicht jener Lady, die im ersten Augenblick Alles an sich
gerissen, überall sich eingedrängt und selbst ihn bei seiner
schwachen Gesundheit nicht verschont habe.**) Im Uebrigen versicherte Ludwig, dass seine Gemahlin glücklich und
zufrieden wäre, liess auch im Voraus bereits, sobald es einen
Sohn gäbe, König Heinrich zu Gevatter bitten und durch
denselben, überaus gläubigen Botschafter Wolsey alle bei
seinem Parlament und in Rom gethanen Schritte mittheilen,
mittels deren der erwählte Bischof von Tournai bewogen
werden sollte, jenem den Platz zu räumen. Nichtsdestoweniger stand diese Sache höchst zweifelhaft, denn Wolsey
wusste aus Rom nur zu gut, dass die französischen Bevollmächtigten dort unbehindert ihm entgegen arbeiteten.***)
Inzwischen aber war bereits ein Anderer unterwegs, um
den Nachlässigkeiten oder gar den Intriguen der Faction
zu begegnen und der jungen Königin Trost zu bringen,

---

*) *Ellis* I, 1. 116. 117. Wolsey verwandte sich für Lady Guildford bei
Ludwig, 23. Oct., abgedruckt bei *Brewer* I, p. LXVI.

**) *He said that he is a sekely body and not at altymes that he wold
be mery with his wife to have any strange woman with hur*, St. Denis
6. Nov. *Ellis* II, 1. 243. Joan, Wittwe des Sir Richard Guildford, hatte die
Töchter Heinrichs VII. erzogen und erhielt jetzt ein Jahrgehalt von 20 L.,
Rymer XIII, 470. 40 L. *Brewer* II, 569.

***) *All the court of Rome knoweth that I have not deserved that his
ambassadors or any in his name should labor against me in any cause.*
An den Earl von Worcester 22. October, *Brewer* I, 5518.

kein geringerer, als der Herzog von Suffolk, der wie bei Heinrich selber, so auch bei seiner Schwester hoch in Gunst stand. Am 20. October setzte er von Dover nach Boulogne .über*) und holte am 25. zu Beauvais den in kurzen Etappen reisenden französischen Hof ein. Bei der Audienz, die ihm Ludwig im Bette gewährte, während Maria daneben sass, kniete er nieder und wurde von jenem umarmt. In haarsträubender Orthographie**) beschrieb er Heinrich die freundlichen Erkundigungen seines königlichen Bruders und dessen zärtliche Lobeserhebungen über die junge Königin. Dann wusste er nur von dem bevorstehenden Lanzenbrechen zu · erzählen, zu welchem er und der Marquis von Dorset die Herausforderung des Dauphin und anderer hochgeborener Herren angenommen hatten, und von dem Abendessen, das sie beide mit dem Herzoge von Bourbon und dem Grossstallmeister Galeazzo di San Severino, dem grössten Stutzer am französischen Hofe, eingenommen, der nicht genug von Heinrichs Fertigkeit zu Pferde habe hören können. Uebrigens habe auch Ludwig dem Könige von England eine vollständige Rüstung nebst Streitross versprochen mit der scherzenden Bemerkung: er habe ihn so gut beritten gemacht, dass er die ganze Christenheit durchsuchen müsse, um ihn wieder zu ehren.***)

Trotz aller Lebenslust indess waren dem jungen Herzoge, der mit Wolsey auf besserem Fusse stand, als Norfolk oder Worcester, doch auch intime politische Aufträge mitgegeben, die er in den blendenden, ihn selber gewaltig in Anspruch nehmenden Festlichkeiten nicht aus den Augen liess. Gleich nach der Ankunft in Paris klagte er, dass seine Briefe geöffnet würden, hatte auch mit Ludwig und dessen Ministern wegen der in Aussicht genommenen Begegnung beider Höfe eine Besprechung, und überreichte in einer Privataudienz seine Creditive für unmittelbare Verhandlungen, zu welchen jedoch der schlaue alte Fürst erst nach den Hoffesten Musse haben wollte.†) Zum 3. November

---

*) Brief an Wolsey, *Brewer* I, 5512.
**) *How dows men esspysseal good brodar, whome I am so mocke bonden to lowf abouf hall the warld?*
***) *Brewer* I, 5523.   †) 3. Nov. *Brewer* I, 5547.

waren die englischen Botschafter und Gäste nach St. Denis
beschieden, wo sich seit dem 31. October das Hoflager
befand. Mehrere Besprechungen fanden statt, doch konnte
man über den Tag und den Ort der Zusammenkunft zwischen Calais und Boulogne nicht einig werden. Jedenfalls
beharrte Ludwig bei derselben, ehe er, wie hier eröffnet
wurde, im Frühling sich zu seinen Truppen begeben würde,
um Mailand zurückzuerobern.*) Am 5. wurde Maria am Hoch-
altar der Abtei von Saint-Denis nach uraltem Formular gekrönt, wobei der Herzog von Angoulême ihr die Krone, da sie
deren Schwere nicht ertragen hätte, über dem Haupte hielt.**)
Am 6. fand der feierliche Einzug in Paris statt, an welchem
Magistrat und Bürgerschaft, Rechnungshof, Parlament und
Universität sich betheiligten. Vor den allegorischen Dar-
stellungen, die mit Balladen zum Preise der Verbindung von
Lilie und Rose gefeiert wurden, vor der en passant in
Notre Dame und in der Sainte Chapelle verrichteten An-
dacht kamen die viel geplagten Herrschaften erst spät
Abends in der Residenz der Tournelles zur Ruhe.

Am Sonntag darauf begannen dann die dreitägigen
Kampfspiele, zu denen die englischen Herren ihre Rosse,
Rüstungen und Waffen mitgebracht hatten. König und
Königin waren zugegen, der erste so schwach, dass er
auf einem Ruhebette lag, Maria in voller Schönheit aller
Blicke fesselnd. Im Rennen und Lanzenstechen, im Kampf
mit Speer und Schwert stand, wie in der Schlacht, das
Menschenleben auf dem Spiel. Suffolk, der wie Herzog
Franz an der Hand verwundet wurde, und Dorset glänzten
durch Geschick der Abwehr, wie durch die Kraft ihrer
Stösse, die unter anderen auch einige Deutsche zu fühlen
bekamen, die als die stärksten mit geschlossenem Visier
von Franz selber in der zweifellosen Absicht, die Fremden

---

*) Dandolo berichtete schon am 17. October von einem Gespräch mit
dem Könige, wonach seine Gemahlin zwei Wünsche ausgesprochen: die italienische Expedition und einen Besuch Venedigs, *Brown* II, 507.

**) *The said Duc stode behynde her, holding the crown from her hed
to ease her of the weight therof.* Bericht Suffolks, Dorsets, Worcesters etc.
an Heinrich VIII., *Ellis* II, 1. 247. Ganz ähnlich *Hall* 571, der seine heraldischen Mittheilungen, wie es scheint, aus Dorsets Begleitung hatte. Vgl.
Ellis I, 1. 119.

zu bezwingen, in die Schranken geschickt wurden. Sammt
ihren Landsleuten aber bestanden beide trotz der Hinterlist
sämmtliche Gänge mit Ehren.*) Derselbe Brief, in welchem
sich Suffolk dieses Ausgangs rühmte, machte aber auch
über politische Dinge weitere Mittheilung: der beste Beweis,
dass der Schreiber in Saus und Braus, in lebensgefährlichen
Ritterspielen sich kühlen Kopf zu bewahren suchte. Die
Gesandten nämlich hatten den Besuch des Herzogs von
Albany erhalten, der sie im Auftrage Ludwigs über Schottland ausforschen wollte. Er war der Sohn jenes gleichnamigen Herzogs, des jüngeren Bruders König Jacobs III.,
der einst im Jahre 1483, als Ludwig XI. und Richard III.
regierten, nach Frankreich geflüchtet war. Dort zum Admiral des Reichs erhoben und den Prinzen von Geblüt beigezählt, war er bei allen seit der Hochzeit in Abbeville veranstalteten Festlichkeiten zugegen gewesen, aber aus guten
Gründen vor den Engländern im Halbdunkel geblieben. Nach
dem Untergange seines Vetters Jacob IV. hatte die in Schottland vorherrschende französische Faction dringend die Hilfe
Ludwigs XII. angerufen, und dieser, wie man in London sehr
wohl bemerkte, gegen die verwittwete Königin Margareta,
Heinrichs Schwester, den Herzog von Albany in ganz ähnlicher Weise ausgespielt, wie gelegentlich die sogenannte
„weisse Rose“, den Flüchtling Richard de la Pole, gegen
Heinrich selber. Dann kreuzte der Friede vom August
jedes Unternehmen des Prätendenten, obschon die alte französisch-schottische Allianz gewahrt blieb, so lange sich die
Schotten regelrechter Einbrüche über die englischen Grenzen
enthielten. Der König von Frankreich war eben so wenig
geneigt, über diese Angelegenheit, wie über das Bisthum
Tournai definitiv zu entscheiden. Suffolk nahm daher auch
Albany's Mittheilungen über seine Absicht, nach Schottland
zu gehn und dort einen für England vortheilhaften Zustand
zu erwirken, mit der Bemerkung entgegen, in dieser Sache
ohne Instruction zu sein, verhehlte aber Wolsey nicht, dass

*) *Blissid be God, alle our Englissh men sped well,* Suffolk an Wolsey,
18. Nov. *Ellis* II, 1. 258 und Dorset an Wolsey 22. Nov. *Brewer* I, 5606
vgl. *Hall* 572: *Thenglyshmen receyved muche honoure and no spott of
rebuke, yet they were prively sett at and in many ieopardies.*

16*

ihm der Mann sehr wenig Vertrauen einflösse. *) Ingleichem
berichtete er, wie er und die übrigen Bevollmächtigten auf
Bitten der Königin sie den vertrautesten Räthen Ludwigs
empfohlen hätten, damit sie, deren Beistandes gewiss, dem
Gemahl unter allen Umständen willfahren könnte. Einige
Tage später schrieb dann wieder Dorset von ihren Versuchen, den König über sein Vorhaben in Navarra auszu-
forschen, der indess geschickt auswich, um zuvor ihre directen
Aufträge in Erfahrung zu bringen. Zuletzt habe er das
Souper bestellt, sie an seinem Bette essen und trinken
heissen und ihnen, nachdem er sie an seine Räthe gewiesen,
gute Nacht gesagt. **) Die liess er dann allerdings schon
am folgenden Tage Heinrichs Eröffnungen beantworten.
Sie bezweckten nämlich ein gemeinsames Auftreten gegen
Ferdinand von Aragon, der ihnen beiden sein Wort gebrochen. Um ihn aber aus Navarra zu vertreiben und gar
mit den Ansprüchen seiner Töchter auch in Castilien zu
bedrohn, müsste man nach der Meinung der Franzosen
zuvor die spanischen Gesandten aushorchen. Als Aequivalent forderte Ludwig englische Hilfe bei dem Unternehmen auf Mailand, indem er sein Anrecht noch einmal
ausführlich entwickeln liess, sowie ein Darlehen von 200,000
Kronen. ***) Mit diesem Bescheid und dem Versprechen, dass
weder der Herzog von Albany noch der Bischof von Moray,
sondern eine untergeordnete Persönlichkeit†) von Paris
nach Schottland gehn sollte, sind Suffolk und Dorset nach
Hause zurückgereist. König Ludwig aber äusserte sich
nicht nur höchst schmeichelhaft über den jungen Herzog,
sondern betraute ihn auch mit einem besonderen Anliegen

---

*) *I promyse you he entendith not well as fer as I can perceyve,*
Ellis II, 1. 256.

**) *That done a bade us goude nyde,* aus dem sehr verstümmelten Ori-
ginal vom 25. November bei *Brewer* I, 5634.

***) 26. Nov. *Brewer* I, 5637. Sehr merkwürdig, wie dasselbe Document
auch in die spanischen Archive gerathen ist, *Bergenroth* II, 192. Von Ludwigs Absichten weiss Peter Martyr am 27., *Epistolae* 544. Entsprechende
Instructionen für die französischen Gesandten *Brewer* II, 1.

†) *But one in a long gown of no great estimation,* schon aus Clermont 28. Nov., *Brewer* I, 5649.

an Wolsey.*) Als Heinrich VIII. ihm dann für die ehrenvolle Aufnahme, die er seinem Freunde bereitet, gedankt hatte, pries er seinem königlichen Bruder noch einmal dessen vortreffliche Eigenschaften und die hohe Zufriedenheit, die ihm die Königin, seine Gemahlin, gewähre.**) Der geheimen Angelegenheit gedachte er nur beiläufig, da sie noch nicht beschlussreif wäre, versicherte aber, in guten und bösen Tagen unabänderlich ein treuer Bundesgenosse sein und bleiben zu wollen.***) Wie wenig aufrichtig indess alle diese Betheuerungen einer herzlichen Allianz gemeint waren, ergab sich daraus, dass keine einzige der Angelegenheiten, über die sich England und Frankreich zuvor hätten vertragen müssen, vom Fleck kam. Wolsey selber konnte es an seinem bischöflichen Handel in Tournai abmessen. Sein Vicar Sampson, der vergeblich in Paris gewesen, meinte, der König möge ihm noch so wohl gesinnt sein, so wären seine Räthe doch gute Franzosen, aber sehr schlechte Engländer.†) Trotzdem, entgegnete Wolsey, würde der Papst ihn auch um Tausend solcher, wie sein erwählter Rival, nicht beleidigen wollen, und dieser ohne Erlaubniss König Heinrichs sich nicht nach Tournai wagen.††)

Nach keiner Seite waren die durch die kriegerischen Ereignisse des Jahrs 1513 aufgeworfenen Fragen erledigt, als Ludwig XII., der trotz grosser körperlicher Schwäche an seinen Anschlägen rastlos weiter gesponnen und immer noch selber die Feder geführt hatte, am 1. Januar 1515 starb. Auch wenn er längst zarter Gesundheit gewesen, so war der Ausgang doch seit Verheirathung mit einer jugendlichen Frau beschleunigt worden. An der Gicht, die ihm das Rückgrat krümmte, an allgemeiner Hinfälligkeit, die seine Leiden unendlich steigerte, starb er, ein Greis mit

*) A Monseigneur d'York mon bon amy, 15. Dec., eigenhändig, Rymer XIII, 455.
**) L'aquelle s'est jusques icy conduycte et conduyt encores journellement envers moy de sorte, que je ne sauroys que grandement me louer et contenter d'elle, 28. Dec. Ellis II, 1. 261.
***) A bonne et a mauvaise fortune je veuil vivre avecques vous.
†) 15. Dec. Brewer I, 5697.
††) Ibid. 5698.

53 Jahren.*) Auf den „guten König", wie ihn die friedliebenden Bürger hiessen, folgte sein Eidam Franz, mit ein-
undzwanzig Jahren früh reif, in seinem ganzen Wesen stürmisch und genusssüchtig. „Dieser lange Schlingel wird uns
noch Alles verderben", hatte der Verstorbene einst traurig
von ihm gesagt. Zunächst griff er doch zu, wo jener die
Dinge verlassen hatte. Aber freilich für Italien und den
Papst, für Habsburg und Aragon, für Burgund und England zogen alsbald mit seinem Eintritt unruhige Tage herauf.

    Wolsey meinte wohl, sein diplomatisches Meisterstück
geliefert zu haben, indem er durch den englisch-französischen Ehebund der Obergewalt Frankreichs über die Curie,
in Italien und Europa einen Riegel vorgeschoben und seinen
jungen Herrn zum Schiedsrichter in den allgemeinen Angelegenheiten erhoben hatte. Jetzt war der Riegel plötzlich
gesprengt. Ein feueriger, thatenlustiger Fürst, war Franz
wenig geneigt, Heinrich VIII. auch nur als Nebenbuhler zu
dulden, während die Gewalten in Burgund tief verletzt,
Ferdinand der Katholische voll Argwohn, der Kaiser den
Meistbietenden käuflich, der Papst und die italischen Staaten
angstvoll stutzten. Aber auch England wurde von dem
rückschnellenden Stoss getroffen. Das französische Bündniss, dem die schöne Königstochter zum Opfer gebracht
worden, war dort nie populär gewesen, vielmehr bis zuletzt
von einer mächtigen Partei bekämpft worden. Es kam
daher für den leitenden Staatsmann Alles darauf an, nicht
nur das nationale Ansehen, das er jüngst gewonnen, zu behaupten, sondern der persönlichsten Beziehungen selber
Meister zu bleiben. Die enge Verbindung mit dem Herzoge
von Suffolk erhielt darüber um so höhere Bedeutung, als
dieser im Gegensatz zu den Howards am französischen Hofe
Freundschaft besass.

    Die junge Königin Wittwe soll beim letzten Athemzuge
Ludwigs XII. den Dauphin Franz sofort als König begrüsst
haben, da von ihr, wie alle Welt wusste, Nachkommenschaft doch nicht zu erwarten war.**) Er aber, eine durch

---

*) Dandolo bei *Brown* II, 562. Vgl. *H. Martin, Histoire de France*
VII, 430.
**) So Marcantonio Contarini bei *Brown* II, 600. Auch fern in Inns-

und durch sinnliche Natur, fand es wie alle Welt unendlich reizend, wenn sie, obwohl wie eine Nonne schwarz gekleidet, das Köpfchen im weissen Wittwenschleier lebhaft hin und her bewegte.*) Täglich besuchte er sie, wie man meinte, sie in ihrem tiefen Schmerz zu trösten, in Wahrheit aber, um ihr mit wenig ehrsamer Zudringlichkeit lästig zu fallen.**) Wolsey, dem Nichts entging, hatte die schwierige Lage der Königstochter vorausgesehn und, indem er den Tod Ludwigs kaum abwartete, sie beschworen, alle Heirathsanträge abzuwehren, damit sie in Ehren ihrem Wunsche gemäss in die Heimath zurückkommen könne.***) Sie antwortete umgehend, dass sie keinen kindischen Schritt thun, sondern fortfahren werde, sich zu ihres Bruders und ihrer eigenen Ehre so zu verhalten, wie es wahrlich bisher der Fall gewesen.†) Indess, wenn sie sich einem höheren Willen unterordnete, so verleugnete sie doch den eigenen eben so wenig. Dasselbe kräftige Tudorblut rollte durch ihre Adern, wie bei Bruder und Schwester. Um sie aber nicht preis zu geben und zugleich den neuen Herrscher zu begrüssen, sandte Heinrich alsbald den Herzog von Suffolk, begleitet von Dr. West und Sir Richard Wingfield.††) Suffolk war aber Maria's Jugendfreund so gut wie ihres Bruders. In den prächtigen Schaustellungen während der ersten Jahre Heinrichs hatte die reizende „Prinzess von Castilien" beständig neben dem schottischen Charles Brandon mitzuwirken.†††) Dass er und seine Begleiter nun aber auch weitere Aufträge erhielten, war selbstverständlich. Am 27. Januar erfuhren sie in Senlis, dass Franz, der zwei Tage zuvor in Reims gesalbt worden, sie am 1. Februar in Noyon empfangen wolle. Bei der feierlichen Audienz am 2., konnte

————————

bruck galt sie als Jungfer, *which I think verily she is*, Sir Robert Wingfield, *Brewer* II, 26.

*) *Non sta mai ferma, move la testa*, Cantarini *l. c.*

) Brief aus Paris vom 8. Januar bei Sanuto, *Brown* II, 574. cf. *Brewer* II, 134.   *) *Brewer* II, 15.

†) *I trust yt hathe ben to the honor of the kyng my brother and me, sens I come hether*. 10. Jan. *Ellis l. c.* 121.

††) *Brewer* II, 24: 14. Jan. an Franz I.; N. 25 an den Bischof von Paris. Am 19. wussten die Venetianer von ihrem Kommen, *Brown* II, 582.

†††) S. die Rechnungen für die Revels bei *Brewer* II, p. 1497 ff.

er nicht artiger sein, versicherte, dass ihm die Freundschaft
mit Heinrich am Herzen läge, dass er vor allen es gewesen,
der zu diesem Zweck die Heirath Ludwigs mit Maria gefördert hätte. Einer Beschwerde wegen Seeräuberei der
Normannen lieh er willig Gehör.*) Mit derselben Sendung
jedoch meldete Suffolk vertraulich an Wolsey, dass Franz
gleich hernach ihn allein empfangen, und ihm auf den Kopf
zugesagt hätte, dass er, der Herzog, wie das Gerücht gehe,
sich mit der Königin, der Schwester seines Herrn, vermählen wolle. Als er stotternd zu leugnen suchte, habe
der König erklärt, dass er es, wie denn auch die Wahrheit
war, aus Maria's eigenem Munde wüsste. Dem tief Be-
schämten, der nun nicht mehr ausweichen konnte und sein
Verderben vor Augen sah**), gab Franz jedoch sein königliches Wort, dass die Königin und er in ihm einen aufrichtigen Freund haben sollten, der nicht ruhen würde, bis
sie ihr Ziel erreicht hätten. Suffolk meinte denn auch, einer
grossen Angst enthoben zu sein, und hoffte, dass sein königlicher Herr ihn vor dem Hasse seiner Gegner schon beschirmen würde. Umgehend drückte Wolsey seine Befriedigung aus, drang auf Beschleunigung der von Franz
verheissenen Intervention und versicherte, dass der König
dem Herzoge und seiner Vermählung mit Maria entschieden
gewogen wäre, obgleich täglich von allen Seiten Versuche
geschähen, derselben entgegen zu wirken.***) Er wollte
als sein treuer Freund handeln und nach Kräften am französischen Bündniss festhalten.

Indess diese Einigung wurde doch von mehreren Seiten
zugleich bedroht. Während die Engländer nach Paris weiter
reisten, ertheilte Franz zu Compiegne den Gesandten des

---

*) Die drei Botschafter an Heinrich VIII., 3. Febr. *Brewer* II, 105.
Gattinara an Margareta, *Le Glay*, *Négociations entre la France et l'Autriche*
II, 41. Venetianischer Bericht bei *Brown* II, 583.

**) *I schowd hes grace that I was lyke to by ondon, if the matter
schold coume to the knollag of the kyng me masster. Brewer* II, 106.
cf. p. XI.

***) *Albeit that there be daily on every side practices made to the let
of the same, which I have withstanded hitherto, and doubt not so to do,
till ye shall have achieved your intended purpose. Brewer* II, 113 cf.
p. XII.

Infanten Karl Audienz, welche um die Hand der Renée, der jüngsten Tochter Ludwigs XII., anhielten, derselben, welche der alte Ferdinand seinem besonderen Günstlinge, dem jüngeren Bruder Karls, zugedacht hatte. Am französischen Hofe wurde von Auslieferung Tournais, Einmischung in Schottland, einem Feldzuge über die Alpen gesprochen. Bei dem prächtigen Einzuge, den Franz am 13. in Paris hielt*), fehlten weder die Flanderer unter dem Grafen von Nassau noch die Engländer, welche bereits die Trauer abgelegt hatten, noch die junge Königinwittwe.

· Maria und Suffolk aber hatten sich bereits vollständig gefunden. Denn als er ihr am 5., gleich nachdem er wieder in Paris eingetroffen, aufwartete, um die Briefe ihres Bruders zu überreichen, eröffnete sie ihm, wie sehr sich Franz um sie zu thun gemacht, auf die Nachricht aber, dass Suffolk komme, sie davon zu schweigen gebeten hätte, weil Heinrich es übel nehmen könnte. Der Herzog, der seinem Herrn sowohl hierüber, wie über die in Aussicht genommene Begegnung beider Könige und über bevorstehende Turniere berichtete, wollte dem König Franz gern glauben, wenn er versicherte, sich lediglich, wie ein treuer Sohn zu seiner Mutter gestellt zu haben. Anderen Falls müsste er ja der unwahrste Mensch auf Erden sein.**) Als Suffolk, wie er gleichzeitig vertraulich Wolsey mittheilte, die Königin fragte, was Franz ihr denn zugemuthet, entgegnete sie, er habe sie so wirr und bange gemacht***), als ob er ihn, Suffolk, verderben wollte, worauf sie denn offen ihr zärtliches Verhältniss eingestanden und Franz bei seiner Ehre beschworen habe, ihr die Gnade ihres Bruders, des Königs, zu erwirken. Indem der Schreiber nun den mächtigen Minister Heinrichs um dieselbe Gnade anrief, war er sich des politischen Gewichts wohl bewusst, das seinem Liebeshandel anhing und ihm allein Verzeihung bereiten konnte. Dass ihre Herzen einander gehörten, wusste, wie nunmehr an den Tag kam,

---

*) *Le Glay, Négociations entre la France et l'Autriche* II.

**) *I thynke h[e nold] to do ane thyng, that schold dyescountent your grace ... ar elles I wyel say, that he es the moste [untrue] man that lyes.* 8. Febr. *Brewer* II, 133.

***) *Soo wyrre and soo afyerd, Brewer* II, 134.

Heinrich VIII. genau schon damals, als er die Schwester Ludwig XII. opferte.*) Jetzt erinnerte sie ihn selber an das Wort, das er ihr beim Abschied in Dover**) gesagt, dass, wenn sie diesmal nach seinem Willen heirathe, er sie später gewähren lassen wolle. Auch sie wusste sehr wohl, wie viel bei den dynastischen Berechnungen des Bruders, dem die Königin Katharina noch immer keinen lebensfähigen Erben geboren hatte, auch auf sie ankam.

In der That, von allen Seiten speculirte man auf ihre Hand. Alle Gesandtschaften in Paris erzählten von der schönen Wittwe, la Royne Blanche, wie man sie hiess. Dass Franz in unverhohlener Begierde an sie gedacht, war auch anderen desshalb wahrscheinlich, weil seine Gemahlin Claude einem frühen Tode entgegen siechte.***) Andere wollten wissen, dass er Maria seinem Oheim, dem Herzog Karl III. von Savoyen, zugedacht habe.†) Wie die Engländer selber einmal hörten, sollte der Herzog von Lothringen der auserkorene sein.††) Wieder andere munkelten von einem Prinzen von Portugal, während Kaiser Max, als es längst zu spät war, sie seinem Neffen Wilhelm von Bayern, „dem mächtigsten Fürsten des Reichs", gönnte †††) und er selber gar, der doch alles Heirathen „um Schönheit und Geld" verschworen, nachdem er eine halbe Stunde lang unverwandt das schöne Bildniss Maria's betrachtet hatte, auf einen Augenblick wenigstens diesem Vorsatz untreu wurde.*†) Die so viel umworbene junge Fürstin durfte wahr-

---

*) *Though he was very aged and rickly ... Suffolk, to whom I have always been of good mind, as ye well know*, Maria an Heinrich, *Brewer* II, 227.

**) *Be th w'ater slyde*, II, 228 auch bei *Green, Royal and Illustrious Ladies* I, 187, ebenfalls ohne Datum.

***) Gattinara an Margareta, 14. Febr. bei *Le Glay* II, 53. Dazu Aeusserung Leo's X., Bischof Silvester bei *Brewer* II, 647.

†) Gattinara an Margareta, 4. Febr. bei *Le Glay* II, 73 und Maria selber an Heinrich, *Brewer* II, 228.

††) Suffolk, West, Wingfield an Heinrich VIII., 10. Febr., *Brewer* II, 139.

†††) Sir Robert Wingfield aus Augsburg 8. April, *Brewer* II, 308.

*†) Luis Maraton an Margareta 9. Febr. bei *Le Glay* II, 73, vgl. *Correspondance de Maximilien* II, 379. Nach spanischen Nachrichten würde er Maria genommen haben, um sich an den Franzosen zu rächen, *Bergenroth* II, 213.

haftig keinen Tag zaudern. Sie musste zugreifen, selbst auf die Gefahr eines sehr ernsten Zusammenstosses mit den Gewalten ihrer Heimath.

Maria hatte denn auch bei Zeiten ihrem Bruder dieselben Mittheilungen wie Suffolk an Wolsey gemacht, dass sie nämlich, um sich der Zudringlichkeit des Königs Franz zu erwehren, ihm bei seinem ersten Besuch unmittelbar nach der Rückkehr von Reims gerade herausgesagt habe, dass sie den Herzog liebe, worauf dann Franz in der That an Heinrich geschrieben.*) Als dieser nicht darauf einging, mahnte ihn die Schwester an das Versprechen von Dover. Ihr Sinn stände nicht dahin, wohin eine Partei in England sie haben wollte**), sondern, wenn sie je wieder heirathen würde, nur bei dem einen einzigen. Würde man sie daran hindern, so drohte sie in's Kloster zu gehn, was dem Könige und seinem Reiche denn doch sehr leid werden dürfte.***)

Durch eine so entschiedene Sprache wünschte sie den Streit, der im englischen Geheimen Rathe herrschte, zu ihren Gunsten zu wenden und ganz besonders einer niederträchtigen Intrigue der Howards zu begegnen. Ein Bettelbruder, Namens Langley, den man ihr als Beichtiger beizugeben gewusst, hatte ihr nämlich aufbinden wollen†), dass Wolsey und Suffolk mit dem Teufel im Bunde stünden und nur dadurch so viel Gewalt über den König besässen. Suffolk hätte das kranke Bein eines anderen Günstlings, des Sir William Campton, behext. Mit solchem Unsinn indess war Maria am wenigsten von ihrem Entschluss abzubringen. Ihre und ihres Geliebten Sache vielmehr verschlang sich unauflöslich mit der Machtstellung Wolsey's und der von ihm drinnen und draussen betriebenen Staatskunst. Heinrichs VIII. Benehmen dagegen, indem er Woche für Woche den offenherzigsten Erklärungen nur ein taubes Ohr lieh, als wollte er die Ehre der achtzehnjährigen

---

*) *Green, Royal and Illustrious Ladies* I, 190 15. Febr.

**) [*My myn]de ys not ther, wer they wold have me, Brewer* II, 228.

***) *The wche I thyncke yow[r gr]ace wold be very sory of a[nd] yowr reme allso.*

†) *That oundre Benedicite he would show her divers things* etc. Suffolk an Wolsey, zum Theil in Wingfields Hand, 8. Febr., *Brewer* II, 138.

Schwester den Lästerzungen der Höfe Preis geben, würde
geradezu räthselhaft erscheinen, wären mit der diplomatischen Sendung nach Paris nicht noch höchst greifbare
Ziele verfolgt worden.

Der König nämlich wünschte die herrlichen Juwelen,
mit denen einst Ludwig seine junge Braut beschenkt und
über welche damals der Graf von Worcester kaum Worte
der Bewunderung genug gefunden hatte, ausgeliefert zu
haben. Sie waren sehr willkommen, um seinem Schatz, der
bereits auf die Neige ging, wieder aufzuhelfen. Sie den
Franzosen abzujagen, war also einer der Aufträge Suffolks,
welchem dieser Edelmann, an sich zum Diplomaten viel zu
naturwüchsig, mit dem Preise von Maria's Hand vor Augen,
um so eher erfolgreich nachkommen würde. Allein diesem
wurde doch heiss und kalt dabei. Immer wieder rief er
Wolsey um Beistand an, bat Heinrich, ihn und die Königin
aus Paris, „diesem stinkenden Gefängniss"*), zurückkehren
zu lassen, sprach seine Verwunderung aus, dass seine Gönner
am englischen Hofe ihn ohne alle Nachricht liessen.**) Nur
Wolsey schrieb häufig, drang auf Geduld und berief sich
auf ein Privatgespräch, das er nach beendigtem Conseil mit
Heinrich VIII. gehabt. Der König würde, so schrieb er,
den Heirathsconsens verweigern, so lange er sich nicht der
Juwelen, des Gold- und Silbergeräths versichert hätte. Ohne
dieselben sei geradezu die schlimmste Veränderung zu befürchten.***) Die von Franz den beiden Liebenden angetragene Intercession, ja, selbst der neue Freundschaftsvertrag,
dem die Flanderer zuvorkommen wollten, wurde davon abhängig gemacht. Den englischen Gesandten standen in der
That die Haare zu Berge, als sie nicht nur die Auslieferung
des kostbaren Heirathsguts, sondern Wiedererstattung der
gesammten Auslagen ihres Königs betreiben sollten.†) Die

---

*) *Brewer* II, Appendix 6.   **) *Brewer* II, 82. 145. 146.
***) *Whereof all men here, except his grace and myself, would be
right glad,* Wolsey an Suffolk, Febr. *Brewer* II, 203.
†) An Wolsey, Febr. *Brewer* II, 204. *Sithence it is likely that we
shall commune with reasonable men, we wold be rather loth to demand
anything out of reason.* N. 68 bewahrt die Kosten der Ueberführung
Maria's, darunter 232 Pferde Suffolks und anderer.

Gegner Suffolks andererseits hatten Nichts unterlassen, um die Angelegenheit von Grund aus zu verwickeln, worüber denn auch in Kurzem zwischen beiden Höfen eine gereizte Stimmung eintrat. Die Engländer, welche wohl wussten und bei ihrer ersten Berührung sehr vernehmlich daran erinnert wurden, welchen Werth man in Paris auf die Rückgabe von Tournai legte*), mussten eben gegen solchen Preis ihre Forderungen möglichst hoch steigern. Die Franzosen behaupteten, dass jene Stadt schon durch den Ehecontract Ludwigs ihnen wieder zugefallen, die Juwelen aber an Maria nur als Königin von Frankreich verliehen worden wären. So weit denn auch an ihr lag, hatte sie kein Bedenken, jene kostbaren Gegenstände der Habgier ihres Bruders zur Verfügung zu stellen. Nur bedauerte sie, dass es eben wegen des Hin- und Herzerrens nicht gar so viel sein würde.**) Dafür aber sollte er sie selber so rasch wie möglich aus den französischen Banden lösen, denn ihre einzige Sehnsucht über Alles auf der Erde sei, wieder daheim bei ihrem Bruder zu sein. Sie stand nicht an, alles Silber- und Goldgeschirr, sowie die freie Auswahl unter den Geschmeiden, mit denen sie Ludwig einst beschenkt hatte, ihm in aller Form zu verschreiben.***)

Das stürmische Verlangen des jungen Geschöpfes entsprang nun aber nicht etwa aus schwesterlicher Liebe zu Heinrich, sondern hatte einen viel zwingenderen Anlass. Maria war bereits wieder verheirathet und dieser Schritt konnte nicht länger verborgen bleiben. Ein Schreiben Suffolks an den König, das aber vorsichtig an den vertrauten Wolsey eingeschlossen und vielleicht nicht sogleich verwendet wurde, gestand den ganzen Hergang.†) Er beklagte zunächst, dass Maria und ihm so unendlich erschwert werde,

---

*) Die Herzogin Louise, Franz' Mutter, die Alles leitete, hatte Suffolk sofort das grosse Begehren ihres Sohns vorgetragen, *Brewer* II, 82. 132.

**) *For thyr [is] mocke styckkyng thyr at*, Maria an Heinrich, *Brewer* II, 229.

***) Das Original ist vom 9. Februar datirt, ob wirklich irrig statt 9. März, wie *Brewer* II, 237 meint? Die Venetianer wussten schon im Januar, dass ein vollständiges Inventar des von Ludwig XII. ausgeworfenen Heirathsguts nach England geschickt worden, *Brewer* II, 574.

†) *Brewer* II, 80 undatirt, aber gewiss zu früh dem Januar angereiht.

den König zu befriedigen, obwohl erstere nicht nur die Geschenke des verstorbenen Gemahls willig daran gäbe, sondern ihr ganzes Witthum und überhaupt Alles, was sie in
dieser Welt hätte. Dann rechtfertigte er sich gegen die
bösen Neider, die ihm vorwarfen, zu bereitwillig auf die
Gedanken des Königs Franz eingegangen zu sein, oder ihm
gar Tournai ohne Weiteres versprochen zu haben. Er wollte
ja lieber sterben, als der Ehre seines Königs das Geringste
vergeben. Hilfe gegen die Widersacher wollte er immerdar
nur bei dem suchen, der ihn selber aus dem Nichts emporgehoben.*) Endlich aber kam es heraus mit dem Geheimniss. Bei dem ersten Besuch, den er der jungen Königin
gemacht — an jenem 5. Februar — hat sie ihm kurz und
bündig gesagt, dass, wenn er sich von ihr bestimmen liesse,
sie keinen anderen als ihn haben wollte. Sie hatte ihm in
Verzweiflung die Herzensangst geklagt, welche ihr Langley
und ein anderer Bettelbruder oder die schwerlich in England
spukende Absicht bereitete, sie jetzt noch zur Ehe mit Karl
von Spanien zu zwingen.**) Lieber wollte sie in Stücke
zerrissen, als dorthin geschleppt werden. Sie sprach sogar
die Furcht aus, dass Suffolk beauftragt sei, sie nach Brüssel
auszuliefern. In Thränen gebadet riss das schöne Weib ihn
hin. Sie hatte grösseres Vertrauen zu den beiden Königen,
die in Wort und Schrift ihre Genehmigung verheissen, als
zu den argen Plänen, die von anderen in England und
Frankreich wider sie geschmiedet würden. Desshalb aber
wollte sie auch unverzüglich ihren Willen haben und, wenn
Suffolk nicht einwilligte, ihm nimmermehr nach diesem Tage
ihren Antrag erneuern.***) So wurden sie geheim in Gegenwart von nur zehn Personen vermählt, zu denen Dr. West
und Wingfield nicht gehörten, weil Maria befürchtete, dass
sie widerrathen würden.

Als Heinrich VIII. nun diese Eröffnungen höchst ungnädig aufgenommen, lud Maria in einem rührenden eigen-

---

*) *That has made me of [nothing] and holden me up hitherto.*

**) Nach einem Schreiben Spinelly's vom 29. Jan. *Brewer* II, 70 war es
noch immer der Lieblingsgedanke Margareta's. Vermuthlich aber hatte auch
Franz sie mit solchen Anschlägen gequält.

***) *Look never after this d[ay to have] the proffer again.*

händigen, aber sicher von Wolsey beeinflussten Briefe alle
Schuld auf sich. Nur nicht aus sinnlicher Begier wollte sie
gehandelt haben, sondern gescheucht von den abscheulichen
Bettelbrüdern, die lediglich von Mitgliedern des Geheimen
Raths angestiftet worden. Indem sie vorzog, lieber das Erbarmen des Königs, als jener Herren anzurufen, hätte sie
Suffolk die Wahl gelassen, sie innerhalb vier Tage oder gar
nicht zu besitzen.*) Sie allein daher hätte ihn bewogen, ein
dem Könige gegebenes Versprechen nicht zu halten, darum
flehte sie nun um Barmherzigkeit für ihn und sich.

Nach bestimmten Andeutungen hatte Heinrich VIII.
dem Busenfreunde allerdings endgiltig die Verbindung mit
seiner Schwester verheissen, die Vollziehung aber von Maria's
eigener und insonderheit von der Rückführung ihrer Schätze
abhängig gemacht. Die eigenmächtige Ueberstürzung dagegen erweckte seinen Zorn, vor dem sich Suffolk vollends
wand, nachdem er in Kurzem Wolsey bekennen musste,
dass seine heimliche Ehe bereits unentrinnbare Folgen
drohe.**) In seiner Angst wollte er König Franz und dessen
Mutter noch um ein weiteres Schreiben anrufen, da Heinrich das erste***) bei Seite gelegt, und fügte, um andere
Scrupel zu beschwichtigen, hinzu, dass man in Frankreich
unter Licenz eines Bischofs in und ausser den Fasten zu
heirathen pflege. Inständig legte er die delicate Angelegenheit in die Hand des gewiegten Erzbischofs und gab dem
Eilboten jenen überaus herrlichen mit einer grossen Perle
zu einem Geschmeide verbundenen Diamanten mit, ein Pfand
Maria's an den Bruder, dass ihm auch das Uebrige gehören
sollte, sobald sie darüber verfügen könnte.†) Hierauf antwortete nun Wolsey, der die Sinnesart seines Herrn viel

---

*) *I put my lord of Suffolk in choice, whether he would accomplish the marriage within four days, or else that he should never have enjoyed me.* Green, *Royal and Illustrious Ladies* I, 199.

**) *I have married her harettylle and has lyen wyet her, in soo moche, [as] I fyer me lyes, that sche by wyet chyld,* 5. März. *Brewer* II, 222.

***) Nur in einem undatirten Fragment erhalten *Brewer* II, 135 *que davant t[out] autre ele desyreroyt aveque [la] bonne voulonté et lamye .... maryage dele et de luy se fys[t].*

†) *That he schall have the chowse of them acourdyng unto her formar wrettyng. Brewer* II, 223.

besser durchschaute, als der leichtlebige Herzog, tief betrübt
und ernst. Der König, dem er ein solches Beginnen keinen
Augenblick hätte verschweigen dürfen, wäre in hohem Grade
aufgebracht, dass der Freund, dem er unbedingt vertraut,
der ihm vor seiner Abreise in Eltham heilig geschworen,
besonnen zu handeln, dies Vertrauen durch verwegene Vermählung mit der Königin gebrochen. Um solcher Entrüstung zu begegnen, wüsste er keinen anderen Rath, als
die wiederholte Fürsprache des französischen Hofs durch
hellklingende Busse zu unterstützen. Er verlangte, dass
nicht nur jene Kostbarkeiten beigebracht würden, Maria
sich nicht nur verpflichtete, von ihrer Mitgift 4000 L. jährlich dem Könige abzugeben, sondern dass die 200,000 Kronen,
welche Franz ihr vertragsmässig auszahlen musste, voll „de
novissimis denariis" an Heinrich übergingen. Er rieth ihm
endlich in den Verhandlungen wegen Tournai und eines
neuen Freundschaftsbündnisses inne zu halten, weil der König
von Frankreich durch Begünstigung seines Fehltritts in politischen Sachen so viel wie möglich abdingen würde.[*])

Vor solchen Anmahnungen des Freundes, der selber
gefährdet schien, erkannte nun der Herzog vollends den
Abgrund, an dessen Rand er schwebte. Seine politische
Sendung war gescheitert, nachdem er zur höchsten Genugthuung seiner englischen Gegner in einem höchst gewagten
Liebeshandel nur der Selbstsucht gefröhnt hatte. Die Franzosen bestritten nicht nur den Anspruch auf das Heirathsgut,
sondern verlangten sofort jenes Juwel zurück, das jetzt
Eigenthum der Königin Claude sei. Ihm stand vor allen
diesen Einwürfen der Verstand still.[**]) Er glaubte schon,
von Franz Tournai für Wolsey gewonnen und die Zusammenkunft der beiden Könige für den Mai gesichert zu haben.
Aber sein Ehrgefühl bäumte sich auf angesichts der Schande,
die sich über seinem und Maria's Haupt zusammenzog.
„My Lord", schrieb er in Herzensangst weiter, „bei Anbetung Gottes, helft mir, dass ich öffentlich getraut werde,
ehe ich Frankreich verlasse, um viele Dinge, von denen Ihr

---

*) *Brewer* II, 224.
**) *The wyche is past me lerneng, Brewer* II, Appendix 7, Suffolk an
Wolsey, 12. März.

nächstens erfahren sollt.... Rathet, ob Franz und seine Mutter um die offene Heirath nochmals schreiben sollen, da sie im Geheimen, wie ich nicht anders glaube, guter Hoffnung ist."*) Der verzweifelte Aufschrei fand zunächst in dem harten Herzen Heinrichs keinen Widerhall, denn in den folgenden drei, vier Wochen verstummte jeder Laut aus England, während die beiden Unglücklichen fruchtlos ihre Anstrengungen fortsetzten. Unter der Beschuldigung, die Sache seines Herrn verrathen zu haben, bot Suffolk seinen Kopf zur Sühne.**) Unverzüglich hatte die Herzogin Louise von Savoyen ihr Wort eingelegt.***) Noch dringender schrieb ihr Sohn, König Franz, nachdem Heinrich die auch von ihm erbetene Einwilligung zur Rückkehr nicht ganz abgewiesen.†) Maria, die gegen Franz den Wunsch geäussert, mit Suffolk verheirathet zu sein, feuerte durch eigenhändigen Dank Wolsey in seinen Bemühungen an.††) Erst am 2. April erhielt Suffolk wieder geschäftliche Aufträge und meldete an Wolsey Tags darauf, dass König Franz nunmehr die Abreise Maria's gestatten wollte.†††) Mittlerweile galt es denn auch, die Hauptschwierigkeit hinwegzuräumen, die eben darin lag, dass ein Unterthan das Unerhörte zu thun gewagt, was nur der König, den Suffolks Feinde ingrimmig bestürmten, erlauben durfte. Indess die Dinge kamen doch langsam in Fluss. Am 4. verständigten sich die drei englischen Bevollmächtigten mit den französischen Behörden über eine Abschlagssumme von 20,000 Kronen für die Herführung der jungen Königin.*†) Am 14. bescheinigte sie in der Abtei Clugny bei Paris den Empfang von 200,000 Kronen, jene 20,000 inbegriffen, als die Hälfte der wieder ausbezahlten Mitgift.*††) Obwohl sie zwei Tage später notariell hat bestätigen müssen, dass sie jenen grossen Diamanten mit der Perle daran, 'der Spiegel

---

*) *For thys hopon marage, seyng that thes pryvy marage es doune, and that I thynke non oddarwyes bout that sche es wyet chyeld.*

**) [*Strlyke of me hed and lyet me not lyef,* Brewer II, 225.

***) 12. März, *ibid.* 240.   †) *Ibid.* 281 undatirt.

††) *Ibid.* 256 22. März. Ihr Brief an Heinrich 6. März bei *Ellis* I, 1. 121 blieb unbeantwortet.   †††) *Brewer* II, 296.   *†) N. 304.

*††) N. 318. 319. cf. 368.

von Neapel' geheissen, nebst 20 anderen kostbaren Juwelen
in Empfang genommen*), behielt sie in Wahrheit nur vier
Ringe von unbedeutendem Werth, weil die Franzosen trotz
allem Feilschen den Miroir de Naples nicht hatten zurück-
erhalten können. Allein an demselben 16. durfte denn doch
das Paar, wie der nunmehr als alleiniger Gesandte zurück-
bleibende Dr. West berichtete**), von Paris aufbrechen,
von König Franz bis St. Denis begleitet und unter ehrenvollem Geleit auch weiterhin. Unverzüglich wussten die
Venetianer von der Heirath, die sie beständig auf ein für
ihre Heimath günstiges, enges englisch-französisches Bündniss deuteten.***)

Noch immer aber stand das Gewitter drohend über den
beiden Missethätern. Angstvoll wandte sich Suffolk am 22.
von Montreuil aus an seinen Souverän, da ihn dessen Räthe
mit einziger Ausnahme Wolsey's entweder auf das Schaffot
oder in den Kerker bringen wollten. Vor ihrer Bosheit
flehte er demüthig des Königs Verzeihung an und legte
anderenfalls seinen „armen Leib" in dessen Hände. †) Nachdem sie in Calais eingeritten, wagte er nicht einmal das
Haus zu verlassen aus Furcht, dass die Menge, erbittert über
seine Heirath mit der Schwester des Königs, ihn umbringen
würde. ††) Dort von Calais aus erinnerte Maria selber noch
einmal auf das eindringlichste den Bruder an sein Verhalten,
seitdem sie einst Ludwig XII. hatte heirathen müssen. Im
Vertrauen auf seine ursprüngliche Zusage hatte sie allein
die rasche Verbindung mit Suffolk herbeigeführt. Und so
beschwor sie ihn denn bei den Banden des Bluts um ein
liebevolles Wort, bis wohin sie, die ihm alle ihre Habe
bereitwillig überlassen, hier unter seiner Jurisdiction verharren würde. †††)

Nirgends wird berichtet, wann und wie endlich die so
lange vorenthaltene Gnade erfolgt ist. Man erfährt nur,

---

*) Französische Quittung *Brewer* II, 327.   **) *Ibid.* 343. 21. April.
***) *Four years at the court of Henry VIII. Selection of despatches*
written by the Venetian ambassador, Sebastian Giustinian ... translated by
Rawdon Brown, London 1854, I, 62, vgl. *Brown Calendars* II, 586.
   †) *Brewer* II, 367.   ††) *Ibid.* 399.
   †††) *Brewer* II, 227 undatirt, aber irrig unter März eingereiht.

dass das Paar etwa am 3. Mai von Heinrich VIII. in Dover empfangen wurde.*) Aber wie bezeichnend für das widerwärtige Gebahren des Königs, dass erst nachdem er für den Kostenersatz behufs Hin- und Herführung seiner Schwester von ihr eine Obligation im Betrage von 24,000 L. zahlbar in Jahresraten zu 1000 L. und Verzicht auf die Mitgift von 200,000 L. nebst Allem, was an Prachtgeschirr und Geschmeide zusammengerafft wurde, erhalten**), am 13. Mai zu Greenwich in Gegenwart von König und Königin die Hochzeit des Herzogs und der Herzogin von Suffolk statt hatte. Nur fielen die üblichen Aufzüge und öffentlichen Lustbarkeiten fort, weil die geheime Ehe, über die inzwischen genug verlautet hatte, vieler Orten anstössig erschien.***) Die klugen venetianischen Bevollmächtigten beschlossen, zunächst nur den König zur Heimkehr seiner Schwester, das Paar selber aber nicht eher zu beglückwünschen, als bis der Hof das Beispiel gäbe.†) Eben so wohl aber fehlte es nicht an Aeusserungen der Befriedigung darüber, dass der Herzog von Suffolk, der eine populäre Persönlichkeit war, von Heinrich nicht völlig verstossen wurde.††) Dieser jedoch fertigte nach der öffentlichen Trauung unverweilt einen Verwandten Suffolks, Sir William Sidney, an Franz ab, um von ihm das Gelübde einzuholen, das Geheimniss, in das er eingeweiht gewesen, für ewige Zeiten zu wahren, damit die Ehre der Königin von Frankreich nicht durch böse Gerüchte befleckt würde†††), als ob der Hergang aller Welt zu beiden Seiten des Wassers verborgen geblieben wäre. Der Bote erhielt überdies die Weisung, die Ansprüche wegen der rückständigen Kostbarkeiten nicht ruhen zu lassen, weil es nicht zu erwarten wäre, dass die herz-

---

*) Badoer und Giustiniani, *Brown* II, 616.

**) *Brewer* II, 436 11. Mai, noch weitere Obligationen p. 1488. 1489.

***) *Against this marriage many men grudged and sayd that is was a great losse to the realme that she was not maryed to the prince of Castell, Hall* 582.

†) *Brown, Calendar* II, 618 15. Mai. Erst im August brachten sie ihre Gratulation an, Giustiniani, *Dispatches* I, 784.

††) *The duke behaved him selfe so, that he had both the favour of the kyng and of the people, Hall l. c.*

†††) *For avoiding all evil bruits which may ensue thereof, Brewer* II, 468.

17*

liche Freundschaft der beiden Monarchen über eine solche
Kleinigkeit beeinträchtigt werden könnte.

Während aber gerade hierin eine Quelle neuen Zwiespalts erschlossen worden, erschienen fortan Suffolk und
seine Gemahlin durch die harten finanziellen Bedingungen,
unter denen sie begnadigt worden, in peinlicher Abhängigkeit. Maria verschwand fast bei Hofe, nur durch ihre Kind-
betten, deren erstes am 11. März 1516 erfolgte, wurden die
Engländer an ihr Dasein erinnert. Einmal dankte sie in
einem wortreichen Erguss dem geliebten Bruder, dass er
die Gnade gehabt, ihren Gemahl, der sich hinfort nur noch
auf besondere Einladung mit ihm in den Schranken tummelte,
zu sich zu entbieten.*) Auch seine politische Rolle hatte
ein Ende. Dass er seinen Kopf gerettet und das Haus
Howard bei Hofe nicht allmächtig wurde, hatte er nun aber
lediglich der Gewandheit Wolsey's zu verdanken, der es
schwerlich vermocht hätte, diese heikle Sache zu bewältigen, wenn es ihm nicht gleichzeitig gelungen wäre, zwei
frühere Verbindungen, in die sich der jugendliche Charles
Brandon unbedachtsam eingelassen, den argwöhnischen und
rachsüchtigen Augen der Welt zu entrücken.**)

Der Verlauf, den die romantische Angelegenheit genommen, war wahrlich nicht geeignet, die Verständigung
der beiden Reiche England und Frankreich zu fördern.
Dr. West, ein tüchtiger, erfahrener Diplomat, der eben zum
Bischof von Ely erhoben wurde, vermochte keineswegs am
Pariser Hofe Alles wieder einzubringen, was durch Suffolks
Leichtsinn verscherzt worden. Er hatte im Gegentheil vollauf zu thun, damit, wesshalb doch von Anfang an lebhaft
verhandelt wurde, dem französisch-burgundischen Bunde eine
nicht minder wirksame Allianz mit England entgegen gesetzt würde. Dass König Franz nur darauf sann, Mailand
an sich zu reissen, wurde überall gewittert. Die Venetianer
befürchteten freilich, dass er wegen der hohen Summen, die

---

*) *He hys merwosley rejoysyd and moche comfortyd that yt hathe
lyked your Grace so to be playsayd, Ellis* I, 1. 124. Suffolks Betheiligung am
Turnier, 29. Januar 1516, Rechnungen über die Revels bei *Brewer* II, p. 1506.

**) Eine Tochter von Anna Brown wurde am Hofe der Herzogin Mar-
gareta erzogen, *Brewer* II, 529 dazu die Note p. XXXIII.

mit Maria Tudor aus dem Lande gingen, im gegenwärtigen
Jahre noch nicht dazu kommen würde.*) Ferdinand der
Katholische dagegen erklärte ihn von vornherein für viel
gefährlicher als seinen kranken Vorgänger und liess an
einer grossen Conföderation arbeiten, in die auch England
wieder hineingezogen werden müsste. Wenn er nur seinen
Enkel Karl der bösen Gewalt des ganz französisch gesinnten
Herrn von Chièvres hätte entwinden können!**) Alle diese
Mächte aber rangen in Paris mit einander, selbst über Neben-
dinge wie wegen der Zukunft von Tournai, die viel Staub
aufwarf. Ludwigs XII. Tod hatte dort die Umtriebe des
französischen Bischofs neu belebt. Wenn Wolsey einem
Diener Margareta's eine Pfründe des Sprengels zuwenden
wollte, so protestirte der Hof von Flandern.***) Den Engländern wurde am Pariser Hofe bei jeder Gelegenheit zu verstehen gegeben, dass die Stadt Frankreich gehöre. Nach
ihrer Auslieferung könne Wolsey allenfalls als Bischof zugelassen werden.†) Als Anfang Februar die Statthalterschaft
von Poynings auf Lord Mountjoy überging und in demselben
Augenblick die Garnison wegen mangelnder Löhnung nicht
nur, sondern, wie die Untersuchung ergab, angestachelt von
dem Prätendenten de la Pole, meuterte††), steigerte sich alsbald die französische Zuversicht. Franz selber sprach noch
zu Suffolk von der Rückgabe gegen Entschädigung, wollte
Wolsey gern dies oder ein anderes fettes Bisthum in seinem
Reiche zuwenden und versicherte, dass de la Guiche, den
er nach London sandte, nur Frieden und Freundschaft im
Auftrag habe.†††) Sir Richard Wingfield war überzeugt,
dass durch die eine Concession Alles gewonnen werden
könnte.*†) Noch meinte Suffolk, dass die Flanderer mit
der Verheirathung Karls keine Fortschritte machen und
Englands Stellung auch in ihrem Vertrage gewährleistet sein
würde.*††) Unter demselben Tage aber wurde aus Gent
geschrieben, dass Gerüchte über seine eigene Ehe mit Maria

*) Lando aus Rom Januar, Dandolo aus Paris, April, *Brown* II, 570. 615.
) *Bergenroth* II, 206. 207. 208.   *) Sampson, 15. Jan. *Brewer* II, 29.
†) Suffolk, West, Wingfield, 10. Febr. *Ibid.* 140.
††) *Brewer* II, 147. 148. 165. 171. cf. 345. 326.
†††) *Ibid.* 175. 176.   *†) *Ibid.* 184.   *††) 26. Febr. *Ibid.* 189.

den Bestrebungen des Herrn von Chièvres und seiner Vertreter nur zu Statten kämen.*) Die Einigung gedieh denn auch ohne Hinderniss zum Vertrage vom 23. März, der nicht nur den Infanten Karl mit Renée verlobte, sondern seine Spitze gegen Ferdinand kehrte, welcher aus Castilien verdrängt werden, und gegen England, das fortan nicht wieder mit burgundischer Hilfe Frankreich bedrohen sollte, dessen Kaufleute aber, wie die Gesandten in Paris sich nicht verhehlten, eine bedeutende Erhöhung der flandrischen Zölle zu gewärtigen hatten.**) Auch war es kein Geheimniss, dass vor Abschluss des von England begehrten Vertrags die Aufnahme Schottlands zur Bedingung gemacht wurde, denn lieber würde Franz, wie es hiess, Tournai fahren lassen.***) In der That hatte er den Herzog von Albany ausersehn, um persönlich die alten Verträge neu zu beleben und eventuell den König von England im Norden zu bedrohen.†) Englische Kundschafter meldeten denn auch Besorgniss erregend, dass, wie bestimmte Anzeichen auf einen nahe bevorstehenden italienischen Feldzug und eine Diversion des Herzogs von Geldern gegen Tournai deuteten, Albany sich zum 1. April mit 400 Geharnischten und 4000 Mann Fussvolk nach Schottland einschiffen würde.††) Während der englische Capitän, der in den Gewässern des Forth mit einigen Schiffen Wache hielt, erfuhr, dass der „Lord Protector" mit einem starken Geschwader von den Schotten erwartet würde †††), und alle Versuche, Albany zurückzuhalten am Widerstande Königs Franz selber scheiterten *†), vermochte Dr. West in der That nur unter diesem Gegendruck, am 5. April den Bundesvertrag Englands mit Frankreich zu Stande zu bringen. Derselbe erneuerte den einst

---

*) Sampson, Spinelly 27. Febr. *Ibid.* 197. 198. 199.
) Giustiniani etc. Paris 21. 23. März. *Brown* II, 588. 589. 592 cf. *Brewer* II, 204. *) *Brown* II, 583. 590.
†) Instruction an Maistre Jehan de Planis bei *Teulet, Pièces et Documens relatifs à l'Histoire de l'Ecosse* I, 3. ††) *Brewer* II, 285.
†††) Christopher Coo an Wolsey, 1. April *ibid.* 287.
*†) *There ys no remedye but that he schall kepe hys voyage, in so myche as he ys departed yesterdaye towards Orleance and fro thens to Saynt Malo.* Sir Ric. Wingfield an Wolsey. 3. April. *Brewer* II, 297 cf. 296.

mit Ludwig XII. geschlossenen Frieden auf Lebenszeit beider
Contrahenten, von denen jeder seine Verbündeten mit aufnahm, die Feinde des anderen nicht zu unterstützen, sondern einander mit 5000 Schützen, resp. Lanzen beizustehn
gelobte. Franz übernahm ausserdem den Rest einer Million
Kronen, jenen Tribut, zu dem Ludwig sich bekannt hatte,
abzutragen. *) Nachdem diese Tractate unter den entsprechenden Vollmachten am 8. Mai zu Montargis beschworen
worden **), hat dann der Herzog von Albany, der am 18.
in Dumbarton gelandet war, die Aufnahme Schottlands in
den Vertrag beglaubigt ***), durch welchen dies Reich nur,
so lange es Frankreich gefiel, an dem alten Grenzkriege
unter öffentlicher Autorität gehindert wurde. West, welcher
dem nach Süden eilenden Könige von Frankreich bis Montargis gefolgt war, hatte das wenig erquickliche Gefühl, wie
in diesem Stücke, so auch in anderen den Kürzeren gezogen zu haben. Franz, welcher alle englische Begleitung
auf dem Marsche über die Alpen abschütteln wollte, machte
jetzt die viel besprochene Begegnung mit Heinrich VIII.
sogar von der vorherigen Entscheidung über den Besitz
jener Kronjuwelen durch Richterspruch abhängig. †) Kurz
darauf rief er noch einmal die Vermittlung Suffolks an, der
ihm so viel verdankte, damit ihm die nächste Terminzahlung
von 50,000 Kronen gestundet würde. ††)

Kein Wunder, wenn vor der neuen Gefahr, welche die
europäischen Verhältnisse bedrohte, andere Mächte nach
Gegenanstalten suchten. König Ferdinand arbeitete unermüdlich an Wiederaufrichtung der heiligen Liga und hatte,
um auch seinen Eidam herbeizubringen, den Bischof von
Elna nach England abgefertigt. †††) Aus Augsburg vom
Hoflager Maximilians berichtete Sir Robert Wingfield nicht
nur von den Reiherjagden des Kaisers, von seiner Bewir-

---

*) *Rymer* XIII, 476. 387 *Brewer* II, 301. 302.

**) *Rymer* XIII, 491. 492. 498 ff.

***) *Rymer* XIII, 510, Glasgow 22. Mai, Franz an Heinrich, Amboise
16. Juni *Rymer* 511. Vgl. *Burton, Hist. of Scotland* III, 86.

†) West an Heinrich VIII., Paris, 11. Mai *Brewer* II, 437.

††) Lyon, *Brewer* II, 522.

†††) Instruction vom 2. Mai bei *Bergenroth* II, 211.

thung im goldenen Rathhaussaal zu Augsburg, sondern dass
die kaiserlichen Räthe eine zu grosse Intimität der Höfe
von Paris und London für die habsburgisch-burgundischen
Interessen bedenklich fänden.*) Es dauerte nicht lange,
so drückte Maximilian selber seinen dringenden Wunsch
nach Wiederannäherung aus.**) Eine Zeitung aus Frankreich beunruhigte nicht wenig durch die Meldung, dass
Franz wie auf die Alpen, so auch 8000 Landsknechte auf
Navarra gegen die Truppen Aragons marschiren liesse und
dass er dem in Metz weilenden Richard de la Pole 6000 Lire
zugestellt hätte, um die Engländer in Tournai in Schach zu
halten, während er sich wohl hütete, seine Streitkräfte aus
Picardie und Normandie herauszuziehn.***) Die Hauptsache
aber war, dass Heinrich VIII. und sein Wolsey, während
sie noch vollauf zu thun hatten, um Maria Tudor aus Paris
loszuwickeln und dem burgundischen einen englischen
Bundesvertrag entgegenzusetzen, bereits über den vornehmsten Contrahenten stutzig wurden. Schon am 6. März, als
eben der Bischof von Elna in England anlangte, um eine
Liga mit dem Kaiser, Spanien und Burgund zu betreiben,
sagte der König dem venetianischen Gesandten: „der König
von Frankreich ist zwar ein würdiger, ehrenwerther Herr,
aber trotzdem ein Franzose, dem man nicht trauen kann."†)
Sobald die neue Gesandtschaft unter Sebastian Giustiniani
eingetroffen, die so ungemein eingehend über die Verhältnisse und die Persönlichkeiten in England zu berichten begann, hielt Wolsey zum Kummer der Venetianer mit seinen
Klagen über Franz schon gar nicht mehr hinter dem Berge,
sondern meinte, dass dessen Auftreten sehr wenig geeignet
sei, um gute Freundschaft zu wahren.††) Je mehr der
eigentliche Zweck der venetianischen Sendung an den Tag
kam, die nicht nur den Galeeren mit ihren regelmässigen
Frachten von Candia-Wein wieder Zulass in den englischen
Häfen schaffen, sondern Heinrich an Frankreich festhalten
sollte, damit die Lagunenstadt dem Kaiser endlich Verona,

---

*) 1. April, *Brewer* II, 286.
**) Wingfield 11. Mai, *Brewer* II, 438.
***) *Brewer* II, 399.   †) Badoer, *Brown* II, 594.
††) *Brown* II, 619. 623 15. 29. Mai.

Brescia, Bergamo abränge, desto kühler wurden der König und sein Minister, „der Alles im Reiche zu leiten schien". Noch im Juli waren beide der Meinung, dass Franz aus Besorgniss vor Englands Machtstellung gar nicht in Italien einbrechen würde. *)

Diese Zuversicht wurde genährt sowohl durch die im Stillen gedeihende Verständigung mit Spanien als auch durch unmittelbare Anknüpfung mit Flandern - Burgund. Zwingende Gründe hatten sie beschleunigt. Durch die wider Frankreich reifende Coalition liess sich der Besitz von Tournai sicher stellen **) und dem Treiben Richards de la Pole begegnen, der von einem Spion, einem niederländischen Musiker, beobachtet wurde, welcher der englischen Majestät gelegentlich Instrumente und die neusten Compositionen zu besorgen hatte. ***) Vor allem aber mussten die hohen Zölle bekämpft werden, durch welche die englischen Kaufleute (in ihrer Meinung nach irriger Auslegung der Handelsverträge von 1496 und 1506) durch die Regierung des Prinzen von Castilien wie bisher von den flandrischen Märkten, so auch aus dem mächtig aufblühenden Antwerpen und Middelburg verdrängt wurden, so dass sie es selbst in Spanien und Portugal besser hätten. Sir Edward Poynings wurde in Begleitung der Doctoren Tunstal und Knight nach Brüssel geschickt, um unter der Hand auch ein Defensivbündniss anzubahnen, da Burgund vor der aggressiven Politik Frankreichs doch wieder der Hilfe Englands bedürfen würde, während sich Spanien von der anderen Seite näherte.†) Die Gesandten folgten dem Infanten auf einer Fahrt durch Seeland und Holland und fanden nicht nur den Kammerherrn Jean de Berghes und den Kanzler von Burgund wohl geneigt, sondern namentlich die Herzogin Margareta in freudiger Thätigkeit, England sowohl mit Burgund, wie den Kaiser mit Ferdinand zu vertragen, die immer noch wegen Castilien gespannt gewesen. Hier war in der That der Ort,

---

*) Giustiniani, *Despatches* I, 101. 110 3. 6. Juli.
**) Sampson an Wolsey, 30. Mai *Brewer* II, 528.
***) Der pseudonyme Alamire an Heinrich VIII. *Brewer* II, 541.
†) Instructionen *Brewer* II, 539. 540. Vgl. Wolsey an Sampson 534.

um mit allen Kräften „die neue Freundschaft" zu pflegen. *)
Freilich arbeitete dem auch eine französische Gesandtschaft
entgegen, welche gleichfalls den reisigen Hof des Prinzen
begleitete, indem sie ihm einen Ausgleich mit seinem alten
Gegner, dem Herzog von Geldern, vorgaukelte. Während
der französische Bischof von Tournai sich dabei befand,
trugen sich die Engländer noch immer mit der sanguinischen
Hoffnung, Wolsey demnächst mit der geistlichen Jurisdiction
über Flandern bekleidet zu sehn, wozu freilich die Anerkennung von Seiten des Metropoliten in Reims unerlässlich
gewesen wäre. **) Ein noch wunderer Fleck blieb Schottland, dessen Protector, der Herzog von Albany, zwar der
Waffenruhe zwischen Frankreich und England hatte bei-
treten müssen, den König Christian II. von Dänemark aber,
der gleichfalls eingeschlossen, ganz unbefangen benach-
richtigte, dass die Vergeltung für den Untergang Jacobs IV.
nur aufgeschoben sei. ***) Kein Wunder, wenn Lord Dacre
an den Marken unabkömmlich war und dringend Verstärkung der Besatzung von Northumberland forderte. †) Eine
äusserst verschlagene Politik, welcher bald auch Papst Leo X.
nicht mehr fern stand, suchte England von seinen wenig
sicheren Verbündeten abzudrängen und durch Gefahr von
mehreren Seiten vollends zu isolieren.

Dem gegenüber beharrten Wolsey und sein Herr auf
der einmal eingeschlagenen Bahn. Noch glaubten sie nicht,
dass Franz vor der neuen Liga die Alpen zu übersteigen
wagen würde. Eifersucht und Argwohn jedoch stachelten
Heinrich VIII. gewaltig wider den jungen Nebenbuhler.
Sein Minister aber erklärte dem venetianischen Gesandten:
der Friede, den er einst mit Ludwig XII. zu Stande gebracht, würde von selbst ein Ende haben, wenn der Nachfolger fortfahre, das Erbieten, ihn mit den Schweizern zu

---

*) *The Emperour saith that he is very well minded towards the new
amity and alliances between your grace and the Prince of Castile etc.*
Bericht an Heinrich VIII., 9. Juni, *Brewer* II, 568.

**) Sampson an Wolsey 8. 14. Juni *Brewer* II, 566. 581.

***) *Mandata et articulorum capita* an den Norge Herold vom 16. Juni,
Brewer II, 588. 589.

†) *Ibid.* 596—598.

vertragen, mit schnödem Undank von sich zu weisen.*) Schiffe, prahlte er, seien genug da, um in acht Tagen 60,000 Mann an die Küste von Frankreich zu werfen.**) Und doch kamen seine Bevollmächtigten in den Niederlanden nur so langsam vom Fleck, dass nur mit Noth der Streit über den Handelsvertrag von 1506 auf fünf Jahre vertagt wurde, während Alles, was Wolsey als Bischof von Tournai verfügte, vor dem über seinen Generalvicar Sampson von Reims aus verhängten Bann völlig eitel war.***) Nur ein Glück, dass er eben jetzt ein Ziel seines brennenden Ehrgeizes erreichen sollte! Wie er selber längst an der Curie für sich arbeiten liess†), so begriff auch Leo X. sehr wohl, wer in Westeuropa fast päpstlichen Einfluss geltend machte. Aber während der Papst von huldvollen Worten für den König und seinen Minister überströmte und beiden ihren römischen Agenten, den jüngst noch wegen Vergiftung Bainbridge's verdächtigten Bischof von Worcester zu weiterer Gunstbezeigung dringend empfahl††), hatte er zaghaft und schwankend gegen Erhebung Wolsey's zum Cardinal doch eine Menge Ausflüchte, bis dieser, der den Bewegungen des Königs Franz gespannt folgte, in Rom ganz unverholen sein und König Heinrichs Befremden ausdrücken liess, dass das betreffende Instrument noch immer nicht ausgefertigt sei. Würde Heinrich den Papst fallen lassen, so würde dieser binnen zwei Jahren in ärgere Noth gerathen, als einst Julius II.†††) Noch einmal musste der König selber Leo „sein brennendes Verlangen" ausdrücken, den um ihn unendlich verdienten Staatsmann mit der höchsten Würde geschmückt zu sehn und deren Ertheilung geradezu als Bedingung für Schutz und Trutz gegen eine französische Invasion hinstellen.*†) Und als dann endlich

---

*) Giustiniani, *Despatches* I, 100. 107 3. 6. Juli.
) *Ibid.* I, 115. 16. Juli.   *) *Brewer* II, 679. 723. 769.
†) Schon am 21. Mai 1514 berichtet ein Brief Polydor Vergils aus Rom von den Bemühungen, Wolsey zum Cardinal zu machen. *Brewer* I, 5110. Dazu die Schreiben Heinrichs und Leo's 5318. 5445.
††) Drei Schreiben Leo's vom 12. und 30. Juli, *Brewer* II, 700. 761. 762.
†††) Wolsey an Worcester, eigenhändiger Entwurf, *ibid.* 763.
*†) Bei *Martene, Monumenta Vetusta* III, 1296 cf. *Brewer* II, p. 1527.

die lang begehrte Zusage eingetroffen, als er allein zum
Cardinal nominirt worden, so war der Begnadigte noch
immer nicht zufrieden. Jetzt verlangte er, dass ihm zugleich die Legation und die Vollmacht ertheilt würde, die
exempten Klöster zu visitiren.*) Wohl wusste er, wie
sehr dem Bischof Silvester, dem er reichliche Ducaten zur
Verfügung stellen musste, die unter den Cardinälen vorherrschende französische Stimmung zu schaffen machte.**)
Aber bis zur Parlamentseröffnung im November wollte er
durchaus im Besitz des Huts sein und liess schleunig in Rom
die kostbaren Insignien und Gewänder nach dortigem Schnitt
anfertigen. Dem Könige von Frankreich zum Trotz dem
heiligen Stuhl einen recht vornehmen Titel abzuringen, war
all sein Dichten und Trachten.***) Aber weder hiermit, noch
mit der Legation wollte es recht vorwärts†), sobald das
französische Heer sich in Bewegung gesetzt hatte. Man
musste sich daher mit dem Erreichbaren bescheiden. Nachdem Wolsey's Wahl am 10. September vollzogen und ihm
der Titel von S. Caecilia trans Tiberim beigelegt worden, der
jedoch in der Folge in England vor der Bezeichnung als Cardinal von York niemals gebräuchlich wurde, wies Leo die
dortigen Bischöfe an, dem neuen Kirchenfürsten den üblichen
Treueid zu leisten, und richtete Heinrich ein warmes Dankschreiben an den Papst, worin er uneingedenk der der Erhebung eines Unterthanen entgegen stehenden Praemunire-
Statute, Wolsey's unvergleichliche Gaben noch einmal in
den Himmel erhob.††) Am 7. October erging endlich die
Anzeige, dass der Hut nebst einem kostbaren Ring und der
Einsetzungsbulle abgehn werde, zu spät um noch vor versammelten Ständen damit zu glänzen. Dagegen wurde vor
Ende des Jahrs eine besondere Feier behufs Einkleidung
durch Erzbischof Warham und Bischof Silvester in der
Abtei zu Westminster veranstaltet, damit die Leute erführen,

---

*) An Worcester, *Brewer* II, 780.
**) Worcester an Wolsey, 7. Sept. *Ibid.* 887.
***) 10. Sept. *Ibid.* 894.
†) Zwei Briefe Worcesters 966. 967.
††) 23. 30. Sept. *Ibid.* 940. 960. Am 12. Oct. übersandte Kaiser Max
seine Glückwünsche. N. 1021.

wie der Bürgersohn von Ipswich nunmehr über alle Stände hinausgestiegen sei.*)

Schon hingen sich daheim immer mehr Neid und Hass an seine Fersen, wozu ein persönliches Zerwürfniss mit einem federfertigen Italiener nicht wenig beitrug. Polydor Vergil nämlich, der Factor des Cardinals Hadrian de Corneto, Bischofs von Bath und Wells und päpstlichen Collectors für England, pflegte zur Zeit in London seinen Herrn mit sarkastischen Einzelheiten über die Dinge und Personen am englischen Hofe zu unterhalten. Ein Brief vom 3. März, in welchem er Andreas Ammonius, des Königs Latein-secretär und geistvollen Freund des Erasmus, dem jüngst die Stellvertretung als päpstlichem Collector übertragen worden, einen Klopffechter, den Bischof von Worcester einen Maulwurf genannt, den Papst der Intriguen mit Heinrich VIII. beschuldigt und Wolsey als Himmel und Hölle verhasst und in Frankreich für Geld käuflich gebrandmarkt hatte, war in die unrechten Hände gefallen.**) In den Tower geworfen und seiner Pflegschaft für Cardinal Hadrian entkleidet, schmachtete Polydor lange nach Erbarmen, obwohl er in niedrigster Unterwürfigkeit Wolsey „aus den Schatten des Todes" anflehte.***) Dieser verhiess zwar Hadrian, verzeihen zu wollen, doch sei der König zu aufgebracht, da Polydor zwischen ihm und dem Papst Unfrieden zu säen gedacht hätte.†) Schliesslich entsandte Leo selber einen Kammerherrn, damit der Unglückliche in Freiheit gesetzt und Hadrian nicht minder wieder zu Gnaden angenommen würde. Er wagte es sogar, Wolsey selber für die dem Italiener widerfahrene Härte verantwortlich zu machen.††) Als Polydor dann zu Anfang des nächsten Jahrs in seine Heimath zurückkehren durfte, zauderte er nicht, sich in dem letzten Buche seiner Historia Anglica durch jenes Zerrbild Wolsey's zu rächen, das diesen grossen Emporkömmling

---

*) *He loked then above all estates, so that all men almost hated hym and disdayned hym.* Hall's Chronicle p. 583. Dankschreiben Wolsey's an Leo, *Brewer* II, 1248. **) *Brewer* II, 215 cf. p. CCXXXIX.
***) *Ibid.* 970. †) 6. Oct. *Ibid.* 993.
††) 1. Dec. *Ibid.* 1228. 1229, letzteres bereits in den *Statepapers* VI, 40 abgedruckt.

und Staatsmann als masslos ehrgeizig, eitel und gewissenlos
zeichnete, bereits den Hass der Zeitgenossen gegen den
Lebenden anblies und von späteren Geschichtschreibern fast
ohne Ausnahme nachgemalt wurde.

Mittlerweile aber hatte der Cardinal von York zu zwei
Katastrophen Stellung zu nehmen, die im Norden und Süden
fast gleichzeitig eintraten.

Neben den französischen und englischen Eingriffen
halfen namentlich auch römische das unglückliche Schottland tief aufwühlen. Um den Erzstuhl von St. Andrews,
dessen Inhaber bei Floddon gefallen war, zankten, von ihren
Factionen angefeuert, Gawin Douglas, der Uebersetzer des
Vergilius, welcher an England einen Rückhalt besass, der
Prior John Hepburn, aus dem Hause Bothwell, der sich des
Schlosses von St. Andrews bemächtigt hatte und, selber
halb französisch, es mit dem Regenten Albany hielt, und
endlich Andrew Forman, der gewandte Bischof von Murray,
den einst Ludwig XII. für seine Dienste gegen England
mit dem Erzbisthum Bourges belohnt hatte, das er jetzt
indess, da Leo X. einen Neffen damit auszustatten wünschte,
mit dem schottischen Primat vertauschen sollte. „Jedermann", schreibt ein Secretär der Königin Margareta, „liest
hier Abteien auf, wo er kann. Man wartet nicht, bis die
Pfründen erledigt sind, sondern ergreift sie, ehe sie fallen,
denn sie verlieren die Kraft, sobald sie den Boden berühren ...*) Ihr kennt die Weise dieses Landes. Jedermann sagt was ihm gefällt. Keine Verleumdung wird be-
straft. Der Diener hat mehr Worte als der Herr und ruht
nicht, bis er dessen Anschläge kennt. Es gibt keine Ordnung unter uns."

Ein solcher Zustand wurde nur ärger, seitdem die
Königin Wittwe noch nicht ein Jahr nach dem Untergange
Jacobs IV. den Grafen Archibald von Angus geheirathet und
sich damit seiner Sippe, den Douglas, in die Arme geworfen
hatte. Sie war ohne Mittel, ohne Hilfe gelassen von ihrem
Bruder, König Heinrich, der sie einmal gern, wie etwa an

---

*) *Thai tak tham or thai fall, for thai tyne the vertew if thai twiche*
ground, James Inglis 22. Jan. *Brewer* II, 50.

Ludwig XII. so auch an Kaiser Maximilian verheirathet hätte, dem sie aber mit demselben Tudor-Starrkopf begegnete, wie ihre jüngere Schwester. So war sie vom Schloss von Edinburgh zu dem von Stirling ausgetrieben, auf diesem vom Lordkammerherrn Home gefangen genommen worden, bis sie ihren Hütern entwischte und sich mit Angus abermals nach Stirling warf; dort hielt sie der Prior Hepburn eng eingeschlossen zur Zeit, als der Herzog von Albany in Schottland landete. Während also in diesem Lande einer wider den anderen den Arm erhob, liess es Heinrich bei schönen Worten bewenden. Seine Schwester aber schrieb: „Wenn Gott gewollt hätte, dass ich als ein einfaches Weib mit meinen Kindern im Arm davon gehn könnte, ich würde wahrhaftig nicht lange von Euch fern bleiben."*)

Nachdem nun aber Schottland in das Bündniss zwischen Frankreich und England vom 5. April ausdrücklich aufgenommen worden, liessen sich Albany und Hepburn gar nicht anders als durch geheime Anzettelungen mit Margareta und durch Grenzeinfälle von englischer Seite bekämpfen, die in jenen Vertragsurkunden nicht buchstäblich, wie die schottischen, untersagt worden waren. Waren doch die Nachbarvölker seit Generationen an die wildeste Art der Kriegsführung, an Rauben, Brennen und Morden gewöhnt, so dass ein breiter Strich quer über die Insel hin von hüben und drüben längst in fürchterliche Einöde verwandelt worden. Und meisterhaft verstand sich Lord Thomas Dacre, den Heinrich mit dem Oberbefehl an den Marken betraut, nicht nur auf dies Geschäft, sondern wusste als geschworener Feind Schottlands die dort tief zerklüfteten Gemüther vollends aus einander zu treiben. Leicht gelang ihm den Lordkammerherrn Home heranzuziehen, als dieser mit den bisherigen Genossen darüber zerfiel, dass sie Albany auf dem Parlament im Juli zum Protector des Reichs erhoben, bis Jacob V. volljährig sein würde. Als ob er nur im Interesse der schottischen Grossen handelte, hatte er seinen Bruder Sir Christopher anscheinend zu der feierlichen Einsetzung des Herzogs, in der That aber abgefertigt, um die politischen Missgriffe

---

*) *Green, Letters of Royal and Illustrious Ladies* I, 209. 22. Januar.

desselben geschickt auszubeuten. Denn aus persönlicher
Rache wurde Lord Drummond, der alte Grossvater des
Grafen Angus, verhaftet, Gawin Douglas, der erwählte
Bischof von Dunkeld, weil er der Günstling Englands, in den
Seethurm von Saint Andrews gesteckt, acht Lords als Regent-
schaftsrath über den jungen König eingesetzt. Als vier
derselben vor Schloss Stirling erschienen, um Jacob in Empfang zu nehmen, schritt die beherzte Mutter, den königlichen
Knaben an der Hand, während eine Amme den kleinen
Bruder auf dem Arm trug, ihnen entgegen und erklärte,
nachdem das Fallgatter zwischen ihnen herabgefallen, dass
der verstorbene König die Burg ihr als Vormund ihrer
Kinder vermacht hätte. Nur solchen, die auch ihr Vertrauen
besässen, würde sie die Knaben überlassen. Albany, der
sie dagegen ganz in seine Gewalt zu bringen, vielleicht gar
einen Staatsstreich im eigenen Interesse zu führen beabsichtigte, wusste nun aber den schwachen Angus zu gewinnen und Stirling von aller Zufuhr abzusperren.*) Dacre,
überzeugt von dem Muthe der Königin, die ihren Sohn mit
Krone und Scepter von der Mauer herab den Belagerern entgegen halten werde, meinte, nachdem ein Handstreich zu
ihrer Befreiung misslungen, sie werde sich schon ein Paar
Monate behaupten, während er sich an Angus wie an Home
machen wollte und gegen Albany die Intervention Franz I.
anzurufen rieth.**) Indess bereits am 4. August war der
Regent mit 7000 Mann, mit der ungefügen Karthaune Mons
Meg und anderem schweren Geschütz vor der Felsenburg erschienen. George Douglas und andere Vertheidiger, denen
das Herz sank, machten sich bei Zeiten davon, so dass
Margareta genöthigt war, die Prinzen auszuliefern und Albany um Gnade anzurufen, der die Königin fortan unter
sicherer Hut in Stirling bewachen liess.***)

Dacre jedoch gab das Spiel nicht verloren. Nachdem
er Lord Archibald Home und dessen Sippe zu tödtlichen
Widersachern des Regenten gemacht hatte, hoffte er diesen
zum Bruch des Vertrags durch eine Grenzverletzung zu ver-

---

*) Bericht Lord Dacre's vom 1. August, *Brewer* II, 779.
**) Bericht vom 4. August, *ibid.* 783.
***) Bericht vom 7., *ibid.* 988.

locken. Allen Anträgen Albany's, in einer persönlichen
Begegnung die Differenzen zu begleichen, wich er geschickt
aus.*) Und selbst als Margareta an ihn und ihren Bruder
den König schreiben musste, wie Albany es ihr dictirte,
dass sie sich mit ihm verglichen, konnte er durch Uebersendung eines Briefs vom Lordkammerherrn das Gegentheil beweisen.**) Den letzteren aber, ehedem Grenzwart
Schottlands, hatte er jetzt in einen erbitterten Kampf um
sein Schloss Fast an den Marken verwickelt, das von Grund
aus zertört wurde.***) Mochte darüber auch Home selber
ausgetrieben werden, Albany erreichte nimmermehr ein güt-
liches Abkommen. Seinen Truppen aber wäre, wenn sie
sich über die Grenze hätten hinreissen lassen, ein scharfer
Empfang zu Theil geworden.

Jetzt erst sann Margareta auf Flucht, nachdem sie lange
dem dahin zielenden Rathe des Bruders mit der Nothwendigkeit begegnet war, auf ihrem Posten ausharren zu müssen.
Meinte Albany die Engländer von seiner Eintracht mit der
Königin dadurch zu überzeugen, dass sie sich wieder auf
freiem Fusse bewegen durfte, so gab sie selber doch Dacre
schon am 20. August von ihrem Vorhaben einen Wink,
indem sie ihn wissen liess, dass sie in einigen Wochen ihr
Wochenbett in Linlithgow zu halten gedächte.†) Vor
allem hatte sie sich tief geheim mit Wolsey in Verbindung
gesetzt und ihm dargethan, wie Albany ihr nur schöne
Worte lieh, und während er sie von allen Mitteln und Informationen entblösst gehalten††), sie zu Schreiben wider
ihren Willen an den Papst und die Könige von England
und Schottland gezwungen hätte. Um so rascher musste
für ihre Befreiung Sorge getragen werden. Am 1. September schrieb ihr Dacre, dass sie sich schleunig statt nach
Linlithgow nach Blacater in die Nähe von Berwick begeben
möge, wo er sie gegen weitere Verfolgung schützen wolle.†††)
Durch einen sicheren Boten antwortete sie eigenhändig,

---

*) Ihre Correspondenz *Brewer* II, 790. 795. 796. 799. 803. 808. 819.
**) Die Schreiben bei *Brewer* II, 832. 833. 834. 846.
***) Dacre's Bericht vom 25. August und der Caplan Frankeleyn an Wolsey
vom 29. *Ibid.* 850. 861.   †) *Brewer* II, 832. 833.
††) II, 872.   †††) II, 885.

dass sie, obwohl man keine Vorstellung hätte, wie streng
sie in Edinburgh überwacht würde*), sich mit ihrem Gemahl und wenigen Dienern durchzuschleichen hoffe. Der
Lordkammerherr sollte ihr mit einem Trupp beherzter Leute
entgegen reisen. Als Zeichen ihrer Vollmacht übersandte
sie dem Könige ihrem Bruder einen goldenen Ring.**)
Allein längere Zeit verstrich, bis der Anschlag zur Ausführung kam, denn erst am 30. September gelang es ihr,
über die Grenze nach Harbottle unter Dacre's Schutz zu
entkommen, wo sie bereits acht Tage darauf einer Tochter
genas. Es war in der That die höchste Zeit, denn der
Herzog von Albany erschien mit seinem Heere an den
Marken, wo er in wenigen Tagen den Widerstand Lord
Home's, seiner Brüder und ihres Anhangs, in den sich auch
der Graf von Arran und der junge Angus verwickeln liessen,
aus einander trieb.***)

Mit den Mitteln und Wegen seiner französischen Politik schien der Regent Schottlands am Ziel. Nur begriff er
nicht, wie wenig seine Schotten selber ein scharfes Durch-
greifen ertragen konnten, wie sehr er durch den Uebertritt
Margareta's, welcher bald auch ihr Gemahl, das Haupt der
Douglas folgte, dem Könige von England in die Hände
spielte. †) Noch immer liess er nicht ab, jene an sich zu
locken. Er wollte sich der Königskinder nur so weit bemächtigt haben, als die Stände des Reichs es verlangten.
Wollte die Mutter ihre Niederkunft daheim abwarten, so
sollte ihr in acht Tagen Alles zurückerstattet werden. ††)
Immer wieder bot er ihr volle Verfügung über ihre Söhne
nebst Auslieferung ihres Witthums und Befreiung des
Bischofs Douglas. †††) Mit Entrüstung jedoch wies Margareta die trügerischen Anträge zurück, obwohl sie der fran-

---

*) *I parcayve that ye ar nouht sykerly informyd in what stat I stand
in . . . vryten wyt my hand yes Monday. Ellis, Original Letters* I, 1. 127.

**) Vollmacht bei *Brewer* II, 885.

***) Bericht Dacre's vom 18. Oct., *Brewer* II, 1044. Vgl. *Tytler, Hist.
of Scotland* IV, 108.

†) *Burton, Hist. of Scotland* IV, 89.

††) Albany an Margareta, 5. Sept., *Brewer* II, 879.

†††) *Green, Princesses of England* IV, 514. *Brewer* II, 1027. 13. Oct.

zösische Gesandte in Schottland mit seiner Autorität zu decken suchte. Auf die Anzeige von der Geburt ihrer Tochter, bei welcher Gelegenheit sie abermals die unbehinderte Vormundschaft über ihre Söhne in Anspruch nahm, erwiderte nun aber der Rath von Schottland, dass mit Jacobs IV. Tod das Anrecht darauf erloschen und durch eine zweite Ehe vollends verwirkt sei. In allen weltlichen Dingen stehe das Reich Schottland allein unter Gott dem Allmächtigen und lasse weder den Papst noch einen anderen Oberherrn auf Erden gelten.*)

Vergebens aber suchte der Herzog von Albany die französische Obergewalt, unter welcher diese Absage erfolgte, zu verschleiern. Vergebens fuhr er fort, Margareten abwechselnd zu drohen und zu schmeicheln. Vergebens beschuldigte er in Briefen an Heinrich VIII., an seine Schwester Maria und deren Gemahl Suffolk, denen er unlängst in Paris begegnet war, und an Wolsey die englischen Grenzhüter, dass sie die Thatsachen verdrehten, während man seinem Boten, einem Kämmerling Franz' I., unbedingten Glauben schenken sollte.**) Lord Dacre fuhr daher unbehindert fort, ihm mittels der Uebergetretenen und der Parteigänger im eigenen Lande arg zuzusetzen. Die zügellosen „Masstroopers" von Northumberland, Riddesdale, Tynedale und Gillisland wichen jedesmal gewandt aus, wenn seine Reiter heran kamen und streiften wieder bis unter die Mauern von Edinburgh, sobald er jene zurücknahm. Alles vereinigte sich, um dem Herzog das unaufhörliche Verwüsten, Brennen und Morden in Schottland zum Ekel zu machen.***) Die venetianischen Gesandten befürchteten, dass diese böse Verwicklung trotz der vorgeschrittenen Jahreszeit in offenen Krieg ausarten könnte.†) Ein Versuch dagegen, Lord Dacre zum Hauptsünder zu stempeln, dem weit mehr darum zu thun sei, Home und Albany an einander zu hetzen, als der Königin Wittwe Gerechtigkeit zu verschaffen, blitzte an Cardinal

---

*) *Green, Princesses* IV, 224 (lat. Wortlaut).
**) 13. Oct. *Brewer* II, 1024—1026. 14. Oct. 1030.
***) Dacre an Heinrich VIII., 18. Oct. *Brewer* II, 1044.
†) Giustiniani, *Despatches* I, 157. 29. Oct.

Wolsey völlig ab, gegen den gerade Margareta ihr unbe-
grenztes Vertrauen aussprach. *)

Der Wunsch, sie zu den Weihnachtslustbarkeiten in
London zu haben **), wurde nun freilich durch ihre schwere
Erkrankung vereitelt. Garneys, der Bote ihres Bruders,
welcher ihr dessen reiche Geschenke überbrachte, fand sie
in Morpeth, wohin sie, von Angus, Home, Archibald Douglas
und anderen schottischen Edelleuten begleitet, nur mit
grosser Mühsal geschafft worden, vom Hüftweh der Art
gebrochen, dass sie sich nicht aufrichten konnte. Trotzdem
hatte sie an den vielen seidenen und brokatenen Gewändern,
die man vor ihr ausbreitete, eine so kindische Freude, dass
sie zu dem Lordkammerherrn und seinen Landsleuten aus-
rief: „Da seht, dass der König mein Bruder mich nicht
vergessen, indem er mich nicht aus Mangel an Kleidern
wollte sterben lassen." Die Trauerkunde dagegen vom
Ableben ihres zweiten Knaben, des kleinen Herzogs von
Rothesay, der ihr mehr als der ältere, Jacob V., an das
Herz gewachsen und am 18. December in Edinburgh plötzlich gestorben war, wagte ihr noch Niemand mitzutheilen. ***)
Die Heftigkeit ihrer Leiden spottete noch längere Zeit aller
sorgfältigen Pflege †), so dass sie erst im April nach Süden
aufbrechen konnte. Lord Dacre aber war hierum gar sehr
zu thun, weil er die schottischen Herren, mit denen Albany
und der Franzose La Bastie noch immer transigirten, bis
Angus und Home wirklich überliefen ††), von ihr abschütteln
wollte. Während er an die Grenze zurückeilte, um wie
zuvor die Nachbaren aneinander zu hetzen, reiste Margareta
endlich völlig genesen über Stony Stratford †††) und Enfield
weiter und wurde am 3. Mai von Heinrich VIII. bei Totten-
ham eingeholt. Auf demselben Ross mit Sir Thomas Par

---

*) Jean de Planis an Wolsey, Oct. *Ibid.* 1096. *For next the kyngs
grace my most trust is in you, Ellis, Original Letters* I, 1. 128.

**) Wolsey an Heinrich, Nov. *Brewer* II, 1223.

***) Der lebendige Bericht des Sir Christopher Garney's, gegen den der
Dichter Skelton seine bittersten Invectiven richtete, *Brewer* II, 1350. 28. Dec.

†) Dacre und Erzdechant Magnus an Heinrich 6. Jan. 1516, *ibid.* 1387.

††) Dacre an Heinrich VIII., 12. April. *Brewer* II, 1759.

†††) *I am in ryght good heal and as joyous of my sayd journey to-
warde you etc.* 27. April. *Ellis* I, 1. 129.

durchritt sie Cheapside, um in Baynard Castle Wohnung zu nehmen, ohne dass die schottischen Gesandten zuvor beim Könige hätten Zutritt erhalten können.*)

Während sie eine Weile in den lebenslustigen Zertreuungen des englischen Hofs aufging, vorwiegend auf Unterhalt von Seiten ihres Bruders angewiesen war**) und wiederholt den mächtigen Cardinal, um die auch für ihre weiteren Zwecke erforderlichen Mittel angehen musste***), behielt Lord Dacre die Hergänge in Schottland im Auge. Mit grossem Verdruss hatte er Angus und Home, welche nicht nach glänzender unfreiwilliger Musse in England gelüstete, auf die Erbietungen Albany's eingehn und in die Heimath zurückkehren sehn: — eine Beleidigung Margareta's durch den eigenen Gemahl und denjenigen, der ihre Sache bisher am beherztesten verfochten. Während die wilde Fehde in ihrem Lande kein Ende nahm†), während Heinrich VIII. sich unterfing, den Herzog von Albany als den hauptsächlichsten Friedensstörer bei den schottischen Ständen zu denunciren, worauf diese abermals ihre nationale Unabhängigkeit feierlich zu Beschluss erhoben††), sollten einige der Herren die Rache des Regenten alsbald zu kosten bekommen. Gleich wie einst die alte Mutter der Home's vom Krankenbette Margareta's in festen Gewahrsam entführt wurde, so waren ihre Söhne trotz aller Amnestie vor dem Ausgang von Verräthern nicht sicher. Keine Frage, dass Dacre selber die Katastrophe herbeiführen half. „Ich arbeite was ich kann", schreibt er am 23. August dem Cardinal, „um Zank und Zwietracht zu schüren, damit sie dem Herzog, wenn er uns nicht zu Willen ist, über den Kopf wachsen." Er hat wieder geheime Mittheilungen von Angus und 400 Verbannte in seinem Sold, durch die er täglich sengen und brennen lässt.†††) Darüber führten nicht nur die Earls

---

*) Bericht vom 6. Mai II, 1861.

**) In den Rechnungen der Jahre 1516 und 1517 werden viele Summen zu ihrem Gebrauch und Dienst verzeichnet, *Brewer* II, 1471 ff.

***) Zwei Briefe bei *Ellis* I, 1. 130, ein dritter bei Wood, *Letters of Royal and Illustrious Ladies* I, 220.

†) Ausführliche Anklagen Margareta's gegen Albany *Brewer* II, 1672.

††) Parlamentsbeschluss vom 4. Juli bei *Rymer* XIII, 550 vgl. Anschreiben Heinrichs im Entwurf, *Brewer* II, 1975.   †††) *Ellis* I, 1. 131.

Arran, Lennox, Glencairn und andere wüthende Fehde im
Westen wider den Kanzler, den Erzbischof Beaton von
Glasgow, sondern wurden der Lordkammerherr Home und
sein Bruder eines Tags bei Hofe in Edinburgh — man
erfährt nicht, wann, wie und auf welchen Anlass hin —
verhaftet. Da ersterer auch an England treulos gehandelt,
geschah von dort aus nicht das Geringste, um ihn zu retten.
Ihm und dem Bruder wurde als Hochverräthern, die jetzt
sogar an der Niederlage bei Floddon und dem Untergange
Jacobs IV. schuld sein sollten, hastig der Process gemacht,
auf den schleunig am 8. und 9. October die Hinrichtungen
folgten.*) Lord Fleming erhielt das Amt des Kammerherrn,
der Franzose de la Bastie gar den Oberbefehl an den
Marken. Die Fremdherrschaft stand in voller Blüthe, als
ein Umschwung der allgemeinen Politik auch Veränderung
der Gewalt in Schottland mit sich brachte. Königin Margareta sollte noch einmal zurückkehren, während Albany,
wonach er sich oft genug gesehnt hatte, sich wieder nach
Paris begab.

Nach wie vor erwies sich der Gang der schottischen
Ereignisse lediglich als Episode der mächtigen von Frankreich ausgehenden Impulse. Während des Sommers 1515
hatte sich die englische Politik zu dem italischen Vorhaben
König Franz' I., obwohl höchst argwöhnisch, doch zuwar-
tend verhalten müssen, weil ein Bundesvertrag bestand, den
sich jener weislich hütete, offen zu brechen. Aus demselben
Grunde durfte ein Gegenbündniss nur äusserst vorsichtig
und geheim betrieben werden. Es hatte nicht viel auf
sich, wenn etwa der Kaiser auf ein Anschreiben Heinrichs
versprach, seinen Grossneffen Karl von den französischen
Sympathien seiner Regentschaft zu befreien, oder wenn er
dem Könige, nach dessen Subsidien ihn stets gelüstete,
schmeicheln liess, er hoffe noch die Krone Frankreichs auf
seinem Haupte zu sehn.**) Der Rath von Flandern zog

---

*) Dacre an Wolsey 26. Oct. bei *Brewer* II, 2481, weiss von dem Befehl zur Execution.

**) *To bring which about, me seemeth that all or the principal part
of christian princes should now be more than inclined,* Bericht Sir Robert
Wingfields 22. Aug. *Brewer* II, 838. cf. 767. 807.

beständig nach einer anderen Richtung, als die Erzherzogin
für ihren Vater, während von englischer Seite das Treiben
des Prätendenten Richard de la Pole in Lothringen, sowie
die Rüstungen in den bretonischen Häfen ängstlich beobachtet und Anstalten zu einer neuen Befestigung Tournai's
getroffen wurden. *) Nachdem Heinrich im August den Herrn
von Bapaume mit Aufträgen von Franz I. empfangen, hat
er sofort nicht nur eigenhändig, sondern durch Abfertigung
des Sir Richard Wingfield gegen diesen Klage geführt
über den Seeraub, welche französische Kreuzer unter
schottischer Flagge trieben, wie über Albany's gewaltsames
Auftreten in Schottland. **) Diejenigen, die an seinem Hofe
eifrig nach allen Seiten zu begütigen suchten, waren immerdar die Venetianer. Sie bemerkten, wie übel die Anzeige
vom Alpenübergang, den Franz wie ein zweiter Hannibal
ausführte, von der Umgehung der bei Susa arglos stehenden Schweizer, von der Ueberrumpelung des päpstlichen
Generals Prospero Colonna aufgenommen und mit den bösen
Agitationen in Schottland in Beziehung gebracht wurde. ***)
Heinrich VIII., welcher einen Theil des Sommers auf einer
Rundreise verbrachte, war genöthigt, still zu halten vor
den kräftigen Schlägen, mit denen dann sein zwanzigjähriger
Rival am 13. und 14. September bei Marignano die verzweifelte Tapferkeit der unter dem Cardinal von Sitten für
ihren Kriegsruhm und die Kirche streitenden Eidgenossen
niederwarf und ihm, dem Kaiser und dem Könige von
Aragon zum Trotz sich zur bestimmenden Macht über Italien
und den Papst aufschwang. Indem er Maximilian Sforza
zu capituliren zwang, gewann er das Herzogthum Mailand.
Indem der Vicekönig von Neapel, Don Ramon de Cardena,
vom Po an die Abruzzen zurückeilte, sahen sich die Medici
genöthigt, schleunig mit dem Sieger ihren Frieden zu machen.
Während Franz ihnen die republikanische Faction in Florenz
Preis gab, versicherte er sich Parma's und Piacenza's. Er
gewann den Papst alsbald dadurch, dass er ihm die Besitzungen der Kirche verbürgte, wogegen Leo seine Truppen

---

*) *Brewer* II, 809. 813. 814. 820.
**) An Franz 20. Aug. und Instructionen für Wingfield *ibid.* 826. 827.
***) *Brown* II, 644. 645.

abrief, welche gegen die Venetianer im Felde gestanden
hatten. Diese endlich, die unter Alviano bei Marignano
noch im letzten Augenblick wirksam eingegriffen, hatten
jetzt nur noch den Kaiser gegen sich, welcher fortfuhr, ihnen
Brescia und Verona streitig zu machen. Den Eidgenossen,
schon vorher unter sich uneins und nunmehr tief erbittert
über die gewaltige Niederlage, welche ihrer Weltmacht-
stellung ein jähes Ende bereitete, drohte ihr lockerer Bund
vollends aus einander zu brechen.

Diese ungeheuren Erfolge wurden nun natürlich an den
Höfen sehr verschieden aufgenommen. Während die Glückwünsche Karls von Burgund abermals zeigten, wie warm
die Gefühle seiner Umgebung für Frankreich waren, stockte
dem alten Ferdinand der Athem über das Scheitern aller
seiner Anschläge. Nur in England begleitete man zunächst
die unerfreulichen Ereignisse mit Unglauben und fernerhin
mit bitterer Kritik.

Als Badoer und Giustiniani am 25. September Wolsey,
der eben Cardinal geworden, in wohlgesetzter Rede gratulirten, wusste er zwar von dem gelungenen Alpenübergange,
schilderte aber auf Grund von Briefen aus Verona vom 12.
und aus Brüssel vom 18. den König Franz und Venedig,
falls es an ihm fest halte, als verloren. Heftig erging er
sich über die Misshandlung der Königin von Schottland,
wovon jene lebhaft den König von Frankreich schuldfrei zu
sprechen suchten.[*] Sie unterliessen nicht, zwei Tage darauf
den französischen Gesandten, der eben zu Pferde steigen
wollte, um König Heinrich die Siegesnachrichten zu überbringen, welche von Madame Louise, der Mutter Franz' I.,
eingegangen waren, von ihrer Unterredung und der steigenden Animosität am englischen Hofe in Kenntniss zu setzen.[**]
Obwohl die Niederlage der Schweizer gleichzeitig über
Brüssel und Calais bestätigt worden[***], so thaten doch die

---

[*] Giustiniani, *Despatches* I, 129. *Brown* II, 651. Ein Brief Spinelly's
aus Brüssel vom 19., *Brewer* II, 927 weiss vom Marsch der Franzosen durch
Saluzzo, denen Verderben durch die Schweizer gewünscht wird.

[**] Bericht vom 27. Sept., *Brown* II, 652.

[***] Spinelly, 23. 29. Sept. Sir Richard Wingfield 27. Sept., *Brewer* II,
944. 953. 958.

englischen Staatsmänner noch Wochen lang, als ob Franz
jetzt erst recht in eine Falle gerathen wäre.*) Als Giustiniani und sein College am 15. October bei Heinrich VIII.
gleich nach der Rückkehr von seiner Rundreise in Greenwich Audienz hatten, war zwar von Ungarn und Türken,
aber von den Franzosen nur flüchtig die Rede, weil jene
nichts Neues beizubringen hatten.**) Dagegen gewährte
der König, obwohl er für nichts Anderes als den Bau seiner
grossen Galeere „The Virgin Mary" Sinn zu haben schien,
am 26. dem französischen Gesandten Bapaume, welcher
Schreiben von Madame Louise überreichte, einen merkwürdigen Empfang. Er verbarg dabei die Missgunst so
wenig, dass er die Einigung des Königs von Frankreich
mit dem Papst in Abrede stellen und sogar wissen wollte,
die Schweizer hätten bei Marignano nicht 20,000, sondern
nur 10,000 Mann verloren. Mit Mühe gelang es seiner Umgebung den gereizten Ton seiner Rede zu dämpfen. Er und
Franz, meinte Heinrich darauf, thäten am besten sich zu
verbinden und, stärker als irgend ein anderer Fürst seit Karl
dem Grossen, dem Türken zu Leibe zu gehn. Eine viel
freundlichere Aufnahme fand Bapaume beim Herzoge von
Suffolk, welcher die englischen Rüstungen als sehr geringfügig und lediglich um der öffentlichen Meinung zu willfahren darstellte, während der König fest entschlossen sei,
mit Frankreich Freundschaft zu halten. Der Cardinal, den
der Gesandte in Westminster aufsuchte, machte endlich gute
Miene zum bösen Spiel, gratulirte verbindlichst und versicherte nach seiner Gewohnheit feierlich mit der Hand auf der
Brust, dass England weder zur See noch zu Lande an Krieg
dächte und höchstens nur wegen der Gewaltsamkeiten des
Herzogs von Albany in Schottland einzuschreiten genöthigt
werden könnte. Trotzdem war Bapaume überzeugt, dass
die Engländer, wenn Franz bei Marignano unterlegen wäre,
sich alsbald gerührt haben würden. Er fand dies bestätigt
in der schleunigen Fertigstellung des gewaltigen Kriegs-
schiffs, an dessen Bord Heinrich VIII. selber Tage lang in

---

*) Venetianischer Bericht vom 11. Oct., *Brown* II, 653.
**) *Brown* II, 655.

kostbarer Matrosenkleidung den beiden Königinnen Katharina und Maria, der Pathin des Schiffs, glänzende Feste veranstaltete. Noch mehr aber in dem Eifer, mit welchem Wolsey, die Bischöfe von Winchester und Durham sich bemühten gewisse scharfe Ausdrücke, an denen es die Anschreiben der Herzogin Louise nicht fehlen liessen, als unverdient zurückzuweisen. In Schottland allein lag in der That die Gefahr eines Bruchs, denn bei jeder Begegnung erneuerte der Cardinal die Beschwerden, die nur durch Abberufung Albany's beseitigt werden könnten. Zum Glück, meinte Bapaume, verböte der Winter für sechs Monate dort Krieg zu führen.*)

Wahrscheinlich würde die englische Regierung längst ganz anders aufgetreten sein, wäre sie zuverlässiger Bundesgenossen sicher gewesen. Der alte Ferdinand, der ebenfalls erwartet haben mochte, dass der junge französische Hitzkopf übel anrennen würde, blieb immerdar saumselig, zumal als er sich überzeugte, die Franzosen würden einstweilen mit der Lombardei genug haben und seinem Neapel nicht zu nahe treten. Der neue spanisch-englische Vertrag, den sein Botschafter Bischof de Mesa seit Monaten unterhandelte, wurde zwar endlich am 19. October unterzeichnet, war aber doch wesentlich defensiver und commercieller Natur.**)

Noch weniger war von Leo X. zu erwarten. Trotz aller Ableugnung und einigen verfehlten Versuchen, ihn fest zuhalten***), warf er sich doch in Kurzem dem französischen Sieger in die Arme. An der Curie beschuldigte man die Schweizer, den König von Aragon, den Kaiser, die ihn schnöde in Stich gelassen hätten, und heuchelte geschäftig von einem Kreuzzuge zur Rettung Ungarns.†) Der Papst selber wusste am besten, dass alle Anstrengungen Englands zu spät kamen. Den alten König von Aragon hatte er vollends überlistet, denn sein Eingehen auf dessen Plan, in Nord-

---

*) Der lange Bericht Bapaume's vom 6. November, *Brewer* II, 1113, in vollständiger Uebersetzung p. XLVII—LII.

**) *Rymer* XIII, 520. 527 cf. *Bergenroth* II, 230—237.

***) Von solchen Spinelly aus Brüssel, Oct. *Brewer* II, 1096.

†) Silvester von Worcester an Ammonius, 27. Nov., *Brewer* II, 1201.

italien eine Herrschaft für den jungen Infanten Ferdinand herauszuschlagen war durchaus erheuchelt gewesen.*) So traf er denn am 12. December zu Bologna mit Franz I.**) zusammen und vermochte ihn, die Herrschaft des Hauses Medici in Mittelitalien anzuerkennen. Dass sie auch über die Eventualität einer englischen Diversion, über nahe bevorstehende Aenderungen in Spanien, Neapel und Burgund ihre Gedanken austauschten, verstand sich von selbst. Nachdem Franz seinem Kanzler den Abschluss eines Concordats (in welchem die nationalen Grundsätze der pragmatischen Sanction eines Vorgängers Karls VII. gegen das Recht, sämmtliche geistliche Stellen seines Landes, freilich unter Erhöhung der dem Papste zu zahlenden Annaten, zu besetzen, zum Opfer gebracht wurden) überlassen hatte, wandte er sich nordwärts, um, nachdem er die Verwaltung der Lombardei dem Connetable von Bourbon übertragen, am 6. Januar 1516 lorbeergeschmückt über die Alpen nach Frankreich zurückzukehren. Papst Leo hielt es wenigstens für schicklich, den König von England und seinen Minister alsbald von der Zusammenkunft zu benachrichtigen und beide recht salbungsvoll zu ermahnen, sich mit ähnlichem Eifer, wie Franz für eine gemeinsame Unternehmung wider die Ungläubigen zu begeistern.***) Er wünschte dringend, die Animosität zu beschwichtigen gegenüber zwei Potenzen, von denen er die eine, Venedig, bisher heftig bekämpft und die andere, die Eidgenossen, als seine tapfersten Söldlinge hoch gepriesen hatte. Fortan unterstützte er die Forderung seines neuen Bundesgenossen, den Venetianern zu Brescia und Verona zu verhelfen und den Schweizern goldene Brücken zu bauen, um sie nach längerer Entfremdung wieder fest an den französischen Siegeswagen zu ketten.

Mittlerweile aber führte dieser neuste Umschwung in den Geschicken Italiens denn doch zu eigenthümlichen Gegenwirkungen. Zunächst war die englisch-spanische Freundschaft, welche ebenfalls längere Zeit gestört gewesen, doch wieder aufgerichtet. Stolz schrieb Königin Katharina ihrem

---

*) Ferdinand an seinen Gesandten in Rom, *Bergenroth* II, 240.
**) Silvester schildert die Begegnung als sehr ungeordnet, *Brewer* II, 1281.
***) 14. Dec. bei *Brewer* II, 1282. 1283.

Vater: alle Welt bewundere seine reichen Geschenke an
ihren Gemahl*), die — wahrlich eine seltene Ausnahme
seinerseits — gleich der Abänderung des früheren Vertrags
wesentlich zu einer Verständigung beigetragen. Vor allen
aber seien die Engländer, welche die Königin für Missgunst
über die Erfolge ihrer Gegner besonders empfänglich hielt,
nun wieder fest auf seine Seite hinübergetrieben. An dieser
Stelle wenigstens galt der alte Fürst noch immer für die
Seele jeder grossen Combination, für welche allerdings die
Reichthümer seines Eidams dringend erforderlich schienen,
um auch die nöthigen Streitkräfte auf die Beine zu bringen.
Sichtlich hatte sich denn ebenfalls das Verhältniss zum
Kaiser gebessert. Der englische Gesandte, Sir Robert
Wingfield, der seit Jahren als blinder Bewunderer den
reisigen Hof Maximilians begleitete, führte die Feder eifriger
denn je. Ihn dünkte, dass zu Innsbruck, wo im October
die Bevollmächtigten des Papsts, die Gesandten von sechs
Königen und vieler Fürsten Italiens und des Reichs zu-
sammenströmten, die Entscheidung der Dinge läge. Nur
wunderte es ihn, wie der ritterliche Max ohne Geld und
Credit nicht nur zu rüsten, sondern für das kostbare Denkmal zu sorgen fortfuhr, das er eben dort sich schon bei
Lebzeiten zu errichten begann. Er meinte wahrlich, über
den Kaiser, der schon so viel erfahren und der doch unmöglich das Herzogthum Mailand, das er seinem Enkel Karl
zugedacht hatte, in französisches Eigenthum verwandelt wünschen konnte, wie über die gesammte Christenheit sei nunmehr die grösste Prüfung hereingebrochen.**) Nur Schade,
gegen eine vertrauensvolle Wiederaufnahme der von England an Maximilian gezahlten Subsidien sprach alle bisherige Erfahrung. Dagegen war unter dem dröhnenden
Schlage von Marignano wie am Hofe zu Innsbruck***), so
auch an dem zu Westminster die gespannte Aufmerksam-

---

*) *El qual esta el mas soberbio del mundo con la gran dadiva que
l'uestra Altesa le embyo y todo su reyno claramente conocen y confiesan
que ha sydo la mayor que nunca a Ygnlaterra vino.* 31. Oct. *Bergenroth*
II, 238. Dies war auch den Venetianern nicht entgangen *Brown* II, 653
11. Oct.   **) Bericht vom 9. Oct. bei *Brewer* II, 1006.
***) Wingfield wiederholt über die Schweizer *ibid.* 1006. 1037. 1043.

keit der Politiker auf die fernere Haltung der Schweizer Eidgenossen gerichtet.

Schon am 8. October hatte Knight, einer der gescheu-testen Diener Wolsey's, äusserst erregt über die gewaltigen Fortschritte und was er als Treulosigkeit des Königs Franz bezeichnete, von Brüssel aus dem Cardinal vorgestellt: jetzt sei der Moment, um ein Bündniss mit den Schweizern zu schliessen, damit sie Frankreich zur Geissel würden. Viele in England freilich hielten sie für Spitzbuben. Aber trüge etwa Venedig Bedenken, wenn es in seinem Vortheil liege, den Ungläubigen beizuspringen? Die Kirche und das Reich, alle anderen Fürsten bemühten sich um die Eidgenossen, nur England nicht.*) Um dieselbe Zeit meldete auch Wingfield, dass der Cardinal von Sitten, der nach der Niederlage seiner Landsleute schleunigst an den kaiserlichen Hof geeilt war, versicherte, die Schweizer sehnten sich danach, in des Königs Dienst zu treten: 20,000 Mann seien für 40,000 Gulden den Monat zu haben. Der Kaiser würde gern die nöthige Reiterei und Artillerie um eine entsprechende Summe bei-geben, da alle Welt nur zu gut wisse, dass er mit Geld schlecht versehen sei.**) Heinrich und sein Minister waren nun einmal in einer stark gereizten Stimmung, um nicht lange zu überlegen, dem Wagniss näher zu treten. Höchst wahrscheinlich hätten sie sich weniger beeilt, wenn die tief gehenden Spaltungen in der Conföderation jener Bündner in England durchschaut worden wären.

Dort aber wusste man nicht, dass auf einer am 6. October zu Luzern gehaltenen Tagfahrt die national gesinnten Orte unter der Führung von Schwyz, obwohl von kaiserlichen und damals auch noch von päpstlichen Agenten zur Fort-setzung des Widerstands angefeuert, vor der mächtigen Einigung Berns mit Freiburg und Solothurn hatten weichen müssen, die mit der Mehrzahl von Stimmen den Herzog von Savoyen als Vermittler zur Wiederaufrichtung des Friedens mit Frankreich anriefen.***) Wolsey ergriff daher eine wenig hoffnungsvolle Partie, als er einen eigenen Gesandten an

*) *Brewer* II, 1003.   **) *Ibid.* 982 2. Oct.

***) *Gisi*, der Antheil der Eidgenossen an der europäischen Politik in den Jahren 1512—1516, S. 196. 202.

die Eidgenossenschaft abfertigte, damit er dieselbe auf weiteren Tagfahrten gehörig bearbeite. Es war dies Richard
Pace, ein Geistlicher von bedeutendem Talent, der erst im
März des Jahrs aus der Fremde heimgekehrt und, dem Cardinal von Sir Richard Wingfield bestens empfohlen*), in
dessen Dienste getreten war. Einst in jungen Jahren hatte
ihn der verstorbene Bischof Thomas Langton von Winchester,
ein Freund der Wissenschaft, nach Padua auf die hohe Schule
geschickt, deren Humanismus ihn frühzeitig mit Erasmus
und den eigenen Landsleuten Tunstal und William Latimer
in Berührung brachte. Auf seinem späteren Studiengang
in Oxford war er dann Bainbridge nahe gekommen, der, als
er, zum Erzbischof von York und zum Cardinal erhoben, als
Botschafter Heinrichs VIII. nach Rom ging, Pace mit sich
nahm. Es ist früher erzählt worden, wie unerschrocken
dieser darauf aus war, diejenigen, welchen die Vergiftung
seines Herrn zugeschrieben wurde, zur Rechenschaft zu
ziehn.**) Jetzt schien er seines langjährigen Aufenthalts
im Auslande, seiner Sprachkenntnisse und diplomatischen
Erfahrung wegen so recht der Mann, um mit einer intimen
aber überaus heiklen Sendung betraut zu werden. Seine
Vollmachten an die Schweizer und verbündeten Italiener
zielten ursprünglich auf Mailand und Maximilian Sforza, der,
wenn ihm sein Herzogthum gerettet würde, dem Cardinal
Wolsey hohe Jahrgelder in Aussicht gestellt haben soll.
In besonderem Anschreiben des Königs liess er sich dem
Cardinal von Sitten und dem päpstlichen Gesandten, dem
Bischof von Veroli, angelegentlich empfehlen, während er
officiell nur als Secretär Wolsey's auf die Reise zu gehn
wünschte.***) Er war ermächtigt, den Schweizern, wenn sie
die Waffen sofort gegen die Franzosen kehrten, 100,000
Kronen für zwei Monate zu zahlen.†) Nachdem er am 25.
durch Antwerpen gekommen, wo er eine kurze Begegnung
mit Thomas More hatte, welcher der Mission an den Hof
des Erzherzogs beigegeben war, und weitere Informationen

---

*) *Brewer* II, 273.
**) Die Zusammenstellung bei *Brewer* II, p LIV.
***) *Brewer* II, 1065. 1066.
†) Entwurf von Wolsey's Hand *Brewer* II, 1095.

von Spinelly in Brüssel erhalten hatte, nachdem er mit
heiler Haut durch die Gebiete Roberts von der Mark, den man
den Teufel hiess, und über Speier weiter geeilt war, erreichte
er Innsbruck bereits am 8. November.*) Sofort eröffnete
er seine Aufträge dem Cardinal Schinner, welcher ihm die
französischen Anstrengungen unter den Eidgenossen nicht
verhehlte, ihn aber versicherte, dass, wenn er genug Geld
mitgebracht hätte, dieselben sich in zehn Tagen auf die
Franzosen gestürzt haben würden. Indess grosse Summen
wurden unverzüglich durch Bekämpfung der feindlichen
Machinationen verschlungen, so dass Pace sofort um mehr zu
schreiben hatte, während Schinner, den er in hohem Grade
unternehmungslustig fand, das Angeld von 100,000 Kronen
auf 120,000 zu erhöhen vorschlug.**) Die Hauptsache jedoch
war, dass beide beschlossen, sich alsbald auf den Weg zu
machen, um den auf den 25. in Zürich anberaumten Tag
zu besuchen, welcher den Genfer Beschlüssen vom 3. entgegen wirken sollte, denn noch konnte von einer vollen
Abmachung zwischen Franzosen und Schweizern keine Rede
sein. Ueber Kempten und Constanz, wo Pace am 22. ein
Gespräch mit Franz Sforza hatte, den der Kaiser jetzt an
Stelle seines von den Franzosen abgefundenen Bruders zum
Herzog von Mailand machen wollte, trafen beide am 24. in
Zürich ein. Mit einer Million Gold, so hiess es, suche König
Franz die Eidgenossen an sich zu bringen. Der Cardinal
von Sitten dagegen wollte wissen, die Zürcher Boten,
welche jeder 100 Kronen genommen, seien darüber von den
Ihrigen hart angefahren. Zürich, so hoffte er, würde die
Leute, welche Bern in den Graben geführt, schon wieder
herausbringen.***) Die Sachen standen dennoch überaus
misslich, weil die Gemüther der Schweizer selber bis zum
Aeussersten erhitzt waren†), so dass der Cardinal es gerathen hielt, von dem Landtage fern und beim Kaiser zu
bleiben, der ihm seine Vollmacht übertragen, aber selber

---

*) *Brewer* II, 1067. 1096. 1100. 1136.
**) Pace's Berichte vom 12. und 16. Sitten an Wolsey vom 13. Nov.,
Brewer II, 1135. 1146. 1162.   ***) *Brewer* II, 1162. 1188. 1193.
†) *Omnia apud illos sunt interturbata propter largissimam promissio-
nem Galli, Pace l. c.*

bis Memmingen herbei gekommen war um, wie er zu Wingfield äusserte, nicht nur die Händel zwischen dem schwä-
bischen Bunde und dem Herzoge von Würtemberg auszutragen, sondern bei den Verhandlungen mit den Eidgenossen
zur Hand zu sein. Merkwürdig, wie der biedere Engländer
eben jetzt seinem hohen Gönner Max sehr naiv die ihm aus
den Niederlanden zugekommenen Gerüchte vorzuhalten
wagte, dass selbst er der Kaiser auf Frieden mit Franz
sänne.*) Vor allem aber hatte Pace, da ihn die Franzosen-
freunde für einen Spanier ausgaben, viel Mühe, bis er Zutritt
zu der Versammlung der eidgenössischen Sendboten erhielt.
Dort standen Ferdinand von Aragon und der Papst, die
bisher Mitglieder der Liga gewesen, im übelsten Geruch.
Nur das gemeine Volk, das bei Marignano am ärgsten
mitgenommen worden, heftete die Augen auf den König
von England und erwirkte, dass seinem Boten, nachdem er
einige Tage hatte harren müssen, die Pforten geöffnet
wurden.**) Im Verein mit dem kaiserlichen Gesandten,
welcher die alten Beziehungen zum Reich und zum Hause
Habsburg anrief, widrigenfalls sogar mit einer Kornsperre
drohte, benutzte Pace geschickt die an der Tagsatzung vorherrschende Stimmung, unter ·welcher die alten Verbote
gegen Jahrgelder und Geschenke von fremden Herren erneuert wurden. In seiner Ansprache wies er darauf hin,
dass sein Herr zwar keine eigenen Mannschaften schicken
könne, wohl aber mit je 50,000 Kronen für zwei Monate
die Schweizer besolden und, wenn sich Ehre und Verlust in
solcher Frist nicht herstellen liessen, wohl noch auf längere
Zeit Beihilfe gewähren werde.***) Zwar habe er Frieden
mit Frankreich und könne von dort nicht bedroht werden,
da er mit dem Kaiser und dem katholischen Könige auf
gutem Fusse stehe und so eben auch mit dem Erzherzog Karl

---

*) *Brewer* II, 1198.　**) *Brewer* II, 1244 vgl. *Gisi a. a. O.*

***) *Ut dum modo domini Suitenses egregie honori ac reinstaurationi
amissorum ac vindictae iniuriarum intendere velint, nihil dubitant nuncii,
quod etiam casu, quo in duobus mensibus totum negotium adimplere nequi-
rent, regia maiestas propterea manum similis adiuvationis non retraheret,
usque ad alium mensem, vel etiam bimestre.* Aus der sehr verstümmelten
Ansprache an die Magistri domini ligae superioris Alamaniae *Brewer* II, 1226.

einen Vertrag geschlossen habe. Allein sollte es den
Schweizern nicht gelingen, die Franzosen wieder aus Italien
zu vertreiben, so sei es ein Leichtes, mit 40 bis 50,000 Mann
selbst im Winter an der französischen Küste zu landen.
Solche dreiste Vorspiegelungen und die lockende Aussicht
auf die Goldnobels genügten wenigstens, um die Spannung
unter den Orten, den Gegensatz zwischen den deutsch und
den französisch gesinnten von Neuem zu schüren. Doch
fehlte noch unendlich viel, bis bei aller Gier nach Geld und
erneutem Kampf das tief entzweite und verbitterte Bergvolk
den Eröffnungen Pace's wirklich Vertrauen schenkte. Ueberdies hatte Maximilian Wind von 100,000 in Antwerpen
liegenden englischen Kronen und schrieb daher an seine
Tochter Margareta, ob diese Summe nicht durch Anweisung*) auf Jacob Fugger in Augsburg ihm in die Hände
zu spielen sei. Um dieselbe Zeit beklagte Knight aufrichtig, dass man sich nicht schon früher an die Schweizer
gemacht hätte, weil sie bis vor Kurzem billiger zu haben
gewesen wären.**) Und bald bestätigten Pace's Berichte,
von dem der Bischof von Veroli freilich versicherte, er wisse
mit den helvetischen Herren so gut umzugehn, als ob er
mit ihren Sitten von Alters her vertraut gewesen***), diese
Befürchtung nur zu sehr. Er meldete nämlich, dass es ihm
allerdings gelungen, die Ratification des französischen Friedens zu verzögern, dass während Franz aber mit 200,000
Kronen bar winke, er nichts als eine Aussicht zu bieten
habe. Er verlangte daher nicht nur die Summen selber,
sondern unmittelbare Anschreiben des Königs an die Eidgenossen. Der Papst, so meinte er jetzt, hätte dieselben
durch den Cardinal von Sitten hintergangen. Dagegen sei
Herr Galeazzo Visconti, der lieber im Felde fallen, als auf
die französischen Anträge eingehn wolle, ihr Mann. Derselbe würde geeignet sein, als kaiserlicher Botschafter nach
England zu gehn.†) Einige Tage später schrieb er, dass

---

*) *Bullette de recepisse, Gachard Lettres de Maximilien et Marguerite
d'Autriche* II, 304 1. Dec.   **) *Brewer* II, 1238 3. Dec.
***) *Apud magnificos dominos Elvetios exhibet se non aliter quam si
eorum mores optime novit. Ita agit, ut gratior eis quotidie appareat.* Veroli
an Heinrich VIII., Zürich 3. Dec. *Brewer* II, 1240.   †) *Brewer* II, 1244.

ihn die Franzosen zwar nicht mehr für einen Spanier, wohl
aber für einen fictiven Gesandten verschrien, als welcher
er indess am besten wirken könne. Nur das Geld müsse
zu Handen sein. Dann könne die ganze Welt die Schweizer
dem Könige nicht abspänstig machen, dem sie die grösste
Verehrung zeigten, weil er allein sie nie betrogen habe.
Zweierlei sei ihm bis dahin zu verhindern gelungen, der Abschluss des Friedens zwischen ihnen und Franz I. und eine
Einigung des Kaisers mit demselben, der dafür die Venetianer Preis gegeben haben würde. *) Ein weiteres Hinderniss jedoch machte sich immer fühlbarer, dass der Papst
nicht nur seine Subsidien einstellte, sondern in Folge des
Vertrags von Bologna zu Ende des Jahrs die Eidgenossen
allesammt sowie den Grauen Bund dem Frieden mit König
Franz beizutreten aufforderte.

Von allen Seiten war daher die Sendung von Gefahren
umlauert. Während Maximilian einen eigenen Botschafter
an Heinrich VIII. abfertigte, und der gute Sir Robert Wingfield noch von Festigung der heiligen Liga mit Leo X.
träumte und das gute Recht seines Herrn auf die französische Krone aus der Geschichte zu erweisen suchte **) und
ein italienischer Parteigänger versicherte, dass, wenn sie
klingendes Geld von Pace erhielten, die Schweizer den Franzosen noch vor Ende Januar aus Italien verjagen würden ***),
machte dessen Mission vieler Orten nicht geringen Lärm.
Wolsey hielt es für gerathen, sowohl Leo X. wie Franz I.
durch den Bevollmächtigten in Rom wissen zu lassen, dass
nur auf seine Verantwortung Pace an Cardinal Schinner
geschickt worden, was dann Bischof Silvester wieder als
die Ursache der grössten Erbitterung des Franzosenkönigs,
vielleicht gar der schleunigen Einigung mit dem Papst darstellte. †) Nicht minder machte sich der diplomatische
Schachzug als Glied einer grossen Kette diplomatischer
Action in Brüssel bemerkbar, wo noch immer eine eng-

---

*) II, 1258 8. Dec.   **) Aus Füssen 10. Dec., *Brewer* II, 1265.
***) *Se el secretario del vestro serenissimo re ... havesse una parte di
dinari contanti che profecisse, certamente non starieno li Francessi per
tuto Jinero in Italia.* Simon de Taxis an Spinelly, *Brewer* II, 1266.
†) *Brewer* II, 1280. 1281.

lische Botschaft weilte. Der Vertrag, den sie abgeschlossen, hatte höchstens die Auseinandersetzung wegen langjähriger Handelsdifferenzen vertagt. In allen anderen Stücken hatte sie beständig über die Doppelzüngigkeit der flandrischen Staatskunst und über die Intriguen zu klagen, welche Franz. hier eben so geschickt, wie in Schottland spielen liess. Namentlich in Tournai, seiner eigenen Angelegenheit, kam Wolsey gegen den überwiegenden Einfluss des französischen Rivalen keinen Schritt vorwärts.*) Nichtsdestoweniger richtete sich zu Ende des Jahrs ein wahrer Sturmlauf auf ihn und seine Entschlüsse. Am Hofe des Kaisers zu Ueberlingen weilten am 21. December der Cardinal von Sitten, Franz Sforza, Galeazzo Visconti und Richard Pace.**) Wie Maximilian den Grafen Bartolomeo de Tatiano an Heinrich VIII. abfertigte, so Schinner mit Pace's Empfehlung den Erzdechanten Melchior Lange, der einst Papst Julius' Kämmerling gewesen, als seinen eigenen Emissar an Wolsey. Erasmus gar, dem Wolsey eine Präbende in Tournai in Aussicht gestellt, schrieb, wie Pace ihn gebeten, einen Empfehlungsbrief, den Visconti selber überbringen sollte.***) Der Bischof von Veroli, der immer noch in Zürich verweilte, aber bedenklich in des Kaisers Fahrwasser gerathen war, befürwortete, um den letzten Widerstand Berns, Freiburgs und Solothurns zu brechen, durch Schinner dringend die Uebersendung der englischen Gelder vermittelst des Bankhauses der Fugger.†) Wie verschieden auch ihr Standpunkt, so einigten sich Sitten, Wingfield und Pace doch zu einer gemeinsamen Vorstellung an den englischen Cardinal, um ihn zu überzeugen, wie sehr es im Interesse des Königs von England liege, die Schweizer um jeden Preis durch Abschluss einer Liga an sich zu fesseln, die im Zusammenhang mit anderen Bundesgenossen eine unbezwingliche sein würde.††) Galeazzo Visconti, der sich immer noch als lombardischer Generalcapitän betrachtete, verzichtete zwar

---

*) Briefe von Tunstal und Knight, 17. Dec. *Brewer* II, 1291. 1296.
**) Bericht Sir Robert Wingfields II, 1318.
***) *Brewer* II, 1327—1331.   †) *Ibid.* 1341.
††) *Ad hoc ista liga utilissima esset majestati regiae, sive pacem vellet sive bellum. Nam si pacem vellet, Galli non possent illam interrumpere*

zunächst auf einen Besuch am Hofe Heinrichs, aber entwickelte in einem Schreiben an den König, wie Bern und
Genossen, durch deren Verrath die grosse Schlacht verloren
gegangen, weiter bekämpft werden müssten, wie er selber
. in unverbrüchlicher Treue an der grossen Aufgabe fest halte
und auf Unterstützung rechne.*)

Wahrlich die Entscheidung wurde dem englischen Staatsmanne, der es liebte, geschickt hindurch zu steuern, statt mit
einem raschen, kräftigen Schlage zu handeln, durch ein so
allgemeines Andrängen gerade nicht erleichtert. Vielleicht
war es nicht von ungefähr, dass er eben jetzt mit der höchsten
Stellung im Reich und allen persönlichen Machtmitteln ausgestattet wurde, welche sein ihm schrankenlos zugethaner
Herr zu vergeben hatte. Nachdem ihm wenige Monate zuvor,
was jetzt wohl schwerlich geschehen wäre, der Papst den
rothen Hut verliehen, erhielt er am 22. December 1515 auch
das grosse Staatssiegel und leistete am Weihnachtsabend in
seiner Capelle zu Eltham den Eid als Lordkanzler von England.**)

---

*timore Elvetiorum; si bellum, ultra Elvetios qui sufficerent, alios quoque
amicos haberet.* Augsburg 27. Dec. *Brewer* II, 1345.

   *) *Brewer* II, 1349.   **) *Rymer* XIII, 529.

THOMAS CROMWELL, DER HAMMER DER MÖNCHE.

Noch stehen Erforschung und Darstellung der englischen Geschichte im sechzehnten Jahrhundert weit zurück gegen die Epoche der Stuarts und der Republik, der Restauration und Wilhelms III. Die Ergebnisse der welthistorischen Kämpfe um das Verfassungsrecht haben seither für die Gegenwart ungleich mehr Anziehung geübt, als die gewaltsame Auseinandersetzung zwischen Kirche und Staat im Zeitalter der Tudors, durch welche die bereits von institutionellen Schranken eingehegte Krone, sobald sie in diesem Inselreiche sich selber an die Stelle des Papstes setzte, nach allen Richtungen kirchlicher Verwaltung und Gerichtsbarkeit supreme, absolute Macht gewann. An sich schon wird die Erkenntniss eines solchen complicirten Staatswesens durch seine Doppelnatur erschwert. Und wie viel mehr erst durch den unendlichen Reichthum und die Zerstreuung der in Betracht kommenden Berichte über alle Länder des Abendlandes. Abgesehen von manchen tüchtigen Vorarbeiten und Versuchen hat denn auch eine wissenschaftliche Sichtung der ungeheueren Quellenmasse erst neuerdings mit dem riesigsten aller Regestenwerke begonnen, von dem freilich nach bald zwanzigjähriger Arbeit heute noch nicht einmal zwanzig Jahre der Regierung Heinrichs VIII. vorliegen.*) Man kann demnach die Gründe ermessen, wesshalb der härteste Schlag, der Rom je versetzt wurde, und zwar gerade

---

*) *Letters and Papers foreign and domestic of the Reign of Henry VIII. arranged and catalogued by J. S. Brewer, M. A.* Seit 1862 bis jetzt 4 Theile in 7 mächtigen Bänden, die Jahre 1509—1528 umfassend nebst einem 8. Bande: *Introduction and Appendix* 1875.

durch den genannten König, wesshalb gar das Heldenthum,
mit welchem das elisabethanische England der Gewalt und
Tücke des in der Weltmacht Spaniens wurzelnden Jesuitis-
mus begegnete, ihre verdiente Würdigung in der Geschichtschreibung bisher auch nur annähernd nicht haben finden
können.

Lediglich die einleitende Periode, die Administration des
Cardinals Wolsey, ist in jenen grossartigen Vorarbeiten fest
abgeschlossen und wartet der Meisterhand, die einen so anziehenden Vorwurf plastisch zu gestalten vermag. Ueber
denjenigen, welcher alsdann das Schisma staatsrechtlich
durchführte und zuerst sich an die Spitze einer reformatorischen Partei zu schwingen wagte, über Thomas Cromwell,
den „Hammer der Mönche", lässt sich Gleiches höchstens
in Bezug auf seine Anfänge behaupten.   Während der zehn
Jahre, in welchen er die rechte Hand Heinrichs VIII. war,
bleibt der Historiker einstweilen auf die noch im Urzustande
vorliegenden Materialien angewiesen.   Füllen doch die beim
Staatsprocesse dieses Ministers mit Beschlag belegten und
im grossen Staatsarchiv zu London bewahrten Actenstücke
nicht weniger als 52 starke Bände.   Dazu kommt nun aber,
dass sein Bild nur in starker Verdunkelung überliefert ist:
weniger weil die gewaltige Gestalt seines jüngeren Namensvetters, des Protectors Oliver, der Betrachtung im Wege
stand, als weil die Erinnerung an ihn selber von der Wuth
der Gegensätze nicht verschont blieb.   Römische und anglikanische Orthodoxie findet in dem tragischen Ausgange
des verwegenen Neuerers die Rüstkammer voll schwer-
wiegender Gründe, um ihn durchweg zu verdammen, während das blindgläubige Puritanerthum an der Hand des
feuerigen Martyrologen John Foxe ihn ohne Weiteres zu
den Blutzeugen eines freien, auch dem Staate aufsagenden
gottseligen Gemeindelebens zählen möchte.   Aber gerade
in unseren Tagen verdient der Mann nicht minder als die
Sache, für die er stritt und litt, aus den zahlreichen echten
Beweisstücken wiederum zur Anschauung gebracht zu werden.   Und Nichts ist lohnender, als den wirklichen Spuren
dieses merkwürdigen Lebensweges bedächtig nachzugehen.

Die Familie stammte aus Lincolnshire, einer feld- und

wiesenreichen Gegend, doch fehlen die heraldischen Nach-
weise, ob sie mit den Lords Cromwell zusammenhing, welche,
allerdings derselben Grafschaft angehörig, mindestens schon
unter Johann auftreten, von Eduard II. zum Parlament geladen und in der Folge Peers des Reichs wurden, bis ihre
Schwertmagen im Jahre 1471 ausstarben. Thomas aber
wurde vermuthlich gegen die Wende vom 15. und 16. Jahrhundert, denn jede nähere Zeitangabe fehlt, zu Putney, damals einem Dorfe im Norden von London, nicht eben wohlhabenden oder sonderlich angesehenen Eltern geboren. Der
Vater war nach den Einen ein Eisenhändler oder gar Grob-
schmied, nach den Anderen, was wahrscheinlicher, ein Tuch-
scheerer. Die Mutter wenigstens hatte ausser den Beziehungen zu Lincoln auch Gevatterschaft in Derbyshire.
Sie soll ihren Mann früh verloren und sich abermals, wie
das die Zunft mit sich brachte, an einen Tuchhändler verheirathet haben. Wie der Knabe erster Ehe aufgewachsen,
wo sein aufgeweckter Sinn die erste Bildung erhalten, ist
völlig dunkel. Seine Jünglingsjahre aber umspielt von
orthodoxer wie puritanischer Seite ein Stück Roman, von
dem jedoch nur wenig Thatsächliches übrig bleibt, wenn
man den Prüfstein historischer Kritik anlegt.

Cardinal Reginald Pole, der seinen Stammbaum auf das
Königthum des Hauses York zurückführte und im Dienste
der Curie den Kampf wider Heinrich VIII. aufnahm, kannte
und hasste Cromwell aus Herzensgrund. In Italien erfuhr
er, dass sich derselbe in jungen Jahren dort als Söldner
und Kaufmannslehrling umhergetrieben, bis er des Aben-
teuerns müde heimgekehrt sei, um als Anwalt Geschäfte
zu machen. Viel ausgeschmückter jedoch begegnet dieselbe
Erzählung später unter Elisabeth in John Foxe's protestantischen Märtyrern, ausdrücklich zurückgeführt auf Bandello,
dessen Novellen zu Lucca im Jahre 1554 erschienen waren.
Den grossen Bankier Francesco Frescobaldi in Florenz,
dessen Haus von Alters her in Lombard Street zu London
eine Commandite besass, spricht eines Tags ein junger Engländer um ein Almosen an, welcher abenteuernd nach Italien
gerathen war und im französischen Heere — man erfährt
nicht, ob unter Ludwig XII. oder Franz I. — Kriegsdienste

gethan hatte. Sein offener Blick erweckt das Vertrauen
des Kaufmanns, der ihm ein Pferd und 16 Ducaten zur
Heimreise schenkt. Viele Jahre später reitet Lord Cromwell einmal zu Hof, als er unter den Vorübergehenden be-
tagt und sorgenvoll seinen Florentiner Wohlthäter erkennt.
Denn das grosse Geschäft war zurückgegangen und eine
in England ausstehende Forderung von 15,000 Ducaten hatte
den alten Mann genöthigt, die weite Reise anzutreten.
Cromwell hat ihn alsbald in sein Haus aufgenommen und
nicht nur jenes Almosen mit Zinsen bis zu 1600 Ducaten
reichlich zurückgegeben, sondern auch alle Schuldforde-
rungen des Italieners in England eintreiben helfen. Man
sieht, es kommt dem puritanischen Bewunderer vorzüglich
darauf an, den hochherzigen Edelmuth dieses energischen
Staatsmannes der Reformation zu feiern. Darum hängt er
denn auch sofort eine andere Anekdote an, die man in
London erzählte, wie Cromwell bei Aufhebung eines Klosters
— das Karthäuser-Stift zu West Shene, dem heutigen Richmond an der Themse, scheint gemeint — an der Tafel
sitzend einen armseligen Pförtner oder Glöckner als alten
Bekannten herzlich begrüsst und zu der Umgebung gesagt
habe: „My Lords, sein Vater war mein guter Freund und
hat mir einst im Elend manchmal zu essen gegeben." Also
immer wieder im Contrast des Glücks der Rückblick auf
eine darbende und bewegte Vergangenheit und neben dem
gegenwärtigen Wohlsein warme Menschenliebe, ein Cha-
rakterzug, der auch aus authentischen Briefschaften Bestätigung erhält.

Nicht minder aber werden durch Briefe ebenfalls frühe
Beziehungen Cromwells zum Auslande bekundet. So wenig
es fest steht, dass er in Kaufhäusern zu Venedig und Antwerpen als Factor beschäftigt gewesen, er unterhielt in der
Folge nicht nur viel auswärtige Correspondenz, sondern war
vertraut mit fremder, namentlich italienischer Literatur.
Ging seiner Bildung auch die humanistische Grundlage ab,
so soll er doch Dank einem trefflichen Gedächtniss die von
Erasmus angefertigte lateinische Uebersetzung des Neuen
Testaments auswendig gewusst haben. Im Jahre 1530 erinnert ihn Edward Bonner, der später unter der blutigen

Maria als Bischof von London und rückfälliger Papist einen
so bösen Namen gewann, an sein Versprechen, einen guten
Italiener aus ihm machen zu wollen. Er möge ihm daher
nun auch Petrarca's Trionfi und den Cortegiano des Castig-
lionę leihen. Im Jahre 1537 macht Lord Morley dem Geheimsiegelbewahrer Cromwell ein Geschenk mit Macchiavelli's Florentiner Geschichte und fügt hinzu: „Ich habe
Eure Lordschaft oft sagen hören, dass Ihr mit den Floren-
tinern vertraut seid und ihre Factionen und Sitten persönlich kennen gelernt habt." Die letzte Angabe erscheint um
so bedeutsamer, als Reginald Pole es Cromwell geradezu
als Verbrechen vorwirft, dass er ihm einst empfohlen habe,
den Macchiavelli zu studiren. Solche Notizen eröffnen in
der That eine höchst merkwürdige Perspective, während
die Anekdoten, dass er im Gefolge des englischen Botschafters Sir John Russel der Schlacht bei Pavia beigewohnt
oder gar drei Jahre später unter dem Connétable Bourbon
die von Benvenuto Cellini vertheidigten Mauern Roms habe
erstürmen helfen, als unhaltbar verworfen werden müssen,
denn ungefähr um das Jahr 1520 erscheint er mit Sicherheit in London ansässig, verheirathet und in gedeihlichen
Umständen. Während der nächsten Jahre wohnt er in
Fenchurch Street. Seine Correspondenten reden ihn als
worshipful, right worshipful, gentleman an. Mehrere vergessen nicht sich auch seiner Frau Elisabeth, geborenen
Wykys, und deren Mutter, einer ausgezeichneten Frau, zu
empfehlen.

Nichts aber fesselt mehr als die bunte Mannigfaltigkeit
der Geschäfte, die er in Folge der nun immer zahlreicher
werdenden Briefe betreibt. Zu den frühesten Documenten
gehört unstreitig ein Anschreiben der verwittweten Mar-
quise Cäcilie von Dorset, die ihrem Sohne Lord Leonard
Grey aus ihrem Eigenthum ein Bett und eine Anzahl Zelte
besorgen lässt. Ueber das Erbe des minderjährigen Grafen
von Oxford wird Cromwell um ein Gutachten angegangen.
Hauptsächlich aber sind es doch Kaufleute, mit denen er
als Consulent in handelsrechtlichen Processen zu thun hat,
Hansagenossen mit deutschen und flandrischen Namen,
Portugiesen, welche von Mitgliedern der Corporation der

Merchant Adventurers eine Schuld eintreiben wollen, ein
grosser italienischer Bankier Antonio Bonvisi (freilich kein
Frescobaldi) und Engländer, welche in Flandern, Frankreich
oder Spanien Handel treiben. Ihre Zeilen athmen meist un-
bedingtes Vertrauen, mitunter fast schwärmerische Liebe
für einen Mann, dessen Persönlichkeit und Umgangsformen
in der That einen eigenthümlichen Zauber gehabt haben
müssen. Ein gewisser John Creke, Mitglied der Tuchmacher-
innung (*Merchant Taylors*), der, als Karl V. im Sommer 1522
von England aus nach Spanien zurückkehrte, als Factor
nach Bilbao ging, schreibt von dort am 17. Juli an Cromwell unter der Anrede: *carissimo quanto homo in questo
mondo* und betheuert seine unaussprechliche Sehnsucht nach
ihm. „So wahr ich ein Christ bin, noch nie in meinem
Leben habe ich nach kurzer Bekanntschaft eine so innige
Zuneigung gefasst; wie Feuer wächst sie täglich. Gott
weiss, wie schmerzlich mir die Trennung geworden ist.
Wenn ich an unser geistliches (*ghostly*) Wandeln in Eurem
Garten gedenke, so möchte ich schier verzweifeln.“ Und
Cromwell macht ihm gerade im folgenden Jahre freimüthig
Mittheilung über allgemeine politische Angelegenheiten.

Er selber war nämlich, wie sich jetzt ergibt, Mitglied
des denkwürdigen Parlaments, welches im Frühling und
Sommer 1523 über die von Cardinal Wolsey geforderten
Subsidien zur kräftigen Förderung des an der Seite Kaiser
Karls wider Frankreich unternommenen Kriegs verhandelte.
Auch hat sich der Auszug einer Rede gefunden, in welcher
er den leitenden Staatsmann und den Sprecher des Unter-
hauses, den berühmten Sir Thomas More, eifrig unterstützt.
Aber in Erinnerung an die Vergangenheit und in loyalem
Gefühl für die unlängst erst befestigte Dynastie räth er dem
Könige dringend ab, durch persönliche Uebernahme des
Oberbefehls oder gar nur Erneuerung der alten Eroberungspolitik in Frankreich sich unberechenbaren Wechselfällen
auszusetzen. Mit echt englischem Vorurtheil hegt er die
Besorgniss, ob nicht ein französischer Krieg, ehe er nur
drei Jahre gedauert, die klingende Münze aus dem Lande
ziehen werde, so dass man gezwungen sei, „wie vor Alters“
wieder aus Leder zu prägen. Scharfblickend setzt er in das

mit dem Kaiser geschlossene Kriegsbündniss nur geringes
Vertrauen. Von ganz besonders treffender Schärfe indess
zeugt sein Rath, lieber Schottland anzugreifen. Denn es
heisse:

> „Wer Frankreich will gewinnen,
> Mit Schottland muss beginnen."

Es ist die alte Politik Eduards I., die ja in der That
mit mehr oder weniger Erfolg hernach vom Hause Tudor
aufgenommen wurde. Ueber die hocherregten Debatten
schreibt Cromwell nun am 17. August 1523 seinem begeister-
ten Freunde Creke: „In der Annahme, dass Ihr unsere laufenden Neuigkeiten wissen wollt — denn man sagt ja:
„Neuigkeiten erfrischen die Lebensgeister" — sollt Ihr wissen,
dass ich gleich Anderen in einem Parlament ausgehalten
habe, welches siebzehn ganze Wochen gedauert hat, wo
wir über Krieg und Frieden, Streit und Murren, Reichthum
und Armuth, Wahrheit, Falschheit, Gerechtigkeit, Billigkeit
verhandelt haben, und wie in unserem Königreiche das
Gemeinwohl am besten aufgerichtet und erhalten werden
könne. Schliesslich haben wir gethan, wie unsere Alt-
vordern vor uns, d. h. so gut als wir vermochten, und auf-
gehört wo wir begonnen . . . . Wir haben des Königs
Hoheit so hohe Steuern wie noch nie zuvor bewilligt." Dass
Cromwell um dieselbe Zeit auch an der Verwaltung der
Stadt London Theil hatte, ergibt sich aus seiner Unterschrift zu kaum minder interessanten, von dem Ward (Quartier) von Broadstreet am 21. December gefassten Beschlüssen.

Seine Berufsgeschäfte kann man am besten aus zahlreichen Entwürfen von eigener Hand zu verschiedenen ge-
richtlichen Eingaben abnehmen. Da gilt es für seine Clienten Schulden eintreiben, Anleihen aufnehmen, Pfandbriefe
umsetzen, Kauf und Verkauf besorgen. Merkwürdiger Weise
begegnet unter den Objecten bisweilen noch Tuch, jedoch
vorzüglich kostbarer Goldstoff, aber auch Geschmeide und
ausser der fahrenden Habe immer mehr liegende. Alle
möglichen Leute, darunter der eigene Schwager, wenden
sich an ihn, um durch seine Vertretung ihren Landbesitz
vortheilhaft an den Markt zu bringen, oder damit er in einer
Handelsdifferenz den Schiedsrichter abgebe. Er war also

nach Allem als viel gesuchter Anwalt beim Billigkeitsgericht,
für Erbschaften und Testamente bei den Doctors Commons
und ähnlichen, nicht nach dem gemeinen Recht entscheidenden Tribunalen thätig.

Schon aber stand er in näheren Beziehungen zu dem gewaltigen Cardinal, dem der lebensfrohe Heinrich VIII. um
diese Zeit noch mit unbedingtem Vertrauen die Zügel der
Regierung überliess. Man weiss, wie sie beide zwar als
echte Jünger der Staats- und Kirchenlehre des Thomas von
Aquino jede Abweichung vom orthodoxen Dogma als straf-
würdige Häresie betrachteten, aber an den mächtigen Regungen des Humanismus in Kunst und Literatur ihr Gefallen fanden und in dem faulen, üppigen, schmarotzenden
Mönchthum, das Dank den frommen Schenkungen eines
Jahrtausends Grund und Boden des Landes überwuchert
hatte, das vornehmste Hinderniss jedes wirthschaftlichen und
intellectuellen Fortschritts erblickten. So stand denn Erasmus, der Protagonist im Kampfe gegen monastische Ver-
dummung, bei ihnen in hoher Gunst, während König Heinrich bekanntlich selber in schwerer scholastischer Rüstung
Martin Luther bekämpfen zu können meinte und dafür von
der dankbaren Curie den noch an den Titeln der englischen
Krone haftenden Ehrennamen eines *Defensor fidei* erhielt.
Ja, Clemens VII. ertheilte Wolsey, als er ihn in der Legation für Britannien bestätigte, durch eine besondere Bulle
in Gnaden die Vollmacht, eine Anzahl im Schlaraffenthum
verkommener klösterlicher Stiftungen einzuziehen, um aus
ihren Mitteln grosse akademische Anstalten zu errichten und
dadurch seinen stolzen Namen in alle Zukunft zu verewigen.
Für die intricate Auseinandersetzung bei Auflösung von
zwanzig bis vierzig solcher frommen Häuser und der Ueber-
weisung ihrer Einkünfte auf den neuen Unterrichtszweck
bot sich nun aber dem Cardinal kein gewiegterer Agent,
als Thomas Cromwell. Wird doch schon im Herbst 1520
in einem bei der Curie zu Rom anhängigen Rechtshandel
auf ihn recurrirt. Seit der Visitation des Jahres 1523 erscheint er vollends im öffentlichen Dienst, wie eine Menge
von ihm ausgehender oder an ihn gerichteter Schreiben
darthun. Kein Instrument in Betreff des Klosters von

St. Frideswide zu Oxford und der anderen zur Einziehung
verurtheilten Stifter, auf dem nicht sein Name in erster Reihe
begegnet. Alle Welt wendet sich mit Gesuchen und offen, der
Sitte der Zeit gemäss, mit reichen Geschenken um feil werdende Beneficien an ihn, den einflussreichsten Rath Wolsey's.
Dem entsprechend wächst denn auch sein Ansehen in
allen Stücken. Durch königliches Patent vom 1. October
1524 ist er zum *Master of the Jewel House* eingesetzt. Von
seiner reich ausgestatteten Wohnung, die er um den Frühling desselben Jahres von Fenchurch Street zu den Augu-
stiner Brüdern (*Austin Friars*) — heute noch ein ungemein
belebtes Geschäftsviertel der City —, verlegte und mit einer
stattlichen Front nach Throgmorton Street zierte, der späteren Drapers' Hall, hat sich ein höchst merkwürdiges Inventar vorgefunden, datirt vom 26. Juni 1527. Cromwell
besitzt, diesem urkundlichen Verzeichnisse zufolge, selber
die kostbarsten Juwelen und Kleinode, eine Menge silber-
ner Geräthe, Möbeln, Betten, Kleider, gewirkter Teppiche
aus prächtigen werthvollen Stoffen. Wahre Kunstgegen-
stände aber deuten auf den geläuterten Geschmack des
Eigenthümers, denn unter den Oelgemälden begegnet ausser
einem Christus, einer heiligen Jungfrau, St. Christoph und
St. Antonius ein grosses Altarblatt, auf dessen Goldgrund
die heiligen drei Könige von Köln dargestellt sind, eine
Lucretia Romana und Kaiser Karl, ohne Frage seltene
Stücke jener rheinisch-niederländischen Schulen, die in unseren Tagen durch die Brüder Boisserée wieder zu verdienten Ehren gekommen sind. Sie deuten, wie auf Cromwells Kunstsinn, vorzüglich auf seine festländischen Beziehungen. An mehreren Stellen seines Hauses hat der
loyale Mann Wappen seines Königs und des Cardinals, der
wissbegierige Zeitgenosse der folgenschwersten geographischen Entdeckungen grosse Weltkarten angebracht. Jeder
Blick in diesem Haushalt fällt auf gediegenen Wohlstand
und ein behagliches Dasein, dessen eifrigem Schöpfer das
Leben in jeder Beziehung zu glücken scheint. Er vor allen
gehört zu jenen hervorragenden Erscheinungen, an denen
das sechzehnte Jahrhundert in England so reich ist. Neue
Männer bürgerlicher und echt nationaler Herkunft sind

berufen, nicht nur den in den Rosenkriegen fast unter-
gegangenen Adel normännisch-französischen Ursprungs zu
ersetzen, sondern den erhöhten, an den Staat gestellten
administrativen Anforderungen zu genügen.

So ist denn Cromwell mit einer, namentlich auch finan-
ziell bedeutenden Geschäftsführung betraut. Aus dem Zerschlagen alter, unerspriesslicher Gütermassen sollen neue,
Nutzen bringende Anlagen hervorgehen. Man sieht gleichsam unter seinen Händen die Stiftungen Wolsey's, das Collegium zu Ipswich und insbesondere jenes unendlich reich
ausgestattete Institut zu Oxford emporwachsen, das heute
Christ Church College heisst. Neben Lieferungen für die
Bauten und die innere Einrichtung, neben Kauf und Verkauf, den Einzelheiten der Bepfründung und Verwaltung
interessirt am meisten der lebendige Verkehr mit dem Dechanten, seinen Klerikern und Scholaren. Hatte Thomas
Cromwell auch in der Jugend keine Universitätsbildung
empfangen, so war er doch unendlich befähigt, alle Mittel
und Wege zu ergreifen, durch welche er selber, so wie
seine Zeit geistig befördert werden konnte. Wie anziehend
sind da unter Anderem auch die Spuren seines Umgangs
mit dem grossen Londoner Drucker Richard Pynson, der
wieder auf vertrautem Fusse mit den englischen Humanisten
und deren Freunde Erasmus stand. Einmal vermittelt er
zwischen ihm und John Palsgrave, dem bekannten Präben-
dar der St. Paulskirche, der die erste systematische französische Grammatik für Engländer verfasste, die darauf be-
zügliche buchhändlerische Uebereinkunft. Ganz besonders
aber nimmt er Antheil an den neuen Studien in Oxford und
Cambridge. Zahlt er doch bedürftigen jungen Leuten an
beiden Orten aus eigenen Mitteln Stipendien. Im Jahre 1528
hat er seinen Sohn Gregory in die Pembroke Halle nach
Cambridge geschickt und lässt sich regelmässig über seine
Fortschritte von dem Tutor John Chekyng berichten, der
gelegentlich auch über literarische Erscheinungen, wie über
die von Erasmus besorgte Ausgabe des Augustinus, Mittheilung macht.

Da wäre es denn in der That seltsam, wenn Cromwell ohne Kenntniss der die deutsche Welt ergreifenden

Thaten und Schriften Luthers geblieben wäre, von denen letztere seit einigen Jahren namentlich in den Waarenballen der Stahlhofskaufleute, der Hansagenossen, mit denen er nachweislich in Verbindung stand, eingeschmuggelt wurden. Dem suchte die Regierung nun allerdings durch ein allgemeines Verbot zu begegnen, zumal nachdem Tyndal, dem Vorgange des Mönchs von Wittenberg folgend, das neue Testament in's Englische übersetzt und zu Antwerpen gedruckt hatte, nachdem in London die „Christlichen Brüder" und an beiden Landesuniversitäten begeisterte Jünglinge sich dem mächtigen Andrange erschlossen. Zu Anfang 1526 hielt Thomas More persönlich in der Gildhalle der Deutschen, dem Stahlhof, Haussuchung, und im nächsten Jahre erfolgte in der Diöcese London eine ansehnliche Reihe von Processen, wobei jedoch die der Häresie Bezichtigten im Ganzen glimpflich wegkamen. Und wie konnte das Eindringen der reformirenden Tendenzen vom Festland nur irgend wie wirksam verhindert werden? Sicherlich berührten sie dann auch den viel beschäftigten und geistig sehr aufgeweckten Mann, der in Austin Friars wohnte, aber in seiner engen Beziehung zum Cardinal und als loyaler Unterthan sich vorsichtig hütete, im Verkehr mit Solchen ertappt zu werden, welche sich der Hinneigung zu der verfolgten Lehre verdächtig machten. Nur ein einziger aus jenen Tagen stammender Brief in seiner Hinterlassenschaft erscheint compromittirend. Am 27. August 1527 schreibt der Vertraute Tyndals, Miles Coverdale, an Cromwell aus Cambridge: er würde gern zu ihm kommen, wenn es gewünscht werde, und meldet, dass ein Magister zugleich des Todtschlags, der Ketzerei und des Diebstahls angeklagt werde. Ein etwas weniger gefährliches theologisches Interesse wird durch die freundlichen Beziehungen zu Florentius Volusenus, dem Verfasser der berühmten Schrift „*De animi tranquillitate*" bezeugt. Jedenfalls wusste Cromwell unbeirrt durch verfängliche Zeitläufte zu steuern, die sich auch wieder besserten. Seine Verdienste, namentlich um das grosse Werk in Oxford, dessen rasches Gedeihen allgemeine Aufmerksamkeit erregte, hatten ihn der Art in der Gunst des Cardinals befestigt, dass ihn derselbe auch mit anderen wichtigen Aufträgen, z. B. mit Besorgung des Münzregals, betraute, welches ihm als Bischof-Pfalzgraf von Durham zustand. Das hinderte Cromwell jedoch noch keineswegs, wie bisher seinem Berufe als Anwalt nachzugehen und die Verbindung mit Clienten aller Art oder mit auswärtigen Geschäftsfreunden zu pflegen. Mehrere von ihnen zeigen sich zugleich ihm und Wolsey durch gewisse Artigkeiten, z. B. durch Uebersendung von Wildpret und anderen Delicatessen, erkenntlich. Niemand schreibt im Jahre 1528 häufiger als Stephan Vaughan, der aus Antwerpen eingehend von der allgemeinen Weltlage, den Fortschritten der Franzosen in Neapel oder dem Eintreffen kaiserlicher Gesandten berichtet, daneben aber auch den Ankauf einer dauerhaften eisernen Geldkiste vermittelt und niemals unterlässt, sich Cromwells Mutter, als seiner ganz besonderen Gönnerin, zu empfehlen. Er ist derselbe, der einige Jahre später, zum Ritter erhoben, im Dienste Heinrichs VIII. die Sendung an die Genossen des Schmalkaldischen Bundes mitmacht. Dann begegnet wieder Joachim Hochstetter, ein Mitglied der wohl bekannten Augsburger Firma, den ein Process mit dem Londoner Hause Gresham nach England gebracht. Ueber seinen Besuch bei Wolsey in Hampton Court berichtet er an Cromwell in italienischer Sprache.

Ueber dies Stillleben indess wie über den wirthschaftlichen und politischen Zustand des Reichs im Allgemeinen zogen längst dunkle Wetterwolken herauf, die von verschiedenen Seiten zunächst die überragende Stellung des allmächtigen Cardinals zu vernichten drohten. Geistliche und weltliche Stände grollten dem aus niederer Sphäre über sie alle emporgestiegenen Prälaten, der, seit er ihnen im Jahre 1523 eine Einkommensteuer von 20 Procent hatte aufbürden wollen, der Wiederberufung eines Parlaments aus dem Wege ging. Mit der Gentry und den ebenfalls Grundbesitz erstrebenden Kaufherren stand seine Regierung auf gespanntem Fusse, je mehr sie der Güterschlächterei, dem Bauerlegen zu Gunsten von Latifundien und der Einhegung grosser Schaftriften entschieden, wenn auch vergeblich entgegenzutreten suchte. Ihr Credit sank vollends, als der Krieg in Frankreich, erbärmlich geführt, die Staatsmittel

rasch erschöpfte und Wolsey, persönlich dem Kaiser grollend, nach der Besiegung und Gefangennahme Franz' I. bei
Pavia, seine alte Lieblingspolitik, ein Bündniss mit Frankreich, wieder aufnahm. Wohl hütete er sich vorsichtig, nachdem der Friede von Madrid alsbald wieder gebrochen wurde,
England nun auch ohne Weiteres für König Franz das
Schwert ziehen zu lassen; meinte aber, durch Scheidung
König Heinrichs von Katharina von Aragon, deren dieser
überdrüssig geworden, schon weil sie ihm keinen Sohn geschenkt hatte, die dynastische Verbindung mit Karl V. und
den Widerstand einer spanischen Partei bei Hofe auf immer
zu zerstören. Wenn nur sein Herr nicht an den schönen
Augen Anna Boleyns unendlich mehr Wohlgefallen gefunden hätte, als an einem französischen Ehebunde!

Da aber des Königs Wille feststand, Anna, die sich nicht,
wie Wolsey wähnte, als seine Maitresse hergab, zur Gemahlin zu erheben, schürzte sich der Knoten überaus verhängnissvoll. Der Herzog von Norfolk und seine Sippe,
den Boleyns verschwägert, entwand dem Cardinal bereits
den obersten Einfluss. Die Bischöfe bestanden auf einem
regelrechten Verfahren bei der römischen Curie. Dem Kauf-
mannsstande war durchaus nicht darum zu thun, einer engen
Einigung mit Frankreich zu Liebe die einträglichen Beziehungen zu den spanisch-habsburgischen Territorien daran
zu geben.

Man weiss, wie dringend Heinrichs geheime Angelegenheit Papst Clemens VII. nahe gelegt wurde, so lange er,
von spanischen und deutschen Eroberern eingeschlossen,
auf der Engelsburg sass; mit wie schwerem Herzen er sich
im Jahre 1528 dazu verstand, die Cardinäle Wolsey und
Campeggio zu einem Ehegericht über Heinrich VIII. und
Katharina abzuordnen. Dagegen verwandelte sich des
Königs unendliche Huld gegen seinen obersten Diener
bereits in Argwohn. Machte er ihn doch im Juli desselben
Jahres eigenhändig aufmerksam, wie sehr das Volk wegen
der Säcularisationen murrte, die, dem Gemeinwohl entgegen,
lediglich der Ruhmgier des Cardinals dienten. Und während dann die Legaten im Sommer 1529 zu Blackfriars über
König und Königin zu Gericht sassen, glichen vollends

Kaiser und Papst ihren Streit aus. Letzterer, der bereits
von einem Monat zum anderen die Dispens zur Scheidung
hingehalten, lud nunmehr endlich Kläger und Beklagte vor
sich nach Rom. Damit aber war nicht nur Heinrichs Geduld, sondern auch die Zähigkeit erschöpft, mit welcher sich
der ihm so lange vertraute Rathgeber an jedem Strohhalme,
der noch Rettung vor dem Versinken zu bieten schien, zu
klammern suchte. Am 18. October wurde durch die Herzöge von Norfolk und Suffolk Wolsey das grosse Staatssiegel abgefordert, um demnächst einem Laien, Sir Thomas
More, übertragen zu werden, zugleich aber auf alle seine
Schlösser und Reichthümer Beschlag gelegt, er selber auf
das Landgut Esher verwiesen. Während von allen Seiten
Zorn und Rachedurst über das Haupt dessen zusammen-
schlugen, den Clemens VII. noch zum Generalvicar der
römischen Kirche ernannt hatte, und der nun in kläglicher
Zerknirschung nur noch zu der Gnade des Königs auf-
blickte, wurde, was er so lange vermieden, alsbald ein Parlament berufen, um nicht nur Heinrichs persönlichste Angelegenheit, sondern eine ganze Fülle zwischen Thron und
Altar entstandener Differenzen der eigenwilligsten Lösung
entgegenzuführen.

Dies denkwürdige Parlament, welches während der
nächsten Jahre in mehreren Absätzen die tiefst greifende
Revolution über das Reich bringen sollte, wurde am 3. November bei den Dominicanern (*Blackfriars*) eröffnet, nachdem des Königs Anwalt auf Grund des Statuts vom 16. Jahre
Richards II. (1393) den von seiner Höhe herabgestürzten
Prälaten des Vergehens wider das Verbot des Praemunire
hatte bezichtigen müssen. Merkwürdig, dieselben schweren
Strafen, mit denen einst im 14. Jahrhundert weltliche und
geistliche Stände den dreisten Anspruch der Curie, die
fetten Kirchenpfründen Englands durch ihre Creaturen zu besetzen und insbesondere Roms Competenzüberschreitungen
in der Rechtsprechung zu ahnden trachteten, wurden jetzt
dem Cardinal angedroht, weil er kraft seiner, ehedem doch
auch dem Könige so hoch willkommenen, Legatengewalt
über kirchliches Eigenthum frei geschaltet und seine kirchen-
richterliche Autorität über die königliche emporgehoben

hätte. Das Haus der Lords, wo sich von Anbeginn die grösste Erbitterung wider ihn gesammelt, hat sich nicht gescheut, die Klage in 44 Artikeln umständlich zu erhärten, damit für alle Zeiten ein abschreckendes Beispiel statuirt werde. Als jedoch, zu Anfang December, das Verfahren an die Gemeinen weiter ging, fand Wolsey an zwei bisherigen Dienern treue, dankbare Fürsprache. Dr. Stephan Gardiner, der jüngst noch Botschafter bei der Curie gewesen und nunmehr daheim als Staatssecretär fungirte, wusste immer noch seinen kläglichen Rufen nach Erbarmen das Ohr des Königs zugänglich zu machen. Und Thomas Cromwell vor Allen war hierbei nicht nur der Zwischenträger, sondern trat, von seinem Platze im Unterhause aus, muthig als Vertheidiger des Gefallenen auf. Ein Augenzeuge erzählt, wie er zugegen war, als Cromwell, der verheissen, das Ding zu biegen oder zu brechen (*to make or mar*, sein Lieblingsausdruck), in Esher zu Pferde stieg, um in's Parlament zu reiten. „Schon nach zwei Tagen", heisst es weiter bei Cavendish, Wolsey's vertrautem Biographen, „kehrte er mit freudigerem Antlitz zurück und sagte mir, ehe er zu Sr. Gnaden eintrat, dass er es gewagt, seinen Fuss dahin zu setzen, wo er vertraue, in Kurzem, ehe Alles abgemacht, besser angesehen zu werden." Es war ihm denn auch in der That gelungen, jene Anklagebill Stück für Stück zu widerlegen, so dass sie von den Gemeinen verworfen wurde. Er rettete dadurch nicht nur seinen alten, wie ein zertretener Wurm sich windenden Herrn vor der Verurtheilung wegen Hochverrath, sondern gewann durch seine Handlungsweise in manchen Kreisen, und nicht zum wenigsten bei Heinrich VIII., welcher ritterliche That in jeder Gestalt zu schätzen wusste, Achtung. Darum wünschte er freilich keineswegs Jenen, der in seinen letzten Briefen ihn als „meine einzige Zuflucht", „mein Erretter aus unerträglicher Angst" anflehte und ihm doch schwerlich völlig traute, zu restituiren.

Cardinal Wolsey hat vielmehr gegen Verzicht auf seine bisherige Gewalt, insonderheit auch auf die stolze Residenz zu Yorkhouse (dem späteren Whitehall), die königliche Verzeihung und zugleich die Erlaubniss erhalten, sich in sein nordenglisches Erzbisthum zurückzuziehen. Sobald jedoch die unerbittlichen Gegner wittern wollten, dass die volle Huld Heinrichs sich ihm wieder zuzuneigen beginne, haben sie mit Erfolg das Gerücht auszusprengen gewusst, dass er in Rom dessen Excommunication betreibe. Noch einmal wurde er belangt und starb elend und würdelos, am 29. November 1530, in seiner Herberge beim Abt zu Leicester, als man ihn eben gefangen von York nach dem Tower bringen wollte. Schon aber ging ein beträchtliches Stück der Gewalt, die er vormals besessen, zunächst noch wenig bemerkt, an Denjenigen über, der in den Augen Vieler, treuer und mannhafter als Keiner, die ihm erwiesene Gunst vergolten zu haben schien. Seine Freunde zumal hielten auch ihn verloren. Allein jene edle Treue hatte nicht nur in der Pflicht der Selbsterhaltung, sondern in der eigenen Förderung ihre Grenze. Auch fand Cromwell in dem Grafen von Bedford und dem Juristen Sir Christopher Hales einflussreiche Fürsprecher bei dem so leicht Argwohn schöpfenden Könige. Sein Ansehen wurde nicht mit dem des Cardinals begraben und schlug gerade bei Hofe — man sieht das bereits aus dem letzten Verkehr mit dem alten Gönner an der Aufrechthaltung der grossartigen Oxforder Stiftung — feste Wurzel. Wer könnte seine Hand zumal in der entschlossenen Gesetzgebung verkennen, die sich sofort scharf und bestimmt wider Rom und die Kirche zu richten begann?

In heftiger Beschwerde über die geistliche Gerichtsbarkeit, durch welche die königliche Prärogative brach gelegt und der Bevölkerung unerträgliche Lasten aufgebürdet würden, hatten die Gemeinen den König als den „einzigen souveränen Herrn und Schirmvogt seiner geistlichen und weltlichen Unterthanen" angerufen. Ein Ruf, der ihm gerade jetzt besonders lockend klingen musste, da sich das Einverständniss zwischen Papst und Kaiser in allen Angelegenheiten der Christenheit kund gab. Die Erklärungen des römischen Consistorium und die bedenkliche Wendung, welche die Ehefrage inzwischen genommen, liessen darüber keinen Zweifel. Andrerseits aber legten Parlament und Krone, nicht minder geeinigt, dem englischen Klerus, der ein ganzes Jahr lang je in den beiden Häusern der Convocationen von Canterbury und York tagte, dasselbe Vergehen wider die alten, den Staat schirmenden Statuten zur Last, an welchem unlängst der Cardinal zu Schanden geworden. Eben weil sie seine Legatengewalt anerkannt, galt die Kirche für mitschuldig, die althergebrachte und erst neuerdings unterwühlte Oberhoheit der Krone ausser Acht gelassen zu haben. Vergebens bot die Synode aus dem kirchlichen Reichthum ein hohes Sühngeld. Heinrich verweigerte die Annahme der ihm hingehaltenen Summen, sowie die Amnestie, so lange er nicht auch zugleich als „der alleinige Protector und das oberste Haupt der Kirche und des Klerus von England" anerkannt würde, ein politischer Meisterzug, welcher in der That der Jüngerschaft macchiavellistischer Doctrin alle Ehre machte. Vergebens haben sich die Bischöfe und Procuratoren der Geistlichkeit gewunden und gesträubt. Gegen die Einfügung der höchst dehnbaren Formel: „so weit es nach Christi Gesetz erlaubt ist", haben sie schliesslich am 11. Februar 1531 in düsterem Schweigen diesen neuen Zuwachs der königlichen Titel und damit eine ungeheuere absolutistische Steigerung der weltlichen Gewalt hinnehmen müssen. Ungemein bezeichnend hatte gerade Cromwell, der um diese Zeit bereits in Briefen als Secretär oder einer vom Rathe des Königs angeredet wurde, die Aeusserung fallen lassen, dass mittelst des Praemunire, mit Block und Axt des Hochverrathsprocesses im Hintergrunde, die Geistlichen einfach und leicht aus halben in ganze Unterthanen verwandelt werden könnten. Kein Anderer als er hatte an höchster Stelle den gescheuten Rath ertheilt.

Bei den nächsten Schritten, die von der Geistlichkeit weit mehr freiwillig geschahen, ist seine Hand viel weniger erkennbar. Indem der Klerus gegen das Heranfluthen ketzerischer Lehre und Luther'scher Literatur in dem Könige thatsächlich seinen Schirmherrn erblickte und sich an seine . Huld klammerte, drängte Cromwell im eigenen Interesse aus dem Rahmen des einen, grossen, allgemeinen Instituts heraus. Man hat daher gar nicht nöthig, ihm den Vorwurf zu machen, dass er vorzüglich seinem geldbedürftigen Herrn eine überaus ergiebige Quelle eröffnet habe, als

im Jahre 1532 die Landeskirche aus freien Stücken das
Parlament anging, die Annaten und ersten Früchte, jene
reichen Sporteln bei allen kirchlichen Erledigungen, statt
wie bisher nach Rom, in den königlichen Fiscus abzuführen.
Wie hätte man da nun nicht auch zu der erst völlig ab-
schliessenden Einigung wider die oberste geistliche Jurisdiction zu Rom gelangen sollen, deren Missbräuche sich in
den intimsten Beziehungen des Privatlebens fühlbar machten
und den heftigsten Klagen der weltlichen Stände den trif-
tigsten Anlass boten. Dadurch, dass sich die Bischöfe an
gemeinsamen Berathungen betheiligten, gelang es nun in
der That, das Gebiet des canonischen Rechts gleich dem
gemeinen Landrecht der Krone zu unterstellen, der Curie
den ganzen bisherigen Instanzenzug abzuschneiden und statt
dessen die Appellationsordnung einer nationalen Kirche
aufzurichten, in welche keine auswärtige Macht einzureden
haben sollte. Jedem Versuch, dies dennoch zu thun, namentlich durch Interdict und Bann, wurde im Voraus wiederum das furchtbare Statut des Praemunire entgegen gehalten. In der ganzen kirchlichen Verwaltung stieg somit
Heinrich VIII. als Souverän empor, so dass nunmehr jene
Clausel, kraft welcher zuerst der Klerus bewogen wurde,
seinen Nacken zu beugen, von selbst fortfiel. Unmöglich
konnte nun aber der mit solcher Machtfülle ausgestattete
Monarch der Ladung des Papstes Folge leisten, welche,
wie eifrig auch die Jahre her über die Ehescheidung weiter
verhandelt wurde, wie nahezu möglich auch bisweilen unter
den Abwandlungen der europäischen Politik eine Verständigung erscheinen mochte, doch niemals zurückgenommen
worden war. Von allen reformatorischen Sätzen fand jener
paulinische, dass Jedermann der Obrigkeit unterthan sei,
die Gewalt über ihn hat, namentlich durch eine Schrift
des als Ketzer verfolgten Tyndal beim Hofe am frühesten
Eingang.

Gerade die Geliebte, die nur der Eigenwille zur Gemahlin erheben konnte, Anna Boleyn, spielte das Buch dem
rechtgläubigen Verehrer in die Hände. Nachdem er sich
bereits im Januar 1533, zunächst geheim, mit ihr vermählt
hatte, kam es durch den neuen Erzbischof Thomas Cranmer

bekanntlich in aller Form am 23. Mai zu der Ehescheidung von der Infantin. Dieser eigenthümliche Mann, bis dahin weder Protestant noch eigentlich Theolog, sondern weit eher von hervorragenden juristischen Anlagen und Neigungen, hegte die Ueberzeugung, dass Heinrichs Heirath mit Katharina, weil sie einst mit seinem älteren, aber in jungen Jahren verstorbenen Bruder, dem Prinzen Arthur von Wales, vermählt war, von Anfang an nach biblischem wie canonischem Recht null und nichtig gewesen, so dass sie auch nachträglich durch den von Julius II. ertheilten Dispens nicht hätte gut geheissen werden können. Diese, der päpstlichen Unfehlbarkeit stracks zuwiderlaufende Erklärung hatte Cranmer noch persönlich, nicht ohne einen gewissen Eindruck zu machen, am Hofe Clemens' VII. vertreten, der ihn nicht nur zum Pönitentiar von England ernannte, sondern ihm auch noch das erzbischöfliche Pallium verlieh. Darüber aber wurde er vollends, sobald Heinrich ihn durchschaut hatte, das Organ, um mittelst des neuen einheimischen Kirchenrechts im Widerspruch mit Rom jenen ersten Ehebund zu lösen und hinterdrein die Verbindung mit Anna zu segnen. Als jedoch der öffentliche Unmuth über ein so empörendes Verfahren sich auf den Kanzeln zu regen begann, ist Cranmer, der Autokratie des Königs entsprechend, hart und gewaltthätig dagegen eingeschritten. Obwohl im Geheim mit einer Nichte des Nürnberger Osiander verheirathet und nicht ohne Beziehung zu den Lutheranern, blieb er doch entschieden Anglikaner. Wohl hielt er zu der neuen Königin, die natürlich ihre Huld den Anhängern einer neuen Lehre zuwandte, so weit sich eine solche in England überhaupt festsetzen konnte, während die Vertheidiger der alten die Partei der schnöde verstossenen Infantin ergriffen. Aber von Cranmer so wenig wie von Thomas Cromwell lässt sich behaupten, dass sie damals den am orthodoxen Dogma festhaltenden König in das Lutherthum hätten hineintreiben wollen.

Wohl aber gelangte vor allem unter der Leitung dieser beiden, sofort einander nahe tretenden Männer das Schisma zum gesetzlichen Abschluss, der nicht nur dem bisherigen Hinhalten Roms ein Ende machte, sondern mit dem offenen

Bruch auch die reagirenden Tendenzen im eigenen Lande
wach rief. Die Krönung Anna's, die Taufe der bereits im
September geborenen Elisabeth, durch Cranmer vollzogen,
erschienen als brutale Herausforderung an Papst und Kaiser.
Von beiden appellirte nun auch England an ein allgemeines
Concil. Aus langen, heftigen Debatten im Geheimen Rathe
gingen im Frühling 1534 (während der heilige Stuhl, wieder
zwischen Karl und Franz schwankend, sich langsam und
ungern zu den Sentenzen anschickte, durch welche Katharina's Ehe als die einzig rechtmässige bezeichnet und König
Heinrich mit dem Bann bedroht wurde), nachdem alle Sta-
tionen in Parlament und Convocation durchlaufen, die fertigen Acten hervor, in welchen der König von England,
kraft seines Supremats, an die Stelle des Papstes trat und
jede Unterordnung des Inselreichs unter Rom fortan fortfiel. Indem zugleich der Reichthum, die Selbstverwaltung,
die eigene Gerichtsbarkeit der einheimischen Kirche, bis
dahin die mächtigste Schranke gegen weltliche Willkür,
gleich jedem anderen öffentlichen Amt, dem Königthum
unterworfen wurden, fügte sich Alles einem massgebenden
Gedanken, der mit Sicherheit auf die an italienischer Quelle
geschöpfte Staatskunst Cromwells zurückgeführt werden
kann. War nun aber bis dahin die volle Bedeutung der
Suprematsacte unter der verzehrenden Gluth der Eheschei-
dungsfrage versteckt geblieben, so gab sich mit der gewaltsamen Lösung derselben sofort zu erkennen, in welche
Knechtschaft die Bischöfe durch die königliche Ernennung
gerathen, wie Convocation und geistliches Gericht entweder
zum Schweigen verurtheilt waren oder nur beschliessen
durften, was die Krone vorschrieb, welch' ungeheurer Zwang
den Gewissen gethan wurde. Die Idee von der Omnipotenz
des Staats, welche dem Secretär von Florenz vorgeschwebt,
hier war sie mit voller Energie in's Leben getreten, und
furchtbar dann auch die Kraft, mit welcher sie Diejenigen,
die ihr aufzusagen wagten, niederschmetterte.

Da Sir Thomas More und Genossen, die Regierung,
welche auf Wolsey gefolgt war, Curie und Kaiser nicht
zu einer Verständigung in der Ehefrage zu bewegen vermocht hatten, da eine ganz andere Reform als die huma-

nistische des Erasmus die Oberhand gewonnen, hatten sie aus den Aemtern scheiden müssen. Jetzt kamen gar Mitglieder des Königlichen Raths mit dem Supremat in Conflict, sobald sie sich weigerten, dem Statut gemäss eidlich zu erhärten, dass die Verbindung mit Katharina schriftwidrig und von vornherein in sich nichtig gewesen sei. Schon als im Jahre 1533 die sogenannte Nonne von Kent, welche längere Zeit unter Beistand einiger Franciscanerbrüder als Stigmatisirte betrügerisch Wunder gethan und bei Wiedervermählung Heinrichs ihm unmittelbaren Untergang geweissagt hatte, Dank dem Einschreiten Cromwells entlarvt und zur Verantwortung gezogen wurde, hatten der geistvolle More und der beschränkte Bischof Fisher von Rochester, der schon in den entscheidenden Sitzungen der Convocation nicht geschwiegen, zu erkennen gegeben, wie tief sie noch in mittelalterlichen Vorurtheilen staken und wie sie sich mit nichten aus der Gemeinschaft der Kirche wollten losreissen lassen. Jedoch auf Cromwells lebhaftes Verwenden hatte sich jener zu einer Abbitte bereit gefunden und des Königs Verzeihung erhalten, während der Bischof die zum Tode verurtheilte Betrügerin für eine Heilige erklärte, ohne freilich von dem durch sie verkündeten Aufruhr etwas wissen zu wollen. Indess, obwohl verurtheilt, war auch er, fast wider Willen, begnadigt worden. Sobald nun aber allen Unterthanen, geistlichen und weltlichen, der Eid auf den Supremat unter Androhung der Strafe des Hochverraths zur Pflicht gemacht war, vermochten beide in ihrem Gewissen sich dem nicht zu fügen und starben, der Verschwörung und des Verraths bezichtigt, im Sommer 1535 mit den Mönchen der Londoner Karthause um die Wette als Märtyrer ihres katholischen Bekenntnisses, welches, abgesehen von der supremen Jurisdiction, auch das ihres Königs war.

Angesichts des tiefen Eindrucks jedoch, den diese Hinrichtungen in ganz Europa, im Reich, in Frankreich und ganz besonders in Rom hervorrufen mussten, sah sich Cromwell nun allerdings genöthigt, seinen Herrn in einem Schreiben an Cassale, einen italienischen Agenten, der noch immer in Rom thätig war und seine Berichte in lateinischer und italienischer Sprache an ihn richtete, eingehend zu

vertheidigen. Da heisst es, dass Se. Majestät wegen ihrer
Handlungen nur Gott Rechenschaft zu geben habe, dem er
immerdar in Wort und That zu gehorchen verlange. Wäre
dagegen das verbrecherische Vorhaben Jener unbestraft
geblieben, so wäre der König ja wegen unbehinderter Verbreitung einer Ansteckung zum äussersten Verderben der
Nation seiner Pflicht uneingedenk geworden. Während nun
aber Papst Paul III. nach Bann und Interdict griff, um den
schismatischen Fürsten von der übrigen christlichen Staaten-
welt zu isoliren — musste dessen kühnen Minister da nicht
mitunter das Gefühl unmittelbarster Verantwortlichkeit be-
schleichen?

Gerade um diese Zeit sehen wir Cromwell auch äusserlich so rasch von Stufe zu Stufe auf schwindelnde Höhe
emporsteigen, dass Freunden wie Vaughan zu grauen be-
gann. Sie verhehlten sich nicht, er könne an Gewinnsucht
und Herrschgier, an der eigenen Verwegenheit zerschellen.
Jetzt war er in der That der allmächtige Minister. Im
August 1533 suchte ein alter verdienter Beamter, Brian
Tuke, der seit Jahren dem Postwesen vorstand, durch ihn,
den vielgewandten Secretär des Königs, der eben auch auf
Lebenszeit zum Schatzkanzler ernannt worden, eine sicherere
Uebermittelung von Briefen und Staffetten herzustellen.
Fortan sind die diplomatischen Berichte aus Rom und Deutschland, aus Flandern und Dänemark wesentlich an ihn gerichtet, dem bei Leitung der auswärtigen Angelegenheiten lang-
jährige Verbindungen zu Statten kamen. Im October 1534
wurde er zum *Master of the Rolls*, im folgenden Jahre zum
Vicegerenten und Generalvicar, d. h. zum Stellvertreter des
Königs in allen kirchlichen Sachen, erhoben. Eben jetzt
erhielt die, vorzugsweise durch seine Einsicht und Kraft
geförderte Gesetzgebung in allen nach Innen und Aussen
zielenden Richtungen ihre thatsächliche Ausführung. Indem
er durchschaute und ergriff, wovor Andere zurückbebten,
schuf er überall Bewegung und Fortschritt. Allein von
vornherein hatte ihn sein Loos doch vor einen Abgrund
gestellt; denn das Geschlecht, das er zu beherrschen und
zu führen bestimmt war, konnte ihn nur fürchten und hassen.
Die Vornehmen und die Kirchenmänner, wie sehr sie auch

um seine Gunst buhlten, bei ihm um fette Pfründen betteln
gingen, scheuten noch mehr als einst vor Wolsey vor diesem
despotisch umwälzenden Emporkömmling zurück. Ueber-
zeugungsvolle Protestanten, wie der offenherzige Bischof
Latimer oder der fast puritanisch eifrige Stephan Vaughan,
der vom Auslande her stets einen regen Briefwechsel mit ihm
unterhielt, stiessen sich an der religiösen Gleichgültigkeit
und dem berechnenden Verfahren des Staatsmanns, welcher
sich hütete, ohne Weiteres auch einer vom alten Bekenntniss
abweichenden, in ihren Ursprüngen unenglischen Lehrreform
Thür und Thor zu öffnen, oder es für gut fand, selbst un-
würdige, verdächtige Persönlichkeiten im Kirchendienst zu
befördern. Cromwell wusste nur zu wohl, dass, ehe sich
der Nation eine neue Form des Glaubens vorschreiben liess,
die Träger des alten geknebelt und stumm gemacht werden
müssten. Mit genialem Griff legte er daher die Hand auf
die Kanzel. Alle Kleriker, hoch oder niedrig, durften hinfort nur unter königlicher Vollmacht predigen, die jeden
Augenblick entzogen werden konnte. Bis auf Text und
Tendenz ihrer Rede war Alles und Jedes vorgeschrieben,
so dass sie, wie gegen die Usurpation des Papstes, bei jeder
ferneren Wendung einzig und allein als die gehorsamen
Mundstücke des absoluten Willens reden sollten. Durch
solche Werkzeuge, meinte er, würde der König allmälig
an neuer Lehre einführen, was er für Staat und Kirche, im
engsten Bunde geeinigt, zuträglich hielt. Einer Verjüngung
des Glaubens durch evangelische Frömmigkeit, durch ernstes
Studium und öffentliche Erziehung, oder gar aus spontanen
Regungen des Volks heraus, hat sich Cromwell nie erschlossen. Und doch sah er sich genöthigt, eben jetzt bei
den deutschen Protestanten, Fürsten und Städten eifrig um
ein Bündniss zu werben, während sein König nicht anstand,
mit Jürgen Wullenwever und Marx Meyer, den verwegen-
sten Agitatoren des Augenblicks, anzuknüpfen, als sie daran
gingen, von Lübeck aus wider Kaiser und Papst Nord-
europa umzuwühlen.

Es war im Herbst 1535, als Karl V. und Franz I. nach
erbitterten Kämpfen sich wirklich einmal verbünden zu
wollen schienen, indem jener seine Base Maria, die ver-

stossene Erbin des englischen Throns, einem französischen
Prinzen zur Gemahlin bot. Noch hatten die Genossen des
Schmalkaldischen Bundes ihr Verhältniss zum Könige von
Frankreich nicht abgebrochen. Es hiess sogar, dass sie
durch ihn wieder mit der Curie versöhnt werden könnten.
Gar sehr also musste Heinrich VIII. darum zu thun sein,
diese neue Potenz, mit der bereits Alle rechneten, an sich
heranzuziehen. Beide Theile waren denn auch der Meinung,
sich auf das allgemeine Concil, wie es Papst Paul III. hin-
hielt, nicht einzulassen. Man verhandelte dagegen lebhaft
um ein Schutz- und Trutzbündniss, und König Heinrich
verpflichtete sich, im Kriegsfall gegen die von den Deutschen zu Wasser und zu Lande zu leistende Hilfe bedeutende
Summen zu zahlen, wofür jene ihn zum Protector ihres
Bundes erheben wollten. Selbst bessere Beziehungen des
Königs zu Melanchthon und Luther sollten angebahnt werden. Wenn nur eine Verständigung über das religiöse Bekenntniss, welches jenen Lebensfrage war, möglich gewesen
wäre. Dort hatten Obrigkeiten und Unterthanen nicht nur
eine Menge allgemeiner Missbräuche abgestellt, sondern aus
innerstem Bedürfniss, von ihren Theologen berathen, ein
völlig neues Kirchenwesen aufgerichtet. Von England aus
aber musste Cromwell im Auftrage seines Herrn schreiben:
„Der König betrachtet sich als den gelehrtesten Fürsten in
Europa, dem es nicht ansteht, sich ihnen zu fügen, der vielmehr erwarten kann, dass sie es thun.“ Christi Lehre wollte
nun freilich auch er mit Gut und Blut vertheidigen, sich
aber von keinem Sterblichen vorschreiben lassen, was er
und sein Reich zu glauben haben sollten. Auch die Oberhoheit des Kaisers wurde, namentlich von Stephan Gardiner,
entgegengehalten, obschon diesem Deutschlands Fürsten und
Städte wahrlich nicht in ähnlicher Weise untergeben waren,
wie jetzt die englischen Stände dem Tudor-Könige. Andererseits beklagte sich Cranmer gegen Cromwell über die
eigenen Bischöfe, die ihre Genugthuung nicht verhehlten,
dass, obwohl Jahr und Tag verhandelt wurde, und man
Willens schien, jeden Theil bei seinen Bräuchen und Ceremonien zu belassen, ihr König in Sachen der Lehre mit
den Lutheranern schlechterdings nicht einig werden konnte.

Nichtsdestoweniger führte der diplomatische Verkehr
zu einer tiefer greifenden Annäherung. Auch am englischen
Hofe nämlich hatte die Ueberzeugung Wurzel geschlagen,
dass die Grundlage wirklicher Kirchengemeinschaft einzig
und allein in der Schrift vorhanden sei. Waren schon die
wuchtigsten Beweise wider die finanziellen und jurisdictio-
nellen Ansprüche der Curie der Bibel entnommen, so erfüllte
der König eben im Jahre 1535 sein Versprechen, die verbotene Uebersetzung des in den Niederlanden als protestantischer Märtyrer sterbenden Tyndal durch eine autori-
sirte, in allen Kirchen zu Jedermanns Benutzung aufliegende
zu ersetzen. Der Cambridger Theolog Miles Coverdale, der
bereits im Zusammenhange mit Cromwell begegnete, hatte
unter Cranmers Schutz jene bisher verfolgte Version durch-
gesehen und verbessert. Auf dem Titelblatte des stattlichen
Drucks sieht man den König auf dem Throne und Cranmer
und Cromwell, wie sie das Buch an Priester und Laien aus-
theilen. Unter königlichem Privileg erschien gleichzeitig
die erste Zusammenstellung eines englischen Gebetbuchs.
Gleich dem Erzbischof, der sich immer mehr als Anhänger
weiter gehender Reform zu erkennen gab, dachte eine Reihe
evangelisch gesinnter Männer, welche neuerdings die Bi-
schofsstühle einzunehmen begann, der kühne Latimer von
Worcester, Fox von Hereford, der, an der Spitze der Gesandtschaft zu den Schmalkaldenern, nicht anstand, den
Papst als Antichrist zu bezeichnen, Hilsey von Rochester,
Goodrich von Ely, Barlow von St. Davids. Es war in der
während des Juni und Juli 1536 tagenden Convocation von
Canterbury, dass man zu Beschlüssen schritt, die denn doch
das englische Kirchenwesen dem deutschen näher zu rücken
verhiessen. Cromwell selber nahm, nicht ohne Aufsehen zu
erregen, als Vertreter der obersten Kirchengewalt zur Seite
des Erzbischofs Platz und liess sogar durch den gelehrten
Schotten Alexander Alesse, der in Wittenberg gewesen, die
dortige Lehre vortragen, nach welcher nur noch Taufe und
Abendmahl als Sacrament betrachtet wurden. Wohl hatten
sämmtliche Bischöfe, auch Erzbischof Lee und die Convocation von York, obschon mit Widerstreben, des Königs
Supremat beschworen; doch fehlte viel, dass die Mehrzahl,

zu der auch Gardiner von Winchester gehörte, das Gerüst
der sieben Sacramente hätte fahren lassen. Trotzdem wurden,
auf Heinrichs Befehl, zehn Artikel eingebracht, deren fünf
erste, hinsichtlich der Bibel und der Glaubensbekenntnisse
der alten Kirche, des Sacraments der Taufe, Busse und
Communion, der Rechtfertigung durch den Glauben mit der
Augsburger Confession übereinstimmten. Was ausserdem
noch conservirend über Anbetung der Heiligen, Bilderdienst,
Ceremonien und Fegefeuer verfügt wurde, geschah lediglich, um die Widerstrebenden festzuhalten und bei der Be-
schlussfassung eine ansehnliche Mehrheit zu erzielen. Die
ausführenden Erlasse Cromwells als Generalvicar gingen
doch wieder deutlich darüber hinaus; denn sie richteten sich
gegen Wallfahrten und Wunderglauben und bezweckten,
die Disciplin der Gemeinde vor allem auf den Gottesdienst
in der Muttersprache zu begründen. Selbst der gemeine
Mann sollte ein Vaterunser, die zehn Gebote und den
Glauben auf Englisch lernen. Man war also auf dem besten
Wege, die Reformation zu popularisiren, während das Parlament fortfuhr, das Staatsrecht des Reichs mit immer
stärkeren Wällen wider römische Sturmläufe zu umgeben.

Und felsenfest stand mittlerweile der gewandte Vorkämpfer in der Gnade seines eigenwilligen, launenhaften
Herrn. Am 29. Juni war er, an Stelle Thomas Boleyns
Grafen von Wiltshire, zum Geheimsiegelbewahrer eingesetzt
worden. Am 9. Juli wurde er durch Patent als Lord Crom-
well unter die Peers erhoben, am 18. im Sitzungssaal des
Parlaments vom Könige zum Ritter geschlagen und ein
Jahr später, am 26. August 1537, in Windsor unter die
Genossen des Hosenbands aufgenommen. Um dieselbe Zeit
galt es aber auch, die mächtigsten Trutzburgen, die immer
noch verschont gebliebenen Klöster und Convente, von
Grund aus zu brechen, dasjenige Unternehmen, durch welches
Cromwells Name in gutem wie in bösem Klang am meisten
fortlebt.

In unversöhnlichem Gegensatz zu dem Institut des mittelalterlichen Mönchthums stand schon der humanistische
Aufschwung. Noch entschiedener wandte sich der Drang
nach religiöser Besserung von den Stätten der Schlemmerei

und der Unzucht ab, über die in allen Ländern, und in
England wahrlich nicht zum wenigsten, der Leumund längst
grauenhafte Dinge erzählte. Es wuchs die Erkenntniss, dass
eine Besitzmenge, die mindestens ein Fünftel des Reichs
bedeckte, den meisten Pflichten der Welt enthoben und nur
mit Vorrechten ausgestattet, welche für heilig galten, in
wirthschaftlicher Beziehung sich zum grössten Nachtheil des
öffentlichen Wohls in solchen Händen befinde. Endlich
standen unbescholtene, ernstgläubige Klostermänner wie die
Londoner Karthäuser aus innerster Ueberzeugung vorn an
im Kampfe wider den königlichen Supremat und starben
als die Protomartyre der katholischen Kirche. Wie viele
Gründe, nach allen diesen Richtungen sämmtliche Stifter
einer strengen Visitation zu unterwerfen. Indem der Staat
nun aber, zumal auch den Bischöfen gegenüber, kraft seiner
Neuordnung das unbehinderte Recht dazu beanspruchte,
indem Cromwell sehr gemessene Instructionen ausarbeitete,
war doch ursprünglich nur Abstellung von Missbräuchen,
und keineswegs Auflösung ohne Unterschied in Aussicht
genommen. Aber seine Commissare, die sich alsbald über
Grafschaften und Sprengel vertheilten, meist moderne, der
Pietät gegen das Mönchthum entwachsene Geister, waren
geschickt gewählt, ihre Vollmachten weit gefasst, das Ergebniss zunächst bei der grossen Mehrzahl der Klöster der
Art, dass durch die Untersuchung die ärgsten Gerüchte fast
ausnahmslos bestätigt wurden. Und selbst wenn nur die
geringere Hälfte von dem wahr gewesen, was in Hunderten
von Berichten an Cromwell über die Entfremdung von den
ursprünglichen Absichten der Gründer, über den Bruch der
Gelübde der Armuth und der Keuschheit durch Aebte und
Aebtissinnen, Mönche und Nonnen, mitunter durch unmittelbare Ertappung höchst drastisch aufgedeckt worden,
sie genügte, um den Entschluss vollständiger Unterdrückung
reifen zu lassen. Wie oft führte die Abfassung von Inven-
taren über Silberzeug und Juwelen zu der Entdeckung von
Diebstahl, betrügerischer Vorenthaltung und selbst thät-
lichem Widerstande. Als mancher Orten Männer und
Weiber, der Klosterzucht und der Heuchelei überdrüssig,
sich ehrlich nach Befreiung sehnten und gar oft ein in jungen

Jahren erzwungener Eintritt nachgewiesen wurde, hat man
allen Mönchen unter 24, allen Nonnen unter 21 Jahren ohne
Weiteres die Entbindung von ihren Gelübden anheim gegeben. Den Congregationen, die noch beisammen blieben,
schärften die Visitatoren mit dem Gehorsam gegen das supreme Haupt von Kirche und Staat strenge Befolgung der
Regel und namentlich ein Verbot des, vorzüglich von den
Bettelorden betriebenen, Vagirens ein. Als im Frühjahr
1536 das Parlament — noch immer das im Jahre 1529 gewählte — zusammentrat, legten sie den Gemeinen ihren
Generalbericht in Gestalt eines „Schwarzen Buchs" vor,
wonach auf Grund der Thatsachen, und mitunter dem eigenhändigen Eingeständniss der Betreffenden zufolge, höchstens
ein Drittel des gesammten Klosterwesens als nicht über-
führt gelten konnte. Demungeachtet und trotz der populären Abneigung, die wider die Ordens-Geistlichkeit auch
auf der einst so klosterseligen Insel um sich gegriffen hatte,
erhoben sich noch einmal heftige Debatten. Man schreckte
doch vor der Sprengung so vieler durch Jahrhunderte ge-
heiligten Brüderschaften zurück. Wie vielen Abgeordneten
der Fundatoren und Benefactoren schlug nicht das Gewissen! Ein Staatsmann wie Cromwell, ein echt reformato-
rischer Bischof wie Latimer, hegten noch den Gedanken
Wolsey's, das Gut verderbter und verurtheilter Orden für die
Zwecke des gereinigten Gottesdienstes und des Unterrichts,
namentlich des höheren, beisammen halten zu können, wie
ja die klösterlichen Collegien von Oxford und Cambridge
als besserungsfähig die Visitation bestanden hatten. Allein
der Instinct der Laien, dem wesentlich entscheidend auch
Erzbischof Cranmer huldigte, überwand die gerechtesten
Bedenken, und dem Zuge der Zeit gemäss am leichtesten,
wenn sie von Klerikern erhoben wurden. Die Habsucht der
weltlichen Grossen und die Idee, die Einheit des Reichs auch
dadurch zu fördern, dass so viele bisher steuerfreie Gebiete
fortan die bürgerlichen Pflichten theilen sollten, trugen den
Sieg davon. Schon im März kam die Acte zu Stande, die,
bis auf geringfügige Ausnahmen, zu Gunsten der Krone alle
solche Häuser unterdrückte, welche weniger als 200 Pfund
jährlich abwarfen. Die Insassen sollten entweder in den

nicht verurtheilten grossen Häusern untergebracht oder mit Jahrgeld abgefunden werden. Mit den ersten Anfängen eines Armengesetzes und eines neuen Strafrechts, wie sie nothwendig aus Beseitigung der alten wirthschaftlichen Unterlagen der Mildherzigkeit und Arbeit erwachsen mussten, beschloss das denkwürdige Reformparlament seine umwälzende Thätigkeit.

Merkwürdig, unmittelbar mit seinem Ausgange bäumten sich in den tief verletzten Schichten der Bevölkerung elementare Kräfte des Widerstands auf, um dem Könige und allen Denen, die mit seiner Billigung so gewaltige Neuerungen förderten, hemmend in den Weg zu treten. Da hatte sich kurz zuvor die furchtbare Katastrophe Anna Boleyns ereignet. Was die Ursache der raschen Entfremdung des einst so heiss für sie erglühten Königs gewesen; ob die erst neuerdings aus dem Geheimbündel (*Baga de secretis*) hervorgegangenen Processacten mehr ergeben, als die brutale Willkür, mit welcher der selbstherrliche Tudor die Freiheit der Gerichte und die Unantastbarkeit der Geschworenen seinen höchst eigenen Zwecken und Begierden dienstbar zu machen wusste, ob der Unglücklichen wirklich Ehebruch oder gar Blutschande nachgewiesen werden kann, das soll hier nicht in Betracht kommen. Genug, noch am Maitage war die Königin zu Greenwich der Mittelpunkt des Festes gewesen, arglos, während das Beil bereits über ihrem weissen Nacken schwebte. Am folgenden Tage wurde sie in den Tower abgeführt. Am 19. fiel ihr Haupt dort auf dem grünen Rasen. Schon Tags darauf vermählte sich Heinrich VIII., der Blaubart, mit Lady Jane Seymour. Welche Stellung aber nahmen zu diesem entsetzlichen Hergange die Träger der Reformation? Erschien ihr Werk nicht von Grund aus erschüttert, da Diejenige vernichtet wurde, unter deren königlichem Mantel in der That eine Strömung protestantischen Lebens Schutz und Förderung gefunden?

Dass Anna nun freilich eben darin der eigenen Anverwandtschaft, dem Hause Norfolk, viel zu weit ging, ist bekannt. Auch war es nur zu natürlich, wenn die Anhänger der alten Lehre, wahrscheinlich auch Bischof Gardiner, der

neuerdings die Zurücksetzung vor Cromwell schwer ertrug,
gerade diese Schirmerin der Reformpartei zu entwurzeln
trachteten.   Der schwache Erzbischof war erst hinzugezogen
worden, als das Verfahren bereits in vollem Gange war,
und löste alsdann willenlos, tief erschüttert die Ehe, von
der Anna selber gestand, dass sie nicht rechtlich geschlossen
worden, er, der gleich Matthew Parker und anderen jüngeren,
später von Anna's Tochter Elisabeth hervorgezogenen Geistlichen doch nimmermehr von der Schuld überzeugt sein
konnte, welche die Gerichte feststellten mussten.   Dagegen
handelte Cromwell, um diese Zeit, wie es heisst, „des Königs
Ohr und Sinn", durchweg entschlossen, wie er gewohnt war,
und diesmal nur zu gewiss unter der Nothwendigkeit der
Selbsterhaltung.   Höchst unklug nämlich hatte die Königin
ihn sich zum Feinde gemacht, indem sie behauptete, dass er
und seine Leute unter dem Deckmantel des Evangeliums das
Klostergut in Stücke schlügen, um sich selber zu bereichern,
ja, dass er der Bestechung auch durch die unwürdigsten
Personen zugänglich sei.   Also er oder sie musste fallen.
Da hat er denn den keimenden Argwohn seines Herrn
geschürt und, indem ohne Frage er selber den tückischen
Schlag vorbereitete und als Staatssecretär in Person die
Königin gefangen nahm, über seinen Nebenbuhler von der
entgegengesetzten conservativen Richtung triumphirt.   Gerade in die nächsten Monate fallen die schon erwähnten
Rangerhöhungen als untrügliche Zeichen der allerhöchsten
Zufriedenheit.   Und gerade durch sein Verfahren hielt er
auch, noch ärgeren Drohungen gegenüber, den König an
der Ausführung der neuen Gesetze fest.   Es war wahrlich
nicht so leicht, einen Fürsten, der doch die Augen weit offen
hatte und mit gewaltigem Instinct immerdar der Wendung
der Dinge voraus war, über den ungeheueren Zuwachs an
Macht, den ihm der Gang der Ereignisse gewährte, stutzig
zu machen.
     Längst gährte es bedenklich in den nördlichen Sprengeln
des Reichs, wo sich die Gemüther unendlich schwer aus dem
allgemeinen hierarchischen Zusammenhange losreissen und
nicht begreifen konnten, wie so Manches, was bisher als
verdammungswürdige Ketzerei gegolten, nun plötzlich, auf

Geheiss der weltlichen Obrigkeit, dem Heil der Seelen zuträglich sein sollte. Trotz aller Beschlüsse in Parlament
und Convocation hielt die grosse Menge von Geistlichen
und Laien- zum Papst, und wollte von dem Supremat der
Krone wenig wissen. Trotz aller Schäden, welche die Visitation der Klöster aufdeckte, liess sich Vornehm und
Gering nicht irre machen. Denn seit vielen Menschenaltern
hingen ja diese Institute, fast ein jedes wegen seines besonderen Cultus, mit der andächtigen Verehrung der Menge,
mit Versorgung und Dankbarkeit der Armuth eng zusammen. Und nicht minder hergebracht waren für Ritterschaft
und Adel die vielverschlungenen Beziehungen von Pacht
und Lehn, die bequeme Verpflegung alter Diener in der
dem Geschlechte verbundenen Stiftung, sowie die behag-
liche Unterkunft jüngerer Söhne, die das Ordensgewand
angelegt. Aus Anhänglichkeit an das bisherige Dasein,
und fest entschlossen, den Urhebern der Umwälzung das
Handwerk zu legen, schreckten die verschiedenen Classen
selbst vor Aufruhr nicht zurück. Wie an Waffen fehlte es
auch nicht an Leitung von Oben und Aussen. Nachdem
in den ersten Tagen des Octobers die Bewegung in Lincolnshire ausgebrochen, nahm sie einige Wochen später in
Yorkshire einen höchst bedenklichen Aufschwung. Die
Hauptstadt der nördlichen Kirchenprovinz öffnete ihr die
Thore. Lord Darcy, der einst noch gegen die Mauern von
Granada das Kreuz getragen hatte, bot ihr in dem festen
Pomfret Castle eine bedeutende Stütze; Robert Aske, ein
rechtskundiger Advocat, erschien neben ihm als der eigentlich geistige Leiter. Sechs kurze Artikel, die wahrlich nicht
das Mindeste mit denen der deutschen Bauern gemein hatten,
formulirten, für den gemeinen Mann verständlich, die Forderungen wider die Krone dahin: dass sie die Klöster nicht
antaste, die vom Parlament genehmigten Subsidien nachlasse, vom Klerus nicht Zehnten und Annaten erhebe, die
jüngste lehnsrechtliche Verordnung widerrufe, das gemeine
Blut, das in den Geheimen Rath eingedrungen, ausstosse
und die ketzerischen Bischöfe entferne. Man sieht, es galt
die Wiederaufrichtung des alten, zwischen Kirche und Staat
bestehenden Verhältnisses und die Austreibung aller Derer,

die daran zu rütteln gewagt, insonderheit Thomas Cromwells.
Bewaffete Massen, die bis zu 30,000 Mann anschwollen,
sollten auf einem Anmarsch gegen London durch „die Pilgerfahrt der Gnade", wie man es hiess, den Willen der Reaction
erzwingen.

Und wirklich, angesichts der Gefahren, welche das Regiment auch vom Festlande und von dem aufständischen
Irland umlagerten, sind im königlichen Rathe Stimmen laut
geworden, die zur Umkehr riethen. Allein Heinrich VIII.
blieb fest. Derb und entschieden wies er die Artikel von
Horncastle zurück. Er habe nie gelesen oder gehört, dass
die Räthe des Fürsten durch das gemeine, unwissende Volk
bezeichnet worden wären, und nun gar durch „die roheste
und viehischste Grafschaft des Reichs!" Gottes und Men-
schen-Gesetz fordern, dem Könige zu gehorchen, statt ihm
zu widersprechen. Doch berief er sich ausdrücklich auf die
im Parlament vollzogene Gesetzgebung und wollte allenfalls
genehmigen, dass ein Reichstag nach York berufen werde.
Und in der That, der Aufstand bebte doch vor dem Aeussersten zurück, sobald ihm auch im Einzelnen ein Entgegenkommen hingehalten wurde. Das vielgewandte Genie Cromwells sann auf Mittel, wie die Abteilande zwar den Mönchen
entrissen bleiben, aber statt in Domänen umgewandelt zu
werden, Arm und Reich zu Gute kommen könnten. In einem
eigenhändigen Entwurfe schlug er vor, die Meinung der
Stände zu hören, durch Verbreitung gedruckter Glaubensartikel dem Volke zu Gemüth zu führen, dass des Königs
Absicht, die Einheit der Religion zu wahren, an den bisherigen
Grundlagen derselben nicht im geringsten rüttle, aber freilich
auch durch Einsetzung starker Behörden und sogar durch
Besatzungen den Norden des Landes bei Gehorsam zu erhalten. Als indess, trotz alledem, das Vertrauen nicht
wiederkehren wollte und vielmehr neue Gewaltthaten geschahen, hielt sich der König seinerseits von aller Zusage
entbunden. Da schritten im Frühling 1537 seine Heerführer
mit aller Kraft ein. Lord Darcy, Aske und andere Rädels-
führer aber endeten auf dem Blutgerüst.

Und war es nicht hohe Zeit, so energisch dreinzu-
fahren, da mittlerweile abermals von einem Angriffsbündniss

zwischen Karl V. und Franz I. gemunkelt wurde, und Papst
Paul III., welcher längst die Bannbulle ausgefertigt hatte,
den Augenblick gekommen meinte, sie zu vollstrecken?
Ein Engländer von vornehmer Herkunft war ausersehen,
die Sentenzen der Kirche zu verkünden, die grossen Mächte
der Zeit gegen den schismatischen König zu einen und ganz
besonders Land und Leute, die sich in Nordengland für den
alten Glauben erhoben hatten, zur Ehre Gottes in ihrem
Widerstande anzufeuern.

Man weiss, dass Reginald Pole, ein Enkel jenes Herzogs
von Clarence, den einst der eigene Bruder Richard III. um's
Leben bringen liess, sich lange der besonderen Gunst seines
Vetters, König Heinrichs, zu erfreuen gehabt hatte. Nicht
genug, dass er für die humanistischen und theologischen
Studien, denen der talentvolle Jüngling in Italien und in
Paris oblag, liebevoll Sorge trug: — er hatte ihn zu Wolsey's
Nachfolger in den reichen Sprengeln von York und Winchester ausersehen. Wenn Pole sich nur von der Recht-
mässigkeit der Scheidung von der Infantin und des königlichen Supremats hätte überzeugen können! Alle Versuche
einer Verständigung wurden über dem Schisma zu Schanden.
Von der Heimath ausgestossen, barg sich jener fortan unter
den Mantel der Kirche, bis, nicht ohne sein Widerstreben,
der Papst ihn hervorzog. Zum Cardinal erhoben, wurde er
jetzt zu Anfang 1537, um die Christenheit zu besänftigen
und wieder zu einigen, nach Frankreich und den Niederlanden abgefertigt. Er verfehlte nicht, den Vetter auf dem
englischen Throne von seinem Herannahen pflichtschuldigst
in Kenntniss zu setzen. Durch seine Vollmachten, durch
eine ausführliche Druckschrift getraute er sich noch immer,
die schwankende Ueberzeugung seiner Landsleute, ja vielleicht des Königs selber, wieder aufzurichten.

Allein, wie viel fehlte doch, dass die Herrscher Spaniens
und Frankreichs sich jemals ehrlich vertrügen! Der Kaiser,
ohnehin mit dem farnesischen Papste gespannt, stand, seit
dem Tode Katharina's, den Ehehändeln des Tudors wieder
ferner. Seine Länder wollten den friedlichen Handelsverkehr
mit dem Inselreiche nicht missen. Ein Ausgleich mit der
Curie und Frankreich hätte König Heinrich den deutschen

Protestanten vollständig in die Arme treiben müssen. Noch aber war die Lage der europäischen Christenheit an keiner Stelle der Art, dass der Kaiser einer rücksichtslosen Herstellung der Hierarchie hätte die Hand leihen dürfen. Eine Uebereinkunft mit dem Papste, zumal hinsichtlich des allgemeinen Concils, stand noch in weitem Felde. So fiel es denn den englischen Geschäftsträgern in Paris und Brüssel nicht sonderlich schwer, dem Cardinal Pole die Wege zu verlegen. Cromwell aber, sein persönlicher Feind, der sich jüngst gegen Bischof Latimer gerühmt hatte, er würde Pole das eigene Herz essen machen, hielt nicht nur alle Fäden der heimischen Politik fest in der Hand, sondern hatte seine geheimen Agenten selbst in der zum Theil englischen Reisegesellschaft des Cardinals. Nachdem er schliesslich seinem Herrn die Beweise über Pole's Beziehungen zu den nordenglischen Rebellen verschafft, hat dieser jede Nachsicht fahren lassen. Der Vetter wurde zum Hochverräther erklärt, ein Preis von 50,000 Kronen auf seinen Kopf gesetzt. Da gleichzeitig verlautete, englische Truppen würden Karl V. wider Franz I. zu Hilfe ziehen, wich er bestürzt, ohne in Brüssel Zutritt gefunden zu haben, von Cambray nach Lille bei Seite und wurde bereits im April nach Rom zurückberufen.

So war denn sowohl die katholische Empörung in England wie der päpstliche Angriff wider das Reich mit denselben diplomatischen Künsten erfolgreich abgeschlagen. Aber eine tiefer greifende Wirkung, und zwar nach entgegengesetzter Seite, sollte die Niederwerfung dieser aus Einem Princip stammenden Gegensätze denn doch hervorrufen. Zunächst entschied sie wider die bis dahin von der Auflösung verschonten grossen und mächtigen Klöster. So lange noch eins derselben aufrecht steht, lautete der Rath des gewaltigen Ministers, ist der Thron nicht sicher. Der König war, bei der grenzenlosen Verschwendung, die an seinem Hofe herrschte, über die bisherigen Erfolge der Commission enttäuscht. Die Vertheidigungsanstalten des Reichs bedurften höherer Summen. Auch gab es kein geeigneteres Mittel, die murrenden Stände vor unliebsamer Erhöhung der Steuern und gleichzeitig die Bedenken vieler

Gewissen vor unheiligem Kirchenraub zu bewahren, als Hinweisung auf die Gefahren, von denen allesammt bedroht wurden, sowie auf die Schätze, die durch umfassende Säcularisation, um allen möglichen Bedürfnissen und Begierden zu genügen, flüssig gemacht werden könnten. Damit liessen sich denn auch die Bedenken, die gar manches aufrichtige Gemüth hegte, und die jüngst noch im Parlament laut geworden, am einfachsten aus dem Wege räumen.

Auch in diesem Stücke waren doch von Anfang an nicht anders, als bei der Aufrichtung des Supremats, höchst unreine Motive im Schwange. So lange es galt, den frommen Schwindel aufzudecken, der vieler Orten mit Wunderquellen, augenverdrehenden und blutenden Heiligenbildern und ähnlichem heuchlerischem Spuk getrieben wurde, und der schal gewordenen Lüge die Maske herunterzureissen, kam Cromwells Verfahren einer Rettung durch die heilende Hand des Arztes gleich. Vergebens suchte der Prior von Canterbury in inständigen Anschreiben zu verhüten, dass der mit Juwelen bedeckte Schrein des Nationalheiligen Thomas Becket zerschlagen würde. Ueber der Zerstörung dieses Denkmals erwies sich auch dem blödesten Auge, dass für Ausplünderung der dummgläubigen Massen mit Hilfe geistlicher Gaukelei die Zeit vorüber sei. Allein, welche Ausschweifungen der Habgier und der Verschleuderung rief nicht die Aufhebung der grossen Stifter unter Denen hervor, die sie seit 1537 in's Werk setzten!

Wer hätte sie nicht kommen sehen? Sagte doch ein Anhänger der alten Kirche: die kleinen seien nur wie Dorngestrüpp gewesen, während die grossen wie morsche alte Eichen daständen. Freilich regten auch jetzt wiederum weder die Bischöfe noch die Convocation einen Finger für die Orden, welche seit Jahrhunderten auch von ihnen exempt sein und nur unter dem Papste hatten stehen wollen. Dem Sturme schutzlos preisgegeben, sind sie von einer geriebenen Staatskunst gefällt worden. Oft liessen sich die Mönche, sobald nur die Commissare nahten, durch Jahrgelder abfinden. Seltener geschah es, dass einige, aus innerster Ueberzeugung, mit der Kutte auch die verfehlten Gelübde abthaten. Aber es gab auch Aebte, welche, stolz

auf die Vergangenheit und die mächtigen Verbindungen
ihres Hauses, kein Mittel, keinen Ausweg unversucht liessen,
um die Gunst des ärgsten Feindes zu erkaufen. Ihnen vor
allen gegenüber zeigt sich denn auch die schreckenvolle
Gestalt Cromwells aus seinen eigenen Documenten besonders grell beleuchtet. Wie er seinen Boten und Dienern
gestattete, zuzugreifen, wo nur Klostergut auf der Strasse
lag, so war Aufschub oder gar Milderung des Verhängnis-
ses käuflich zu haben für Diejenigen, die dennoch, wie der
Fisch an der Leine, weiter zappelten. Nicht nur, dass sie
ihm Wildpret und andere Herrlichkeiten sandten. Der reiche
Abt von Glastonbury hat ihm noch ein Patronat, einigen
seiner Leute Armenpfründen im Kloster übertragen. Und
als es dann trotzdem an ein Zerschlagen der ungeheueren
Herrschaften ging, wie bettelten da habgierige Laien, vornehm und gering, bei dem allmächtigen Minister, der, wie
sein König und Herr, ohne eine Abgabe kaum irgend
Etwas gewährt zu haben scheint! Unzart, derb, aber freilich
der Sinnesart der Zeit gemäss, war das Verfahren. Aus
einem, noch nicht veröffentlichten, Notizbuche Cromwells
geht hervor, dass Grafen und Bischöfe, ja die Königin
Johanna selbst, ihn mit hohen Summen verpflichteten.
Kleinere Beträge wurden ihm gelegentlich in einem Paar
weisser Handschuhe, in einem Taschentuche, in Börsen aus
schwarzem Sammet oder scharlach Atlas, „unter einem
Kissen im mittleren Fenster der Gallerie" zugesteckt. Die
Gründe einer solchen Bereicherung von Seiten des durch
eigenen beharrlichen Fleiss längst wohlhabenden Mannes
liegen keineswegs fern ab. In die Peerage erhoben, forderte er behufs Ausstattung seiner Familie noch viel nach-
haltigere Hebel zum Reichthum, und ging darin, indem ihm
nach Art von Emporkömmlingen jedes Mittel recht war,
zahllosen Strebern der Zeit mit dreistem Beispiel voran.
Auch Cromwell hat sich nachweislich in acht Grafschaften
aus den Abteilanden ansehnliche Gütercomplexe verschafft,
wie ja gleichzeitig, und Dank vor allen ihm, die Häuser
Russell, Seymour, Paget, Cecil u. a. m. an säcularisirter
Beute aus ritterbürtiger Gentry zu einer neuen Nobility
emporstiegen. Eben so wenig aber ging die Krone leer

aus, sondern liess sich im Gegentheil einen namhaften Zuwachs der Domäne gern gefallen. Sorgfältige Berechnung ergibt, dass im Ganzen 643 Klöster und Convente,
90 Collegien, 2374 Cantoreien mit einem Jahresertrage von
L. 152,517. 18. 10 damaligen Geldes eingezogen und zerschlagen worden sind. Was bedeutet gegen die Verschleuderung des ergiebigsten, zum Theil immer noch best bewirth-
schafteten Bodens der Insel die Ausstattung fünf neuer, von
Heinrich VIII. aus alten Abteien errichteter Bisthümer;
oder der Aufwand, den der König, stets befürchtend, dass
ein fremder Feind landen könne, und wohl wissend, dass
Lords und Gemeine, um nur nicht die Steuern zu erhöhen,
damit einverstanden sein würden, aus dem eingezogenen
Eigenthum Anderer für den Bau von Kriegsschiffen und
Vertheidigungswerken an der Küste machen musste! Unendlich viel weiser sind da doch in Deutschland Fürsten und
Städte, als sie lutherisch wurden und zugleich mit den
Klöstern auch die katholische Hierarchie beseitigten, zu
Werke gegangen. In den meisten Fällen hat man dort die
reichen Erträge von Grund und Boden sorgfältig gehütet
und sie nun erst recht Kirche und Schule zufliessen lassen.
    Aber noch ein anderer Charakterzug Cromwells kam
in den Hergängen der Jahre 1538 und 1539 zu voller Erscheinung. Wenn alle Künste der Ueberredung und Be-
strickung nicht halfen, so bebte er vor keinem Mittel der
Tücke und vernichtender Gewalt zurück. Nicht umsonst
hatte er in der Jugend sich in Italien umgesehen, nicht umsonst die Lehre Macchiavelli's erfasst. Mit den Medici, den
Borgia, den Este um die Wette wusste er durch schmetternden Schlag die Opfer zu treffen, die geschickt und hinter-
haltig ihm ausweichen oder ähnliche Künste aufbieten wollten. Und eine unfehlbar vernichtende, nur allerdings auch
zweischneidige Waffe hatte er selber ja seinem Herrn seit
1529 in die Hand gedrückt. Der Supremat war, mit Hilfe
des alten Praemunire-Statuts, allen widerstrebenden Kräften
abgerungen, und daran hing das Beil des Hochverraths-
gesetzes, wodurch, seit den Tagen der Eduards, schon so
Mancher, der im Wege stand, gefällt worden. Das hat nun
auch die stolzen Aebte von Reading und von Glastonbury,

den Prior von St. John in Colchester, im Ganzen 59 Kloster-
leute, die nicht entkommen konnten, auf's Schaffot gebracht,
sie aber gleich Fisher, More und den Karthäusern zu Märtyrern des Glaubens gemacht, deren Blut zum Himmel schrie.
Man schaudert vor dem umsichtig entschlossenen, kaltblütigen
Mann, wenn man in den Auszügen aus den eigenhändigen
Aufzeichnungen blättert, die er im königlichen Rathe oder
im Parlament zur Hand zu haben pflegte. Zeile für Zeile
handeln sie von Confiscation und peinlichem Verfahren, von
Folter und Hinrichtung jener Bekenner, von Verfolgung
der Papisterei und zwangsweiser Aufrichtung der Tudor-
Kirche. Das Praemunire und der Hochverrath sind die
Säulen, zwischen denen diese in die Allmacht des Reichs
aufgeht. Cromwell hat dabei, so weit wir sehen können,
leidenschaftslos, ohne persönliche Liebe oder Hass gegen
Diejenigen, welche er vernichtet, lediglich aus Princip gehandelt, das fürchterliche Blutgericht geradezu in ein System
gebracht. Sein Terrorismus ähnelte weder dem der Wider-
täufer noch der französischen Septembermänner. Aber mit
blutigen Schreckmitteln, auch wenn sie von starker, staatsmännischer Hand angelegt wurden, liess sich doch nimmermehr der Glaube einer Nation in neue Bahnen zwängen.

Noch eine andere Wirkung aber hatte jene in ihrem
eigenen Ungestüm gehemmte Reaction, an der nun vollends
deutlich wird, wie wenig der staatskluge Generalvicar Heinrichs VIII., trotz der puritanischen Vergötterer, den Protestanten beizurechnen ist. Sein Lebensweg hatte ihn nicht
zum Forscher gemacht, dem durch Lesen und Nachdenken
die Augen über die Irrthümer der Vergangenheit hätten
aufgehen können. Der Mangel einer tieferen classischen
Bildung äussert sich vielmehr auch darin, dass er bei Aufhebung der Klöster nie und nimmer Sorge trug, die Bücherschätze, die doch seit Jahrhunderten an mancher Stelle
angesammelt worden, vor Zerstreuung und Untergang zu
bewahren. Durchaus ein moderner Mensch, hatte er dagegen frühe an einem Zweige südeuropäischer Literatur
Geschmack gefunden, die, wie umgestaltend auch im Uebrigen ihre Tendenz, doch das Gebiet des Glaubenslebens
kaum streifte. Freilich hat Cromwell der englischen Bibel

erfolgreich das Wort geredet und den einen oder anderen
Landsmann gar wohl gekannt, der vom Geiste Luthers oder
Melanchthons ergriffen worden. Aber er hat diese Beziehungen mit der ihm eigenen Vorsicht nicht nur geheim
zu halten gewusst, sondern in seinem Testament, das er
noch als Wolsey's Diener im Juni 1529 entwarf und fünf
oder sechs Jahre später wieder durchsah und ergänzte, die
hohen Legate für Seelenmessen nach seinem Tode unbedenklich fortgeführt. Man kann zweifeln, ob er aus Aber-
glauben, aus der noch kaum erschütterten Gewohnheit oder
wiederum aus Klugheit dabei beharrte. Als Politiker theilte
er jedenfalls die Ueberzeugung seines Herrn und Meisters,
dass wegen Verschiedenheit in der Lehre der Herrscher und
sein Volk nicht auseinander kommen dürfen. Jene „Pilgerfahrt der Gnade" hat Heinrich VIII. nicht zurückgeschreckt
von dem Entschluss, allen seinen Unterthanen die Bibel nahe
zu bringen, die ja lehrte, dass Alle ohne Unterschied der
Obrigkeit unterthan seien. Auch wurde unbekümmert mit
Aufräumung der Klöster fortgefahren. Aus demselben September des Jahres 1538 datiren denn auch gemessene Befehle
Cromwells, die heilige Schrift in allen Kirchen aufzulegen
und die Gebeine Beckets, einerlei, ob echt oder unecht,
aus der Welt zu schaffen. Aber eine Reihe anderer Verord-
nungen huldigte auf's bestimmteste dem katholischen Glauben, von dem das Volk nicht lassen wollte. Streng sollten,
nach wie vor, die alten Ceremonien des Kirchendienstes und
die Ehelosigkeit der Priester beobachtet werden, — Gebote
nach dem Herzen verschiedener Anglikaner, denen sich aber
jene lutherisch angehauchten Bischöfe nicht minder fügen
mussten. Das Königthum übte eine Censur gegen fremde
und einheimische Drucksachen, unendlich viel wirksamer
als je zuvor die Hierarchie.

Während jedoch Heinrich VIII. mit grossem, selbstherr-
lichem Geschick die Befreiung von Rom mit der alten Orthodoxie, trotz ihrer Divergenz, zu verbinden wusste, hatte sein
Minister vor Neidern und Gegnern im königlichen Rathe
tagtäglich mehr auf der Hut zu sein. Da standen ihm und
einigen anderen neugeschaffenen Peers, dem Erzbischof
Cranmer und ähnlich denkenden Prälaten die Herren von

altem Adel, wie jene Herzöge von Norfolk und Suffolk, und
die Mehrheit der Bischöfe, vor allen Gardiner von Winchester und Bonner von London, gegenüber, welche der
Uebertragung der Gewalt vom Papste auf den König und
der Unterdrückung der Klöster nicht widersprochen hatten,
aber mit Begier auf jede Ketzerei lauerten, zu welcher Herz
und Gefühl Andere hinreissen konnten, die nicht, gleich
ihnen, in der alten Doctrin wurzelten. Es kam hinzu, dass
Heinrich VIII., thomistisch geschult, die besondere Heilig-
keit des Priesterthums niemals daranzugeben vermochte und
mit bezeichnender Vorliebe die bischöfliche Würde durch
Förderung des gottesdienstlichen Amts in den Kathedralen
zu stützen beflissen war. Mit unvergleichlichem Instinct traf
er, vollkommen richtig, die in den bestimmenden Kreisen der
Nation vorherrschenden Gedanken, die sich keineswegs von
den hergebrachten Formen lossagten. Im monarchischen
und im nationalen Interesse Ruhe und Frieden gebietend
die Mitte zu halten zwischen Rom und Wittenberg, erschien
dem Fürsten als sein vornehmstes, höchst persönliches Ziel.
Und ihm suchte sein erster Rath, der mehr als ein anderer
die Dinge so weit gebracht, nach Kräften zu folgen, so
lange ihm die aufrichtig hassenden Nebenbuhler nicht das
Vertrauen des überaus argwöhnischen Gebieters entzogen.

Wie viel hing da nicht auch in Tagen, in welchen die
freiheitsrechtlichen Grundlagen der englischen Zustände von
despotischen Kräften weit überwogen wurden, von den Neuwahlen zum Parlament ab, die sich im April 1539 vollzogen!
Selbst aus der in diesen Stücken recht dürftigen Ueberlieferung schimmert der Kampf der beiden Factionen deutlich hindurch. Cromwell hat, als Grosssiegelbewahrer und
Schatzmeister, als Generalvicar mit ganz ungewöhnlicher
Machtbefugniss ausgestattet, wo er nur konnte, diesen Einfluss spielen lassen, um seine Creaturen in's Unterhaus zu
bringen, und durfte hoffen, den Auffassungen, wie er sie
im Einklange mit dem Könige hegte, die Majorität zu
sichern. Das neue Parlament hat denn auch in der That
die Unterdrückung der letzten grossen Stifter legalisirt,
aber nicht minder einen Glaubensausschuss eingesetzt, der,
obwohl jene beiden Schichten in ihm vertreten waren, die

berüchtigten sechs Artikel, „die Peitsche mit sechs Riemen",
zu Beschluss erhob, wonach Transsubstantiation und Ent-
ziehung des Laienkelchs, Ehelosigkeit der Priester und
Giltigkeit von Keuschheitsgelübden, Privatmesse und Ohren-
beichte unabänderlich fortbestanden, nachdem Krone und
Reich dem Bischofe von Rom noch so derb aufgesagt
hatten. Schwerlich konnte das nach dem Wunsche Cranmers oder Latimers und der Minderheit der Bischöfe sein,
die vielmehr von der altgläubigen Mehrheit ihrer Brüder
überstimmt wurden. Dass Cromwell weder im Ausschusse
noch im Oberhause gegen letztere durchdrang, steht fest.
Indess fehlte ihm nicht nur jede Neigung zu theologischen
Distinctionen, sondern er fügte sich der reactionären Strömung, wahrscheinlich ohne viel inneres Sträuben, geschmei-
diger als die Kleriker seiner Partei, denen doch das Gewissen zu schlagen begann.

Die fürchterlichen sechs Artikel hat Heinrich VIII., so
lange er lebte, nicht antasten lassen, obwohl seine ganze
Politik auch fernerhin starken Abwandlungen ausgesetzt
blieb, deren auswärtige und einheimische Fäden sich meist
wirr verschlangen. Um so schärfer jedoch spähte das wach-
same Auge und fasste der sichere Griff seines ersten Raths,
bis auch dessen Mass voll war, und das Verhängniss, das
er kühn herausgefordert, auch ihn jäh ereilte. Längst wurde
jede dem herrschenden Despotismus widersprechende Aeusserung auf Hochverrath gedeutet. Um so gefährlicher, je
näher dem Throne sie sich hervorgewagt.

Bald nachdem der Schrein Thomas Beckets und mit
ihm die höchsten Truggebilde römischer Hierarchie zer-
trümmert worden, hatte Paul III. endlich den Bannstrahl
wider Heinrich VIII. geschleudert, der nunmehr als faules
Glied vom Leibe der Kirche abgehauen sein sollte. Gleichzeitig veröffentlichte Cardinal Pole seine bereit gehaltene
Schrift mit einer an den Kaiser gerichteten Vertheidigung.
Darin wurde Cromwell den ärgsten Räubern und Mördern
beigezählt, der Botschafter des Teufels, ein Satan in Men-
schengestalt genannt. Vom Festlande, von Schottland her
sollte das Reich angegriffen werden, Irland an Spanien und
die Curie Anschluss finden. Wahrlich, zu Lande und zu

Wasser hatte sich der dem Fluche der Christenheit Preis gegebene Tudor zur Wehr zu setzen und tief in den mit Kloster-
raub gefüllten Beutel zu greifen. Bei einer prunkvollen Musterung, welche im Mai 1539 über die bewaffneten Mannschaften
der Hauptstadt gehalten wurde, sah man in kostbarster
Rüstung auch Lord Cromwell nebst seinem Sohne Gregor
und seinem Neffen Richard ihre Geschwader vorüberführen.
Wenige Monate zuvor waren zwei Sprossen altköniglichen
Geschlechts, der Marquis von Exeter, ein Enkel Eduards IV.,
und Lord Montague, der Bruder Pole's, nebst Einigen von
der Sippe der Nevils hingerichtet worden. Ersterer, dem
Geheimsiegelbewahrer seit der „Pilgerfahrt der Gnade"
höchst verdächtig, hatte nicht nur geprahlt, die Schurken
aus der Umgebung des Königs abthun zu wollen, sondern
es wurde ihm zur Last gelegt, dass er, nachdem Karl V.
jeden Gedanken eines Ehebundes mit dem Hause Tudor
von sich wies, mit der Hand der Lady Mary ein besseres
Anrecht auf den Thron, als das Heinrichs VIII. selber,
geltend zu machen und zugleich die alte Kirche wieder aufzurichten gedenke. Die Verwandtschaft mit Pole genügte,
dass auch seine alte Mutter, Clarence's Tochter, die Gräfin
Salisbury, eingekerkert und einem gleich schrecklichen Ende
vorbehalten wurde. Mit verhängnissvollem Griffel hatte
Cromwell bereits weitere Verfügung auch über ihr Loos in
seinem Notizbuch angemerkt.

Einstweilen jedoch beschäftigten ihn vorwiegend Verhandlungen, die mit den deutschen Protestanten wieder aufgenommen worden. Eigenthümlich, sie traten jedes Mal in
den Vordergrund, sobald die katholischen Weltmächte über
die eigenen Spannungen einig zu werden und dem schismatischen Reiche England das so oft verheissene Verderben
bereiten zu wollen schienen. Höchst bedenklich freilich
konnten sie sich für die Partei gestalten, die um dieselbe
Zeit in Parlament und Convocation, was das Glaubensbekenntniss betraf, vor den orthodoxen Neigungen des
Königs und den überwiegenden Tendenzen altgläubiger
Bischöfe den Kürzeren zog. Andererseits hatten Johann
Friedrich von Sachsen und Philipp von Hessen, die gleich
ihren geistlichen Berathern niemals den Argwohn unter-

drückten, dass es sich in England allein um staatliche und
höchst nebensächlich nur um religiöse Zwecke handelte,
sich lediglich durch die seit dem Frieden von Nizza vom
Papste zwischen Karl V. und Franz I. angebahnten engeren
Beziehungen bestimmen lassen, ihre Theologen und Juristen
nach England abzufertigen. Statt aber der lutherischen
Glaubensformel freudig entgegenzukommen, zeigte sich der
König stolz und unnachgiebig, und sahen die Botschafter
vielmehr die sechs blutigen Artikel zu Stande kommen.
Wenn Landgraf Philipp eigenhändig dem Könige rieth, vor
Wiedertäufern auf seiner Hut zu sein, so hinderte jetzt weder
Cranmer noch Cromwell, dass Engländer auf den Scheiter-
haufen geschleppt wurden, deren Lehre im Grunde die
Luthers war.

Im October 1537 bereits war Johanna, die dritte Gemahlin Heinrichs, nachdem sie endlich ihm den ersehnten
Sohn geschenkt, im Kindbett gestorben. Der König selber
dachte nach einer Weile an eine auswärtige Verbindung,
und verschiedene Damen sind dabei in Betracht gekommen.
Statt jedoch der Herzogin von Mailand seine Hand zu bieten,
wozu aus guten Gründen der Kaiser noch seine Unterstützung verhiess, machte sich die tiefe Entfremdung von
demselben um die Zeit seiner Reise durch Frankreich auch
darin geltend, dass die Wahl Heinrichs schliesslich auf Anna
von Cleve fiel, die dem Hause Sachsen nahe verwandt war,
deren Bruder im Widerspruch gegen den Kaiser Geldern
behauptete. War das nun auch im Einklang mit einer
schon früher auftauchenden Politik, so fragt sich doch sehr,
ob selbst Cromwell im Stande gewesen wäre, seinen wähle-
rischen Herrn durch eine Heirathsintrigue an den Protestantismus zu ketten. Das Unglück wollte vielmehr, dass,
als Anna am 27. December 1539 in Greenwich landete, die
Gefahr eines spanisch-französischen Bundes bereits wieder
vorüberzog, während König Heinrich sehr wenig Lust ver-
spürte, an den Schmalkaldenern hängen zu bleiben, die sich
eben ihrem neuen Genossen, dem Herzoge von Cleve, zu
Liebe in bedenkliche Weiterungen wegen Gelderns ein-
liessen. Dazu kam dann die persönliche Enttäuschung dieses
Kenners weiblicher Reize, denn beim ersten Anblick seiner

Braut entsprach die Wirklichkeit keineswegs der bildlichen Darstellung. Und Cromwell war in der That schon vorher gemeldet worden, dass sie nicht gerade durch Schönheit einnehme. Sollte er, der die eigene schwindelnde Lage scharf überwachende Mann, diesen Wink leichtfertig für sich behalten haben? Musste er nicht seinen eigenwilligen Fürsten gewähren lassen, dem wahrhaftig keine Macht der Welt die Wahl einer Gemahlin vorschreiben durfte? Weil jedoch diese Ehe nun einmal, aus Gründen der Allianz, entschieden populär war, hat Heinrich sie am 6. Januar 1540 durch Cranmer einsegnen lassen. Weil ihm dieselben Gründe aber schon nicht mehr in Betracht kamen und seine Abneigung gegen die Königin täglich wuchs, fasste er selbständig den Gedanken, sich auch ihrer zu entledigen, dabei aber, soweit davon überhaupt noch die Rede sein konnte, die Formen des Anstands zu wahren.

An sich nun freilich war dadurch die Stellung Cromwells nicht mehr als schon ohne sie gefährdet. Es erfolgte im Gegentheil am 18. April, als greifbares Zeichen der damals noch wirksamen königlichen Huld, seine Standeserhöhung zum Grafen von Essex und gleichzeitig die seines Neffen Richard zum Ritter. Gleichwohl zitterte ihm der Boden unter den Füssen: denn nicht nur das deutsche Bündniss, das er eingefädelt, zerbröckelte ihm in den Händen, während der König sich neuerdings eifrig mit Frankreich befreundete, sondern seine Widersacher, der Herzog von Norfolk, Bischof Gardiner und Genossen, die er aus dem königlichen Rathe verdrängen zu können meinte, eroberten Schritt für Schritt den verlorenen Boden zurück. Schon wurde von einer Heirath des Königs aus dem altgläubigen Hause Howard gemunkelt. Ein verzweifeltes Ringen der Parteien bildete die Unterströmung des seit dem 12. April versammelten Parlaments. Vergebens entwickelte Cromwell in einer Rede vor den Lords, wie England Einheit des Glaubens bedürfe, der sich von papistischer und ketzerischer Lehre gleich fern hielt. Vergebens sorgte er mit gewohntem Eifer für starke Wehr des Reichs zu Wasser und zu Lande. Was ihm dann freilich Sir Thomas Wriothesley, ein Mitglied des Geheimen Raths, dringend anempfahl, die Ge-

hässigkeit der Ehescheidung des Königs von Lady Anna
auf sich zu nehmen, dazu war er schlechterdings ausser
Stande. Denn gerade in diesem Handel hatten seine Widersacher die verwundbare Stelle erspäht, wo ihr Dolch treffen
musste. Aus dem begehrenden Blick, welchen Heinrich auf
die Nichte Norfolks, Katharina Howard, richtete, zuckte der
Wetterstrahl, welcher Denjenigen, den der König zehn Jahre
hindurch mit so ungeheueren staats- und kirchenrechtlichen
Erfolgen hatte schalten lassen, niederschmetterte.

Mit den Herren von altadligem Geblüt, wie sehr auch
alle und jede den ehemaligen Sachwalter für sich auszu-
nutzen gesucht, hatte er sich nie zu stellen vermocht. Die
Geistlichen, die nicht so wollten wie er, hatte er seine harte
Hand fühlen lassen, so dass beide Kreise diesen Abenteurer
niederer Herkunft, der sich unersättlich an dem ihnen viel
eher zukommenden Gute in masslosem Prunk erging, noch
ärger hassten, als einst den stolzen Cardinal. Bischof
Gardiner, der damals doch mit ihm zugleich Wolsey gedient, verachtete in ihm vollends den Illiteraten, und wusste
ihm am Ende nun doch, mit klerikalen Anschlägen von der
alten erprobten Art, den Wind abzufangen. Die Ordnung,
welche Cromwell im Lande aufrichtete, war in dauernden
Schrecken ausgeartet, der Friede draussen, statt gesichert
zu sein, von stetem Schwanken in den Bündnissen bedroht.
Das definitive Scheitern des Projects, seinen Herrn an die
Spitze eines romfeindlichen, in Europa mitsprechenden
Bundes zu stellen, schlug bei Heinrich, die unterschiedslose
Hinrichtung von Römlingen und Protestanten beim Volke
dem Fass den Boden aus. Dem Könige leuchtete eine Combination nicht ein, als deren Besiegelung sein Minister die
Ehe mit der harmlosen Anna betrachtete. Die Londoner, aus
denen er doch selber hervorgegangen, waren sichtlich an
ihm irre geworden, so dass sie bei seinem Sturz aufjubelten.

Es war am 10. Juni 1540, als der von allen Seiten aufge-
sammelten Rache freier Lauf gelassen wurde. Eine Morgen-
sitzung des Parlaments war vorüber. Nachmittags jedoch
war der Geheime Rath zusammengetreten, als sich der
Herzog von Norfolk mit den Worten erhob: „Mylord Essex,
ich verhafte Euch wegen Hochverraths." Während die

Collegen ihn der ärgsten Vergehen ziehen, wurden ihm die
Insignien des hohen Ordens, den er trug, von der Brust
gerissen, er selber unmittelbar aus der Rathskammer in das
Verliess des Towers geschleppt. Statt nun aber auf dem
umständlichen Wege Rechtens zu verfahren, wurde das rasch
treffende Instrument des *Attainder* gewählt, wie es zwar
nicht etwa von Cromwell selber, sondern von Eduard III.
stammte, doch in den nicht minder grausamen Tagen Heinrichs VIII. gäng und gebe war. In Ermangelung näherer
Beweise beruht es auf einer moralischen Ueberzeugung der
Schuld, die jetzt gegen Cromwell darin gipfelte, dass er,
Ketzern wohlgesinnt, auf eigene Hand Staatsverbrecher in
Freiheit gesetzt, ihre orthodoxen Ankläger dagegen nieder-
gehalten, dass er sich durch Erpressung bereichert und den
Edelgeborenen des Landes schnöde mitgespielt habe. In
den gesetzmässigen Formen eines Statuts wurde Wahres
und Falsches hastig zusammengekoppelt, um die schwere
Verurtheilung auf Verrath und die damit verbundene Cor-
ruption des Bluts herbeizuführen. Schon nach einer Woche
stand es allein beim Könige, ob er den Diener noch schirmen wollte, dessen volle, wahre Schuld er allein mittrug.
Erzbischof Cranmer besass in der That niemals einen Einfluss über den Herrscher, wie der nun Gestürzte, obwohl
er für den „Freund" am 14. ein inständiges Wort einlegte
und an das Verbrechen dessen nicht glauben wollte, „den
Ew. Majestät so hoch erhoben, dessen einziger Bürge
Ew. Majestät war, der Ew. Majestät, wie ich immer glaubte,
nicht weniger liebte als Gott, der einzig und allein Ew.
Majestät Willen und Gefallen zu fördern bemüht war, der
keines Menschen Missfallen fürchtete, um nur Ew. Majestät
zu dienen, der mir in Weisheit, Fleiss, Treue und Erfahrung
ein solcher Diener schien, wie ihn kein Fürst dieses Reichs
je besessen." Indess Cranmer, obwohl seit der letzten Sendung aus Deutschland den sechs Artikeln zum Trotz in
innerster Seele Lutheraner, blieb stets ein zaghaftes Gemüth
und handelte nicht nach seinen Worten. Da also die *Bill
of attainder* ohne eine abweichende Stimme das Haus der
Lords durchlief, schwankte Heinrich um so weniger. Er stiess
den letzten Menschen, dem er vertraut, von sich, um fortan,

ohne frei schaltende Minister, aber mit den von Cromwell
geschmiedeten Werkzeugen, Alleinherr der Gewalt zu sein.
Erstaunt fragte auf die Kunde selbst Kaiser Karl V.: „Was,
ist er im Tower von London, und auf des Königs Geheiss?"

Dort wurde nun der Unglückliche so lange aufbehalten,
als die Ehescheidung des Königs von der deutschen Gemahlin Parlament und Consistorium in Anspruch nahm. Am
24. Juli wurde ersteres, nachdem es seine Schuldigkeit gethan,
aufgelöst. Auf den 28. war Cromwells Hinrichtung befohlen.
Mittlerweile aber war der Verkehr zwischen ihm und Heinrich
noch nicht ganz verstummt. In einem, leider nur fragmen-
tarisch erhaltenen Briefe protestirt er gegen das *Attainder*,
weil er, „geboren, den Gesetzen zu gehorchen", wohl wisse,
dass eine rechtmässige Untersuchung nur auf ehrenwerther
Zeugenschaft beruhen könne. Noch klammert er sich an
gewisse Aeusserungen königlicher Gnade und recapitulirt
den Hergang seit jenem Empfange der Lady Anna zu
Greenwich. Das zweite Schreiben ist mit zitternder Hand,
mit dem Tode vor Augen geschrieben. Von Bruch der
Treue will der gefallene Staatsmann nichts wissen; doch
bedauert er, nicht immer den Weisungen der Majestät
nachgekommen zu sein, denn auf deren Befehl ja habe er
sich mit so vielen Angelegenheiten befassen müssen, dass
er nicht für alle verantwortlich gemacht werden könne.
Ausdrücklich verwahrt er sein Benehmen in der letzten ver-
fänglichen Sache und ruft, in ähnlich tief zerknirschtem Ton
wie einst Wolsey, Gnade und Erbarmen an. Es ist dies
möglicherweise das Schreiben, welches, wie Foxe behauptet,
ein alter Diener Wolsey's, Sir Ralph Sadler, dem Könige
überbrachte, der nicht ohne Bewegung es sich dreimal habe
vorlesen lassen.

Umsonst. Der „Hammer der Mönche", der mit dröh-
nendem, bluttriefendem Griff die staatsrechtlichen Pfeiler
der Reform in England aufgerichtet, starb zur festgesetzten
Stunde auf Tower Hill, nachdem er das umstehende Volk
in einigen Worten ermahnt, für den König zu beten, und
selber sein letztes Gebet gesprochen. Weder die officiell
verbreiteten letzten Worte, wonach er bekannt hätte, zur
Ketzerei verführt worden zu sein, aber im Glauben an die

heilige katholische Kirche gestorben wäre, noch die in puritanischer Ausfertigung bei Foxe begegnende ausführliche Gebetsformel, welche das Blut Jesu Christi, des Heilands der Sünder, um Errettung seiner Seele anruft, können echt sein. Man sieht, ein jedes der beiden Extreme suchte ihn nachträglich an sich zu reissen, während er doch im Leben keinem von beiden huldigte und das grossartige staatsmännische Wagniss gerade desshalb an seiner Persönlichkeit stockte, weil es ihr nicht nur an wirklich religiöser Triebkraft, sondern an der Wurzel alles Glaubens, an einer wahrhaft sittlichen Haltung, gebrach.

Indess die Bitte um Gnade für seinen „armen Sohn, sein gutes und tugendsames Weib und ihre armen Kinder", wie sie der erste jener Briefe enthält, hat Heinrich für gut befunden, nicht zu verweigern. Ohne Frage hat dazu ein unterthäniges Gesuch Elisabeth Cromwells (einer Tochter Sir John Seymours, Schwester der verstorbenen Königin Johanna und des nachmaligen Herzogs von Somerset, des Protectors Eduards VI., welche Gregory geheirathet hatte) trotz der „abscheulichen Uebertretungen und schweren Vergehen des Schwiegervaters", wesentlich beigetragen. Bis in die Verschwägerungen mit dem fürchterlichen und doch volksthümlichen Tudor also war der Sohn des Tuchscheerers von Putney emporgestiegen. Fünf Monate nach des Vaters Tode wurde Gregory zum Baron Cromwell erhoben. Auch ist die Peerage bei seinen Nachkommen verblieben, bis sie im Jahre 1687 unter Jacob II. ausstarben. Nicht von Thomas Cromwell, sondern von einem Neffen Richard Williams, der aus Dankbarkeit für die auch ihm zugewendeten Klosterspolien den Namen Cromwell annahm, stammt die Familie, welcher der gewaltige Protector gleichen Namens, der Bändiger der Stuarts und der Revolution, entspriessen sollte.

„Die zweite Person im Reiche England", wie ihn einst ein armer Mönch anredete, war jahrelang Thomas Cromwell gewesen. Im Staatssecretariat und in der Schatzkammer, im engeren wie in dem Grossen Rathe des Reichs, ja, an der Spitze des Kirchenregiments hatte er, obwohl der Diener eines absoluten Fürsten, mit einer Gewalt geschaltet, welche gar wohl an die des grösseren späteren Namensvetters erinnert.

Seinen Namen aber verfolgte von allen Seiten ingrimmiger Hass, so dass er, der weder nach rechts noch links vor Gewaltthat und Blut zurückbebte, schliesslich selber darin unterging. Und doch war er im Leben wie im Sterben das Werkzeug, welches, mehr als irgend ein anderes, die Kirche von England so fest in den Staat einrückte, dass sie sich aus der Umklammerung nicht wieder lostrennen konnte. Einzig und allein im Hinblick auf das von ihm erkannte Ziel, und nicht zum wenigsten im Geiste des Zeitalters und der Nation, kann man dem Wesen des verwegenen Mannes gerecht werden. Statt ihn entweder einfach zu verdammen oder zu vergöttern, sollten daher insonderheit die Anglikaner unbefangener urtheilen, als es in der Regel geschieht. Der evangelisch begeisterte Bischof Latimer bat doch einst Gott, „dass er Seine Lordschaft bei langem Leben erhalten möge für alle die guten Zwecke, zu denen er ihn abgeordnet." Was als solche aber den denkenden Zeitgenossen vorschwebte, das fasste der Geschichtschreiber des Tags, Edward Hall, in den Worten zusammen: „Cromwell war ein abgesagter Feind der Papisterei in jeglicher Gestalt.". Auch eine äussere Einrichtung verewigt den von ihm erstrittenen Sieg über dieselbe, denn England verdankt ihm noch heute seine, die Civilstands-Ordnung schützenden Pfarrregister. Und wer möchte nicht einer bürgerlichen Stimme beipflichten, die, aus eigenster Erfahrung, in Königin Elisabeths Tagen, die denkwürdige Staatsverwaltung von 1529 bis 1540 überblickend, das ehrliche Zeugniss ablegte: „dass Cromwell durch seinen Muth der Mann gewesen, um als Gottes Werkzeug Alles zu einem guten Ende hinauszuführen." Wer nicht pfäffisch und hierarchisch fühlt, muss ebenfalls beipflichten, wenn es fernerhin, nachdem die Erinnerung an so manche Launen und Schrecken des Augenblicks bereits in den Hintergrund getreten, im Geiste des Zeitalters der grossen Königin heisst: „Cromwell überzeugte den König, dass er durch Bewahrung eines gleichen Rechts, durch Niederhaltung der übermüthigen Gewalt der Grossen, die vor Zeiten gleich Glocken-Widdern die Schaafheerden Englands gegen ihre Fürsten trieben, die Liebe der Gemeinen und zumal der City von London fest an sich knüpfen könne."

DIE AUSSICHTEN DES HAUSES HANNOVER AUF DEN ENGLISCHEN THRON IM JAHRE 1711.

Die Anwartschaft des Welfenhauses auf den englischen Thron war schon sehr früh zur Sprache gekommen. Noch trieb Karl II. leichtsinnig und lustig sein Wesen in St. James, noch hatte so wenig wie er selber sein Bruder und Nachfolger, der Herzog Jacob von York einen legitimen Sohn, als im Jahre 1680 von dem Prinzen Ruprecht von der Pfalz, (dem alten Cavalier, dem Sohne der Elisabeth Stuart) und von Wilhelm von Oranien (dem Sohne einer Tochter des enthaupteten Karls I.) Georg Ludwig, der Erstgeborene des in Hannover residirenden Herzogs Ernst August von Kalenberg und Grubenhagen und Sophia's von der Pfalz, Ruprechts jüngster Schwester, als der geeignete Candidat in's Auge gefasst wurde. Zwanzig Jahre alt erschien er denn auch im Winter 1680/81 in London, damit er, wie seine Gönner es wünschten, um die Hand Anna's, der zweiten Tochter Jacobs, würbe, wodurch er in der That der Schwager des grossen Oraniers geworden wäre und daher möglicher Weise schon im Jahre 1702 hätte in England succediren können. Zum Verdruss Wilhelms indess unterliess der junge Fürst nicht nur gänzlich um Anna Stuart zu freien, sondern vermählte sich im Jahre 1682 mit Sophia Dorothea, der Tochter seines Oheims von Celle und der d'Olbreuse, in der nach deutscher Fürstenweise richtigen dynastischen Berechnung, dass durch diese Vereinigung demnächst auch die Fürstenthümer Kalenberg und Grubenhagen mit Celle-Lüneburg verbunden würden. Im Unmuth darüber schrieb der Oranier, welcher zwar die Prinzessin von Celle ihrem Vetter August, dem zweitgeborenen Prinzen von Hannover, dessen ältestem Bruder dagegen seine eigene Schwägerin Anna Stuart zugedacht hatte: „Ich sehe, dass in unserem Jahrhundert das Geld jede andere Berechnung bei Seite drängt."*)

Man weiss, wie wenig Gefallen die geistvolle Herzogin Sophia, stolz auf ihr Wittelsbacher und Stuart-Blut, an der Legitimirung jener Französin in Celle gehabt, wie wenig die Ehe ihres Sohnes mit deren Tochter nach ihrem Geschmack war. Um so schrecklicher war dann für alle Betheiligten die Katastrophe vom Jahre 1694 im Schlosse zu Hannover, Graf Königsmarks Ermordung und die lebenslängliche Verbannung der Prinzessin Sophie Dorothea nach Schloss Ahlden. Ehebund und Ehescheidung, die Erhebung Hannovers zum Kurfürstenthum und Georg Ludwigs Nachfolge beim Tode des Vaters, Alles vollzog sich im streng dynastischen Hausinteresse, wobei auf die Sympathien und Antipathien der Herzogin Sophie als Gemahlin und Mutter sehr wenig Rücksicht genommen, ihre Ansprüche auf die Succession in England gar eine Reihe von Jahren hindurch mit unverkennbarer Geichgültigkeit behandelt wurden.

Im Herbst 1700 besuchten Sophie und ihre Tochter, die Kurfürstin von Brandenburg, von den Bädern von Aachen aus Brüssel und den Haag und machten einen Abstecher zu König Wilhelm im Loo. Sie hatten den jungen Brandenburger Kurprinzen Friedrich Wilhelm bei sich, von dem die Grossmutter frohlockend erklärte, sie habe nie etwas so Artiges gesehen, denn mit zwölf Jahren spreche er so vernünftig, als wäre er dreissig. Da ist denn auch dem Oranier, der stets das Anrecht seiner Cousine von Hannover betonte, während diese in kühler Zurückhaltung beharrte, in der That durch den Kopf gegangen, ob sich nicht der jugendliche hoffnungsvolle Hohenzoller als Ersatz für den vor wenigen Monaten verstorbenen Herzog von Gloucester, den Sohn seiner Schwägerin Anna, zum Throncandidaten in England eignen würde.**) Schon damals klagt ein treuer Staats-

---

*) *Je vois que dans le siècle où nous sommes l'argent fait passer toute autre sorte de considération* 8 Sept. 1682 bei P. L. Müller, Wilhelm III. von Oranien und Georg Friedrich von Waldeck, I, 189, vgl. Bodemann, Jobst Hermann v. Ilten, S. 10—12.

**) O. Klopp, der Fall des Hauses Stuart, VIII. 570. 572; Anl. S. 636.

diener des Hauses Lüneburg*): „König von Preussen sein,
Statthalter und Generalcapitän der Vereinigten Provinzen
und sogar König von England werden ist wahrlich begeh-
renswerth: . . . das Berliner Ministerium lässt daran sein
erhabenes Genie erkennen, durch welches es so berühmt in
aller Welt wird." Bald nach jener Begegnung freilich, im
März 1701, wurde von Wilhelm III. die Thronfolgeordnung
in jenem *Act of settlement* sanctionirt, kraft welcher mit
Uebergehung aller katholischen Nachfolger des Hauses Stuart
nach seiner und seiner Schwägerin Anna Ableben der englische Thron der Kurfürstin Sophie und ihrer Descendenz
als protestantischen Nachkommen des Königshauses zu-
stehen sollte. Es wurde damit nachgeholt, was einst mit
Rücksicht auf die Stimmung der Engländer und auf die
Möglichkeit einer protestantischen Descendenz in England
selber in der Declaration der Rechte vom Jahre 1689 behut-
sam bei Seite gelassen worden. Gleich nach Wilhelms Tode,
am 8. März 1702, erneuerte denn auch der Geheime Rath
der Königin Anna den Wunsch des Verstorbenen, nunmehr
den Kronprinzen Georg herüberkommen zu lassen. Einge-
weihte daheim freilich befürchteten, er würde kaum mehr
Geschmack an dieser Krone finden als sein Vater, der Kurfürst; „was denn freilich nicht gut wäre, wenn die Herren
Engländer unsere Gleichgültigkeit in diesem Punkte erführen."**)

So völlig gleichgültig indess ist Keiner der Betheiligten
gewesen in Tagen, als in allen Himmelsrichtungen deutsche
Fürstenhäuser nach fremden Kronen griffen. Und noch
weniger liegen die Beweise vor, dass die verwittwete Kurfürstin ganz wider die abmahnenden Stimmen im eigenen
Herzen in jene britische Thronfolge hereingezogen worden
sei. Wohl aber haben verschiedene gewichtige Beweggründe, die grossen Wechselfälle des spanischen Erbfolge-
krieges, die unberechenbaren Parteiverhältnisse in den britischen Reichen und die souveräne Gesinnung ihres Sohnes,

---

*) J. B. von Bothmer an Ilten, 31. August 1700 bei Bodemann 197.
**) Bothmer an Ilten, 15. April 1701, nach unserer Zeitrechnung natür-
lich 1702, bei Bodemann 198.

des Kurfürsten, besonders auch Bedenken*) vor einer er-
drückenden ständischen Mitregierung zusammengewirkt, um
ihr, nicht sowohl obgleich, sondern weil sie sich von einem
Leibniz berathen liess, die äusserste Vorsicht vorzuschreiben.
Die hannoverische Politik als solche musste nicht minder
jedes vorlaute Begehren unterdrücken, einmal der Königin
Anna gegenüber, die nicht nur gleich jedem Throninhaber
auf den Nachfolger, sondern zumal auf diejenige eifersüchtig
war, deren Aussichten noch keineswegs fest standen, und
ganz besonders vor dem Parteitreiben der Tories und der
Whigs, das sich zusehends von Jahr zu Jahr in eine bedenkliche Krisis zuspitzte. Während sich beide mit Anträgen, dass die Kurfürstin herüberkommen und den Titel
einer Prinzessin von Wales annehmen möge, den Rang
abzulaufen suchten, hatte diese viel Noth, immer wieder die
Entscheidung ihrer königlichen Base anheim zu geben, die
sich denn auch niemals dazu herbeigelassen und erst nach
langen Weiterungen im Jahre 1707 zugestanden hat, dass
der Kurprinz Georg in der englischen Pairie den Titel eines
Herzogs von Cambridge erhielt. Die angestammten Rechte
aber waren an sich stark genug, um in Schweigen und Ausharren, im Vertrauen auf die Zukunft fest gehalten zu werden.
Wie eine Menge Fäden, von hüben und ·drüben, den bestän-
digen Verkehr zwischen beiden Höfen vermittelten und die
vornehmsten Häupter der sich in England entgegen arbei-
tenden Richtungen um die Wette in Hannover anklopften,
so wurde dort nicht minder kein für die grosse Eventualität nothwendig erforderlicher Schritt verabsäumt. Um bei
einer plötzlichen Erledigung des Thrones sofort eine Regentschaft zur Stelle und einige Mittel zur Verfügung zu haben,
wurde dem Bevollmächtigten in England die Summe von
300,000 Thalern anvertraut, die man in so tiefem Geheimniss der Kalenbergischen Ständecasse entnahm, dass über
deren Verwendung der Ausschuss des Fürstenthums siebenzig
Jahre lang unverbrüchliches Stillschweigen beobachtet hat.**)

---

*) Auf diese weist mit Recht hin Meinardus, die Succession des Hauses
Hannover in England, S. 69.

**) Rehberg, Sämmtliche Schriften II, 158. 159. 163 vgl. Dahlmann
Politik, 2. Ausg. S. 128, Anm. 3.

Als es den Whigs im Jahre 1706 gelang, Succession und
Naturalisation der Frau Kurfürstin und ihrer protestantischen
Nachkommenschaft in drei weiteren Statuten zu begründen,
welche mit allem urkundlichen Gepränge ausgefertigt und
in Hannover niedergelegt wurden, da konnte die kluge
Politik, die zwischen den beiden Factionen hindurch im
Gegensatz zu dem Stuart-Prätendenten, der sich Prinz von
Wales nannte, auf eine überwiegende Ergebenheit für die
protestantische Thronfolge rechnete, einen anderen Schritt
vorwärts thun.   Auf Grund der *Act of security* vom Jahre
1706 wurde eine Urkunde ausgefertigt, in welcher die Kurfürstin für den Fall eines plötzlichen Ablebens der Königin
Anna eigenhändig die Namen von neunzehn englischen
Peers und Grosswürdenträgern eintrug, die als Lords-Oberrichter bis zum Erscheinen des neuen Souveräns die Regentschaft führen sollten.   Wohl versiegelt unter der Ueber-
schrift: „Unmittelbar nach dem Ableben der Königin Anna
zu eröffnen" befand sich das Instrument fortan in Verwahrung des kurfürstlichen Bevollmächtigten in London. *)
      Da brach sich nun aber in England seit 1709, durch
klerikale und legitimistische Agitation geschürt, bei Hofe
wie in der Nation ein jäher Umschwung Bahn, bis es
in Jahresfrist dem Zusammenwirken aller möglichen Kräfte
gelang, das Regiment der Whigs, in welches die Lords
Godolphin, Sunderland und ihre Freunde auch den Herzog
von Marlborough hineingezogen hatten, zu entwurzeln, die
Königin aus den Händen einer langjährigen Freundschaft
zu lösen und die bei ihr immerdar vorhandenen Stuart-
Sympathien zu entfesseln.   Mit der hochkirchlichen Richtung, der sie stets gehuldigt, vertrug sich insonderheit das
Mitgefühl für den Stiefbruder, den katholischen Prätendenten.   Sobald die Herren Harley und St. John Schatz-
kämmerer und Staatssecretär geworden, der eine ein Rene-
gat aus den Whigs, dieser das blendende, verwegene Genie,
das sich zum Lord Bolingbroke entfalten sollte, sobald der
im grossen Weltkriege um das spanische Erbe bereits am
Boden liegende König von Frankreich Friedensanträge zu

*) Schaumann, Geschichte der Erwerbung der Krone Grossbritanniens von
Seiten des Hauses Hannover, S. 57.

machen begann, kreuzten sich ohne Unterlass die Gerüchte,
dass alle jene Sicherheitsacten widerrufen und der Stuart als
einzig legitimer Nachfolger proclamirt, dass dagegen der
Herzog von Marlborough, der ruhmvollste Vorkämpfer des
grossen Kriegsbündnisses wider Ludwig XIV., demnächst in
allerhöchster Ungnade entlassen werden würde, wie das
jüngst seiner gebieterischen Gemahlin, der Herzogin, wider-
fahren war. Zwar hat die Königin nicht unterlassen, durch
die ausserordentliche Sendung des Lord Rivers, dem Hofe in
Herrenhausen zu melden, dass sie nach wie vor in der protestantischen Succession allein den Ausweg aus allen Schwierigkeiten erblicke. Aber welche Ueberraschungen schwebten bei der Schwäche des Weibes und der Schärfe der
sich unaufhaltsam vollziehenden Rückwandelung doch auch
fernerhin gleichsam in der Luft! So war es denn auch
wahrlich an der Zeit, dass von Hannover aus neben dem
politischen Residenten ein gewiegter Diplomat in ausserordentlicher Mission in London erschien, um mit bestimmten
Aufträgen nach allen Seiten genau zu beobachten, gege-
benen Falls zu handeln, vor allem aber daheim zuverlässige
Berichte zu erstatten, nach denen man seine Entschlüsse
fassen konnte.

    Zu diesem ernsten Werk wurde Hans Caspar von
Bothmer*) ausersehen, der jahrelang in welfischen Diensten
stand und, gleich sehr mit den dynastischen wie mit den
grossen europäischen Fragen vertraut, ein treuer und entschlossener Anhänger seines Herrscherhauses war. Seit
1702 befand er sich im Haag, damals noch immer die hohe
Warte, der eigentliche Mittelpunkt des internationalen Verkehrs, um von da aus der mindestens kühlen und wenig
freundlichen Gesinnung Anna's im stillen Austausch mit
den hervorragenden englischen, namentlich whiggistischen
Staatsmännern zu begegnen, als praktischer Träger der
Gedanken, welche Leibniz in der Umgebung der Kurfürstin
lebendig erhielt. Von sanftem Temperament, so dass seine
Freunde späterhin wohl über Mangel an Thatkraft klag-

---

*) Ueber ihn Schaumann in der Allgem. Deutschen Biographie, III, 197.
Seine Correspondenz mit Leibniz bezeugt J. M. Kemble, *Statepapers and
Correspondence*, p. 331.

ten *), war Bothmer doch ausnehmend geeignet, der gemeinsamen Kriegführung, durch welche die Vereinigung Frankreichs mit Spanien verhindert werden sollte, im eigentlichen
Herzen der Allianz Nachdruck zu verleihen und dem Welfenhause wie gegen die Einwirkungen des nordischen Kriegs
und die entfachte Rivalität des Königs von Preussen Sicherheit zu wahren, so vor allem den mit Hindernissen aller Art
besäeten Weg zur englischen Krone zu ebnen. Es bezeichnete den welfischen, legitimistischen Standpunkt der hannoverschen Staatsmänner, dass sie um keinen Preis zugeben
wollten, der von der *Act of settlement* geforderte Protestantismus könne etwa bei den Hohenzollern eher zutreffen
als bei ihren lutherischen Gebietern, und vielmehr dem Parlament vertrauten, dass es diejenigen nimmermehr zurück-
weisen werde, welche dem Kronprinzen von Preussen durch
die Geburt voraus gehen.**) Zumal seit im Jahre 1705 nach
dem Tode Georg Wilhelms die Herzogthümer Lüneburg und
Kalenberg vereinigt wurden, gingen vollends die Verhandlungen mit England, wie der Abschluss der wichtigen Acten
vom Jahre 1706 durch Bothmer's Hand. Er war daher nach
allen Seiten vorbereitet und eingeweiht, als er zu Ende des
Jahres 1710 den Auftrag erhielt, sich selber nach London
zu verfügen, um officiell Unterhandlungen wegen Neutralität
Hannovers in dem von Norden und Osten heranfluthenden
schwedisch - russischen Kriege zu leiten, einer geheimen
Instruction gemäss aber Alles zu überwachen, was mit der
Succession zusammenhing.

Seine ungemein lehrreichen, im königlichen Staatsarchiv
zu Hannover aufbewahrten Berichte erstrecken sich über
sechs bis sieben für die innere Geschichte Englands höchst
bedeutsame Monate und zerfallen auch äusserlich in zwei
Gruppen. Die eine, durchweg deutsch abgefasst, richtet
sich unmittelbar an den Kurfürsten, um ihm den Gang der
amtlichen Unterhandlungen darzulegen, vom Befinden der
Königin, den spannenden Hergängen bei Hofe und · be-

---

*) Der jüngere Ilten bei Bodemann. S. 159.

**) „— *il ne pourra pas laisser en arrière ceux, qui sont par nais-
sance devant le Prince Royal de Prusse*", Aeusserung des Grafen von Platen
bei Bodemann S. 193.

sonders den militärischen Dingen zu erzählen, für welche
der hohe Herr, seitdem er einst gegen Türken und Franzosen im Felde gestanden, eine ausgesprochene Vorliebe
bewahrte. Die andere, bei weitem bedeutendste, in französischer Sprache und in Chiffre, ist bestimmt für den leitenden Minister in Hannover, Graf Andreas Gottlieb von Bernstorff, und dessen rechte Hand, M. Robethon, der gleich
einigen anderen protestantischen Franzosen im diplomatischen Dienst des Hauses wirkte.*) Man gewinnt aus
diesen Depeschen über die von Intriguen aller Art durch-
kreuzten Abwandlungen der britischen Politik ein lebendiges
Bild, das für die englischen Berichte und Aufzeichnungen
in vielen Einzelheiten ein erwünschtes Correctiv bietet.

Am 4. Januar 1711 schiffte sich Bothmer, den einstweilen Robethon im Haag vertreten musste**), in Helvoet-
sluis ein: auf demselben Packetboot mit dem Herzoge von
Marlborough, der nach dem Sturze seiner Freunde, zumal
wenn seine Gemahlin nun wirklich in höchster Ungnade
auch aus allen Aemtern und Ehren verstossen werden sollte,
den Oberbefehl im Felde niederzulegen und sich aus den
Staatshändeln zurückzuziehen entschlossen war. So mögen
es sorgenvolle Unterredungen gewesen sein, mit denen man
sich die lange Ueberfahrt verkürzte, denn vor widrigen
Winden konnte erst am 7. Abends in Solebay an der Küste
von Suffolk gelandet werden.***) Der Herzog aber fertigte
alsbald einen Eilboten an seine Gemahlin ab, gegen die

---

*) Robethon hatte einst schon Wilhelm III. und dessen Freunde, dem
Grafen von Pembroke, als Secretär gedient, war 1702 zu Georg Wilhelm von
Celle und nach dessen Tode nach Hannover gekommen, um, in den Adel-
stand erhoben, seit 1714 in London eine sehr bedeutende Stelle einzunehmen,
da er ausser seiner Muttersprache fertig englisch schrieb und mit den Parteien
und ihren Führern genau bekannt war. Er hat in der englischen Successions-
sache die Hauptcorrespondenz von Hannover aus fast allein geführt. „Ohne
ihn wäre Kurfürst Georg Ludwig nie König Georg geworden." So Spittler,
dem Robethons hinterlassene Papiere in sieben Quartbänden zu Gebote standen,
in Meiners und Spittler, Götting. histor. Magazin I, S. 546 ff.

**) Seine Berichte von dort reichen vom 13. März bis 1. August a. a. O.
S. 553.

***) S. im Allgemeinen *Coxe, Memoirs of John Duke of Marlborough,*
V, 404 ff. VI, 1 ff.

doch bisher der letzte Streich aus dem triftigen Grunde
zurückgehalten wurde, dass sie nach langjähriger Intimität
mit Anna Stuart vielleicht sehr unliebsame Enthüllungen
zu machen im Stande war. Am folgenden Abend traf sie
selber, wie wir von Bothmer erfahren, in Begleitung ihres
Schwiegersohnes, Lord Godolphin, in der Herberge von
Chelmsford „unvermuthlich" mit Marlborough zusammen,
der bei allem Respect vor der gewaltsamen Frau ihr doch
eine seltene Liebe schenkte. „Damit es nun aber bei ein
oder anderem allhier nicht das Ansehen haben möchte, als
hätte ich an solcher ihrer Unterredung Theil, so bin ich
des folgenden Morgens von dannen voraus anhero gegangen", fügt Bothmer hinzu, unterlässt aber nicht des
Weiteren zu erzählen, wie der Sieger von Oudenarde und
Malplaquet nicht nur in allen Ortschaften, welche er auf der
Reise berührte, sondern selbst trotz dem Abenddunkel bei
der Einfahrt in London vom Volke alsbald erkannt und mit
stürmischem „Zujauchzen" empfangen worden sei. Um sich
jedoch ferneren Ovationen der Art zu entziehen, habe er
bei seinem Schwiegersohn, Lord Montagu, Wohnung genommen, sich von dort unverzüglich im Geheimen zu Hof
begeben, sei auch von Königin Anna zwar kurz, aber huld-
voll empfangen worden. Ueber die einstündige Audienz,
die ihm Tags darauf, und noch andere, die rasch hinterdrein
gewährt wurden, „bezeigte er sich sehr wohl zufrieden und
vergnügt zu sein, so dass man wieder hoffte, er werde sich
bewegen lassen, bei seinem Commando zu verbleiben."
Freilich fehlte es auch nicht an ungünstigen Auffassungen der
Lage. Denn während alle übrigen Minister dem Feldherrn
den Besuch erwiderten, liess Mr. Harley auf sich warten und
machte zur Bedingung, dass die erste Begegnung mit ihm
nur im Geheimen Rathe oder bei Hofe statthaben könne.
Von torystischer Seite aber wurde Marlborough deutlich zu
verstehen gegeben, dass man zwar sein tapferes Schwert,
so lange es noch von Nöthen, nicht missen wollte, er selber
aber sich in die endgültige Beseitigung seiner politischen
Freunde und vor allem auch seiner Gemahlin zu finden
haben würde.

Bothmer, der gleich am Morgen nach seiner Ankunft

von einigen Whig-Häuptern, den Lords Sunderland, Galway, Stamford, Halifax aufgesucht worden, dagegen den Staatssecretär für die auswärtigen Angelegenheiten, Mr. St. John*) verfehlt hatte, wurde von diesem am folgenden Sonntag bei der Königin eingeführt, „die sich gnädigst nach Kurfürst und Kurfürstin Durchlaucht erkundigt." Als Eindruck seiner ersten Berührung mit den Ministern berichtete er insbesondere eine „steigende Inclination zum Frieden". Einer überwiegenden Besorgniss indess, dass Frankreich die verwickelte Lage benutzen könnte, um den Prätendenten nach England zu werfen, wie eben jetzt der hannoverische Agent D. Huldenberg aus Wien nach Aeusserungen des Prinzen Eugen von Savoyen meldete, begegnete er nicht; wohl aber dem festen Entschluss der im Besitz der Macht befindlichen Hofpartei, alle Mittel aufzubieten, damit die Whigs nun und nimmer in dieselbe zurückgelangten. Erst nachdem er eine Weile beobachtend sich umgesehen hatte, schickte er am 16. einen geheimen Bericht über eine Unterredung mit Lord Halifax ein, der, nach einer langen Erörterung über den Besorgniss erregenden Niedergang des Credits in England, zur Unterstützung der unleugbar in Gefahr schwebenden protestantischen Thronfolge das persönliche Erscheinen des Kurfürsten dringend anrieth: entweder auf Besuch bei der Königin, oder noch besser um den Oberbefehl über die verbündeten Armeen zu übernehmen, könne er sich einfinden. Denn dass der Herzog von Marlborough, auch wenn er noch einmal nachgäbe, sich lange behaupten würde, hofften selbst seine besten Freunde nicht, während man ihm vielleicht das Commando unter des Kurfürsten Durchlaucht sichern könnte. Geschickt wich der Gesandte mit dem Bemerken aus, dass sein gnädiger Herr ja schon früher den Oberbefehl über die Reichsarmee, wegen der seinen Staaten nahe tretenden Gefahr, in den nordischen Krieg verwickelt zu werden, niedergelegt hätte; dass diese Gefahr inzwischen nur gewachsen wäre und er daher aus demselben Grunde sich nicht zu einem Besuche bei der Königin entfernen

---

*) Stets St. Jean geschrieben. Auf einer damals geschlagenen Medaille wurde das Triumvirat St. John, Harley, Lord Raby als Jean Potage, Harlequin, Rabbin verhöhnt, Schaumann, Erwerbung S. 62.

dürfte. Es käme vielmehr darauf an, von allen Seiten dazu beizutragen, dem Herzoge das Commando zu bewahren. Als Halifax darauf fragte, ob man denn in Hannover die bisherigen Voranstalten zur Succession für genügend erachte; ob nicht vielmehr so bald als möglich die Rangverhältnisse des Kurfürsten und seiner Familie geregelt werden müssten, um zu ermöglichen, dass sie in der ihnen zuerkannten Eigenschaft, so oft sie wollten, England besuchen könnten; ob es nicht geradezu gerathen sei, den Artikel der grossen Allianz zu erneuern, demzufolge der Kaiser verpflichtet worden war, der Krone von England Genugthuung für die Anerkennung des Prätendenten durch Ludwig XIV. zu verschaffen: meinte Bothmer, dass sich nur in England selber beurtheilen liesse, ob die Garantien genügen und ob weitere vom Parlament zu haben seien, der kaiserliche Hof dagegen behufs einer Erneuerung jenes Artikels schon in den über einen Barrièrenvertrag mit den Niederlanden schwebenden Unterhandlungen erhebliche Schwierigkeiten finden würde.

Einige Tage später, in einer Depesche vom 20., die von denselben Dingen handelt, findet Bothmer die Aussichten auf Fortführung des Commando durch den Herzog schon etwas besser. Am schwierigsten wird es freilich sein, Harley und dessen Anhänger geneigt zu machen. Doch hat er sich bereits bei Lord Rochester davon überzeugt, dem Oheim der Königin Anna, Hochtory und den Jacobiten nicht fern stehend. Mit dem Herzoge von Shrewsbury und Mr. St. John gleichfalls zu reden, hat sich leider die Gelegenheit noch nicht geboten. Marlborough selber, der in eben diesen Tagen wiederholt die Gnade der Königin anrief, verkehrte in der That nur am dritten Ort, z. B. im Schatzamt, mit Harley. Indess konnte die Herzogin, welche seit Jahresfrist nicht mehr von Anna empfangen worden war, nachdem die Intriguen der Mistress Masham und Harley's die alte Freundschaft von Grund aus zerstört hatten, auf kein Erbarmen hoffen, und ihrem Gemahl sagte die Königin selber in's Gesicht, dass sie mit ihm nicht eher von Geschäften reden würde, als bis seine Frau den goldenen Schlüssel der Oberhofmeisterin zurückgegeben hätte. Darüber tauchte nun der Gedanke auf, dass sie sich um die Königin wie um den

Staat durch freiwilligen Rücktritt von ihren Aemtern ein
Verdienst erwerben könnte, wie Bothmer denn auch dem
Herzoge nicht verschwieg, der seinerseits ebenfalls durch-
blicken liess, dass ihm nicht minder der starke Wille seiner
Frau im Wege stand.

Am 23. ist es dem Gesandten trotz wiederholter Versuche noch immer nicht gelungen, Mr. Harley zu sprechen.
Doch haben ihn St. John und der Herzog von Shrewsbury
versichert, sie wollten Alles aufbieten, dass Marlborough
auf seinem Posten verbleibe. Shrewsbury besonders liess es
an Anerkennung für den grossen Feldherrn nicht fehlen.
Man würde ihm Alles, sagte er, was er nur irgend wünschte,
gern gewähren, wenn er nur nicht zur Bedingung machen
wollte, dass die Herzogin nach wie vor die erste Dame der
Königin bliebe. Ja, um ihr den freiwilligen Rücktritt an-
nehmbar zu machen, überredete er endlich den deutschen
Diplomaten, dass dieser selber sich im Interesse der Tories
und Whigs zu ihr verfüge und, da die grosse Sarah nicht
Französisch, Bothmer aber nicht Englisch sprach, sich des
Lord Halifax als Interpreten der Beweggründe bedienen
wolle, die ihnen allen einleuchteten. Leider fand Bothmer
den Whig-Lord wenig geneigt, theils weil er sich nicht
zutraute, die aufgebrachte Frau anderen Sinnes zu machen,
theils weil er Shrewsbury's Auffassung von der entgegenkommenden Stimmung der anderen Seite nicht für mass-
gebend hielt. Indess Bothmer wurde in denselben Tagen
von den Häuptern der Whig-Junta, den Lords Halifax,
Sunderland und dem Herzog von Devonshire fleissig zum
Diner eingeladen, wo er nicht nur mit den Lords Wharton,
Oxford, Cowper, Somers, dem grossen Juristen, einst Wilhelms III. Kanzler und bis vor Kurzem Präsidenten des
Geheimen Raths, zusammentraf, sondern in ihrer Gesellschaft vollends sich über seine Handlungsweise klar wurde.
Er verhehlte sich nicht, dass die Tories einen so regen
Verkehr mit den Gegnern übel vermerken könnten, benutzte
ihn aber, um, was nun der Herzog von Marlborough selber
dringend wünschte, statt Halifax Lord Sunderland, des Herzogs Eidam, als Beistand für den bedenklichen Besuch zu
gewinnen. Auch sie beide indess würden sich schwerlich

geeinigt haben, wenn nicht Lady Sunderland sie hätte wissen
lassen, dass ihre Mutter bereits den Vorstellungen Lord
Oxfords Gehör zu leihen anfinge. So begaben sie sich denn
am 27., wie Bothmer unverzüglich nach Hannover berichtete,
zu ihr. „Ihre Erregung schien gross bei den Eröffnungen,
welche Sunderland an meiner Statt machte. Doch erwiderte sie so höflich wie möglich, indem sie erklärte, dass
sie von Erkenntlichkeit für alle Gnadenbeweise tief durch-
drungen sei, welche Ew. Kurfürstl. Durchlaucht zumal in
der gegenwärtigen Verwickelung dem Herzoge ihrem Gemahl gegeben hätte, und dass es undankbar sein würde,
wenn sie nicht ihrerseits Alles, was von ihr abhing, bei-
trüge, um den Erfolg weiser und angelegentlicher Rath-
schläge zu erleichtern, mit denen Ew. Kurfürstl. Durchlaucht
sie beehrten. Sie versicherte uns, dass sie demgemäss bereit
wäre, hinsichtlich ihrer Aemter Alles zu thun, was man ihr
vorschlüge, um dem Herzoge ihrem Gemahl die seinigen
zu bewahren. Auch bat sie mich, Ew. Kurfürstl. Durchlaucht
die unwandelbare Ergebenheit ihrer ganzen Familie auszu-
drücken, der in alle Wege die Succession so sehr am Herzen
läge, dass, wenn auch ihr Eifer noch nicht hinreichend kund
gethan sein sollte, um Ew. Kurfürstl. Durchlaucht davon
zu überzeugen, es doch, wie sie verhoffe, der Fall sein
würde, Dank der Abhängigkeit von Ew. Kurfürstl. Durchlaucht, in welche der Herzog sammt seiner ganzen Familie
versetzt worden wären, seit sie sich den unversöhnlichen
Hass des Prinzen von Wales zugezogen. Sie fürchtete aber
trotzdem, dass aus demselben Grunde diejenigen, die hier
diesem Prätendenten anhingen, nicht ruhen würden, bis sie
ihren Gemahl auf eine oder die andere Weise von seinem
Posten vertrieben hätten, wie viel auch er oder sie jetzt
thun möchten, um ihn darin zu behaupten. Nachdem ich
ihr für die höfliche Antwort Dank gesagt, fügte ich hinzu,
dass, wenn dies gegen mein Erwarten eintreten sollte, der
Herzog alle seine Feinde durch eine Verantwortung vor der
ganzen Welt in Unrecht versetzen würde, nachdem er seinerseits Alles gethan, was von ihm verlangt werden könnte,
um auch fernerhin seine Dienste so ruhmvoll wie bisher
dem Vaterlande zu widmen. Das wird dann auch unter

seinen Freunden wirken, welche bezweifeln, ob er selbst nach der Abdankung seiner Frau sich auf seinem Posten halten und von gleichem Nutzen wie bisher sein werde. Auch scheint mir fast, dass einige seiner Freunde es lieber gesehn haben würden, er hätte ihn jetzt aufgegeben, als so viele Schritte zu thun, um ihn zu bewahren, weil sie fürchten, er könne durch ein solches Anklammern genöthigt werden, auch sie daran und sich selber ganz dem Willen der neuen Partei hinzugeben." Also auch an dieser Stelle das, so lange Marlborough im öffentlichen Leben blieb, nie völlig verschwindende Misstrauen, er könne noch einmal zum Ueberläufer werden und das grosse Problem, ob Stuart oder Welf, zu Ungunsten des letzteren zum Austrage bringen helfen. Keine Frage, der berühmte Feldherr, tief gekränkt, wie er war, wäre in jenem Augenblick am liebsten dem Zuge seines Herzens und dem Ungestüm der Gemahlin gefolgt und hätte den Dienst verlassen. Dass Lord Godolphin und die Whigs, dass unter seinen auswärtigen Freunden Prinz Eugen und der Rathspensionarius Heinsius in ihn drangen, trotzdem sich im Interesse Europa's zu überwinden, um das Werk der Bezwingung Frankreichs auszuführen, wusste alsbald alle Welt. Eine wie persönliche Rolle der hannoverische Gesandte im Einklang mit seiner Instruction dabei spielte, erfahren wir erst jetzt aus seiner geheimen Depesche.

Der Herzog hat denn auch nicht verfehlt, ihm alsbald anzuzeigen, dass er am 30. den goldenen Schlüssel, den seine Gemahlin einst von der Königin erhalten, als Zeichen ihrer Unterwerfung zurückgegeben, und ihm für die Vor-stellungen, die er der heftigen Dame mit so gutem Erfolg gemacht, den wärmsten Dank auszusprechen. Er selber entging doch gern der Schande, gleich ihr mit allen Folgen königlicher Ungnade ausgestossen zu werden und unterliess hinfort Nichts, um das Misstrauen (*ombrage*), mit welchem ihn das neue Ministerium begleitete, zu beschwichtigen, wobei die alte Freundschaft mit dem Herzoge von Shrewsbury treffliche Dienste that. Selbst mit Lord Orrery suchte er sich auszusöhnen, der ohne seine Genehmigung in der Armee befördert worden, als einige höhere Officiere bei

23*

einem Toast auf den Herzog den Minister verdammt hatten
und dafür von diesem, ohne dass der Chef befragt worden,
ihrer Regimenter verlustig erklärt waren. Obgleich er
den Kummer hierüber, wie Marlborough auch dem Kurfürsten in Hannover aussprechen liess, tief empfand und die
ganz ungewöhnliche Vollmacht, die er seit dem Ableben
Wilhelms III. beinah ererbt hatte, wesentlich zusammen-
schrumpfte, gab er doch Denjenigen nicht nach, die ihn
immer wieder bestürmten, er solle den Dienst quittiren.
Bothmer hat diese Herren in vollem Einverständniss mit
dem Herzoge darauf aufmerksam gemacht, dass, wenn der
Königin um Marlboroughs Dienste zu thun sei, das doch
nur dadurch geschehn könne, dass er für den bevorstehenden Feldzug wie bisher ausgerüstet und alle Officiere nach
wie vor auch seinen Befehlen unterstellt sein würden.

Als bei diesen Verhandlungen Mitglieder beider Parteien um die Wette dem Gesandten ihre Ergebenheit für
den Kurfürsten und ihr Einstehen für sein Erbrecht aussprachen und wissen wollten, wie und wodurch sie dasselbe
noch mehr befestigen könnten, deutete er stets auf einen
für die Verbündeten vortheilhaften Frieden mit Frankreich
hin, so wie auf die Nothwendigkeit, ihren ganzen Einfluss
aufzubieten, auf dass der Krieg mit aller Energie bald zu
diesem Ziele fortgesetzt würde, denn Englands Freiheit und
die Besiegelung der Freiheit Europa's falle zusammen mit
Durchführung der protestantischen Succession.

In einem etwas späteren Schreiben vom 6. Februar heisst
es, dass der Herzog seiner Sache nun sicher und dafür besonders den Lords Shrewsbury und Rochester verpflichtet
sei, während Harley sich wenigstens so stellt, als ob auch
er damit einverstanden gewesen, andererseits aber die erbitterten Whigs behaupten, Marlborough werde ohne seine
beiden Vollmachten dem Vaterlande nimmermehr Dienste
leisten können wie ehedem. Einige haben sogar Bothmer
über die von ihm befolgte Politik Vorstellungen machen
wollen, während er gerade davon überzeugt blieb, durch
seine Handlungsweise den Intentionen seines Herrn sowohl
wie dem gemeinsamen Interesse am besten zu dienen, selbst
wenn Marlboroughs Vollmacht in der That beschränkt

würde. Die grosse Popularität, welche ihm seine Siege
eingetragen, und die unbezweifelte Thatsache, dass Keiner
wie er die Truppen zu führen im Stande war, würden davon
schwerlich berührt. Der Herzog von Shrewsbury meinte,
die Königin selber müsse durch ehrenvolle Aeusserungen
das etwa bei den Generalstaaten erschütterte Vertrauen zu
dem Feldherrn wieder aufrichten, er selber aber, um sich
der mit Widerreden und Intriguen aller Art erfüllten Luft
Englands zu entziehen, so bald als möglich zur Armee ab-
gehen. Der Herzog unterliess denn auch Nichts, um sich
mit Harley zu verständigen, ja, hatte die Ueberwindung
sich der neuen Favoritin, der Mistress Masham, zu nähern,
so dass sogar die Whigs auf eine Versöhnung mit den
Beiden zu speculiren begannen, um sich günstigen Falls
mit der noch immer in der Mitte haltenden Hofpartei gegen
die Tories zu verbinden, deren geschlossene Reihen in mancher Beziehung auch Harley bedrohlich. erscheinen mussten.
Vielleicht liessen sich alsdann auch andere in ihren Stellungen gefährdete Persönlichkeiten, die mit dem gestürzten
Cabinet auch zusammenhingen, wie Lord Townshend im
Haag fest halten, was, wenn die Friedensverhandlungen
wirklich in Gang kommen sollten, von der allergrössten
Wichtigkeit sein musste. Verrieth doch Frankreich immer
deutlicher eine verdächtige Annäherung an die neue Regierung, indem es, um einen wirksamen Keil zwischen die Verbündeten zu treiben, höchst auffallend mitten im Kriege
den Handel der Engländer gegen den der Holländer be-
günstigte. Wiederholt hatten Herren, welche mit Harley
.auf Verkehrsfuss standen, dem Gesandten auch von seinem
sehnlichen Verlangen nach Frieden gesprochen.

Daneben ruhte inzwischen keineswegs der Plan, durch
das Haus der Lords der Kurfürstin Sophie, dem Kurfürsten
und seinem ältesten Sohne, der bereits den Titel eines
Herzogs von Cambridge führte, Rang und Prärogative von
Prinzen der königlichen Familie zu verschaffen, das Recht
bei ihrer Anwesenheit im Parlament am Thron zu sitzen,
und ihnen ein Jahrgehalt von 40 bis 50,000 Pfund Sterling
auszuwerfen. Bothmer bewahrte wie immer auch bei diesen
Anträgen seinen Gleichmuth und meinte, die Herren müssten

jedenfalls selber am besten wissen, wie weit sie die Majorität besässen. Mr. Harley aber, der schon ähnliche Gedanken gehegt, würde von der hierfür wenig geneigten Gesinnung der Königin doch ganz gewiss unterrichtet sein. Aber auch von Seiten des höchst einflussreichen Earl von Nottingham, der als überzeugungsvollster Tory und bei Manchen sogar als Jacobit galt, ist durch seinen Eidam, den Herzog von Roxborough, dem Gesandten vertraulich hinterbracht worden, dass er sich durchaus zu der protestantischen Succession bekenne, in der gegenwärtigen Lage aber Alles auf dem Spiel stehn würde, wenn nicht Kurfürst oder Kurprinz schleunig herüber kämen. Eine Einladung durch das Parlament wäre mit Sicherheit zu erreichen, wenn es die Whigs nur wollten, aber selbst ohne Einladung wäre ein solches Hervortreten dringend erforderlich. Es war das ein Fühler, der im tiefsten Geheimniss, vor allem vor der anderen Partei, sich vorwagte. Indess auch solchen Zwischengängern begegnete Bothmer geschickt mit denselben Einwendungen, unter denen die Rücksicht auf die Abneigung der Königin Anna stets obenan stand. Ueberdies meinte er hinter der vertraulichen Mittheilung sogar einen Kunstgriff zu wittern, um Harley und die Hofpartei vollends an die mächtige Gruppe der Tories heranzuziehn und darüber eine Angelegenheit, welche den Gefühlen Anna's ganz entschieden zuwider war, ein für alle Mal aus der Welt zu schaffen. So galt es denn wieder bei den Whigs darauf hinzuwirken, dass sie Eröffnungen der Art nach Kräften widerstünden und vielmehr Alles aufböten, um durch energische Kriegführung einen Frieden herbeizuführen, durch welchen Ludwig XIV. endlich genöthigt sein würde, den Prinzen von Wales auszuweisen. Es ist doch sehr bezeichnend, dass der Depesche vom 17. Februar eine Abschrift jenes Artikels des grossen Allianztractats beigelegt wurde, in welchem sich die englische Regierung feierlich verpflichtet hatte, mit Frankreich niemals Frieden zu schliessen, bis nicht für die von Ludwig XIV. vollzogene Anerkennung Jacobs III. der Königin Anna vollständige Genugthuung zu Theil geworden wäre.*) Die neuen Minister schienen bis-

---

*) *Donec pro eadem atroci injuria reparatio facta sit.*

her gar keine Notiz davon zu nehmen. Um so wirksamer
würde es sein, wenn vor Schluss des Parlaments daran
erinnert würde. Angesichts der Thronfolgeacte, welche das
kurfürstliche Haus der Krone am nächsten verwandt erklärte,
erschien eine weitere Declaration des Rangverhältnisses
überflüssig. Man sieht aus den Reibungen der Factionen
um Ziele, die oft genug zusammen fielen, wie sehr die Entscheidung davon abhing, welcher Seite sich Harley schliesslich zuwenden würde. Schon nahten die Tories in heftiger
Ungeduld ihn ernst an die Erfüllung seiner Versprechungen
zu mahnen. Mittlerweile aber erfolgte in der That die Bestätigung Marlboroughs in der Weiterführung des Krieges.
Nachdem er einige Tage verreist gewesen, um den Bau
seines prächtigen Landsitzes Blenheim zu besichtigen, hatte
er, schon mit der Abreise nach dem Festlande beschäftigt,
am 26. in Gegenwart Sunderlands nochmals eine längere
Unterredung mit Bothmer. Auch der Herzog hatte seine
Freunde dafür bestimmen wollen, dass die Lords noch vor
dem Schlusse der Session sich mit dem Range des Kurprinzen und die Gemeinen mit einer Dotation der kurfürstlichen Familie befassen sollten. Selbst wenn die Tories
opponiren würden, könnte ihr Widerspruch vielleicht der
Anlass werden, die Partei zu sprengen, indem die falschen
Freunde sich endlich als Jacobiten zu erkennen geben und
die hannoverisch Gesinnten, von jenen „*Whimsicals*“ und
„*Hanoverian rats*“ verspottet, sich absondern müssten. Als
Bothmer einwarf, er könnte es nur dem Urtheil Ihrer Lord-
schaften anheim geben, ob ein so gewagter Versuch gerade
in diesem Augenblick rathsam wäre, gestand doch auch
Sunderland, dass man nicht vorgehn dürfe, ohne sich mit
ihm verständigt zu haben. Nochmals kam die Absicht zur
Sprache — ohne Frage auf Anregung des Herzogs von Roxborough, der sich freilich wohl hütete, seinen Schwiegervater zu compromittiren —, mit oder ohne königliche Einladung ein Mitglied der kurfürstlichen Familie aus Hannover
kommen zu lassen. Und wieder erfolgte die Antwort, die
Sache sei viel zu delicat, um darüber auch nur dem Kurfürsten Bericht zu erstatten, dessen Ehrerbietung vor der
Königin ihm niemals erlauben würde, zu einem Schritte

die Hand zu bieten, der nicht nach dem Sinn ihrer Majestät
sei. Dringend bat der Gesandte alle seine Freunde, diesen
Gedanken fahren zu lassen.

Zunächst war es denn doch gelungen, den Herzog gegen
die warnenden Stimmen seines eigenen Innern und der
heftigeren Whigs wie gegen die von Swift und Prior bediente Tory-Presse, welche in boshaftester Weise ihn zu
verleumden fortfuhr, dem Dienst im Felde und dadurch dem
bereits wankenden, gegen Frankreichs Weltmacht geschlossenen Bunde zu erhalten. Wie er selber und Bothmer es
bezeichnend ausdrückten, hatte er in einer Art Vertrag,
gegen das Versprechen der Minister, sein Commando und
die Unterhaltung der Armee nicht anzutasten, ihnen ihre
Angelegenheiten Preis gegeben. Darüber eröffneten sich
freilich tiefe Blicke in die Reibungen des Cabinets und der
Parteien, welche für die Zukunft wenig erfreulich waren.
Bei Marlborough wurde die alte Neigung für den geistvollen St. John wieder rege, während er kaum Vertrauen
zu Harley hatte, dessen Huld wegen seines grossen Einflusses auf die Königin er doch nicht minder cultiviren
musste. Er hat dem Gesandten erzählt, dass Anna ihm mit
Thränen in den Augen geradezu befohlen habe, sich mit
Harley gut zu stellen. Allein auch dieser war nicht auf
Rosen gebettet, da die Tories sich immer schroffer zeigten
und die Whigs zwar sehr nach einer Verständigung begehrten, aber mit ihrem Wunsche nach einer Parlamentsauflösung und einer weiteren Annäherung zurückhielten, bis
sie überzeugt wären, dass er sich für sie entscheiden würde.
Im Ganzen schied Marlborough doch nur wenig ausgesöhnt
mit den nun einmal herrschenden Zuständen. Die Königin
zwar hatte ihm sehr bestimmt und zu wiederholten Malen
die Fortdauer ihrer Huld ausgesprochen. Er war überzeugt,
dass sie ihm unter vier Augen mehr gesagt, als sie es vor
den Leuten, welche sie gegenwärtig in Händen hatten, gewagt haben würde. Auch an entgegenkommenden Betheuerungen Shrewsbury's, St. Johns und selbst Harley's
hatte es nicht gefehlt. Nur war ihr Werth sehr ungleich-
artig, und einen Zweifel wurde Marlborough nicht mehr los,
ob nämlich alle schönen Zusagen, für einen recht energischen

Feldzug zu sorgen, nicht vor der schwierigen Lage der Finanzen, vielleicht gar vor der Unmöglichkeit, die erforderlichen Summen aufzubringen, zu Schanden werden müssten. Der Nationalcredit hatte in der That den harten Stoss, den er hauptsächlich durch den Systemwechsel des Jahres 1710 erlitten, nicht verwunden. Harley suchte nun wohl den entwertheten Fonds durch Auslosung von Actien, an denen sich die Hofpartei eifrig zu betheiligen begann, auf Grund einer neuen Handelscompagnie, die ganz nach der Weise der Whig-Corporationen mit besonderen Privilegien für die Nationalgläubiger ausgestattet wurde, nach Möglichkeit aufzuhelfen. Aber günstige Ergebnisse waren zunächst doch nur wenig zu verspüren, obgleich am ersten Tage bereits so stark überzeichnet wurde, dass die Herren in Hannover, die in ihrer Gewinnsucht ebenfalls Aufträge gegeben, mit diesen zu spät kamen.*)

Beim Abschiede sprach der Herzog noch einmal seine tief empfundene Verehrung und ewige Erkenntlichkeit für die vielen Gnadenbeweise des Kurfürsten aus. Nachdem er sich bei günstigem Winde eingeschifft, erreichte er am 6. März den Haag.**) Ueber seine Thätigkeit im Felde während der nächsten Monate nach Hannover Bericht zu erstatten, musste Bothmer den deutschen Officieren in der Umgebung Marlboroughs überlassen.

Mittlerweile liessen die Parteiführer beider Theile nicht ab, wegen Einladung eines Mitgliedes des Hauses immer wieder in den kurfürstlichen Bevollmächtigten zu dringen. Er beharrte bei seiner ablehnenden Haltung, indem er den Einen sehr wenig traute, die Anderen ernstlich zur Vorsicht ermahnte und nur Wenigen, wie Lord Halifax, die Erkenntniss beibrachte, dass es rathsam sei, den Dingen für's Erste ihren Lauf zu lassen. Seiner Instruction gemäss aber fuhr er fort, die Entwickelung derselben aufmerksam zu überwachen und alle seine Wahrnehmungen ausführlich nach Hause zu melden. So erkannte er denn, dass die Einen, namhafte Mitglieder des Unterhauses und der Herzog von

---

*) „*Vous, Monsieur, et tous nos compatriotes sont venus trop tard pour la lotterie*", Bothmer an Robethon, 13—19. März.
**) *Letters and Dispatches of the Duke of Marlborough*, V, p. 261.

Roxborough wegen seiner Beziehungen in Schottland in der That den ehrlichen Wunsch hegten, Jemanden zur Stelle zu haben, an dem das Volk im Gegensatz zum Prätendenten einen Halt gewinnen könnte. Andere dagegen verlangten sehnlichst nach einem fürstlichen Parteihaupt gegen die Tories, durch das sie bei gewissen Anlässen sogar die Königin ihnen zu Willen zu sein nöthigen könnten. Eine dritte Gruppe wollte lediglich dem Cabinet, das sie zu beerben begehrten, Verlegenheit bereiten, wie etwa der Herzog von Argyle, der auch aus anderen Gründen anstand, nach Spanien abzugehen, um das ihm dort übertragene Commando anzutreten. Die Tories endlich forderten die Herüberkunft eines Mitgliedes des Welfenhauses vor allen Dingen doch nur, um Harley an sich zu ketten und dann vielleicht die Missgunst Anna's zu benutzen, um die ganze protestantische Erbfolgeordnung über den Haufen zu werfen. Wenn alle um die Wette von jäher Gefahr redeten, in welcher die grosse Angelegenheit schwebte, so meinte Bothmer unerschütterlich, die einzige Gefahr, welche er befürchten müsste, wäre ein fauler Friede statt eines guten. Für den einen wie für den anderen Fall hing das Meiste also von den wenig sicheren Verhältnissen in England selber ab, wo beständige Gerüchte über Auflösung des Parlaments und bevorstehende Neuwahlen die Parteien in Athem hielten und die Tories dem leitenden Minister geradezu die Pistole auf die Brust setzten. Argyle, sein Bruder, Lord Islay, der Earl von Mar, welche der Hof bei den Wahlen „schottischer Lords" für das gegenwärtige Parlament verwendet hatte, drohten laut und ungebärdig, dass, wenn Harley nicht, wie er verheissen, ihre Auslagen bis zu einer bestimmten Frist vergütet hätte, sie völlig frei von jeder Verpflichtung gegen ihn und den Hof, dem Lande und seinen Interessen dienen würden. Allerlei bedenklich legitimistische Pamphlets bearbeiteten nebenher die öffentliche Meinung. Das eine wiederholte die unleugbaren Beweise von der echten Geburt des Sohns Jacobs II., welcher dessen Erbe in Anspruch nahm, und konnte leicht auch der Königin in die Hände gespielt werden und alsdann die übelste Wirkung thun, so wenig auch dadurch staatsrechtlich das Statut von 1701, die *Act of settle-*

ment, umgestossen wurde. Ein anderes erzählte sehr hand-
greiflich, wie Schweden jüngst unter Karl XI, seine Freiheit
verloren und wie mit denselben Mitteln England der seinigen beraubt werden könnte, so dass der schwedische Gesandte Gyllenborg in einer an den Herzog von Queensbury
gerichteten Note amtlich Einsprache erhob.

Nachdem man sich mehrmals verfehlt, gelang es Bothmer
endlich, einmal Lord Somers zu sprechen, nur leider nicht
allein, sondern in Gesellschaft des heissblütigen Whig Sunderland. Indess bestanden bei dieser Gelegenheit schon
beide Herren nicht mehr auf die Anwesenheit eines Welfen-
fürsten, drangen aber um so mehr auf eine andere Massregel, um die Gemüther zu beruhigen; denn die Klugheit
erfordere, dass man nicht still sitze, während der Prätendent unendlich rührig sei und alle verfügbaren Kräfte auf-
biete, um seinem Ziele näher zu kommen. Der Gesandte
wusste freilich kein anderes Mittel als das längst ergriffene:
die im Interesse der Nation im Jahre 1701 beschlossene
Acte, zumal wenn sie durch einen guten Frieden eine neue
Stütze erhielte. Da musste denn auch Sunderland einräumen, dass Lord Somers, der Vater des *Settlement,* an einer
solchen Politik mehr als irgend Jemand sonst betheiligt sei.
Beide verpflichteten sich in der That, keinen Schritt thun
zu wollen, der nicht die Billigung Sr. Kurfürstlichen Durchlaucht erhalten haben würde. Nachträglich trat auch Lord
Godolphin dieser Abkunft bei, indem er die Ueberzeugung
aussprach, dass, wenn die Tories mit dem ehrlichen Wunsch
nach einer protestantischen Thronfolge die Einladung be-
antragen sollten, die Whigs ohne Eifersucht einem solchen
Antrage nur beipflichten könnten; dass dagegen, falls diese
Initiative ergriffen, der Widerspruch jener in alter Hitze
entbrennen und der Ausgang leicht gefährlich werden könnte.
Er verschwieg sogar nicht, dass der Gesandte nach Schluss
des Parlaments, um bei den Generalstaaten auf einen guten
Frieden hinzuwirken, im Haag weit mehr an seiner Stelle
sein würde als in London, was denn allerdings durchaus
mit den Absichten in Hannover wie mit Bothmers eigener
Auffassung zusammen traf.

Da sollte nun ein Attentat auf Harley die Situation

einigermassen aufhellen und den Parteiverhältnissen endlich
eine andere Wendung geben. Am 8/19. März nämlich wurde
ein französischer Abenteurer, der Marquis Guiscard, der
zuvor den Engländern Kriegs- und Spionsdienste geleistet
hatte, jüngst aber in seiner Pension verkürzt worden war
und, darüber erbittert, der französischen Regierung allerlei
hinterbracht hatte, in dem Augenblick verhaftet, als er aus
der zu Ehren der zehnjährigen Regierung Anna's abgehal-
tenen Cour heraustrat. Alsbald vor dem Geheimen Rath
zur Rechenschaft gezogen, ergriff er ein Federmesser, um
damit St. John zu ermorden, stach aber in blinder Wuth
statt seiner nach dem daneben sitzenden Harley so heftig,
dass die Klinge am Brustknochen abbrach. Die Minister
zogen sofort ihre Degen, und verwundeten den Uebelthäter
der Art, dass er wenige Tage hernach im Gefängniss von
Newgate starb. Das Ereigniss verursachte eine gewaltige
Aufregung und bereitete vor allen dem glücklicher Weise
nur unbedeutend verletzten Harley einen ungemeinen Vortheil. Selbstverständlich liess der hannoverische Gesandte
die acuten Nachwirkungen dieses Ereignisses nicht aus den
Augen.

Vor allem wurde die Königin, deren Befinden schon
längere Zeit wenig befriedigte, durch weit übertriebene Berichte über den Hergang auf das Heftigste erschüttert, so
dass alle möglichen Gerüchte durch die Luft schwirrten und
Bothmer darauf gefasst war, dass sich das stürmische Begehren nach der Anwesenheit eines hannoverschen Prinzen
alsbald erneuern würde. Natürlich war auch wieder lebhafter als bisher von Anschlägen des sog. Prinzen von
Wales die Rede. Andere wollten sogar wissen, wie Bothmer doch der Mühe werth hielt, seinem Kurfürsten direct
in einem deutschen Briefe zu melden, der Prätendent verlasse Frankreich und gehe in die Schweiz, um dort zum
Protestantismus überzutreten und alsdann die Prinzessin
Ulrike von Schweden zu heirathen. In einer chiffrirten
Depesche vom selben Tage, dem 27., berichtete er indess
vertraulich, was ihm von Lord Godolphin, an den er sich
in der Sache gewendet hatte, erzählt worden war. Dieser
Führer der jüngst gestürzten Whig-Regierung hatte einst

beim Ausbruch der unblutigen Revolution im Jahre 1688
der Königin Maria, einer geborenen Prinzessin Este, um
ihrem Gemahl Jacob II. die Krone zu retten, ernstlich vorgeschlagen, ihren jüngst geborenen Sohn ohne Verzug dem
Erzbischof von Canterbury in Lambeth zur Erziehung zu
übergeben, damit er Anglikaner würde. Sie hatte erwidert,
sie würde das Kind, wenn es ein Ketzer werden sollte, lieber
verbrennen als am Leben sehen. Alle, welche die noch im
Exil lebende, tief bigote Königin-Mutter kannten, waren
überzeugt, dass sie auch dem inzwischen Erwachsenen, den
Ludwig XIV. beim Tode des Vaters im Jahre 1701 feierlich als König von Grossbritannien und Irland begrüsst
hatte, nimmermehr gestatten würde, seinen Glauben abzu-
schwören. Obwohl nun sein Anrecht angesichts der vor
zehn Jahren durch Parlamentsstatut vollzogenen Garantien
selbst durch einen Religionswechsel um kein Haar verstärkt
worden wäre, so wuchs doch die Unruhe der Whigs von einem
Tage zum andern. Ein ungeheurer Zulauf der Schotten,
welche unlängst in die parlamentarische Union hineinge-
nöthigt worden, galt im Voraus als ausgemacht, sobald dem
Stuart eine Landung in Nordbritannien gelingen würde.
Nicht minder sollte Königin Anna ihm unwandelbar geneigt
sein. Ein Vertreter der protestantischen Linie müsste desshalb unverzüglich herbeigerufen werden. Der Gesandte
blieb bei allen solchen Zumuthungen unbeugsam, da ein
Schritt der Art ohne Genehmigung der Königin die bereits
vortheilhafte Constellation des Prinzen von Wales nur noch
günstiger gestalten und, weil von den Whigs ausgehend,
unfehlbar auf Widerstand der ihnen im Parlament entschieden überlegenen Tories stossen würde. Wie leicht könnten
alsdann diejenigen Mitglieder dieser Partei, die bisher für
die protestantische Erbfolge eingestanden, davon abgedrängt
und diese thatsächlich in Frage gestellt werden. Er vertraute, dass die Königin und ihr Rath trotzdem die Lage
beherrschten und rühmte mit Genugthuung, dass Staatsmänner, wie die Lords Halifax und Somers, sich zu seiner
Meinung hinneigten. Uebrigens unterliess er bei keiner
Gelegenheit, den Eifer seiner Freunde zu loben, versuchte
auch wohl in der Folge, so lange sie noch die Hoffnung

hegten, Harley für sich zu gewinnen, sie in ihrem Vorhaben zu bestärken, diesen Minister zu einer Parlamentsauflösung zu bestimmen, um durch Neuwahlen wo möglich ihre Partei wieder an das Ruder zu bringen.

Zehn Tage nach jener Unterredung glaubte Bothmer aus dem Gerücht von einer schweren Erkrankung der Königin doch so viel abnehmen zu können, dass ihre Gesundheit in der That keine gute sei und nach allerlei Anzeichen kein langes Leben verspreche. Harley's Märtyrerthum aber hatte sein Ansehen im Volke wie unter den Mitgliedern des Parlaments bedeutend gehoben, so dass es sehr zweifelhaft wurde, ob er noch, wie es bisweilen den Anschein hatte, das Parlament aufzulösen geneigt sei oder gar die Königin dafür gewinnen könne. Da sich diese durchaus den Tories zuwandte, würden deren Gegner sicherlich mit allen Kräften Harley berannt haben, wenn er jetzt in seinem Krankenzimmer nicht vollends unzugänglich geworden wäre.

Zum Glück brachte das Osterfest einige besänftigende Unterbrechung, aus welcher Bothmer seinem Herrn mit der nächsten Post Folgendes meldete: „Weil das gemeine Volk des Festes halber diese gantze Woche müssig zu gehen und also mit dem Druncke sich lustig zu machen pfleget, so hat man zu Verhütung aller durch etwan entstehenden Aufläufe und Unordnung gestern angefangen, die Bürgerwachen in den meisten Quartieren aufziehen zu lassen, bevorab da viel Reden von Brandstiftungen und dergleichen hier ausgestreut werden. Die Königin hat das Podagra am Arm und kommt dannhero aus ihrem Zimmer nicht. Weilen aber der Arm geschwollen und die Schmertzen sich geleget haben, so hoffet man baldige Besserung."

Nach einem kurzen Ausfluge war bald auch der Gesandte wieder auf seinem Posten. „Ich habe eine kleine Reise nach Newmarket gethan", meldet er am 21. April, „wohin der Duc de Devonshire und einige andere Herren mich eingeladen haben, den gebräuchlichen Wettlauf ihrer Pferde zu sehn." Dort hatte sich aber auch der Herzog von Somerset eingefunden, der noch vor einem Jahre gegen Marlborough und Godolphin frondirt hatte und jetzt, nachdem er sich von den neuen Ministern zurückgestossen sah, obwohl seine Gemahlin kürzlich in einige der Hofämter der grossen Sarah aufgerückt war, nicht unwillens schien, mit den alten Freunden wieder anzubinden. Devonshire, mit dem er nie auseinander gekommen, brachte ihn in der That mit Lord Godolphin zusammen. Doch bemerkte Bothmer sehr wohl, wie beide Peers bei einem Versöhnungsmahl recht frostige Haltung gegen einander bewahrten. Gleichzeitig erfuhr er von dem Herzoge von Devonshire, dass das Ministerium jetzt wirklich verhoffte, noch mit dem gegenwärtigen Parlament den Frieden mit Frankreich einzuleiten und dass Harley, um die Session hinauszuschleppen, sich kränker stelle, als er es in der That war. Während viele Mitglieder beider Häuser bereits die Heimathsorte aufsuchten, wurden die vornehmen Whig-Lords, die unter dem Vorwande der Wettrennen in Newmarket Parteipolitik trieben, plötzlich durch Lord Sunderland zu einem anderen politischen Zweck nach London zurückberufen. „Weilen jetzt die Zeit vorhanden ist, dass die Directeurs von der Bank verändert werden sollen, so bemühet eine jede Parthey sich, die Wahl auf die Seinigen zu bringen. Weil ein jeder, so nur 500 Pfund in der Bank hat, bei solchen Fällen sein Votum eben so wohl führet also der allergrösste Capitalist, so wird gesaget, dass viele ihre Capitalia zertheilen und auf andere Nahmen schreiben lassen, um auf solche Weise die Vota von ihrer Parthey zu vermehren.“ Einige Tage später verlautete das Ergebniss: „Es haben sowohl in Erwählung der Gouverneure und der Directeurs der Ostindischen Compagnie als der Bank die Whigs den Vorzug vor den Tories durch eine grosse Majorität erlanget.“ So wurde in der That bestätigt, was ja die Börse täglich notirte, dass die gestürzte Partei in der Finanzverwaltung des Staats ein grösseres Vertrauen genoss als ihre Gegner, die auch deswegen Nichts unversucht liessen, um Harley zu dem Ihrigen zu machen.

Um dieselbe Zeit rief die Nachricht vom Tode des Dauphin weitere Aufregung hervor, „weilen dieser Herr zur Beybehaltung der Spanischen Monarchie vor den Duc d'Anjou allzeit sehr begierig gewesen, anstatt der Duc de Bourgogne dieselbe, um den Frieden zu erlangen, gern hindan

gesetzet sehen mögen, damit die Crohn Frankreich in ihrer
Consistenz erhalten werden könnte." Hiermit stand ohne
Frage in Verbindung, dass sowohl die Königin wie Harley,
die sich beide von der Aussenwelt abgesperrt hatten, wieder
zugänglicher zu werden schienen. Erstere empfing eine Ab-
ordnung des Parlaments, das ihr in aller Devotion die Mittel
zur Erbauung von fünfzig neuen Kirchen bewilligt hatte.
Zwar fehlte es nicht daran in London, aber alle, ausser
St. Pauli und Westminster, waren winzige Gebäude und
man bedurfte vor allem ein Gegengewicht gegen die bedenkliche Zunahme der Katholiken.*) Den Minister aber beschloss das Haus der Gemeinen zu seiner Genesung zu
beglückwünschen, sobald er sich nach St. Stephens hinaus-
wagen würde. Auch verlautete, die Huld seiner Gebieterin
würde ihn demnächst in den Grafenstand und zum Grossschatzmeister erheben, was dann wieder weitere Veränderungen nach sich ziehen würde. Mit Schrecken bemerkten
die Whigs, dass der Minister nicht nur dem Parlament,
sondern der October-Club, die Vereinigung der entschieden
feindlich gesinnten Tories, ihm selber viel mehr Entgegenkommen zeigte als bisher, obwohl ihr Führer, der Earl
von Rochester, den Nebenbuhler gewiss nicht gleichmüthig
zum Posten des ersten Ministers emporsteigen sah. Nichtsdestoweniger schmeichelten sich die Herren von der Opposition immer noch mit der eitlen Hoffnung, die Königin
selber würde in ihrer Angst vor einem Streiche wie der
Guiscards oder vor einer Invasion ihres Bruders, des Prätendenten, den hannoverischen Vetter zu sich berufen und
einer freigebigen Dotirung seines Hauses bereitwillig zustimmen.

Nicht lange indess, so sollten die Herren durch weitere
Zwischenfälle noch mehr enttäuscht werden. Der unvorher-

---

*) Bothmer an die Kurfürstin Sophie 10./21. April bei Kemble, *State-
papers* p. 479: „*On voudroit eloigner les Catholiques de Londres; cela ne
paroist pas practicable, on les a conté a cette occasion et on a trouvé m.
60 personnes de cette religion dans cette ville... Les ecclesiastiques au-
roient en même temps grand besoin d'une reforme, mais personne veut
toucher icy à une corde si delicate; ils se melent tous de politique, c'est
la morale qu'ils traitent dans leur sermon.*"

gesehen rasche Tod Kaiser Josephs I. am 17. April 1711 war ganz geeignet, um, wie namentlich Marlborough und Prinz Eugen keinen Augenblick verkannten, eine bedenkliche Zersetzung des grossen Bündnisses einzuleiten. Nicht nur, dass die Kaiserlichen Truppen, fern von den Kriegsschauplätzen gegen die Franzosen, an anderen Orten unentbehrlich wurden. Karl, nach des Bruders Tode voraussichtlich römischer König, bis dahin der habsburgische Throncandidat im Kampfe um das spanische Erbe, als welcher er sich den Engländern zumal in einem wenig vortheilhaften Licht gezeigt hatte, verrieth nicht übel Lust, alle Kronen seines Gesammthauses in Anspruch zu nehmen, wodurch man wieder vor demselben Dilemma stehen würde, wie einst in König Wilhelms Tagen. Die Friedensaussichten erhielten darüber in England neue Nahrung; die Aussichten für Ludwig XIV. und seinen Enkel Philipp V., glimpflich davon zu kommen, mehrten sich unverkennbar. Königin Anna, begierig bei Zeiten zu erfahren, wie im Reich die Königswahl ausfallen würde, hatte angesichts des in Frankfurt bevorstehenden Actes dem Kurfürsten in Hannover eigenhändig schreiben wollen, war aber durch ihre kranke Hand daran verhindert worden. Dafür wurde der Gesandte wenigstens vom Staatssecretär St. John empfangen. Er „rühmte Dero Eiffer vor die gemeine Wohlfahrt und die auch in diesem Falle vor dieselbe bezeigte Vorsorge mit der Versicherung, dass I. M. die Königin auf Ew. Kurfürstl. Durchlaucht hoch erleuchtete Sentiments jederzeit besondere Reflexions nehmen würde.“ Auch erwähnte er vertraulich, dass Mr. Witworth, der als Gesandter zum Czaren Peter gehen sollte, designirt sei, im Namen der Königin die Kurfürsten bei ihrem Zusammentreten zu begrüssen. Einer Bitte des Gesandten, in Sachen der Succession in Spanien keinen Schritt ohne die Generalstaaten thun zu wollen, schien er dagegen mit der Bemerkung auszuweichen, dass man im Haag nur allzu geneigt sei, die Verhandlungen zu verschleppen. Durch eine Indiscretion des savoyischen Gesandten erfuhr Bothmer hinterdrein, dass St. John zwar der Erwerbung der Kaiserkrone durch Karl von Oesterreich günstig gestimmt sei, aber die Verbindung derselben mit

der spanischen Monarchie für durchaus gefährlich erkläre;
dass er diese dagegen dem Herzoge von Savoyen zuzu-
wenden trachten werde, was, da dieser Fürst zu den katholischen Expectanten auf die englische Krone gehörte, in
Hannover wenig angenehm berühren konnte. Bald nachdem Harley um dieselbe Zeit im Hause der Gemeinen erschienen und die Complimente des Sprechers entgegen genommen, machte er auch Bothmer einen höflichen, nur leider
recht eiligen Besuch. Er hütete sich wohl, von „Affairen"
zu sprechen und that im Uebrigen „grosse Versicherungen
von seiner Ergebenheit gegen Ew. Kurfürstl. Duchlaucht
und Dero durchlauchtiges Kurfürstl. Haus."

Zudem aber starb am 13. Mai Abends plötzlich am
Schlagfluss Laurence Hyde, Earl von Rochester, wodurch
die Stelle eines Präsidenten des Königlichen Geheimen
Raths erledigt und der bereits in der Luft schwebende
Aemterwechsel nunmehr leichter, und zwar im Tory-Inter-
esse in Fluss kam, weil Rochester von dieser Seite für
Harley der bedenklichste Widersacher gewesen. Da fielen
denn die Whigs höchst empfindlich aus den Wolken, nachdem sie so eben noch, als, allerdings im tiefsten Geheimniss, Lord Somers und Lord Cowper von der Königin
empfangen worden, höchst sanguinisch den Widereintritt
einiger der Ihrigen in das Cabinet verhofft hatten. Jetzt
ergab sich vielmehr, dass alle dahin zielenden Gerüchte
von Harley schlau benutzt wurden, um sich die Tories des
October-Clubs etwas gefügiger zu machen. Der Kurfürstliche Gesandte entnahm alsbald auch aus der unvermeid-
lichen Wiederholung ihrer Anträge und der steigenden
Besorgniss vor den Aussichten des Stuart-Prätendenten,
wie übel es um die Opposition stand, beharrte jedoch fest
bei der Versicherung, dass er und sein Herr, wie bis dahin,
so auch fernerhin, von Intriguen jeder Art fern bleiben
würden. Am 26. Mai berichtete er in Chiffre, dass die Whigs
endlich ihren Process bei Mr. Harley verloren und die Hoffnung aufgegeben hätten, ihn zu sich herüber zu ziehn, da
sie endlich wahrgenommen, dass der Stellenwechsel, von
dem bereits bis in's Einzelnste verlautete, gegen sie ausfallen würde.

Am 4. Juni erschien denn auch das Patent, durch welches Robert Harley zum Earl von Oxford und Mortimer erhoben und als solcher Tags darauf in das Haus der Lords eingeführt wurde. Die Königin hatte den Jahrestag der Rückkehr Karls II. aus dem Exil gewählt, den 29. Mai / 9. Juni, um den neuen Grafen sofort auch zum Grossschatzmeister, d. h. zum Premier, zu ernennen, und überreichte ihm eigenhändig den weissen Amtsstab, mit dem er sie darauf feierlich zum Gottesdienst begleitete. Daran schloss sich alsbald die erwartete Neubesetzung der Amts- und Hofstellen, sowie ein Wechsel in den Gesandtschaften. Es war vorauszusehen, dass der eine oder andere auch die hannoverische Politik nahe berühren würde.

Bei einer anderen Begegnung sah sich derselbe Staatssecretär veranlasst, dem Gesandten die Mittheilung zu machen, „dass ohngeachtet der in Schottland vor den Printzen von Wales noch vorhandenen Parthey und des Zwiespalts zwischen dortiger Geistlichkeit, deren Convocation vor die protestantische Succession erklähret und beschlossen hätte, in ihren Kirchen und Gebeten nächst der Königin nunmehr auch vor Ihro Durchlaucht die Churfürstin und vor die Protestirende Religion, wie sie durch die Parlamentsacte befestigt worden, zu bitten." Man sieht, auch St. John war noch immer darum zu thun, sich beide Thüren sorglich offen zu halten.

Bothmer wusste in tiefem Vertrauen von Lord Halifax, dass Harley diesen bewegen wollte, sich bei den mit Frankreich bevorstehenden Friedensverhandlungen verwenden zu lassen. So wenig Lust Halifax auch empfand, darauf einzugehen, so wünschte er doch eventuell des Wohlwollens des Kurfürsten versichert zu sein. Mit Lord Townshend, dem in seiner Stellung im Haag schwer bedrohten Gesandten, getraute er sich in gutem Einvernehmen zu handeln, während ein solches mit Lord Raby, der, bisher Gesandter am Berliner Hof und von St. John*) für den Haag aus-

---

*) Interessant ist Robethons Urtheil über ihn, Lord Raby und das Toryministerium. Er schreibt am 11. Juni aus dem Haag: „*Un ministère composé de novices et de gens, qui sont ravis de trouver besogne faite. Le seul*
24*

ersehen, eben mit Sehnsucht in London erwartet wurde,
sich schwer würde anbahnen lassen. Immer deutlicher verlautete überdies, dass es bei der internationalen Verhandlung
auf eine Theilung der spanischen Monarchie hinauskommen
würde und dass die Vertagung des Parlaments nur desshalb so lange auf sich warten liess, um nicht abermals, wie
das vorhergehende, einem Theilungsplan im Wege zu stehen.
Lord Townshend aber wurde nachgetragen, dass er vor
einem Jahre die Generalstaaten bewogen hatte, sich zu
Gunsten des alten Ministeriums und des vorigen Parlaments
unmittelbar an die Königin zu wenden.

Eine andere in Aussicht genommene Beförderung erregte
noch ernstere Bedenken. Es hiess, der Earl von Jersey sei
zum ersten Lord der Admiralität bestimmt, derselbe Herr,
der einst schon den König Wilhelm hatte bewegen wollen,
dem Stuart-Prinzen vor der Frau Kurfürstin den Vorzug zu
geben. Man musste in der That staunen, schreibt Bothmer
am 16. vertraulich, einen Mann von solcher Unfähigkeit und
solchen Ueberzeugungen, dessen Gemahlin eine Papistin,
dessen Haus die Herberge aller Leute dieses Glaubens ist,
an der Spitze eines solchen Amts und in einer so hohen
Stellung zu sehn, in welcher er einer der Regenten des Königreichs werden würde, im Falle die Königin unerwartet mit
Tode abginge. Wenn nun auch Lord Jersey's Unfähigkeit
gross sei, so könne er doch selbst unter fähigen und wohlgesinnten Collegen mit seinen bösen Intentionen viel Schaden
stiften. Da hat denn der Gesandte im Stillen keinen Augenblick geruht, um eine solche Ernennung zu hintertreiben.
Nur kostete es hinterdrein viel Mühe, den Freunden, welche
den Hergang witterten, Schweigen aufzuerlegen*), damit
jeder Lärm vermieden würde und die Königin nicht etwa
gar Verdacht schöpfte, dass er sich in Sachen mischte, die
ihre Regierung angingen. Immerhin aber war Lord Jersey
in der neuen Combination nichtsdestoweniger ein einfluss-
reicher Posten zugedacht, nämlich in Folge des plötzlichen

St. Jean travaille et mylord Raby a un grand ascendant sur lui.'' Meiners
und Spittler, Gött. histor. Magazin I, S. 565.

*) „*J'ay tasché de leur dissimuler ce que j'ay fait''* etc. Letzte
chiffrirte Depesche aus London vom 7. Juli.

Todes des Herzogs von Newcastle die Stelle des Geheim-
siegel-Bewahrers, als er am Tage vor der Ausfertigung
selber vom Schlage tödtlich getroffen wurde. „Ich entsinne mich nicht", schrieb Swift, der damals in seinem
„Examiner" die Reaction mit allen Kräften anblies, „dass
in so kurzer Zeit so viele hervorragende Persönlichkeiten
gestorben sind."

Keine Frage, dass die Minister Raby's Ankunft sehnlichst erwarteten; verriethen sie doch die grösste Hast, an
das Friedenswerk zu gehen und womöglich den Holländern
die mitbestimmende Rolle zu entwinden. Darüber erwarteten
denn Lords und Gemeine von einem Tage zum anderen
vergeblich das Ende der Session. Die ersteren waren ver-
stimmt über das vermehrte Eindringen von schottischen
Adlichen, selbstverständlich nur Trabanten der neuen Ordnung, im Oberhaus. Die lauten Klagen der Gemeinen
suchte St. John für den Augenblick mit der Unpässlichkeit
der Königin zu beschwichtigen.

An der mittlerweile Lord Townshend bewiesenen Ungnade — auf St. Johns Betreiben wurde ihm ein vornehmes
Hofamt, das Commando der Schlossgarde, entzogen — kam
vollends die Entfremdung des Tory-Cabinets von den Generalstaaten an den Tag. Der nunmehrige Leiter der auswärtigen Politik nämlich warf ihm ausser seinen Sympathien
für die Whigs ganz besonders vor, dass er mit Holland den
Barrierenvertrag abgeschlossen, in welchem auch von dieser
Macht die protestantische Thronfolge in England garantirt
wurde. Mr. St. John nahm keinen Anstand, dem im Haag sehr
wohl bewanderten Herrn von Bothmer rund heraus zu sagen:
jener Vertrag laufe den Interessen der englischen Nation so
sehr zuwider, dass, wenn man eine Ahnung davon gehabt
hätte, im Parlament sofort Lärm geschlagen worden wäre;
er zweifelte nicht, dass die Rüge in der nächsten Session
nicht ausbleiben würde. Auf Bothmers Einwurf, dass man
dem Vertrage denn doch die Festigkeit zu verdanken hätte,
mit welcher die Niederlande den Krieg fortführten und dass
es schon desshalb nöthig wäre, eine Meinung wie die eben
vernommene nicht ruchbar werden zu lassen, entgegnete der
verschlagene Minister, dass er sich nur im vollen Vertrauen

geäussert haben wollte, — während dem Gesandten sehr
wohl bekannt war, wie doch schon Andere darum wussten.
Mit Recht befürchtete er, der Hof zu Wien würde daraus
Vortheil ziehen und Anlass nehmen, nun auch seinerseits die
Auflösung eines Bündnisses zu besiegeln, dem sämmtliche
Mitglieder bis dahin die namhaftesten Erfolge zu verdanken
gehabt hatten.

Am 23. Juni wurden endlich die Ernennungen und
Standeserhöhungen in der „Gazette" veröffentlicht. Earl
Poulett, bis dahin das nominelle Haupt der Schatzkammer,
machte dem Grafen von Oxford Platz und wurde dafür Lord
Steward. Dem Herzoge von Buckingham, der mit St. John
auf einem guten Fusse stand, wurde das Aufgeben dieses
Postens und die Uebernahme der Präsidentschaft des Geheimen Raths mit einem höheren Einkommen versüsst. Zum
letzten Mal wurde ein Kleriker, Bischof Robinson von Bristol,
Geheimsiegel - Bewahrer, nachdem er freilich den grössten
Theil seines Lebens sich mit Staatsangelegenheiten befasst
hatte. Als endlich Lord Raby aus dem Haag eintraf, um demnächst als Earl von Strafford und als Townshends Nachfolger
dorthin zurückzugehen, hiess es in der Stadt allgemein, ein
Friedensschluss stünde bevor, was denn allerdings die Minister nicht wahr haben wollten. Bothmer hatte wenigstens
mit Recht behauptet, dass für den im Augenblick wichtigsten Posten, den im Haag, eine Null wie Paget, von dem
die Höflinge munkelten, nicht designirt worden, und gab
selbst die Hoffnung nicht auf, dass sich sein Freund Lord
Halifax unter den Commissaren befinden würde. Sehr bezeichnend aber ist sein Stossseufzer in der Depesche vom
selben Tage: „Es ist leider nicht mehr die Fähigkeit der
Menschen (*la capacité des hommes*), welche gegenwärtig bei
Vertheilung der Aemter bestimmend ist." Lord Oxford
bildete sich eben Cabinet und Dienst, wie sie den Interessen
der von ihm eroberten Herrschaft und seiner Gunst bei der
Königin entsprachen. Darin war weder für einen Tory-
Führer, wie den Earl von Nottingham, noch für den ge-
sinnungsvollen und gesetzkundigen Whig Lord Somers Platz,
von denen der eine es im Herzen, der andere freimüthig und
offen mit Hannover hielt.

An demselben 23. Juni erfolgte denn endlich auch durch
Königin Anna in Person die Vertagung des Parlaments
nach einer Session von ganz ungewöhnlicher Dauer. Der
hannoverische Gesandte hatte, wie seine Berichte gleichfalls darthun, ein scharfes Verständniss für die Thätigkeit
und die gesteigerten Vorrechte dieses hohen Raths Grossbritanniens entwickelt. Namentlich bei zwei Anlässen scheint
er die Verhandlungen besonders aufmerksam verfolgt zu
haben. Der von Harley am 15. Mai den Gemeinen vor-
gelegte Finanzplan, nach welchem die Staatsschulden den
Gläubigern zu sechs Procent verzinst und sie selber zu einer
Gesellschaft mit der Anweisung auf ein Handelsmonopol in
der Südsee incorporirt wurden, erschien für die Gegenwart
um so blendender, als das Publicum der gestürzten Regierung blindlings vorwarf, die öffentlichen Rechnungen zum
mindesten mit grosser Sorglosigkeit geführt zu haben. „Obgleich die Acte wegen der Lotterie", meldete Bothmer seinem
Herrn am 22. Mai, „noch nicht passirt worden, so ist dieselbe dessenungeachtet bereits voll von Propositionen, welche
Mr. Harley ohnlängst gethan, die Schulden des Königreichs
abzutragen. Es wird zwar unterschiedlich darüber geur-
theilt, jedoch scheinen die Meisten davon zu halten, es werde
damit zu Stande kommen, und dann das Parlament kurz
nach dem Fest prorogirt werden können." Da nun das
Parlament mit seiner Beistimmung nicht zurückhielt, so
gingen die neuen Actien im Vergleich zu der im Jahre zuvor
veranstalteten Ziehung so gewaltig in die Höhe, dass die
Nachfrage, die sich sofort auch bis Hannover erstreckte,
nicht befriedigt werden konnte. Schon am 27. März schrieb
Bothmer dem Grafen Bernstorff: „Man glaubt, dass die
bereits über mehr als 1,500,000 Pfund Sterling ausgegebenen
Scheine noch vermehrt werden sollen, um das Geld nicht
zurückzuweisen. Niemand freilich weiss, wer unter den Dar-
lehnenden der erste und der letzte ist. Aber eine zweite
Lotterie wird diesmal nicht stattfinden, weil man den Ausgang eines neuen Feldzugs im Auge hat." Uebrigens waren
unter der Hand doch genug Scheine zu haben; denn, wie
Bothmer am 21. April der alten Kurfürstin Sophie rieth,
die sich ebenfalls betheiligen wollte, aber nicht Geld genug

eingeschickt hatte, war es noch immer Zeit, die Summe bis
auf 100 Pfund zu erhöhen, um eine Actie zu kaufen. Auch
liessen sich die alten Scheine gegen die der neuen Ziehung
austauschen. *)

Ein anderer Gegenstand, welcher das Parlament mehrfach beschäftigt hatte, war die Postverwaltung. Die Gemeinen zeigten sich nicht wenig aufgebracht über die grosse
Freiheit, welche sich die Regierung mit dem Briefgeheim-
niss nahm. Die Tories vom October-Club forderten geradezu,
dass alle Postbeamten hinfort eidlich beschwören sollten,
sich nun und nimmer an Briefen zu vergreifen. Als Mr.
St. John lebhafte Vorstellungen erhob, dass das Ministerium
in grosse Verlegenheit kommen würde, wenn es sich die
Hände dergestalt binden liesse, wurde der Vorschlag gemacht, dass, um die fragliche Befugniss zu ertheilen, in
jedem einzelnen Fall ein schriftliches Mandat von einem der
beiden Staatssecretäre vorliegen müsse. Aber auch dies
schien den das Staatsruder führenden Herren noch nicht zu
genügen, und Bothmer zweifelte daher sehr, ob sie sich überhaupt ihre Willkür durch ein Statut würden beschränken
lassen — was denn auch noch über hundert Jahre später, im
Sommer 1844, als Sir James Graham die Briefe Giuseppe
Mazzini's hatte öffnen lassen, als zu einem solchen Act den
Staatsanwalt berechtigend in Anspruch genommen worden
ist. Unter Königin Anna handelte es sich ausserdem um
eine Erhöhung des Briefportos, das, wie überhaupt die Revenuen der Post, durch das Statut von 1711 dem Kronfiscus
entzogen und fortan den öffentlichen Fonds einverleibt
wurde.

Ehe jedoch der Herr von Bothmer, der nur in beson-
dererer Mission nach London gegangen war und sich am
3. Juli bei der Königin Anna verabschiedete, die Rück-
reise nach dem Haag antrat, wo er für die nächste Zeit viel
nöthiger am Platze war, hatte er noch einige besondere
Geschäfte seines Herrn abzuwickeln. An Stelle des bis
dahin in London functionirenden Agenten, Wilhelm Beyrie,
der wegen seines Alters in Pension ging, wurde Herr

---

*) Kemble a. a. O.

Kreyenberg vorgestellt. Ausserdem aber hatte sich der Gesandte unter Mitwirkung dieser Beamten die im Jahre 1706 deponirte geheime Urkunde, durch welche im Voraus ein Regentschaftsrath im Fall des plötzlichen Ablebens der Königin designirt worden, zurückgeben lassen, um dafür eine andere unter denselben Sicherheiten niederzulegen, in welcher die Zahl der Lords-Oberrichter noch vermehrt wurde. Interessant ist die hierüber in einer geheimen Depesche vom 30. Januar begegnende Notiz: „Lord Somer's hat mir gesagt, dass, da die geheime Acte der Frau Kurfürstin, welche sich hier in triplo befindet und in welcher Ihre Kurfürstl. Durchlaucht einige Persönlichkeiten dieses Königreichs nach dem Tode der Königin als Regierung ernannt, vor der Union Englands mit Schottland aufgesetzt ist, die Schotten mit einem gewissen Anschein von Recht dagegen Einwendung erheben könnten, und dass es ihm daher rathsam erscheine, eine neue Nominationsacte auszufertigen." Bothmer stellte seine Bedenken entgegen, denen Somers und Halifax beizupflichten schienen. Indess am 6. März bescheinigte er, dass er die bisher von Beyrie in Verwahrung gehaltene Acte nebst einer Verschreibung von 375,000 Thalern an sich genommen habe. Nach Lord Somers Rath hat dann in der Folge die Ersetzung durch ein anderes Instrument stattgefunden und ist dies fortan bei Kreyenberg hinterlegt worden.

Erst nachdem alle diese Geschäfte erledigt waren, schiffte sich Bothmer auf einer königlichen Yacht wieder nach Holland ein, nicht gerade mit sehr erfreulichen Aussichten in die Zukunft der grossen Angelegenheit, der er mit aufopfernder Treue diente. Noch in seiner letzten Depesche vom 7. Juli 1711 hatte er ausdrücklich hervorgehoben, dass er mit Lord Halifax in vollem Einverständniss verbleibe und das Vertrauen habe, auch der kurfürstliche Hof werde diesen englischen Staatsmann mit Freuden als Friedenscommissar neben ihm wirken sehen. Vier Jahre und einige Monate, Wechselfälle, die mehr als einmal jede Hoffnung auf das Zustandekommen der Succession zu vernichten schienen, lagen dazwischen, bis er im Gefolge seines Herrn, König Georgs I., abermals nach England kam, als der einzige unter

den deutschen Ministern, welcher mit den dortigen Verhältnissen vertraut war und daher an der ersten Einrichtung der Dynastie, besonders auch der Vergebung der
Aemter, welche den Whigs zufielen, hervorragenden Antheil nahm.*)

---

*) Cf. 'J. H. von Ilten' von Bodemann.

CONFESSIONELLE BEDENKEN
BEI DER THRONBESTEIGUNG DES HAUSES HANNOVER IN ENGLAND.

Mit der zweiten, sogenannten glorreichen Revolution trat Wilhelm III., der Oranier, in die Bresche, um den Nationen Britanniens, von denen die eine bischöflich, die andere presbyterianisch regiert sein wollte, wie in den bürgerlichen so auch in den kirchlichen Institutionen ihr Selbstbestimmungsrecht und beide zugleich vor der Rückkehr des verfassungsfeindlichen Papismus zu sichern. Er selber, bereits ein Epigone der harten confessionellen Gegensätze seiner calvinischen Heimath, ein Zeitgenosse von Leibniz, betrieb ernstlich, obwohl Religionsgenosse der Schotten, einen Modus vivendi zwischen den verschiedenen Kirchen und Secten, eine Union oder, wie man damals sagte, eine Comprehension insonderheit der nordbritischen mit der südbritischen Kirchenform, welche letztere meist nur mit tiefem Widerstreben in diesem Holländer ihr weltliches Haupt duldete. Wohl hat er durch die parlamentarische Union den Einheitsstaat zwischen England und Schottland angebahnt. Um die streitenden Kirchen aber ein noch so lockeres Band zu schlingen, vermochte er nimmermehr. Dagegen gediehen latitudinarische Principien, an welchen beide im Laufe des achtzehnten Jahrhunderts arg verflachen sollten.

Merkwürdig nun aber, wie Wilhelm, welcher kinderlos war und dessen Erbin, Anna Stuart, bereits am 10. August 1700 ihren einzigen Sohn verlor, sich in Kurzem mit dem Gedanken an einen lutherischen Thronfolger vertraut zu machen hatte. Vorübergehend freilich, während der hannöverische Hof sich zu den eigenen Aussichten noch mehr als lau verhielt, hat der staatsmännische Fürst einmal einen anderen Plan gehegt. Als nämlich im September 1700 Sophie, die Kurfürstin-Wittwe von Braunschweig-Lüneburg, nebst ihrer Tochter, der Kurfürstin von Brandenburg und deren Erstgeborenem bei ihm im Haag zu Besuch waren, fiel sein Auge auf diesen, den aufgeweckten zwölfjährigen Kurprinzen Friedrich Wilhelm, der wenigstens reformirter Confession war. Schon gerieth Graf Platen in Hannover wegen des Erbrechts seines Herrn zur englischen Krone in Unruhe: *comme si elle regardoit plutost le Prince Royal de Prusse estant protestant que nostre Electeur et nostre Prince Electoral estans Luthériens*, schreibt er am 14. April 1701 an Ilten.*) Indess ein Conflict auch auf diesem Felde sollte denn doch der hinreichend erregten Eifersucht zwischen dem welfischen und dem hohenzollern'schen Hause erspart bleiben. Friedrich Wilhelm I. von Preussen auf dem englischen Thron ist kaum auszudenken. Im Jahre 1701, dem letzten seines Lebens, als bereits der spanische Erbfolgekrieg drohend über Europa heraufzog, gelang es dem Oranier, die grundlegende *Act of settlement* mit dem Parlament zu vereinbaren, derzufolge nach Anna's Ableben nicht ihr Stiefbruder, der katholische Sohn Jacobs II., sondern die in directer Linie von Jacob I. stammende Kurfürstin Sophie und deren Leiberben in den britischen Reichen succediren sollten, *being protestants*, wie ohne bestimmtere Confessionsbezeichnung das Statut lautet.

Erst zwölf Jahre später, als Anna's Regierung, von Lord Bolingbroke inspirirt, sehr gegen die Interessen der Verbündeten, Hollands, der deutschen Fürsten und des Kaisers, den Frieden von Utrecht schloss und verdächtige Sympathien für den von Ludwig XIV. geschützten Prätendenten, der sich Jacob III. nannte, durchblicken liess, wurde die grosse Anwartschaft vom hannöverischen Hofe lebhafter in die Hand genommen. Seit December 1712 weilte der geheime Rath Freiherr Thomas von Grote als Gesandter des Kurfürsten in London, dem nach Entwürfen und Originalen im Königlichen Staatsarchiv zu Hannover sehr ge-

---

*) Bodemann, Jobst Hermann von Ilten, ein hannoverischer Staatsmann, S. 192.

messene Instructionen ertheilt waren, welche doch auch die
in England herrschende mit dem katholischen Jacobitismus
eng verbundene hochkirchliche Reaction in's Auge fassen
mussten. Sie sind von dem Herrn v. Robethon aufgesetzt,
einem Hugenotten, der in Wilhelms III. Cabinet den Staatsdienst gelernt, seit 1702 aber dem Welfenhause mit Leib
und Seele diente, um die eine grosse Sache wider den Stuart,
den Papst und den König von Frankreich durchzuführen.

In der Instruction vom 7. November 1712, die im Namen
der Kurfürstin Sophie ertheilt wird, ist zum ersten Mal der
Versuch gemacht, die Abneigung, die sich gegen die Confession Hannovers zu erkennen gegeben, zu beschwichtigen.
Der Gesandte soll sich befleissigen, der anglikanischen Geistlichkeit nahezutreten, weil einige sich beklagen: *que cette
cour negligeoit trop un corps, qui peut avoir tant d'in-
fluence sur l'affaire de la succession.* Aus der Feder des
sehr entschieden calvinistischen Concipienten heisst es dann
weiter: *On peut insinuer à ces messieurs, que le gouverne-
ment ecclesiastique n'est aucunement presbyterien chez les
évangeliques, qu'ils ont leurs superintendants, dont les
fonctions sont quasi les mêmes que des éveques.* In einem
langen Bericht vom 17. Februar 1713 schilderte Grote die
für die hannöverischen Aussichten sehr bedenklichen Zustände. Er sagt: „Das allerübelste ist, dass die Geistlichen
der englischen Kirche mehrentheils übel disponiret zu seyn
scheinen, und ist es nicht so wohl von denen übrigen als
von solchem Orden, dass Euere Kurfürstliche Durchlaucht
und Dero durchlauchtiges Haus allerley falsche Suggestiones
leyden müssen, da man Sie bald gahr keine Absicht auf
hiesige Crohn mehr zu haben, bald mit allen Feinden von
England allzu genau verbunden zu seyn, bald auch eine
gahr zu despotische Regierung, so England unerträglich
wäre, gewohnet zu seyn accusiret." Die meisten Presbyterianer in Schottland dagegen seien gute Freunde und besonders durch Wiederaufhebung der politischen Union zu
gewinnen, womit der Stuart sie ebenfalls zu ködern suchte.

Ueber diese Beziehungen war Robethon indess durch
intime Mittheilungen von Schotten selber sehr genau unterrichtet. Dort gährte es gewaltig, seitdem die presbyteria-

nische Kirche, einst von Wilhelm III. als die des Landes
anerkannt, zugleich von anglikanischer Intoleranz und jaco-
bitisch-katholischer Reaction bedroht wurde. Ein gewisser
Ridpath befand sich in den Niederlanden als Agent der im
nordischen Königreich der protestantischen Succession er-
gebenen Partei, der das Lutherthum Hannovers kein solches
Aergerniss war wie den englischen Hochkirchlern. Ridpath drang in seinen Briefen, die mir in Robethons Privat-
correspondenz vorgelegen, auf Errichtung einer nationalen
Association, behufs Abwehr des Stuart und Erhebung des
Kurfürsten, von Schottland aus, ganz wie einst unter König
Wilhelm und schon unter Elisabeth die treuen Protestanten
zum Schutz ihrer Herrscher gegen fanatische Mordanschläge
zusammengetreten waren. Vor allem aber insinuirte er Aufhebung der Union, des Einheitsstaats, der allen schottischen
Factionen gleich sehr in der Seele verhasst war. Robethon
hat der ersten Idee in einer vertraulichen Denkschrift lebhaft das Wort geredet.*) Die so schwer zu Stande gekommene politische Einigung dagegen hätte er als Zög-
ling des Oraniers nimmermehr antasten mögen, wie sie denn
auch in der Folge vor allen in stürmischen Tagen die
sicherste Garantie zur Behauptung des Welfenhauses in den
britischen Reichen blieb.

Zunächst aber wurden die Beziehungen der bald ausschliesslich von Bolingbroke geleiteten Königin Anna zum
Hofe in Hannover geradezu unfreundlich. Dem Herrn
von Grote, der am 15. März 1713 in London starb, wurde in
dem Geheimen Rathe Sinold von Schütz ein Nachfolger bestellt mit fast gleich lautenden Aufträgen. Er hat über die
lebensgefährliche Erkrankung der Königin im Winter 1713
zu 1714 werthvolle, noch völlig unbenutzte Berichte einge-
sandt, im Frühling aber die englische Regierung dadurch
auf die Probe stellen wollen, dass er kraft einer eigenhändigen Vollmacht der alten Kurfürstin Sophie die Berufung ihres Enkels, des Kurprinzen Georg, auf Grund seines

---

*) *Je croy, que l'exemple de cette association devroit estre donné
par l'Eglise nationale d'Ecosse, et qu'après cela les villes, bourgs et cor-
porations en Ecosse suiveroient, ce qui se communiqueroit en Angleterre.*
An den Freiherrn von Bothmer 17. Oct. 1713.

Titels als Herzog von Cambridge in das Oberhaus forderte. Bolingbroke zauderte nicht, den Gesandten, seinem Charakter zum Trotz, aus dem Lande zu weisen. Anna richtete zornige Schreiben an ihre Cousine und den Kurfürsten. Sophie starb tief erschüttert, vom Schlage gerührt, am 8. Juni in Herrenhausen. Die *Act of settlement* wäre verloren gewesen, wenn nicht an Anna's Sterbelager am 10. August die Herzöge von Shrewsbury und Argyle, ein englischer und ein schottischer Peer, für das Statut gegen Bolingbroke eingetreten und nicht schon vorher in Erwartung jenes Endes der Herr von Bothmer zur Stelle gewesen wäre, ein bewanderter Diplomat, um alle früheren Verabredungen im Namen Georgs I. klug und energisch festzuhalten. Aus seinen Berichten und Tagebüchern, die mir in dem Archiv zu Hannover zugänglich gewesen, wird sich das sechswöchentliche Interregnum bis zur Ankunft des neuen Herrschers viel sicherer darstellen lassen, als es bisher in der englischen Geschichtschreibung geschehen ist. Unter den Acten findet sich der Entwurf zu einem königlichen Handschreiben datirt den 25. September aus dem Haag, worin Bothmer aufgegeben wird, den Grafen von Nottingham, Führer einer der Succession treuen Fraction der Tories und Mitglied des Regentschaftsraths, zu versichern: „dass der englischen Kirche nicht die geringste ombrage geschehen solle." Die Whigs, durch Bolingbroke's Sturz aus langjähriger Zurücksetzung erlöst, waren von jeher Parteigänger der protestantischen Erbfolge und jubelten ihr nun vollends zu. Mit ihnen haben denn auch in der Folge die beiden ersten George fast ausschliesslich regieren müssen.

Ueber die Reise des neuen Königs von Hannover durch Holland und geleitet von einer stattlichen englischen Flotte von Helvoetsluys bis Greenwich und London ist ein interessantes Journal zum Vorschein gekommen, das, wie ich vermuthe, von einem der Hofprediger herrührt, die sich in dem zahlreichen Gefolge befanden. Es gedenkt der feierlichen Krönung Georgs I. zu Westminster am 20. October alten Stils. Dem englisch und deutsch gedruckt vorliegenden Ceremoniell gemäss trug der König nach Wilhelms III.

Beispiel kein Bedenken dabei, das Sacrament nach angli-
kanischem Ritus zu empfangen, was einst Jacob II. als offener
Katholik, da er keinen katholischen Bischof zur Stelle hatte,
noch kraft seines Supremats aus dem uralten Ritual zu
eliminiren gewagt hatte. Allein eine eigenthümliche Begegnung verschiedenartiger Kirchenordnungen hing nun
einmal mit der Einrichtung eines deutschen Königshauses
in St. James zusammen. Das Reisejournal notirt unter dem
26. October a. St.:

„Was den *Statum ecclesiasticum* betrifft, so ist der
König, der Cron Printz, wie auch die Cron Printzessin seit
ihrer Ankunft bisher immer in die Englische Capelle gegangen" — wohl bemerkt, Georg I., der nie ein Wort
Englisch lernte —. „Die beiden jungen Printzessinnen aber
haben 3 mahl dem teutschen evangelischen Gottesdienste
beigewohnet, in welchem man den 5. November N. St. angefangen hat, Englische Betstunden Nachmittags um 1 Uhr
zu halten, welches in's Künftige continuiren wird. Die Cron
Printzessin gehet allezeit in diese Betstunden. In der Königl.
Englischen Hof Capelle*) wird gleichfalls alle Tage Bet-
stunde gehalten, welche die Könige und Königinnen hie-
siger Gewohnheit nach, wenn sie in London sind, mit zu
besuchen pflegen; man glaubet aber nicht, dass der König
oder Printz bis dato diesen alltäglichen Betstunden beigewohnet habe.

„Unser Teutscher Evangelischer Gottesdienst wird bloss
den Sonntag Vor und Nachmittags in vorgedachter Teutscher Capelle verrichtet und zwar auf Verordnung und Gut-
befinden der Herren Ministres. Die Capelle ist so klein
und so schlecht aptiret, dass kaum der halbe Theil von der
Königlich Teutschen Hofstatt und die Damen gar nicht
hineingehn können: wannhero einige in die Savoy, andere
einen gar weiten Weg in die Schwedisch Teutsche Kirche
fahren und gehen."

Zur Geschichte dieser unmittelbar bei St. James befindlichen Capelle sei bemerkt, dass sie für den Prinzen
Georg von Dänemark, den im October 1708 verstorbenen

---

*) Die St. James Chapel im Palais gleichen Namens.

Gemahl der Königin Anna (gewöhnlich Prinz Est-il-possible geheissen, einen überaus einfältigen Menschen) und für seine deutsche Begleitung erbaut war. Es ist interessant, jetzt aus dem Reisejournal zu erfahren, bei welcher Gelegenheit hier die englische Liturgie eingeführt wurde, wie sie heute noch des Sonntags nach dem verdeutschten Common Prayer Book gelesen wird.

Dasselbe Journal verzeichnet noch viel wichtigere Dinge. Es heisst unter dem 17./28. November: „Es ist ohnlängst ein eintzeler Bogen gedruckt heraus gekommen unter dem Titel: *The History of the Lutheran Church or An exact account of King Georges Religion*, i. e. eine genaue Nachricht von König Georges Religion, worin der Autor zu zeigen sich bemühet, dass unter den Evangelisch-Lutherischen und der Episcopal Kirche von England gar kein Unterschied sey, indem die Kirchen Ceremonien und Ritus einerley — da er denn den öffentlichen Gottesdienst in der Teutschen Hoff Capelle zu St. James mit dem in denen Englischen Kirchen en parallele setzet —; und in doctrinalibus sey nur in dem eintzigen articulo de coena ein gar geringer und nicht zu attendirender Unterschied. So gut nun dieses Mannes Intention und so moderat seine Principia sind, so hefftig ist hergegen der Tractatus anonymi (welcher aber ein Oxfortischer Magister sein soll) unter dem Titel: *A letter of a schoolboy to the author of the History of the Lutheran Church*, i. e. Ein Brieff von einem Schulknaben an den Auctorem der Historie der Lutherischen Kirche. Der Zweck des Auctoris in diesem Briefe gehet dahin, dass er seiner Meinung nach beweisen möge, es sei zwischen uns und der Kirche von England nimmer eine Vereinigung oder Reconciliation, wie er redet, zu hoffen, und sein Hauptargument ist, weil wir rechte gottlose, blasphemante und dampnable Dogmata in unserer Kirche hegeten und glaubten, dahin er rechnet das Evangelische und schriftmässige Dogma de reali praesentia corporis et sanguinis Christi in Sancta coena. Er imputiret uns auch sonst, dass wir mit den Papisten nicht allein die Reliquien und Bilder unserer Kirche beibehielten, sondern dieselbe auch religieusement verehreten und küsseten. Dann sagt er ferner, wir hätten keine Bischöffe

und per consequens keine Pastores rite ordinatos. Von
dem Könige selbst, welchen der Auctor von The account
einen Lutheraner nennet, schreibet er also: 'Ich weiss wohl,
dass der Churfürst von Braunschweig ein Lutheraner war;
was aber König George betrifft, so ist derselbe kein Lutheraner, sondern ein Glied der Kirche von Engelland und
nach den Gesetzen verbunden, unsere Religion wider alle
andere irrige Secten und Religiones zu mainteniren' und
was dgl. hefftige und impertinente Passagen mehr sind.
Ein anderer Prediger in der Provinz Kent, Doct. Brett,
welcher einen dgl. Tractat herausgegeben, welchen er
nennet: „*view of the Lutheran principles*", i. e. eine Musterung der Lutherischen principiorum, ist eben so hart und
hat expressiones, die eben so hart und von der Wahrheit
eben so weit entfernet sind als des ersteren; e. gr. p. 13
sagt er: Der Lutheraner Kirchen Staat dependire von der
Ordination ihrer Prediger; wenn sie nun keine rechtmässige
ordinationes und ordines haben, so können sie auch vor
keine rechtmässige Gemeine gerechnet werden, das ist,
setzet er hinzu, sie können vor keine christliche Kirche
oder Societät gehalten werden. Und da er uns vorher
zu Papisten gemacht, so schilt er uns hernach vor Presbyterianer und endlich achtet er uns nicht besser als Ana-
baptisten, Independenten, Quäcker und dgl. Dieser Auctor
sagt weiter: Wir glauben in dem h. Abendmahl eine Con-
substantiation, welche Doctrina ebenso gottlos und ver-
dammlich sey als der Papisten Transsubstantiation. Ferner
schreibet er fälschlich von uns, wir wollten einige Bücher
in dem Neuen Testament nicht pro canonicis passiren lassen,
als die 2 Ep. Petri, die 2 und 3 Johannis, die Epistola Jacobi,
Judae und die Offenbarung Johannis, und citirt dieses zu
probiren den Chemnitium, entweder fälschlich oder corrupt
und ausser dem Context. Da nun diese und dgl. Theologi
Episcopales jetzo solche hefftigen principia annehmen und
solche zu propagiren sich nicht scheuen, so verkennet man
nicht daraus, cuius farinae sie seyn, und dass sie den König
wegen der Religion verhasst zu machen und den Prätendenten zu favorisiren suchen." Die irischen Anglikaner
gaben ihren englischen Brüdern Nichts nach und schalten

das Bekenntniss des neuen Herrschers als mindestens ebenso
schlimm wie das papistische.*)

Man sieht hieraus, wie tief erregt die auf ihre apostolische Succession stolze Kirche war, und wie nicht nur die
schon unter König Wilhelm ausgeschiedenen Nonjurors,
sondern die streitbare Phalanx des Anglikanismus überhaupt für den katholischen Stuart mehr Mitgefühl hegte als
für den lutherischen Welf. Man sieht ferner: die Presse,
seit zwei Decennien in England gesetzlich frei, hatte sofort
den Federkrieg gegen die fremde Dynastie aufgenommen,
nachdem man, bestürzt über die unbehinderte Proclamation bei Anna's Tode, nicht im Stande gewesen, den
Bürgerkrieg zu entzünden. So wimmelte es denn in Kurzem
von jacobitischen Brandschriften, die nach Kräften zum
Sommer 1715 den Aufstand in den schottischen Hochlanden
und in den nordenglischen Grafschaften anblasen halfen,
der jedoch, obwohl der Prätendent selber herbei eilte, blutig
niedergeschlagen wurde. Unter dieser Literatur machte ein
Pamphlet: *English advice to the Freeholders of England*
am Hofe Georgs I. mit Recht böses Blut. Officiös erschienen alsbald zwei Antworten vom Standpunkt der Whigs
und der hannöverischen Dynastie. Unter Robethons Pa-
pieren, in einem heute dem Niedersächsischen Geschichts-
Verein in Hannover gehörenden Convolut, finde ich von
seiner Hand, sowie in druckfertiger Abschrift eine dritte
Erwiderung, von der ich nicht weiss, ob sie veröffentlicht
worden ist. Sie ist französisch abgefasst und bekämpft mit
schneidiger Schärfe Satz für Satz den giftigen Ausfall der
jacobitischen Tories, *l'infame libelle*, wie Robethon ihn
nennt. Selbstverständlich suchte die feindliche Partei wiederum die religiösen Gegensätze zu Gunsten des Prätendenten auszubeuten und die Gemüther über die Confession
des hannöverischen Königs vollends zu verwirren. Ich will
zum Schluss den betreffenden Absatz übersetzen, weil er die
Lage, wie sie sich mehr oder weniger noch über ein Menschenalter hinzog, deutlich vergegenwärtigt.

„Der Verfasser", schreibt Robethon, „gesteht auf S. 19

---

*) Lecky, Geschichte Englands im achtzehnten Jahrhundert II, 432.

freimüthig, dass er während der Lebenszeit der Königin Anna die Kirche niemals in Gefahr geglaubt hat. Allein jedermann wird sich des Lärms erinnern, den die Partei gerade desshalb vor einigen Jahren durch die ganze Nation hin gemacht hat*), und dass man damals Whig oder Presbyterianer gescholten wurde, wenn man nicht aus vollem Halse mitschrie: „die Kirche ist in Gefahr." Da haben wir nun einen von denen, die damals am lautesten geschrieen, der jetzt gesteht, dass er niemals daran geglaubt hat und dass der ganze Lärm nur ein Kunstgriff gewesen, um die gemässigte Partei niederzuschreien. Ich glaube, dass nach diesem Beispiel oder besser nach diesem Eingeständniss von mala fides man leicht erkennen wird, dass das, was er S. 20 von der gegenwärtigen Gefahr der Kirche hinzufügt, ein Kunstgriff derselben Art ist und dass er an dieser Stelle gegen sein Gewissen spricht, wenn er überhaupt ein solches hat. Er begründet diese Gefahr auf angebliche Beziehungen zwischen dem Lutherthum und dem Papismus. Gerade hierbei aber begegnet eine solche Menge von Absurditäten, dass man staunt, wie derer so viele auf so geringem Raum angehäuft werden konnten. Der Verfasser zeigt über Disciplin und Lehre der Lutheraner die gleiche Unwissenheit. Es ist bekannt, dass ihr Kirchenregiment mit dem anglikanischen ein und dasselbe ist, dass sie in Schweden und Dänemark Bischöfe, in den anderen Ländern Superintendenten haben, die sich von den Bischöfen nur dem Namen nach unterscheiden, welche dieselben Functionen verrichten, dieselbe Aufsicht und dieselbe Oberleitung üben wie jene. Der Verfasser zeiht die Lutheraner des Glaubens, dass Christus der Substanz nach das geweihte Brot sei, was kein Lutheraner jemals gesagt und gedacht hat. Die Kinder wissen, dass die Lutheraner die Gegenwart des Leibes Jesu Christi im Abendmahl lediglich in dem Moment erblicken, wenn der würdige Communicant ihn im wahren Glauben empfängt, und dass niemals einer von ihnen behauptet hat, dass der Leib Christi sich etwa in dem unbenutzten geweihten Brot befinde, was der Fall sein müsste, wenn das

---

*) Die Angelegenheit des Dr. Sacheverell im Jahre 1709.

Brot substantiell Christus wäre, wie unser seltener Theologe
sie zu glauben beschuldigt.

„Er stellt als wahr hin, dass die Kronprinzessin*) strenge
Calvinistin und Presbyterianerin sei. Ich erkläre dagegen,
dass es in Grossbritannien nicht einen Freisassen oder einen
Schuljungen von 10 Jahren geben wird, der nicht wüsste,
dass sie die Schwester des Markgrafen von Ansbach und
wie er in der lutherischen Religion erzogen ist. Der Verfasser hätte hierüber den berühmten Bischof von Bristol**)
befragen sollen; aber es ist hinreichend deutlich, daß er
mit den weisen und maassvollen Persönlichkeiten, die
unserer Kirche die grösste Ehre machen, keine Gemeinschaft hat.

„Er fügt hinzu, dass dieselbe Prinzessin sich geweigert
habe, das Sacrament nach anglikanischer Vorschrift zu
empfangen, obgleich gerade sie es in der Capelle von
St. James vor den Augen aller Welt mehrere Wochen vor
Erscheinen des Libells genommen hat, was jedermann in
verschiedenen Zeitungen lesen konnte. Der Verfasser über-
geht mit Stillschweigen den Eifer, mit welchem diese Prinzessin die täglichen Andachten besucht, sowie die Communion des Königs und des Kronprinzen. Endlich scheint
er die Freisassen als Wesen einer andern Welt zu betrachten, denen man die albernsten Unwahrheiten aufbinden
könne. Ein Mensch, der eine so öffentliche Thatsache ver-
schweigt, die sich vor vielen Augenzeugen in St. James voll-
zieht, sollte etwa den guten Willen hegen, die Freisassen von
allem zu belehren, was bei Hofe geschieht, von den Persönlichkeiten, die von den Herren Tories caressirt werden,
welche ihre Stellung nur Dank ihren Frauen bewahren,
sowie von Einzelheiten, von denen er spricht, wie der Blinde
von der Farbe? — Auf S. 20 erweist er dem Könige die Ehre,
dass, sobald es sich darum handele, die Verfassung der
anglikanischen Kirche zu beseitigen, er seinen Krönungseid
zu brechen bereit sein werde. Kann man einen Fürsten
unwürdiger behandeln, der es niemals an der geringsten

---

*) Die treffliche Karoline von Brandenburg-Ansbach.

**) Vermuthlich John Robinson, Diplomat und Lord Privy Seal in
Anna's Ministerium, seit 1713 Bischof von London.

seiner Versprechungen hat fehlen lassen, als wenn man ihm
die Absicht imputirt, eine Kirche umzustürzen, deren Haupt
er ist und die zu erhalten und zu beschirmen er feierlich
geschworen hat?

„Aber wo bleibt da der gesunde Menschenverstand?
Wenn der protestantische Thronerbe als ein erklärter Feind
unserer Kirche betrachtet werden und wenn das Lutherthum nicht besser sein soll als der Papismus, wesshalb
macht dann der Verfasser ein so grosses Verdienst aus dem
Eifer seiner Freunde für die Succession, aus der Sorge, die
ihre Parlamente getragen, sie zu befestigen und dem Zujauchzen der Tories bei der Ankunft Sr. Majestät? Soll
man den Leuten dafür Dank wissen, dass sie die Succession
einem Feinde der Kirche zugewendet und das Lutherthum
auf den Thron gesetzt haben, welches uns der Verfasser
als ein so gefährliches Ungeheuer schildert? Soll man
glauben, dass er und seine Freunde diese Religion erst seit
Ankunft des Königs gekannt haben? Keineswegs; aber sie
wurden nicht umschmeichelt, dass sie in Amt und Würden
verblieben, in welchem Falle sie ohne Frage das Lob des
Lutherthums und seiner Conformität mit der anglikanischen
Kirche gesungen haben würden. Statt dessen vom Hofe
geschieden, wird ihnen diese Religion auf einmal so furchtbar wie der Papismus selber und der protestantische Thronerbe der Nation eben so verdächtig, wie der Prätendent.

„Wenn die Herren bei der schlaffen Moral beharrten,
die in ihrer Handlungsweise und an so vielen Unregel-
mässigkeiten erscheint, die ihr Leben entehren, so könnte
man sich entschliessen, darüber einen Schleier zu werfen.
Aber alle Geduld hat ein Ende, wenn man sieht, wie Leute
ohne Religion die Kirche in jene Verachtung herabziehen,
die ihnen selber mit Recht anhaftet, und ihre eigene Sache
zur Sache der anglikanischen Kirche machen wollen. Diese
Kirche, so berühmt durch so viele grosse Männer und so
viele würdige Prälaten, die sie hervorgebracht, so ehrwürdig
durch die Reinheit ihrer Lehre, ihrer Disciplin und ihres
Cultus, ist es nicht minder durch ihre weite Nächstenliebe
(*par l'estendue de sa charité*). Sie hat behufs völliger
Wiedervereinigung der Protestanten und zur Bekehrung

der Ungläubigen Nichts verabsäumt. Die von dem verstorbenen Könige Wilhelm gestiftete Gesellschaft zur Ausbreitung des Evangeliums hat daran mit unermüdlicher
Sorge gearbeitet. Dieselbe Kirche hat mit ihrer mild-
herzigen Beihilfe die Protestanten anderer Communionen
überschüttet, welche um des Glaubens willen verfolgt ein
Asyl in ihrem Schoss gesucht. In dieser Beziehung hat
sich die verstorbene Königin ruhmreichen Andenkens während des ganzen Verlaufs ihrer Regierung ausgezeichnet.
Noch die letzten Sorgen ihrer Frömmigkeit waren erspriess-
lich darauf gerichtet, treue Bekenner der Wahrheit von den
Galeeren*) zu erlösen. Und da ist nun eine Handvoll Unglücklicher, sehr unwürdiger Mitglieder dieser Kirche, als
deren Eiferer sie sich brüsten, welche sie zum Vorwand des
Ehrgeizes und privater Rachsucht nehmen und ihr denselben Verfolgungseifer einflössen möchten, von dem man
diese Leute beseelt gesehen, während sie die Macht in Händen
hatten, um die Ueberzeugung zu erwecken, dass diese Kirche
die Protestanten anderer Communionen mit denselben Augen
betrachte wie die Papisten, und um sie vom Geiste der
Nächstenliebe zu entkleiden, ohne welche es kein Christenthum gibt. Das also sind die Leute, welche sich Churchmen
par excellence nennen, die in Wahrheit den Namen verdienen würden, wenn Grausamkeit, Wildheit und unver-
söhnlicher Hass die Eigenschaften wären, welche genügen,
um Solches zu beanspruchen.“

Soweit Robethon, der hier vorausschauend die Kirchenpolitik zeichnet, an welche die Herrscher aus dem Welfenhause auf dem englischen Thron sich im Grossen und Ganzen
gehalten haben.

---

*) Der Barbaresken.

SIR ROBERT PEEL

Nach ewigen Gesetzen, deren harmonisches Walten
unser begrenztes Auge nicht zu durchdringen vermag, ist
die Lösung der grössten Aufgaben der Menschheit auf bestimmte Völker und bestimmte Epochen vertheilt. Um die
Zeit, als andere hervorragende Staaten des Abendlandes
sich zu grösseren Einheiten sammelten und über den Ocean
in eine neue Welt bis zu den Antipoden hinausgriffen, um
die fernsten Gestade zu besiedeln und dem menschlichen
Gedeihen in Handel und Gewerbe neue unermessliche
Furthen zu eröffnen, hatte die deutsche Nation im Kampfe
mit römischer Kirchensatzung die evangelische Freiheit des
Einzelnen und der Gemeinde für die übrigen Völker und
für die Welt mit ihrem Herzblut, ja, um den Preis ihrer
politischen Auflösung zu erkaufen. Fast scheint es, als ob
wir in diesen höchsten Dingen, in Sachen des Glaubens und
der geistigen Selbständigkeit, immerdar die Vorkämpfer der
Anderen bleiben sollen, und zwar erst recht, nachdem wir
uns endlich wiedergefunden, um mit Gottes Hülfe die feste
Wölbung des nationalen Staats über das eigene Dasein zu
spannen. Andererseits aber war es dem wirthschaftlichen
Instinct der Engländer vorbehalten, die gewaltigste Entwicklung auf dem Gebiete des materiellen Lebens, den Uebergang vom geschlossenen Monopolismus zur commerciellen
und industriellen Befreiung an sich selber den übrigen
voraus und zum Nutzen der Gesammtheit durchzukämpfen.
Seit jener Schifffahrtsacte des grossen Protectors, die noch
aus der maritimen Phase der Glaubenskriege stammt, hatten
sie in einer Reihe grosser Friedensschlüsse des achtzehnten
Jahrhunderts romanischen und germanischen Seemächten,
den katholischen Spaniern und Franzosen wie den prote-

stantischen Niederländern, die wichtigsten Stützen des Welt-
handels abgerungen. Auch als in Nordamerika sich das
eigene Fleisch und Bein losriss, erschien dieser warnende
Stoss so wenig nachhaltig, dass, während sich das Festland vor der Despotie Napoleons und seiner Continental-
sperre beugte, nur das Weltmeer frei blieb, aber allerdings
eben dadurch, dass Britannia unbeschränkt die Wogen beherrschte. Die Unnatur eines Gegensatzes, wie die Geschichte keinen zweiten kennt, schrie denn auch mit dem
Sturz Napoleons und dem Anbruch der Restauration nach
Sühne, und aus dieser unausbleiblichen Sühne ist der Riesen-
aufschwung der materiellen Interessen erwachsen, auf den
unsere Gegenwart stolz ist.

Dasselbe England indess, dessen Handelsmonopol damals höchstens nur in der Republik der Vereinigten Staaten
einen Rivalen achten lernte, zog im eigenen Schosse
bereits eine entfesselnde Kraft heran. Nicht zufrieden, die
grosse Umsatzstelle für die Waaren aller Zonen zu sein,
hatte es sich mit nationaler Zähigkeit auch auf Verarbeitung der allerwichtigsten derselben geworfen. Seitdem
die Dampfkraft mit Hülfe der reichsten einheimischen Mi-
neralschätze, der schwarzen Diamanten und des Eisens, die
elementaren Gewalten zu bändigen begann, schienen vollends
der englischen Massenproduction und ihrem Massenabsatz
alle Küsten des Erdballs verfallen zu sein. Allein es erwuchsen nicht minder hemmende Momente: daheim das
Proletariat mit den noch unerschlossenen sibyllinischen
Büchern der socialen Frage, das Bleigewicht der ungeheueren
Nationalschuld, die ersten Erfolge demokratischer Anläufe
gegen den nicht mehr ausreichenden Aristokratismus des
parlamentarischen Selfgovernments und der hartnäckige,
von allen monopolistischen Corporationen erhobene Widerstand — draussen aber der Entschluss der wieder frei gewordenen europäischen Staaten, selber zu ebenbürtigem wirth-
schaftlichem Dasein zu gedeihen. Später als anderswo
drohte in England über solche von dem neuen Zeitalter
aufgeworfene Fragen die Revolution. Die moderne Staatskunst hat ihr bis heute durch Reformen auszuweichen gewusst. Das geschieht dann aber um manchen kostbaren

Preis, gegen gar viele schwere Opfer und selbst ein Stück
Märtyrerthum, sobald eine grosse Persönlichkeit in sich
gewissermaassen den Conflict des Jahrhunderts zusammen-
fasst. Diese Erscheinung tritt uns auch an dem edlen Staatsmanne entgegen, dessen Bild hier noch einmal aufgerollt
werde zur Belehrung unser selbst, die wir als Epigonen
noch keineswegs Alles gelöst haben, woran er sich einst
versuchte.

Auch wenn ich sein Leben in mehr als skizzenhafter
Ausführung erzählen wollte, würde man es arm an drama-
tischen Effecten finden. Das, worauf es uns dagegen an-
kommt, ist ausser dem allgemein menschlichen Gehalt das
geschlossene Wesen des Mannes und seiner politischen
Leistung, die ihn doch in eigener Weise über den Bereich
von Raum und Zeit hinausheben.

Peel hat sich bekanntlich nicht zur Schande gerechnet,
dass auch seine Wiege einst am Webstuhl seines Vaters
gestanden. In der viel weiter hinaufreichenden Familien-
chronik freilich erscheinen die Vorfahren nicht sofort als
Weber oder Spinner, sondern sie waren seit Jahrhunderten
im Norden des Landes Bauern und kleine Grundbesitzer,
als um 1600 ein William Peel, der, wie es scheint, wegen
Glaubensdifferenzen aus Yorkshire auswanderte, sich bei
Blackburn in Lancashire niederliess. Genealogen haben
sich nachträglich abgequält, den Familiennamen zu einem
aristokratischen zu stempeln, weil Peel im nordenglischen
Dialekt einen Burgthurm bedeute. Aber der Grossvater
des Ministers noch schüttelte den Kopf, wenn man seinem
Namen auf Briefadressen die Titulatur Esquire hinzufügte.
„Ein schöner Esquire das!" pflegte er zu sagen. Ein Enkel
jenes William, Robert Peel, besass zuerst um 1640 eine
Wollwaarenfabrik in Blackburn und erwarb sich ungeachtet
der Bürgerkriege ein für seine Zeit nicht unbeträchtliches
Vermögen. Von ihm stammt denn auch ein noch im Besitz
der Familie befindliches kleines Gut in jener Gegend, Peel-
fold. Sein Urenkel erst ist jener Grossvater Robert Peel,
der, mit einer Frau aus guter Familie verheirathet, sowohl
Landwirthschaft als auch (mit einer damals öfter auftreten-
den Vorliebe für Mechanik) Baumwollspinnerei trieb, ein

gewagtes Unternehmen, da die Gesetzgebung noch in der
ersten Hälfte des 18. Jahrhunderts den Woll- und Leinen-
stoffen unbedingten Schutz zusicherte. Erst in Folge der
Erfindung Arkwrights, auf Grund eines Statuts von 1744,
durfte reiner undurchwirkter Cattun gewoben und bedruckt
werden. Diesem Peel nun, der selber erfinderischer Art
war, geschah es bereits, dass ihm neidische Handweber
seine Spinn- und Druckmaschinen zerstörten, worauf er mit
seinen beiden Partnern nach Burton am Trent in Stafford-
shire übersiedelte und in den von ihnen gemeinsam ange-
legten Fabriken sehr bald sein Glück machte. Er wird
uns, wie schon angedeutet, als überaus schlicht und einfach
geschildert, obschon nicht ungebildet, sondern vielmehr voll
Nachdenkens, so dass ihn die Leute wegen seiner Erscheinung wohl den Philosophen nannten. Solche Eigenschaften,
insonderheit aber einen ausdauernden Fleiss und jene puritanisch schüchterne Sprödigkeit, die man so oft unter den
gediegensten Naturen in England antrifft, hat er auf seine
Nachkommen vererbt. Die Familie wurde in den Tagen
Georgs III. in politischer Beziehung als Tory bezeichnet,
was damals kaum mehr heissen mochte, als dass sie für gut
loyale Unterthanen galten, welche für ihr ungestört emsiges
Dasein Dankbarkeit gegen einen väterlich gesinnten Monarchen hegten. Als der 72jährige alte Herr im September
1795 starb, hinterliess er seiner zahlreichen Nachkommenschaft in dem auch auf das Wappen des Enkels über-
gegangenen Motto *Industria* den Ausdruck dessen, was
zugleich die Quelle seines Wohlstands und die Summe
seiner Lebensweisheit gewesen war. Noch oft genug hatte
er das Kind eines seiner Söhne, die beide nach ihm Robert
hiessen, auf seinen Knieen geschaukelt.

Der erste Sir Robert, Vater des Ministers, dem als
Kind schon von grossem Reichthum träumte, pflanzte beides,
den Unternehmungsgeist des Grossvaters und jenen fest auf
sein Ziel gerichteten Glauben, auf den berühmten Sohn fort,
dessen Charakterbildung der Einsicht und der Treue eines
solchen Vaters unendlich viel verdanken sollte. Als dieser,
um ein eigenes Geschäft derselben Art zu begründen, sich
von dem Alten getrennt hatte, und später die Tochter eines

jener Partner, Ellen Yates, heirathete, war er Dank seiner
rastlosen Thätigkeit, auf welcher, wie Thomas Carlyle sagt,
die Fundamente von Königreichen beruhen, bereits ein sehr
wohlhabender Mann. Auch trieb ihn der Ehrgeiz, beständig
weitere Schätze zu sammeln, aber nicht ihrer selbst wegen,
sondern er vertiefte sich gedankenvoll in die wunderbare
Macht des Geldes, welche sowohl unverschuldet Leidende
zu erquicken und Unzählige glücklich zu machen, als auch
Staaten zu. heben und zu erniedrigen im Stande ist. So
stand auch die Gottesfurcht dem Millionär nicht übel, besonders da er als guter Patriot während des Riesenwelt-
kampfes seines Vaterlandes den vollen Stolz darein setzte,
an der productiven Macht desselben mitzuschaffen. Obwohl in manchen wichtigen Fragen, wie Handel, Bank-
wesen und Staatsschuld, nicht frei von den Vorurtheilen
seiner Zeit, eilte er ihr doch wieder voraus. Ein entschiedener Tory und Anhänger William Pitts, opponirte er doch
aus voller Ueberzeugung dem Statut, welches mittelst hoher
Zölle die Erzeugnisse der einheimischen Landwirthschaft
beschützen zu können vermeinte. Aus alter industrieller
Tradition war er allen solchen Monopolen entschieden abgeneigt und daher, ehe nur die Sätze Adam Smiths ihre
wahre Feuerprobe bestanden, schon durchaus freihändlerisch
gesinnt. Die väterlichen Grundanschauungen sind denn
auch auf den Sohn übergegangen, der ihm in einem Land-
hause unweit Bury in Lancashire am 5. Februar 1788 geboren wurde. Bei der Nachricht, dass es nach zwei Töch-
tern ein Sohn sei, hat er Gott auf den Knieen gedankt und das
Kind dem Vaterlande zu weihen gelobt. Wohl möglich,
dass er diesen Vorsatz dem älteren Pitt abgelauscht, jedenfalls überwog aber auch bei ihm der patriotische Gedanke
weitaus die weniger reinen Motive der Eigenliebe. Als
Sir Robert, dem sein Reichthum und die grossartig offene
Hand, mit der er in den Jahren des französischen Kriegs
zu unterzeichnen pflegte, ausser dem Parlamentsitz für Tamworth auch den Baronetstitel eingetragen, im Jahre 1802 in
einer im Unterhause gehaltenen Rede die Politik William
Pitts des Jüngeren vertheidigte, nannte er ihn geradezu
einen Wohlthäter des Staats. Kein Minister habe so wie

er die Handelsinteressen begriffen, denn er wisse, dass die
wahre Quelle ihrer Grösse in der erzeugenden Industrie
liege. Einen solchen Mann also hatte er für die Erziehung
des Sohnes zum Vorbild genommen. Nur der erfinderische
Mythos, von dem nun einmal keine Grösse irgend welcher
Art verschont bleibt, erzählt, dass er dem Knaben, ganz
wie Lord Chatham dem seinigen, frühzeitig in praktischer
Uebung die Kunst der Beredsamkeit als das wirksamste
Werkzeug des parlamentarischen Staatsmannes habe bei-
bringen wollen. Das stimmt nicht zu dem Wesen des Fabri-
kanten, der bei allen seinen erfahrungsreichen Kenntnissen
doch kaum gleich dem alten Pitt ein Vergötterer des Cicero
und Demosthenes sein konnte.

Er trachtete vielmehr die vorhandenen Geistesgaben
des Sohnes bestens zu entfalten, die, wenn auch nicht von
der seltenen Art des Genies, sich doch in einem trefflichen
Gedächtniss, in rascher Fassungskraft und selbständiger
Ueberlegung äusserten. Das fühlte schon der wilde Lord
Byron durch, als er auf dem Spielplatze der Schule von
Harrow sich mit kräftiger Faust des nicht besonders rauf-
lustigen, aber überaus gewissenhaften Knaben annahm, dem
Lehrer und Mitschüler um die Wette eine grosse Laufbahn
voraussagten. Wenn Peel also sich in so jungen Jahren
durch Ordnungssinn und Pflichtgefühl auszeichnete, so verdankte er das vornehmlich dem Vater, der auch seinen Geist
lehrte, sich beharrlich auf ein Ziel zu richten, wobei dann
Arbeit und Studium zur Gewohnheit werden. Doch will ich
nicht verschweigen, dass aus derselben Quelle zu viel Ernst
statt Fröhlichkeit, wie sie namentlich jungen Jahren wohl
ansteht, eine gewisse formelle Steifheit in Manieren und Gedanken und besonders die Neigung entsprang, eher Anderen
zu folgen als selber zu leiten. Die Spuren, dass an ihm zu
viel erzogen worden, dass er zu früh unbehindert in den
Staatsdienst getreten, hat er lange mit sich herumgetragen.
Stark reizbar und so empfindlich, dass es ihm stets schwer
wurde, Widerspruch zu ertragen, lernte er doch dergleichen
überwinden und hinter einer kühlen zurückhaltenden Miene
die wärmsten Gefühle bemeistern. Sehr selten gestattete er,
auch darin ein echter Peel, der starken Ader von Humor,

die er besass, vor Anderen als den nächsten Verwandten zu
pulsiren. Daher kam es, dass er mit einem zart und lebhaft besaiteten Herzen vor der Welt fast immer für kalt
gegolten hat. Dieser angelernten und fertigen Aussenseite
ging also Zeit Lebens der frische genussvolle Schwung eines
Canning oder Palmerston so gut wie die treffende urgesunde
Spontaneität John Brights ab.

Tüchtig vorbereitet bezog Peel das vornehme Christ
Church Collegium in Oxford und suchte es wärend seines
akademischen Trienniums den Commilitonen wie in den
Studien so auch im Rudern und Cricketspiel gleich zu thun:
denn nach dem Wunsche des Vaters sollte ihm die ganze
gesellschaftliche Ausbildung zu Theil werden, wie sie in
diesem Lande nur auf der orthodox-aristokratischen Tory-
Hochschule zu holen war. Nachdem er nun aber, was bei
seinen Kenntnissen und reichen Anlagen zwar nicht zu verwundern, aber bis dahin doch unerhört gewesen war, in
der klassischen wie der mathematischen Prüfung die erste
Note erhalten, ein Erfolg, der dem alten Sir Robert noch
lange die Thränen der Freude in die Augen trieb, hatte
er mit 21 Jahren die Lehre hinter sich und trat nunmehr
die staatsmännische Laufbahn an, auf der, wie der Vater
sich vorstellte, ihm im engen Anschluss an die Oxforder
Doctrinen von Kirche und Staat die höchsten Ehren nicht
entgehen könnten. Wie glücklich war der Alte, als der
Sohn, für Cashel in Irland gewählt, im Unterhause auf seiner
Seite hinter den dauerhaften Regierungsständen der Tories
Platz nahm. Damals ein Jüngling von schlanker einneh-
mender Erscheinung, in körperlicher Uebung gestählt, und
von freiem Urtheil, so weit er sich über die anerzogenen
Vorurtheile zu erheben vermochte.

Guizot sagt in seiner bekannten Studie über Peel: *Il
naquit Tory*, und das ist insofern richtig, als dieses Partei-
bekenntniss nunmehr schon in der dritten Generation der
Familie vertreten war. Pitt und das politische Dogma, das
an ihn anknüpft, hatten während des Kampfes mit Napoleon den bei weitem grösseren Theil der Nation, vorzüglich
auch die höheren Mittelclassen, den Nährstand, hinter sich
hergezogen. Tory hiess zu Anfang des Jahrhunderts Alles,

was den letzten Schilling, den letzten Blutstropfen freudig
darangeben wollte, um die nationale Eigenart Englands mit
seinen bewährten politischen Institutionen frei zu halten von
den als zerstörend und unmoralisch geltenden fremden Grundsätzen der Revolution. Indem die Whigs im Gegentheil
diesen allzu eifrig das Wort geredet und, scheinbar weniger
bekümmert um die nationale Ehre, wiederholt einen Vergleich mit dem Feinde angerathen hatten, waren sie auf
lange Zeit für das Regiment unmöglich geworden. Der
Tory, an sich von jeher mehr befugt für eine stetige und
geordnete Staatsverwaltung, scheute aus Vorliebe für die
Organe, in die er sich eingelebt, vor jeder Veränderung
derselben zurück und liess desshalb lieber das veraltete
Schlechte und selbst Verderbliche fortbestehen. Der Whig,
dessen Parteiprogramm von jeher die Lehre vom Recht des
Widerstands umfasste, leicht ein Idealist in Verfassungs-
dingen und seit bald einem Menschenalter aller Amtspraxis
entwöhnt, liebte es hingegen, mit Projecten zu experimen-
tiren und, soweit die Parteidisciplin es zuliess, den Ideen
der Neuzeit Spielraum zu gönnen. Beide Parteien indess
waren Schichten einer und derselben gesellschaftlichen Ordnung, von einem Fleisch und Blut, zwar nach Familien meist
traditionell und erblich geschieden, aber in der Selbstverwaltung des communalen Lebens wie im Parlament politisch
an einander geketet und von einander abhängig, wie etwa
die Pfundgewichte eines Uhrwerks; beide aus denselben
nationalen Kämpfen um die bürgerliche und religiöse Freiheit hervorgegangen, beide hoch verdient um die Grösse
und die Macht des Vaterlandes. Darum berührten sich auch
Torythum und Whigthum tausendfältig und erschienen überhaupt niemals so schroff feindselig, wie etwa die aristokra-
tisch-conservative gegen die liberal-demokratische Kaste in
der continentalen Gegenwart. Vor allem das Torythum eines
grossen Industriellen und Bankiers wie des älteren Sir Robert,
obwohl er nun auch zu Drayton Manor unweit Tamworth
einen stattlichen Landsitz bewohnte, hatte wenig gemein
mit dem des gewöhnlichen Landedelmanns und Fuchsjägers.
Er glänzte ja in Bewunderung Pitts: und dessen Antece-
dentien waren doch entschieden die des Whig, ja, sogar des

Freihändlers gewesen. Auch leben Handel und Gross-
gewerbe eben so sehr in der Anschauung des Werdenden
und der Zukunft, wie auf dem Grunde des Gewordenen und
der Vergangenheit: sie fallen daher auf die Dauer keineswegs unter die Disciplin derjenigen Partei, welche nur erhalten will. Und das steckte denn auch dem jungen Tory
als väterliches Erbtheil im Blute und musste sich geltend
machen, sobald der gewaltige Nährstand Englands bei
diesen Grundsätzen nicht mehr seine Rechnung fand. Eine
Erzählung Guizots freilich, dass ihn sein Vater dem Minister
vorgestellt habe mit der Bitte, ihm schleunig einen Posten
zu geben, weil er sonst an die Whigs verloren gehe, kann
nach dem vollwiegenden Zeugniss eines nahen Anver-
wandten getrost zu den Mythen geworfen werden. Dagegen ist es allerdings bezeichnend, dass er, zuerst Privatsecretär Lord Liverpools, dann Unterstaatssecretär für die
Colonien und in Liverpools Ministerium nacheinander seit
1812 Secretär für Irland, seit 1821 Minister des Innern, sich
wohl hütete, über sogenannte Parteifragen eine eigene Meinung zu äussern, um so eifriger aber sociale und wirthschaftliche Probleme anfasste. Allein das genügte schon,
den Verdruss der Landjunker, des eigentlichen Stammes der
Partei, zu erregen, so dass sie ihn mit dem radicalen Cobbett
um die Wette verächtlich den Sohn des Cottonspinners
schalten und sein Wissen und Können eher mit Argwohn
als mit Vertrauen betrachteten. Nicht als Redner im Parlament, sondern als Verwalter seines irischen Postens zog
er zuerst die Augen auf sich. Zwar empfing ihn O'Connell,
der auf religiöse und nationale Losreissung Irlands hinarbeitete, mit der höhnischen Bemerkung: „Da haben sie,
um uns zu regieren, einen unerzogenen Jungen gesandt,
aus dem Abfall ich weiss nicht welcher Fabrik, der aber
über das Stutzerthum parfümirter Taschentücher und dünner
Schuhe noch nicht hinaus ist." Peel war viel zu maassvoll,
um sich an die Spitze der ultraprotestantischen Faction der
Orangemänner zu stellen. Und doch erwarben ihm seine
Vorsicht, Gerechtigkeit und Geschäftsgewandtheit wenn
nicht Hochachtung, so doch Respect. Auf einem von beiden
Seiten tief aufgewühlten Boden richtete er zuerst wieder

Ordnung auf vermittelst der von ihm formirten, noch heute wirksamen Landgensdarmerie. Niemals hat er die heissblütigen Eingeborenen reizen wollen: O'Connell vielmehr, der echt keltische Prahlhans, sandte ihm eine Pistolenforderung, weil ihm nicht behagte, dass England, ehe es spät und tappend den Iren gerecht zu werden versuchte, zunächst mit starker Hand Ordnung und eine rechtschaffene Verwaltung schuf.

Und schon lernte Peel auch im Unterhause trefflich zur Sache reden, obschon er freilich, Dank der gewohnheitsmässigen Herrschaft über seine Gefühle, die höchsten Zinnen der Eloquenz nie erklomm. Als ihn 1817 die Universität Oxford zu ihrem Vertreter im Unterhause erkor, eine Ehre, zu der ihm Canning, der sich vergebens darum beworben, neidlos in schönen Worten Glück wünschte, musste er wegen der ausgesprochenen antikatholischen Richtung seiner Wählerschaft seine Stelle in der Regierung Irlands niederlegen. Dafür wurde er aber bereits eine Autorität in finanziellen Dingen, zuerst als endgültig Goldwährung eingeführt wurde, besonders aber als Vorsitzender des berühmten Parlamentsausschusses, welcher im Jahre 1819 Wiederaufnahme der von Pitt sistirten Goldzahlungen durch die Bank von England dringend anempfahl, um das neuerdings im Werth gesunkene inconvertible Papier einlösbar und schrittweise mit dem Metall wieder zu einem festen Zahlmittel zu machen. Noch vor acht Jahren hatte Peel wie sein Vater und die ganze Regierungsseite die von liberalen Nationalökonomen hauptsächlich vertretene Massregel zurückgewiesen. Jetzt hiess er sie gut, im Widerspruch mit dem Alten, einmal weil die nationale Ehre erheische, Pitts Versprechen zu erfüllen und mit Abschluss des Kriegs auch den Ausnahmezustand zu beseitigen, und zweitens, was einen neuen vortheilhaften Einblick in sein Nachdenken eröffnet, weil eine feste Valuta dem kleinen Manne und Arbeiter zu Gute kommen müsse. Peels Acte wurde mit grosser Mehrheit zum Gesetz erhoben. Die Frage jedoch, ob unbeschränkte Ausgabe uneinlösbaren Papieres oder bestimmte Deckung durch Barren oder Geld, ist bekanntlich heute noch strittig. Damals widersprach Alles, was mit dem Wechselgeschäfte zusammenhing; aber auch Andere, wie namentlich die Tory-Junker, ziehen den jüngeren Peel der Abtrünnigkeit, weil er das Wohl des Ganzen und gar der abhängigen Klassen über die bisherige Doctrin der Partei stellte.

Bald hernach war es ein Glück für ihn, dass er zur Zeit des scandalösen Ehescheidungsprocesses Georgs IV., der für die Regierung so tief erniedrigend endete, kein öffentliches Amt bekleidete, sondern erst 1821 als Minister des Innern in das Cabinet eintrat, zugleich mit den freisinnigen Anhängern Lord Grenville's, durch deren Aufnahme Lord Liverpool die erschütterte Position ausbessern musste. Als Canning gar nach dem Selbstmorde Castlereaghs das Auswärtige übernahm, ersetzte wieder frisches Leben die bisherige Versumpfung. In seinem eigenen Ressort, dem Innern, dem in England ausser Ortsverwaltung und Polizei auch ein gutes Stück Justiz und selbst Militärwesen untersteht, legte Peel rüstig Hand an, um die schlimmsten Missbräuche abzustellen und namentlich im Strafrecht den Anforderungen der Zeit nachzukommen. Er hat der Bestechung bei Aufstellung der Geschwornenlisten einen starken Riegel vorgeschoben, und indem er freimüthig die Bestrebungen zweier edler Whig-Reformer, Mackintosh und Romilly, aufnahm, die fürchterlichsten Greuel aus den Gefängnissen beseitigt und die Todesstrafe doch wenigstens für gemeinen Diebstahl und noch geringere Verbrechen aufgehoben. Auch ist er der Schöpfer der Londoner Polizei, die in Kurzem bekanntlich daheim und draussen zu einer Musteranstalt wurde. Als ihn im Jahre 1827 die liberale Opposition, gerade weil er nicht zum Schlage der unbelehrbaren Tories zählte, viel ärgerte und quälte, sprach er sich über diese Dinge nach dem Geschmack Mancher mit etwas zu starkem Selbstlob, aber jedenfalls offen vor dem Unterhause aus: „Es ist mir eine Genugthuung daran zu erinnern", sagte er, „dass jede civile oder militärische Einrichtung, die mit meinem Amt zusammenhängt, während der letzten vier Jahre einer sehr genauen Prüfung unterzogen worden ist, und dass ich im Stande gewesen bin, solche massvolle und schrittweise Verbesserungen vorzunehmen, welche ich dem allgemeinen und dauernden Wohl für zuträglich erachte. Möglich, dass ich ein Tory, dass ich illiberal bin, aber die Thatsache ist unbestreitbar, dass, als ich zuerst das Ministerium des Innern übernahm, noch Gesetze bestanden, welche den Unterthanen dieses Reichs ungewöhnlichen Zwang anthaten. Die Sache ist unbestreitbar, dass diese Gesetze jetzt getilgt sind. Tory, wie ich bin, habe ich die Genugthuung zu wissen, dass in Verbindung mit meinem Namen nicht ein einziges Gesetz existirt, welches nicht eine Milderung in die Strenge des Strafrechts, eine Verhinderung des Missbrauchs oder Sicherung unparteiischer Ausübung zum Zweck hätte. Ich darf mit Freuden daran erinnern, dass während der schweren Prüfungen, welche die Industrie in den beiden letzten Wintern zu bestehn hatte, ich die Ruhe im Lande wahren konnte ohne mich jemals um strenge Ausnahmsmassregeln an das Haus wenden zu müssen."

Als bald hernach durch den Tod Lord Liverpools das Cabinet, das allmählich die Gunst der Mittelklassen wiedergewonnen, sein Haupt verlor und der König nach längerem Schwanken endlich Canning zum Premier berief, der, wie er die britische Politik bereits aus dem Gängelbande der heiligen Allianz frei gemacht, längst auch der beredte Fürsprecher der Emancipation Andersgläubiger, namentlich der Katholiken Irlands, gewesen war, da verschmähte es Peel, gleich dem Herzoge von Wellington und Anderen unter seiner Führung zu dienen. So nahe auch sein Torythum dem Cannings stand, so hoch er dessen köstliche Gaben schätzte, ihn persönlich achtete und liebte, so ging er doch noch einmal mit der alten unnachgiebigen Seite der Partei, während die Minderzahl unter Canning eine Annäherung an die Whigs suchte. Was waren seine Motive? fragen wir. Gewiss stand er Jenen innerlich näher als dem lediglich im Beharren beim Alten alle Staatskunst erblickenden Lordkanzler Eldon und der Fraction der Ultras. Auch wäre es vielleicht anders gekommen, wenn Peel damals schon die volle Hochachtung des Herzogs von Wellington besessen hätte. Dagegen hegte er selber nicht ungegründete Besorgniss vor dem freien Walten eines Genius wie Canning und vor der unberechenbaren Wirkung, welche eine Ent-

protestantisirung der mit dem anglikanischen Kircheninstitut
auf das Engste verwachsenen Staatsverfassung nothwendig
nach sich ziehen musste. Man weiss, wie bald nach Cannings
viel zu frühem Tode sein Widersacher der Herzog von
Wellington an die Spitze der Regierung berufen ward und
wie noch im Laufe des Jahres 1828 die liberalen Elemente,
namentlich auch der um die erste Ermässigung unverstän-
diger Schutzzölle hochverdiente Handelsminister Huskisson
aus dem Cabinet verdrängt wurden. Indess schon vorher
war ein Sieg der liberalen Opposition, der erste Schritt in
der Richtung religiöser Freiheit erfolgt, als die noch aus
der Intoleranz des 17. Jahrhunderts stammende Corporations-
und Testacte, welche die Dissenters von aller Theilnahme
am staatlichen Leben aussperrte, aufgehoben wurde. Peel
als Minister und Mitglied für Oxford hatte dagegen gesprochen, jedoch nur mit dem Wunsche, stille Wasser nicht
aufzurühren, und keineswegs nach dem schroffen Glaubensbekenntniss seiner Universität, welche den Besitz gleicher
bürgerlicher Rechte von Seiten Andersgläubiger mit dem
Staatskirchenthum unvereinbar fand. Wie der Zahn der
Zeit bereits an dem Eckstein der Torydoctrin zu nagen
begann, so dass selbst ein Premier wie der Herzog von
Wellington trotz der Gewohnheiten des Feldherrn und Dicta-
tors sich accommodiren musste, so verschob sich auch Peels
Stellung um so leichter, da er zwar der politischen Schule
seiner Partei nicht wieder entlaufen konnte, aber doch
allerlei freimüthige Familientraditionen mitbrachte. In der
über Huskissons Ausscheiden geführten unerquicklichen
Debatte gab er den für seine spätere Handlungsweise höchst
bedeutsamen Wink: dass er entschlossen sei weder die Politik Lord Liverpools noch Cannings noch irgend eines
Menschen zu befolgen, sondern jede Frage, wie sie sich
erhob, unabhängig zu würdigen und, so lange er Minister
sei, dem Könige nach bester Ueberzeugung zu rathen. Wir
sehen nochmals, wie ihm die Initiative des Genius abging,
wie er aber, obwohl an die sinkende Seite des Schiffs ge-
bannt, sich trotzdem für das sehr bedeutende Mass seiner
Facultäten den Weg offen zu halten verstand.

Gerade nach dem Rücktritt der Freunde Cannings unter

dem Soldaten Wellington offenbarte sich doch, wie sehr
sich das Toryregiment überlebt hatte. Als Daniel O'Connell
im Jahre 1829 an der Spitze seiner gewaltigen Association
über das ganze nativistisch-katholische Irland verfügend
seine Wahl in Clare durchsetzte und schwor, als Katholik
den Gesetzen zum Trotz todt oder lebendig nun auch seinen
Parlamentssitz einzunehmen, als hierüber Bürger- und Glau-
benskrieg drohte, da fügten sich Peel und der Herzog dem,
wogegen sie Zeit Lebens widersprochen hatten, der von der
öffentlichen Meinung und der Majorität des Unterhauses
so oft geforderten Aufhebung jener die Katholiken aus-
schliessenden Statuten. Durch die Emancipationsacte des
Jahres 1829 wurde in der That die Schleuse der Reformen
hoch aufgezogen, so dass sie sich seither bis in's Unbegrenzte auflösend über Kirche und Staat, über Gesellschaft
und Bildung ergossen haben. Wohl war es kein erfreu-
liches Schauspiel, als Männer wie die Beiden sich darüber
verantworten mussten, dass sie fahren liessen, was sie an
ihre Partei gebunden hatte. Noch in den erst nach seinem
Tod erschienenen Memoiren hält Peel für nöthig daran zu
erinnern, dass er nicht von Eigennutz bestimmt gewesen
sei. Er war das auch so wenig, dass er vielmehr mit Verlust seines Oxforder Parlamentssitzes büsste und seitdem
unablässig aus den Reihen alter Genossen die erbittertsten
Vorwürfe zu hören bekam, so wie Wellington sich mit
einem Hochtory auf Pistolen schlug. Aber muthig haben
sie nicht sowohl für sich als für die Nation und den Staat
diesen verhängnissvollen Schritt gethan und auch den elen-
den König Georg, als er sie schliesslich stecken lassen
wollte, gezwungen, das Gesetz zu sanctioniren. Der Fall
des Ministeriums Wellington unter den Wellenschlägen der
Pariser Julirevolution und dem unwiderstehlichen Geschrei
nach parlamentarischer Wahlreform war nur noch eine
weitere Sühne, wie sie die Tragik auch des Staatslebens
erheischt.

Eilf Jahre lang unter den Whig-Cabinetten Lord Grey's
und Lord Melbourne's bewegte sich Peel alsdann in der
Rolle des in die Opposition verdrängten Staatsmannes. Als
Führer der zersplitterten Tories im Unterhause, als Re-

organisator einer neuen conservativen Partei, als Mitarbeiter
an einer wahrhaft unerschöpflichen Gesetzgebung erscheint
Sir Robert — denn seit 1830 war auch der alte Vater todt
— durchaus gereifter als zuvor. Traten auch für ihn diese
wirklich politischen Lehrjahre ziemlich spät ein, so sollten
sie ihm doch nicht minder einen reichen Ertrag gewähren.
Hier kann ich nur daran erinnern, dass Peel in den Kämpfen
um die Reformbill, durch welche sich die Mittelklassen das
Unterhaus eroberten und die Exclusivität des alten Parla-
mentarismus sprengten, dessen Tüchtigkeit bis zuletzt aus
voller Ueberzeugung mannhaft vertheidigte. Nur selten
trat er während der zweijährigen Waffengänge aus seiner
Reserve heraus, dann aber jedesmal, um vor einer über-
stürzten Demokratisirung ernstlich zu warnen. Den seligen
Canning hat er in schönen Worten vor Palmerstons leicht-
fertiger Behauptung in Schutz genommen, dass er im Stande
gewesen wäre, seine ideale Auffassung von der harmonischen Vollendung der alten Constitution Preis zu geben.
Auch ihn selber erinnerten die vulgären Schlagwörter von
der Gleichheit der Rechte Aller und der Nothwendigkeit
gleicher Wahlkreise gar zu sehr an jene zahlreichen Nach-
ahmungen aus der falschen französischen Constitutionsfabrik,
die in aller Welt so kläglich Fiasco machten. Im Verein
mit der staatsmännischen Einsicht der Lords, welche selbst
ergrimmten Gegnern imponiren musste, half er die erste Vor-
lage der Whigs verwerfen und bekämpfte die folgenden
Schritt für Schritt. Nicht den Mittelklassen als solchen galt
sein Widerstand. „Ich bin selbst aus ihnen hervorgegangen
und bin stolz darauf ihnen anzugehören", rief er aus. Mit
dem Beispiel Frankreichs vor Augen widersetzte er sich
vielmehr jener demokratischen Begier, die ruhelos von einem
Wechsel zum anderen drängt, und sah besorgten Geistes
eine Succession von Reformbills die Verfassung zu Grunde
richten. Wer möchte in der Gegenwart leugnen, dass ihm
namentlich jener Sprung in's Dunkel, die von Disraeli zu-
gelassene nivellirende Wahlreform des Jahres 1867, noch
nachträglich bis zu einem gewissem Grade Recht gegeben
hat? Und doch musste damals schon der lange hartnäckige
Widerstand wie eine nutzlose Kraftprobe erscheinen, es sei

denn dass sie ihn belehrte, bei rechter Gelegenheit auch einmal weise nachgeben zu können. Für sich selber begehrte er indess auch diesmal nicht das Geringste. Als einst Lord Grey am Zustandekommen der Reformbill verzweifelte und dem zagenden Könige Wilhelm IV. rieth, den Herzog von Wellington zu berufen, wollte dieser zwar pflichtschuldigst wie immer sich der Aufgabe unterziehen, allein Peel weigerte sich entschieden mitzuwirken. „Nimmermehr", so sagte er, „hätte ich die Reform, welche den Whigs nicht gelingen will, durchführen können."

Als dann aber das erste auf der neuen breiten Basis gewählte Unterhaus zusammentrat, nahm Keiner so ehrlich wie er die veränderte Lage der Dinge an. Es war ihm schwer geworden, die alte Zusammensetzung daranzugeben, da er vertraute, es würden auch aus ihr sichere und nützliche Aenderungen hervorgehen, doch gewahrte er sofort, dass sich mit der erweiterten Vertretung nicht minder sehr wohl zum Heil des Landes werde arbeiten lassen. So blickte er denn getrost in die Zukunft, nahm die Verfassung wie sie geworden und beurtheilte nun erst recht eine jede Frage nach ihrem inneren Werth. Wenn irgend jemand, so hat er die auf der unterlegenen Seite hoch gehenden Leidenschaften zu calmiren gewusst. Seine gegen Freund und Feind gleich loyale Haltung half der bis auf ein Fünftel des Hauses zusammengeschmolzenen Tory-Opposition über die schlimmsten Zeiten hinweg. Bald zeigte sich, wie sein Wissen, seine Erfahrung in der Debatte wieder zu Ehren kam, indem er auch den Widerwilligsten Achtung abnöthigte. Fast schien es, als werde in der überführenden Macht der Beredsamkeit unter so viel mehr wirklichen Standesgenossen seine Zunge jetzt erst gelöst, denn man hörte ihm viel andächtiger zu als einst in den Tagen des Tory-Parlaments. Auch als Parteiführer wusste der scheinbar so linkische Mann seine Talente wirken zu lassen. Dadurch, dass er die Opposition höchst massvoll und umsichtig leitete, kamen die Conservativen wieder stetig zu Kräften und stieg er selber vor allem in der öffentlichen Meinung. Noch waren nicht zwei Jahre verflossen, als die Whigs, nunmehr unter Lord Melbourne, sich dermassen

abgewirthschaftet hatten, dass der schwache König, welcher
längst kopfscheu geworden war, im November 1834 aus
eigenem Antrieb die erste beste Gelegenheit ergriff und sie
entliess. Wellington war sogleich zur Stelle, Peel, der in
Italien reiste, musste durch Staffette herbeigerufen werden.
Der Versuch, auf den er sich einliess, verdient eine
kurze Besprechung, schon weil er dabei zum ersten Mal als
Premierminister fungirte. Aber noch mehr. Konnte er für
die Entlassung seiner Vorgänger die Verantwortung übernehmen? Wie sollte er ein Cabinet bilden, das bei den
Gemeinen auf Mehrheit rechnen könnte? Und doch musste
er dem Könige in solcher Lage beispringen, die dieser sich
geschaffen. Dies allein und nicht der Ehrgeiz, endlich das
höchste Ziel erreicht zu haben, für das der Vater ihn so
früh bestimmt glaubte, bewog ihn anzunehmen. Dass freilich Lord Stanley und Sir James Graham, Mitschöpfer der
Reformbill, aber jüngst auf gespanntem Fusse mit den
Whigs, ablehnten in sein Cabinet zu treten, war eine arge
Enttäuschung. Dagegen legte er in einem Briefe an seine
Wähler von Tamworth wo möglich zur Beruhigung des
Publicums die Hauptlinien seines Programms dar. Er versicherte darin, dass er früher von ihm bekannten Grundsätzen nicht untreu werden könne, aber ebenso wie früher
auf Abstellung von Missbräuchen hinarbeiten werde. An
seiner Ueberzeugung indess, dass die Principien der Reformbill unzerstörbar Wurzel geschlagen, solle eben so wenig
gezweifelt werden. Sein Cabinet dauerte bekanntlich nur
wenige Monate, denn selbst eine Neuwahl brachte der Partei
zwar einen sehr bedeutenden Zuwachs, aber doch immer
keine Majorität. Dagegen erwarb ihm der Kampf gegen
die Uebermacht, sein edles Mass in der Debatte, die Würde,
mit der er schliesslich vor den wenig edelmüthigen Angriffen zahlreicher, aber staatsmännisch viel geringerer
Feinde unterlag, die Anerkennung, dass er die erste politische Capacität Englands sei und seine Partei wieder
regierungsfähig gemacht habe. Und Beides wurde bewahr-
heitet durch die noch einmal zurückkehrenden Whigs, die,
ohnmächtig Neues zu schaffen, unfreiwillig das Publicum in
der Meinung bestärkten, der Fortschritt werde viel eher

gedeihen mit Sir Robert Peel an der Spitze als mit ihnen,
welche die junge Königin Victoria bei ihrer Thronbesteigung
ganz für sich zu gewinnen trachteten und auch dadurch ihre
hinschwindende Popularität sichtlich einbüssten, und die
endlich in Jahren des Misswachses und der Handelskrisen
das Land mit einem steigenden Deficit und mit gefährlicher
socialer Gährung beschenkten. Als diese Regierung im
Jahre 1839 in einer Coloniälfrage geschlagen wurde und
zurücktrat, wandte sich die Königin mit Widerstreben an
Peel, der denn auch sofort bei der ersten Besprechung auf
ihre hartnäckige Weigerung stiess, die Hofdamen der obersten Chargen, die weiblichen Häupter der grossen Whig-
familien, zu entlassen. Während die Whigs in so jämmer-
licher Weise sich auch fernerhin hinter die junge unerfahrene
Fürstin steckten, Peel illoyal schalten und ihn bei Hof gründlich ungeniessbar machten, hat dieser, wie heute Niemand
bestreitet, eine constitutionell durchaus correcte Forderung
gestellt und lieber auf die Cabinetsbildung verzichtet. Darüber sind dann jene bis zum August 1841 im Amt verblieben, um vollends in's Verderben zu rennen, bis sie, vom
ganzen Lande verlassen, im Volke als schlechte Wirth-
schafter verspottet, von der Opposition ein Mal über das
andere erbärmlich geschlagen, das Staatsruder endlich an
Sir Robert abgeben mussten und dieser sein zweites grosses,
ewig denkwürdiges Ministerium antrat. Einst hatte er im
Widerspruch mit den Parteisätzen die politische Emancipation der Katholiken vollziehen müssen, dann, obschon in
der Opposition, die Demokratisirung der Wahlrechte accep-
tirt, jetzt an der obersten Stufe angelangt forderte sein Loos
von ihm, dem Tory, das Aeusserste: die tiefeingreifendste
Umwandlung nicht nur für seine Nation, sondern für die
Menschheit überhaupt, nämlich Abnahme aller jener künst-
lichen Fesseln, in denen bisher Handel und Wandel ge-
hangen. Vergegenwärtigen wir uns vor allem, wie er
diese höchste Probe bestanden.

Sein Verhältniss zur Krone zunächst wurde dadurch
ein besseres, dass der jugendliche, aber von dem weisen
Rathe des Herrn von Stockmar geleitete deutsche Prinz
Albert noch vor Melbourne's definitivem Rücktritt und sogar

mit dessen Zustimmung Beziehungen zu demjenigen Staatsmanne anknüpfte, der nach der Lage der Dinge als einziger
Retter in der Noth erschien. Bald gewann nicht nur die
Königin persönliches Zutrauen, da sie gewahrte, dass ihre
Prärogative in diesen Händen gewissenhafter geschützt sein
würden, als von den experimentirenden Vorgängern, son-
dern die frühere Abneigung vor der kalten und steifen
Manier Peels schlug mit der Erkenntniss von dem echten
Werth des Menschen und Staatsmannes in volle Hoch-
achtung um. Und solch ein wechselseitiger Halt bleibt
erforderlich, so lange es in England überhaupt noch einen
Rest der Monarchie geben wird. Darauf gestützt konnte
Peel denn nun aus den tüchtigsten Kräften ein starkes
Ministerium bilden, um statt allgemeiner Erlahmung end-
lich wieder Thaten und Schöpfungen zu erzielen. Aber
welche Schwierigkeiten thürmten sich nach allen Seiten auf.
Irland schwebte durch die Repealagitation O'Connells, seines
alten persönlichen Feindes, am Rande des Aufruhrs. In
England wühlte dunkel und unklar der Communismus der
Chartisten und erhob sich in immer blankerer Rüstung von
Manchester aus durch Männer wie Richard Cobden und die
unbedingten Freihändler, die energisch nur auf das eine
Ziel lossteuernde Agitation gegen die Kornzölle. Ueberall
wichen die alten Parteibande aus ihrem Gefüge, während
Millionen Hände in Stadt und Land feierten und zahllose
Darbende nach Nahrung schrieen. Auch in den Confessionen
aller drei Reiche deutete ein Wetterleuchten auf Sturm.
Wer konnte inmitten einer solchen materiellen Bedrängniss
sagen, ob das Gewitter den Glauben entwurzeln, oder ob
es ihn erfrischen würde? Nach Aussen waren durch die
Whigs alle Allianzen getrübt, in Ostasien hatten sie schweren
Krieg, mit Amerika ernste Verwicklungen hinterlassen.
Und dem gegenüber nun der Staatsmann, der allerdings
hohe politische Fähigkeiten und Allen voraus eine seltene
Rechtschaffenheit des Willens besass, als Erbtheil seiner
Jugend aber das Misstrauen in sich selber und in Andere
niemals abstreifen konnte. Es entsprang aus dem gewissenhaften Zweifel, der sich selbst ernst prüfenden Erwägung,
ob dieser oder jener Schritt auch zum Heile führe, denn

keineswegs als gewöhnlicher Parteimann nahm er die ernsten Probleme in die Hand. Er wusste sehr wohl, mit welchem Argwohn alle Seiten, und jetzt die alten Freunde zumeist ihn begleiteten, wie die Geister, zumal in der brennenden Frage des Tags, nach der Windrose auseinander stoben und wie sein eigenes anscheinend starkes Ministerium gar nicht anders als aus heterogenen in sich nicht mehr einigen Elementen componirt werden konnte. Er war sich aber auch ebensowohl seiner vollen Tüchtigkeit gerade in den Stücken bewusst, auf die es ankam, in den finanziellen und commerciellen Interessen, für die er von Kindesbeinen an nach dem Muster Pitts geschult worden war. Ein solcher Staatsmann vor allem verlangte, um in seiner wahren Grösse zu wirken, ruhige Zeiten; und war er etwa mehr als Pitt stürmischen gewachsen?

Nach reiflicher Ueberlegung, für Freund und Feind viel zu lange, machte er endlich dem Parlament von 1842 seine Vorlagen, die, wer möchte es leugnen, wenig befriedigten. Denn in dem Kampfe zwischen Freihandel und Schutzzoll, der bereits zum Kampf der Vielen gegen die Wenigen und immmer ausschliesslicher zum Kampf für und wider die Kornzölle angeschwollen war, stellte er sich, in allen anderen Stücken aufrichtig Freihändler, zwischen beide hin, indem er, um mit den Parteigrundsätzen und dem vorherrschenden Ackerbauinteresse der Tories nicht zu collidiren, alles Getreide sowie auch den Colonialzucker als Gegenstände behandelte, bei denen die wechselseitigen Principien von Angebot und Nachfrage nicht in erster Reihe zur Anwendung kämen. Zwar wurden die Kornzölle auf ein niederes Mass herabgesetzt, aber, um sie den Landwirthen mundgerecht zu erhalten, je nach dem Ausfall der Ernte mit einer gleitenden Scala der Preise in künstliches Gleichgewicht gebracht. Ausserdem erweckten zwei andere Gesetze, welche das Deficit beseitigen und den Jahresetat wieder in's Reine bringen sollten, gleichzeitig den Einen die Erwartung, der Minister werde doch dermaleinst vollends nachgeben, während andererseits die Schutzzöllner auf's Empfindlichste aufgerüttelt wurden. Peel führte nämlich, und zwar mit beträchtlicher Majorität, die seit Beendigung

des grossen Krieges aufgehobene Einkommensteuer wieder
ein, an sich schon in Friedenszeiten eine kühne Massregel,
an die ein Tory-Ministerium mit einem Parlament des alten
Stils sich niemals hätte wagen können, die aber ihre volle
Bedeutung erst durch das Aequivalent gewann, welches ein
anderes Gesetz bot. Von 750 Gegenständen wurde entweder eine jede oder doch der grösste Theil der Steuer
abgenommen, so dass eine umfassende Vereinfachung des
Tarifs alle Wortführer von Handel und Wandel für sich
hatte, während die Protectionisten, durch die wandelbare
Zollrolle für Korn captivirt, wenn auch unwillig mitgehen
mussten. Man sieht, wie er Compromisse schliesst, sich
accommodirt, den Zeitumständen an den Puls fühlt; alle
Ueberstürzung, jede grossartige Initiative, ein offener Bruch
mit der eigenen politischen Vergangenheit liegt ihm fern.
Indem auch keines der nächstfolgenden Jahre ohne einen
namhaften Fortschritt blieb, gelang es ihm, die schlimmsten
Stürme wie die Handelsklemme und den Rückgang der
Staatseinnahmen, besonders auch die Repealbewegung in
Irland zu durchwettern. Indem er endlich O'Connell selber
belangen liess, hat er ihn doch vor den Millionen seiner
düpirten Landsleute persönlich entlarvt. Andererseits stiess
er freilich sofort bei aller staatskirchlichen und freikirch-
lichen Bigotterie an, als er dem misshandelten Irland zu
helfen trachtete durch eine höhere Staatsbewilligung an das
katholisch-theologische Institut von Maynooth und durch
die Errichtung von confessionslosen, wie Katholiken, Anglikaner und Dissenters sie um die Wette schalten, gottlosen
Hochschulen. Wer hätte gar dem orthodoxen Peel zuge-
traut, dass er, wie es nun geschah, der Zulassung der Juden
in municipale Aemter das Wort reden werde. Als das.
Wunderbarste jedoch in dieser Zeit erscheint, wie er für
seine Gesetze stets eine Mehrheit erzielte, meist aus den
entgegengesetzten Kreisen, und eben so oft im Widerspruch
mit der eigenen Partei. So halfen ihm die liberalen Gegner
die Einkommensteuer auch über drei Jahre hinaus verlängern,
so stützte er sich auf die gesunde Erkenntniss des Handels-
standes und der Industrie, als er 1844 der Bankacte von
1819 eine noch festere Gestalt gab. Um nämlich die Circu-

lation des Papiergeldes in dauernden Einklang mit den vorhandenen Baarfonds zu setzen, schlug er vor, die Bank von
England in zwei Departements zu theilen, eins für Ausgabe von Noten, das andere für das eigentliche Bank-
geschäft. Beide aber waren fortan gehalten, alle Wochen
eine Uebersicht des Geschäftsbetriebes zu veröffentlichen.
Sein System, auch auf Schottland und Irland übertragen,
hat sich in der Folge bewährt, obschon bis auf diesen Tag
Vertreter des Gegentheils versichern, es müsse in kritischer
Zeit dem Wohlstande unfehlbar zum Verderben gereichen.
Nach Aussen befolgte er sein Programm, den Frieden aufzurichten, wo er wie im fernen Osten gebrochen worden,
ihn zu erhalten, wo er bedroht schien, sei es mit Nord-
amerika wegen gewisser Grenzstreitigkeiten, sei es mit
Frankreich wegen eigenmächtiger Entfaltung der Tricolore
auf Tahiti. Guizot ergeht sich in seiner Studie wie in den
Memoiren mit unausstehlich selbstgerechter Breite in einer
Schilderung der unvergleichlichen Eintracht zwischen seinem
Cabinet und dem Peels, in welchem allerdings der gegen
die Politik Louis Philipps doch gar zu vertrauensselige Lord
Aberdeen das Auswärtige leitete. Während der officiell
gefeierten *entente cordiale*, gegen welche der Kaiser Nicolaus bei einem überraschenden Besuche in London vergeblich in Person anklopfte, während der herzlichsten Visiten,
die sich der englische und der französische Hof abstatteten,
spielten freilich von den Tuilerien aus jene Intriguen, durch
welche die berüchtigten spanischen Heirathen angezettelt
worden sind. Peel selber, der sich die auswärtige Politik
niemals zum Lieblingsfeld erkor, wahrte Frieden mit dem
reizbaren Nachbarlande, wie die Whigs ihm vorwarfen, um
jeden Preis; er meinte dadurch auch Russland mit seinen
verlockenden Anträgen im Orient am besten ruhig halten
zu können.

Wir verharren vorwiegend bei seiner inneren Staatsverwaltung, die vermuthlich auch ohne jenen finalen mächtigen Anstoss einer höheren Gewalt zu vollständiger Entfernung aller Handelsschranken geführt haben würde. Ich
brauche an dieser Stätte wohl nicht des Breiteren zu erzählen, wie, durch die bisherigen Massregeln des Ministers

selber angespornt, die von Cobden, Bright, Wilson, Villiers
u. A. kraftvoll geleitete Liga zur Unterdrückung der Kornzölle an Zuwachs und Macht gewann. Diese grossartige
Agitation hatte nunmehr über bedeutende Finanzmittel, über
eine mächtige Presse und die glühendste Beredsamkeit zu
verfügen, hatte beides, Capital und Arbeit der Städte hinter
sich hergerissen und aller Verleumdung zum Trotz selbst
auf manchem Edelsitz und in mancher Pächterversammlung
Gehör gefunden. Mehr als einen heftigen Strauss hatte
namentlich Cobdens gerade und derb herausfordernde Natur
mit Peel persönlich bestanden eben desshalb, weil er ihn
mit Recht als Anhänger seiner eigenen einfachen Theorie
betrachten zu dürfen meinte, Peel aber selbst von den Forderungen des gesunden Menschenverstandes sich seine Kreise
nicht wollte stören lassen. Da legte sich die Natur, die
Vorsehung in's Mittel, indem nach dem aussergewöhnlich
nassen Sommer von 1845 in Irland zuerst das einzige Nahrungsmittel der Massen, die Kartoffel, in bisher unerhörte
Fäulniss überging und aus ganz Europa Nachrichten über
eine höchst mangelhafte Ernte einliefen. Während die Manchester Liga ihre Anstrengungen verdoppelte, um schleunigst Freigebung aller Lebensmitteleinfuhr zu erwirken, ver-
schloss sich auch das Ministerium, Peel und Graham zumal,
welche angstvoll wie von einer Warte umherspähten, keineswegs der Nothwendigkeit, rasche Abhülfe zu schaffen. Dazu
boten sich nun zwei Möglichkeiten, entweder auf eigene
Hand gegen nachträgliche Indemnität durch das Parlament
den Getreidehandel bedingungslos zu öffnen, oder aber das
Parlament selber entscheiden zu lassen. Letzteres war Peels
Gedanke, doch konnte er die Mehrzahl seiner Collegen,
von denen kaum vier Freihändler waren, schlechterdings
nicht überzeugen. Schon leckte der Zwiespalt durch, als
Lord John Russell, der Führer der Whigs, durch einen Brief
an seine Wähler vom 22. November das Prävenire zu spielen
suchte, indem er, der bisher für einen mässigen aber festen
Zoll gewesen, sich für unbedingte Freigebung und sofortige
Berufung des Parlaments aussprach, dasselbe, was seinem
grossen Nebenbuhler längst klar geworden war. Aber während die Times bereits auf Peels Entschluss hindeutete,

vermochte dieser nicht den hartnäckigen Widerstand einiger
Collegen, namentlich Lord Stanley's zu bewältigen. Die er-
staunte Welt erfuhr davon, als er am 5. December resig-
nirte. Er, der Parlament und Land hinter sich gehabt, der
stark und erfolgreich regiert hatte, fiel vor der Kartoffel-
fäule, d. h. vor der eigenen morschen Gesetzgebung, deren
wundesten Fleck er sich nicht zu heilen getraute, lediglich
desshalb, weil er als Tory, als Verfechter des Getreide-
monopols das Ministerium übernommen hatte. Indess da
die Whigs ohne genügenden Rückhalt und noch weniger
einig sich vergeblich abmühten ihn zu ersetzen, da gar ein
protectonistisches Tory-Ministerium nicht die geringste Aussicht hatte, wurde er in Kurzem wiederberufen, jetzt aber
mit der bestimmten Voraussetzung, die unerlässliche Veränderung zu vollziehen, und nur mit solchen, die ihm folgen
wollten, ohne Lord Stanley, mit Gladstone an dessen Stelle.

Das war nun aber einmal sein Geschick, das Monopol,
zu dessen Schutz er durch die Partei verpflichtet war, zerstören zu müssen, noch einmal also ein Parteiwechsel, noch
einmal politische Untreue, sagten alle diejenigen, die ihm
nicht vergeben konnten. Aber, fragen wir, waren die alten
geschlossenen Parteien, seit die modernen wissenschaftlichen
und liberalen Richtungen mit der Reformbill die Landesvertretung überflutheten, nicht bereits in voller Auflösung
begriffen? Gewiss. Indess eine so grosse Umwandlung im
individuellen Leben eines Staatsmannes wie der Uebergang
zum entgegengesetzten Standpunkte ist damit noch keineswegs entschuldigt. Nach Stockmars freier Auslegung fehlte
es Peel zwar nicht an scharfem Blick, aber er war von
Natur kurzsichtig, sah zuerst nur auf das Nächste und Einzelne, bis er langsam zu einem Ueberblick der Dinge im
Grossen gelangte. Endlich aber, meine ich, war er gleichsam bestimmt, aus dem alten Zustand in den neuen hinüber
zu leiten, wie immer langsam, bedächtig, selbstlos und
desshalb auch bereit die Vergeltung, die ihm nicht erspart
werden konnte, auf sich zu nehmen. Die Protectionisten,
bald gesammelt unter Lord George Bentink, Disraeli, Lord
Stanley, haben fortan in Presse und Parlament ihn als Verräther gehetzt, während er mit einem kleinen treuen Häuflein

aus den Tories, den Peeliten, mit den Whigs und vor allen
den Manchestermännern hinter sich nur noch den grossen
Umschwung in der Handelspolitik zu legalisiren hatte. Wohl
zeterte der Grundbesitz, aber die Städte, die Massen, die
öffentliche Meinung begrüsste in ihm das einzige Heil.
Wunderbar, Richard Cobden bereitete jetzt als Herold den
letzten Epoche machenden Gesetzen Peels den Weg. Sie
bestanden in einer noch umfassenderen Herabsetzung des
Tarifs, als schon die von 1842 gewesen, und in der in heissen
Debatten endlich erstrittenen Aufhebung der Kornzölle,
d. h. also dem vollständigen Siege des Freihandelsprincips.
Indem Peel erkannte, welch unermessliche Impulse der gewerblichen Kraft der Nation gegeben, und welch neue un-
übersehbare Verkehrswege durch ihr Beispiel allen anderen
Völkern vorgezeichnet wurden, „war er sich eben so sehr
bewusst, dass er persönlich darüber zum Märtyrer geworden." „Wenn ich fallen sollte", sagte er vor der entscheidenden Abstimmung, „so werde ich eine Genugthuung in
dem Gedanken haben, dass ich nicht gefallen bin, weil ich
mich einer Partei untergeordnet habe. Ich werde vielmehr
die Genugthuung mit mir nehmen, während der Dauer meines
Amte Alles gethan zu haben, was die Wohlfahrt des Landes
fördern konnte." Die parlamentarische Nemesis liess denn
auch nicht lange auf sich warten. Nachdem lediglich nur
für die eine grosse Sache sich alle möglichen Elemente
unter seiner Fahne vereinigt hatten, gingen sie wieder weit
auseinander, sobald der Minister ein Sicherheitsgesetz gegen
die agrarischen Verbrechen in Irland einbrachte. An diesem
alten Probirstein seiner Staatskunst sollte er schliesslich
scheitern. In denkwürdiger Rede kündigte er selber am
29. Juni 1846 seinen definitiven Rücktritt an. Nachdem er
noch einen freudig stolzen Blick auf die Geschichte und das
vornehmste Resultat seiner Administration geworfen, ehrte
er sich selber durch jenen berühmt gewordenen Lobspruch
auf Richard Cobden: „Es gilt den Namen eines Mannes",
sagte er, „der nach meiner Ansicht stets in den reinsten
und uneigennützigsten Absichten mit unermüdlicher Energie
für jene Massregeln gewirkt hat, indem er sich unausgesetzt an unsere Vernunft wandte und uns mit einer ausser-

ordentlichen Beredsamkeit überzeugte, die um so mehr
bewundert werden muss, als sie stets ungekünstelt und
ungeschmückt war." Sich selber aber widmete er das Ab-
schiedswort: „Ich fürchte, dass ich mein Amt nicht verlassen werde, ohne dass mein Name bitter getadelt wird
von vielen ehrenwerthen Männern, welche aus öffentlichen
Gründen die Lockerung der Parteibande tief beklagen,
welche sie beklagen nicht aus persönlichen oder interessir-
ten Motiven, sondern weil sie glauben, dass das Vorhandensein einer grossen Partei, dass Treue gegen dieselbe
und Aufrechthaltung derselben sehr wirksame Mittel zu
einer guten Regierung sind. Eben so, fürchte ich, werden
andere ehrenwerthe Männer mich tadeln, welche gleichfalls
nicht aus persönlichen Motiven den Grundsätzen des Schutzes
anhangen, sondern weil sie ihn als unerlässlich für die Wohlfahrt und die Interessen des Landes betrachten. Ich weiss
auch, mein Name wird verwünscht werden von jedem Monopolisten, der unter dem Vorwande ehrenhafter Meinungen
rein individuelle Vortheile erstrebt. Aber dagegen wird
man wohl meiner mit Wohlwollen gedenken an allen Orten,
wo Männer weilen, deren Loos die Arbeit ist und die ihr
tägliches Brod im Schweisse des Angesichts verdienen, so
oft sie ihre erschöpfte Kraft durch reichliche und unbe-
steuerte Nahrung wiederherstellen."

Und so geschah es denn auch. Sir Robert Peel hat
noch vier Jahre verlebt in schöner freier Thätigkeit, von
den Einen verflucht, von Millionen gesegnet, und er hat
seinen Beistand, soweit es ihm die Ueberzeugung gestattete,
gern der Whigregierung gewährt, welche als seine Nach-
folgerin ernste Fragen zu lösen, insonderheit die schweren
Jahre 1847 und 1848 zu durchwettern hatte. Noch am Tage
seiner letzten Anwesenheit im Unterhause hat er ihr Regiment als liberalconservatives bezeichnet und den Lord
Palmerston, als er von ingrimmigen Feinden angegriffen
wurde, wegen seines warmen nationalen Ehrgefühls herzlich beglückwünscht. Neben seinem edlen Freunde, dem
Prinzen Albert, sass er, der erfahrenste Fachmann, dem
Ausschuss vor, welcher die erste grosse Weltausstellung in
London, jene gewerblichen olympischen Spiele, den Wett-

kampf der Friedensarbeit aller Völker, einleitete. Auf einem
Spazierritt nach dem Schluss einer solchen Sitzung that er
einen so unglücklichen Sturz, dass in wenigen Tagen, den
2. Juni 1850, das Ende erfolgte. Man muss in den Tagen
und Stunden vorher die dicht gedrängten schweigenden
Massen gesehen haben, um das Zeugniss, das er sich selber
ausgestellt, in vollster Wahrheit bestätigt zu finden. In den
Herzen des Volkes lebt die Dankbarkeit für das von Peel
billig gemachte Brod fester als in den vielen ehernen Bild-
säulen, die ihm aller Orten gesetzt worden sind und als in
den Lobreden von Freund und Feind. So wenig er jemals
der Mann der exacten Freihandelsschule von Manchester
gewesen oder gar lediglich auf Entfesselung des Capitals
hingearbeitet hätte, eben so sehr hat er als Staatsmann das
materielle und moralische Wohl der Arbeit, jenes unerlässliche Gegengewicht gegen die Einseitigkeiten des Industria-
lismus, stets ehrlich im Auge gehabt.

Nur noch wenige Striche mögen genügen, um das Bild
des Mannes abzurunden, der eigenartig war wie wenige und
weit über den Kreis seiner Nationalität hinaus zu den reinsten heilbringenden Geistern unserer Epoche zählen wird.
Das eine Hemmniss, oder soll ich sagen, das Missgeschick, auf
der Tory-Seite, der verlierenden, an dem gewaltigsten Fortschritt der Zeit mitarbeiten zu müssen, wird doch in schöner
Versöhnung dadurch aufgewogen, dass Peel sich immerdar
aus dem Volke entsprossen fühlte und seine demokratischen
Wurzeln nicht ausgerissen haben wollte. So zeigte er die
seltene Vereinigung des Tory und des Demokraten, und
war ein Freund des Volkes ohne jemals sein Schmeichler
zu werden. Gleich Walpole und Pitt verharrte er im Unterhause, der einzigen Arena, von der aus dieser Staat nunmehr zu regieren ist, als deren erste Autorität er während
der letzten zehn Jahre seines Lebens unbestritten gelten
durfte. Wilhelm IV. bot ihm vergebens eine Pairie, Victoria vergebens das Hosenband. Sterbend noch hat er sich
die Ehre einer öffentlichen Bestattung verbeten und den
Hinterbleibenden untersagt, für die von ihm dem Vaterlande geleisteten Dienste nachträglich irgend welchen höheren Rang anzunehmen. Wie das Maass dieser Dienste, so

überschätzte er am wenigsten das Maass seiner Gaben. Der greise Herzog von Wellington, dessen Heldenthaten er einst in seinen frühesten rednerischen Versuchen gefeiert, mit dem er in der wichtigsten Epoche seiner staatsmännischen Laufbahn innig verbunden vorgegangen war, fasste sie dahin zusammen, dass er Peel den zuverlässigsten Menschen nannte, den er je gekannt. Prinz Albert, nunmehr ein reifer Beurtheiler, bezeichnete ihn als einen Liberalen von Herzen, einen Conservativen aus Princip, dessen ruhig abwägender Geist zunächst stets alle Bedenken gründlich geprüft habe, ob und wie weit an fundamentalen Sätzen gerüttelt werden dürfe. Sobald er sich jedoch von der Richtigkeit und Ausführbarkeit des Schrittes überzeugt habe, sei Alles an ihm Muth und Zuversicht des Gelingens gewesen. Herr von Stockmar endlich pries in einem trefflichen Nachruf die echt sittlichen Grundlagen, aus denen wie sein schönes edles Familienleben, wie sein feiner selbständiger Geschmack in Wissenschaft und Kunst, so in der Politik seine Redlichkeit, Mässigung und der einzige Stolz entsprang, zu der Wohlfahrt des Vaterlandes beigetragen zu haben. Von ihm allein darf man sagen, dass, während seit 1830 alle englischen Staatsmänner, was leider viel zu wenig gerügt zu werden pflegt, unter der Omnipotenz des Hauses der Gemeinen bewusst oder unbewusst an der Zerstörung der Verfassung arbeiten, dieser Vorwurf ihn nicht trifft. Und dass er mit hellem, aufrichtigem Verständniss auch anderen Völkern dasselbe wirthschaftliche und geistige Gedeihen wie dem eigenen gönnte, dass er namentlich stets der warme Anhänger einer Allianz mit Deutschland gewesen, das bezeugt die prophetische Stelle aus einem am 10. October 1841 an Bunsen gerichteten Brief, mit der ich schliessen will: „Die Einigung und die Vaterlandsliebe jenes Volkes, welches das Herz Europa's bewohnt, wird für den Frieden der Welt die sicherste Gewähr und zugleich den mächtigsten Schutz bieten gegen die Ausbreitung aller verderblichen Lehren, welche der Sache der Religion und Ordnung und derjenigen Freiheit, welche die Rechte Anderer achtet, feindlich sind."

27*

C. K. J. von BUNSEN.

Christian Karl Josias Freiherr von Bunsen, geboren zu Korbach am 25. August 1791, gestorben zu Bonn am 28. November 1860, stammte aus bürgerlicher Familie, die, seit lange im Waldeckischen ansässig, auch in anderen Zweigen über die engeren Grenzen hinaus zu ehrenvollem Ansehn gelangt ist. Das einzige Kind aus einer zweiten, späten Ehe des Vaters, der an dreissig Jahre in einem waldeckischen Regiment den Holländern diente und sich in bescheidener Stellung treu und ehrenfest einen reinen frommen und unabhängigen Sinn bewahrt hatte, verdankte er, an Körper und Gemüth reich ausgestattet, ihm vor Allen die Entwicklung gleicher Eigenschaften. Nachdem er seit 1798, besonders die alten und neuen Sprachen lebhaft erfassend, das Gymnasium seines Geburtsorts besucht hatte, bezog er im Herbst 1808 die Universität Marburg um Theologie und Philologie zu studiren. Schon nach einem Jahre trieb es ihn trotz kargen Mitteln nach Göttingen, wo sich Heyne mit väterlicher Güte seiner annahm. Eine Hülfslehrerstelle am Gymnasium und die Unterweisung eines reichen Jünglings aus New-York, W. B. Astor, halfen über die drückenden Sorgen hinweg, während er mit energischem Willen und rascher Fassungsgabe den Kreis seiner Studien erweiterte. Auch nachdem er 1812 mit einer „*Disquisitio de jure Atheniensium hereditario*" den Facultätspreis gewonnen und nach dem Druck der Arbeit ehrenhalber aus Jena die philosophische Doctorwürde erhalten, arbeitete er rüstig weiter, durch seinen Feuereifer das belebende Element eines philosophischen Bundes, aus welchem Lücke der Theolog, Lachmann der Philolog, Ernst Schulze der Dichter der bezauberten Rose, Brandis der Philosoph hervorragen. Während

Andere in den Befreiungskrieg hinauszogen, löste Bunsen
zwar jedes Dienstverhältniss zur westfälischen Regierung,
entwarf auch eine erste politische Denkschrift zu Gunsten
seines kleinen Heimathlandes, verharrte aber, Ausflüge nach
Süddeutschland, an den Rhein und nach Holland abgerechnet, in Göttingen, erfüllt von den unter Benecke betriebenen germanistischen Studien, von idealer Begeisterung
für das Alterthum und dem Wunsche, „des weiten und fernsten Ostens Sprache und Geist hinüberzuziehen in seine
Wissenschaft und sein Vaterland", bis er im Frühling 1813
zunächst Brandis über Kiel nach Kopenhagen begleitete,
wo Finn Magnussen sein Lehrer im Isländischen wurde.
Von dort begab er sich im Herbst nach Berlin, um in dem
Staate, „der sich freut, jeden Deutschen aufzunehmen", den
grossen Meistern der Wissenschaft, namentlich Niebuhr,
nahe zu treten. Ein dem letzteren vorgelegter Arbeits- und
Lebensplan, „die Idee der Philosophie in ihrem Verhältniss
zum Glauben, zur Philologie und Historie", in welchem
Bunsen seinen in Sprache und Gottesanschauung wurzelnden Forschungen das Ziel einer Geschichte der Menschheit
steckte, sollte alsbald in Angriff genommen werden. So
begab er sich im Frühling 1816 nach Paris, wo er unter
Silvestre de Sacy seine Kenntniss des Persischen erweiterte und das Arabische begann, in der Hoffnung, am Ganges
selber mit dem Sanskrit die Weisheit Zoroasters, Brahma's
und Buddha's zu ergründen. Diesen luftigen Plan gedachte er als Mentor Astors, mit dem er wie zu Paris so
auch im August zu Florenz wieder zusammentraf, auszuführen. Allein die Rückkehr jenes nach New-York trat
dazwischen, und Bunsen, obwohl enttäuscht, begriff, dass
sich sein Zweck auch in Europa erreichen lasse. Da zog
ihn Niebuhr, der, von Brandis als Legationssecretär begleitet, als Gesandter nach Rom ging, im November hinterdrein in die ewige Stadt. Hier nun nahmen angesichts der
Herrlichkeit aller Zeiten die Wanderjahre ein unverhofft
glückliches Ende. Statt die Summe alles Endlichen und
Unendlichen im Sturm zu erobern, begann Bunsen im Kreise
der deutschen Künstlerschaft, im Verkehr mit hochgebil-
deten Engländern und unter Niebuhrs mächtiger Einwirkung

sich in wissenschaftlicher Methode auf positive Ziele zu
richten. Am 1. Juli 1817 wurde die Verheirathung des
in seiner Erscheinung ungemein anziehenden Mannes, der
auf der Reise durch Südfrankreich fast als Napoleonide
angehalten worden wäre, mit der durch seltene Gaben des
Geistes und Herzens ausgezeichneten Fanny Waddington
aus Monmouthshire entscheidend für sein Leben. Nicht
minder folgenreich war es, als er im Sommer 1818 an Stelle
des in die Heimath zurückkehrenden Brandis als Secretär
bei Niebuhr eintrat. In Amtsgeschäften wurde er nicht nur,
während in Deutschland der politische Starrkrampf anhub
und in Italien die Revolution unterlag, auf die realen Zustände der Gegenwart hingewiesen, sondern an Niebuhrs
grossem Werke erschloss sich ihm der volle Blick für die
Geschichte Roms. Das um diese Zeit von Cotta unter-
nommene Sammelwerk: „Beschreibung der Stadt Rom",
Stuttgart 1830—1843, 3 Bde., wäre nach Niebuhrs Zeugniss
ohne Bunsens Eifer niemals ausgeführt worden, so wenig
es ihm auch behagte, neben eigenen topographischen und
antiquarischen Beiträgen zur Geschichte der antiken und
frühchristlichen Stadt Jahre lang die Verpflichtungen Anderer zu übernehmen. „Die Basiliken des christlichen Roms
nach ihrem Zusammenhange mit Idee und Geschichte der
Kirchenbaukunst", München 1843, erschienen nachträglich
als erläuternder Text zu Gutensohn und Knapp, „Denkmale
der christlichen Religion oder Sammlung der ältesten christlichen Kirchen und Basiliken Roms." Aber auch sein ur-
sprünglicher Arbeitsplan erhielt neues Leben, als sich um
die evangelische Gesandtschaftscapelle eine kleine deutsche
Gemeinde bildete, in biblischer Kritik, kirchengeschicht-
lichen und liturgischen Forschungen, die mit der Häuslichkeit im Palazzo Caffarelli auf dem Capitol, wo Freude am
deutschen Kirchenliede wie an altitalienischer geistlicher
Musik herrschte, in schöner Wechselwirkung standen. Als
im Herbst 1822 Friedrich Wilhelm III. von Verona aus Rom
besuchte und auf die von ihm eingeführte preussische Agende
mit Bunsen zu reden kam, fand dessen freimüthige Einsprache nicht nur gnädige Aufnahme, sondern erfolgte
sogar die überraschende Ernennung zum Legationsrath.

Bei Niebuhrs Rückkehr im Mai 1824 ersetzte er ihn bereits als Geschäftsträger, indem jener selber zuredete in einer Laufbahn zu verharren, die zu den eigenen Entwürfen so wenig stimmte. Indess Bunsens Persönlichkeit, sein Urtheil über liturgische Dinge und die warme Liebe für die Sache der evangelischen Union bewahrten ihm die königliche Huld, wie sehr auch der Durchführung seiner Ideen daheim das monarchische Princip und die Abneigung der Gemeinde, bei ihm selber, der freiwillige Annahme durch die kirchlichen Organe voraussetzte, damals wenigstens Ueberschätzung der englischen Liturgie im Wege standen. Den Vorzügen des Lebens in Rom mit seinem universellen Verkehr erwuchs aus der räumlichen Entfernung freilich ein bestimmter Nachtheil. Wie ihm die wirklichen Zustände der deutschen Heimath in idealem Lichte oder schief erschienen, so wurde er von Vielen, welche seine Stellung in Rom nicht begriffen, verkannt, wohl gar als Glücksritter, als Reactionär oder katholisirender Frömmler verschrien. Es war daher sehr wichtig, dass, nachdem durch die von Niebuhr erwirkte Bulle *De salute animarum* die Verhältnisse des preussischen Staats zur Curie im Allgemeinen geregelt worden, Verhandlungen namentlich wegen der gemischten Ehen den mit dem römischen Geschäftsgang Vertrauten im Herbst 1827 nach Berlin zogen, wo er mit den einflussreichen Kreisen in vielseitige Berührung trat. Damals ertheilte der König einem Herzenswunsch Bunsens, der Einführung einer von ihm nach den gründlichsten Vorarbeiten' mit Richard Rothe's Unterstützung entworfenen Agende in den Gottesdienst der capitolinischen Gemeinde, seine Sanction. Hat doch Friedrich Wilhelm III. die zu seinen Gedanken nicht immer stimmende Arbeit drucken lassen und eigenhändig mit einem Vorwort versehen. Nach Rom brachte Bunsen nur günstige Eindrücke heim; seine Stellung schien vollends gesichert, als im Herbst 1828 die römische Reise des Kronprinzen von Preussen den innigen Austausch zweier merkwürdig ähnlich gestimmter Seelen fest begründete. Unter dem Protectorat des geistvollen Fürsten gewann das Archäologische Institut (*Instituto di corrispondenza archeologica*) die erste Gestalt, bei dessen fernerem

Gedeihen die eigentlichen Stifter Eduard Gerhard und Bunsen stets unvergessen bleiben werden, und wurde nicht minder der Grund zum protestantischen Hospital gelegt, zwei segensreiche Anstalten, die seit 1835 in eigenen Localen neben der Gesandtschaft auf dem Capitol untergebracht sind. Im Bereich des ersteren betheiligte sich Bunsen an der Erforschung der neu entdeckten etruskischen Alterthümer und begann, 1826 durch Champollions Anwesenheit angeregt, sich mit den Räthseln Aegyptens zu befassen, wofür er späterhin Richard Lepsius zu gewinnen wusste. Aus den hymnologischen Studien ging hervor: „Versuch eines allgemeinen evangelischen Gesang- und Gebetbuchs zum Kirchen- und Hausgebrauch", Hamburg, F. Perthes, 1833. Später folgte: „Die heilige Leidensgeschichte und die stille Woche. Die Liturgie der stillen Woche in Musik gesetzt von Sigmund Neukomm", Hamburg 1841, woraus sich die zweite veränderte Ausgabe des ersten Werks entwickelte, die ohne seinen Namen erschien: „Allgemeines evangelisches Gesangbuch", Verlag des Rauhen Hauses zu Hamburg, 1846. Daneben liefen amtliche Aufgaben, die Verhandlungen mit dem päpstlichen Stuhle und die durch die Julirevolution belebte grosse Politik. Angesichts der in Italien ausgebrochenen Bewegung machten die Vertreter der Grossmächte das von Bunsen entworfene Memorandum vom 21. Mai 1831, in welchem der Regierung des Kirchenstaats freilich vergeblich Reformation in der Richtung des Laienregiments angerathen wurde, zu dem ihrigen. Bunsen hatte sich allmählich von Niebuhrs düsterer Anschauung der Weltlage emancipirt und war ein Anhänger des Repräsentativsystems geworden. Die Freundschaft mit ähnlich gesinnten Engländern wie Thomas Arnold und Julius Hare, in Rom für das Leben geschlossen, verwandelte ihn in der Folge aus einem Tory in einen gemässigten Whig. Inzwischen machte sich an der Curie und im Katholicismus überhaupt jener Geist geltend, der auf Trennung zwischen Kirche und Staat, auf autonome und zugleich hierarchische Gewalt ersterer hinarbeitete. Die Verhandlungen über die gemischten Ehen kamen nicht vom Fleck, weil sich kein Vergleich zwischen der einer jeden akatholischen Verbindung abholden Kirche und dem preussischen Landrecht finden liess, welches die Mischehen als fördersam für das friedliche Zusammenleben der beiden Confessionen betrachtete, aber die Erziehung der Kinder ganz in die Hand des Vaters legte. Zwar gestattete das Breve Pius' VIII. vom 25. März 1830 nun auch für die Erzdiöcese Köln, selbst wenn die katholische Braut keine Zusage wegen Confession der Kinder gegeben, die Ehe unter passiver Assistenz des Geistlichen zu einer legalen zu machen. Allein vielen Gläubigen geschah hiermit nicht genug, und unter dem strengen Gregor XVI. wurde jener Erlass bald missgünstig interpretirt. Bunsen, zum Frühjahr 1834 wieder in Berlin, rieth im Einverständniss mit dem würdigen Erzbischof von Köln, dem Freiherrn v. Spiegel, der zaudernden Regierung zur Annahme jenes allerdings dehnbaren Zugeständnisses. So kam es in der That mit den Bischöfen der westlichen Sprengel zu der Uebereinkunft vom 19. Juni 1834. Obwohl Bunsen, als ausserordentlicher Gesandter nach Rom zurückgekehrt, vom Papst überaus gnädig empfangen wurde, hatte der Scheinfriede doch bald ein Ende. Curie und Klerus wollten unduldsam die Seelen nur für sich gewinnen, die preussische Regierung in ihrer paritätischen Haltuug versäumte selber die Ausführung des Beschlossenen. Als Erzbischof Spiegel nach einem Jahre starb, während entstellte Berichte vom Rhein aus das gute Vernehmen zwischen Curie und Gesandtschaft untergruben, trat mit der Wahl des Freiherrn Droste v. Vischering der schroffste Umschlag ein. Der neue Erzbischof setzte sich über den *Modus vivendi* der Convention hinweg und verdammte gleichzeitig die hermesianische Lehre an der katholisch-theologischen Facultät zu Bonn. In ihrer Verlegenheit berief die Regierung im Sommer 1837 ihren Vertreter abermals nach Berlin zu den Verhandlungen, die am 20. November mit der gewaltsamen Abführung des Erzbischofs jäh abschlossen. Es war die freie Willensäusserung der absoluten Staatsgewalt, doch rechtfertigte Bunsen ihr Verfahren in der „Denkschrift über die katholischen Angelegenheiten in den westlichen Provinzen Preussens" vom 25. August, in der er noch immer an dem friedlichen Beisammensein beider Kirchen festhielt.

Vertrauensselig weigerte er sich seinen Posten in Rom mit
der Stelle eines Generaldirectors des Museums in Berlin zu
vertauschen und gab sich sanguinisch wie immer sogar zum
Vermittler her, als er im December über Wien, wo er die
Unterstützung des Fürsten Metternich gewonnen zu haben
meinte, nach Rom zurückkehrte, um dort sofort sich seines
Irrthums bewusst zu werden. Der am Rhein entbrannte
Kampf, persönliche Verleumdung und die offene Feind-
schaft des Vaticans brachen über ihn zusammen. Der Papst
verweigerte den Empfang, die Curie jede weitere Transaction. Demgegenüber erschien die preussische Regierung,
noch lediglich der Polizeistaat und ohne alle Stütze in der
öffentlichen Meinung, völlig rathlos. Diesem Conflict fiel
Bunsen nicht ohne eigene Schuld zum Opfer. Am 1. April
1838 erhielt er seine Entlassung in Form eines gnädigen
Urlaubs. Nachdem er und die Seinen sich am 28. vom
Capitol, aus jenen Pflanzungen, in denen sein Name fortlebt, losgerissen, zogen sie über die Alpen, sich ein „neues
Capitol" zu suchen. Er rastete in München, froh des Wieder-
sehns mit Cornelius und Schnorr, des schöpferischen Verkehrs mit Schelling. Dort wurde ihm die Weisung, zunächst nicht nach Berlin zu kommen, sondern den Urlaub
zur Reise nach England zu verwenden. Ueber ein Jahr
verbrachte er in der Heimath seiner Frau. In London
fesselte vorzüglich der geistige Austausch und das Parlament, daran schlossen sich Besuche in Oxford, bei Arnold
in Rugby, in Wales u. s. w. Er bewegte sich frei in den
edelsten Kreisen der Tories und Whigs. Die kirchlichen
Dinge boten den Hauptgegenstand der Discussion und der
Arbeit. Dem jungen Gladstone, dessen Buch über Kirche
und Staat eben erschienen war, verhiess er, dass er dereinst
England regieren werde. Man irrt indess, wenn man
Bunsen zeiht, sich damals der Lehre von der apostolischen Succession zugeneigt zu haben. Gleich Arnold verwarf er vielmehr alle katholisirende Richtung. Pusey und
H. Newman durchschaute er sofort. Seit Ende 1839 als
Gesandter in der Schweiz wieder angestellt, verlebte Bunsen
auf dem Hubel bei Bern eine in Stille und Arbeit erquickliche Zeit, aus welcher die als Handschrift gedruckte An-

sprache: „Elisabeth Fry an die christlichen Frauen und Jungfrauen Deutschlands", Bern 1842, stammt. Lebhaft wandte er sich fortan den Bestrebungen der inneren Mission, insonderheit dem Diaconissenwesen zu. Nach der so manche Wendungen anbahnenden Thronbesteigung Friedrich Wilhelms IV. vermittelte Bunsen die Berufung Stahls, ohne in ihm den Zerstörer der evangelischen Union zu ahnen, Schellings, Cornelius', Felix Mendelssohns nach Berlin und die Rehabilitation E. M. Arndts in seiner Bonner Professur. Im April 1841 berief ihn der König in innigster Zuneigung nach Berlin, um ihm eine Specialmission nach England anzuvertrauen. Sie sollte, gestützt auf die jüngsten Erfolge der Cabinette im Orient, der protestantischen Kirchengemeinschaft zur Anerkennung im türkischen Reiche verhelfen, vorzüglich die evangelische Gemeinde in Jerusalem sichern. Das war für Preussen und das evangelische Deutschland nur ausführbar, wenn sie sich an ein Unternehmen der englischen Kirche anlehnten. Aus den Unterhandlungen mit den namhaftesten Wortführern, von Whigs und Tories gefördert, ist das Bisthum von Jerusalem hervorgegangen, im Anschluss an die bereits bestehende Judenmission, zur Hälfte von England, zur andern von Preussen ausgestattet. Auch die Ernennung des Bischofs, der anglikanisch ist, alternirt, ohne dass eine Confession in die andere aufgeht oder ihr zu nahe tritt. Des Königs und Bunsens Gesichtspunkt hat letzterer, unterstützt von H. Abeken, dargelegt in der Schrift: „Das evangelische Bisthum zu Jerusalem", Berlin 1842. Wie in England dieser Bund vorzüglich von den Puseyiten als ketzerisch verlästert worden ist, so fehlte es daheim nicht an thörichtem Argwohn, es solle auf Umwegen der protestantischen Kirche bischöfliche Weihe aufgedrängt werden. Des Königs freie Huld aber schuf einen neuen Wendepunkt in Bunsens Leben, indem er ihm noch vor Ablauf des Jahrs dem Wunsche der Königin Victoria entsprechend den hochwichtigen Posten seines Gesandten in London übertrug und 1845 die Ernennung zum Wirklichen Geheimen Rath hinzufügte. Seine Niederlassung in Carlton Terrace, zuerst Nr. 4, sieben Jahre später Nr. 9 (*Prussia House*, Eigenthum der preussischen Regierung), erhielt gleich

zu Anfang besondere Weihe durch den Besuch Friedrich
Wilhelms IV. als Pathen bei der Taufe des Prinzen von
Wales im Januar 1842. In der Zeit politischer Windstille,
als übergrosse Hoffnung in Enttäuschung umschlug, bereitete er sich im Drang des Londoner Daseins durch seltene
Arbeitskraft und unvergleichliche Gabe anzuziehen und einzuwirken eine Stellung, die ihn auf der Höhe der Thätigkeit und der Gesellschaft zu einem Organ des Austausches
zwischen deutschem und englischem Leben gemacht hat,
wie es noch keines gegeben. In einer unendlichen Fülle
persönlicher Beziehungen, Pflichten und Arbeiten diente er
seinem königlichen Herrn und Freunde. Ein Aufsatz: „Die
Vollendung des Kölner Doms. Eine Stimme aus England",
zuerst in der Augsb. Allg. Zeitung 1842, Nr. 103—105, dann
separat, die Betheiligung an dem Dombauproject in Berlin,
der in England besorgte Ankauf der Teppiche Raphaels
für das Berliner Museum weisen darauf hin. Noch wich-
tiger war ein Aufenthalt in Berlin in der ersten Hälfte 1844
wegen des Ehescheidungsgesetzes und der bereits brennenden Verfassungsfrage. Im August begleitete er dann wieder
den Prinzen von Preussen auf einer Rundreise durch England. Bei dem Gegenbesuch der Königin Victoria am Rhein
im August 1845 war Bunsen anwesend und sah den König
nochmals in Berlin, ohne jedoch auf dessen Entschlüsse
einwirken zu können. Bereits seit 1843 wurde es ihm klar,
dass Fürst und Diener in den Grundanschauungen über
Kirche und Staat auseinander gingen. Als endlich die Verfassung vom 3. Februar 1847 erschien, verfehlte sie beides,
Zeit und Ziel. Bunsens öffentliche Wirksamkeit blieb auf
innige Verbindung der beiden protestantischen Grossmächte
gerichtet, wobei der Zollverein und der Sieg des Freihandels
in England, die spanischen Heirathen und die Unterdrückung
Krakau's, der Sonderbundskrieg und die Stellung Neuen-
burgs nach der Reihe in Betracht kamen. An dem Vertrauen der Königin Victoria und des Prinzen Albert, an der
Freundschaft des Freiherrn v. Stockmar gewann er starken
Halt. Sein religiöses Interesse war 1845 der Berliner
Generalsynode und 1846 der ersten Vereinigung der evangelischen Allianz in London zugewendet. Das deutsche

Hospital zu Dalston in Verbindung mit den Diaconissen
von Kaiserswerth gedieh unter seiner thätigen Förderung.
Dabei fand er Zeit zur Abfassung der Schrift: „Die Kirche
der Zukunft", Hamburg 1845 (in's Englische übersetzt 1847),
anknüpfend an das Bisthum zu Jerusalem in Briefen an den
Hochkirchenmann Gladstone zur Vertheidigung der Recht-
mässigkeit und Apostolicität der deutschen evangelischen
Kirche; zur Herausgabe von „Ignatius von Antiochien.
Sieben Sendschreiben an A. Neander", Hamburg 1847; zu
einem sprachwissenschaftlichen Vortrage (in *„Three Lin-
guistic Dissertations read at the Meeting of the British
Association in Oxford* — am 29. Juni 1847 — *by Bunsen,
C. Meyer and M. Müller", London* 1848); zu der Vollendung
der ersten Stücke seines ägyptischen Werks, als eben Freund
Lepsius von seiner Forscherreise am Nil zurückkehrte. So
kam das Jahr 1848 heran. Bunsen, der sofort jede Privat-
beschäftigung daran gab, hoffte mit der ganzen Kraft seiner
Seele, die Aufrichtung eines deutschen Bundesstaats unter
Preussens Führung werde im Einvernehmen mit der Frank-
furter Nationalversammlung gelingen. Er that es, obwohl
stark verleumdet, als treuer Diener seines Herrn, wovon
sich kein Geringerer als der Prinz von Preussen während
seines Aufenthalts in Carlton Terrace überzeugte. Zwei
Sendschreiben an das deutsche Parlament, in welches ihn
die Schleswiger wählten, ohne dass er sie vertreten konnte,
legten seine Auffassung dar: „Die deutsche Bundesverfassung
und ihr eigenthümliches Verhältniss zu den Verfassungen
Englands und der Vereinigten Staaten", London 7. Mai 1848,
und „Vorschlag für die unverzügliche Bildung einer vollständigen Reichsverfassung während der Verweserschaft",
Frankfurt a. M. 5. September 1848. Amtlich und als Patriot
hatte er sich mit der schleswig-holsteinschen Frage zu befassen, die wie die ganze Bewegung in England fast allgemein auf Unverstand, Gleichgültigkeit und Eifersucht
stiess. Das Wenige, was sich bei der Regierung und in
der öffentlichen Meinung bessern liess, war durchaus sein
Werk. Bereits im April erschien sein *„Memoir on the con-
stitutional rights of the Duchies of Schleswig and Holstein,
presented to Lord Palmerston", London, Longmans* 1848

(„Denkschrift" u. s. w. Aus dem Englischen. Berlin 1848).
In der Folge wurde er von Berlin und Frankfurt mit Bearbeitung der durch den Waffenstillstand von Malmö arg
verfahrenen Angelegenheit betraut. Wohl bewog ihn der
steigende Conflict zwischen jenen beiden Polen, das Reichs-
ministerium für die auswärtigen Angelegenheiten abzulehnen, doch besorgte er einstweilen die deutsche Vertretung in London, wo er doch einige Staatsmänner überzeugte, dass Oesterreich aus einem Gesammtdeutschland
ausscheiden müsse. Im August war er auf Wunsch des
Ministers Auerswald in Berlin und mit dem Könige und
Reichsverweser beim Dombaufest in Köln. Hatte er schon
früher seine Bestimmung darin erkannt, „oben am Mast-
korb schauend zeitige Winke zu geben", so verhehlte er
dem tief erregten Könige das Ergebniss seiner Wahrnehmungen keinen Augenblick. Angesichts der „schwarz-
weissen Reaction" schrieb er: „Die Macht der Zeit liegt
in dem Streben Deutschlands zur Einheit. Von ihm hängt
Leben und Tod ab." Bei abermaliger Anwesenheit in Berlin
im Januar 1849, wo inzwischen die Wendung des Novem-
bers eingetreten, stiess er in den ihm stets missgünstigen
Sphären bereits auf österreichische Gegenwirkung. Dennoch begab er sich im Einklang mit Graf Brandenburg
nach Frankfurt, ostensibel in Sachen der Herzogthümer,
in Wahrheit um bei Gagern und anderen nationalen Führern, die sein Herz erwärmten, den zaghaften, gerade auf
Oesterreich und die Fürsten blickenden Gedanken des Königs
als Fürsprech zu dienen. Als er am 11. Februar wieder in
Berlin eintraf, war lange vor dem 3. April gegen Annahme
der Kaiserkrone entschieden. Bunsen, nach London zurückgekehrt, sah dann in der Doppelstellung als preussischer
und deutscher Staatsmann voll Schmerz in den nächsten
Monaten alle grossen Ziele schwinden, die Nationalversammlung Preis gegeben, den Bürgerkrieg zwar durch preussische
Waffen unterdrückt, aber die Ehre seines Staats vor der
Welt erniedrigt. Während die preussisch-deutsche Union,
die auch ihm noch als Rettungsanker erschien, an der eigenen Mattherzigkeit wie dem falschen Spiele Anderer
scheiterte und die Reaction in Berlin und Frankfurt weiter

ausgriff, als nach der Bezwingung der Ungarn Oesterreich und sein Anhang auf Russland gestützt über Hessen und Schleswig-Holstein hinweg zu Olmütz Preussen unter ihren Willen beugten und den Bundestag wiedereinsetzten, trachtete Bunsen vergeblich über alles, was verloren ging, in England die Augen zu öffnen. Klagend bezeichnete er die Königin, den Prinzen Albert und Sir Robert Peel als die einzigen, die es doch ehrlich mit Preussen und Deuschland meinten. Die „Briefe des Germanicus", die zu Anfang 1850 im Londoner Globe erschienen, stammten aus seiner Feder. Wohl freute er sich der am 6. Februar vom Könige beschworenen preussischen Verfassung, aber sie hielt die Katastrophe nicht auf, die zu Ende des Jahrs den General v. Radowitz, als er ihr zum Opfer fiel, auf einige Zeit nach London und in sein Haus brachte. Der König selber hatte die beiden ihm innig vertrauten Männer zusammengeführt, die sich lange gekannt, nun aber in den Stürmen der Zeit gereift einander vollends erschlossen. Durch den König allein verblieb auch Bunsen auf seinem Posten. Vergebens wurde von Oesterreich seine Entlassung gefordert und vom Ministerpräsidenten Manteuffel beantragt. An dem Entschluss, freiwillig zurückzutreten und sich zunächst in Form eines einjährigen Urlaubs in Rom niederzulassen wurde er durch eine ernstliche Erkrankung behindert. Noch hoffte er von Schleswig-Holstein das Aeusserste abzuwenden und hatte im Juli 1850 Betheiligung an den von den übrigen Mächten in London gepflogenen Conferenzen mannhaft zurückgewiesen. Gleichwohl entschloss er sich späterhin, „um dem Könige sein Opfer nicht noch schwerer zu machen", das Protocoll vom 8. Mai 1852, welches die Herzogthümer einer nie vorhandenen Integrität der dänischen Monarchie opferte, zu unterzeichnen, vielleicht der dunkelste und wenigst tadelsfreie Schritt seines Lebens. Mancher Andere wäre den erschütternden Stössen, welche jene Jahre Leib und Seele versetzten, erlegen, Bunsen vermochte, nachdem er nicht mehr in die Speichen des rückwärts rollenden Rades eingreifen konnte, durch die unvergleichliche Elasticität seines Wesens und bald auch wieder durch ungewöhnliche Thätigkeit auf anderen Gebieten sich aufrecht zu erhalten.

Er war das eigentliche Bindeglied der auf englische und
preussische Kosten von Richardson, von Barth, Overweg
und Vogel nach Centralafrika unternommenen Entdeckungs-
reise. Er betheiligte sich an der Vorberathung der vom
Prinzen Albert in's Leben gerufenen ersten grossen Weltausstellung des Jahres 1851. Auch nach dem Tode des
hochverehrten Peel, des Vorsitzenden der Commission, der
auf dem Sterbebette wiederholt sein Verlangen nach Bunsen
aussprach, widmete dieser dem grossen Unternehmen treue
Theilnahme, war von dem mächtigen Eindruck der Eröffnung und den hochgespannten Hoffnungen für das Friedens-
glück der Nationen ergriffen und freute sich der Anwesenheit des Prinzen und der Prinzessin von Preussen, deren
Reise als nach einem von Verschwörern erfüllten Lande die
Berliner Schwarzseher auf jede Weise zu hintertreiben gesucht hatten. Daneben aber hatte er die ernsten Studien
seines Lebens wieder aufgenommen. Mit den Documenten
des Urchristenthums vor sich begann er ein schon früher
entworfenes „Leben Jesu" zu überarbeiten, nahm das ägyp-
tische Werk wieder auf und wagte sich an die Grundele-
mente des chinesischen Sprach- und Schriftsystems, um
dessen Zusammenhang mit dem Aegyptischen darzuthun,
als eine auf dem Berge Athos entdeckte Handschrift Φιλο-
σοφούμενα ἢ κατὰ πασῶν αἱρέσεων ἔλεγχος, von E. Miller in
Paris 1851 herausgegeben und dem Origenes beigelegt, ihn
nicht nur auf die Fährte des wahren Verfassers brachte,
sondern seinen theologisch-kirchengeschichtlichen und phi-
losophisch-sprachwissenschaftlichen Forschungen zu einem
gemeinsamen Schwerpunkt verhalf. Mit unverwüstlicher
Arbeitskraft veröffentlichte er: „*Hippolytus and his age;
of the doctrine and practice of the Church of Rome under
Commodus and Alexander Severus; and ancient and modern
Christianity and Divinity compared*", *London, Longmans*
1852, 4 *Vols*. Der erste Band handelt in fünf Sendschreiben ·
an Julius Hare über den wirklichen Autor der neu entdeckten Schrift, den heiligen Märtyrer Hippolytus, der im
dritten Jahrhundert Bischof von Portus bei Rom war, über
die Lage der Kirche, wie sie sich aus diesem urkundlichen
Bruchstück ihres inneren Lebens ergibt. Im zweiten Bande

sind von Bunsen schon früher entworfene Aphorismen zur
Philosophie der Geschichte der Menschheit, vorzüglich der
Religionsgeschichte, verbunden mit einer Anwendung auf
Glauben und Cultus jener nachapostolischen Kirche. Daran
reiht der dritte die Liturgie sowie die Constitutionen und
Canones der ältesten Gemeinde, nicht nur kritisch aus den
Documenten selber auf die ursprünglichen Formen zurückgeführt, sondern zu einem lebensvollen Bilde des Daseins
im häuslichen wie im öffentlichen Gottesdienst gestaltet.
Der vierte Band beginnt mit einer Vertheidigungsrede des
Hippolytus an das englische Volk, einer sokratischen Nach-
bildung, in welcher Bunsen die eigene Stellung zum Evangelium, seine Auffassung des Verhältnisses der Gegenwart
zum Urchristenthum darzulegen sucht. Dann folgen *Reliquiae Liturgicae*, die ältesten Bücher der orientalischen wie
der abendländischen Kirche, lateinisch edirt und dem Andenken Niebuhrs gewidmet. Gleichzeitig erschien in deutscher Uebersetzung: „Hippolytus und seine Zeit", 2 Bde.,
Leipzig, F. A. Brockhaus, 1852. 1853. Form und Tendenz
jedoch erzielten, weil mehr auf die Engländer berechnet,
kaum eine volle Wirkung; auch stiess sich die deutsche
Gelehrtenwelt an der kühnen Phantasie, mit welcher Bunsen
seine Ideen rasch in Thatsachen umzusetzen pflegte, allein
die besondere Vorrede, ein „geharnischtes Vorwort" für
Regierungen und Volk, in welchem er seine im Leben und
ernsten Nachdenken gereiften innersten Ueberzeugungen
muthig aussprach, erwarb ihm viele aufmerksame Leser,
freilich auch solche, die in unbeweglicher Geistesrichtung
an ihm irre wurden. In England jedoch erschien schon 1854
als Frucht des eisernsten Fleisses eine neue Ausgabe oder
vielmehr eine Erweiterung zu drei eigenen unter sich lose
verbundenen Werken unter dem Gesammttitel: „*Christianity
and Mankind. Their Beginnings and Prospects.*" Die
beiden ersten Bände: *Historical Section: Hippolytus and
his age; or beginnings and prospects of christianity*, erscheinen in mehr kirchengeschichtlicher Darstellung mit den
Briefen an Hare und der Apologie im Anhang. Zwei weitere
Bände: *Philosophical Section: Outlines of the philosophy
of universal history applied to language and religion* ent-

wickelten anschliessend an Beiträge von Max Müller und
Th. Aufrecht über den Stand der vergleichenden Sprach-
kunde Bunsens eigenste Ideen von der Sprache, Gottes-
bewusstsein und Bestimmung der Menschheit durchziehen-
den Bande. Zu drei Bänden endlich ist angewachsen:
Philological Section: Analecta Antenicaena. 1. *Reliquiae
literariae*, 2. *Reliquiae canonicae*, 3. *Reliquiae liturgicac*
als ein Urkundenbuch zur Geschichte der nachapostolischen
Kirche. In unersättlicher Lust zu schaffen that sich Bunsen
selber nie genug. Auch „Aegyptens Stelle in der Welt-
geschichte", dessen drei ersten Bände 1845 Hamburg, dessen
vierter und fünfter 1856 und 1857 Gotha bei Perthes erschienen, verdankt den Riesenanstrengungen dieser Jahre
das Allermeiste. Die englische Uebersetzung: „*Egypt's
Place in universal history, translated by H. Cottrell with
additions by Samuel Birch*" I—V, 1848—1867 *London,
Longmans* ist vom Verfasser, der auf diesem Gebiete rastlos thätig blieb, in eine neue Bearbeitung umgeschaffen.
Bunsen war einer der Ersten, die an die grosse Entdeckung
Champollions anknüpften, und verfolgte, obwohl in bestän-
digem Arbeitsaustausch mit Lepsius, Birch u. A., unter-
suchend und darstellend doch seinen eigenen Weg. Er
will gestützt auf Urkunden und Geschichte des alten Aegyptens durch Synchronismus der arischen, semitischen und
chinesischen Culturwelt die Epochen bis zu den Anfängen
der Menschheit hinaufsteigen. Die Ideen seiner akademischen Jugend, in denen sich bereits Sprache und Geschichte, Philosophie und Religion verschlangen, gewinnen
in diesem Werke fasslich wissenschaftliche Gestalt. Und
noch zu manchem anderen fand er Zeit. Der Uebersetzung
von Niebuhrs Leben und Briefen durch Miss Winkworth
wird von ihm ein längeres Sendschreiben: „*Niebuhr's Poli-
tical Opinions and Character*", 31. October 1852 hinzugefügt,
und ähnlich „*Letter to Miss Winkworth*", 11. Mai 1854, der
von ihr übersetzten, von Bunsen hochgeschätzten „Deutschen Theologie". Bis zur letzten Stuhde seines englischen
Daseins druckte und corrigirte er an seinen Werken, denn
inzwischen wurde nochmals ein Abschied von ihm gefordert,
nicht minder bitter als der einst von Rom gewesen. Nach-

dem er sich zu Anfang 1852 entschlossen hatte auf seinem
Posten auszuharren, musste er zwar viel über sich ergehen
lassen, stand aber mit ungebrochenem Muth stets für seine
Ueberzeugung ein. So hat er die von einer ständischen
Rückwandlung bedrohte preussische Verfassung beschirmen
helfen und nach Einsetzung des zweiten Napoleonischen
Kaiserthums zur Erhaltung des allgemeinen Friedens red-
lich mitgewirkt. Voll sanguinischer Hoffnungen erblickte
er in der orientalischen Krisis des Jahrs 1853 eine Schick-
salserfüllung, die Deutschland und Preussen wieder zu Ehren
bringen müsse. In seinen Denkschriften äusserte er sich
freimüthig gegen das Protectorat, welches Kaiser Nicolaus
dem Vaterlande ansann, und drang auf Preussens Anschluss
an die Westmächte. Während die englische Presse den
zaudernden König mit Hohn bewarf und das Londoner
Cabinet seinen Gesandten bestürmte, gab er, wie er am
4. März 1854 nach Berlin telegraphirte, Lord Clarendon die
Erklärung ab, Preussen müsse zuvor an seiner Nordost-
grenze Sicherheit erhalten und für Russlands Erniedrigung
in der Ostsee Sorge getragen werden. Das stürzte ihn
schon am folgenden Tage. Der König hatte triftige Gründe,
seinem Lande den Frieden zu wahren; Herr v. Manteuffel
opferte alle Gegner Russlands bereitwillig der Kreuzzeitungs-
partei; und, nachdem sogar Bunsens Depeschen in ge-
heimnissvoller Weise aus dem königlichen Cabinet in die
Hände des russischen Gesandten gespielt worden, trium-
phirte die Camarilla. Der König selber hätte ihn halten
mögen, der Prinz von Preussen that sein Möglichstes. Einen
Urlaub wollte er nicht nehmen, sondern definitiv ausführen,
was ihm schon einige Jahre zuvor wünschenswerth erschien.
Auf sein Entlassungsgesuch erfolgte endlich die Abberufung,
und am 17. Juni verliess er London, aus allen Sphären, hoch
und niedrig, öffentlich und häuslich mit Aeusserungen der
aufrichtigsten Theilnahme und Verehrung begleitet. Wie
schwer auch die Trennung von der dritten Heimath, in
welcher er zahllose Wurzeln geschlagen und mehrere Kinder
verheirathet hatte, die Elasticität seines Geistes half ihm
abermals. Sofort begründete er sich in der Villa Charlotten-
burg bei Heidelberg, ausserhalb Preussens, obwohl nun-

mehr Bonner Bürger, aber am Sitze einer deutschen Hochschule, Häuslichkeit und Arbeitsstätte. Der amtlichen Thätigkeit enthoben schöpfte er aus Berührung des vaterländischen Bodens neue freudige Kraft für den Dienst der
geistigen Freiheit seiner Nation. Ohne Unterbrechung
wurden die weitreichenden Arbeiten wieder aufgenommen
und mit gelehrten Freunden in der Nähe oder auf Aus-
flügen nach Bonn und Göttingen besprochen. Die kirchlichen Fragen der Gegenwart jedoch, die ultramontane Ag-
gression (unbefleckte Empfängniss, Bonifaciusfeier, Bischof
Ketteler von Mainz) so gut wie das unionsfeindliche Treiben
der Lutheraner (Stahl und Hengstenberg), worüber er auf
des Königs Anregung freimüthig auch mit diesem corre-
spondirte, gaben zunächst Veranlassung zu der populären
und weit hinauswirkenden Schrift: „Die Zeichen der Zeit.
Briefe an Freunde über die Gewissensfreiheit und das Recht
der christlichen Gemeinde", Leipzig, 2 Bde. 1855. Es sind
zehn Briefe an E. M. Arndt gegen drei Feinde: die Ultra-
montanen, die Confessionalisten, den verfolgungssüchtigen
Despotismus der Gegenwart. „Die Rettung liegt in dem
Glauben an die ewige und göttliche Wahrheit." Das Heil
der Völker, der romanischen wie der germanischen, ist nur
„gesetzliche und religiöse Freiheit". Heftige Erwiderungen
wie die Stahls nützten dem Buch ungemein, das wie eine
That zu rechter Zeit lauten Beifall hervorrief und rasch
nach einander drei Auflagen erlebte. Den Händen des
Verfassers entwuchs bereits ein anderes Werk: „Gott in
der Geschichte oder der Fortschritt des Glaubens an die
sittliche Weltordnung", Leipzig, 3 Bde. 1857, 1858, das sofort auch in's Englische und Französische übersetzt wurde.
Bunsen fasst hier die Grundanschauungen zusammen, denen
er von Jugend auf Nachdenken und Forschen gewidmet
hatte, die Selbstoffenbarung Gottes in den Nationen, bei
den alten Hebräern wie bei den Hellenen, in der Weisheit
der Orientalen wie in den Liedern der Edda, in dem Gegensatz der mittelalterlichen und der evangelischen Kirchen.
Mit dem Gesetz des sich entwickelnden Gottesbewusstseins
wird zugleich das Gesetz und das Ziel des menschlichen
Fortschritts überhaupt erkannt. Auch hier drang er auf

das freie Walten der christlichen Gemeinde, in welcher der
Geist Gottes wirkt, stiess aber den Gelehrten durch manche
allzu kühne Hypothese, vielen kirchlich Frommen durch pan-
theistische Anklänge vor den Kopf. Während er daneben
Zeit fand eine in Edinburgh erscheinende Uebersetzung von
Freitags Roman „Soll und Haben", die deutsche Uebersetzung einer Predigt des Schotten Caird: „Die Religion
im gemeinen Leben", auf Wunsch der Verleger mit Vor-
reden zu versehen, in inniger Uebereinstimmung mit Richard
Cobden für die Friedensgesellschaft ein Memoire über ein
Weltschiedsgericht zu entwerfen und 1857 für die bei Black
in Edinburgh erscheinende „*Biographia Britannica*" den
Artikel Luther zu schreiben, woraus sich sofort der Riesen-
plan entwickelte, dem deutschen Volke seinen gewaltigsten
Mann in einem geschichtlichen Gemälde selbstschildernd
vorzuführen, wandte er die volle Kraft der Aufgabe zu, die
ihm für die letzten Jahre Lebensberuf wurde. Aus langjährigen Vorstudien über Psalmen, Propheten, Leben Jesu,
Evangelienharmonie, in der Musse zu Heidelberg erwuchs:
„Bunsens vollständiges Bibelwerk für die Gemeinde", Leipzig,
9 Bde. 1850—70. Es bietet auf Grund der lutherischen revi-
dirten Uebersetzung die Schriften alten und neuen Testamentes mit umfangreichem Apparat, insonderheit einem
laufenden Commentar, und ist bestimmt den halb versun-
kenen Schatz, das Wort Gottes, dem allein die Kraft, Kirche
und Gemeinde zu verjüngen entströmt, von neuem zu heben.
Bei der gewissenhaften philologischen Durcharbeitung des
ungeheuern Stoffs gingen ihm die Doctoren Haug und
Kamphausen zur Hand; die letzten Abtheilungen sind nach
seinem Tode von H. A. Holtzmann bearbeitet. Ausser Herstellung des deutschen Textes aber wird dem Volke, damit
es selber urtheile, im Gegensatz zu der Inspirationstheorie
aus den „Bibelurkunden" Kritik und Geschichte der Bücher
aufgerollt. Als Gemeingut Aller, nicht als verschlossener
Schatz der Theologen, als Zeuge der ewigen Wunder Gottes
und nicht von Mirakeln erscheint ihm die Bibel. „Die
Menschheit besitzt in ihr eine wahrhaftige Gottesgeschichte
mit dem Evangelium als ihrer Blüthe und mit der Persönlichkeit Jesu Christi, des Sohnes Gottes, als ihrem Heilig-

thum." Welche Schwächen und Schattenseiten dabei auch
hervortreten mögen, Bunsen unterzog sich der Aufgabe mit
voller Wahrhaftigkeit und heiligem Ernst. Zwei Bände,
einen grossen Theil des alten Testamentes sah er noch vollendet, anderes war druckfertig, dem neuen Testamente, in
welchem das immer wieder umgearbeitete Lebensbild Jesu
Christi als der vollen persönlichen Offenbarung Gottes, nicht
als Product der Mythenbildung und desshalb auch im Gegensatz zu der Tübinger Schule im Anschluss an das Evangelium Johannis den Mittelpunkt bildet, waren die schmer-
zensfreien Stunden seines letzten Lebensjahres gewidmet.
Die von ihm aufgezeichneten Bruchstücke sind dem Denkmal eingefügt, das ihm seine Mitarbeiter in der Vollendung
des Bibelwerks zu setzen geholfen haben. Bunsen erfreute
sich in Heidelberg des regsten Verkehrs mit ansässigen
Gelehrten und Freunden und sehr vielen, die aus Deutschland, England, Frankreich und Amerika ihn zu besuchen
kamen. Auch das Band, welches ihn mit dem König ver-
knüpfte, war nicht gerissen. Im September 1855 hatten sie
eine kurze Begegnung auf dem Bahnhof zu Marburg, wo
jedoch die bedrängte Lage der evangelischen Kirche nicht
berührt werden konnte. Aber trotz aller Abweichung liess
Friedrich Wilhelm nicht von ihm und ruhte nicht, bis der
alte Freund zur Versammlung der *Evangelical Alliance* im
September 1857 drei Wochen hindurch sein Gast im Berliner
Schloss war. Alle Anschwärzungen mit Hinweis auf die
neuesten Schriften Bunsens vermochten die vertrauensvolle
Liebe des Fürsten nicht zu entwurzeln, dem ebenfalls im
Grunde des Herzens das Christenthum mehr galt als alles
Blendwerk der Dogmatik. Beide tauschten noch einmal von
Mund zu Mund ihre Gedanken. In einem freimüthigen Vortrag combinirte Bunsen behufs gegenseitiger Verständigung
den Baustil des für Berlin projectirten Domes mit der Selb-
ständigmachung der evangelischen Kirche. Am Tage seiner
Abreise, dem 3. October, wurde der König von dem Schlaganfall gerührt, der den traurigsten Zustand und schliesslich
das Ende herbeiführte. Einer seiner letzten Acte war Bunsens Berufung in das Herrenhaus und seine Erhebung zum
Freiherrn gewesen. Bisher hatte dieser wie Niebuhr eine

Standeserhöhung stets von sich gewiesen, jetzt fügte er sich
in der Hoffnung, dass einer seiner Söhne den entsprechenden Grundbesitz erwerben werde. Dem Herrenhause wohnte
er nur einmal bei im October 1858, als mit der Einsetzung
der Regentschaft des Prinzen von Preussen die von ihm
herzlich begrüsste neue Wendung anhub. Bei dieser Gelegenheit sah er Berlin und Alexander v. Humboldt zum
letzten Mal, mit dem ihn seit 1816 die freundschaftlichsten
Beziehungen verbunden hatten, deren Andenken er sich
auch durch die boshaften Publicationen aus Varnhagens
Nachlass nicht verkümmern liess (s. Briefe von Alexander
v. Humboldt an Bunsen, Leipzig 1869, S. 211 ff.). Die Huld
des Fürsten hätte ihn gern wieder herangezogen, er selber
dachte nur vorübergehend daran, denn ausser seinen Arbeiten gebot ihm der Zustand seiner Gesundheit darauf zu
verzichten. Gesteigerte asthmatische Beschwerden, deren
Vorboten sich schon seit Jahren meldeten, nöthigten ihn im
Winter von 1858 auf 1859 unter der liebevollen Pflege der
Seinen, stets unermüdlich thätig, in Cannes ein milderes
Klima aufzusuchen und froh über den scheinbaren Erfolg
denselben Aufenthalt im nächsten Winter zu wiederholen.
Das zweite Mal nahm er den Weg über Paris, wo ihn der
Umgang mit alten und neuen Bekannten, darunter auch
E. Renan, ungemein anzog. In Cannes stand er am Sterbelager des hochverehrten Tocqueville. Sehnsüchtig aber
blickte er über das Wasser nach dem geliebten Italien hin,
das er im Morgenroth seiner jungen Freiheit wieder zu erblicken hoffte. Treffend hatte er im voraus die Krisis erfasst; im Vertrauen auf Napoleon und Cavour, von gleichem
Enthusiasmus mit Garibaldi zürnte er der Apathie der Heimath, zumal der österreichischen Strömung in Süddeutschland. Die eigene prophetische Natur sah stets die Ideale
ihrer Verwirklichung nahe, wie oft er sich auch im Einzelnen täuschen mochte. Der Haltung Preussens zollte er
Beifall, verkannte aber mit dem Liberalismus die neue gesetzliche Ordnung des Militärdienstes. Denn wie Cobden die
Rüstung zur See hielt er die Verstärkung zu Lande für un-
nöthig. Weniger erquickt war er im Mai 1860 aus dem
Süden zurückgekehrt nach Bonn, wo er endlich den alten

Wunsch erfüllt und eine eigene Wohnung erworben hatte,
in der Hoffnung, gleich Niebuhr noch als Lehrer auf die
akademische Jugend wirken zu können. Allein die Aeusserungen des unheilbaren Herzübels wurden immer heftiger,
die Stunden schmerzensfreier Arbeit und ungetrübter Lebens-
freude seltener. Am 25. August feierte er zum letzten Male
seinen Geburtstag im Kreise der Familie und der Freunde,
die auch aus der Ferne ihn zu besuchen kamen. Nur der
Geist blieb frisch und lebendig trotz fürchterlicher Be-
klemmungen, denen er mehrmals zu erliegen meinte. Voll
Ergebung in den Willen Gottes als der ewigen Liebe nahm
er Abschied mit Segensworten für die Gegenwärtigen und
Abwesenden, im Gebet für das Vaterland, für Preussens
Königshaus, für Italien und England. Im Bewusstsein, für
das Reich Gottes gearbeitet zu haben, war er bereit aus
der Welt zu scheiden „ohne Hass gegen irgend jemand",
ohne Furcht vor den Schrecken des Todes. Um 5 Uhr
Morgens am 28. November hatte die letzte Stunde geschlagen. Am 1. December beim scheidenden Strahl der Sonne
trug man den Sarg hinaus auf den Bonner Kirchhof, wo
er unfern von Niebuhr und Arndt beigesetzt worden ist.
Neben Rang, Titel und Orden erfreute er sich noch mehr
der wissenschaftlichen Ehren: 1839 hatte ihn die Universität
Oxford, 1853 die von Edinburgh zum Ehrendoctor der Rechte
creirt; 1857 wurde er wirkliches Mitglied der Berliner
Akademie, 1859 correspondirendes der *Académie des In-
scriptions et Lettres.* Neben der Liebe der Seinen hat selten
jemand in so reichem Maasse Freundschaft erworben und
erwidert. Wie er die Dienste Anderer zu benutzen verstand, hat er uneigennützig eine grosse Menge strebsamer
Männer auf ihrer Lebensbahn gefördert. Ein Werkzeug
der Liebe, des Hoffens und des Glaubens hat er nach den
verschiedensten Richtungen des Lebens in Kirche und Staat
das Licht, das ihn durchströmte, scheinen lassen, dessen
Wirken und Andenken durch menschliche Schwäche und
Irrthum nicht verdunkelt werden.

Druck von J. B. Hirschfeld in Leipzig.

www.ingramcontent.com/pod-product-compliance
Lightning Source LLC
Chambersburg PA
CBHW031822270326
41932CB00008B/512